BAC PRO

# Prévention Santé Environnement



2de 1re Tle

Nouvelle édition

Michèle TERRET-BRANGÉ

Marie-Thérèse BIERRE
Valérie GUÉRIN-CAPRIN
Jef GUILLAUD
Françoise LECONTE
Cédric TERRET
Nicole RAVEL
Nathalie VOURIOT-GIEURE

DELAGRAVE

Vous utilisez un **Manuel connecté Delagrave**, qui propose des QR codes et/ou des liens hypertextes permettant d'accéder en ligne à des ressources numériques complémentaires.

Les éditions Delagrave font leurs meilleurs efforts pour sécuriser la consultation et l'utilisation des ressources en ligne qu'elles éditent, produisent ou hébergent, conformément aux règles d'usages de l'internet. Delagrave ne saurait être tenu responsable des interruptions de services dues aux caractéristiques et limites du réseau Internet, notamment dans le cas d'interruption quelle qu'en soit la cause, des performances techniques et des temps de réponse pour consulter ou interroger les ressources proposées. L'accès aux ressources associées au **Manuel connecté Delagrave** est garanti pour une période maximum de deux ans, à compter de la date de parution de cet ouvrage indiquée ci-dessous (copyright).

Au terme de cette période, l'utilisateur du **Manuel connecté Delagrave** ne saurait exiger le maintien du service proposé. Dans le cas où les QR codes et liens hypertextes permettent d'accéder à des sites internet tiers, la responsabilité des éditions Delagrave n'est pas engagée, notamment quant à leur éventuel dysfonctionnement ou à leur indisponibilité d'accès.

**Couverture :** Atelier du Livre
**Conception graphique :** Primo & Primo
**Mise en page :** Facompo
**Iconographie :** Anne Lauprête
**Illustrations :** Sylvain Frécon
**Infographie :** Illustratek

Nos ouvrages utilisent des papiers composés de fibres naturelles, renouvelables, recyclables, fabriqués à partir de bois issus de forêts gérées durablement.



ISBN : 978-2-206-30431-1


Certifié PEFC
Ce livre est issu de forêts gérées durablement et de source contrôlées
PEFC
PEFC/10-31-280
www.pefc-france.org

Éditions Delagrave – 5, allée de la 2e D.B. – 75015 Paris
www.editions-delagrave.fr

IMPRIM'VERT
Votre imprimeur agit pour l'environnement

# Sommaire

Chaque séquence comprend un lien vers une vidéo et/ou un lien vers un QCM.

* Un seul risque est étudié selon le bac professionnel préparé.

# Structure et mode d'emploi de l'ouvrage

## 1 Une boîte à outils

- **Des rabats avec des fiches Méthode N° 1 à N° 4 :** présentation synthétique des méthodes d'analyse utilisées de la seconde à la terminale.
- **L'explicitation de la démarche de résolution de problèmes** mobilisée dans 14 séquences (p. 379-380).
- **La liste des capacités à développer** (p. 381) pour suivre leur acquisition au fur et à mesure des activités.
- **Des outils pour récapituler l'essentiel :** des activités de synthèse à la fin de chaque séance.
- **Des outils pour vérifier ses connaissances et ses capacités :** la fiche **« Maîtriser le module »** à la fin de chaque module.
- **Le lexique des sigles :** pour décoder l'ensemble des sigles présents dans la pochette.
- **Des fiches de secourisme** pour gérer les situations d'urgence.
- **Des outils pour s'entraîner aux différentes évaluations certificatives** : des conseils et des exemples de sujets (pp. 341 à 378).

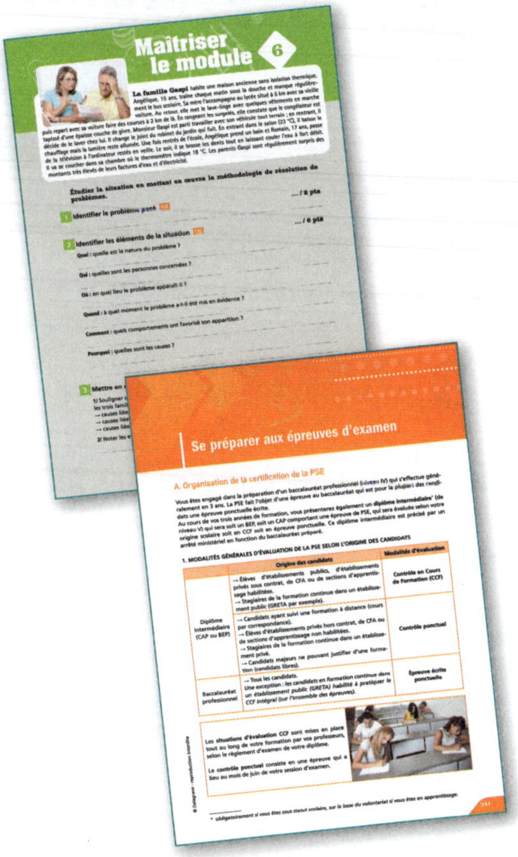


## 2 Les 12 modules du référentiel en 25 séquences

- Une **fiche d'ouverture** avec :

**A** Un **titre** qui résume l'objectif final à atteindre.

**B** **L'objectif général** : attitude que l'on attend de l'élève à la fin de la séquence (comportement citoyen, savoir-être...).

**C** **Une situation de la vie quotidienne ou professionnelle illustrée** (ou un système pour les séquences 3, 4, 15, 19 et 23).

**D** Une **analyse guidée** de la situation mettant en œuvre une **démarche d'analyse**.

**E** Les **connaissances** nécessaires à un certain stade de l'analyse : cette phase renvoie aux fiches **« Mobiliser les connaissances utiles »** pour construire son savoir.

**F** Le **réinvestissement** des connaissances acquises dans la situation (proposition de solutions, choix...).

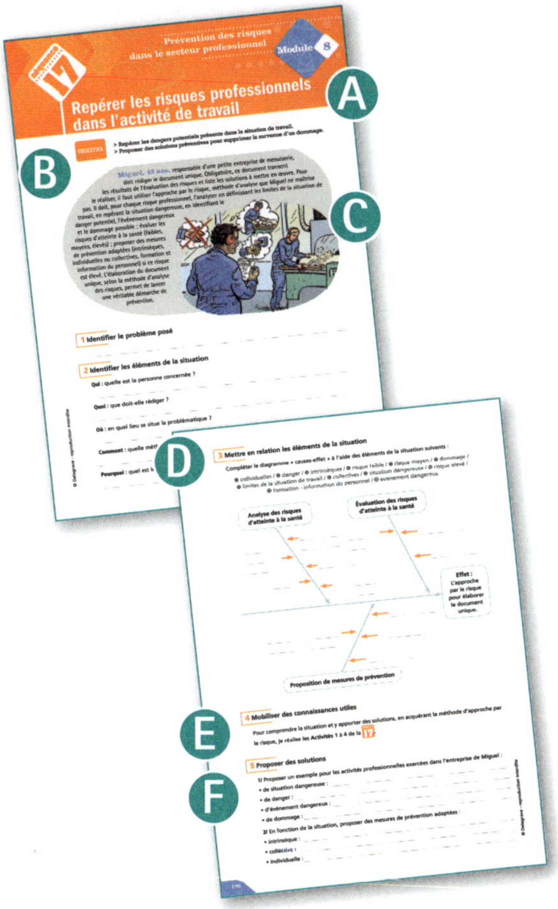

- Des fiches « **Mobiliser des connaissances utiles** » avec :

**G** **Une courte introduction** pour présenter l'intérêt du sujet.

**H** **Des activités** qui vont permettre de :

> construire son savoir (« on apprend en faisant... ») ;

> développer ses capacités.

**I** **L'indication des capacités développées** au niveau de chaque activité. Le tableau de la page 381 permet d'identifier ces capacités.

**J** **Des documents variés et actuels** qui apportent toutes les connaissances utiles.

**K** **Le renvoi** à la fiche d'ouverture pour réinvestir les connaissances en apportant des solutions adaptées.

Ce logo identifie les activités basées sur l'utilisation d'**Internet** et de l'**outil informatique**.

- **Chaque séquence se termine par des activités de synthèse :**

**L** **Récapituler** : texte ou tableau à compléter pour synthétiser activement l'essentiel à retenir.

**M** **Retenir** : les connaissances essentielles sont présentées sous forme de schéma-bilan.

**N** **Approfondir** : un code à flasher renvoie à une courte vidéo approfondissant un point de la séquence ; un autre à un QCM pour vérifier ses acquis.

- **Chaque module se termine par une fiche « Maîtriser le module N°... ».**

Elle permet d'évaluer la maîtrise des connaissances et capacités s'y rapportant, et notamment la maîtrise d'une démarche d'analyse.

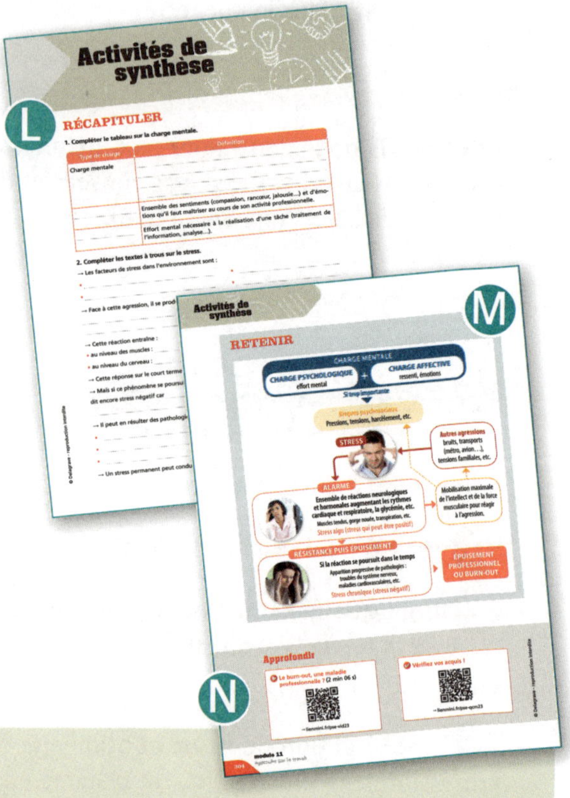


## 3 Des annexes

- **Fiches secourisme pour gérer les situations d'urgence.**
- **Se préparer à la certification.**

Cette rubrique comporte :
  - **l'organisation de l'évaluation de la PSE** ;
  - **des conseils pratiques pour s'y préparer** ;
  - **des exemples de sujets pour s'entraîner** pour les CCF des diplômes intermédiaires et pour l'épreuve du baccalauréat ;
  - **un exemple de sujet pour l'épreuve ponctuelle** du baccalauréat.
- Fiche Méthode N° 5 – **Démarche de résolution de problèmes** explicitée.
- Les compétences évaluées en PSE.
- Lexique des sigles.

# Maîtriser ses rythmes biologiques dont le sommeil

**OBJECTIF**

> Être capable d'adopter une attitude raisonnée et responsable face à sa santé en conciliant rythmes biologiques et rythmes sociaux et en s'assurant un sommeil de qualité.

**Jérôme, 20 ans,** travaille seul sur une machine-outil de nuit, 1 semaine sur 2. Les courtes pauses l'empêchent de se mettre à table ; il grignote toute la nuit. Sa famille a déjà déjeuné lorsqu'il se lève et n'a pas encore dîné quand il part travailler. Il ne fait pas de vrai repas et mange seul, sans appétit, ce qu'il trouve dans le réfrigérateur. Ses horaires l'empêchent de voir ses amis et de faire du sport. Il a des difficultés à s'endormir et son sommeil est agité ; lorsque son organisme s'est habitué au travail de nuit, ses horaires de travail changent. Il a grossi, se sent triste et fatigué ; le médecin du travail évoque une désynchronisation des rythmes biologiques et une modification des rythmes sociaux.

## 1 Identifier le problème posé

Jérôme a grossi et se sent triste et fatigué.

## 2 Identifier les éléments de la situation

**Quoi :** quelle est la cause médicale à l'origine du problème ?

Le mal-être de Jérôme résulte d'une désynchronisation des rythmes biologiques et d'une modification des rythmes sociaux.

**Qui :** qui est la personne concernée ?

Jérôme, jeune travailleur de 20 ans.

**Quand :** à quel moment le problème a-t-il été découvert ?

Lors de la visite médicale du travail.

**Comment :** comment les horaires de travail ont-ils favorisé sa survenue ?

Il travaille de nuit, une semaine sur deux.

**Pourquoi :** pourquoi ses horaires de travail occasionnent-ils des changements dans sa vie ?

Il ne dort plus et ne mange plus aux mêmes heures, il ne voit plus ses amis et ne pratique plus d'activités sportives.

## 3 Mettre en relation les éléments de la situation

Compléter le diagramme « causes-effet » à l'aide des éléments de la situation suivants :

❶ difficultés à s'endormir / ❷ ne voit plus ses amis au sport / ❸ sommeil agité / ❹ travaille seul / ❺ prend ses repas seul / ❻ grignote toute la nuit / ❼ travail de nuit, 1 semaine sur 2 / ❽ pas de vrais repas 1 semaine sur 2 / ❾ pas d'appétit / ❿ dort le jour 1 semaine sur 2

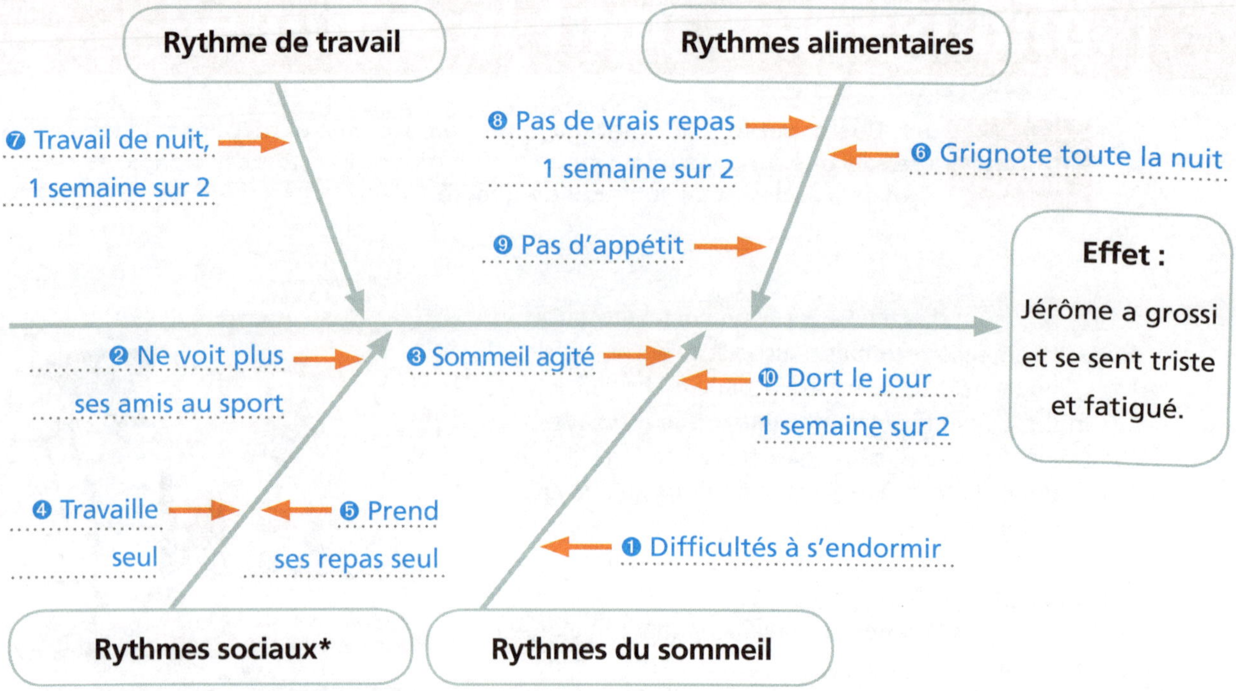


* Temps passé avec d'autres personnes de manière régulière (repas, sport...).

## 4 Mobiliser des connaissances

Pour comprendre la situation et y apporter des solutions, je réalise les **Activités 1** à **7** de la séquence 1.

## 5 Proposer des solutions

Pour améliorer l'état de Jérôme, indiquer les conseils que l'on peut lui donner concernant :

**1 /** Ses rythmes alimentaires.

> Faire de vrais repas.
> Manger à heures régulières, y compris lorsqu'il travaille la nuit.
> Éviter le grignotage.

**2 /** Ses rythmes sociaux (sa vie sociale).

> Ne pas manger seul ni au travail, ni à la maison.
> Profiter des pauses au travail pour échanger avec ses collègues.
> Se rendre impérativement aux activités sportives les semaines où c'est possible.

**3 /** Son sommeil.

> Se coucher à une heure régulière : adopter un horaire pour chaque période de travail.
> Favoriser la relaxation avant le coucher : bain, tisane, etc.
> Éviter tout ce qui peut exciter : café, ordinateur, etc.

# MOBILISER DES CONNAISSANCES UTILES

Notre corps fonctionne selon des rythmes biologiques (battements du cœur, sommeil, faim...) qui sont soumis aux rythmes imposés par l'environnement. Leur prise en compte est indispensable pour une bonne santé, notamment le sommeil qui a une importance particulière.

## ACTIVITÉ 1 - Les différents rythmes humains C13 C22

**1.** Cocher le tableau ci-dessous. S'aider du **doc. 1** et du **doc. 2** (p. 10).

| Exemples \ Rythmes | Rythme biologique *(organisme)* | Rythme hebdomadaire *(semaine)* | Rythme professionnel | Rythmes sociaux |
|---|---|---|---|---|
| **A.** Entraînement de basket chaque lundi soir. | | ✗ | | ✗ |
| **B.** Dîner tous les soirs à 20 h. | | | | ✗ |
| **C.** Battements cardiaques. | ✗ | | | |
| **D.** Stage du lundi au vendredi, de 9 h à 17 h. | | ✗ | ✗ | |
| **E.** Nuits de 8 h de sommeil. | ✗ | | | |
| **F.** Cycle menstruel féminin (règles). | ✗ | | | |
| **G.** Vigilance (niveau d'attention, de concentration…). | ✗ | | | |

**2.** Proposer une définition du rythme circadien puis souligner dans le tableau ci-dessus les exemples qui appartiennent à cette catégorie.

C'est un phénomène biologique qui se reproduit à l'identique toutes les 24 h.

### DOC. 1 Les rythmes biologiques

Les rythmes biologiques (ou rythmes de l'organisme) sont commandés par une **horloge interne** qui est réglée par des **facteurs génétiques** (spécifiques à une espèce) et par des **facteurs exogènes** (externes à l'organisme). Ils ont pour but d'adapter l'organisme aux variations périodiques prévisibles de l'environnement (jour et nuit, saisons...).

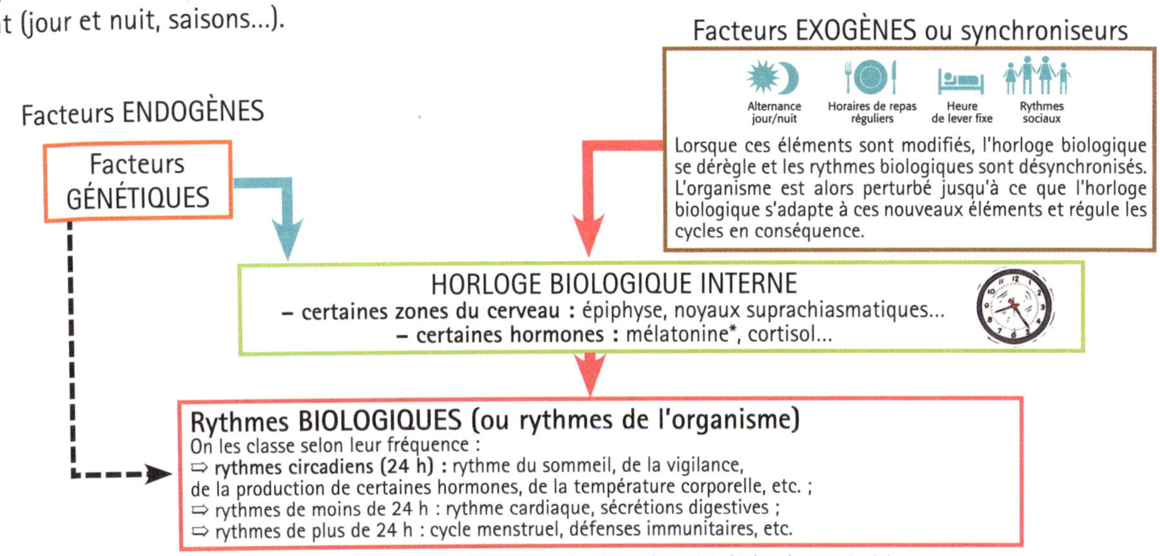


* La mélatonine est, entre autres, l'hormone du sommeil. L'alternance lumière/obscurité déclenche sa sécrétion.

## DOC. 2 Les différents rythmes humains

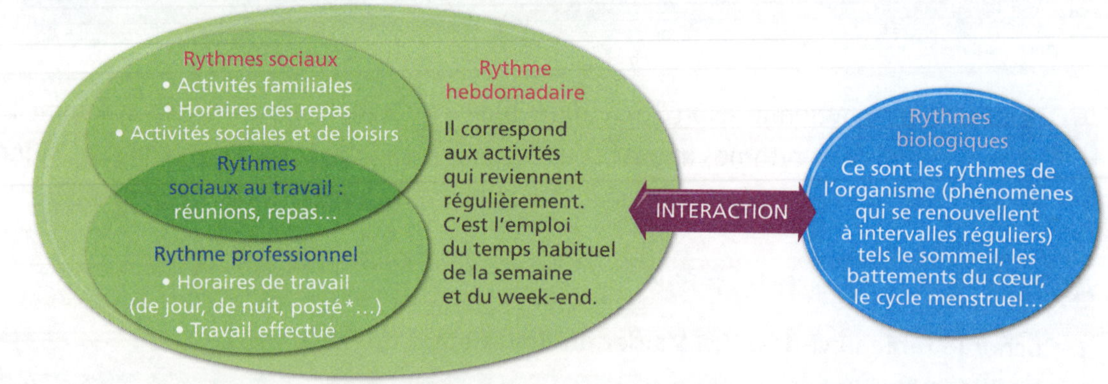


* Les 24 heures de la journée sont divisées en tranches horaires de 6-8-12 h sur lesquelles tournent différentes équipes.

## → ACTIVITÉ 2 - La désynchronisation des rythmes biologiques C11 C22

**1.** Compléter le tableau ci-dessous à l'aide du **doc. 3**. S'aider également des **doc. 1** (p. 9) et **2**.

| | Décalage horaire ou « jet lag » | Travail de nuit / Travail posté |
|---|---|---|
| **Causes de la désynchronisation (cocher les synchroniseurs modifiés)** | ☒ Alternance jour/nuit<br>☒ Horaires des repas<br>☒ Horaire du lever<br>☒ Rythmes sociaux | ☒ Alternance jour/nuit<br>☒ Horaires des repas<br>☒ Horaire du lever<br>☒ Rythmes sociaux |
| **Conséquences** | > fatigue<br>> difficultés d'endormissement<br>> troubles digestifs<br>> difficultés à se concentrer | > fatigue<br>> difficultés d'endormissement<br>> troubles digestifs<br>> frustration liée à la perturbation des rythmes sociaux |

**2.** Indiquer vos remarques après avoir rempli le tableau ci-dessus.

Dans les deux cas, les causes et les conséquences sont celles de la désynchronisation des rythmes biologiques.

## DOC. 3 Exemples de désynchronisation des rythmes biologiques

❶ **Décalage horaire ou « jet lag »**
Sophie, 17 ans, arrive à Shanghai (Chine) pour un mois de période de formation en entreprise. Au cours de son voyage en avion depuis Paris, elle a franchi 7 fuseaux horaires vers l'est. Il est 19 h à Shanghai quand il est midi à Paris. Deux jours après, elle est très fatiguée, n'arrive pas à s'endormir le soir ni à se lever le matin et souffre de troubles digestifs. Dès le lendemain, sur son lieu de stage, elle a du mal à se concentrer.

❷ **Travail de nuit / Travail posté**
Vincent, 21 ans, travaille pendant les vacances d'été dans une usine qui fait les 3 × 8 : il effectue 1 semaine de 6 h-14 h, puis de 14 h-22 h et enfin de 22 h-6 h. Pour sa troisième semaine, il est sur l'horaire de nuit. Après 4 nuits de travail, il se sent encore plus fatigué ; il a des difficultés à dormir pendant la journée et à rester éveillé et attentif à son poste où il a évité de justesse un accident du travail. Il mange pendant la nuit et aussi dans la journée et souffre de difficultés digestives. Il est frustré de ne plus voir aussi souvent sa copine et de ne pas participer à tous ses entraînements de basket.

## → ACTIVITÉ 3 - L'adaptation à la rupture des rythmes biologiques C13 C21

**1.** Justifier les conseils surlignés dans le **doc. 4** pour s'adapter au décalage horaire (s'appuyer sur le rôle de la mélatonine, déjà abordé dans le **doc. 1**, p. 9).

L'obscurité déclenche la sécrétion de mélatonine, hormone du sommeil. L'utilisation de la lumière ou de l'obscurité permet donc de retarder ou d'avancer l'heure de l'endormissement pour se caler progressivement sur l'heure locale.

**2.** Justifier les conseils surlignés dans le **doc. 5** pour s'adapter au travail posté.

Des rotations courtes évitent un dérèglement de l'horloge biologique. Une nuit de sommeil normale, après deux ou trois nuits de travail, évite l'installation de la fatigue physique.

### DOC. 4 L'adaptation au décalage horaire

L'adaptation au décalage horaire est plus facile lorsqu'on va vers l'ouest (on suit le soleil : la journée est allongée) que lorsque l'on va vers l'est, où les troubles du décalage sont plus importants (journée raccourcie).

Conseils pour s'adapter

- **Adapter ses horaires** : pour un séjour de plus de 3 jours, on peut décaler l'heure du coucher de 1/2 heure par jour dans un sens ou dans l'autre (est/ouest).
- **Après l'arrivée**, respecter les horaires de repas locaux, se caler sur la nuit suivante en allant se coucher tôt.
- **Utiliser la lumière** :
  - Voyage vers l'ouest : il faut retarder le cycle. Le matin, mettre des lunettes noires, le soir, s'exposer à la lumière et retarder l'heure du coucher.
  - Voyage vers l'est : il faut avancer le cycle. Le matin, s'exposer à la lumière, stimuler la vigilance (prendre une douche) ; éviter les siestes.
- **Choisir son alimentation** : éviter alcool et café les trois premiers jours ; favoriser les repas riches en protéines la journée, riches en glucides le soir.

### DOC. 5 Recommandations de la médecine du travail concernant le travail posté

Le personnel effectuant un travail posté bénéficie d'une surveillance médicale particulière.
La médecine du travail fait les recommandations suivantes :

1. Une nuit normale après 2 à 3 jours de travail de nuit.
2. Rotations courtes recommandées avec repos compensateur.
3. Surveillance médicale renforcée.
4. Aménagement des conditions de travail.

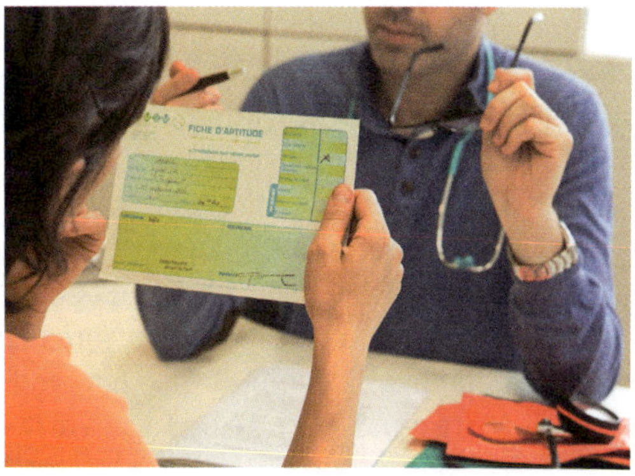

# → ACTIVITÉ 4 - Les rôles du sommeil et ses différentes phases C11

Répondre aux questions à l'aide des **doc. 6** et **7**.

**1.** Indiquer :

> de combien de cycles est constituée une nuit de sommeil de 8 h : de 4 à 6 cycles.

> la durée moyenne d'un cycle : 1 h 30 à 2 h.

> le nom des deux phases qui constituent un cycle de sommeil : le sommeil lent et le sommeil paradoxal.

**2.** Associer chaque phase d'un cycle de sommeil au type de récupération procurée et à ses autres effets ; choisir une couleur pour chaque phase et colorier à l'identique les cases correspondantes.

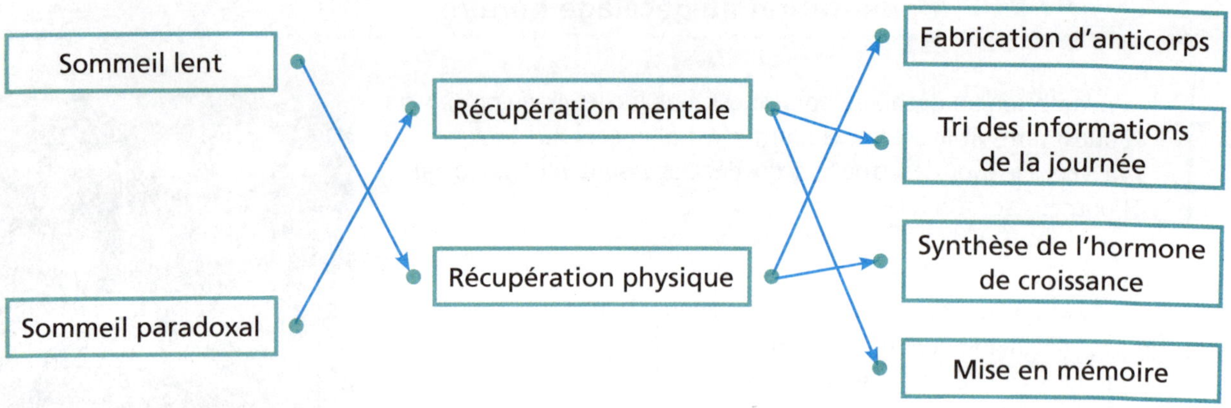


DOC. 6

## Pourquoi dormir ?

• **L'alternance veille/sommeil** est un rythme biologique essentiel à la santé de l'homme.

• Le sommeil se distingue de l'inconscience ou du coma du fait que la personne endormie conserve certaines réactions. Il permet de reconstituer la forme autant physique que psychique grâce au **repos musculaire** (presque complet) et au **rêve**.

• Une nuit de sommeil est constituée d'une succession de cycles, chacun comprenant deux grandes phases : le **sommeil lent** et le **sommeil paradoxal**. Un certain nombre de phénomènes se produisent, comme la sécrétion de l'hormone de croissance nécessaire à la multiplication cellulaire ou bien encore l'activité intense du cerveau lors du sommeil paradoxal, comme en témoigne l'électro-encéphalogramme ci-contre (**doc. 7**).

DOC. 7

## Structure d'un cycle de sommeil

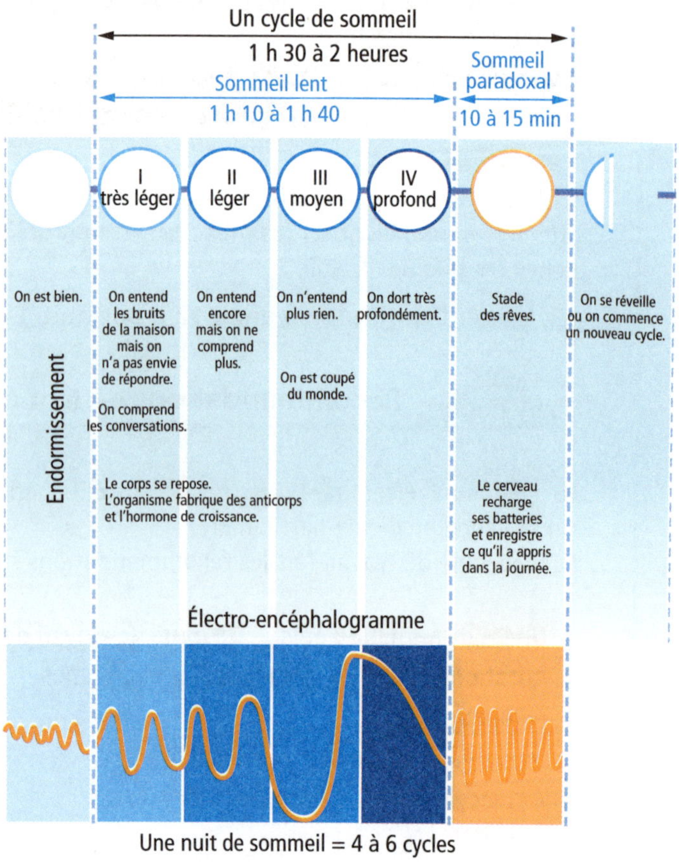

## → ACTIVITÉ 5 - Les effets du manque de sommeil sur les activités d'une journée C13 C21

• Retrouver, en vous appuyant sur le **doc. 8**, les conséquences possibles du manque de sommeil.

| Conséquences EN CLASSE | Conséquences DANS L'ENTREPRISE |
| --- | --- |
| > Difficultés d'attention, pour mémoriser | > Difficultés à travailler (fatigue) |
| > Difficultés à travailler (fatigue) | > Baisse de rentabilité |
| > Échec scolaire | > Risque d'accident du travail, d'erreur |
| > Conflits (irritabilité) | > Conflits (irritabilité) |

### DOC. 8 Effets de la privation de sommeil

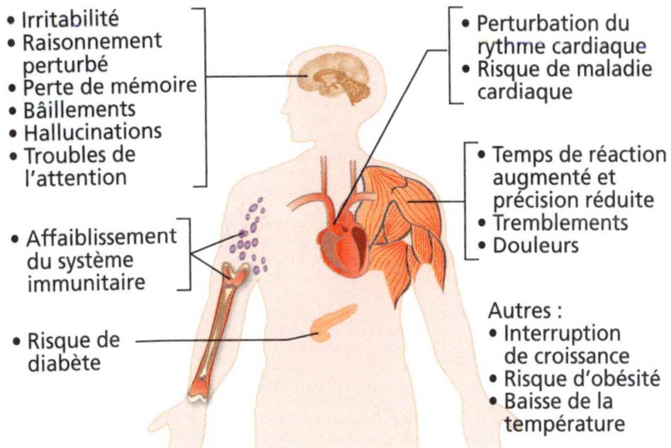


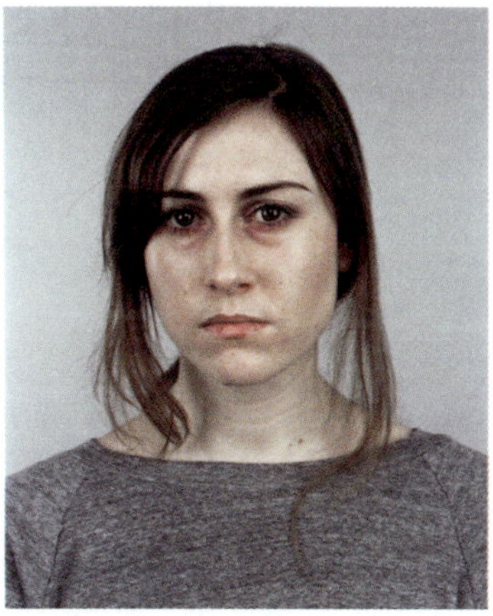

Le manque de sommeil se reflète sur le visage (cernes sombres ou poches sous les yeux, teint terne, vieillissement prématuré de la peau avec relâchement et apparition précoce des rides, yeux rouges et bouffis) et sur les cheveux (fatigués, ternes et cassants).

## → ACTIVITÉ 6 - Les troubles du sommeil C13

• Compléter le tableau suivant à l'aide du **doc. 9**.

| Situations *(souligner les troubles)* | Trouble *(cocher)* |
| --- | --- |
| **A.** Cyril est inquiet. Sa copine l'a quitté. Il ne se sent pas très au point pour les épreuves de sport prévues en fin de semaine. Il s'endort difficilement, se réveille tôt. | ☒ insomnie<br>☐ hypersomnie |
| **B.** Vincent dort en moyenne 12 h par nuit. Dès que le professeur commence son cours, il s'endort. Un jour, il est même tombé de sa chaise. | ☐ insomnie<br>☒ hypersomnie |
| **C.** Christine joue en ligne une partie de la nuit et a ensuite des difficultés à s'endormir. Elle consomme régulièrement des somnifères et ne peut plus se lever le matin. | ☒ insomnie<br>☐ hypersomnie |

### DOC. 9 Insomnie et hypersomnie

• **L'insomnie** se caractérise par un sommeil de mauvaise qualité avec des difficultés d'endormissement, des réveils multiples ou un réveil précoce. L'insomnie est parfois un phénomène secondaire à certaines maladies, dont la dépression, ou à certains traitements.

• **L'hypersomnie** est une maladie où les sujets dorment beaucoup et très profondément. Ils ont du mal à se lever le matin et sont fatigués la journée. Leur besoin de sommeil est nettement plus important que la moyenne. Cette pathologie, dont les causes sont diverses, doit être traitée car elle constitue une gêne réelle dans la vie quotidienne et professionnelle.

## → ACTIVITÉ 7 - Conduite à tenir pour s'assurer un sommeil réparateur C13 C21

**1.** Rappeler comment agit l'obscurité dans l'endormissement (s'appuyer sur le rôle de la mélatonine, déjà abordé dans le **doc. 1**, p. 9).

L'obscurité stimule l'horloge biologique qui libère la mélatonine dans le sang.

**2.** Proposer, en vous appuyant sur les données du **doc. 10**, cinq comportements qui favorisent l'endormissement.

> Faire l'obscurité dans la chambre (sécrétion de mélatonine).

> Avoir une chambre fraîche (favorise la baisse de la température corporelle).

> Avoir fait de l'activité physique ou avoir eu une journée bien remplie (niveau de fatigue élevé).

> Se coucher quand il fait nuit, dans une ambiance silencieuse.

> Être relaxé, détendu.

**3.** Identifier les comportements permettant de favoriser un sommeil réparateur en cochant le tableau ci-dessous.

| Situations | Favorable | Défavorable |
|---|---|---|
| **A.** Consommer du café, du thé, du Coca-Cola® dans la journée. | | ✘ |
| **B.** Boire une infusion de tilleul. | ✘ | |
| **C.** Se coucher à des heures régulières. | ✘ | |
| **D.** Faire des jeux sur ordinateur avant de se coucher. | | ✘ |
| **E.** Fêter un anniversaire en consommant de l'alcool. | | ✘ |
| **F.** Aller se coucher lorsque des signes de sommeil apparaissent (bâillements, picotements des yeux). | ✘ | |
| **G.** Consommer un dîner trop copieux (riche en graisses et en sucres). | | ✘ |
| **H.** Éviter de travailler dans son lit, de regarder la télévision. | ✘ | |
| **I.** Aérer sa chambre régulièrement. | ✘ | |
| **J.** Choisir une bonne literie. | ✘ | |

### DOC. 10 Les facteurs qui favorisent l'endormissement

© Centre des Sciences de Montréal – www.lesommeil.ca

Proposer maintenant des solutions pour Jérôme (étape 5, p. 8).

# Activités de synthèse

## RÉCAPITULER

**Compléter les textes à trous. Si besoin, se reporter à l'aide en bas de page.**

### Adopter un rythme biologique cohérent

- Les rythmes de notre organisme sont appelés rythmes biologiques. Ce sont par exemple les battements du cœur, le sommeil, la faim, le cycle menstruel, etc. Lorsque leur fréquence ou renouvellement est de 24 h, ce sont des rythmes dits circadiens.
- Ces rythmes sont commandés par une horloge biologique interne synchronisée (mise à l'heure) par des facteurs tels que alternance jour et nuit, heure du lever, heure des repas, etc.
- Il ne faut pas les confondre avec les rythmes que l'environnement impose à chacun. Ainsi, les rythmes hebdomadaires (de la semaine) correspondent aux activités qui reviennent régulièrement : c'est l'emploi du temps habituel de la semaine et du week-end ; ils incluent les rythmes sociaux (activités familiales, de loisirs…) mais aussi les rythmes professionnels .
- Les rythmes biologiques peuvent être désynchronisés (déréglés) par le travail posté et par le décalage horaire. Cette désynchronisation a des conséquences sur la santé telles que des troubles du sommeil, de la vigilance ou encore des troubles digestifs. Au niveau de l'entreprise, elle augmente les risques d' accidents du travail et diminue la productivité.
- La médecine du travail préconise, en cas de travail posté, des rotations courtes avec repos compensateur pour permettre la récupération de la fatigue.

### S'assurer un sommeil réparateur

- Une nuit de sommeil comporte 4 à 6 cycles d'environ 90 min comportant plusieurs phases.
- On appelle sommeil lent la première étape de chaque cycle : outre la récupération de la fatigue physique, il permet la sécrétion de l'hormone de croissance. La dernière étape du cycle constitue le sommeil paradoxal pendant lequel le sujet rêve. Il permet la récupération de la fatigue mentale et la mémorisation de ce qui a été appris dans la journée.
- Le sommeil peut comporter des troubles tels que l' insomnie ou l' hypersomnie .
- La santé peut donc se dégrader par un manque de sommeil qui entraîne fatigue, troubles de l'humeur et irritabilité, dépression, diminution des réflexes, etc.
- En milieu professionnel, le manque de sommeil augmente les risques d'accidents du travail et d'accidents du trajet ; le travail réalisé est de moins bonne qualité.
- Pour éviter le manque de sommeil, des mesures de prévention individuelle sont recommandées telles que disposer d'une chambre sombre, fraîche, insonorisée, avec une literie confortable ; se coucher tôt dès que la fatigue se fait sentir ; éviter les excitants et les sujets d'énervement avant de se coucher afin d'être relaxé.

**AIDE :** santé / sociaux / professionnel / sommeil lent / rythmes biologiques / insomnie / décalage horaire / prévention / accidents du travail / chambre / hebdomadaires / fatigue / sommeil paradoxal / circadiens / horloge biologique / cycles / désynchronisés / excitants / travail posté / hypersomnie.

# RETENIR

## Horloge biologique interne (cerveau, hormones)

**Horloge synchronisée ou mise à l'heure par :**
- alternance jour/nuit
- heure des repas
- heure du lever
- rythmes sociaux

Modification de ces éléments par le TRAVAIL POSTÉ ou le DÉCALAGE HORAIRE

→ Perturbation des rythmes biologiques (désynchronisation)

→ Perturbation de l'organisme jusqu'à adaptation

## Rythmes de l'organisme ou rythmes biologiques

vigilance · sécrétions digestives · rythme circadien (24 h) · rythme cardiaque · **sommeil** · cycle menstruel

## Une nuit de sommeil = 4 à 6 cycles de 1h30

1h30 · 1h30 · 1h30 · 1h30 · 1h30 · 1h30

| 1 cycle | | |
|---|---|---|
| | **1re étape : sommeil lent** | Récupération de la fatigue physique |
| | **2e étape : sommeil paradoxal** | Récupération de la fatigue mentale, mémorisation |

**Manque de sommeil**

- Fatigue, perturbation de l'organisme
- Irritabilité, difficultés de concentration
- Travail de moins bonne qualité, risque d'accident du travail

**Nécessité de mesures favorisant la récupération**

# Approfondir

**Optimiser le sommeil : les conseils d'une psychologue spécialiste du sommeil** (4 min)

→ lienmini.fr/pse-vid01

**Vérifiez vos acquis !**

→ lienmini.fr/pse-qcm01

# Gérer son activité physique

**OBJECTIF**

> Être capable d'adopter une attitude raisonnée et responsable pour sa santé en pratiquant une activité physique régulière sans s'exposer aux dangers liés aux dérives sportives.

**Lili, 21 ans,** secrétaire, ne fait plus aucun sport. Elle a pris du poids et se fatigue vite. Elle décide de profiter de la pause de midi pour pratiquer 3 fois par semaine une activité physique afin de retrouver rapidement la forme. La piscine ferme de 12 h à 13 h ; courir dans le parc voisin est difficile par temps pluvieux et il n'y a pas de douches dans l'entreprise. La salle de sport proche de son travail propose activités variées, horaires adaptés, conseils avisés des coachs et tarifs raisonnables. Lorsqu'elle se renseigne, le gérant lui demande un certificat médical et lui propose un surentraînement et des substances pour l'aider un peu.

## 1 Analyser la situation initiale et les besoins

**1 /** Retrouver le problème de Lili.

Elle a grossi et se fatigue rapidement.

**2 /** Préciser le besoin que ressent Lili.

Elle doit pratiquer une activité physique pour retrouver la forme. Les troubles ressentis sont caractéristiques de la sédentarité ; la pratique d'une activité physique devrait permettre d'y remédier.

## 2 Définir le projet

Définir le projet de Lili.

Elle souhaite faire du sport 3 fois par semaine pendant sa pause de midi.

## 3 Analyser le projet en identifiant les ressources et les contraintes

**1 /** Les obligations de Lili.

Être au bureau après la pause dans une tenue correcte (douchée, coiffée).

**2 /** Les contraintes pour réaliser ce projet.

La météo, les horaires, la proximité du lieu de travail ; pouvoir se doucher avant de reprendre son poste de travail.

**3 /** Les ressources (ou possibilités).

La salle de sport, la piscine, le parc.

## 4 Inventorier les stratégies et leurs conséquences

| Possibilités ou ressources possibles | Conséquences (avantages et inconvénients) |
|---|---|
| Piscine | Temps de nage réel réduit (le temps de s'y rendre, de se doucher, de se coiffer…). |
| Parc | Impossibilité de courir les jours de pluie, de se doucher après avoir couru, mais activité gratuite. |
| Salle de sport | Horaires qui correspondent, possibilité de pratiquer quelle que soit la météo, présence de douches. |

## 5 Mobiliser des connaissances utiles

Pour comprendre la situation et y apporter des solutions, je réalise les **Activités 1** à **7** de la séquence 2.

## 6 Choisir une stratégie

**1 /** Indiquer quelle est la solution la plus adaptée au projet de Lili.

C'est la pratique d'activités dans la salle de sport proche de son lieu de travail.

**2 /** Justifier ce choix :

– par rapport aux contraintes : il permet de faire face à toutes les contraintes.

– par rapport à l'impact de cette activité sur sa santé : la variété des activités permet de faire travailler l'ensemble des muscles du corps. Un seul sport ne fait pas travailler tous les muscles.

**3 /** Donner des arguments pour répondre au coach de la salle de sport qui propose dopage et surentraînement.

Les substances dopantes sont nocives pour la santé ; quant au surentraînement, il épuise l'organisme et produit l'effet inverse de celui recherché.

## 7 Évaluer l'impact (l'effet) du projet

Indiquer des éléments qui permettront à Lili d'évaluer les effets de son projet.

> Perte de poids, muscles plus toniques, meilleure forme.

> Meilleur moral du fait de l'amélioration ressentie.

> Plaisir (à pratiquer du sport, à retrouver des amis lors de l'activité).

# MOBILISER DES CONNAISSANCES UTILES

L'activité physique est l'ensemble des mouvements produits par les muscles lors de la vie quotidienne, du travail ou des loisirs et qui augmentent la dépense en énergie. Le comportement sédentaire correspond aux activités pour lesquelles les mouvements sont réduits et la dépense énergétique faible. Si l'activité physique est nécessaire à la santé, la recherche de la performance ne doit pas conduire à des dérives.

## ACTIVITÉ 1 - Le muscle strié et le mécanisme de la contraction musculaire C12 C13

1. Légender le schéma du muscle strié squelettique du **doc. 1** avec les mots surlignés dans le **doc. 2**.

### DOC. 1 Structure du muscle strié squelettique : le biceps

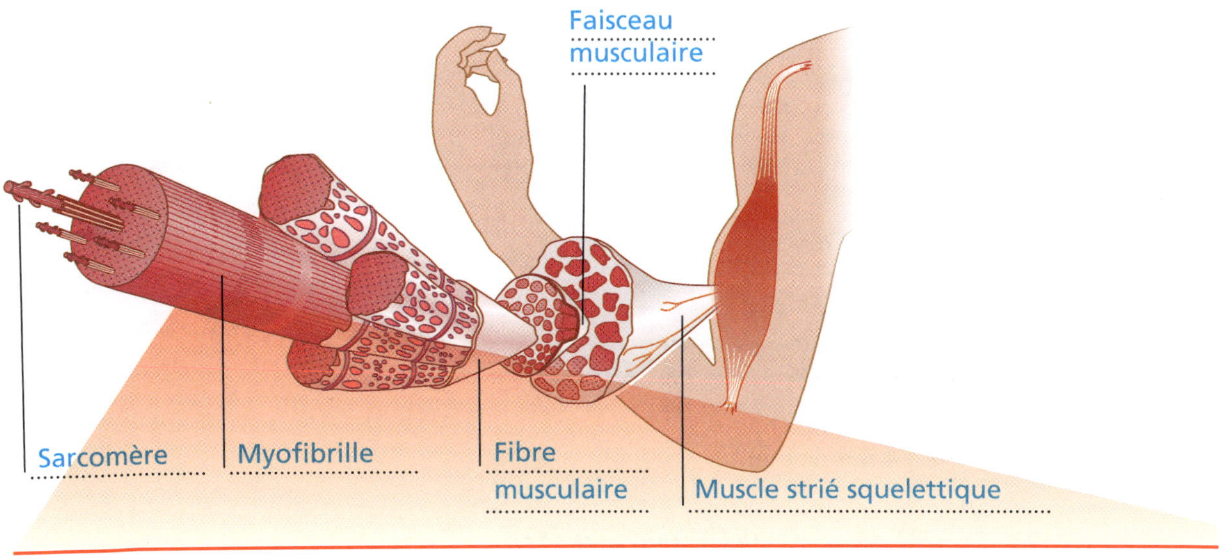


### DOC. 2 Description du muscle strié squelettique

Les muscles striés squelettiques permettent de réaliser les différents mouvements sous la commande du système nerveux central. Ils sont composés d'un ensemble de faisceaux musculaires d'une taille d'environ 0,5 mm de diamètre ayant une fonction contractile.
Ces faisceaux sont formés par une multitude de fibres musculaires ou cellules musculaires (0,05 à 0,1 mm de diamètre) dans lesquelles on observe des noyaux.
Chacune des fibres se compose de myofibrilles (0,001 à 0,002 mm), formées par une succession de sarcomères, unités de base de la contraction musculaire.

Les sarcomères sont constitués de deux molécules : l'actine et la myosine (cf. **doc. 3**, p. 20).
Des vaisseaux sanguins qui pénètrent dans les faisceaux de fibres assurent la vascularisation du muscle.

**Remarque :** il existe trois catégories de muscles : les muscles striés squelettiques qui obéissent à la volonté, le muscle cardiaque et les muscles lisses qui assurent des contractions dans les viscères (intestin, utérus, œsophage...).

À partir du **doc. 3** :

**2.** Décrire l'action du biceps au niveau du bras lors du mouvement.

Le biceps fait remonter le bras.

**3.** Cocher ce qui distingue le muscle en mouvement du muscle au repos.

| | |
|---|---|
| ☐ muscle plus long<br>☒ muscle plus court | ☒ augmentation du diamètre (gonfle)<br>☐ diminution du diamètre |

**4.** > Indiquer les différences observées au niveau des sarcomères entre le muscle en mouvement et le muscle au repos.

Lors du mouvement, les sarcomères sont plus courts.

> En déduire le mécanisme de la contraction musculaire.

La contraction musculaire résulte du raccourcissement des sarcomères qui constituent les myofibrilles.

**DOC. 3** **Mécanisme de la contraction musculaire**

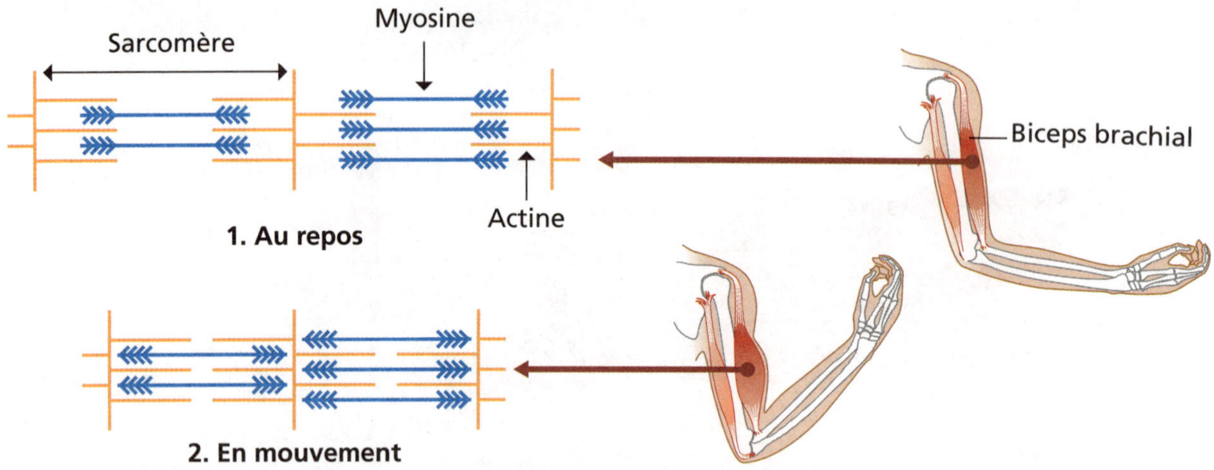


## → ACTIVITÉ 2 - Activité physique et sédentarité C21

• Cocher le tableau ci-dessous à l'aide de vos connaissances et de l'introduction (p. 19).

| Situations | Activité physique | Comportement sédentaire |
|---|---|---|
| **A.** Monter les escaliers. | ✗ | |
| **B.** Prendre l'ascenseur ou l'escalator. | | ✗ |
| **C.** Assister à un cours de PSE. | | ✗ |
| **D.** Participer à un cours d'EPS ; pratiquer un sport. | ✗ | |
| **E.** Aller à pied au lycée. | ✗ | |
| **F.** Prendre le bus ou le métro pour se rendre au LP. | | ✗ |
| **G.** Regarder la télévision, jouer sur l'ordinateur. | | ✗ |
| **H.** Faire le ménage dans sa chambre ou aider à jardiner. | ✗ | |
| **I.** Occuper un emploi de bureau. | | ✗ |
| **J.** Occuper un emploi dans le bâtiment (maçon…). | ✗ | |

## → ACTIVITÉ 3 - Conséquences physiologiques du travail musculaire C13 C22

Exemple : Élève de Bac Pro, Eliott aime les pâtisseries. Il mesure 1 m 75 pour une masse de 100 kg. Son pourcentage de masse grasse est de 35 %. Désireux de maigrir, il décide de se mettre au sport en allant courir 1 heure, 3 fois par semaine. 4 mois plus tard, il a perdu 10 kg et son pourcentage de masse grasse est tombé à 25 %.

**1.** Compléter le tableau à l'aide des données de l'exemple ou par des calculs.

| | Masse d'Eliott | Masse grasse (en %) | Masse de graisse (en kg) | Masse maigre |
|---|---|---|---|---|
| Avant footing | 100 kg | 35 % | 35 kg | 65 kg |
| Après footing | 90 kg | 25 % | 22,5 kg | 67,5 kg |

**2.** Indiquer l'effet produit par le footing sur la masse grasse d'Eliott. En déduire l'action de l'activité physique sur les lipides de réserve.

La masse grasse a diminué.

L'activité physique utilise des lipides de réserve.

**3.** Eliott a perdu plus de graisse qu'il n'a perdu de poids. En déduire l'action de l'activité physique sur les muscles.

L'activité physique augmente la masse musculaire.

Exemple (suite 1) : Son médecin mesure pour un muscle au repos et un muscle en activité moyenne la quantité de dioxygène, de dioxyde de carbone et de glucose présente dans 100 mL de sang entrant dans le muscle (sang artériel) et dans 100 mL de sang sortant du muscle (sang veineux). On obtient les résultats suivants :

**A. Cellules musculaires au repos**

| 100 mL de sang | Sang artériel | Sang veineux | Le muscle a utilisé : |
|---|---|---|---|
| Dioxygène $O_2$ | 20 mL | 15 mL | 5 mL d'$O_2$ |
| Glucose | 90 g | 87 g | et 3 g de glucose |

**B. Cellules musculaires en activité**

| 100 mL de sang | Sang artériel | Sang veineux | Le muscle a utilisé : |
|---|---|---|---|
| Dioxygène $O_2$ | 22 mL | 4 mL | 18 mL d'$O_2$ |
| Glucose | 90 g | 80 g | et 10 g de glucose |

**Conclusion**

Le muscle en activité consomme beaucoup plus d'oxygène et de glucose qu'au repos.

**4.** Compléter les tableaux **A** et **B** ci-dessus et conclure.

Exemple (suite 2) : Eliott s'est acheté un cardiofréquencemètre afin de contrôler sa fréquence cardiaque durant les footings. Au repos, il a une fréquence cardiaque moyenne de 70 battements/min. Durant la course, elle atteint une moyenne de 150 battements/min ; de plus, il respire beaucoup plus vite.

**5.** Préciser pourquoi le rythme respiratoire et la fréquence cardiaque d'Eliott augmentent durant son footing (faire la relation avec la consigne **4**).

Cette augmentation permet d'apporter tout l'oxygène nécessaire aux muscles en activité dont les besoins sont accrus.

# ACTIVITÉ 4 - Les effets positifs et négatifs de l'activité physique sur la santé C11 C22

**1.** Justifier pourquoi le sport améliore les fonctions cardiaques et respiratoires.

Ces appareils sont activement sollicités lors de la pratique du sport.

**2.** Compléter le tableau suivant après avoir souligné, dans trois couleurs différentes, les informations utiles présentes dans le **doc. 4**.

| Effets POSITIFS | | Effets NÉGATIFS |
|---|---|---|
| L'activité physique améliore : | L'activité physique permet de prévenir : | L'activité physique augmente les risques de : |
| • Les fonctions cardiaques et respiratoires<br>• L'espérance de vie<br>• Le bien-être émotionnel<br>• Le bien-être physique<br>• La qualité de vie<br>• La perception de soi | • Les maladies cardio-vasculaires<br>• L'obésité<br>• Certains cancers | • Lésions aiguës (fractures, luxations...)<br>• Lésions chroniques (tendinites, tendinopathies)<br>• Surmenage des cartilages de croissance (enfant)<br>• Addiction au sport |

**3.** Justifier pourquoi un certificat médical est demandé lors de l'inscription dans un club sportif.

Certaines maladies peuvent être une contre-indication à la pratique de certains sports.

## DOC. 4 Les effets bénéfiques sur la santé et le bien-être

La pratique d'une activité modérée (au moins 3 heures par semaine) ou d'une activité intense (au moins 20 minutes, 3 fois par semaine) diminue de 30 % le risque de mortalité prématurée. La pratique régulière d'un sport améliore le bien-être émotionnel, le bien-être physique, la qualité de vie et la perception de soi. [...] Mais, au-delà de ce bénéfice global, les bienfaits de l'activité physique dépendent aussi du parcours de vie de chaque individu et, dans le cadre du traitement et de la prévention, des caractéristiques de chaque pathologie. L'activité physique est primordiale en prévention primaire des maladies cardiovasculaires mais également en prévention secondaire. [...] Elle joue un rôle fondamental pour éviter le gain de poids et elle réduit le risque de certains cancers [...].

**Attention !** Les bénéfices ne doivent pas faire oublier les risques !

[...] La pratique régulière d'une activité physique peut augmenter le risque de lésions aiguës (fracture, luxation, traumatisme crânien, rupture des ligaments croisés, entorse) ou chroniques (tendinite [...], tendinopathie [...]). Chez l'enfant, il y a risque de surmenage des cartilages de croissance. Autre exemple de risque : il semble que 4 % des personnes pratiquant une activité physique de manière intense présentent un profil d'addiction à leur activité. La promotion de l'activité physique doit toujours être personnalisée, c'est-à-dire adaptée aux paramètres d'âge, de sexe, de santé et de condition des individus.

© www.inserm.fr

## → ACTIVITÉ 5 - Les effets du dopage C13 C21

**1.** Souligner dans le **doc. 5 (❶)** la définition du dopage.

**2.** Compléter le tableau suivant à l'aide du **doc. 5 (❶ et ❷)**.

| Principaux produits ou procédés dopants | Principaux effets recherchés | Conséquences pour la santé |
|---|---|---|
| • Cannabis | • Devenir plus fort | • Modifications physiques |
| • Stéroïdes | • Acquérir de la masse musculaire | • Stérilité |
| • Stimulants | • Masquer la douleur | • Troubles cardiaques |
| • Hormones | • Diminuer la fatigue | • Atteinte du foie, des reins... |
| • Transfusion sanguine | | • Décès |
| • Dopage génétique | | |

**3.** Justifier à l'aide du **doc. 5 (❸)** pourquoi le cannabis est un produit dopant.

Il diminue le stress et la perception de la douleur.

**4.** Souligner dans le **doc. 5 (❸)** les deux types de sanction auxquels s'expose le sportif qui se dope.

### DOC. 5 La prévention du dopage

**Qu'est-ce que le dopage ?** ❶

Il y a du «dopage» à partir du moment où un sportif utilise des substances ou méthodes interdites pour améliorer ses résultats à l'entraînement et en compétition. Les stéroïdes sont les substances qui viennent le plus souvent à l'esprit lorsqu'il est question de dopage, mais le dopage comprend aussi l'utilisation par le sportif d'autres substances interdites (comme les stimulants, hormones, diurétiques, narcotiques et marijuana), le recours à des méthodes interdites (comme la transfusion sanguine ou le dopage génétique), et même le refus de se soumettre à un contrôle du dopage ou encore la tentative de fausser les résultats d'un contrôle.

**Pourquoi en faire une affaire ?** ❷

Il est vrai que le dopage peut aider les sportifs à devenir plus forts et à acquérir de la masse musculaire, qu'il peut diminuer la fatigue ou masquer la douleur, mais il a aussi des effets secondaires néfastes.

Certaines substances peuvent entraîner des changements d'apparence qui sautent aux yeux. Par exemple, les stéroïdes peuvent causer de l'acné, en particulier sur le dos. Chez les garçons, ils peuvent avoir pour effet de diminuer le volume des testicules et d'entraîner l'impuissance et la perte des cheveux ; chez les filles, ils peuvent donner une voix plus grave et causer l'apparition de poils sur le visage. D'autres effets secondaires sont même plus alarmants. Le dopage peut en effet entraîner des troubles du cœur, du foie et des reins ; certains sportifs en sont même morts.

Brochure « Le Dopage ... » (SHS.2006/WS/15) © Unesco.

❸

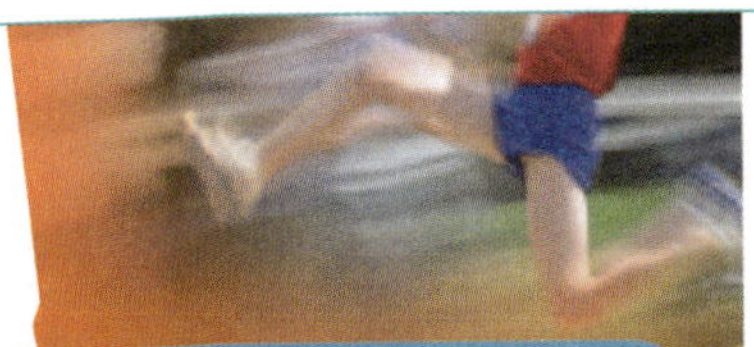

**Pourquoi le cannabis est-il classé parmi les produits dopants ?**

Le cannabis est doublement interdit aux sportifs en France : d'une part parce qu'il fait partie des stupéfiants et que son usage est interdit et, d'autre part, parce qu'il est sur la liste des produits dopants, et cela en raison de ses effets sur le stress, les perceptions et la douleur. Il reste détectable très longtemps.

**Que prévoit la LOI ?**

**La lutte contre le dopage** dans le sport repose en France sur la loi du 3 juillet 2008, codifiée dans le Code du sport.

**Est passible de sanctions disciplinaires tout sportif :**

› qui utilise une substance/méthode interdite figurant sur la liste du Code mondial antidopage ;

› qui refuse de se soumettre à un contrôle antidopage.

**Est passible de sanctions pénales :**

› tout sportif qui détient et utilise, sans raison médicale justifiée, une substance/méthode interdite ;

› toute personne qui prescrit, administre, applique, cède, offre, produit, fabrique, importe, exporte, transporte, détient ou acquiert une substance/méthode interdite aux fins d'usage par un sportif sans raison médicale justifiée ;

› toute personne qui s'oppose à la réalisation des contrôles (sanctions prévues : 6 mois de prison et 7 500 € d'amende) [...].

© INPES.

## ACTIVITÉ 6 - Les effets du surentraînement C13 C22

**1.** Souligner dans les deux exemples du **doc. 6** les effets du surentraînement.

**2.** Proposer une définition du surentraînement puis expliquer pourquoi il donne le résultat inverse de celui qui est attendu.

C'est un entraînement excessif qui épuise et fait perdre la forme (*Larousse*) ; il compromet de ce fait la possibilité de réaliser la performance visée.

DOC. 6 **Exemples de surentraînement**

❶ Antoine, 17 ans, est sportif de haut niveau en athlétisme. Tous les matins, avant de se rendre à l'école, il court une heure. Le soir, il reprend l'entraînement cumulant course à pied et musculation. Le week-end, il enchaîne les compétitions. Mais plus Antoine s'entraîne, plus il dort mal et plus ses performances sont en chute libre. Il a perdu beaucoup de poids alors qu'il ne fait pas de régime particulier. Il parvient tout de même à se qualifier pour les championnats visés. Il augmente son entraînement, mais une semaine avant la course, il contracte une maladie infectieuse qui l'empêche de prendre le départ.

❷ Corinne, 19 ans, prépare des championnats de marathon. Son objectif est de monter sur le podium. Pour l'atteindre, elle réalise un entraînement hebdomadaire d'environ 150 km. Au début de sa préparation, Corinne est très motivée. Au fur et à mesure que les semaines passent, elle déprime et elle se sent en permanence fatiguée. Elle constate une augmentation de sa fréquence cardiaque au repos mais elle poursuit tout de même son entraînement. Dix jours avant la course, sans subir de choc, elle se fissure le tibia et ne peut donc pas participer à la compétition : le médecin diagnostique une fracture de fatigue.

## ACTIVITÉ 7 - Les avantages de l'activité physique régulière et raisonnée C21 C51

• Indiquer huit arguments à donner à un camarade adolescent sédentaire pour le convaincre des bienfaits de l'activité physique ; intégrer les notions de sport plaisir et loisir.

> Elle protège la santé.

> Elle permet d'être en forme.

> C'est un plaisir : performance, jeu.

> Elle permet d'évacuer le stress.

> Elle améliore la condition physique.

> Elle permet d'avoir une jolie silhouette.

> Elle permet de profiter du plein air.

> Sociabilisation par les sports d'équipe.

**Proposer maintenant des éléments qui permettront à Lili d'évaluer l'impact de son projet (étape 7, p. 18).**

# Activités de synthèse

## RÉCAPITULER

**Compléter les textes à trous. Si besoin, se reporter à l'aide en bas de page.**

### Mécanisme du travail musculaire

• Le muscle squelettique strié est constitué de fibres, elles-mêmes constituées de myofibrilles dont la taille est de l'ordre du micron et qui comportent une succession de sarcomères constitués d'actine et de myosine. Ces molécules glissent l'une sur l'autre lors de la contraction musculaire.

• Pour se contracter, le muscle a besoin de dioxygène et de glucose ; l'activité physique entraîne donc l'augmentation du rythme cardiaque et respiratoire.

### Effets de l'activité physique

• **Effets positifs** : ils résultent de la physiologie du travail musculaire.

• L'activité physique protège la santé : elle diminue le risque de maladies cardiovasculaires, de diabète, d'ostéoporose, de cancers, limite la prise de poids, etc.

• L'activité physique améliore la condition physique : elle augmente la force musculaire, les fonctions cardiaques et respiratoires, la souplesse et l'équilibre, etc.

• L'activité physique permet d'être en forme : elle favorise la résistance à la fatigue, la qualité du sommeil, diminue l'anxiété, etc.

• **Effets négatifs** : la pratique de l'activité physique peut générer des accidents provoquant des lésions musculaires ou osseuses.

• L'état de santé peut présenter des contre-indications à la pratique d'un sport, d'où la nécessité d'un avis médical avant sa pratique.

### Effets du surentraînement et du dopage

• Le surentraînement est un entraînement excessif qui épuise et fait perdre la forme et occasionne de nombreux troubles ; il compromet de ce fait la possibilité de réaliser la performance visée.

• Le dopage est l'absorption de substances illicites qui permettent d'améliorer les performances physiques et mentales en supprimant certains signes d'alarme comme la fatigue ou en augmentant la masse musculaire, par exemple.

• Ces pratiques, contraires à l'esprit sportif, mettent gravement en péril la santé du sportif.

**AIDE :** illicites / poids / dioxygène / sportif / santé (2 fois) / en forme / fibres / surentraînement / cardiaque / accidents / performances / micron / avis médical

# RETENIR

## Approfondir

**Je prends soin de moi (Épisode II) : Pourquoi pratiquer une activité physique ?** (2 min 37 s)

→ lienmini.fr/pse-vid02

**Vérifiez vos acquis !**

→ lienmini.fr/pse-qcm02

# Appréhender le concept et le système de santé

OBJECTIFS

> Participer au maintien de son capital santé par un comportement réfléchi mettant en œuvre la prévention.
> Concourir au principe de solidarité grâce auquel fonctionne le système de santé, en évitant le gaspillage des dépenses de santé.

**La santé pour tous** est l'objectif fixé par les états membres de l'OMS. Le système mis en place pour atteindre cet objectif varie selon les pays. En France, ce système fonctionne notamment grâce à 4 axes en interaction : une politique de prévention et un système de protection sociale, mais aussi la protection et l'hygiène de l'environnement (nature, cité, travail), des conditions socio-économiques (revenu, emploi, logement) permettant à tout individu de satisfaire ses besoins. La prévention s'exerce par la mise en place de mesures collectives, et la responsabilisation de chacun à prendre des mesures individuelles ; les plans santé donnent le cap. L'assurance maladie, basée sur le principe de solidarité, et la CMU permettent l'accès aux soins de chaque citoyen.

## 1 Identifier la finalité du système

• Système : le système de santé.
• Finalité : la santé pour tous.

## 2 Identifier les éléments du système

**1 /** Retrouver les quatre axes qui permettent au système de fonctionner.

> Politique de prévention.
> Système de protection sociale.
> Protection et hygiène de l'environnement.
> Conditions socio-économiques permettant à tout individu de satisfaire ses besoins.

**2 /** Retrouver, pour les deux principaux axes, les moyens mis en œuvre.

> Prévention : plans santé, prévention collective, prévention individuelle.
> Protection sociale : assurance maladie, CMU.

## 3 Mettre en relation les éléments du système

Compléter le schéma du système à l'aide des éléments identifiés aux **étapes 1** et **2**.

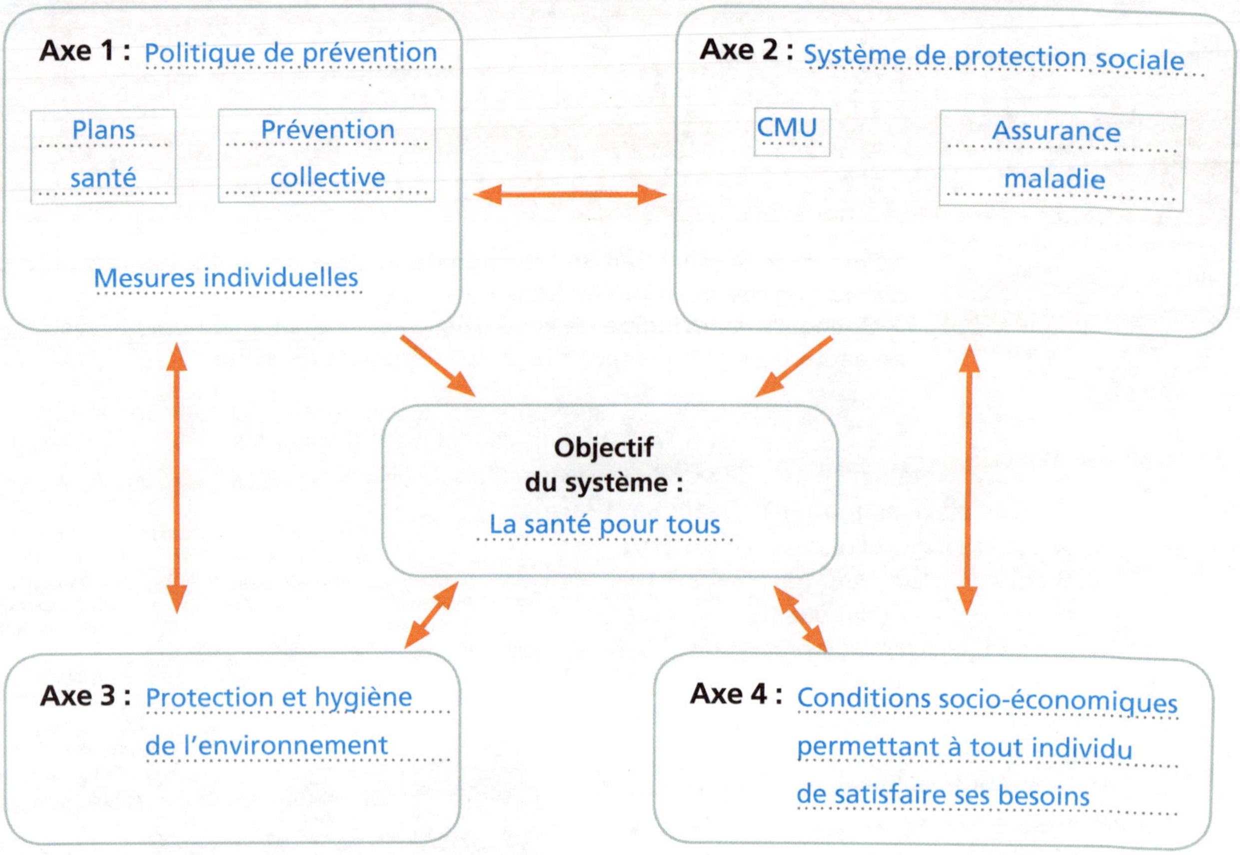


## 4 Mobiliser des connaissances utiles

Pour comprendre le système, je réalise les **Activités 1** à **6** de la séquence 3.

## 5 S'inscrire dans le système

Proposer des comportements pour s'inscrire dans le système de protection de la santé en citoyen responsable :

**1 /** Au niveau des mesures de prévention collectives.

> Faire les vaccins obligatoires et conseillés.

> Se soumettre aux examens de dépistage.

**2 /** Au niveau des mesures de prévention individuelles (notamment celles préconisées par les plans santé).

> Avoir une hygiène de vie qui permette de préserver son capital santé.

> Prendre en compte les mesures préconisées : ne pas fumer, utiliser des préservatifs, etc.

**3 /** Au niveau du parcours santé.

> Respecter le parcours santé : consulter son médecin traitant avant de consulter un spécialiste.

> Mettre en œuvre les conseils de prévention préconisés par le médecin traitant.

> Apporter sa carte Vitale lors de tout rendez-vous médical.

# MOBILISER DES CONNAISSANCES UTILES

La santé est définie par l'OMS comme « un état de complet bien-être physique, mental et social, et ne consiste pas seulement en une absence de maladie ou d'infirmité ». Elle constitue un des droits fondamentaux de tout être humain que l'État se doit de préserver.

## → ACTIVITÉ 1 - Le concept de santé C12 C22

**1.** Relier par des flèches chaque composante du concept de santé à sa description.

SANTÉ

- Bien-être physique
- \+
- Bien-être mental
- \+
- Bien-être social

- Les échanges, la communication, les activités partagées contribuent à l'épanouissement : le sujet est **bien avec les autres**.
- Tous les appareils (circulatoire, digestif…) fonctionnent parfaitement ; il y a absence de maladie, de douleur, de faim ou de soif : le sujet est **bien dans son corps**.
- État d'équilibre psychique : le sujet est **bien dans sa tête**.

**2.** Compléter le tableau ci-dessous en cochant la colonne correspondante.

DOC. 1 **La pyramide de Maslow**

| Maslow, sociologue américain, définit l'homme comme un tout présentant des aspects physiologiques, psychologiques, sociologiques et spirituels.<br><br>Il détermine une hiérarchie de ces besoins représentés sous forme d'une pyramide à 5 niveaux : nous recherchons d'abord à satisfaire les besoins d'un niveau avant de passer à ceux du niveau supérieur. | La satisfaction de cet étage de la pyramide de Maslow contribue à la santé au niveau du : | | |
|---|---|---|---|
| | Bien-être physique | Bien-être mental | Bien-être social |
| **Besoin de réalisation de soi** (développer ses connaissances, ses valeurs, créer, avoir des projets…) | | ✗ | |
| **Besoin d'estime et de considération** (éprouver le sentiment d'être utile, d'être reconnu capable…) | | | ✗ |
| **Besoin d'amour et d'appartenance** (être aimé, écouté, compris ; participer, faire partie d'un groupe…) | | | ✗ |
| **Besoin de protection et de sécurité** (posséder ou maîtriser les choses, se sentir en sécurité, faire confiance…) | | ✗ | |
| **Besoins physiologiques (maintien de la vie)** (ne pas avoir faim, soif, ne pas souffrir…) | ✗ | | |

# → ACTIVITÉ 2 - Le concept de capital santé C13 C21

**1.** > Souligner dans l'exemple ci-après tous les éléments qui peuvent avoir une influence sur la santé de Yann.
> Classer ensuite ces éléments dans le schéma du **doc. 2**.
> Indiquer par le signe « + » ou « – », au niveau de chaque élément reporté sur le schéma, son effet positif ou négatif sur la santé de Yann.

**2.** Expliquer, à l'aide de la consigne **1.** et du **doc. 3**, pourquoi on parle de capital santé.

Comme un capital, la santé est un bien dont on dispose et que l'on peut dilapider ou dégrader par des comportements inadaptés (alcool, tabac, excès alimentaires...).

**3.** Retrouver les éléments sur lesquels Yann doit agir pour préserver son capital santé.

Il peut agir sur son sommeil, sa consommation d'alcool et de tabac.

**Exemple :**
Yann, 20 ans, vient d'être embauché dans une usine de métallurgie. Il y a du bruit et de la poussière dans l'atelier où il opère. Le rythme de travail auquel il est soumis entraîne chez lui du stress. Il travaille debout et craint d'avoir des varices comme beaucoup de personnes de sa famille.
La ville dans laquelle il réside est enveloppée d'un air non pollué et il habite un petit appartement confortable.
Soucieux de sa silhouette, il se nourrit de manière équilibrée et fait du sport régulièrement. Il aime sortir et de ce fait, il dort peu. Lors de ces sorties, il consomme de l'alcool et fume beaucoup. Très soigneux, il a une hygiène corporelle et vestimentaire irréprochable et son appartement est toujours bien entretenu.

## DOC. 2 Influence de l'environnement, des comportements et de l'hérédité sur la santé

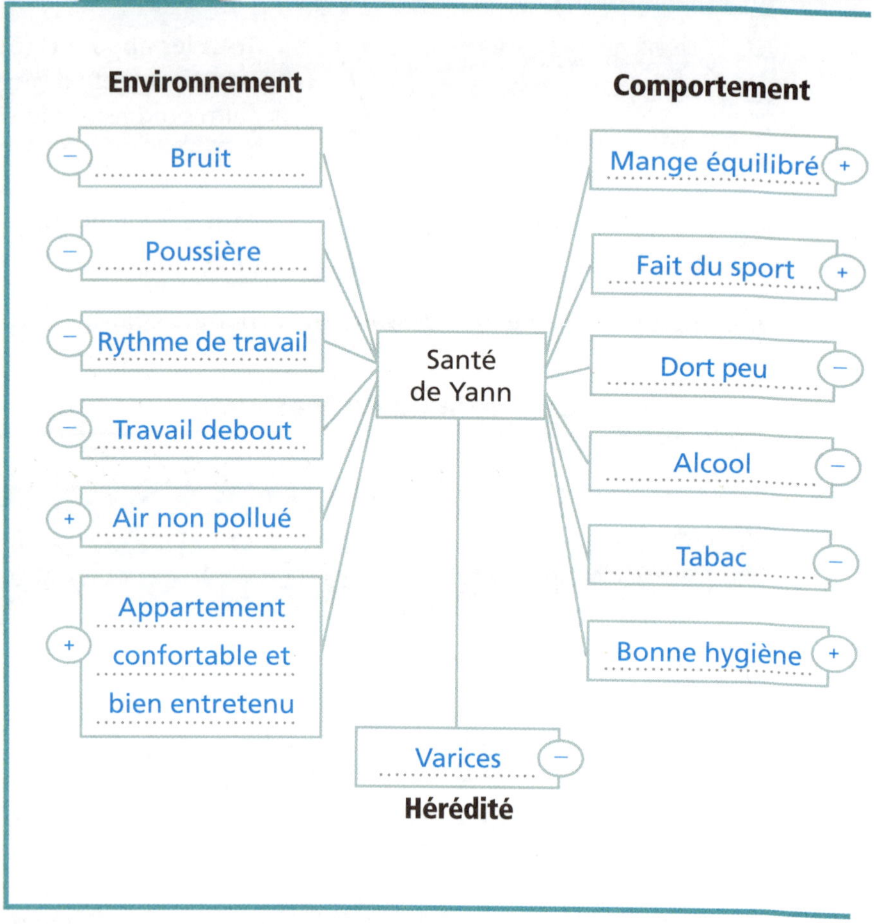


## DOC. 3 La notion de capital

D'après le *Larousse* :
« CAPITAL : ensemble des biens, monétaires ou autres, possédés par une personne ou une entreprise, constituant un patrimoine et pouvant rapporter un revenu.
Au figuré. Ensemble des ressources (intellectuelles, morales, etc.) dont on dispose à un moment donné. »
**Le capital peut donc rapporter mais aussi être dépensé.**

## → ACTIVITÉ 3 - Quelques orientations des plans santé C11 C13 C22

1. Souligner dans le **doc. 4** l'objectif général des différents plans santé en cours.

2. Retrouver à quel plan santé correspondent les mesures ci-après en cochant le tableau.

3. Souligner dans ce même tableau, à l'aide du **doc. 5** :
> en bleu, les mesures qui correspondent à de la prévention primaire ;
> en vert, les mesures qui correspondent à de la prévention secondaire ;
> en noir, les mesures qui correspondent à de la prévention tertiaire.

| Mesures | Plan *(cocher)* | | |
|---|---|---|---|
| | PC | PST | PN IST |
| **A.** Campagnes antitabac | ✗ | | |
| **B.** Amélioration de la détection précoce du VIH et des IST et réduction du retard de leur prise en charge | | | ✗ |
| **C.** Amélioration des conditions de travail | | ✗ | |
| **D.** Actions de prévention des risques professionnels | | ✗ | |
| **E.** Accès aux préservatifs dans divers lieux de vie | | | ✗ |
| **F.** Dépistage du cancer du sein et du cancer colorectal | ✗ | | |
| **G.** Meilleur accompagnement des personnes après un cancer | ✗ | | |
| **H.** Accès ou retour à l'emploi des personnes vivant avec le VIH | | | ✗ |
| **I.** Surveillance accrue des personnes à haut risque de cancer | ✗ | | |
| **J.** Campagne de vaccination contre les papillomavirus | ✗ | | |

### DOC. 4 Quelques plans santé en vigueur

Les plans santé sont établis sous la direction d'un ou plusieurs ministères (dont celui de la Santé) pour une période déterminée. Ils prévoient la mise en place d'un ensemble de mesures de prévention collective de différents niveaux et incitent les citoyens, par l'intermédiaire des médias, à prendre des mesures individuelles.

©INRS

### DOC. 5 Les trois niveaux de prévention

- La **prévention primaire** est mise en œuvre pour éviter la maladie (hygiène, vaccins, alimentation...) ;
- La **prévention secondaire** consiste en un dépistage (radiographie des seins, par exemple) qui repère le début d'une maladie afin d'agir pour limiter son développement.
- **La prévention tertiaire** vise à limiter le handicap ou à éviter une rechute après une maladie ou un accident.

## ACTIVITÉ 4 - Place de l'assurance maladie dans le régime général de la Sécurité sociale C11

**1.** Souligner dans l'organigramme du **doc. 6** les trois caisses nationales qui dépendent du régime général de la Sécurité sociale.

**2.** Entourer sur l'organigramme du **doc. 6** l'ensemble des caisses qui constituent l'assurance maladie.

**3.** Retrouver les trois risques sociaux couverts par l'assurance maladie.

> Maladies ........ > Accidents du travail ........ > Maladies professionnelles

### DOC. 6 Le régime général de la Sécurité sociale

• Les recettes qui alimentent les différentes caisses proviennent essentiellement des **cotisations salariales** (prélèvements sur les salaires bruts), des **cotisations patronales** payées par les employeurs et de l'État.

• La Sécurité sociale fonctionne selon le **principe de solidarité** : les cotisations versées par l'ensemble des salariés financent le coût de la maladie pour les personnes qui en sont atteintes. Les retraites sont financées par les cotisations de la population active.

• Environ 4 travailleurs sur 5 dépendent du **régime général** ; les autres (agriculteurs, artisans...) sont affiliés à des **régimes spéciaux**.

• Pour les plus démunis, la **Couverture maladie universelle** (CMU) assure une affiliation au régime de base et une couverture complémentaire gratuite.

Organigramme simplifié du régime général de la Sécurité sociale

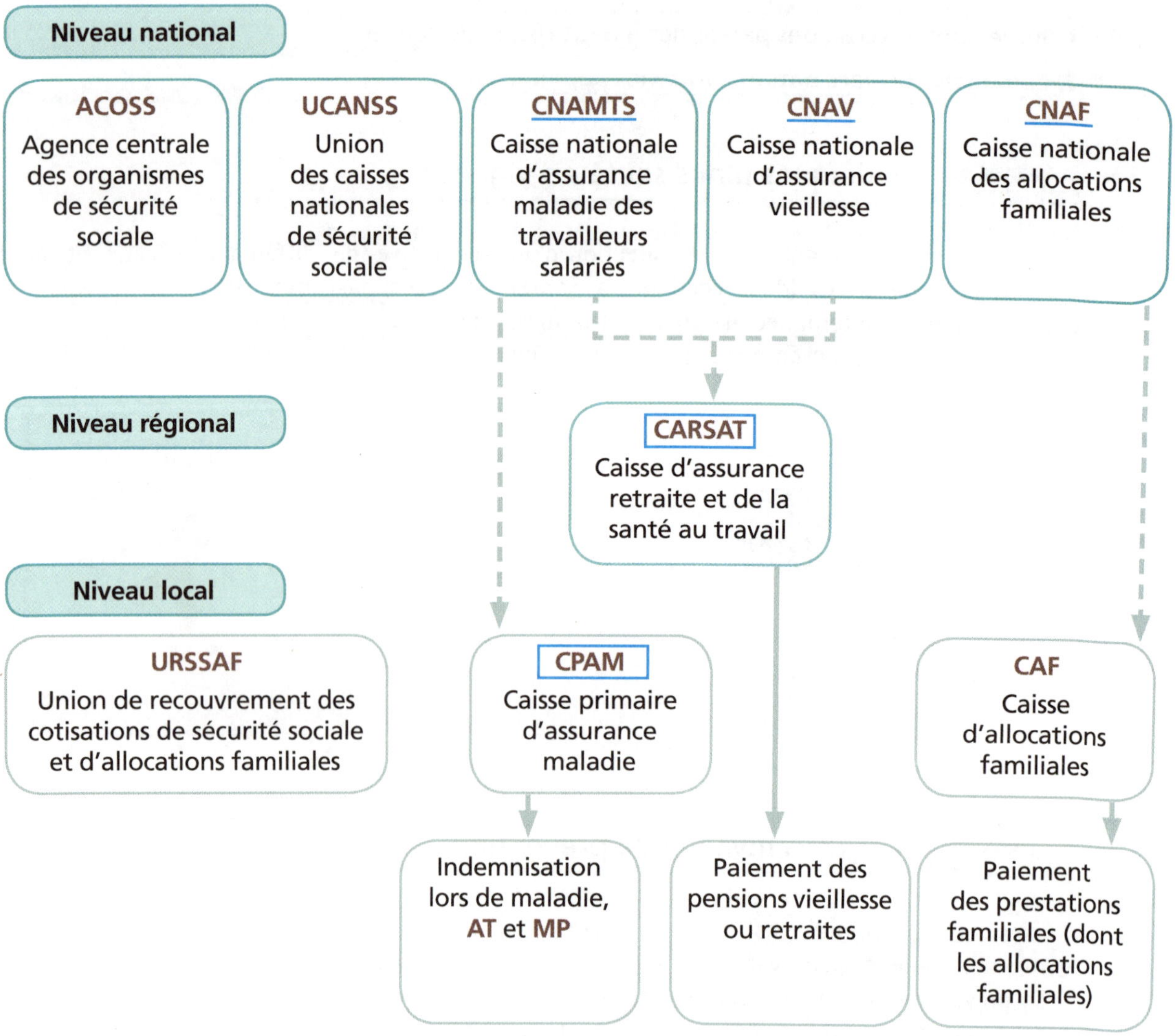

## → ACTIVITÉ 5 - Le vocabulaire de l'assurance maladie C11

• Relier par des flèches chaque élément à sa définition ; s'aider des **doc. 7** et **8**.

- **A.** Ayants droit
- **B.** Prestations en nature
- **C.** Prestations en espèces
- **D.** Tiers payant
- **E.** Carte Vitale
- **F.** Ticket modérateur

1. C'est le remboursement des dépenses de santé : honoraires du médecin, médicaments, analyses de laboratoire, soins dentaires, etc.
2. Les enfants et le conjoint sans emploi bénéficient de l'assurance maladie du parent qui travaille.
3. C'est la partie des dépenses de santé qui n'est pas remboursée par l'assurance maladie.
4. C'est une somme qui remplace partiellement le salaire durant l'arrêt de travail.
5. On ne paie que le ticket modérateur chez les médecins ou dans les établissements (pharmacies, laboratoires...) qui le pratiquent.
6. Contient les éléments administratifs nécessaires à la prise en charge des soins et au déclenchement des remboursements.

### DOC. 7 L'essentiel sur l'assurance maladie

• L'assurance maladie verse à l'assuré(e) et à ses ayants droit (enfants à charge, époux(se) sans emploi) des **prestations en nature** (remboursement des dépenses liées à la santé : médicaments, analyses...) et des **prestations en espèces** (indemnités remplaçant partiellement le salaire qui n'est plus versé par l'employeur durant l'arrêt de travail).

• Pour se rendre chez le médecin, il ne faut pas oublier la **carte Vitale** qui permet d'être directement remboursé de sa visite sans avoir à envoyer la feuille de soins à la CPAM dont on relève*.

• Les dépenses de santé ne sont pas entièrement remboursées, sauf maladie grave dont la liste est établie. Une partie reste à la charge de l'assuré, c'est ce que l'on appelle le **ticket modérateur**. Celui-ci peut être remboursé si on possède une **mutuelle** ou une **assurance maladie complémentaire**.

Ces dernières peuvent en outre verser un complément de prestations en espèces en cas d'arrêt de travail.

• Le **tiers payant**, généralisé d'ici 2017 : médecins, pharmaciens et autres professionnels de santé ne font régler à leurs patients que le ticket modérateur, ils sont ensuite directement payés par la CPAM et les mutuelles éventuelles.

* La feuille de soins est utilisée chez certains professionnels de santé encore non équipés de lecteurs de carte Vitale.

### DOC. 8 La carte Vitale

Fiable, pratique et sûre, votre carte Vitale est à présenter à tous les professionnels de santé. Plus de feuille de soins à envoyer, plus de vignette à coller, elle vous garantit le remboursement de vos soins sous cinq jours [...]

La carte Vitale est une carte à microprocesseur, dite « à puce » de la taille d'une carte bancaire. Elle ne contient pas d'informations d'ordre médical mais tous les éléments administratifs nécessaires à la prise en charge de vos soins [...]

© www.ameli.fr

## → ACTIVITÉ 6 - Principe et objectifs du parcours de soins coordonnés C12 C13

**1.** Expliquer à l'aide du **doc. 9** ce qu'est le parcours de soins coordonnés.
L'accès aux soins doit se faire obligatoirement (sauf cas particulier) par l'intermédiaire du médecin traitant qui orientera si nécessaire vers un spécialiste.

**2.** Souligner dans le **doc. 9** trois objectifs des mesures énoncées dans la loi du 13 août 2004.

**3.** Indiquer pour Cédric qui a consulté un généraliste conventionné hors du parcours de soins :
> combien il a payé sa consultation : 23 €.
> combien il sera remboursé : 30 % de 23 € moins 1 € de participation forfaitaire, soit 5,9 €.
> combien il aurait été remboursé s'il était resté dans la parcours de soins : 70 % de 23 € moins 1 € de participation forfaitaire, soit 15,10 €.

**4.** Indiquer combien sera remboursée Alice qui a consulté hors parcours de santé un médecin généraliste de secteur 2 auquel elle a payé la consultation 30 € : 5,9 €.

### DOC. 9 Loi du 13 août 2004 sur le parcours de soins coordonnés

• Le parcours de soins s'appuie sur le rôle du médecin traitant choisi par le patient. Il assure une prévention personnalisée (vaccins, dépistages, conseils...) et un suivi médical coordonné. Si nécessaire, il dirige le patient vers les spécialistes adaptés à ses problèmes de santé et lui prescrit les examens utiles. Il connaît et gère le dossier médical qui centralise toutes les informations concernant l'état de santé du patient et les soins prescrits.

• Lorsqu'un patient ne respecte pas le parcours de soins coordonnés en se rendant de sa propre initiative chez un spécialiste (sauf gynécologue, dentiste, pédiatre, psychiatre...), le taux de remboursement de la CPAM est plus faible. Cette mesure a pour but de responsabiliser les patients quant à leur consommation médicale et de contribuer au redressement des comptes de l'assurance maladie.

| Situation du patient | Montant remboursé de la consultation d'un généraliste à 23 € | |
|---|---|---|
| | Taux de remboursement | Montant remboursé |
| Patient dans le parcours de soins (médecin traitant – généraliste secteur 1**) | 70 % | 15,10 €* |
| Patient hors parcours de soins (généraliste secteur 1) | 30 % | 5,90 €* |

* Les montants tiennent compte de la participation forfaitaire de 1 € (s'applique à tout patient sauf jeunes de moins de 18 ans, femmes enceintes de plus de 6 mois, bénéficiaires de la CMU complémentaire ou de l'aide médicale d'État).
** Il y a aussi des médecins du secteur 2 ; ce sont des médecins qui pratiquent des honoraires libres (différents de ceux fixés par l'État) ; dans ce cas, la CPAM ne rembourse pas davantage.

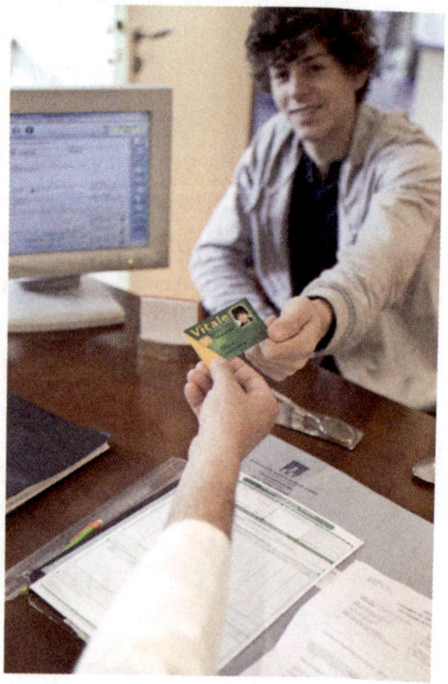


**Indiquer maintenant comment s'inscrire dans le système de santé en citoyen responsable et actif (étape 5, p. 28).**

# Activités de synthèse

## RÉCAPITULER

**Compléter les textes à trous. Si besoin, se reporter à l'aide en bas de page.**

### Concept de santé

- D'après l'OMS, « la santé est un état de bien-être physique, mental et social, et ne réside pas seulement en l'absence de maladie ou d'infirmité ».
- La santé est liée à l'environnement, à l'hérédité mais aussi aux comportements. Chacun est donc en partie responsable de son capital santé.

### Plans santé

- La prévention est l'ensemble des mesures qui visent à éviter ou à réduire la gravité des maladies ou des accidents.
- Les plans santé mis en place pour une période donnée par un ou plusieurs ministères prévoient des mesures de prévention collectives et incitent les citoyens à prendre des mesures individuelles.
Ex. : plan national de lutte contre le VIH/SIDA et les IST, plan cancer.

### Organisation du système de santé en France

- L'assurance maladie est l'une des trois branches de la Sécurité sociale. Elle prend en charge la maladie, les accidents du travail et les maladies professionnelles. Elle fonctionne selon le principe de solidarité : les cotisations versées par l'ensemble des salariés financent pour ceux qui en sont victimes le coût de la maladie.
- On appelle prestations en nature le remboursement des dépenses de santé (honoraires de médecin ; analyses ; matériel, comme des béquilles…).
- On appelle prestations en espèces, ou indemnités journalières, une somme qui remplace partiellement le salaire durant l'arrêt de travail.
- Le ticket modérateur est la partie des dépenses de santé qui n'est pas remboursée par l'assurance maladie.
- La carte Vitale est une carte à puce qui contient tous les éléments administratifs nécessaires à la prise en charge des soins.
- Le médecin traitant coordonne le parcours de soins de chaque patient en l'orientant vers le spécialiste adapté. Les patients qui respectent le parcours de soins bénéficient d'un meilleur remboursement que ceux qui ne s'y soumettent pas.

**AIDE :** traitant / maladie (2 fois) / prévention / carte Vitale / prestations en nature / physique / ticket modérateur / individuelles / parcours de soins / prestations en espèces / Sécurité sociale / comportements / responsable

# RETENIR

## Plans santé

=

+ Politique de prévention collective
Incitation à la prévention individuelle

PLAN CANCER 2014-2019

## Santé

Chacun est en partie responsable de sa santé.

= bien-être physique
+ bien-être mental
+ bien-être social

## Le capital santé

de chacun peut être dégradé par :

- ses comportements ;
- son environnement ;
- l'hérédité.

Consultation ▲ Maladie

## SÉCURITÉ SOCIALE

### Assurance vieillesse

### Allocations familiales

### Assurance maladie

l'Assurance Maladie

**Parcours de soins :**

- Carte Vitale
- Prestations en espèces
- Prestations en nature : remboursement optimal

▼

**Médecin traitant qui peut diriger vers :**

- examens complémentaires ;
- hôpital ;
- spécialiste.

Cotisations salariales et patronales = principe de solidarité

## LA CMU

(couverture maladie universelle)

Elle est accordée aux personnes n'ayant pas droit à l'assurance maladie et résidant en France de manière stable et régulière.

## MUTUELLES

Elles prennent en charge :

- une partie du ticket modérateur ;
- un complément de prestations en espèces.

# Approfondir

**Comment fonctionne notre système de santé ?** (2 min 30 s)

→ lienmini.fr/pse-vid03

**Vérifiez vos acquis !**

→ lienmini.fr/pse-qcm03

# Maîtriser le module 1

**Alex, 18 ans,** élève de baccalauréat professionnel, travaille dans un hôtel club durant toutes les vacances d'été. Il finit son service au restaurant aux alentours de 23 heures puis il se dirige vers la discothèque de l'établissement dont il profite jusqu'à des heures variables, le plus souvent jusqu'à 5 heures du matin. Il se lève à 9 heures pour aller travailler et ne prend pas toujours le temps de manger, il grignote au cours de la journée dans la cuisine. Après le service de midi, il passe l'après-midi au soleil, près de la piscine du club, sans pour autant pouvoir dormir car l'environnement est bruyant ; il y a trop de monde et il ne peut pas faire des longueurs de bassin comme il le fait deux fois par semaine au cours de l'année. Il fait aussi trop chaud et il ne va plus faire ses deux joggings hebdomadaires. Au bout de trois semaines, Alex est épuisé, a grossi, a l'estomac barbouillé et ne parvient plus à s'endormir de bonne heure.

**Étudier la situation en mettant en œuvre la démarche de résolution de problèmes.**

## 1 Identifier le problème posé C31 C32 … / 0,5 pt

Alex est épuisé, a grossi, a l'estomac barbouillé et ne parvient plus à s'endormir de bonne heure.

## 2 Identifier les éléments de la situation C32 … / 2,5 pts

**Quoi :** quelle est l'origine du problème ?

Les rythmes biologiques d'Alex sont perturbés et il ne fait plus aucune activité physique.

**Comment :** quels comportements ont favorisé l'apparition du problème ?

Il mange n'importe quand, se couche très tard et se lève tôt, ne fait pas toujours la sieste, ne fait plus de natation ni de jogging.

**Pourquoi :** quelle est la conséquence du problème posé ?

Il va continuer à grossir et sera de plus en plus fatigué.

## 3 Mettre en relation les éléments de la situation C32 … / 2 pts

- Reporter les numéros des éléments de la liste suivante dans le diagramme « causes-effet » ci-après.

❶ plus de natation bihebdomadaire / ❷ absence de sieste / ❸ grignote toute la journée / ❹ Alex est épuisé, a grossi, a l'estomac barbouillé et ne parvient plus à s'endormir de bonne heure / ❺ dort peu / ❻ plus de jogging bihebdomadaire / ❼ absence de vrais repas / ❽ se couche à des heures irrégulières / ❾ se couche tard

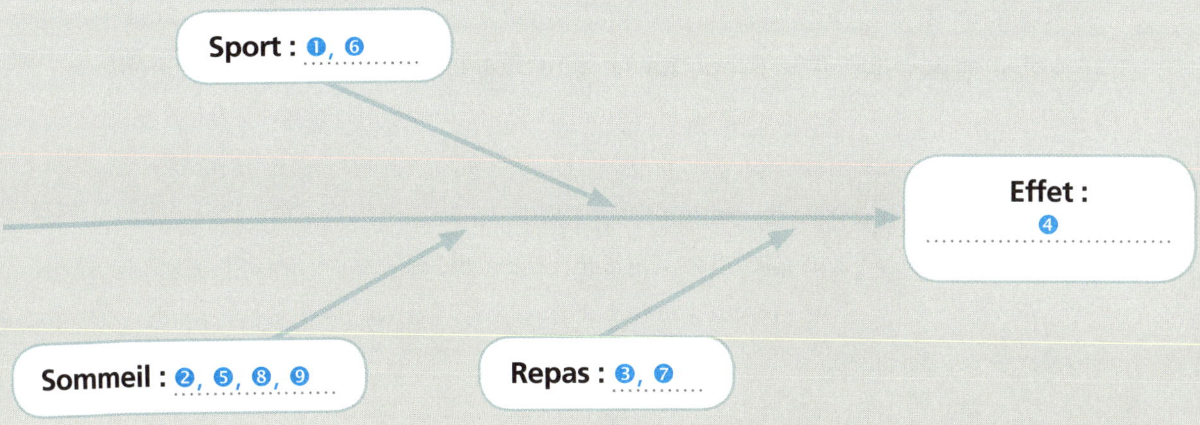

## 4 Mobiliser des connaissances utiles C21

... / 7 pts

**1/** Définir les rythmes biologiques et citer deux exemples.

Ce sont des phénomènes qui se renouvellent à intervalles réguliers dans l'organisme, comme le sommeil ou les battements cardiaques.

**2/** Indiquer la conséquence de la désynchronisation des rythmes biologiques.

L'organisme est perturbé et des troubles divers apparaissent jusqu'à ce que l'horloge biologique s'adapte aux éléments responsables de cette désynchronisation.

**3/** Indiquer :

> la durée moyenne d'un cycle de sommeil : 1 h 30

> le nombre de cycles par nuit : 4 à 6

> le rôle du sommeil lent : récupération de la fatigue physique

> le rôle du sommeil paradoxal : récupération de la fatigue mentale, mise en mémoire

**4/** Citer deux conséquences du manque de sommeil au niveau de l'activité professionnelle.

> Travail de moins bonne qualité

> Risque d'AT accru

**5/** Nommer deux molécules nécessaires au travail musculaire.

> Glucose

> Dioxygène

## 5 Proposer des solutions C32

... / 4,5 pts

• Proposer pour chaque période deux conseils à Alex, afin qu'il améliore son état de santé. Justifier.

| Sommeil | Repas | Sport, activité physique |
|---|---|---|
| • Se coucher à heure fixe et raisonnable<br>• Faire une petite sieste dans sa chambre | • Manger à heures régulières<br>• Faire de vrais repas | • Aller nager aux heures où la piscine est déserte<br>• Se lever tôt pour aller courir |
| → Respect des rythmes biologiques, temps de sommeil suffisant | → Respect des rythmes biologiques | → Entretenir sa musculature, son appareil cardiovasculaire, éviter la prise de poids, etc. |

Alex se rend chez son médecin traitant à qui il expose ses problèmes. Ce dernier lui explique que s'il persiste dans ces comportements, il entame son capital santé.

## 6 Répondre aux questions C13 C21 C22 C42

... / 3,5 pts

**1/** Expliquer pourquoi Alex entame son capital santé.

Son comportement met en péril sa santé de façon durable.

**2/** Expliquer pourquoi il doit apporter sa carte Vitale lors de la consultation médicale.

Elle contient toutes les informations administratives nécessaires à la prise en charge des soins par la caisse d'assurance maladie.

**3/** Justifier le choix d'Alex de consulter son médecin traitant.

Le médecin traitant connaît Alex et est le plus à même de le conseiller et de lui prescrire un traitement adapté. Il coordonne le parcours de santé, ce qui permet un meilleur remboursement des dépenses de santé.

# Appréhender les principes d'une alimentation équilibrée

**OBJECTIF**

> Être capable d'avoir une attitude responsable dans son comportement alimentaire en tenant compte de son environnement et des habitudes alimentaires multiples.

**L'alimentation** constitue un système complexe qui a pour but de répondre aux besoins de l'individu. Elle est conditionnée par deux axes : les spécificités de l'organisme (âge, sexe, activité physique…) et les règles de base de l'équilibre alimentaire préconisées par les nutritionnistes. Il faut prendre en compte un troisième axe qui intègre les spécificités psychologiques, sociologiques, culturelles et professionnelles. En effet, chacun se nourrit en fonction de ses goûts, des habitudes familiales, des traditions culinaires de son pays, de sa religion, de son budget et même de son activité professionnelle, qui conditionne le temps disponible pour déjeuner et, par là même, le type de repas consommé.

## 1 Identifier la finalité du système

• Système : une alimentation équilibrée.

• Finalité : répondre aux besoins de l'individu.

## 2 Identifier les éléments du système

**1/** Retrouver les trois axes qui règlent le système.

> Axe 1 : spécificités de l'organisme.

> Axe 2 : règles de base de l'équilibre alimentaire.

> Axe 3 : spécificités psychologiques, sociologiques, culturelles et professionnelles.

**2/** Retrouver les exemples cités pour les axes 1 et 3.

> Axe 1 : âge, sexe, activité physique.

> Axe 3 : goûts, habitudes familiales, traditions culinaires de son pays, religion, budget, activité professionnelle.

## 3 Mettre en relation les éléments du système

• Compléter le schéma du système à l'aide des éléments suivants :

❶ règles de base de l'équilibre alimentaire / ❷ spécificités psychologiques, sociologiques, culturelles et professionnelles / ❸ âge, sexe, activité physique / ❹ une alimentation équilibrée / ❺ spécificités de l'organisme / ❻ goûts, habitudes familiales, traditions culinaires de son pays, religion, budget, activité professionnelle / ❼ répondre aux besoins de l'individu.

**Axe 1**

❺ spécificités de l'organisme.

**Exemples :** ❸ âge, sexe, activité physique.

**Axe 2**

❶ règles de base de l'équilibre alimentaire.

**Système :** ❹ une alimentation équilibrée.

**Finalité du système :** ❼ répondre aux besoins de l'individu.

**Axe 3**

❷ spécificités psychologiques, sociologiques, culturelles et professionnelles.

**Exemples :** ❻ goûts, habitudes familiales, traditions culinaires de son pays, religion, budget, activité professionnelle.

## 4 Mobiliser des connaissances utiles

Pour comprendre le système, je réalise les **Activités 1** à **4** de la séquence 4.

## 5 Se situer dans le système

**1/** Retrouver les éléments qui interviennent sur vos habitudes alimentaires.

> Les goûts.
> L'éducation familiale, la nationalité.
> Le régime scolaire : internat par exemple.
> Les PFMP.
> La pratique d'un sport, etc.

**2/** Proposer des modifications éventuelles pour équilibrer votre alimentation.

> Prendre un petit déjeuner avec un produit laitier, un fruit, des céréales.
> Manger davantage de fruits ou de légumes (cinq par jour).
> Limiter la consommation de sucreries, etc.

# MOBILISER DES CONNAISSANCES UTILES

L'alimentation tient une place primordiale dans notre vie quotidienne. Équilibrée, elle permet le bon fonctionnement de l'organisme et une bonne santé. Mais elle est aussi l'expression d'une culture : « Dis-moi ce que tu manges, je te dirai qui tu es. »

## → ACTIVITÉ 1 - Des habitudes alimentaires multiples C21

**1.** Retrouver, pour chaque situation ci-dessous, le (ou les) facteur(s) qui agi(ssen)t sur les habitudes alimentaires. S'aider de vos connaissances et de la liste suivante :

*activité physique / âge / grossesse / facteur économique*
*facteur géographique / facteur culturel*

| Situations | Facteurs |
|---|---|
| **A.** Mélissa, adolescente, bouge beaucoup, fait du sport et mange en permanence. | Âge<br>Activité physique |
| **B.** En stage dans l'hémisphère sud, Max mange tôt le soir et ne peut pas prendre un vrai repas à midi (30 minutes de pause) ; les produits alimentaires sont chers. | Facteur économique<br>Facteur géographique |
| **C.** Kate, jeune Anglaise, a l'habitude de prendre un petit déjeuner copieux et ne déjeune pas à midi. | Facteur culturel |
| **D.** Mélina, jeune Crétoise (île grecque) se nourrit essentiellement de poissons, fruits et légumes. | Facteur culturel<br>Facteur géographique |
| **E.** Arthur, 85 ans, se contente d'un repas frugal le soir depuis quelques années. | Âge |
| **F.** Roseline, enceinte de 6 mois, veille particulièrement à augmenter sa ration de produits laitiers. | Grossesse |
| **G.** Adam, maçon, pèse 85 kg et mesure 1 m 90. En plus des repas habituels, il mange à 10 h et à 15 h. | Activité physique |
| **H.** En période de ramadan, Ali, jeune musulman, ne mange et ne boit qu'entre le coucher et le lever du soleil. | Facteur culturel |

**2.** Entourer les lettres des situations ci-dessus pour lesquelles les habitudes alimentaires sont conditionnées par des facteurs physiologiques (liés à l'organisme).

# → ACTIVITÉ 2 - Habitudes alimentaires et origines géographiques C22

**1.** À partir de l'article de Peter Menzel sur l'alimentation à travers le monde accessible via le lien www.lienmini.fr/peter-menzel :

> compléter les colonnes **A** et **C** du tableau comparatif ;

> calculer le budget alimentation par semaine et par personne (colonne **B** du tableau).

| Pays | A. Budget alimentation pour 1 semaine | B. Budget alimentation par personne et par semaine | C. Plat le plus souvent consommé par les familles |
|---|---|---|---|
| États-Unis | 260 € pour 4 personnes | 65 € | Spaghetti, pommes de terre, poulet au sésame |
| Mali | 20 € pour 15 personnes | 1,33 € | Recettes à base de riz |
| Allemagne | 375,39 € pour 4 personnes | 93,85 € | Pommes de terre aux oignons, bacon et hareng, nouilles aux œufs et au fromage, pizza, pudding vanille |
| Tchad | 0,90 € pour 6 personnes | 0,15 € | Soupe avec de la viande de mouton |
| Japon | 241 € pour 4 personnes | 60,25 € | Sashimi, fruits, gâteaux, chips |
| Mexique | 143 € pour 5 personnes | 28,60 € | Pizza, crabe, pâtes, poulet |

**2.** Indiquer vos remarques après observation des photos et analyse du tableau.

> Colonne **B** : il y a d'immenses disparités ; l'alimentation est conditionnée par des facteurs économiques.

> Colonne **C** : les aliments consommés dépendent des pays et de leur culture mais aussi de leurs productions locales. L'alimentation est conditionnée par des facteurs culturels et géographiques.

Un pays riche (Allemagne)

Un pays pauvre (Tchad)

## → ACTIVITÉ 3 - Équilibrer son alimentation sur une journée C21

• Un adolescent effectue sa scolarité en internat. Proposer les menus équilibrés du déjeuner et du dîner pour une activité moyenne de cet adolescent en tenant compte du petit déjeuner pris le matin ; partir du choix ci-dessous proposé par le restaurant scolaire. S'aider des **doc. 1** et **2**.

| Les choix du jour du restaurant scolaire | |
|---|---|
| Déjeuner | • Carottes râpées OU salade verte + gruyère OU saucisson OU rillettes<br>• Rôti de bœuf OU saucisses<br>• Lentilles OU haricots verts<br>• Crème anglaise OU fromage<br>• Clémentine OU banane |
| Dîner | • Potage poireaux + carottes + pommes de terre OU friand à la saucisse<br>• Hachis parmentier (purée + bœuf haché) OU omelette aux champignons + endives en salade<br>• Yaourt OU camembert OU riz au lait<br>• Pomme au four OU tarte aux pommes OU pomme crue |

| Petit déjeuner | Déjeuner | Dîner |
|---|---|---|
| > café au lait | > Pas de corrigé type. | > Pas de corrigé type. |
| > pain + beurre | > | > |
| > une orange | > | > |
| | > | > |
| | > | > |

### DOC. 1 Règles de base d'une alimentation équilibrée

• Une alimentation est dite équilibrée quand elle couvre les besoins énergétiques, plastiques (matériaux de construction) et fonctionnels de l'organisme.

• Ainsi, l'apport énergétique journalier doit être égal aux dépenses et réparti entre trois repas : petit déjeuner (25 %), déjeuner (40 %), dîner (35 %).

• Le petit déjeuner, souvent oublié, doit comprendre une boisson, un produit céréalier (glucides) avec un corps gras (lipides), un laitage (protéines et calcium) et un fruit (glucides et vitamines).

• La présence d'un aliment de chaque groupe au déjeuner et au dîner permet d'obtenir l'équilibre sur une journée, mais les nutritionnistes considèrent que l'équilibre peut être envisagé sur une période plus longue.

• Les affiches du PNNS (**doc. 2** ci-contre) précisent la fréquence souhaitable des aliments de chaque groupe dans l'alimentation quotidienne pour répondre aux besoins de l'organisme.

### DOC. 2 Recommandations du PNNS

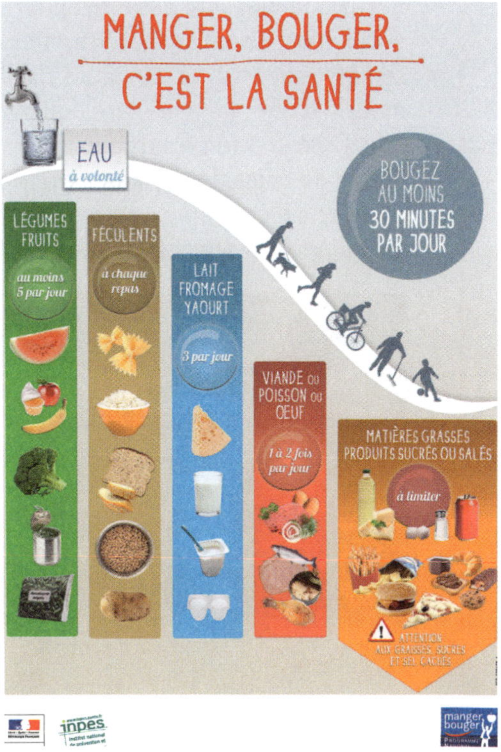


© INPES.

## → ACTIVITÉ 4 - Les aliments jouant un important rôle de prévention C12 C13 C22

• Compléter le tableau ci-dessous à l'aide du **doc. 3**.

| Maladies ou méfaits à éviter | Constituants alimentaires préventifs | Aliments où trouver ces constituants |
|---|---|---|
| • Maladies cardiovasculaires<br>• Hypercholestérolémie (taux de cholestérol élevé dans le sang) | > acides gras Oméga 3<br>> substance dans le soja<br>> fibres | > poisson, pourpier, huile de colza, noix<br>> boisson à base de soja<br>> fruits et légumes |
| • Cancer du côlon (gros intestin)<br>• Diabète | > aliments riches en fibres | > fruits et légumes |
| • Ostéoporose (maladie fragilisant les os) | > vitamine D | > poisson gras |
| • Vieillissement | > sélénium<br>> antioxydants | > poisson<br>> thé vert<br>> myrtilles, airelles, grenades |

### DOC. 3 Des constituants alimentaires pour vieillir en bonne santé

• L'alimentation dans certaines régions est réputée bonne pour la santé car l'espérance de vie y est exceptionnelle. On peut citer l'île japonaise d'Okinawa qui comporte le plus grand nombre de centenaires de la planète, mais aussi la Crète ou le Caucase. Les aliments privilégiés dans ces différents régimes présentent des caractéristiques nutritionnelles intéressantes pour la santé.

• Un plat de poisson consommé 3 à 4 fois par semaine, c'est 40 à 60 % de risques en moins de mourir d'une maladie cardiaque grâce aux acides gras Oméga 3 (on les trouve aussi dans le pourpier, l'huile de colza, les noix). Le poisson est également riche en sélénium aux vertus antivieillissement et, s'il est gras, il apporte de la vitamine D, bénéfique pour les os et donc pour lutter contre l'ostéoporose.

• Les boissons à base de soja contiennent des substances qui joueraient un rôle anticholestérol.

• De nombreux aliments et boissons tels que le thé vert, les myrtilles, les airelles, les grenades possèdent des antioxydants qui ralentissent le vieillissement. Les fruits et les légumes fournissent des fibres qui captent et éliminent le cholestérol, permettent de réguler la glycémie et de diminuer les risques de cancer du côlon.

• Quant aux céréales associées aux légumineuses, elles permettent d'apporter tous les acides aminés indispensables à l'organisme fournis généralement par les viandes, produits laitiers, œufs, sans apporter les matières grasses des produits carnés.

Le régime crétois.

Produits à base de soja.

Indiquer maintenant des comportements pour s'inscrire dans le système de l'alimentation équilibrée (étape 5, p. 40).

# Activités de synthèse

## RÉCAPITULER

**Compléter les textes à trous. Si besoin, se reporter à l'aide en bas de page.**

### Alimentation et culture

- D'un continent et d'un pays à l'autre, l'alimentation diffère, notamment par la nature des ..........aliments.......... consommés, par la ..........composition.......... et le nombre de repas, et par les habitudes culinaires. En effet, l'alimentation fait partie de la ..........culture.......... d'un pays.
- Les habitudes alimentaires dépendent notamment de facteurs ..........économiques.......... (niveau de vie), ..........géographiques.......... (productions et récoltes du pays), environnementaux et religieux.
- Les ..........habitudes alimentaires.......... sont aussi liées au contexte. Le mode de vie, la composition de la famille, l'exercice d'une activité professionnelle, les activités pratiquées et le niveau de vie influencent la façon de se nourrir. Elles se sont modifiées avec le développement de l'industrie agroalimentaire et des moyens de conservation.

### Principes de base de l'équilibre alimentaire

- On dit qu'une alimentation est équilibrée quand elle fournit à l'organisme l'..........énergie.......... et les nutriments plastiques et fonctionnels nécessaires pour couvrir ses ..........besoins.......... .
- L'apport énergétique journalier doit être égal aux ..........dépenses.......... et réparti entre ..........trois.......... repas.
- On considère qu'un repas est équilibré lorsqu'il comporte tous les ..........groupes d'aliments.......... mais on recherche de plus en plus l'équilibre sur une ..........journée.........., voire sur plusieurs.
- Le PNNS précise la fréquence souhaitable des aliments de chaque groupe dans l'alimentation quotidienne pour garantir son ..........équilibre.......... :
  - sucre et produits sucrés : ..........à limiter.......... ;
  - matières grasses : ..........à limiter.......... ;
  - viandes, poissons, œufs : ..........1 à 2 fois par jour.......... ;
  - lait et produits laitiers : ..........à chaque repas.......... ;
  - fruits et légumes : ..........5 par jour.......... ;
  - féculents, céréales et dérivés : ..........à chaque repas.......... ;
  - boissons : ..........eau à volonté (1,5 L/jour).......... .
- Une alimentation équilibrée a un rôle important dans la ..........prévention.......... de certaines maladies telles que les maladies cardiovasculaires, le diabète, l'ostéoporose.

**AIDE :** équilibre / trois / économiques / prévention / aliments / à chaque repas (2 fois) / dépenses / composition / à limiter (2 fois) / culture / eau à volonté (1,5 L/jour) / énergie / journée / 1 à 2 fois par jour / géographiques / 5 par jour / habitudes alimentaires / besoins / groupes d'aliments

# RETENIR

**L'alimentation est fortement impactée par des facteurs SOCIOLOGIQUES, ÉCONOMIQUES et CULTURELS.**

**Le respect de la culture en matière d'alimentation peut être un besoin psychologique fort.**

**L'alimentation est conditionnée par le mode de vie :**
- activité professionnelle ;
- repas pris à l'extérieur ;
- activité sportive ;
- vie de famille ;
- revenu, etc.

**Alimentation**

▼

Couvre les besoins de l'organisme (ÉNERGÉTIQUES, PLASTIQUES et FONCTIONNELS).

**Les besoins de l'organisme sont liés à la personne :**
- âge ;
- sexe ;
- état physiologique (grossesse, allaitement) ;
- activité physique, etc.

**Les recommandations du PNNS** permettent de répondre à ces besoins et garantissent l'équilibre alimentaire sur une journée.

▼

**3 repas par jour**
(petit déjeuner / déjeuner / dîner)

▼

alimentation équilibrée = prévention de certaines maladies
(obésité, diabète, maladies cardiovasculaires, etc.)

# Approfondir

**Le petit déjeuner, essentiel pour bien démarrer la journée !** (3 min 37 s)

→ lienmini.fr/pse-vid04

**Vérifiez vos acquis !**

→ lienmini.fr/pse-qcm04

# Se situer dans l'évolution des comportements

**OBJECTIFS**
> Prendre conscience des facteurs qui conditionnent le plaisir alimentaire.
> Adopter une attitude raisonnée et critique face à l'offre alimentaire.
> Adopter un comportement alimentaire responsable.

**Julie, Émilie et Marina, 19 ans,** vivent en colocation. Serveuse, Julie grignote sans cesse. Stressée et gourmande, elle est en surpoids et se sent fatiguée. Employée de banque, Émilie mange à heures régulières, contrôle son alimentation car elle prend facilement du poids en raison du manque d'activité physique et d'un terrain héréditaire. Mannequin, Marina n'a jamais faim. Svelte, elle ne mange que des légumes car elle se trouve grosse. N'aimant pas cuisiner, elles achètent des produits semi-préparés sans se soucier du développement durable, au grand désarroi de Marina. Tard le soir, elles prennent souvent leur repas à l'extérieur mais ne sont jamais d'accord sur le type de restauration. Leurs comportements alimentaires différents rendent la cohabitation difficile.

## 1 Identifier le problème posé

Julie, Émilie et Marina ont des comportements alimentaires très différents qui compliquent leur cohabitation.

## 2 Identifier les éléments de la situation

**Quoi :** quelle est la cause des différents comportements ?

La différence de personnalité, de préoccupations, de conditions de travail.

**Qui :** qui sont les personnes concernées ?

Julie, Émilie, Marina, jeunes travailleuses de 19 ans.

**Quand :** à quel moment le problème est-il apparu ?

Au cours de leur cohabitation, lors de l'organisation des repas ou des achats de produits alimentaires : produits différents, comportement écocitoyen pour l'une.

**Comment :** comment ont-elles pris conscience du problème ?

Suite à des désaccords divers.

**Pourquoi :** pourquoi ces comportements peuvent-ils être à l'origine de problèmes beaucoup plus graves ?

Les comportements alimentaires de Julie et Marina sont des comportements à risques qui peuvent rapidement générer des problèmes de santé importants.

## 3 Mettre en relation les éléments de la situation

Compléter le diagramme « causes-effet » à l'aide des éléments de la situation suivants :

❶ hérédité / ❷ dîner souvent à l'extérieur / ❸ grignotage, gourmandise / ❹ jeunes travailleuses / ❺ sorties tardives / ❻ stress / ❼ jamais faim / ❽ colocation / ❾ journées bien remplies / ❿ contrôle alimentation / ⓫ horaires réguliers / ⓬ consommation de produits semi-préparés / ⓭ souci de développement durable / ⓮ se trouver grosse

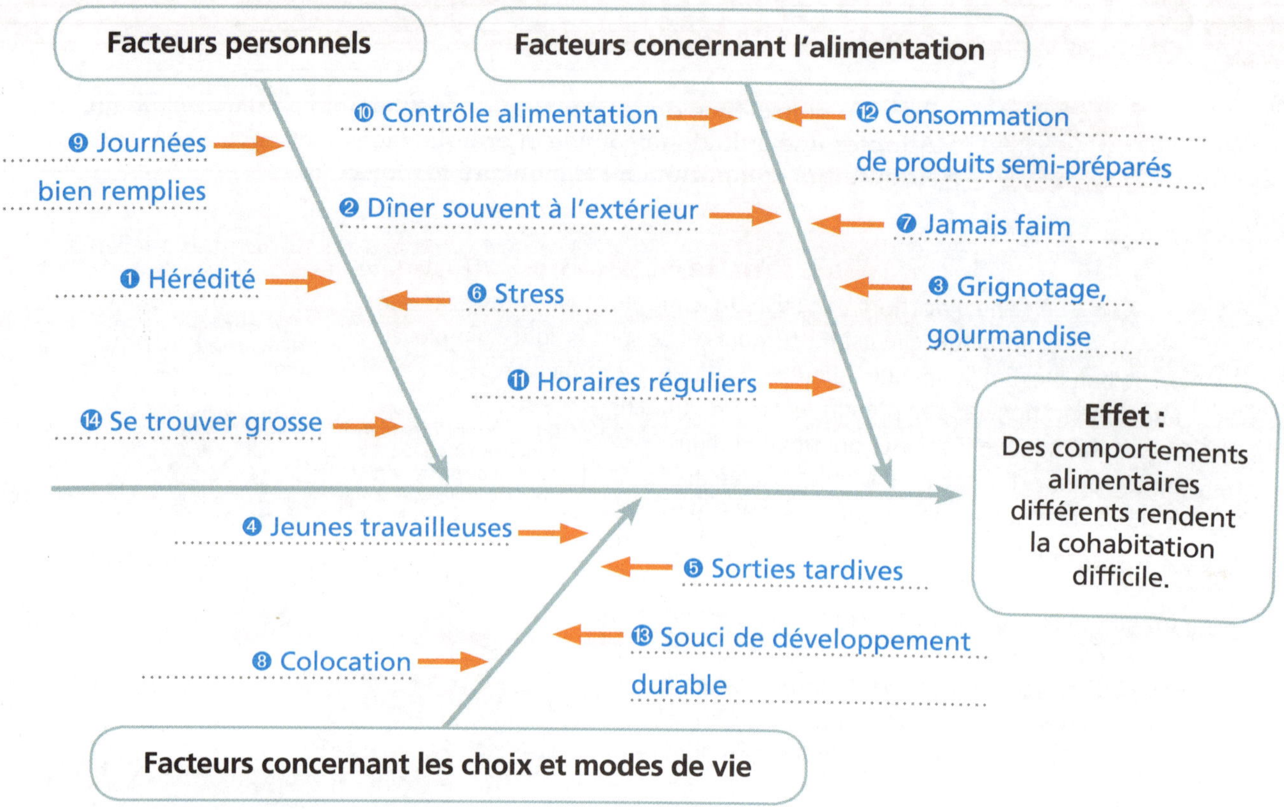


## 4 Mobiliser des connaissances

Pour comprendre la situation et y apporter des solutions, je réalise les **Activités 1** à **10** de la séquence 5.

## 5 Proposer des solutions

Pour améliorer leur comportement alimentaire, indiquer et justifier les conseils que vous pouvez donner aux trois jeunes filles concernant :

**1/** Le plaisir de manger.

Veiller à une ambiance sereine, à la qualité organoleptique des préparations ; faire de vrais repas.

**2/** Le type de produits alimentaires consommés.

Privilégier, lorsque c'est possible, les produits frais plus goûteux, plus riches en vitamines.

**3/** Les compléments alimentaires.

Ils sont complètement inutiles dans le cadre d'une alimentation équilibrée.

**4/** Les comportements écocitoyens.

Choisir des produits de saison, avec un faible indice de carbone, en vrac (sans emballage), etc.

**5/** La prévention de l'obésité et des désordres alimentaires.

Éviter le grignotage ; faire de vrais repas équilibrés et à des heures régulières.
Éviter tout régime si l'on a un IMC normal.

# MOBILISER DES CONNAISSANCES UTILES

Les consommateurs recherchent toujours le plaisir de manger. Ils utilisent de nouveaux produits simplifiant les préparations car le temps manque pour cuisiner, et des formes de restauration dites rapides car le temps manque aussi pour manger. Ces facteurs contribuent à l'augmentation de l'obésité et des désordres alimentaires.

## → ACTIVITÉ 1 - Le mécanisme de perception des saveurs C12 C13 C22

À partir des **doc. 1** et **2** :

**1.** Relever dans le **doc. 1** les trois paramètres intervenant dans la dégustation des aliments.

> Goût > Odorat > Sensation

**2.** Relever l'organe qui contrôle la perception du goût et des odeurs.

Il s'agit du cerveau.

**3.** Relever le nom du liquide biologique essentiel à la perception des saveurs.

Il s'agit de la salive.

**4.** Expliquer pourquoi une personne enrhumée perçoit mal le goût des aliments.

L'odorat est perturbé ; or celui-ci nous permet de percevoir les arômes, substances volatiles qui s'échappent après la mastication. Ce phénomène est responsable en grande partie du goût.

### DOC. 1 Le plaisir alimentaire et le cerveau

- Le cerveau est capable d'analyser, de reconnaître et de mémoriser de multiples odeurs et saveurs (acide, salé, sucré, amer, umami) grâce à deux sens : l'odorat et le goût.
- Le cerveau analyse aussi les sensations perçues ; par exemple, si l'aliment est brûlant ou rafraîchissant ou bien s'il est croustillant ou non. Un aliment ayant une odeur, une saveur et une sensation particulière sera plaisant ou non. Ainsi le cerveau associe à ces trois paramètres des souvenirs liés à nos habitudes, nos expériences.

### DOC. 2 La perception des saveurs et des arômes

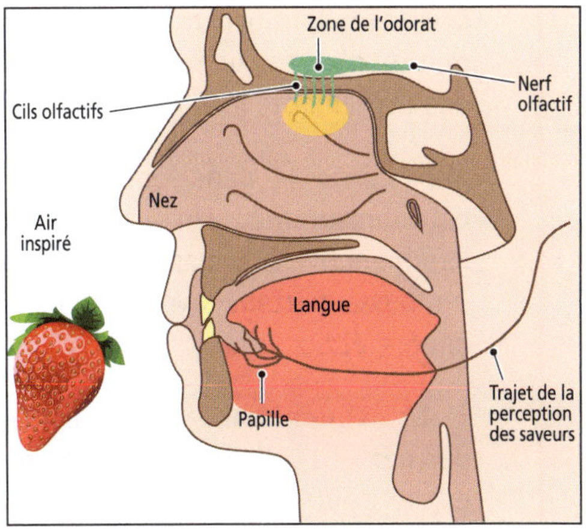


- La mastication de l'aliment dans la bouche va mélanger la salive et certaines molécules de cet aliment. Parmi celles-ci, il y aura des molécules qui vont déclencher une saveur et d'autres un arôme.
- La langue, recouverte de milliers de papilles gustatives, est en contact avec des molécules sapides (saveurs) dissoutes dans la salive. Lorsqu'une molécule entre en contact avec les cellules gustatives des papilles, une série de réactions s'enclenche ayant pour effet de stimuler les neurones qui informent le cerveau afin d'identifier la saveur.
- Les molécules aromatiques libérées dans la bouche lors de la mastication vont aller dans la cavité nasale et vont se fixer au niveau de la zone de l'odorat sur les cellules olfactives. Une série de réactions s'enclenchent alors, ayant pour effet de stimuler le nerf olfactif qui informe le cerveau afin d'identifier l'arôme.

# ACTIVITÉ 2 - Le plaisir alimentaire C13 C21

• Rechercher, à l'aide du **doc. 3** et de vos connaissances, les différents facteurs qui interviennent dans la prise du repas et qui influencent le plaisir alimentaire.

| Facteurs personnels (en relation avec le sujet) | Facteurs indépendants du sujet (environnementaux) |
|---|---|
| > Histoire de chacun | > Environnement (décor) |
| > Sensibilité | > Ambiance |
| > Éducation du goût | > Température |
| > État de santé et fatigue | > Bruit |
| > Consommation de tabac, d'alcool | > Présentation des plats, couleurs et aspect |

## DOC. 3 Les composantes du plaisir alimentaire

Le plaisir éprouvé en mangeant ne s'oppose pas à la santé mais y contribue sur le plan psychologique mais aussi physiologique par une meilleure sécrétion de sucs digestifs.

Le plaisir alimentaire est un phénomène complexe qui résulte de quatre composantes :

• **L'« histoire » que raconte le produit au mangeur.** Ce produit peut être associé à des souvenirs agréables de consommations antérieures, à des paysages, à l'enfance, et il sera perçu d'autant plus agréablement. Mais il peut aussi être associé à une mauvaise expérience et provoquer un dégoût.

• **La qualité organoleptique du produit consommé** (saveur, texture, arôme, aspect). Celle-ci peut ne pas être perçue si les sens sont perturbés par la consommation d'alcool, de tabac, ou encore par des traitements médicaux.

• **Le contexte dans lequel ce produit est consommé.** Un cadre agréable, l'ambiance du repas, la convivialité, un repas partagé avec des personnes chères, etc.

• **La connaissance des codes qui permettent d'apprécier un produit** car le goût s'éduque ; on ne peut par exemple apprécier un bon vin que si l'on a été initié à sa dégustation.

Gourmandise et enfance...

Un repas convivial.

# ACTIVITÉ 3 - Les produits frais et les produits semi-préparés C13 C22

**1.** Souligner dans le **doc. 4** :
> en bleu, les produits frais ;
> en vert, les produits semi-préparés (ils nécessitent une intervention avant consommation) ;
> en noir, les produits élaborés (prêts à être consommés après une éventuelle remise à température).

**2.** Proposer une définition des produits semi-préparés à l'aide de la consigne **1.** et du **doc. 5**.

Ce sont des produits qui ont été partiellement préparés en milieu industriel et qui doivent encore subir une opération technique par leur utilisateur avant consommation.

**3.** Retrouver les intérêts et les limites de consommation des produits semi-préparés et des produits frais. Compléter le tableau à l'aide des **doc. 4** et **5** et de vos connaissances.

| | Produits semi-préparés<br>Ex. : légumes prêts à cuire | Produits frais<br>Ex. : légumes à l'état brut |
|---|---|---|
| Intérêts | > Gain de temps<br>> Qualité constante | > Saveur incomparable<br>> Valeur nutritionnelle<br>> Choix important selon saison |
| Limites | > Produit standardisé<br>> Fraîcheur, qualité | > Altération rapide<br>> Coût élevé |

## DOC. 4 Un même menu vu par 3 générations

Par une froide journée d'hiver, 3 femmes optent pour un même menu : bœuf aux carottes et gâteau de semoule.

- **Jeanne, 75 ans,** retraitée, se rend au marché où elle fait ses courses tous les 2 jours. Elle achète de la viande à la coupe chez le boucher, des carottes chez le primeur. Pour réaliser le gâteau de semoule, elle achète du lait frais pasteurisé et des œufs chez le crémier.
- **Sa fille Michèle, 45 ans,** secrétaire, fait les courses au supermarché en rentrant de son travail. Elle achète une barquette de viande préemballée, des carottes surgelées, un sachet de poudre à reconstituer pour réaliser le dessert et une boîte de lait concentré.
- **Sa petite fille Vanessa, 22 ans,** étudiante, achète une barquette industrielle de bœuf aux carottes qu'elle réchauffera au four à micro-ondes et un pack de 4 gâteaux de semoule au rayon produits laitiers frais.

## DOC. 5 Catégories de produits alimentaires

Exemples de produits frais.

Exemples de produits semi-préparés.

Exemple de produit élaboré.

## → ACTIVITÉ 4 - Compléments alimentaires et alicaments C13 C22

À l'aide des **doc. 6** et **7** :

**1.** Indiquer à quel type de produit correspond chaque particularité en cochant la bonne réponse dans les deux premières colonnes du tableau.

**2.** Indiquer si ces particularités correspondent à un intérêt du produit ou à ses limites en cochant la bonne réponse dans les deux dernières colonnes du tableau.

| Particularités | Complément alimentaire | Alicament | Intérêt | Limite |
|---|---|---|---|---|
| **A.** Il porte des allégations nutritionnelles ou de santé. | | ✗ | ✗ | |
| **B.** Ce n'est pas un médicament : il n'a aucune propriété thérapeutique. | ✗ | ✗ | | ✗ |
| **C.** Consommé en excès, il peut être nocif. | ✗ | | | ✗ |
| **D.** Il est inutile dans le cadre d'une alimentation équilibrée. | ✗ | | | ✗ |
| **E.** Il n'est pas reconnu par la réglementation. | | ✗ | | ✗ |
| **F.** Il peut aider ponctuellement. | ✗ | | ✗ | |
| **G.** Il est seulement une denrée alimentaire. | ✗ | ✗ | | ✗ |
| **H.** Son étiquetage est réglementé. | ✗ | ✗ | ✗ | |

### DOC. 6 Les compléments alimentaires

- Selon la directive européenne, les compléments alimentaires ont pour but de compléter le régime alimentaire normal en palliant certaines carences. Ils constituent une source concentrée de nutriments ou d'autres substances ayant un effet nutritionnel ou physiologique. Sous cette appellation, on retrouve les vitamines, les minéraux et certaines plantes autorisées et contrôlées.
- La directive concerne l'étiquetage des produits. Pour être conforme à la législation, l'étiquette doit mentionner le nom des catégories de produits auxquels elle renvoie, la portion journalière, les risques en cas de dépassement de la dose, la mention « ceci n'est pas un médicament » et un avertissement concernant les précautions pour les jeunes enfants.

### DOC. 7 Les alicaments

- Les alicaments sont des produits alimentaires modifiés qui comportent des messages suggérant des propriétés nutritionnelles supposées bénéfiques sur la santé.
- Utilisées à des fins publicitaires, les allégations santé ont été harmonisées pour mieux protéger les consommateurs. Elles doivent être claires, précises et basées sur des preuves scientifiques que l'entreprise elle-même doit apporter.
- Pour éviter toute allégation trompeuse, une réglementation européenne en vigueur interdit la valorisation des produits par des allégations de traitement ou prévention de maladies.

## → ACTIVITÉ 5 - L'évolution des formes de restauration C13

À partir du **doc. 8** :

**1.** Relever le temps moyen consacré au déjeuner ; en déduire un constat simple.

31 minutes ; il s'agit d'un temps très court qui ne permet aucune attente au restaurant par exemple.

**2.** Indiquer dans quel secteur se développe plus particulièrement la restauration rapide et en expliquer la raison.

C'est dans le secteur urbain car les gens travaillent loin de leur domicile et n'ont pas le temps de rentrer déjeuner ; ils préfèrent écourter le temps de cette pause pour regagner plus tôt leur domicile.

**3.** Donner les quatre raisons de l'engouement des Français pour la restauration rapide.

> Rapidité (service rapide, possibilité d'emporter son repas sur le lieu de travail).

> Prix modique.

> Commodité (facile à consommer, emballage favorisant le transport, le réchauffage).

> Grande diversité permettant de varier les menus.

**4.** Expliquer ce qui distingue le comportement du consommateur français du consommateur américain.

Pour les Français, manger reste un plaisir et un moment de détente ; même en restauration rapide, les Français souhaitent s'asseoir pour déjeuner, contrairement aux Américains.

### DOC. 8 L'explosion de la restauration rapide

Au cours de ces dix dernières années, le marché de la restauration rapide n'a cessé de progresser ; toutefois les chiffres stagnent depuis 2013.

Au pays de la gastronomie, cet engouement peut paraître surprenant mais les modes de vie ont évolué. La restauration rapide touche essentiellement le secteur urbain où la distance domicile-lieu de travail est importante. Les consommateurs mettent en avant la rapidité de cette forme de restauration (on ne consacre plus que 31 minutes aux repas contre 1 h 38 il y a 20 ans) mais aussi le faible prix et la commodité des produits proposés.

Il est vrai que la gamme des produits proposés ne cesse d'évoluer, allant du traditionnel sandwich au hamburger en passant par les salades, les pizzas, les kebabs, les préparations asiatiques, etc. Il y en a pour tous les goûts et de nouveaux produits et concepts apparaissent régulièrement.

La restauration rapide se distingue clairement du fast-food américain où le consommateur mange debout ou en marchant ; le Français reste épicurien et souhaite s'asseoir pour déjeuner, même s'il dispose de peu de temps.

## → ACTIVITÉ 6 - Restauration traditionnelle et restauration rapide C21 C22

**1.** Rechercher un avantage et une limite sur le plan nutritionnel des formes de restauration présentées dans le **doc. 9**.

> Avantage : Tous les groupes alimentaires sont représentés.

> Limite : Ces repas manquent de diversité ; ils ne peuvent être qu'occasionnels car certains apports alimentaires seront insuffisants (fruits, légumes, produits laitiers).

**2.** Compléter le tableau ci-dessous en vous aidant de vos connaissances (considérer les aspects autres que nutritionnels).

| | Restauration traditionnelle | Restauration rapide |
|---|---|---|
| Intérêts | > Service à table (menu ou carte)<br>> Cadre convivial et produits de qualité | > Rapidité du service<br>> Prix réduit |
| Limites | > Temps important à consacrer au repas<br>> Budget important | > On ne s'assied pas<br>> Service réduit |

**DOC. 9** **Exemples de repas pris sur le pouce**

### À la boulangerie

- Sandwich au pain complet avec des crudités, du fromage, du poulet (ou du thon)
- Tarte aux fruits

### Au fast-food

- Hamburger (pain, steak haché, fromage, tomate, salade) + frites

ou

- Salade composée avec maïs, riz, fromage, jambon, poulet (ou thon), sauce.
- Smoothie (lait fouetté et parfumé servi frais)
- Fruit (ex. : orange)

### Au café

- Pizza complète (pâte à pain, sauce tomate, champignons, lardons, fromage)

ou

- Croque-madame (pain de mie, jambon, sauce béchamel, fromage râpé, œuf)
- Salade de fruits

# → ACTIVITÉ 7 - Alimentation et développement durable C12 C13 C22

**1.** Souligner dans le **doc. 10** la définition du développement durable.

**2.** > Associer chaque type de fruits à sa définition.

> Souligner ceux dont l'achat ne contribue pas au développement durable ainsi que la raison qui justifie votre choix.

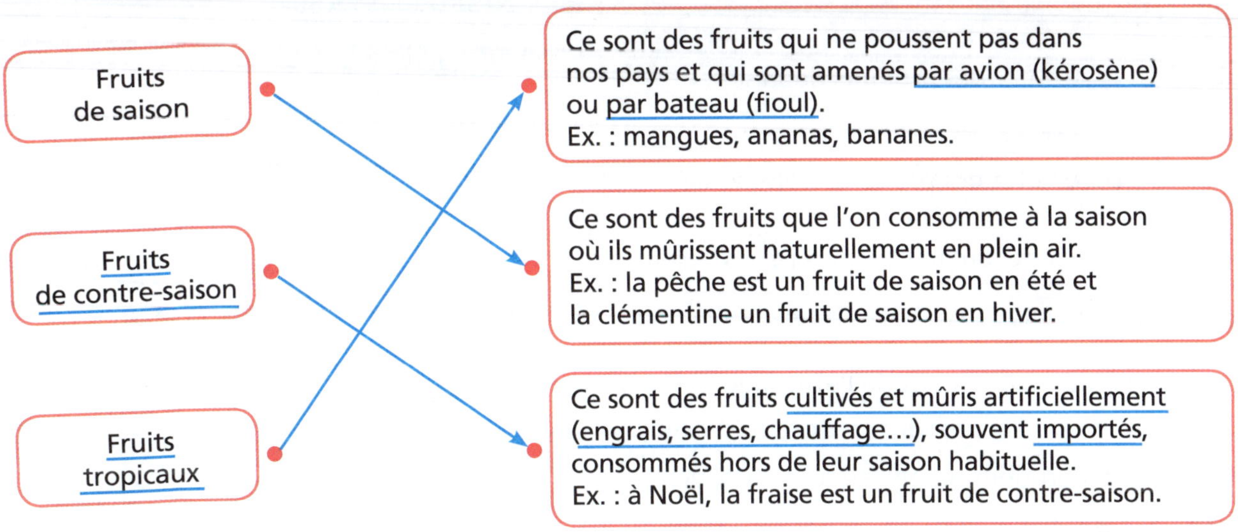

Fruits de saison.

Fruits tropicaux.

## DOC. 10 Du développement durable à la consommation écoresponsable

• Le développement durable désigne un mode de développement qui assure la satisfaction des besoins présents des populations sans compromettre ceux des générations futures, en cherchant un équilibre entre l'action économique, la protection de l'environnement, le développement social et le respect de l'expression culturelle et politique.

• Tout citoyen soucieux du développement durable va se comporter en consommateur écoresponsable, y compris au niveau des achats alimentaires quotidiens.

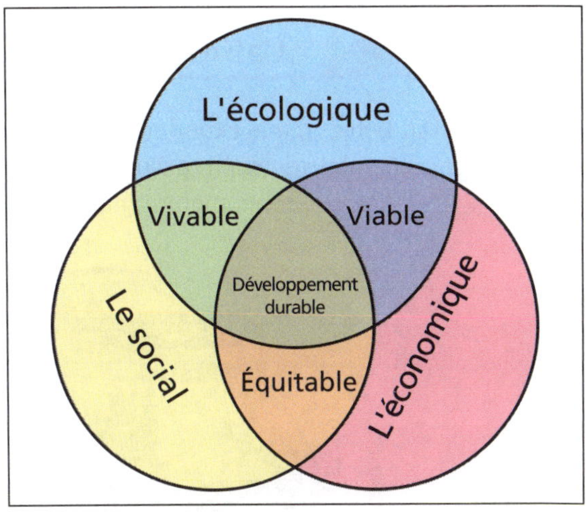

3. Justifier l'intérêt au niveau des achats alimentaires des attitudes écoresponsables conseillées. S'aider du **doc. 11**, de vos connaissances et du site www.notre-planete.info

| Attitudes éco-responsables préconisées | Intérêt – Justification |
| --- | --- |
| **A.** Acheter des produits peu transformés. | Les produits transformés induisent des dépenses énergétiques et de transport. |
| **B.** Privilégier les produits en vrac. | Ils permettent de réduire les emballages et d'opter pour les produits locaux. |
| **C.** Acheter des produits de saison. | Meilleure qualité gustative.<br>Ils limitent un stockage coûteux en énergie. |
| **D.** Acheter des produits biologiques. | Ils sont cultivés sans produits chimiques, source de pollution. |
| **E.** Acheter au fur et à mesure des besoins. | Évite le gaspillage. |
| **F.** Privilégier les produits peu emballés. | Afin de réduire le volume des déchets. |

**4.** Indiquer l'intérêt de l'affichage environnemental pour le consommateur.

Il permet de prendre conscience de l'impact environnemental du produit mais aussi de comparer deux produits au niveau de cet impact.

## DOC. 11 Les comportements écocitoyens

- **Acheter des produits peu transformés et peu emballés :** privilégier les produits en vrac, en conditionnement économique, afin de réduire les emballages, et les produits locaux afin de modérer les émissions de gaz à effet de serre liées aux transports. Par ailleurs, les produits ayant subi diverses transformations (céréales soufflées, riz précuit...) représentent aussi généralement des transports et des dépenses énergétiques supplémentaires.
- **Acheter des produits biologiques :** les produits « BIO » (label AB) sont de plus en plus courants à des prix de plus en plus abordables. En plus de leur qualité gustative qui est incomparable, ils sont nettement plus sains. [...]
- **Acheter des produits de saison :** en vous fournissant en fruits et légumes de saison, vous améliorez la qualité gustative de vos aliments. [...]
- **Acheter au fur et à mesure :** en moyenne, 26 % environ de notre nourriture finit à la poubelle, n'achetez pas en quantité importante. [...] Les fruits et les légumes, même dans le réfrigérateur, perdent vite leurs vitamines et se flétrissent.

© C. Magdelaine / www.notre-planete.info.

## DOC. 12 L'affichage environnemental des produits alimentaires

Il a fait l'objet d'une expérimentation et un rapport a été remis au parlement en 2012. 63 % des entreprises agroalimentaires ayant participé à l'expérimentation nationale envisagent de poursuivre la démarche d'affichage environnemental indépendamment des suites qui seront données par les pouvoirs publics.

© Casino.

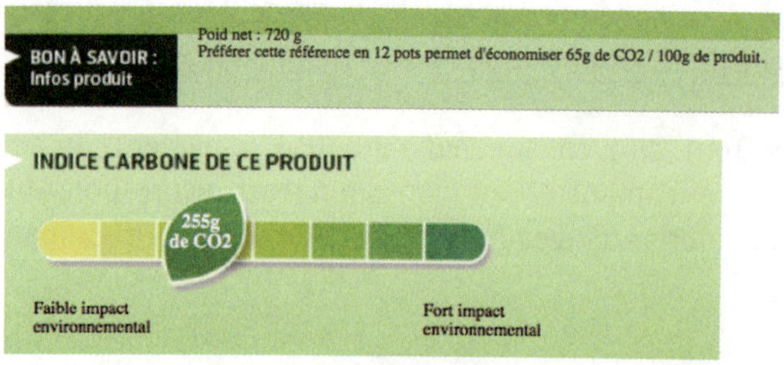

## → ACTIVITÉ 8 - Comportements à risques, obésité et désordres alimentaires C12 C31

**1.** Souligner, pour chaque situation, les comportements à risques puis indiquer la pathologie qu'ils peuvent provoquer ou révéler. S'aider du **doc. 13**.

| Situations | Pathologie possible |
|---|---|
| **A.** Marina a un comportement de restriction alimentaire volontaire d'origine psychologique qui provoque une diminution de l'appétit, puis une impossibilité de se nourrir. | Anorexie |
| **B.** Julie mange à toute heure de la journée en quantité massive et incontrôlée ; parfois elle se fait vomir car elle culpabilise. | Boulimie |
| **C.** Léon ne sait pas limiter sa consommation de biscuits et de confiseries. | Surpoids / Obésité |

**2.** Calculer l'IMC d'une personne qui pèse 68 kg et mesure 1,58 m à l'aide du **doc. 14** et préciser dans quelle catégorie elle se situe.

> IMC = 68 / (1,58 × 1,58) = 27,25.

> Conclusion : cette personne est en surpoids car son IMC est compris entre 24,9 et 29,9.

**3.** Calculer le pourcentage de la population française en surpoids et obèse à l'aide du **doc. 15** ; conclure.

> Calcul : 32,3 % + 15 % = 47,3 %.

> Conclusion : ce chiffre est élevé, il représente presque la moitié de la population.

### DOC. 13 Des maladies liées à l'alimentation

- Les nouveaux modes alimentaires, les phénomènes d'excès associés à la sédentarité ont entraîné un accroissement de l'obésité dans les pays développés. Par ailleurs, des désordres alimentaires tels que l'anorexie ou la boulimie sont de véritables maladies qui peuvent apparaître à une période où l'adolescent a une mauvaise image de soi.

- Le plan obésité (PO) amplifie l'action du Programme national nutrition santé (PNNS) en matière de lutte contre l'obésité.

© www.sante.gouv.fr.

### DOC. 14 Calcul de l'IMC

L'indice de masse corporelle (IMC) est un des outils permettant d'évaluer les risques de surpoids. La mesure du tour de taille permet une évaluation complémentaire à l'IMC.

$$\text{IMC} = \frac{\text{Poids (en kg)}}{\text{Taille}^2 \text{ (en mètre)}}$$

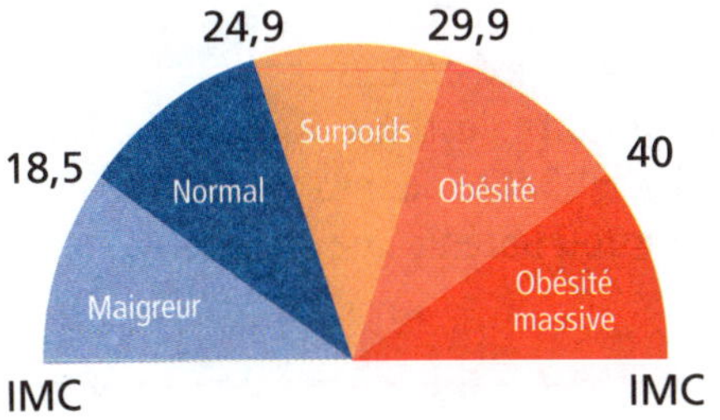


### DOC. 15 Niveaux d'IMC en France (2012)

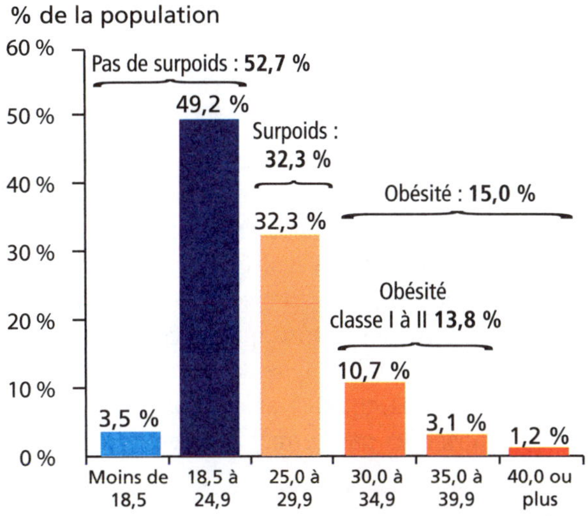

## → ACTIVITÉ 9 - Causes et conséquences de l'obésité C13 C22

Dans le **doc. 16** :

**1.** > Souligner les causes de l'obésité et les classer dans le diagramme ci-dessous.

> Entourer les conséquences de l'obésité.

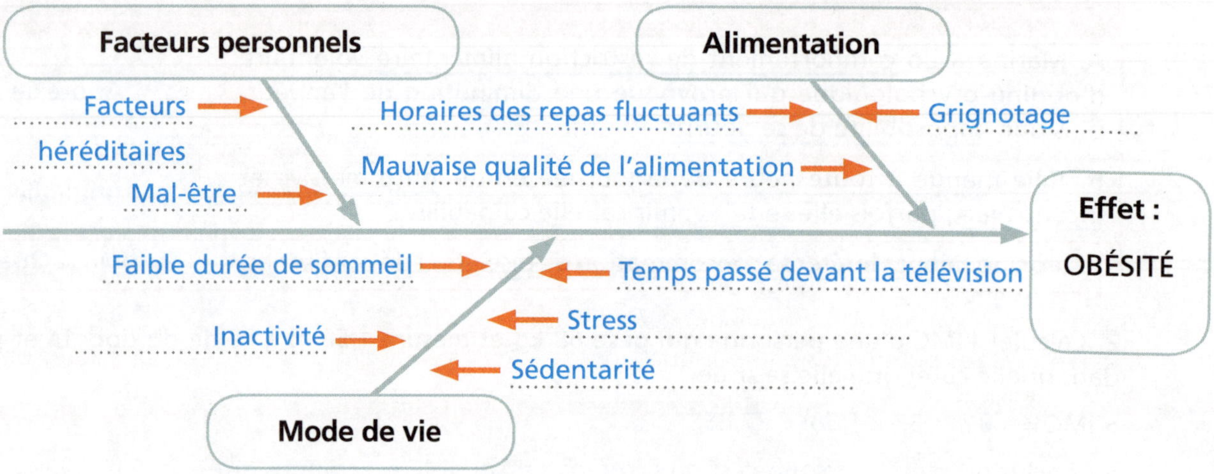


**2.** Indiquer s'il est individuellement possible de prévenir l'obésité.

Oui, car on peut agir sur la plupart des causes, excepté l'hérédité et le mal-être.

### DOC. 16 Causes et conséquences de l'obésité sur la santé

• La mauvaise qualité de l'alimentation, les horaires des repas fluctuants ou la déstructuration des rythmes alimentaires avec grignotage au cours de la journée, la faible durée de sommeil, la sédentarité, le temps passé devant la télévision et l'inactivité favorisent également l'obésité. Celle-ci peut avoir pour origine psychologique un mal-être. On peut manger pour combler un vide, ou parce qu'on est stressé.

L'obésité est la résultante de multiples facteurs héréditaires ou non.

• Les complications que cet état engendre sont avant tout d'ordre psychologique et social, avec une mauvaise image de soi, surtout à l'adolescence. Les autres risques sont surtout des complications respiratoires et cardio-vasculaires, des troubles de l'hypertension artérielle, un excès de cholestérol, du diabète et de l'arthrose du genou.

## → ACTIVITÉ 10 - Conduite à tenir face à un désordre alimentaire C13 C55

• Indiquer à l'aide du **doc. 17** quatre conseils que vous pourriez donner à un(e) ami(e) qui vous avoue sa boulimie.

> En parler à un professionnel.

> S'informer des risques.

> Prendre conscience du problème.

> Ne pas s'isoler.

### DOC. 17 Aller mieux !

Il est difficile de déterminer ce qui pousse à avoir recours à la boulimie car chaque personne est différente et a son histoire personnelle. Cependant, cela vient révéler un mal-être profond. [...] Pour pouvoir comprendre d'où proviennent ce besoin de se remplir et cette souffrance qui l'accompagne, il est important de faire appel à un professionnel (psychologue, psychiatre par exemple). Pouvoir parler de ce qui ne va pas permet de prendre conscience de ses ressentis, de prendre un peu de distance et d'éviter ces comportements destructeurs. Pour cela, il existe des lieux gratuits destinés aux jeunes. N'hésitez pas à appeler Fil Santé Jeunes au 0800 235 236 pour en parler et/ou obtenir une adresse.

© Fil Santé Jeunes – www.filsantejeunes.com.

Proposer maintenant des solutions pour les trois colocataires (étape 5, p. 48).

# Activités de synthèse

## RÉCAPITULER

**Compléter les textes à trous. Si besoin, se reporter à l'aide en bas de page.**

### Privilégier les saveurs et cultiver le plaisir de s'alimenter

- Les deux sens qui interviennent essentiellement lors de la dégustation d'un aliment sont le goût et l'odorat. Une saveur est perçue par la langue. Les saveurs les plus connues sont acide, amer, sucré, salé et umami. Le cerveau décode, analyse et identifie l'aliment.
- Lorsqu'il est perçu agréablement, on parle de plaisir alimentaire. Il se manifeste très tôt (cadre, ambiance, service...) et conjugue de multiples facteurs.

### Bien connaître les produits et les modes de restauration

- Les produits frais sont moins utilisés et remplacés par des produits semi-élaborés qui permettent un gain de temps mais au détriment du goût et de la valeur nutritionnelle. Le consommateur, soucieux de sa santé, tend à acheter des produits alimentaires appelés alicaments qui portent des allégations nutritionnelles ou encore des compléments alimentaires.
- Un déjeuner sur trois est pris hors domicile. Ce phénomène voit exploser la restauration dite rapide. Les repas rapides ont remplacé la restauration traditionnelle en raison d'un manque de temps et de la mobilité familiale et professionnelle.

### Se soucier du développement durable lors des achats

- Le développement durable désigne un mode de développement qui assure la satisfaction des besoins présents sans compromettre ceux des générations futures. On peut contribuer à celui-ci en achetant des produits qui ont généré une faible pollution lors de leur production ou de leur transport. L'affichage environnemental peut aider à choisir.

### Connaître les comportements alimentaires à risques et les désordres alimentaires

- Les comportements alimentaires à risques sont liés à des excès (sel, sucre...) ou à des carences en aliments. L'IMC, ou indice de masse corporelle, permet d'évaluer le niveau de surpoids. Lorsqu'il est élevé, on dit que la personne est atteinte d'obésité. Celle-ci est largement provoquée par des déséquilibres alimentaires dont l'excès de produits gras et sucrés.
- Les troubles du comportement alimentaire sont des pathologies ; l'anorexie se caractérise par un refus de s'alimenter tandis que la boulimie s'accompagne d'une consommation excessive et incontrôlée de nourriture.

**AIDE :** indice de masse corporelle / transport / saveur / l'odorat / boulimie / rapide / obésité / pollution / produits gras et sucrés / anorexie / facteurs / alicaments / compléments alimentaires / le goût / plaisir / acide, amer, sucré / cerveau / manque de temps / mobilité / générations futures / semi-élaborés / environnemental

# RETENIR

## ÉVOLUTION DES COMPORTEMENTS

**Attitude raisonnée face à l'alimentation**

### Prise en compte des saveurs et recherche du plaisir alimentaire

### Connaissance des produits avec leurs avantages et leurs limites

- produits frais ;
- produits semi-élaborés ;
- plats préparés industriels ;
- compléments alimentaires ;
- alicaments.

### Prise en compte du développement durable lors des achats alimentaires

**Éviter :**
- surconsommation ;
- gaspillage ;
- indice carbone élevé.

**Adopter un comportement éco-citoyen :**
- produits peu transformés et emballés, biologiques, de saison ;
- achats effectués au fur et à mesure, etc.

### Appréhension des différents modes de restauration et de leurs limites

- restauration traditionnelle ;
- fast-food ;
- snacking.

### Connaissance des comportements alimentaires à risques

- trop gras, trop copieux ;
- trop salé, trop sucré.

### Connaissance des désordres alimentaires

- boulimie ;
- anorexie.

**Intérêt de l'IMC dans la surveillance du poids.**

# Approfondir

**Le mieux vivre : Alimentation et développement durable** (3 min 27 s)

→ lienmini.fr/pse-vid05

**Vérifiez vos acquis !**

→ lienmini.fr/pse-qcm05

# Appréhender les circuits de distribution et la qualité sanitaire des aliments

**OBJECTIFS**

> Effectuer des choix commerciaux en citoyen avisé et solidaire.
> Repérer les critères de qualité.
> Faire preuve de curiosité vis-à-vis des dispositifs garantissant la qualité sanitaire des aliments.

**Clara et Jeff, 20 ans,** viennent d'aménager dans une grande ville où ils ont trouvé leur premier emploi. Issus d'un milieu rural, ils ont toujours consommé des produits frais, de bonne qualité, sans se préoccuper de faire les courses eux-mêmes. Ils tiennent à conserver cette habitude mais ne savent pas où effectuer leurs achats parmi la variété de commerces, ni comment choisir des produits et lire des étiquettes. Ils ne souhaitent pas perdre de temps à réaliser leurs courses et veulent dépenser le moins possible car leur budget est limité. Ils doivent s'organiser pour réaliser des courses alimentaires qui correspondent à leurs souhaits.

## 1 Identifier le problème posé

Clara et Jeff doivent s'organiser pour réaliser des courses alimentaires conformes à leurs souhaits.

## 2 Identifier les éléments de la situation

**Quoi :** quelle est la nature du problème ?
Trouver des produits alimentaires de qualité, sans trop dépenser et sans perdre trop de temps.

**Qui :** qui est concerné par cette difficulté ?
Clara et Jeff, jeune couple de 20 ans.

**Où :** où a été découvert ce problème ?
Quotidiennement, dans leur nouvelle vie active de citadins.

**Quand :** quand se manifeste ce problème ?
À chaque fois qu'il faut faire des courses.

**Comment :** quels éléments matériels ont favorisé son apparition ?
Ils ne se sont jamais occupés des courses alimentaires avant de s'installer en couple.

**Pourquoi :** pourquoi ce problème est important pour eux ?
Ils ont l'habitude de se nourrir avec de bons produits.

## 3 Mettre en relation les éléments de la situation

Compléter le diagramme « causes-effet » à l'aide des éléments de la situation suivants :

❶ ne savent pas lire les étiquettes / ❷ coût peu élevé / ❸ habitent une grande ville / ❹ ne savent pas où faire les achats / ❺ jeunes travailleurs / ❻ petits salaires / ❼ produits frais de bonne qualité / ❽ aucune expérience des courses / ❾ ne pas passer trop de temps / budget limité

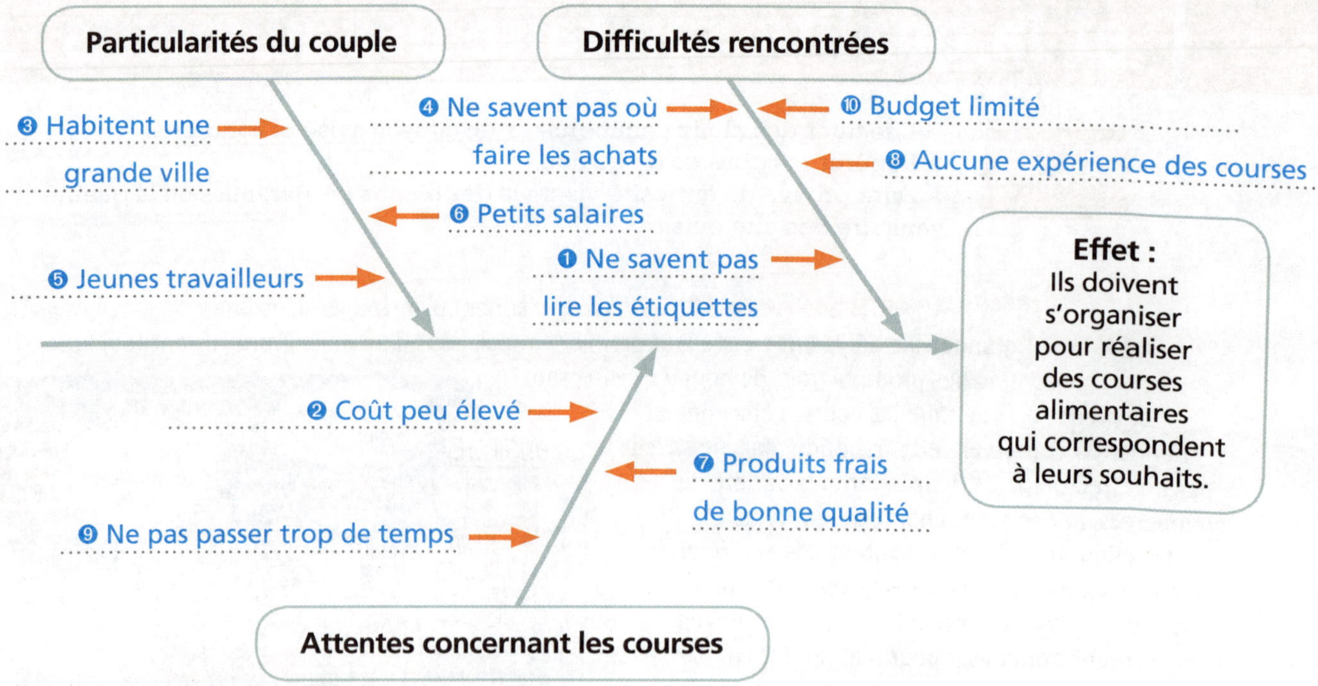


## 4 Mobiliser des connaissances

Pour comprendre la situation et y apporter des solutions, je réalise les **Activités 1** à **7** de la séquence 6.

## 5 Proposer des solutions

**1/** Indiquer et justifier les conseils que vous pouvez donner à Clara et Jeff concernant :

• Les lieux d'achats.

Marché, magasins de producteurs pour les produits frais tels que viande, légumes, fromages : circuits directs donc prix compétitif et fraîcheur.

Magasins de type hard-discount pour les autres produits : prix compétitifs, présence des seuls produits de base empêchant tout achat inutile et perte de temps.

• Les signes de qualité des produits.

Observer les produits frais : aspect, couleur, odeur.

Lire les étiquettes et repérer notamment : les labels signes de qualité (label rouge, agriculture biologique, etc.) ; les DLC ; la composition des produits.

• Le type de produits à acheter pour faire preuve de solidarité.

Ce sont les produits du commerce équitable tels que le café, le thé, le sucre, etc.

**2/** Expliquer à ce jeune couple soucieux de la qualité sanitaire des aliments commercialisés les rôles de :

• La DDPP : elle contrôle toute la filière alimentaire (de l'étable à la table).

• La traçabilité des aliments : elle permet de retrouver l'origine d'un produit ayant posé un problème et d'y remédier.

# MOBILISER DES CONNAISSANCES UTILES

Le PNNS précise la quantité d'aliments à consommer chaque jour. Mais quels circuits empruntent-ils avant d'arriver dans notre assiette, et quels contrôles ont-ils subis pour garantir une qualité sanitaire ne mettant pas en péril la santé du consommateur ?

## → ACTIVITÉ 1 - Les différents circuits de distribution C13 C21 C22

• Compléter le tableau ci-dessous à l'aide des **doc. 1** et **2** et de vos connaissances.

| | Deux intérêts | Deux inconvénients ou limites |
|---|---|---|
| **Supermarché, hypermarché**<br>Ex. : Leclerc, Casino, Carrefour<br>Circuit de type *(cocher)* :<br>☐ direct ☐ court ☒ long | > Grand choix de produits.<br>> Multiples rayons (ensemble des courses possible dans un seul magasin). | > Prix plus élevés.<br>> Conseils limités.<br>> Incite à acheter plus que nécessaire. |
| **Petits commerces, détaillants**<br>Ex. : boulanger, boucher<br>Circuit de type *(cocher)* :<br>☐ direct ☒ court ☒ long | > Conseil adapté.<br>> Qualité, fraîcheur. | > Prix élevés.<br>> Choix restreint. |
| **Hard-discount**<br>Ex. : Lidl, Aldi, Leader Price<br>Circuit de type *(cocher)* :<br>☐ direct ☐ court ☒ long | > Prix bas.<br>> Surface restreinte (gain de temps). | > Choix restreint.<br>> Absence de conseils.<br>> Qualité parfois moyenne. |
| **Magasins et marchés de producteurs**<br>Circuit de type *(cocher)* :<br>☒ direct ☐ court ☐ long | > Pas d'intermédiaire ; prix intéressant.<br>> Création d'un lien social.<br>> Fraîcheur, qualité. | > Produits du terroir exclusivement.<br>> Production irrégulière sur l'année.<br>> Peu de structures en place. |

### DOC. 1 Circuits de distribution des légumes

Les circuits de distribution se caractérisent par leur longueur et par le nombre d'intermédiaires (grossistes et détaillants) qui se placent entre le producteur et le client final. Le plus souvent, plus le circuit est court, moins le prix est élevé.

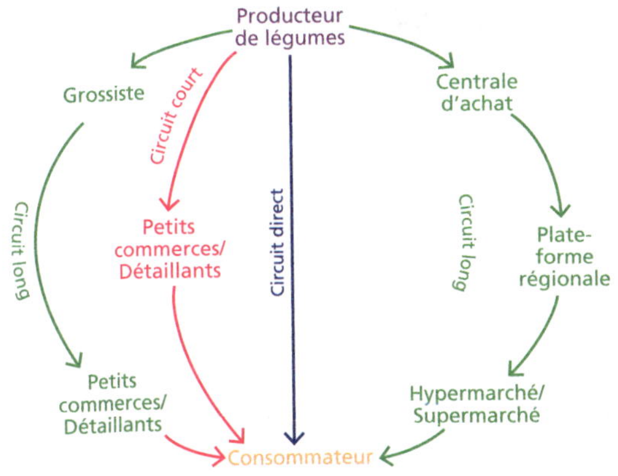


### DOC. 2 Des filières en pleine expansion

• Outre les marchés ou les ventes à la ferme, la vente directe se développe par les magasins de producteurs ou par les AMAP qui connaissent un succès croissant. Le consommateur est à la recherche de produits frais et de qualité et privilégie le contact avec les commerçants.

• L'augmentation de parts de marché des enseignes de hard-discount traduit le souhait des ménages de faire ses courses rapidement et en dépensant le moins possible. Une présentation rudimentaire des produits, une surface de vente et un nombre de produits restreints, l'absence de personnel polyvalent permettent des prix beaucoup plus avantageux que ceux proposés par les autres enseignes de supermarchés.

# → ACTIVITÉ 2 - Le commerce équitable C13 C22

**1.** Retrouver les particularités de chaque filière en cochant le tableau ; s'aider du **doc. 3**.

| Particularités | Commerce traditionnel | Commerce équitable |
|---|---|---|
| **A.** Une partie de ses bénéfices aide au fonctionnement de projets collectifs comme la création d'hôpitaux ou d'écoles. | | ✗ |
| **B.** Ceux qui le pratiquent récupèrent l'ensemble des bénéfices. | ✗ | |
| **C.** Les entreprises qui fournissent ce type de commerce respectent impérativement les droits de l'Homme. | | ✗ |
| **D.** Les produits proviennent de producteurs qui respectent l'environnement. | | ✗ |
| **E.** Un prix d'achat minimum est garanti aux producteurs. | | ✗ |
| **F.** Les prix sont dépendants des cours mondiaux du produit. | ✗ | |
| **G.** Les produits portant le label Max Havelaar sont issus de ce type de commerce. | | ✗ |

**2.** Retrouver deux avantages et deux inconvénients des produits issus du commerce équitable pour le consommateur.

| Avantages | Inconvénients (ou limites) |
|---|---|
| > Produits généralement de qualité. | > Produits plus coûteux ; choix restreint. |
| > Permettent de réaliser un achat solidaire. | > Ne sont pas présents dans tous les commerces. |

## DOC. 3 Qu'est-ce que le commerce équitable ?

- Le commerce équitable est un partenariat entre une organisation de producteurs du Sud (ex. : Afrique) et un importateur du Nord (ex. : Europe, USA).
- Les produits du commerce équitable sont divers : produits alimentaires comme le café, le thé (voir ci-contre), le cacao, le sucre, les jus de fruits, etc., mais aussi l'artisanat, le textile et les cosmétiques. Ces produits sont vendus soit dans des magasins spécialisés, soit dans les circuits classiques comme les grandes surfaces.
- Le commerce équitable a pour but de garantir aux producteurs des prix de vente de leurs produits indépendants des cours mondiaux et leur permettant de vivre décemment de leur travail. Les bénéfices réalisés permettent de répondre aux besoins des familles des producteurs mais également à leur communauté : création d'écoles ou de centres de santé dans les villages, programmes d'éducation et d'alphabétisation, microcrédit, etc.

© Alter Eco.

Les produits du commerce équitable sont de qualité, souvent issus de l'agriculture biologique ou de modes de production durables.

- Les associations qui le gèrent veillent par ailleurs à ce que les productions soient réalisées en respectant les règles d'hygiène et de sécurité internationales, mais aussi les droits de l'Homme et de l'environnement selon les concepts du commerce éthique (pas de travail des enfants, par exemple).
- Les produits issus du commerce équitable sont souvent un peu plus chers que ceux issus du commerce classique ou conventionnel. C'est le prix à payer quand on veut être solidaire des petits producteurs !

## ACTIVITÉ 3 - La sécurité alimentaire C12 C21

**1.** Justifier, à l'aide du **doc. 4** et de vos connaissances, la nécessité de veiller à la sécurité des aliments.

Les aliments peuvent véhiculer des micro-organismes pathogènes ou des substances toxiques pour le consommateur.

**2.** Relever les trois mots-clés résumant les moyens mis en œuvre pour obtenir la sécurité alimentaire.

> Expertise
> Réglementation
> Surveillance et contrôle

**3.** Remettre les étapes ci-dessous dans l'ordre en les numérotant de 1 à 6.

### Les contrôles sanitaires de l'étable à la table

**Transformation**

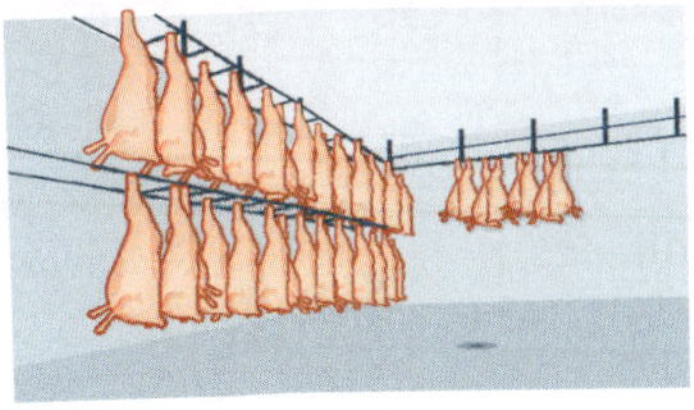

N° 3 : contrôles de qualité, respect des règles d'hygiène.

**Distribution**

N° 5 : contrôle final, étiquetage, date de péremption.

**Élevage**

N° 1 : contrôle des élevages (tuberculose, brucellose…).

**Abattage**

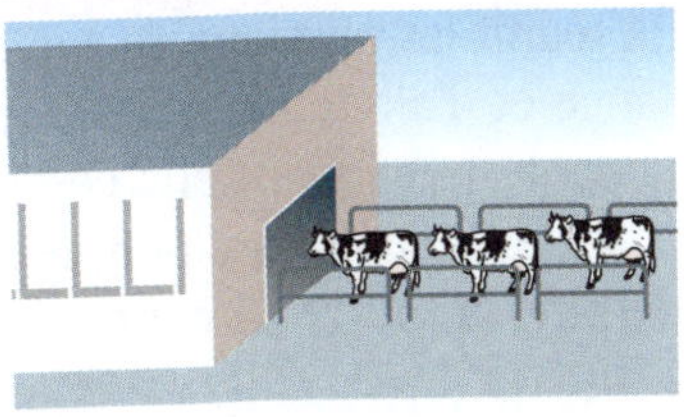

N° 2 : état de l'animal, prélèvements sur la viande.

**Transport logistique**

N° 4 : surveillance de la température (chaîne du froid).

**Consommation**

N° 6 : contrôle des établissements de restauration.

### DOC. 4 Obtention de la sécurité alimentaire

- Vache folle, huile d'olive frelatée, listeria, grippe aviaire… les alertes alimentaires qui ont inquiété le consommateur durant ces 20 dernières années sont nombreuses.
- L'État a le devoir d'assurer la sécurité alimentaire des consommateurs : les aliments doivent être sans danger.
- Des organismes officiels réalisent les expertises utiles qui débouchent sur la mise en place d'une réglementation.
- D'autres instances veillent à son application par une surveillance et des contrôles sur le terrain.

© Quapa.

## → ACTIVITÉ 4 - Les structures chargées de la sécurité alimentaire C22

• Indiquer pour les rôles suivants le nom de l'organisme concerné ; s'aider des **doc. 5 à 7**.

| Rôles | Organisme *(cocher)* | | |
|---|---|---|---|
| | DDPP | InVS | ANSES |
| **A.** Contrôler les T° dans les rayons réfrigérés d'une grande surface. | X | | |
| **B.** Faire des prélèvements de produits alimentaires en vue de contrôles, procéder à des analyses. | X | | |
| **C.** Vérifier que l'étiquetage des aliments présentés sur le rayon est conforme à la réglementation. | X | | |
| **D.** Réaliser une étude sur les dangers éventuels de certains OGM. | | | X |
| **E.** Évaluer le risque lié à la consommation de viande d'animaux contaminés par une épidémie européenne. | | X | |
| **F.** Fermer un restaurant car les règles d'hygiène ne sont pas respectées. | X | | |
| **G.** Inspecter, agréer les abattoirs et les usines de transformation des produits alimentaires. | X | | |

### DOC. 5 La DDPP

• Les missions de la DDPP s'effectuent sur le terrain où les contrôleurs et inspecteurs effectuent de nombreux contrôles.

• Dans les départements de moins de 400 000 habitants, c'est la DDCSPP (direction départementale de la cohésion sociale et de la protection des populations) qui est chargée de ces missions parmi de nombreuses autres.

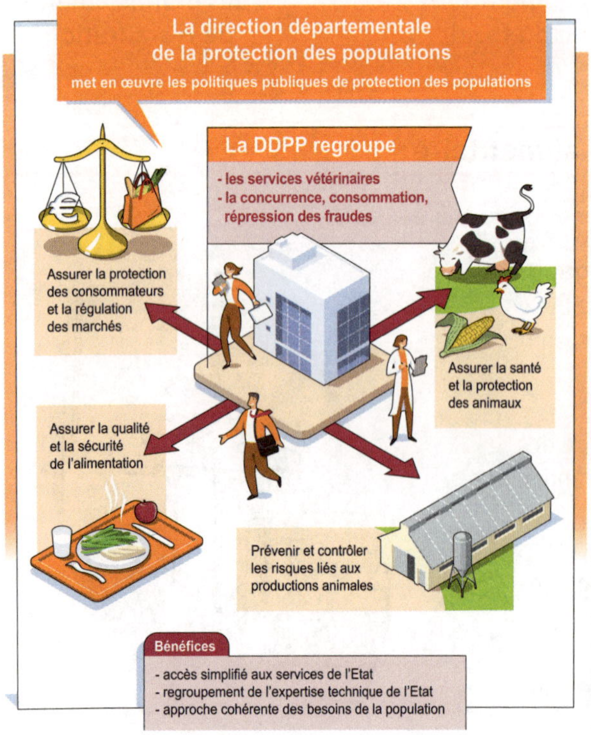


*La nouvelle organisation départementale de l'Etat / DDPP - Infographie: Lorenzo Timon © DGME - octobre 2009*

© DGME, octobre 2009.

### DOC. 6 L'InVS

• Cet établissement public administratif placé sous la tutelle du ministère chargé de la Santé réunit les missions de surveillance, de vigilance et d'alerte dans tous les domaines de la santé publique. Dans ce cadre, l'InVS détecte des épidémies d'origine alimentaire et identifie la source de contamination.

• En cas de crise sanitaire, l'InVS surveille la survenue de maladies d'origine alimentaire, identifie la source des épidémies et propose des recommandations aux décideurs concernant les possibles mesures de contrôle.

InVS INSTITUT DE VEILLE SANITAIRE

### DOC. 7 L'ANSES

• L'ANSES est placée sous la tutelle des ministères chargés de la Santé, de l'Agriculture, de l'Environnement, du Travail et de la Consommation.

• Elle met en œuvre une expertise scientifique contribuant à assurer la sécurité sanitaire humaine dans les domaines de l'environnement, du travail et de l'alimentation. Elle contribue également à assurer la protection de la santé et du bien-être des animaux, la protection de la santé des végétaux et l'évaluation des propriétés nutritionnelles et fonctionnelles des aliments.

anses agence nationale de sécurité sanitaire alimentation, environnement, travail

## → ACTIVITÉ 5 - La traçabilité des aliments C11 C12 C14

1. Souligner la définition de la traçabilité dans le **doc. 8**.

2. Justifier l'utilité de la traçabilité, en cas d'intoxication alimentaire par exemple.

Elle permet de remonter à l'origine exacte des différents lots de matières premières ayant servi à la fabrication du produit et de procéder à des retraits en cas de problème.

3. Souligner dans le **doc. 9** à quelle composante de la qualité alimentaire contribue la traçabilité.

### DOC. 8 Traçabilité et étiquetage du produit

Le consommateur veut être informé de la nature du produit qu'il achète et de sa qualité.
L'étiquetage, carte d'identité du produit, va apporter toutes ces informations mais aussi des éléments relatifs à la traçabilité du produit. Il s'agit de la « possibilité de suivre un produit aux différents stades de sa production, de sa transformation et de sa commercialisation, notamment dans les filières alimentaires ».

### DOC. 9 Définition de la qualité

La qualité se définit comme l'aptitude d'un produit ou d'un service à satisfaire les besoins du consommateur. Celui-ci est satisfait d'un produit alimentaire s'il associe qualité organoleptique (goût, odeur, aspect agréables), qualité nutritionnelle (apport de « bons » nutriments) et qualité sanitaire (absence de danger pour la santé).

## → ACTIVITÉ 6 - Les signes de qualité organoleptique sur l'étiquette C21

• Indiquer, pour les signes de qualité du **doc. 10**, d'autres exemples d'aliments sur lesquels on peut les trouver.

### DOC. 10 Les signes de qualité officiels

Garants de la qualité organoleptique du produit, ils sont attribués par des organismes certificateurs agréés.

| Signes de qualité | Signification | Exemples d'aliments sur lesquels figurent ces signes |
|---|---|---|
| **Label Rouge** | Il atteste que l'aliment possède des caractéristiques qui lui confèrent une qualité supérieure à son équivalent sur le marché. | Poulet fermier des Landes<br>Kiwis de l'Adour<br>Haricot tarbais<br>Saumon fumé |
| **AB** / **Logo européen obligatoire** | Ils indiquent qu'au moins 95 % des ingrédients sont issus de l'agriculture biologique (emploi d'engrais verts, lutte naturelle contre les parasites, absence d'**OGM**...). | Lait<br>Œufs<br>Farine<br>Huile<br>Céréales |
| **Agriculture biologique** | L'**AOP** est attribuée à certains produits agricoles qui ont des particularités gustatives spécifiques de la région où ils ont été produits.<br>L'**IGP** indique que le produit vient d'un lieu déterminé.<br>La **STG** protège une recette traditionnelle. | Brie de Meaux<br>Ossau-Iraty des Pyrénées<br>Piment d'Espelette<br>Poulet de Bresse<br>Jambon de Bayonne<br>Moules de bouchot<br>Clémentine de Corse |

# → ACTIVITÉ 7 - Informations de traçabilité et signes de qualité sur l'étiquetage C22

**1.** Noter sur l'étiquette ci-dessous, à l'aide du **doc. 11**, la nature des informations indiquées par les flèches.

Marque
Nature du produit
Origine
Date de fabrication
DLC
Label de qualité
Code-barres
N° de lot
Poids
Valeur nutritionnelle

**2.** Retrouver à partir du **doc. 11** trois informations obligatoires manquantes que l'on va retrouver sur l'emballage.

> Composition du produit.
> Nom et adresse du fabricant ou du distributeur.
> Température de stockage.

**3.** Souligner dans les réponses apportées aux consignes **1.** et **2.** les informations qui concernent la traçabilité du produit.

**DOC. 11 L'étiquetage des produits alimentaires**

• La loi précise les informations que doit obligatoirement porter un produit alimentaire. Ce sont :
❶ la dénomination de vente (nature du produit).
❷ la composition du produit.
❸ la quantité nette.
❹ la date limite de consommation (DLC) pour les produits frais se conservant moins de 6 semaines et la date de durabilité minimale (DDM) pour les produits se conservant plus de 6 semaines.
❺ le nom, la raison sociale, l'adresse du fabricant ou de l'importateur et le lieu d'origine.
❻ le mode d'emploi pour certains produits.
❼ le numéro du lot de fabrication (traçabilité).
❽ les conditions de stockage (températures).
❾ pour certaines denrées, la date de fabrication.
❿ la déclaration nutritionnelle obligatoire à partir du 13 décembre 2016.

• Les autres mentions n'ont pas un caractère obligatoire ; ce sont par exemple :
⓫ la marque.
⓬ les labels de qualité.

Proposer maintenant des solutions pour Clara et Jeff (étape 5, p. 62).

# Activités de synthèse

## RÉCAPITULER

**Compléter les textes à trous. Si besoin, se reporter à l'aide en bas de page.**

### Enjeux des circuits de distribution dans le secteur alimentaire

- Les circuits de distribution se caractérisent par le nombre d' ..... intermédiaires ..... entre le producteur et le client final. Ce nombre conditionne généralement le ..... prix de vente ..... du produit.
- Ainsi les produits vendus en supermarché (circuits ..... longs .....) ont transité par un ou plusieurs ..... grossistes ...... Les filières directes, sans intermédiaires entre le producteur et le consommateur (magasins de producteurs par exemple), sont en pleine expansion.
- Le ..... commerce équitable ..... permet aux petits producteurs de pays émergents d'avoir des revenus garantis leur permettant de vivre dignement, et de bénéficier d'aides techniques et financières. Une partie des bénéfices sert à financer des projets communautaires (écoles, hôpitaux...).

### Qualité sanitaire des aliments

- La qualité sanitaire : elle garantit qu'un aliment est sain, c'est-à-dire sans ..... danger ..... pour l'organisme. De nombreux ..... contrôles ..... sont effectués lors des différentes étapes de production, de transformation et de distribution des aliments par certains organismes.
- La DDPP, ou ..... direction départementale de la protection des populations ....., veille à la qualité et à la sécurité de l'alimentation et assure la protection des ..... consommateurs ..... grâce à de nombreux contrôles sur le terrain (élevages, abattoirs, restaurants, commerces).
- L' ..... InVS ....., ou Institut national de veille sanitaire, donne par exemple son avis en cas de crise sanitaire touchant les élevages.
- L' ..... ANSES ....., ou Agence nationale de sécurité sanitaire de l'alimentation, de l'environnement et du travail, intervient par ses expertises scientifiques.
- La traçabilité : c'est un ensemble de processus qui permettent de suivre un produit alimentaire aux différents stades de sa production, jusqu'à sa commercialisation, afin de retrouver la cause d'un éventuel problème telle qu'une ..... intoxication alimentaire ......
- L'étiquetage donne des informations concernant la ..... traçabilité ..... (ex. : le numéro du lot), la qualité ..... sanitaire ..... (dates, marque de salubrité), la qualité ..... nutritionnelle ..... (composition nutritionnelle de l'aliment), la qualité organoleptique (ex. : label de ..... qualité .....).
- Certaines informations sont ..... obligatoires ....., d'autres facultatives.
- Les signes de qualité sont facultatifs. Ce sont principalement le ..... label rouge ....., le logo agriculture biologique (AB), l'appellation d'origine protégée (AOP), etc.

**AIDE :** intoxication alimentaire / sanitaire / longs / obligatoires / direction départementale de la protection des populations / qualité / ANSES / commerce équitable / label rouge / consommateurs / nutritionnelle / intermédiaires / InVS / danger / prix de vente / grossistes / contrôles / traçabilité

# RETENIR

## Je contrôle le prix, la qualité, l'origine

Au marché ← j'achète → équitable

**Producteur**

- 1 intermédiaire
- 1 autre intermédiaire

Circuit long
Circuit court
Circuit direct

**Consommateur**

### Je lis les étiquettes

**Mentions obligatoires**

- Origine
- DLC ou DDM
- Adresse du fabricant
- Poids net
- N° de lot
- Mode d'emploi
- Composition

**Qualité**

**Traçabilité :** connaître le trajet du produit

**Équitable :**

- Respect de la nature, du producteur
- Droits de l'Homme (femme, enfant)
- Salaire juste
- Qualité du produit

### Organismes chargés de veiller à la qualité sanitaire des aliments

Liberté • Égalité • Fraternité
RÉPUBLIQUE FRANÇAISE
Direction départementale de la protection des populations

**DDPP** Sur le terrain, effectue des contrôles (élevages, abattoirs, commerces...).

InVS
INSTITUT DE VEILLE SANITAIRE

**InVS** Donne son avis en cas de crise.

anses

**ANSES** Expertises scientifiques

# Approfondir

**Le commerce équitable : qu'est-ce que c'est ? (3 min 18 s)**

→ lienmini.fr/pse-vid06

**Vérifiez vos acquis !**

→ lienmini.fr/pse-qcm06

# Maîtriser le module 2

**Juliette, 20 ans,** s'occupe de l'encaissement des clients dans un grand salon de coiffure. Chaque jour, elle déjeune dans une brasserie où elle veille à équilibrer ses repas afin qu'ils lui apportent toute l'énergie nécessaire pour assurer son travail. Entre chaque client, elle grignote des produits sucrés. Le soir, elle n'a pas très faim et ne fait pas de vrais repas ; elle mange parfois du pain et du fromage en regardant la télévision. Le matin, elle se lève à la dernière minute et ne prend pas le temps de déjeuner. Juliette constate qu'elle a pris du poids.

**Étudier la situation en mettant en œuvre la démarche de résolution de problèmes.**

## 1 Identifier le problème posé C31 C32 … / 0,5 pt

Juliette constate qu'elle a pris du poids.

## 2 Identifier les éléments de la situation C32 … / 3 pts

**Qui** : qui est la personne concernée ?

Juliette, 20 ans.

**Quoi** : quelle est l'origine du problème ?

Les mauvaises habitudes alimentaires de Juliette en dehors des heures des repas.

**Comment** : quels comportements ont favorisé l'apparition du problème ?

Le grignotage fréquent de produits sucrés, l'absence de petit déjeuner et parfois de dîner.

**Pourquoi** : quelle est la conséquence du problème posé ?

Les prises de poids peuvent amener des problèmes de santé.

## 3 Mettre en relation les éléments de la situation C32 … / 3 pts

- Reporter les numéros des éléments de la liste suivante dans le diagramme « causes-effet » ci-après.

❶ déjeuner chaque jour / ❷ produits sucrés / ❸ Juliette a pris du poids / ❹ déjeuner équilibré / ❺ grignote entre chaque client / ❻ absence de petit déjeuner / ❼ dîner de pain et fromage / ❽ repas du soir à la maison / ❾ absence fréquente de dîner

**Répartition des repas**
❶, ❺, ❻, ❽, ❾

**Effet**
❸

**Aliments consommés**
❷, ❹, ❼

## 4 Mobiliser des connaissances utiles C21 C22 ... / 3,5 pts

**1/** Proposer une définition de l'alimentation équilibrée.

Une alimentation équilibrée permet de couvrir les besoins de l'organisme.

**2/** Citer trois principes de base d'une alimentation équilibrée.

> Consommer fruits et légumes à chaque repas.

> Éviter les aliments gras sucrés et salés. > Ne pas grignoter.

**3/** Citer deux maladies liées à l'alimentation.

> Obésité, diabète. > Maladies cardiovasculaires.

## 5 Proposer des solutions C32 C42 ... / 4,5 pts

• Indiquer et justifier les conseils que vous donneriez à Juliette concernant les 3 repas :

| | Conseils | Justifications |
|---|---|---|
| Petit déjeuner | Repas à prendre systématiquement (produit laitier, produit céréalier, fruit ou jus de fruits). | > Pour avoir de l'énergie pour débuter la journée de travail. |
| Dîner | Repas à prendre en privilégiant des aliments peu énergétiques (légumes). | > Pour équilibrer son alimentation. |
| Grignotage | À éviter ; prendre une boisson chaude ou froide à mi-matin et mi après-midi. | > Fatigue le tube digestif.<br>> Favorise la prise de poids. |

Lorsqu'elle fait les courses pour les repas du week-end, Juliette est vigilante sur l'étiquetage et recherche les signes de qualité ; elle veut consommer des produits frais. Consommatrice écoresponsable, elle privilégie commerces du quartier et producteurs locaux.

### Répondre aux questions C21 C23 C24 ... / 5,5 pts

**1/** Citer deux catégories de produits alimentaires autres que les produits frais.

> Produits semi-préparés. > Plats cuisinés.

**2/** Citer un intérêt à la consommation de produits frais.

Les produits frais ont un goût unique et n'ont pas d'ingrédient ajouté.

**3/** Énoncer trois comportements écoresponsables lors d'achats alimentaires.

> Acheter des produits locaux et de saison de façon à promouvoir les producteurs locaux.

> Acheter des produits peu transformés avec peu d'emballage.

> Adapter ses achats alimentaires à ses besoins pour ne pas gaspiller.

**4/** Définir le circuit de distribution utilisé par le producteur qui vend ses légumes au marché.

Il s'agit du circuit direct.

**5/** Énoncer un avantage et un inconvénient de ce type de circuit.

> Avantage : le prix attractif qui n'a pas à supporter la marge du distributeur.

> Inconvénient : le manque de choix parfois en fonction des saisons.

**6/** Préciser l'importance de l'étiquetage alimentaire.

L'étiquette permet de remonter à l'origine des matières ayant servi à la fabrication du produit : elle assure une traçabilité. Elle permet aussi d'identifier ses signes de qualité.

# Adopter une attitude responsable vis-à-vis des conduites addictives

**OBJECTIFS**

> Être critique et responsable face aux conduites addictives afin de respecter sa santé et celle des autres.
> Respecter le cadre légal réglementaire ; identifier les structures d'accueil, d'aide et de soutien.

**Marouane, 17 ans,** ne quitte plus son ordinateur depuis qu'il a découvert les jeux de rôles sur Internet. Il ne fait plus de sport et « sèche » régulièrement le lycée. Il se lève à n'importe quelle heure puis repart sur l'ordinateur dans sa chambre pendant des heures, fume des cigarettes et régulièrement un joint, se couche très tard. Il résiste à la fatigue grâce au café, à la bière, aux boissons énergisantes qu'il consomme à longueur de journée. Il ne communique plus que sur Facebook avec ses copains qui le surnomment le *geek*. Il se dispute avec tout le monde, a des accès de colère. Face à son changement de caractère, ses parents s'inquiètent de son addiction au jeu et à certaines substances.

## 1 Identifier le problème posé

Marouane a une addiction aux jeux de rôles sur Internet et à certaines substances.

## 2 Identifier les éléments de la situation

**Quoi :** quelle est la nature du problème ?

Marouane consomme de nombreuses substances de façon répétée et abusive et a un comportement de *geek* (ou *no life*).

**Qui :** qui est la personne concernée ? Marouane, 17 ans, élève au lycée.

**Où :** quelle est l'origine du problème ? La découverte des jeux de rôles sur Internet.

**Quand :** à quel moment l'incident a-t-il été découvert ?

Quand Marouane a commencé à se déscolariser.

**Comment :** quels éléments matériels ont favorisé sa survenue ?

Le fait d'avoir un ordinateur dans sa chambre.

**Pourquoi :** quels sont les éléments qui font que cet incident peut entraîner des problèmes graves ?

Sa scolarité est compromise si ce comportement se poursuit ; il peut aussi devenir complètement dépendant ; son absence de relations sociales compromet son équilibre mental.

## 3 Mettre en relation les éléments de la situation

Compléter le diagramme « causes-effet » à l'aide des éléments de la situation suivants :

❶ se couche tard / ❷ tabac / ❸ passe son temps sur Internet à jouer à des jeux de rôles / ❹ boissons énergisantes / ❺ ne fait plus de sport / ❻ alcool (bière) / ❼ se lève à n'importe quelle heure / ❽ café / ❾ se déscolarise / ❿ cannabis

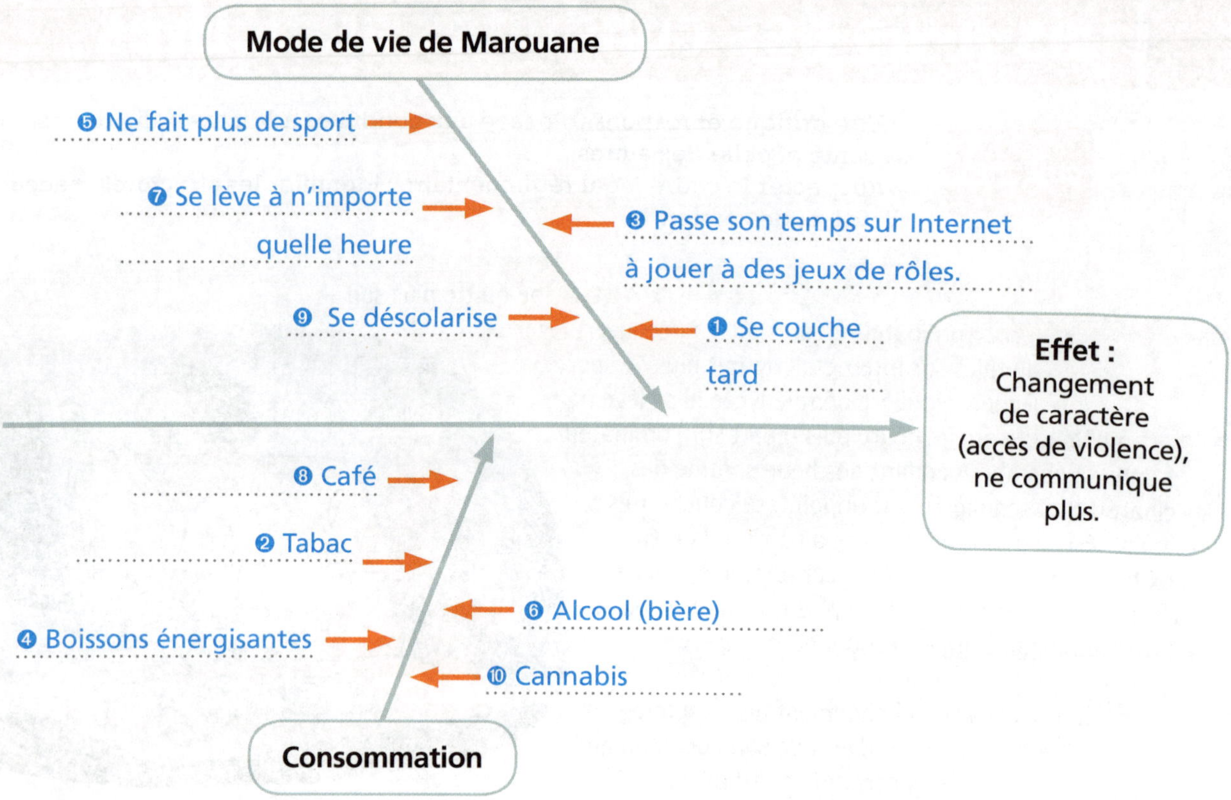


## 4 Mobiliser des connaissances

Pour comprendre la situation et y apporter des solutions, je réalise les **Activités 1** à **11** de la séquence 7.

## 5 Proposer des solutions

**1/** Proposer quelques conseils aux parents de Marouane pour l'aider à « décrocher » des jeux et de ses conduites addictives.

> Avoir une bonne hygiène de vie (faire du sport).
> Limiter la consommation de produits excitants.
> Ne pas installer de connexion Internet ni d'ordinateur dans la chambre.
> Déterminer des temps de jeu pour les jeunes adolescents.
> Évaluer très tôt le contenu des jeux vidéo grâce à la norme PEGI.
> Installer un logiciel de contrôle parental pour les jeunes adolescents.
> Rester présent et attentif.
> Consulter un médecin.

**2/** Indiquer auprès de quelles structures les parents de Marouane peuvent trouver de l'aide.

> Centres de soins spécialisés en addictologie (cf. site Internet : www.crje.fr).
> Centre de soins d'accompagnement et de prévention en addictologie (CSAPA).

# MOBILISER DES CONNAISSANCES UTILES

La vie est une quête d'expériences qui s'exerce parfois à travers le jeu et la consommation de substances diverses, licites ou illicites ; celles-ci disposent d'un cadre légal afin de protéger leurs utilisateurs ou les tiers. Des structures d'accueil, d'aide et de soutien encadrent les usagers dans leur lutte contre l'addiction.

## ACTIVITÉ 1 - Les facteurs de prise de risque C13

**1.** Après lecture des **doc. 1** et **2** :

> Rechercher une raison commune à la pratique du jeu vidéo et à la consommation d'anabolisants pour le sportif.

Une fuite de la réalité ou encore l'assurance de réussir au travers du fictif ou en trichant.

> Souligner les effets recherchés dans chaque cas.

**2.** Rechercher, dans le monde du travail, deux causes qui peuvent favoriser la consommation de boissons alcoolisées. S'aider du **doc. 3**.

> Le stress, la surcharge d'activité, un travail pénible.

> Un départ à la retraite, la naissance d'un enfant, une promotion, un mariage, etc.

### DOC. 1 Jeux vidéo et addiction

Contrairement à la vie réelle pleine d'incertitude et d'instabilité qu'il est impossible de contrôler, le jeu est rassurant. Il n'y a pas d'injustice. La réussite passe par le temps de jeu plutôt que par le talent. Cette caractéristique différencie le jeu du travail scolaire. Il est possible de passer trois heures sur un devoir et de malgré tout avoir une mauvaise note. Le joueur a un sentiment d'existence fort dans le monde virtuel qu'il investit grâce au réalisme du jeu ou à l'anonymat qui facilite la désinhibition.

© www.crje.fr

### DOC. 2 Sport et drogues

Hier, le meilleur copain de Dylan lui a proposé des anabolisants pour améliorer ses performances. Dylan a d'abord hésité par peur de se faire rejeter. Mais il a refusé car son entraîneur de musculation lui en avait parlé et lui avait conseillé de ne jamais commencer.

### DOC. 3 Quelques facteurs responsables de la consommation d'alcool au travail

© Philippe Tastet.

## ACTIVITÉ 2 - Le phénomène d'addiction C13 C22

Après lecture du **doc. 4** :

**1.** Souligner dans le **doc. 4** la définition du phénomène d'addiction.

**2.** Nommer les deux formes d'addiction et donner pour chacune d'entre elles des exemples.

> Addiction avec produit — Exemples : tabac – alcool – cannabis – héroïne.

> Addiction sans produit — Exemples : jeux – Internet – téléphone – travail.

Après lecture du **doc. 5** :

**3.** Souligner dans le **doc. 5** l'action des produits psychoactifs sur le cerveau puis encadrer leurs effets.

**4.** En déduire la définition d'une substance psychoactive.

Substance modifiant la transmission de l'influx nerveux, ce qui agit sur le psychisme et les comportements et qui peut conduire à un phénomène de dépendance.

**5.** Expliquer pourquoi une personne qui arrête la consommation de produits psychoactifs est en état de manque.

Lorsque le circuit de la récompense n'est plus stimulé par l'arrêt de la consommation, la personne est en état de manque, ce qui la pousse à consommer de nouveau.

**6.** Expliquer alors pourquoi on peut parler de « cyberaddiction ».

La « cyberaddiction » est le fait de ne plus pouvoir s'empêcher de se connecter à Internet dans le but d'éprouver du plaisir et/ou de soulager une tension intérieure.

### DOC. 4 Les différentes addictions, un problème de santé publique

• L'addiction se caractérise par la dépendance, soit l'impossibilité répétée de contrôler un comportement et la poursuite de ce comportement en dépit de la connaissance des conséquences négatives.

• Une conduite addictive peut être liée à des produits (substances addictives : alcool, tabac...) ou [prendre d'autres formes sans prise de produit comme le workaholisme (« accro » au travail), la dépendance aux moyens de communication (Internet et e-mail, téléphone portable...), le jeu pathologique, etc.]



### DOC. 5 Consommation de substances psychoactives : que se passe-t-il ?

• Le système nerveux est constitué de cellules nerveuses ou neurones. À l'intérieur du cerveau, les informations circulent sous forme d'activité électrique appelée influx nerveux. Pour passer d'un neurone à un autre, l'influx nerveux se transforme en messages chimiques, ou neurotransmetteurs, qui traversent l'espace situé entre deux neurones, la synapse.

• Cocaïne, ecstasy, cannabis, tabac, alcool, héroïne, médicaments psychoactifs, etc., tous ces produits ont en commun une propriété : ils augmentent la quantité de neurotransmetteurs (dopamine, sérotonine ou noradrénaline) disponibles dans une zone du cerveau, plus communément appelée le circuit de la récompense, provoquant plaisir et bien-être chez le consommateur. Certains produits bloquent la recapture des neurotransmetteurs, augmentant ainsi sa concentration et ses effets naturels (euphorie, excès de confiance et énergie).

• La mémorisation de ce plaisir dans le circuit de la récompense conduit à un phénomène de dépendance psychologique. Lorsque cette zone n'est plus stimulée par la drogue, le toxicomane souffre : il est en état de manque. La dépendance est aussi physique et l'état de manque se traduit par des troubles physiques violents (vomissements, augmentation du rythme cardiaque...).

## → ACTIVITÉ 3 - Les effets de quelques substances psychoactives C12 C21

**1.** Souligner dans le **doc. 6** les effets à court terme de chaque substance psychoactive sur l'organisme.

### DOC. 6 Effets des trois principales substances psychoactives

Les modifications comportementales et physiologiques suite à une prise de substances psychoactives dépendent de la voie de pénétration et de la quantité ingérée mais aussi de la fréquence de consommation. Ces substances agissent sur diverses parties du corps.

- Le **TABAC** contient de la nicotine qui possède un effet « éveillant » (anxiolytique et coupe-faim). La combustion de ces produits crée de nouveaux composants (monoxyde de carbone, goudrons...) nocifs pour la santé. Le tabac augmente la pression artérielle, accélère le rythme cardiaque et détériore les artères. Le monoxyde de carbone provoque l'essoufflement en se fixant sur les globules rouges. À terme, la consommation de tabac participe au développement de nombreux cancers comme le cancer des poumons mais également le cancer des voies aéro-digestives supérieures (lèvre, bouche, pharynx), celui de l'estomac, du pancréas et de la vessie.

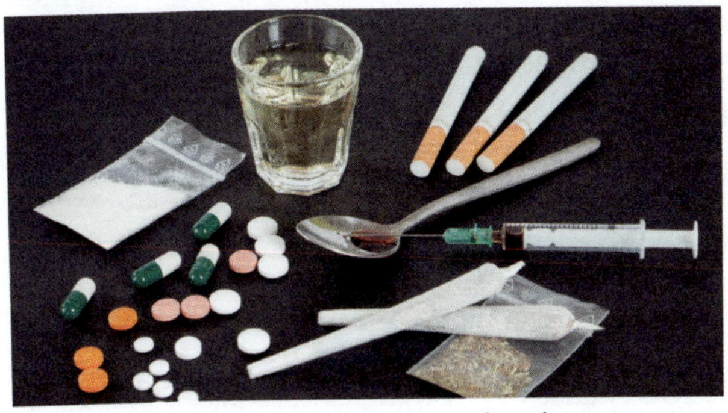

Diverses substances psychoactives.

- **L'ALCOOL** passe directement dans le sang. Par conséquent, les principaux organes vitaux sont touchés et risquent, en cas de consommation abusive et répétée, de développer des maladies. C'est le cas pour le cœur (troubles cardiovasculaires), l'estomac et l'appareil digestif (ulcères, cancers), le foie (cirrhose, hépatites) et le cerveau (atteinte des neurones). Le fait que le cerveau et le système nerveux soient touchés peut entraîner de nombreuses conséquences : troubles de la vision, de l'audition, de la coordination motrice. Les capacités de réaction et de concentration sont altérées. L'alcool influe donc sur tout le comportement, l'équilibre et les réflexes mais aussi sur l'humeur : tantôt il désinhibe et rend euphorique, tantôt il rend triste, voire dépressif.
- Le **CANNABIS** contient du THC (tétrahydrocannabinol), principal actif responsable des effets psychoactifs. Les consommateurs recherchent un état de détente qui n'est pas toujours obtenu et peut varier : légère euphorie accompagnée d'un sentiment d'apaisement, légère somnolence mais aussi parfois malaise, intoxication aigüe (*bad trip* avec tremblements, vomissements, impression de confusion, angoisse très forte). Le cannabis diminue les capacités de mémoire immédiate et de concentration ; la perception visuelle, la vigilance et les réflexes sont également modifiés. Ces effets peuvent être dangereux si on conduit une voiture ou si on utilise des machines.

**2.** > Repérer à l'aide du **doc. 6** et de vos connaissances les quatre appareils ou systèmes les plus touchés à long terme par la consommation de produits psychoactifs.

> Donner pour chacun d'entre eux deux exemples d'effets à long terme.

| Appareils / Systèmes | Exemples d'effets à long terme |
|---|---|
| Système nerveux | > Troubles de la mémoire<br>> État dépressif |
| Appareil cardiovasculaire | > Détérioration des artères<br>> Infarctus du myocarde |
| Appareil respiratoire | > Diminution des capacités respiratoires<br>> Cancer des poumons |
| Appareil digestif | > Cancer de la bouche<br>> Ulcère de l'estomac |

## → ACTIVITÉ 4 - Les polyconsommations régulières C13 C21

À partir des **doc. 7** et **8** :

**1.** Définir la « polyconsommation ».

C'est le fait de consommer simultanément plusieurs produits psychoactifs.

**2.** Classer par ordre décroissant les différentes polyconsommations.

**a.** Alcool et tabac **b.** Alcool, tabac et cannabis

**c.** Tabac et cannabis **d.** Alcool et cannabis

**3.** Indiquer les dangers d'une polyconsommation ; justifier la réponse.

Les effets des produits s'ajoutent et les risques sont par conséquent plus graves pour la santé.
Le risque de dépendance augmente.

### DOC. 7 Additionner les drogues, c'est multiplier les risques

• La polyconsommation désigne le fait de consommer, avec une certaine fréquence, au moins deux substances psychoactives.

Les consommations sont souvent associées soit par un effet d'entraînement, soit pour la recherche de sensations, soit encore pour atténuer les effets de certains produits. [...]

Les dangers sont souvent méconnus : conjugués, les effets des produits sont modifiés, entraînant des risques plus graves pour la santé.

• La polyconsommation engendre des problèmes spécifiques :

- du fait de sa fréquence ;
- car elle peut amplifier les risques sanitaires et sociaux aussi bien en termes de risques aigus qu'en termes de risques chroniques ;
- car elle entraîne une aggravation des conduites de consommation : il y a un risque accru d'évolution vers un usage nocif ou une dépendance. [...]

Remarque : Le risque d'accident mortel de la route est multiplié par 15 en cas de consommation conjointe d'alcool et de cannabis.

www.drogues.gouv.fr

### DOC. 8 Polyconsommation régulière d'alcool, de tabac et de cannabis

**Répartition des différents types de polyconsommations régulières en France**

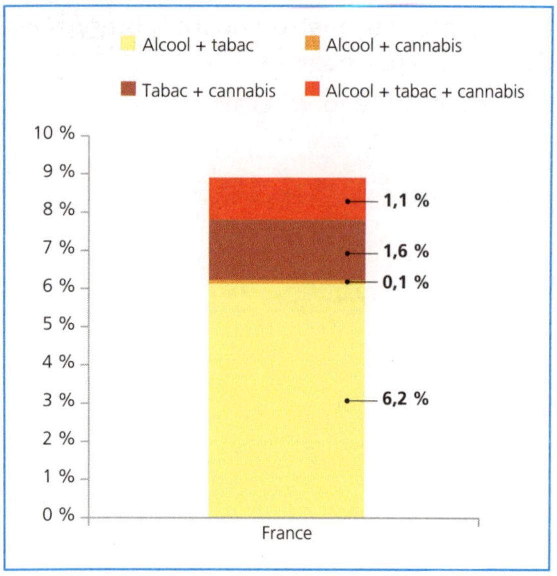


© Source : Baromètre Santé 2014, INPES, exploitation OFDT. ESPAD 2014, OFTD.

## → ACTIVITÉ 5 - Les conséquences personnelles et sociales d'une conduite addictive C22

• Cocher la bonne réponse en vous aidant des **doc. 9 à 11** ; s'appuyer également sur vos connaissances personnelles.

| La consommation de produits psychoactifs : | Vrai | Faux |
|---|---|---|
| A. Baisse la vigilance et favorise les accidents du travail. | ✗ | |
| B. Aggrave les difficultés financières. | ✗ | |
| C. Augmente les capacités physiques à long terme. | | ✗ |
| D. Peut conduire au licenciement. | ✗ | |
| E. Favorise la prise de risque au volant en prenant de la vitesse. | ✗ | |
| F. Permet une meilleure concentration et un travail de précision. | | ✗ |
| G. Favorise les prises de risque, notamment lors des relations sexuelles. | ✗ | |
| H. Donne une impression de courage pour affronter les situations difficiles. | ✗ | |
| I. Permet d'avoir une meilleure mémoire. | | ✗ |
| J. Peut être responsable d'accès de violence. | ✗ | |
| K. Favorise l'exclusion et le décrochage scolaire. | ✗ | |
| L. Peut conduire à la mort. | ✗ | |

### DOC. 9 Le cannabis au travail

La présence de salariés sous l'effet de cannabis sur les lieux de travail peut entraîner des risques pour la santé et la sécurité, à la fois pour eux-mêmes et pour leur entourage. L'altération de la vigilance, la modification de la perception du risque et/ou une prise de risque accrue peuvent ainsi être à l'origine d'accidents du travail. Cela est d'autant plus vrai pour des postes qui nécessitent une vigilance particulière, de la dextérité, une concentration soutenue ou encore des prises de décision rapides : conduite ou pilotage d'engins ou de véhicules, travail en hauteur, maniement ou utilisation de machines ou d'outils, contrôle de processus sur des sites à hauts risques.

© INRS.

### DOC. 10 L'alcool au travail

© Philippe Tastet.

### DOC. 11 Cannabis et conduite

© DSCR.

## ACTIVITÉ 6 - Les actions individuelles de prévention C44

• Proposer à l'aide de vos connaissances et des **doc. 12** à **14**, cinq mesures individuelles pour éviter, réduire ou limiter les conduites addictives, avec ou sans produit.

> Avoir des règles d'hygiène de vie (faire du sport).

> Choisir des jeux en fonction du contenu pour les jeunes enfants.

> Se faire aider pour arrêter de fumer (médicaments, thérapies de groupe…).

> Lors d'une soirée, proposer des boissons non alcoolisées, mettre de l'eau sur la table.

> Dormir sur place ou bien désigner un capitaine de soirée lorsqu'on a bu.

### DOC. 12 Choisir des jeux vidéo adaptés

Le PEGI (*Pan European Game Information*) est une classification par âge […]. À partir de pictogrammes divers, il va renseigner parents, enfants et médiateurs sur les contenus du jeu vidéo et l'âge conseillé pour les jeunes joueurs.

© PEGI.

### DOC. 13 Sécurité routière et alcool au volant

© DSCR.

### DOC. 14 Course à pied et tabac

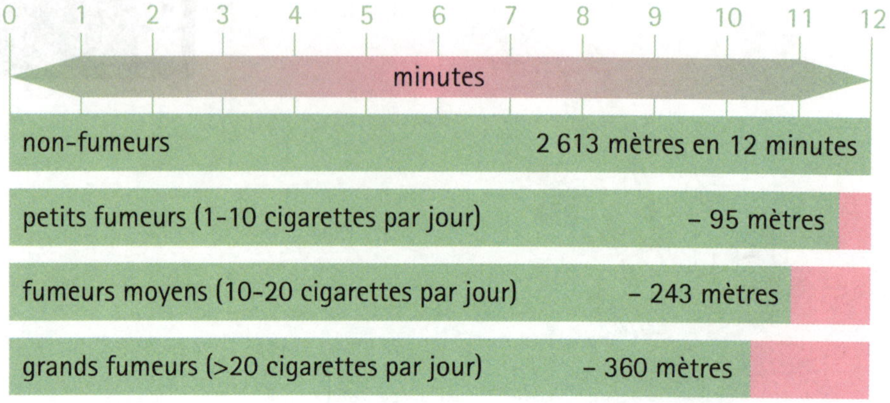

## → ACTIVITÉ 7 - Les différents types d'usage C21 C22

**1.** Souligner dans le **doc. 15** et à l'aide du **doc. 16** les caractéristiques de l'usage simple, de l'usage nocif et de la dépendance.

**2.** Définir les termes suivants à l'aide du **doc. 16** :

> Substance licite : autorisée par la loi.

> Substance illicite : interdite par la loi.

### DOC. 15 De l'usage simple à la dépendance

- **L'usage simple** est une consommation de substances psychoactives qui n'entraîne ni complications pour la santé, ni troubles du comportement ayant des effets nocifs pour soi et les autres.
- **L'usage nocif** est une consommation répétée de substances psychoactives préjudiciable à la santé qui provoque des dommages physiques et/ou psychiques pour le sujet lui-même mais aussi pour son environnement.
- **La dépendance brutale ou progressive**, selon les produits et l'état physique et psychique du consommateur, s'installe quand un usager ne peut plus se passer de consommer, sous peine de souffrances physiques et/ou psychiques.

### DOC. 16 La classification des produits psychoactifs

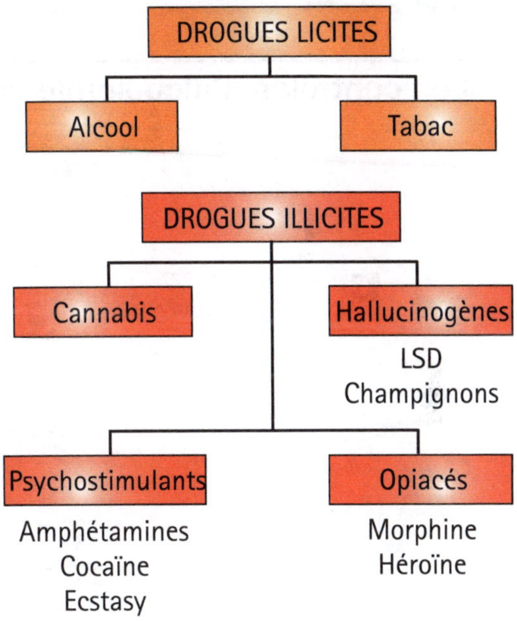


## → ACTIVITÉ 8 - Le cadre légal et réglementaire des substances licites C12 C13 C22

**1.** > Souligner dans le **doc. 17** la définition de l'alcoolémie.

> Relever le taux légal d'alcoolémie à ne pas atteindre en France pour un conducteur expérimenté.

Le taux légal d'alcoolémie à ne pas atteindre au volant est 0,5 g/L de sang.

### DOC. 17 Gérer son alcoolémie

L'alcoolémie, c'est la quantité d'alcool dans le sang. Elle est exprimée en grammes d'alcool par litre de sang. On peut connaître son alcoolémie en la mesurant de deux façons : soit par une prise de sang, soit en mesurant le taux d'alcool dans l'air expiré par un alcootest (détection) ou un éthylomètre (mesure).

Que l'on boive un verre de vin, un verre de bière, un verre de whisky, la quantité d'alcool absorbée est la même ! Deux verres et les 0,5 g/L sont atteints. Un conducteur expérimenté ayant depuis plus de 3 ans son permis est en infraction. Quant au conducteur novice, il est en infraction dès 0,2 g/L/sang.

**2.** Encadrer dans le **doc. 18** les mesures répressives qui existent pour un conducteur expérimenté et dont le taux d'alcoolémie serait compris entre 0,5 et 0,8 g/L de sang.

**3.** Cocher la bonne réponse après lecture du **doc. 19**.

> L'employeur peut interdire totalement la consommation dans l'entreprise.

☒ oui ☐ non

> La consommation d'alcool est strictement interdite dans l'entreprise pour fêter une promotion.

☐ oui ☒ non

> La délivrance de boissons alcoolisées par distributeur est autorisée.

☐ oui ☒ non

## DOC. 18 Contrôle de l'alcoolémie des conducteurs

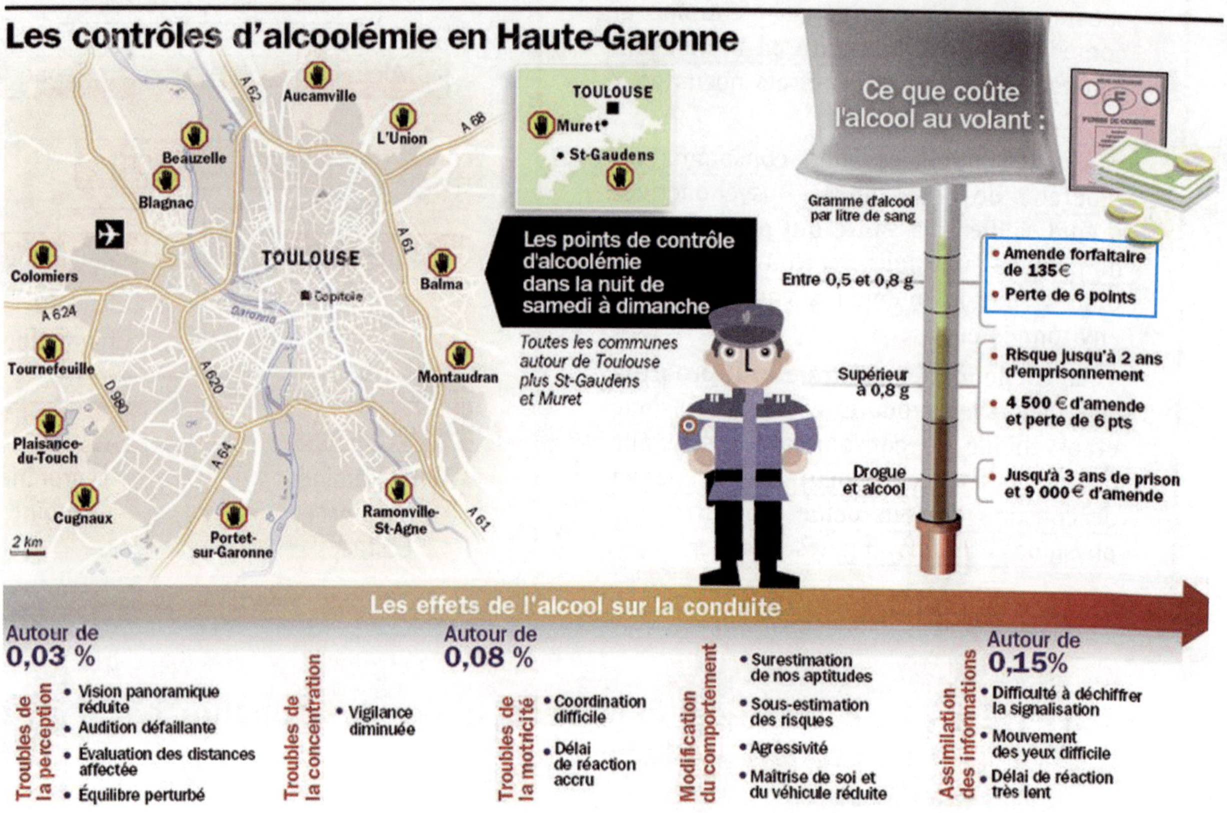


© La Dépêche du Midi (article publié le 13/12/2010) / © Agence Idé.

## DOC. 19 Législation sur l'alcool au travail

• **Décret n° 2014-754 du 1er juillet 2014 modifiant l'article R. 4228-20 du Code du travail.** L'employeur peut désormais interdire toute consommation d'alcool sur le lieu de travail. « Lorsque la consommation de boissons alcoolisées [...] est susceptible de porter atteinte à la sécurité et la santé physique et mentale des travailleurs, l'employeur [...] prévoit dans le règlement intérieur ou, à défaut, par note de service les mesures permettant de protéger la santé et la sécurité des travailleurs et de prévenir tout risque d'accident. » Ces mesures passent par la limitation, voire l'interdiction, de cette consommation.

• **Article L. 4741-1 du Code du travail.** Du fait de ne pas respecter l'interdiction d'introduire au sein de l'entreprise de l'alcool, de laisser entrer ou séjourner dans l'entreprise un salarié en état d'ivresse, l'employeur est passible d'une amende de 3 750 euros. En cas de récidive, il encourt une peine d'emprisonnement d'un an et une amende de 9 000 euros par salarié concerné.

• **Article L. 3322-8 du Code de la santé publique.** « La délivrance de boissons alcooliques au moyen de distributeurs automatiques est interdite. »

## → ACTIVITÉ 9 - Le cadre légal et réglementaire des substances illicites C13 C22

• Cocher les bonnes réponses en vous aidant du **doc. 20**.

| Cadre légal en France | |
|---|---|
| **A.** Vendre ou offrir des stupéfiants est assimilé à un trafic. | ☒ Vrai<br>☐ Faux |
| **B.** La consommation de stupéfiants est : | ☒ strictement interdite et sanctionnée<br>☐ tolérée<br>☒ susceptible de mener en prison |
| **C.** La détention de stupéfiants est : | ☐ tolérée (quantités variables ≈ 5 g)<br>☒ strictement interdite |
| **D.** La personne qui fait usage de stupéfiants peut être amenée à accomplir un stage payant. | ☒ vrai<br>☐ faux |
| **E.** La loi française considère le fait d'importer des stupéfiants pour sa consommation comme un trafic. | ☒ vrai<br>☐ faux |

### DOC. 20 Usage et trafic de produits stupéfiants en France

• **Usage :** l'usage peut être puni de 1 an d'emprisonnement et de 3 750 € d'amende. En revanche, si le cannabis est destiné à la revente ou à plusieurs usagers, les peines appliquées seront plutôt celles du trafic. Le procureur de la République peut demander de prendre contact avec une structure de soins (injonction thérapeutique) ou avec toute autre structure éducative ou sociale.

• **Conduite après usage de stupéfiants :** conduire après avoir fait usage de stupéfiants est passible de 2 ans d'emprisonnement et de 4 500 euros d'amende, peines portées à 3 ans et 9 000 euros si l'usage de stupéfiants se double d'une alcoolémie supérieure au taux légal.

• **Trafic :** proposer, même gratuitement, des stupéfiants est un acte de trafic dont la peine est 5 ans d'emprisonnement et 75 000 euros d'amende maximum qui peut être portée à 10 ans d'emprisonnement s'il est commis à l'encontre d'un mineur, dans ou à proximité d'un établissement scolaire ou dans les locaux d'une administration. Le fait d'inciter quelqu'un à consommer est aussi sévèrement sanctionné.

Remarque : le Code pénal réprime aussi le fait d'inciter directement un mineur à consommer de l'alcool.

© www.drogues-info-service.fr

## → ACTIVITÉ 10 - Les structures d'accueil, d'aide et de soutien au niveau local C52

• À l'aide du site www.drogues-info-service.fr, rechercher l'adresse et le numéro de téléphone des structures suivantes les plus proches de chez vous.

| Centre de soins pour usagers d'alcool et leur entourage | Prévention de la dépendance au jeu | Hébergement thérapeutique pour toxicomanes |
|---|---|---|
| ✉ ..........<br>..........<br>..........<br>☎ ..........<br>.......... | ✉ ..........<br>..........<br>..........<br>☎ ..........<br>.......... | ✉ ..........<br>..........<br>..........<br>☎ ..........<br>.......... |

## ACTIVITÉ 11 - Les rôles des structures d'accueil, d'aide ou de soutien C12 C13 C22

• Cocher dans le tableau suivant les bonnes réponses à l'aide des **doc. 21** à **23**.

| Structures | Rôles et particularités des différentes structures |
| --- | --- |
| MILDECA | ☐ répressif ☒ préventif<br>☒ met en place des campagnes d'information |
| Drogues Info Service | ☐ un numéro de centre de consultation<br>☒ anonymat respecté<br>☐ une ligne téléphonique<br>☐ payant depuis un poste fixe<br>☒ payant depuis un portable<br>☐ demande vos coordonnées<br>☒ une écoute téléphonique<br>☒ gratuit depuis un poste fixe |
| CSAPA | ☐ centre de secours ambulatoire pour personnes âgées<br>☒ centre de soins d'accompagnement et de prévention en addictologie<br>☐ propose uniquement une écoute<br>☐ accueil payant<br>☒ peut accueillir, héberger une personne en difficulté avec une drogue<br>☒ nom d'un centre d'hébergement<br>☒ centre de soins |

### DOC. 21 La MILDECA

Créée en 1982, la mission permanente de lutte contre la toxicomanie, devenue la MILDECA en 2014, est placée sous l'autorité du Premier ministre. Elle anime et coordonne l'action du gouvernement en matière de lutte contre les drogues et les conduites addictives. La compétence de coordination de la MILDECA s'étend à l'ensemble des addictions, avec ou sans produit.

### DOC. 22 Les numéros utiles

ADALIS est un service national de prévention et d'information sur les drogues et les dépendances qui gère un dispositif d'aide à distance composé de 4 numéros de téléphone et de 3 sites Internet. Ses missions sont l'information, le conseil, le soutien et l'orientation. Les numéros sont accessibles 7 jours sur 7, de 8 h à 2 h, et garantissent l'anonymat. L'appel est, selon les lignes, gratuit ou au prix d'une communication ordinaire.

0 980 980 930 de 8h à 2h, appel non surtaxé
ALCOOL**INFO**SERVICE.FR

0 800 23 13 13 de 8h à 2h, appel gratuit depuis un poste fixe
DROGUES**INFO**SERVICE.FR

09 74 75 13 13 de 8h à 2h, appel non surtaxé
JOUEURS**INFO**SERVICE.FR

### DOC. 23 Un exemple de structure d'aide : les CSAPA

La mise en place des CSAPA a pour objectif la prise en charge mieux coordonnée des addictions sur les différents territoires de la région. Ils se caractérisent par leur accessibilité territoriale et sociale, la globalité de l'approche sous le concept d'addiction, l'accompagnement pluridisciplinaire et dans la durée. Les CSAPA accueillent sans condition préalable les personnes présentant tous types d'addiction, ainsi que leur entourage.



Proposer maintenant des solutions pour Marouane (étape 5, p. 74).

# Activités de synthèse

## RÉCAPITULER

**Compléter les textes à trous. Si besoin, se reporter à l'aide en bas de page.**

### Facteurs de risques

- Certains facteurs personnels (estime de soi, motivation), professionnels (stress au travail), environnementaux contribuent à adopter certaines conduites addictives avec ou sans produit.

### Phénomène de l'addiction

- Une conduite addictive se caractérise par la dépendance, c'est-à-dire l'impossibilité répétée de contrôler un comportement et la poursuite de ce comportement en dépit de la connaissance des conséquences négatives. Il existe deux types d'addiction :

– avec produits (alcool, tabac…) appelés aussi substances psychoactives ;

– sans produit (workaholisme, jeux, Internet, portable).

### Action des substances psychoactives sur le cerveau

- Pour passer d'un neurone à un autre, l'influx nerveux se transforme en messages chimiques. Cette substance sécrétée par le neurone s'appelle neurotransmetteur (ex. : dopamine, sérotonine, noradrénaline…). Les substances psychoactives agissent en augmentant la quantité de neurotransmetteurs dans le circuit de la récompense. L'usager éprouve alors plaisir et bien-être. La mémorisation de ce plaisir dans le circuit de la récompense conduit à un phénomène de dépendance.

### Effets des différentes substances psychoactives

– **Effets à court terme** : selon la quantité consommée, la condition physique et la fréquence de consommation, les substances agissent sur l'organisme et modifient son fonctionnement.

– **Effets à long terme** : certains produits entraînent une dépendance physique : l'organisme réclame le produit à travers des symptômes physiques qui traduisent un état de manque. La dépendance est également psychique.

### Cadre réglementaire des substances licites et illicites

- Les substances licites (tabac, alcool, médicaments) sont réglementées.

- Les substances illicites sont sanctionnées ; la loi prévoit des sanctions pénales en cas de trafic et en matière d'usage ou d'incitation à l'usage.

### Structures d'accueil, d'aide et de soutien

- Un certain nombre d'acteurs, de structures (ex. : CSAPA) sont à même de repérer, d'accompagner, d'orienter les adultes et les jeunes consommateurs de substances psychoactives et de leur proposer une prise en charge plus ou moins spécialisée.

**AIDE :** état de manque / réglementées / accompagner / dopamine / neurotransmetteur / dépendance / sanctionnées / sans produit / professionnels / prise en charge / psychique / substances psychoactives / circuit de la récompense / CSAPA / personnels / produit

# RETENIR

**Usage simple**

Consommation par curiosité ou par effet d'entraînement. Pour la plupart des personnes, cet usage sera unique ou sera une prise occasionnelle en petite quantité.

**Prise de produits dits produits addictifs**

- licites : tabac, alcool, médicaments
- illicites : cannabis, ecstasy, cocaïne, etc.

**Remarque :** il existe aussi des dépendances sans prise de produits.

- jeux
- téléphone
- Internet

**Usage nocif (ou consommation répétée)**

↓

**Phénomène d'addiction**
Dépendance et état de manque

**Conséquences sur l'organisme**

Effets :

- **à court terme :** selon les produits, modification du comportement, euphorie, diminution de la vigilance, des réflexes et de la vue, etc.
- **à long terme :** atteinte des divers appareils et systèmes : cancers, troubles cardiovasculaires, troubles de la mémoire, cirrhose, etc.

**Conséquences sociales et professionnelles**

Selon les produits :

- favorise l'échec scolaire et le décrochage ;
- perte de l'estime de soi ;
- difficultés relationnelles ;
- difficultés financières ;
- accident du travail ;
- risque d'accidents de la circulation (du trajet) ;
- peut conduire au licenciement.

**Cadre légal**

**Mesures préventives et / ou répressives**

- Dans l'entreprise : interdiction de fumer, d'introduire et de consommer des boissons alcoolisées et substances illicites (sanctions prévues dans le règlement intérieur pouvant aller jusqu'au licenciement).
- Actions individuelles de prévention : laisser le volant à celui qui ne boit pas, se faire aider pour arrêter de fumer, choisir des jeux vidéo adaptés, faire du sport, etc.

**Accueil / Aide / Soutien**

- Dans l'entreprise : médecin du travail
- À l'extérieur : structures d'aide

ADALIS

MILD&CA drogues.gouv.fr

La MILDECA

CSAPA

Les CSAPA

## Approfondir

L'addiction (le mécanisme expliqué par un pédopsychiatre) (3 min 01 s)

→ lienmini.fr/pse-vid07

Vérifiez vos acquis !

→ lienmini.fr/pse-qcm07

# Maîtriser le module 3

**Julie** et **Zoé, 17 ans,** se retrouvent à la fin de la semaine. Zoé a beaucoup changé dans son attitude, elle semble fatiguée et n'est pas enthousiaste à l'idée de faire du sport le week-end. Elle ne souhaite pas retrouver sa bande de camarades de classe ou de sport et préfère rester écouter de la musique. Au cours de la discussion, Zoé, stressée et anxieuse, confie à Julie qu'elle fume du cannabis avec des jeunes de son immeuble pour se détendre tous les soirs. Ensemble, ils pratiquent aussi ce que l'on appelle le *binge drinking*, consommation excessive d'alcool sur une courte période de temps. Zoé trouve ça drôle, même si parfois elle se sent franchement vaseuse, voire malade, le lendemain en cours. Zoé propose à Julie d'essayer un peu d'herbe. Celle-ci reste perplexe et hésite quant à sa proposition. Elle a l'impression que Zoé est devenue dépendante.

**Étudier la situation en mettant en œuvre la démarche de résolution de problèmes.**

## 1 Identifier le problème posé C31 … / 1 pt

Zoé ne peut plus se passer d'alcool et de cannabis.

## 2 Identifier les éléments de la situation C32 … / 3 pts

**Qui :** qui est concerné ?

Zoé, 17 ans.

**Quoi :** quelle est la nature du problème ? quelle est son origine ?

La consommation d'alcool et de cannabis par Zoé.

**Comment :** comment le problème se manifeste ?

Zoé ne souhaite pas revoir sa bande de camarades de classe et de sport, son caractère a changé, elle manque d'énergie et ne veut plus faire d'activités sportives.

**Pourquoi :** quels sont les éléments qui font que cet incident risque d'être à l'origine de problèmes graves ?

Son addiction va s'amplifier avec tous les « risques associés » : accidents, incidents, problèmes de santé, désocialisation, déscolarisation.

## 3 Mettre en relation les éléments de la situation C32 … / 2,5 pts

• Reporter les numéros des éléments de la liste suivante dans le diagramme « causes-effet » ci-après.

❶ alcool (*binge drinking*) / ❷ fatigue / ❸ anxiété / ❹ stress / ❺ Zoé a du mal à se passer de produits (cannabis et alcool) / ❻ tous les soirs / ❼ cannabis / ❽ absence de sport / ❾ changement d'attitude / ❿ avec les jeunes de son immeuble / ⓫ s'isole de ses camarades de classe ou de sport

**Substances consommées :** ❶, ❼

**Facteurs favorisants :** ❷, ❸, ❹, ❽, ❾, ⓫

**Circonstances :** ❻, ❿

**Effet :** ❺

## 4 Mobiliser des connaissances utiles C12 C14 C22

**... / 9,5 pts**

**1/** Indiquer si le comportement de Zoé est addictif. Justifier votre réponse.

Zoé semble dépendante à l'alcool et au cannabis car son comportement est modifié. L'addiction désigne la dépendance d'un sujet à un produit psychoactif dont on ne peut plus se passer. Il modifie le comportement et son absence provoque chez le sujet un état de manque.

**2/** À l'aide des graphiques ci-contre :

> Repérer l'addiction la plus répandue chez les jeunes.

L'addiction la plus répandue chez les jeunes est la consommation de tabac.

> Commenter l'évolution des consommations de substances licites et illicites entre 2000 et 2014.

Baisse de l'usage du tabac mais augmentation de la consommation d'alcool ; l'expérimentation du cannabis et de la cocaïne augmentent.

**Les drogues et les adolescents**

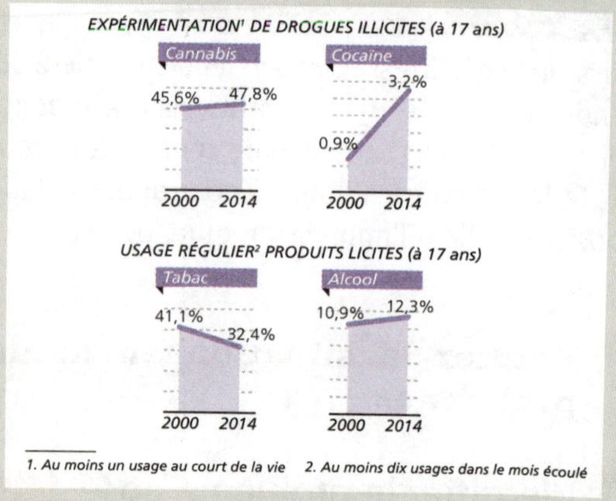


© Enquêtes ESCAPAD-OFDT, 2014.

**3/** Énoncer deux conséquences possibles de la polyconsommation de Zoé :

> à court terme : baisse de la vigilance, troubles du comportement, envie de vomir, etc.

> à long terme : maladies cardiovasculaires, cancers, troubles neurologiques, etc.

**4/** Retrouver une caractéristique d'une substance licite et d'une substance illicite en reliant le terme à sa définition.

**Substance licite** → Autorisée à la vente et consommation accordée.

**Substance illicite** → Non autorisée à la vente et consommation non approuvée.

- Autorisée à la vente et consommation accordée.
- Autorisée à la vente et consommation interdite.
- Non autorisée à la vente et consommation non approuvée.
- Non autorisée à la vente et consommation approuvée.

**5/** Expliquer pourquoi les addictions sont un problème de santé publique et nommer la structure responsable de la lutte contre les drogues et conduites addictives en France.

Un problème de santé publique touche un grand nombre de personnes sous divers aspects, c'est le cas pour les addictions, néfastes pour la santé et responsables de nombreux accidents, maladies et décès. La MILDECA est responsable de la lutte contre les drogues en France.

## 5 Proposer des solutions C22 C32

**... / 4 pts**

**1/** Indiquer à Zoé deux structures qui peuvent l'écouter.

> Drogues Info Service

> Alcool Info Service

**2/** Zoé souhaite entreprendre une cure de désintoxication.

> Nommer le type de structure d'accueil qui peut l'accompagner.

Elle peut faire une demande pour rentrer pendant un certain temps dans un CSAPA.

> Énumérer deux conseils que vous pourriez lui donner pour limiter ses consommations.

- Reprendre le sport.
- Avoir une bonne hygiène de vie avec un temps de sommeil respecté, une alimentation équilibrée, etc.

# Prévenir les infections sexuellement transmissibles (IST)

**OBJECTIF** > Être capable d'avoir un comportement responsable en matière de sexualité, prenant en compte sa sécurité et celle du partenaire (respect de soi et des autres).

**Alicia, 16 ans, et Paul, 17 ans,** ont une relation stable depuis plusieurs mois. Auparavant, tous deux ont eu plusieurs expériences sexuelles. Ils n'ont jamais fait de test de dépistage du SIDA ; ils sont à jour de leurs vaccinations contre l'hépatite B. Ils ont parfois des relations sexuelles pour lesquelles ils utilisent des préservatifs ; Alicia prend la pilule. Lors d'un rapport sexuel, le préservatif s'est déchiré. Tous deux ont des parents avec qui ils n'osent pas parler de sexualité.

## 1 Identifier le problème posé

Alicia et Paul risquent une contamination par le VIH (ou par d'autres IST).

## 2 Identifier les éléments de la situation

**Quoi :** quelle est la nature de l'incident ? quelles en sont les conséquences possibles ?

Alicia et Paul ont eu un rapport sexuel non protégé ; si l'un des deux est porteur du VIH ou d'une autre IST, il peut contaminer l'autre.

**Qui :** qui sont les personnes concernées par cet incident ?

Alicia, 16 ans, et Paul, 17 ans.

**Où :** quelle est son origine ?

Le préservatif s'est déchiré lors d'un rapport sexuel.

**Quand :** à quel moment l'incident a-t-il été découvert ?

À l'issue du rapport sexuel.

**Comment :** quels éléments matériels ont favorisé sa survenue ?

Mauvaise utilisation du préservatif, préservatif de mauvaise qualité, etc.

**Pourquoi :** quels sont les éléments qui font que cet incident risque d'être à l'origine de problèmes graves ?

Ils ont eu auparavant une vie sexuelle et n'ont jamais fait de test de dépistage du SIDA ; ils peuvent être porteurs du VIH ou d'autres IST.

## 3 Mettre en relation les éléments de la situation

Compléter le diagramme « causes-effet » à l'aide des éléments de la situation suivants :

❶ vacciné(e) contre l'hépatite B (× 2) / ❷ prise de la pilule / ❸ aucun test de dépistage du VIH (× 2) / ❹ autres expériences sexuelles (× 2) / ❺ relation stable depuis plusieurs mois / ❻ préservatif déchiré / ❼ n'osent pas parler de sexualité à leurs parents

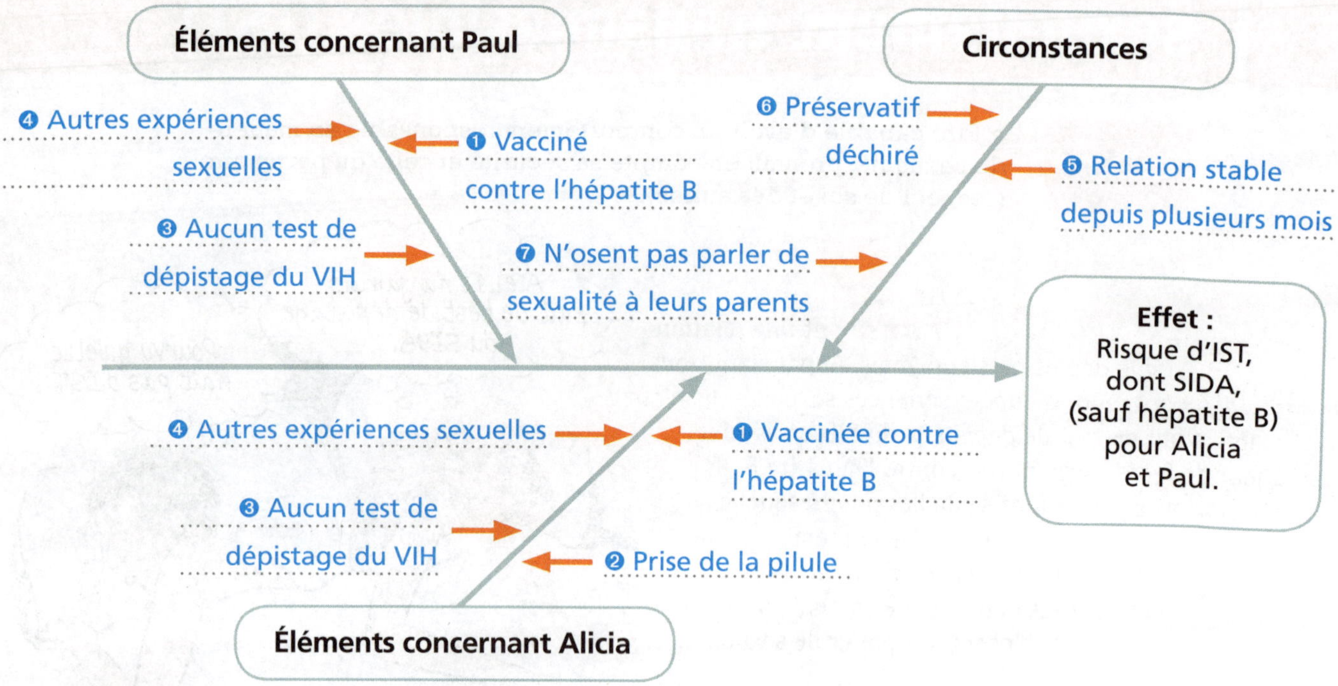


## 4 Mobiliser des connaissances

Pour comprendre la situation et y apporter des solutions, je réalise les **Activités 1** à **6** de la séquence 8.

## 5 Proposer des solutions

**1/** Indiquer où le couple peut s'adresser pour traiter le problème.

Ils peuvent se rendre au planning familial. Un gynécologue traitera le problème de l'éventuelle contamination par le VIH ou par d'autres IST.

**2/** Préciser :

- Les mesures qui seront mises en œuvre pour traiter les risques immédiats.

> Consultation médicale pour chacun d'eux afin d'évaluer les risques d'une contamination antérieure par le VIH ou par d'autres IST.

> Prescription pour le couple d'un traitement si l'on découvre la présence d'une IST et d'un test de dépistage du VIH (résultats au bout de quelques heures).

> Prescription d'un traitement d'urgence contre le SIDA si le test fait apparaître que le partenaire est contaminé ou si l'entretien a identifié des comportements à risques de contamination (prise de drogue par injection, par exemple).

- Les conseils qui seront donnés pour éviter que le problème ne se renouvelle.

> Utiliser des préservatifs de bonne qualité.

> Suivre le mode d'emploi préconisé.

# MOBILISER DES CONNAISSANCES UTILES

Les infections sexuellement transmissibles ou IST sont transmises par voie sexuelle ; toutefois le SIDA et l'hépatite B peuvent aussi être transmis par d'autres voies. Leur prévention doit être le souci de chacun, notamment lors de sa vie sexuelle.

## → ACTIVITÉ 1 - Les principales IST C13

• Comparer les IST en complétant le tableau ci-dessous à l'aide du **doc. 1** (p. 92) pour les colonnes **A** et **B** et des **doc. 2** et **3** (p. 93) pour la colonne **C**.

| | A. IST provoquée par une BACTÉRIE | B. IST provoquée par un VIRUS (autre que VIH/VHB) | C. Cas particuliers |
|---|---|---|---|
| Maladie et agent responsable | • Blennorragie (gonocoque)<br>• Chlamydiose (chlamydia)<br>• Syphilis (tréponème) | • Herpès génital (herpès)<br>• Condylome (papillomavirus) | • Hépatite B<br>• SIDA |
| Mode de contamination pour l'adulte | • Contacts sexuels | • Contacts sexuels | • Voie sexuelle<br>• Voie sanguine<br>• Salive (hépatite B) |
| Signes possibles ou symptômes | • Brûlures en urinant<br>• Lésions aux organes génitaux (petites plaies, verrues, etc.)<br>• Pertes génitales anormales | | • Souvent aucun symptôme (dépistage par prise de sang) |
| Évolution de la maladie (complications) | • Stérilité<br>• Atteinte d'autres organes<br>• Atteinte du nouveau-né si la femme est enceinte | • Atteinte du nouveau-né si la femme est enceinte<br>• Cancer du col de l'utérus (papillomavirus) | • Hépatite B : cirrhose et cancer du foie<br>• SIDA : infections opportunistes<br>• Contamination materno-fœtale |

## → ACTIVITÉ 2 - Les particularités du SIDA et de l'hépatite B C22

• Expliquer, à l'aide des **doc. 1, 2** et **3** (pp. 92-93) pourquoi le développement du SIDA et de l'hépatite B fait que l'on parle peu des autres IST.

> Les autres IST se soignent mais pas le SIDA ni l'hépatite B chronique qui sont mortels.

> La prévention pour le SIDA et l'hépatite B vaut pour les autres IST.

### DOC. 1 Les principales IST transmises essentiellement par contact sexuel

| | Signes possibles | Apparition des signes après la contamination | Complications graves si non traitée |
|---|---|---|---|
| **Chlamydiose**<br> | ❶ Les chlamydiae (bactéries) provoquent :<br>• Souvent aucun signe sinon brûlures, écoulement par la verge, l'anus ou le vagin.<br>• Fièvre.<br>• Douleur au bas-ventre. | 1 à 2 semaines. | • Risques de stérilité et de grossesse extra-utérine.<br>• Contamination materno-fœtale si mère infectée. |
| **Blennorragie gonococcique**<br>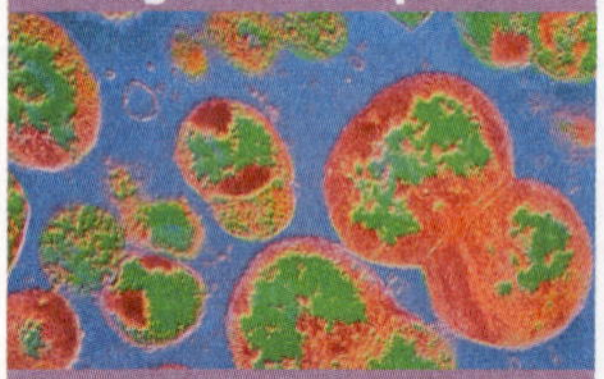 | ❷ Les gonocoques (bactéries) provoquent :<br>• Brûlure et/ou écoulement jaune par la verge, le vagin ou l'anus.<br>• Fièvre.<br>• Douleur au bas-ventre. | 2 à 7 jours. | • Risques de stérilité, surtout chez la femme.<br>• Contamination materno-fœtale si mère infectée. |
| **Syphilis**<br>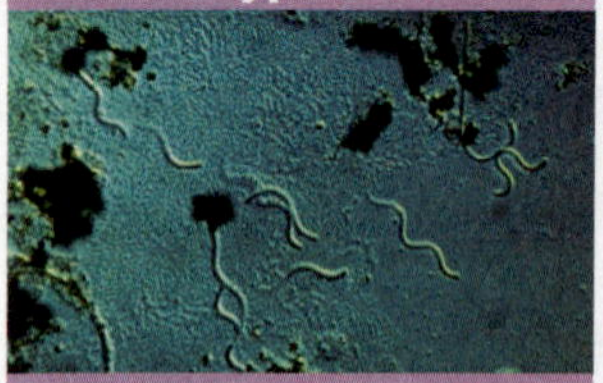 | ❸ Les tréponèmes (bactéries) provoquent :<br>• Chancre (petite plaie, bouton).<br>• Éruptions sans démangeaisons sur peau et muqueuses. | 2 à 4 semaines ou plus. | • Atteinte du cerveau, des nerfs, du cœur, des artères et des yeux.<br>• Contamination materno-fœtale possible si mère infectée. |
| **Papillomavirus**<br>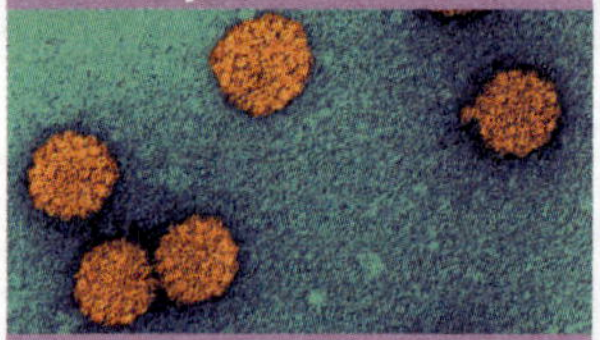 | ❹ Le VPH (virus du papillome humain) provoque :<br>• Lésions ou petites verrues (condylomes) sur les organes génitaux ou l'anus. | 1 à 8 semaines. | • Risques de cancer du col de l'utérus.<br>• Contamination materno-fœtale si mère infectée. |
| **Herpès génital**<br>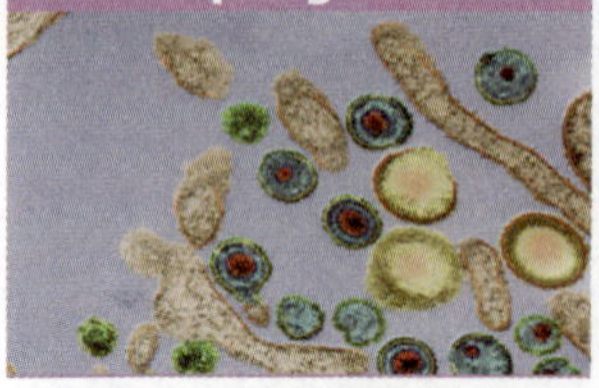 | ❺ Le virus de l'herpès génital provoque :<br>• Petits boutons douloureux en forme de bulles sur les organes génitaux, l'anus ou la bouche.<br>• Démangeaisons. | 1 semaine ou plus. | • Contamination materno-fœtale grave si mère infectée. |

**Diagnostic et traitement**

Le diagnostic s'effectue par prélèvement local, frottis et/ou prise de sang.

Les IST provoquées par une bactérie se soignent efficacement par antibiothérapie ; les IST virales, un peu plus difficiles à traiter, récidivent souvent.

Dans tous les cas, il faut :
- respecter la dose et la durée du traitement prescrit ;
- en cas de rapport, utiliser un préservatif ;
- informer ses partenaires afin qu'ils se fassent aussi dépister et traiter.

**Remarques :**
- les IST se transmettent lors des relations sexuelles (contact entre la vulve, le vagin, le pénis, l'anus, la bouche et la main) ;
- elles fragilisent les muqueuses (parois internes du vagin, de l'urètre, de l'anus), favorisant la pénétration du VIH.

## DOC. 2 Une IST très particulière : le SIDA

• Le SIDA ou syndrome d'immunodéficience acquise est une maladie provoquée par le VIH (virus de l'immunodéficience humaine).

• La contamination peut se faire par :
- **voie sexuelle** (contact avec le sperme ou les sécrétions vaginales de la personne infectée) ;
- **voie sanguine** (contact avec du sang contaminé) ;
- **voie materno-fœtale** (mère qui contamine le fœtus).

• On distingue 3 phases lors d'une infection par le virus du SIDA :

**1. La primo-infection :** cette réponse du système immunitaire à l'infection dure de 3 à 8 semaines ; des symptômes (fièvre, courbatures) peuvent apparaître mais ne sont pas systématiques.

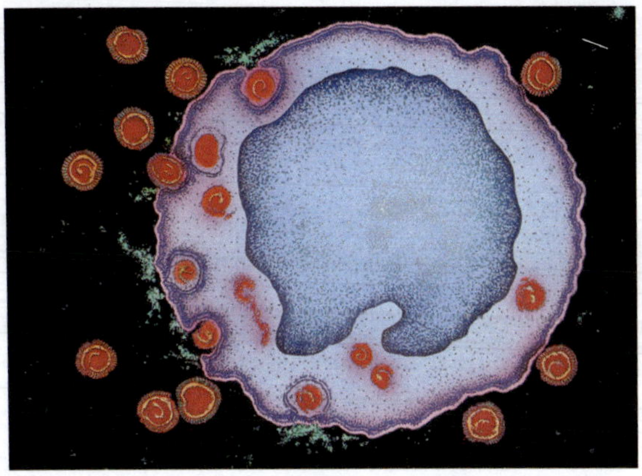

Lymphocyte T4 parasité par le VIH.

**2. La phase asymptomatique :** l'individu ne présente pas de symptômes mais le nombre de lymphocytes T4 diminue progressivement car détruits par le virus qui les parasite (photo ci-dessus). Elle peut durer plusieurs années.
Pendant ces deux phases, le sujet est dit séropositif : il est porteur du virus mais ne présente aucun signe de la maladie.
Remarque : la séropositivité peut être mise en évidence 2 à 3 semaines après le rapport contaminant par prise de sang, mais 3 mois sont nécessaires pour être sûr de ne pas avoir été contaminé. Le sujet peut transmettre la maladie dès qu'il a été contaminé.

**3. Le SIDA :** la destruction des lymphocytes par le virus conduit à un affaiblissement progressif des défenses immunitaires. Le sujet est atteint de maladies infectieuses (dites opportunistes) et peut développer un cancer ; il s'affaiblit et décède au bout de quelques années.

• Les traitements actuels (trithérapies) ralentissent l'évolution de la maladie mais ne la guérissent pas.
La seule arme reste la prévention, c'est-à-dire l'utilisation systématique du préservatif.

## DOC. 3 Hépatites : seule l'hépatite B est une IST

• **L'hépatite B** se transmet par le sang, les relations sexuelles, la salive et de la mère au fœtus. Les signes (fièvre, fatigue, amaigrissement) passent souvent inaperçus et la personne adulte guérit spontanément dans 90 % des cas. Les autres deviennent des porteurs chroniques qui peuvent transmettre le virus de l'hépatite B VHB (photo ci-contre) et développer une cirrhose ou un cancer du foie ; surveillance médicale et traitement peuvent freiner ou éviter leur apparition. 1 % des personnes contaminées développe ces maladies souvent mortelles. Un vaccin permet de s'en protéger.

• **L'hépatite C** se transmet par le sang et guérit spontanément dans 20 % des cas. Lorsqu'elle devient chronique, elle dégénère dans 20 % des cas en cirrhose ou cancer du foie. Il n'y a pas de vaccin.

• **L'hépatite A** se transmet par la consommation d'eau non potable et d'aliments contaminés par de l'eau souillée ; elle atteint le foie. Généralement, elle guérit en quelques semaines. Un vaccin permet de s'en protéger.

Structure du VHB.

## → ACTIVITÉ 3 - Les conduites à risques C31

• Indiquer le risque encouru dans chaque situation ci-dessous en cochant la bonne case du tableau.

| Situations \ Risques | SIDA | Hépatite B | Infection à HPV | Autres IST | Aucun risque |
|---|---|---|---|---|---|
| **A.** Maxime a eu un rapport sexuel non protégé (sans préservatif) ; il n'est pas vacciné contre l'hépatite B. | ✗ | ✗ | ✗ | ✗ | |
| **B.** Andreas est toxicomane ; lors d'une crise de manque, il s'est piqué avec une seringue déjà utilisée. Il n'est pas vacciné contre l'hépatite B. | ✗ | ✗ | | | |
| **C.** Maria, infirmière, s'est piquée accidentellement avec une seringue qu'elle venait d'utiliser pour faire une injection à un malade atteint du SIDA ; elle est à jour dans ses vaccins. | ✗ | | | | |
| **D.** Valérie a eu un rapport sexuel protégé ; elle est vaccinée contre l'hépatite B. | | | | | ✗ |
| **E.** Sandra a eu un rapport sexuel non protégé ; elle est seulement vaccinée contre l'hépatite B. | ✗ | | ✗ | ✗ | |
| **F.** Véronique multiplie les flirts ; elle échange avec ses partenaires baisers et caresses et n'a aucun contact sexuel. Elle n'est pas vaccinée contre l'hépatite B. | | ✗ | | | |
| **G.** Ingrid a eu un rapport sexuel non protégé ; elle est vaccinée contre l'hépatite B et contre le cancer du col de l'utérus. | ✗ | | | ✗ | |
| **H.** Sonia, non vaccinée contre l'hépatite B, boit très souvent dans les verres de ses copains « pour connaître leurs pensées ». | | ✗ | | | |

© INPES.

© INPES.

## → ACTIVITÉ 4 - Prévention et préservatifs C11 C21

**1.** Faire le point de vos connaissances en cochant la réponse qui convient.

| | Vrai | Faux |
|---|---|---|
| **A.** Les préservatifs protègent contre toutes les IST. | X | |
| **B.** Il existe des préservatifs féminins. | X | |
| **C.** Un préservatif n'est pas nécessaire s'il y a prise de la pilule. | | X |
| **D.** Il faut une ordonnance pour acheter des préservatifs. | | X |
| **E.** Tous les préservatifs sont homologués CE. | | X |
| **F.** Un couple ne peut abandonner l'usage des préservatifs que s'il est sûr de la fidélité de son partenaire. | | X |
| **G.** Il existe des préservatifs masculins de plusieurs tailles. | X | |
| **H.** Si le préservatif ne comporte pas de réservoir, il faut toujours laisser un espace au bout. | X | |

**2.** Justifier pourquoi utiliser un préservatif est une marque de respect pour soi et pour le (ou la) partenaire.

C'est une manière de se protéger mais aussi de protéger son partenaire des éventuelles IST et un moyen efficace d'éviter une grossesse.

## → ACTIVITÉ 5 - Prévention et injection des vaccins conseillés C22

Le **vaccin contre l'hépatite B** est conseillé car les adolescents sont très exposés à cette maladie grave, parfois mortelle, par les relations sexuelles et par la salive (baisers).

- Justifier l'utilité chez les jeunes filles du **vaccin contre le cancer du col de l'utérus** ; s'aider du **doc. 4**.

Au cours de la vie sexuelle, il y a risque de contamination par certains types de papillomavirus qui sont responsables du cancer du col de l'utérus.

### DOC. 4 Infection à papillomavirus et cancer du col de l'utérus

La vaccination contre certains types de VPH [...] constitue un moyen complémentaire de lutter contre les infections à papillomavirus. Elle est proposée aux jeunes filles de 11 à 14 ans et en rattrapage chez les jeunes filles et jeunes femmes de 15 à 19 ans révolus. En effet, l'infection est souvent contractée au début de la vie sexuelle.

© Institut National du Cancer.

*HPV : *Human Papillomavirus* en anglais.

## → ACTIVITÉ 6 - La conduite à tenir en cas de prise de risque C11 C12

Répondre aux questions suivantes à l'aide de vos connaissances et des **doc. 5** et **6**.

**1.** Indiquer ce qu'il est souhaitable de faire après un rapport sexuel non protégé.

Il faut se rendre aux urgences dans les 48 h, si possible avec le (ou la) partenaire.

**2.** Entourer dans le **doc. 5** comment se fait la prise en charge d'une personne ayant pris un risque de contamination par le VIH.

**3.** Indiquer ce que doit faire, vis-à-vis de son partenaire, une personne qui découvre qu'elle est atteinte d'une IST.

Elle doit informer ses partenaires antérieurs afin qu'ils se fassent traiter.

**4.** Souligner dans le **doc. 6** trois autres circonstances qui doivent amener à faire un dépistage des IST.

**5.** Relever dans le **doc. 6** :

> deux structures spécialisées dans le dépistage : CIDDIST, planning familial.

**6.** Relever l'adresse de la structure locale spécialisée dans le dépistage la plus proche de chez vous.

Un corrigé type ne peut être donné dans le cadre de cet ouvrage.

### DOC. 6 Dépister les IST

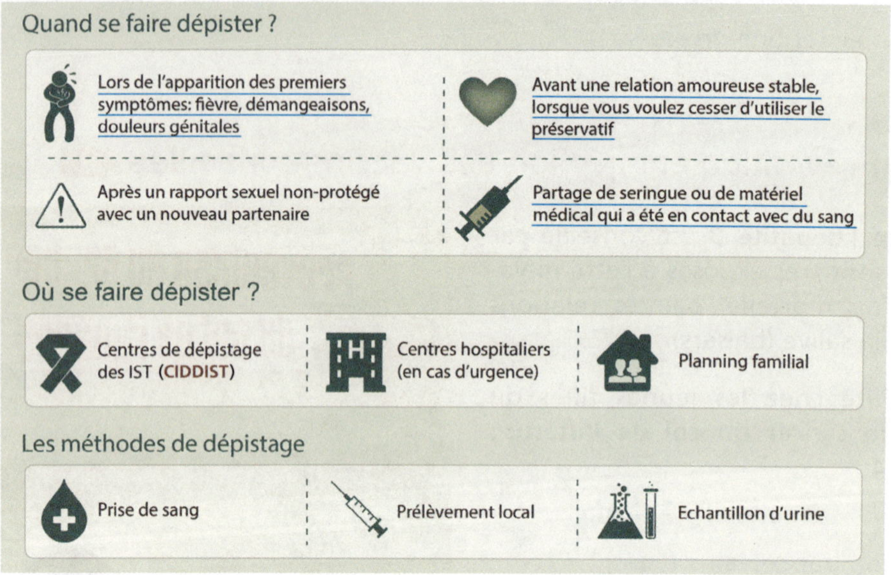


© www.121doc.net

### DOC. 5 Prise de risque de SIDA et traitement d'urgence

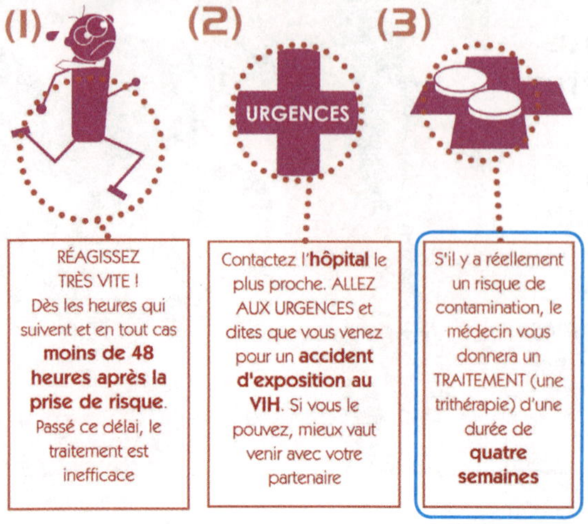


### DOC. 7 L'autotest VIH

Depuis le 15 septembre 2015, les pharmacies françaises proposent en vente libre le premier autotest sanguin de dépistage du virus du sida, qui fournit une réponse après 30 minutes. Toutefois, il n'est pas fiable à 100 % et ne détecte pas les infections datant de moins de 3 mois. Très simple d'utilisation, il complète l'offre de dépistage existante mais ne la remplace pas. Un résultat positif doit être confirmé par un laboratoire et suivi d'une prise en charge médicale rapide.

**Proposer maintenant des solutions pour Alicia et Paul (étape 5, p. 90).**

# Activités de synthèse

## RÉCAPITULER

**Compléter les textes à trous. Si besoin, se reporter à l'aide en bas de page.**

### Contamination

- Comme leur nom l'indique, toutes les IST sont transmises par contact sexuel. De plus, le SIDA et l'hépatite B peuvent aussi être transmis par voie sanguine, et l'hépatite B par la salive. La plupart se transmettent aussi par voie materno-fœtale.

### IST

- **D'origine bactérienne** : ce sont la syphilis, la blennorragie et la chlamydiose. Les signes locaux peuvent être des brûlures en urinant, des pertes anormales, des boutons ou de petites lésions au niveau des organes génitaux. Sans traitement rapide par antibiotiques, ces infections évoluent ; les complications peuvent être la stérilité ou l'atteinte d'organes profonds.
- **D'origine virale (hors SIDA et hépatite B)** : ce sont l'herpès génital et l'infection à papillomavirus. Les signes locaux sont des verrues ou de petites lésions génitales. La complication possible d'une contamination par une souche de papillomavirus est le cancer du col de l'utérus.

### SIDA et hépatite B

- En cas de contamination par le VIH (SIDA) ou par le VHB (hépatite B), les signes sont inexistants. Une analyse de sang permet leur détection. Les sujets contaminés peuvent transmettre ces virus à d'autres personnes. Certains sujets contaminés par le VHB développeront une cirrhose ou un cancer du foie. Les sujets porteurs du VIH sont dits séropositifs. Le virus détruit peu à peu les défenses immunitaires de l'individu et celui-ci développe, au bout de quelques années, des infections opportunistes dont l'issue finit, le plus souvent, par être mortelle.

### Prévention

- Le moyen de prévention de toutes les IST est le préservatif. On peut éviter l'hépatite B grâce à la vaccination. On peut éviter de contracter certaines souches de papillomavirus en se vaccinant contre le cancer du col de l'utérus avant le début de la vie sexuelle.

### Prise de risque d'IST

- En cas de rapport sexuel non protégé (sans préservatif) avec un partenaire contaminé, on risque de contracter le SIDA, l'hépatite B en l'absence de vaccination, et toute autre IST. Il faut dans ce cas, contacter le plus rapidement possible un médecin, le service des urgences ou un service spécialisé tel le CIDDIST.

### Information

- Elle est possible auprès du CIDDIST, du CPEF ou auprès du numéro vert Sida Info Service.

**AIDE :** séropositifs / vaccination / analyse de sang / Sida Info Service / herpès génital / préservatif / sexuel / urgences / inexistants / salive / syphilis / transmettre / cancer du foie / CIDDIST / non protégé / brûlures / cancer du col de l'utérus / infections opportunistes / antibiotiques / stérilité

# RETENIR

## PRÉSERVATIF = PRÉVENTION UNIVERSELLE

**RISQUE D'IST (infection sexuellement transmissible)**

=

**Rapport non protégé (sans préservatif) + Partenaire contaminé(e)**

**PRISE DE RISQUE** ▸ Urgences ou CIDDIST (centre d'information, de dépistage et de diagnostic des infections sexuellement transmissibles) au plus vite.

**Contact sexuel**

### Syphilis / Blennoragie / Chlamydiose (bactéries)

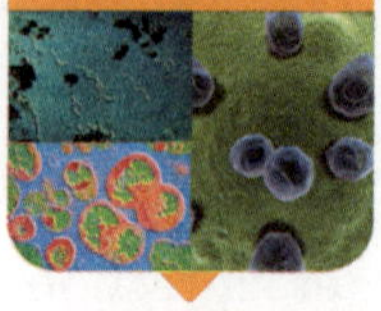

- Brûlures en urinant
- Boutons
- Pertes

Stérilité
Atteinte des organes profonds
Traitement efficace par antibiotiques

### Herpès génital (virus)

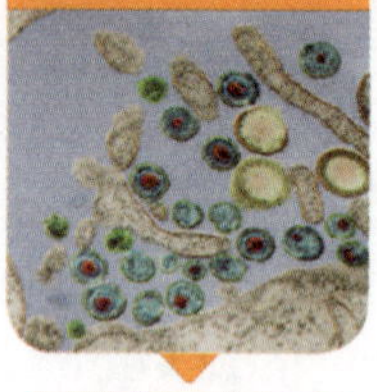

- Petites lésions

Infections récidivantes
Traitement antiviral

### Papillomavirus (virus)

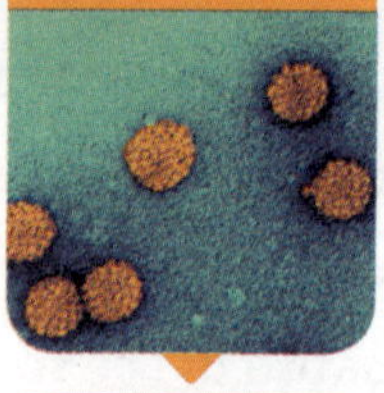

- Condylome

☠ Risque de cancer du col de l'utérus
Vaccin préventif

**Contact sexuel, salive et sang**

### Hépatite B (virus)

**Contact sexuel et sang**

### SIDA (virus)

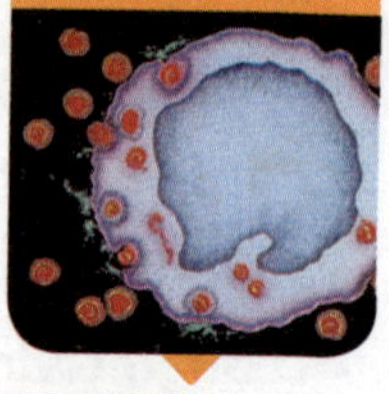

Hépatite B et SIDA :

- Aucun signe détectable
- Dépistage par prise de sang

☠ Risque de cirrhose et de cancer du foie
Vaccin préventif

☠ Infections opportunistes
Trithérapie qui ralentit l'évolution

La plupart des IST se transmettent par voie materno-fœtale.

### Pour se faire dépister

- Lorsqu'un couple souhaite abandonner l'usage du préservatif.
- En cas de plaie ayant été en contact avec du sang.

### Pour s'informer

- SIDA INFO SERVICE.
- Les CPEF (centres de planification et d'éducation familiale).

Sida Info Service
0 800 840 800
24h/24, confidentiel, anonyme et gratuit
www.sida-info-service.org

# Approfondir

**VIH : les premiers autotests sont arrivés** (1 min 17 s)

→ lienmini.fr/pse-vid08

**Vérifiez vos acquis !**

→ lienmini.fr/pse-qcm08

# Prévenir une grossesse non désirée

**OBJECTIF**
> Être capable d'avoir un comportement responsable en matière de sexualité, prenant en compte la maîtrise de la natalité.

**Sophie, 17 ans, et Peyo, 18 ans,** ont une relation stable depuis 6 mois. Auparavant, Peyo a eu d'autres expériences ; le mois dernier il a fait un test de dépistage du VIH qui s'est avéré négatif ; son médecin lui a confirmé qu'il n'est porteur d'aucune IST. Sophie n'a eu par le passé aucune expérience sexuelle. Elle est de nature distraite. Tous deux sont vaccinés contre l'hépatite B. Amoureux, ils souhaitent abandonner le préservatif au profit d'un autre moyen contraceptif efficace et peu contraignant pour vivre une sexualité épanouie.

## 1 Identifier le problème posé

Fidèles et n'ayant aucune IST, ils souhaitent utiliser une contraception autre que le préservatif.

## 2 Identifier les éléments de la situation

**Quoi :** quelle est la nature du problème ?

Sophie et Peyo souhaitent utiliser une contraception autre que le préservatif.

**Qui :** qui sont les personnes concernées par le problème ?

Sophie, 17 ans et Peyo, 18 ans.

**Où :** quelle est son origine ?

Ils ont une relation stable, ils sont fidèles.

**Quand :** à quel moment le problème a-t-il été soulevé ?

Après une relation de 6 mois.

**Comment :** quels éléments ont favorisé sa survenue ?

Ils n'ont pas d'IST et pensent que le préservatif ne se justifie plus.

**Pourquoi :** pourquoi souhaitent-ils un autre moyen de contraception ?

Ils pensent qu'un autre moyen de contraception leur permettra une sexualité plus épanouie.

## 3 Mettre en relation les éléments de la situation

Compléter le diagramme « causes-effet » à l'aide des éléments de la situation suivants :

❶ relation stable depuis 6 mois / ❷ vacciné(e) contre l'hépatite B (× 2) / ❸ autres expériences / ❹ aucune IST / ❺ test de dépistage du VIH négatif / ❻ aucune autre expérience sexuelle / ❼ étourdie / ❽ utilisent toujours des préservatifs

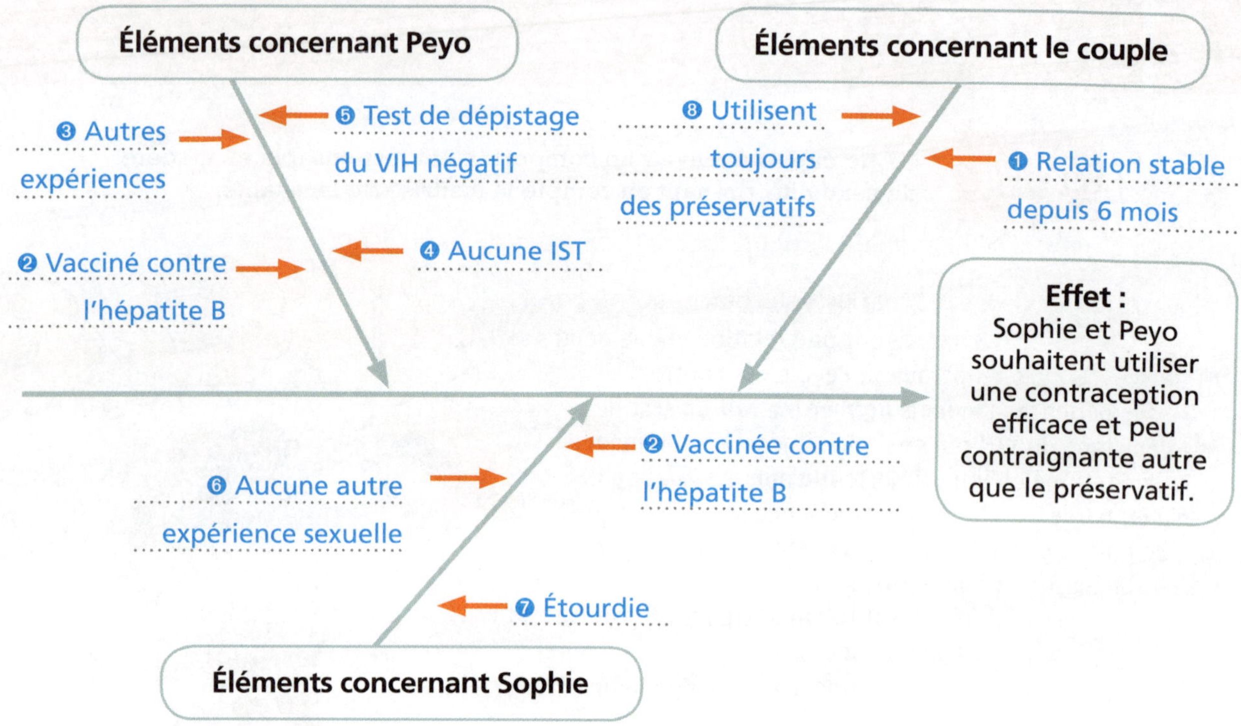


## 4 Mobiliser des connaissances

Pour comprendre la situation et y apporter des solutions, je réalise les **Activités 1** à **7** de la séquence 9.

## 5 Proposer des solutions

**1/** Indiquer auprès de quelle structure peuvent se rendre Sophie et Peyo pour trouver une solution à leur problème ; préciser son intérêt.

Ils peuvent se rendre auprès du CPEF qui présente l'avantage d'offrir des consultations gratuites pour les mineurs et de respecter l'anonymat.

**2/** Expliquer pourquoi ils peuvent abandonner le préservatif.

Celui-ci protège des IST ; or Peyo n'en est pas atteint. Quant à Sophie, elle n'a eu auparavant aucune expérience sexuelle et elle est vaccinée contre l'hépatite B. Le couple est fidèle.

**3/** Indiquer et justifier les solutions qui seront proposées à ce jeune couple.

Sophie étant distraite, la pilule sera éliminée. Le gynécologue lui proposera soit un patch contraceptif, soit un anneau vaginal qui se garde 3 semaines, soit un implant qui reste en place plusieurs années, soit un stérilet.

**4/** Énumérer les conseils qui leur seront donnés.

> Suivi gynécologique régulier.
> Ne pas oublier que ces méthodes contraceptives ne protègent pas des IST.
> En cas d'oubli ou de mauvaise utilisation, penser à la contraception d'urgence.

# MOBILISER DES CONNAISSANCES UTILES

La contraception est le nom donné aux méthodes réversibles permettant d'avoir des rapports sexuels en évitant une grossesse non désirée. La contraception préventive protège au quotidien tout risque de conception. Quant à la contraception dite de rattrapage ou contraception d'urgence, elle permet d'éviter une grossesse en cas de rapports sexuels non protégés.

## → ACTIVITÉ 1 - L'appareil génital féminin C21

1. Annoter le schéma de l'appareil génital féminin de l'**Activité 2** (lettres A à E).

2. Relier ci-dessous par une flèche chaque organe de l'appareil génital féminin à sa fonction.

- Vagin
- Col de l'utérus
- Ovaires
- Utérus
- Trompes

1. Organe où se développe le fœtus. Pendant le cycle, la muqueuse qui le tapisse épaissit ; elle est éliminée lors des règles, en fin de cycle, en l'absence de nidation.
2. Organe des rapports sexuels.
3. Libèrent à tour de rôle un ovule durant chaque cycle ; produisent les hormones sexuelles (œstrogène et progestérone).
4. Conduisent l'ovule des ovaires vers l'utérus.
5. Ferme l'utérus ; à ce niveau est sécrétée la glaire cervicale qui joue un rôle dans la progression des spermatozoïdes.

## → ACTIVITÉ 2 - Mode d'action des différentes méthodes contraceptives préventives C13 C22

• Indiquer sur le schéma ci-dessous les moyens contraceptifs suivants correspondant à chaque mode d'action au niveau de l'appareil génital féminin. S'aider du **doc. 1** (p. 102).

préservatif masculin / certaines pilules (× 2) / stérilet (ou DIU) / patch contraceptif / préservatif féminin / anneau vaginal / implant sous-cutané

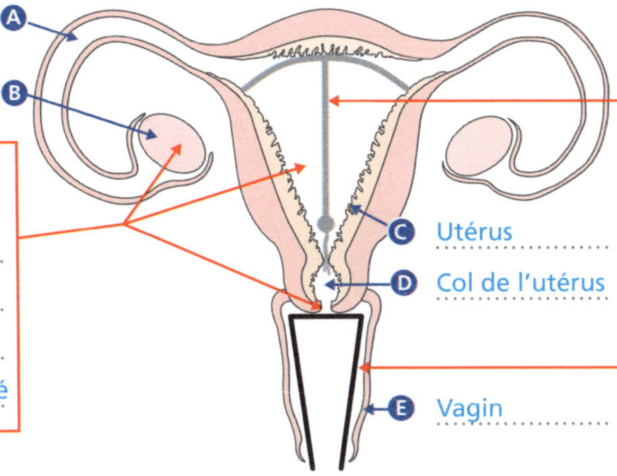


**Moyens qui agissent essentiellement en bloquant l'ovulation :**
- Certaines pilules
- Anneau vaginal
- Patch contraceptif
- Implant sous-cutané

**Moyens qui empêchent la nidation :**
- Stérilet (ou DIU)
- Certaines pilules

**Moyens qui recueillent le sperme pour éviter son dépôt dans le vagin :**
- Préservatif masculin
- Préservatif féminin

## DOC. 1 Tableau comparatif des principaux moyens contraceptifs préventifs

| Moyens contraceptifs | Mode d'action sur l'organisme | Description Avantages |
|---|---|---|
| Pilule contraceptive 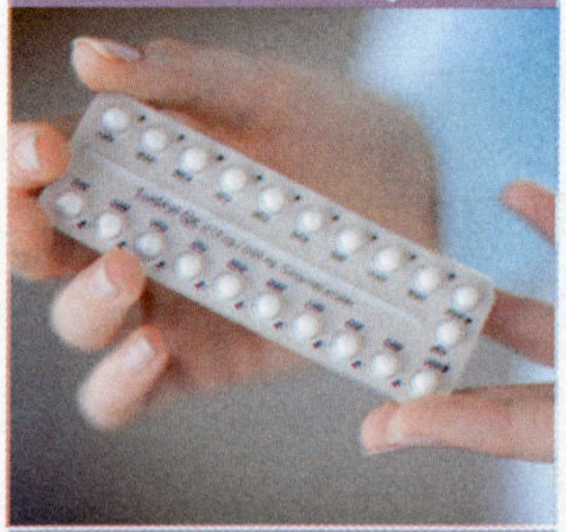 | • Méthode hormonale (progestérone ou œstrogène + progestérone) qui :<br>1. bloque l'ovulation ;<br>2. rend la muqueuse utérine impropre à la nidation ;<br>3. modifie la glaire cervicale pour empêcher la remontée des spermatozoïdes.<br>Certaines pilules (dernières générations) peuvent n'avoir que les effets 2. et / ou 3. | • Comprimé qui doit être pris chaque jour (21 jours/28 ou 28 jours/28 selon les cas) toujours à la même heure et sans oubli.<br>• Peut comporter des contre-indications (troubles cardio-vasculaires ou hépatiques).<br>• Excellente efficacité si bien utilisée. |
| Patch contraceptif  | • Méthode hormonale qui :<br>1. bloque l'ovulation ;<br>2. modifie la glaire cervicale pour empêcher la remontée des spermatozoïdes. | • 1 timbre carré par semaine qui se colle sur la peau sèche, pendant 3 semaines ; règles qui apparaissent la 4e semaine.<br>• Efficacité similaire à la pilule. |
| Anneau vaginal  | | • Anneau souple de 54 mm de diamètre qui se place dans le vagin pendant 3 semaines ; règles qui apparaissent la 4e semaine.<br>• Utiliser un anneau toutes les 4 semaines.<br>• Efficacité similaire à la pilule. |
| Implant sous-cutané 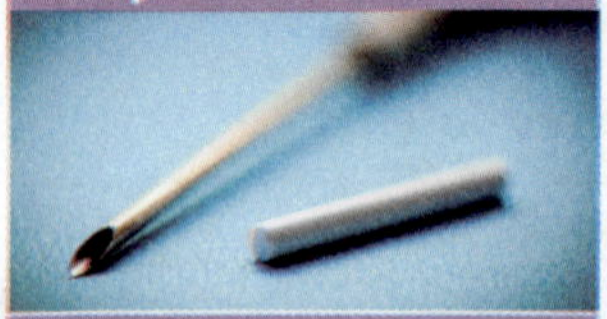 | | • Petit bâtonnet inséré, sous anesthésie locale, sous la peau du bras.<br>• Efficace pendant 3 ans. |
| Stérilet ou DIU 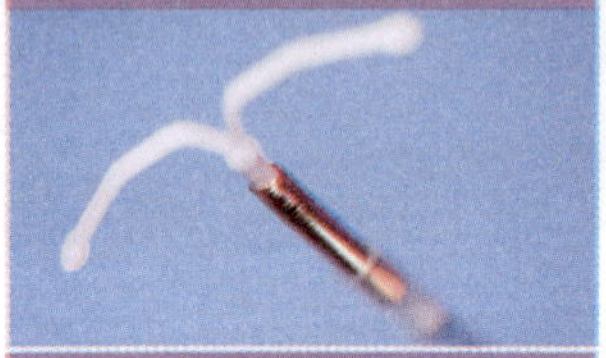 | • Le DIU empêche la nidation.<br>• Certains modèles contiennent du cuivre toxique pour les spermatozoïdes ou des hormones qui modifient muqueuse et sécrétions. | • Posé par le médecin, Il peut rester en place de 2 à 5 ans.<br>• Est aussi utilisé comme contraceptif d'urgence dans certains cas. |
| Préservatif masculin  | • Empêchent le sperme de pénétrer dans le vagin. | • Se pose sur la verge en érection avant un rapport sexuel.<br>• Ne présente aucune contre-indication. |
| Préservatif féminin  | | • Se pose dans le vagin avant un rapport sexuel.<br>• Ne présente aucune contre-indication. |

Remarques :

– Il y a prescription et suivi médical pour l'ensemble des moyens contraceptifs à l'exception des préservatifs. Certains stérilets, pilules et implants sont partiellement remboursés par l'assurance maladie.

– Seuls les préservatifs masculin et féminin protègent des IST.

## ACTIVITÉ 3 - Avantages et inconvénients des méthodes contraceptives préventives C12

• Cocher les colonnes correspondantes du tableau ; s'aider si besoin du **doc. 1** (plusieurs cases peuvent être cochées sur une même ligne).

| | Méthodes contraceptives | Pilule contraceptive | Patch contraceptif | Anneau vaginal | Implant sous-cutané | Stérilet ou DIU | Préservatif masculin | Préservatif féminin |
|---|---|---|---|---|---|---|---|---|
| AVANTAGES | **A.** Ne présente aucune contre-indication. | | | | | | ✗ | ✗ |
| | **B.** Est en place pour plusieurs années. | | | | ✗ | ✗ | | |
| | **C.** Protège des IST. | | | | | | ✗ | ✗ |
| | **D.** Doit être renouvelé seulement chaque semaine. | | ✗ | | | | | |
| | **E.** Agit durant 3 semaines. | | | ✗ | | | | |
| | **F.** Excellente efficacité. | ✗ | ✗ | ✗ | ✗ | ✗ | ✗ | ✗ |
| INCONVÉNIENTS | **G.** Risque d'oubli de prise régulière. | ✗ | | | | | | |
| | **H.** Doit être mis en place avant chaque rapport. | | | | | | ✗ | ✗ |
| | **I.** Peut se déchirer. | | | | | | ✗ | ✗ |
| | **J.** Nécessite une surveillance médicale. | ✗ | ✗ | ✗ | ✗ | ✗ | | |
| | **K.** Perd son efficacité en cas de mauvaise utilisation. | | | | | | ✗ | ✗ |

## ACTIVITÉ 4 - Choix d'une contraception préventive adaptée à une situation C21 C22

• Indiquer, pour chaque situation, le (ou les) moyen(s) contraceptif(s) le(s) plus adapté(s). Justifier la solution proposée.

| Situations | Moyen(s) | Justifications |
|---|---|---|
| **A.** Marc, 22 ans, et Sophie, 21 ans, ont fait les tests de dépistage des IST. Ceux-ci sont négatifs. C'est un couple fidèle qui souhaite abandonner l'usage du préservatif. Sophie est étourdie. | Patch contraceptif *ou* anneau vaginal *ou* DIU *ou* implant | Il n'y a pas de crainte d'IST, les 2 premiers moyens sont à remplacer toutes les semaines ou 3 semaines et les 2 suivants restent en place plusieurs années. |
| **B.** Yann et Elsa, tous deux âgés de 17 ans, commencent une relation. | Préservatif | Risque d'IST. |
| **C.** Jane, 25 ans, souhaite une contraception avec le moins de contraintes possibles. Son compagnon est fidèle. | Stérilet *ou* implant contraceptif | Ces dispositifs restent en place plusieurs années. |
| **D.** Cyndi, 35 ans, vient de divorcer. Elle présente des contre-indications à la contraception hormonale et son ami, 40 ans, refuse d'utiliser des préservatifs. | Certains DIU *ou* préservatif féminin | Ces moyens sont sans hormones. |

## → ACTIVITÉ 5 - Contraception préventive et contraception d'urgence C11 C21

Répondre aux consignes suivantes à l'aide du **doc. 2**.

**1.** Compléter le tableau comparatif ci-dessous.

| | Contraception PRÉVENTIVE | Contraception D'URGENCE |
|---|---|---|
| **Qui concerne-t-elle ?** | Hommes ou femmes qui ne veulent pas d'enfant et ont une vie sexuelle. | Femmes ayant eu un rapport sexuel avec un dysfonctionnement ou une absence de contraception préventive. |
| **Quand l'utilise-t-on ?** | Avant les rapports sexuels. | Après les rapports sexuels. C'est une contraception de rattrapage. |
| **Inconvénients** | Aucun. | N'est pas totalement efficace. |

**2.** Indiquer l'intérêt de choisir une méthode contraceptive préventive.

Elle est beaucoup plus efficace que la contraception d'urgence et permet d'éviter les effets secondaires possibles.

### DOC. 2 La contraception d'urgence

#### LA CONTRACEPTION D'URGENCE

*La contraception d'urgence est une méthode de rattrapage exceptionnelle qui vise à éviter une grossesse non désirée en cas de rapport non ou mal protégé. La contraception d'urgence doit rester occasionnelle et ne pas faire l'objet de prises répétées. Elle ne peut remplacer une contraception régulière. En dehors de tout retard de règles, la contraception d'urgence peut être prise à n'importe quel moment du cycle.*

#### ET CE N'EST PAS RISQUÉ DE PRENDRE UNE CONTRACEPTION D'URGENCE ?

Des effets indésirables, généralement modérés et de courte durée, peuvent survenir après la prise d'une contraception d'urgence. Il peut s'agir de : troubles des règles (saignements, retard ou avance de règles), fatigue, nausées, vomissements, douleurs abdominales, diarrhées, maux de tête, vertiges ou tension mammaire... Quant au risque de stérilité, soyez rassurée, l'utilisation de la contraception d'urgence n'a aucun impact sur votre fécondité.

#### DANS QUEL DÉLAI PUIS-JE LA PRENDRE ?

Il existe de 2 types de contraceptif d'urgence à prendre suivant un rapport sexuel non ou mal protégé :

- Celle à prendre dans les **3 jours (72h)**
- Celle à prendre dans les **5 jours (120h)**

Le dispositif intra utérin au cuivre peut être utilisé comme contraception d'urgence, à placer dans les 5 jours par votre gynécologue, votre médecin généraliste ou une sage-femme.

**ATTENTION ! LA CONTRACEPTION D'URGENCE N'AGIT QUE SUR LES RAPPORTS AYANT EU LIEU AVANT LA PRISE DU COMPRIMÉ. ELLE NE REMPLACE EN AUCUN CAS UNE CONTRACEPTION RÉGULIÈRE, ELLE NE PROTÈGE PAS DES IST.**

#### OÙ PEUT-ON TROUVER LA CONTRACEPTION D'URGENCE ?

**En pharmacie :** avec ou sans prescription médicale. Sa délivrance reste anonyme et gratuite pour les jeunes filles de moins de 18 ans.

**Dans les Centres de planification et d'éducation familiale :** délivrance anonyme et gratuite pour les mineures et les majeures sans couverture sociale.

**A l'infirmerie scolaire :** délivrance anonyme et gratuite pour les élèves des collèges et lycées (mineures et majeures).

**Dans les Services universitaires** et inter-universitaires de médecine préventive et de promotion de la santé : délivrance anonyme et gratuite pour toutes les étudiantes.

#### À QUOI ÇA RESSEMBLE ?!

**La pilule d'urgence** se présente sous la forme d'un comprimé unique à prendre, le plus rapidement possible après un rapport non ou mal protégé.
Elle est d'autant plus efficace si elle est prise rapidement après le rapport à risque.

© Laboratoire Biogaran

# ACTIVITÉ 6 - Le cadre légal de l'interruption volontaire de grossesse (IVG) C11

**1.** Expliquer pourquoi l'IVG ne peut en aucun cas être considérée comme un moyen de contraception. S'aider du **doc. 3**.

La contraception a pour but d'éviter une grossesse ; lors de l'IVG, on met fin à une grossesse existante.

**2.** Récapituler le cadre légal de l'IVG pour les mineures à l'aide du **doc. 3**.

> Délai légal : 14 semaines après le début des dernières règles.

> Autorisation parentale : elle est inutile, mais en son absence, la mineure doit être accompagnée d'une personne majeure de son choix.

> Autres formalités (entretiens, réflexion) : deux entretiens médicaux et un entretien social (une semaine de réflexion exigée entre le premier entretien et la décision).

> Personne qui prend la décision finale : la femme enceinte, quel que soit son âge.

> L'IVG est obligatoirement pratiquée dans un établissement agréé par un médecin.

**3.** Expliquer pourquoi il est important qu'une personne adulte majeure accompagne une mineure dans toutes les démarches relatives à l'IVG.

Il est souhaitable qu'elle ne soit pas seule dans un moment psychologiquement difficile.

## DOC. 3 L'IVG, un dernier recours très réglementé

### ① Définition

**C'est quoi l'avortement ?**

L'avortement (ou IVG : interruption volontaire de grossesse) est un **recours** pour une fille enceinte désirant interrompre sa grossesse.
Il ne peut se pratiquer que pendant les quatorze premières semaines suivant le début des dernières règles. Une mineure peut choisir de ne pas en parler à ses parents et, dans ce cas, l'autorisation parentale n'est pas indispensable. Mais elle doit se faire accompagner par une personne majeure de son choix afin de ne pas rester seule dans ce moment difficile. C'est toujours une situation douloureuse à vivre et évitable par une contraception adaptée.
Pour connaître les démarches spécifiques aux mineures, s'adresser à Info IVG, au mouvement français pour le planning familial ou voir le site www.choisirsacontraception.fr. Vous pouvez aussi télécharger le « Guide d'information sur l'IVG pour les femmes du ministère de la Santé.

### ③ La fin du délai de réflexion ?

Le 18 septembre 2015, le Sénat a voté un amendement supprimant le délai de réflexion. Toutefois, un groupe parlementaire projette de saisir le Conseil constitutionnel pour demander son rétablissement. Au jour de la mise sous presse de l'ouvrage, le débat n'est pas clos. »

*Questions d'ados (amour – sexualité)*, © INPES.

### ② Réglementation

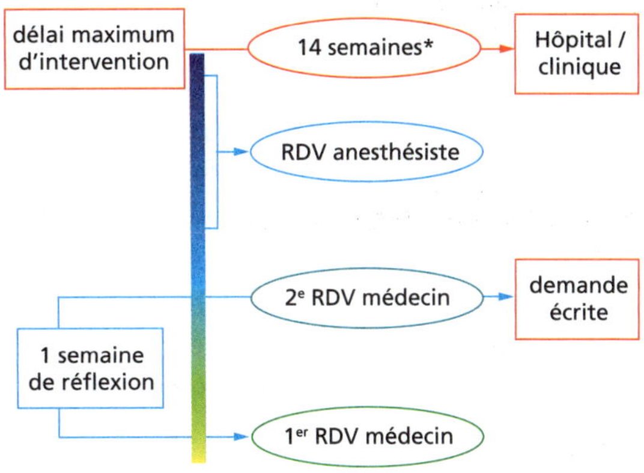


* Après le début des dernières règles, soit 12 semaines de grossesse.

Tu dois prendre contact avec un professionnel de santé, médecin ou gynécologue. [...]. Avant l'IVG, tu vas avoir plusieurs rendez-vous :
- une 1re consultation médicale pour confirmer que tu es bien enceinte et dater la grossesse [...] ;
- un entretien avec une conseillère conjugale et familiale ou une assistante sociale te sera proposé. [...]. Cet entretien est obligatoire si tu es mineure ;
- une 2e consultation médicale pour confirmer ou non par écrit ta demande d'IVG. [...].

Sauf s'il y a une urgence médicale, un délai de réflexion d'1 semaine aura lieu entre les 2 rendez-vous médicaux.

© Fil Santé Jeunes – wwwfilsantejeunes.com

## ACTIVITÉ 7 - Les structures d'accueil, d'aide et de soutien C11 C13

**1.** Rechercher l'adresse et le numéro de téléphone du **CPEF** le plus proche de votre domicile à partir du site www.sante.gouv.fr.

.................................................................................................................................................................

......................................................................................... .........................................................................

**2.** Cocher la bonne colonne du tableau. S'aider du **doc. 4**.

| Personnes, structures / Ce que l'on peut en attendre | Infirmière du lycée | Médecin de famille | CIDDIST CDAG | CPEF |
|---|---|---|---|---|
| **A.** Gratuité. | ✗ | | ✗ | ✗ |
| **B.** Anonymat. | ✗ | ✗ | ✗ | ✗ |
| **C.** Évaluation du risque pris. | ✗ | ✗ | ✗ | ✗ |
| **D.** Dépistage et traitement des IST. | | ✗ | ✗ | ✗ |
| **E.** Dépistage du SIDA. | | ✗ | ✗ | ✗ |
| **F.** Informations concernant la prévention des IST et du SIDA. | ✗ | ✗ | ✗ | ✗ |
| **G.** Consultations concernant la contraception et prescriptions. | | ✗ | | ✗ |
| **H.** Informations concernant la contraception. | ✗ | ✗ | | ✗ |
| **I.** Accès à l'IVG. | | | | ✗ |
| **J.** Entretiens concernant les difficultés personnelles ou dans le couple. | | | | ✗ |

### DOC. 4 Pour trouver des réponses aux problèmes liés à la sexualité

**• Auprès de professionnels**

– Les médecins généralistes et les gynécologues répondent aux problèmes liés à la sexualité et réalisent les prescriptions adaptées.

– Les pharmaciens délivrent la contraception (y compris d'urgence), informent et conseillent.

– Les infirmières scolaires ont un rôle d'écoute ; elles informent, conseillent et délivrent la contraception d'urgence.

**• Auprès de structures**

– CDAG et CIDDIST sont souvent associés et annexés à un centre hospitalier et interviennent dans l'information et le dépistage des IST. Le CDAG s'occupe plus spécifiquement du SIDA et des hépatites ; quant au CIDDIST, il peut aussi proposer des traitements.

© Conseil Général de la Nièvre.

– Le CPEF est entièrement gratuit pour les mineurs et les non-assurés sociaux avec la garantie d'anonymat pour les personnes mineures qui le demandent. On peut y consulter gynécologue, médecin généraliste à orientation gynécologique et psychothérapeute conjugal et familial. Tous assurent un accueil et une écoute, des entretiens individuels et des consultations sur les questions se rapportant entre autres à la contraception – contraception d'urgence incluse –, la stérilité, l'accès à l'IVG, la prévention et le dépistage des IST. Cet organisme public est soit implanté dans un centre de PMI, soit délégué à des hôpitaux ou à une association telle que le planning familial.

**Proposer maintenant des solutions pour Sophie et Peyo (étape 5, p. 100).**

# Activités de synthèse

## RÉCAPITULER

**Compléter les textes à trous. Si besoin, se reporter à l'aide en bas de page.**

### Contraception préventive, contraception d'urgence et IVG : définitions

- La contraception est un moyen réversible qui permet d'éviter une grossesse non désirée.
- La contraception préventive est utilisée en prévision de rapports sexuels .
- La contraception d'urgence est une contraception de rattrapage pour les femmes ayant eu un rapport sans contraception préventive .
- L'interruption volontaire de grossesse (IVG), ne peut être assimilée à une contraception car son but est de mettre fin à une grossesse déjà existante.

### Différents moyens de contraception préventive

- Les méthodes hormonales :

– pilules contraceptives dont la plupart ont pour effet de bloquer l' ovulation ;

– patch contraceptif, anneau vaginal et implant sous-cutané qui bloquent l'ovulation et modifient la glaire cervicale .

- Le stérilet ou DIU (dispositif intra-utérin) qui empêche la nidation.
- Les préservatifs empêchent le dépôt du sperme dans le vagin. Correctement utilisés, ils constituent aussi une contraception efficace qui, de plus, protège des IST .

### Conduite à tenir en cas de prise de risque

- En cas de rapport sexuel sans contraception, la contraception d'urgence doit être prise au plus tard dans les 3 jours . Il est possible de se la procurer dans une pharmacie, auprès de l' infirmière scolaire ou au CPEF . Le risque d' IST doit aussi être évalué.

### Cadre légal de l'interruption volontaire de grossesse (IVG)

- L'IVG est le dernier recours très réglementé pour éviter une grossesse non désirée.
- Il doit être pratiqué par un médecin , dans un établissement agréé ; il est possible jusqu'à la quatorzième semaine après le début des dernières règles.
- Une semaine de réflexion est obligatoire entre le premier des deux entretiens médicaux et la prise de décision qui n'appartient qu'à la femme, même mineure.

### Structures d'accueil, d'aide et de soutien

- Le centre de planification et d'éducation familiale (CPEF) apporte aide et soutien pour la contraception, y compris d'urgence, et pour l'IVG ; il intervient aussi dans la prévention des IST et dans tous les problèmes du couple.

**AIDE :** médecin / glaire cervicale / IST (× 3) / préservatifs / décision / ovulation / stérilet / réflexion / CPEF / 3 jours / réversible / grossesse / rapports sexuels / centre de planification et d'éducation familiale / préventive / infirmière scolaire / contraception d'urgence / quatorzième

# RETENIR

## POUR ÉVITER UNE GROSSESSE NON DÉSIRÉE

### Contraception

=

Ensemble des méthodes réversibles permettant d'éviter une grossesse.

#### Contraception préventive

**Procédés hormonaux : pilule, anneau, patch, implant**
- Bloquent l'ovulation et/ou modifient la muqueuse utérine et/ou modifient la glaire cervicale.

**Stérilet (ou DIU, dispositif intra-utérin)**
- Empêche la nidation.

**Préservatifs masculin et féminin**
- Empêchent le sperme de pénétrer dans le vagin.

Les seuls en vente libre et qui protègent des IST !

Si oubli ou accident (préservatif déchiré) →

#### contraception d'urgence

- **Dans les 3 jours suivant le rapport** pour les mineures, gratuitement et sans ordonnance (infirmerie scolaire, CPEF, pharmacie).
- **Dans les 5 jours** auprès d'un médecin ou d'une sage-femme (autre type de médicament ou DIU).

**Efficacité liée à la rapidité de la prise.**

## POUR STOPPER UNE GROSSESSE NON DÉSIRÉE

### L'IVG (interruption volontaire de grossesse)

- Jusqu'à la 14e semaine après le début des dernières règles.
- Réalisée par un médecin dans un centre agréé.

! L'IVG n'est pas une méthode contraceptive mais un recours très réglementé.

### Structures d'accueil, d'aide et de soutien

- Les CPEF (centres de planification et d'éducation familiale).
- Mais aussi : infirmier scolaire, médecin traitant, gynécologue.

# Approfondir

Les CPEF à l'écoute des adolescents (5 min 31 s)

→ lienmini.fr/pse-vid09

Vérifiez vos acquis !

→ lienmini.fr/pse-qcm09

# Maîtriser le module 4

**Audrey, 16 ans, et Vincent, 17 ans,** ont une relation stable depuis plusieurs mois. Auparavant, Vincent a eu plusieurs expériences sexuelles mais n'a jamais fait de test de dépistage de SIDA. Tous deux sont vaccinés contre l'hépatite B et Audrey contre le papillomavirus. Ils ont parfois des relations sexuelles pour lesquelles ils utilisent des préservatifs ; Audrey n'utilise aucune autre contraception. Lors d'un rapport sexuel, le préservatif s'est déchiré et Audrey est approximativement au milieu de son cycle.

**Étudier la situation en mettant en œuvre la démarche de résolution de problèmes.**

## 1 Identifier le problème posé C31 C32 ... / 1 pt

Audrey risque de contracter une IST (sauf hépatite B et papillomavirus) et s'expose à une grossesse non désirée.

## 2 Identifier les éléments de la situation C32 ... / 4,5 pts

**Qui :** qui est concerné ?

Audrey, 16 ans et Vincent, 17 ans.

**Quoi :** quelle est la nature de l'incident ? quelle est son origine ?

Deux jeunes ont eu un rapport sexuel non protégé ; le préservatif s'est déchiré.

**Pourquoi :** quels sont les éléments qui font que cet incident risque d'être à l'origine de problèmes graves ?

Le milieu du cycle est favorable à une grossesse et Audrey n'utilise aucune autre contraception. Vincent a eu une vie sexuelle préalable mais n'a jamais fait de test de dépistage donc il peut être porteur d'une IST, dont le SIDA, et la transmettre.

## 3 Mettre en relation les éléments de la situation C32 ... / 2,5 pts

- Reporter les numéros des éléments de la liste suivante dans le diagramme « causes-effet » ci-après.

❶ autres expériences sexuelles / ❷ aucune autre expérience sexuelle / ❸ Audrey risque de contracter une IST (sauf hépatite B et papillomavirus) et s'expose à une grossesse non désirée / ❹ absence de test de dépistage / ❺ vacciné(e) contre l'hépatite B (× 2) / ❻ vaccinée contre le papillomavirus / ❼ absence de contraception / ❽ rapports avec préservatifs / ❾ préservatif déchiré / ❿ milieu du cycle / ⓫ relation stable

**Éléments concernant Vincent :**
❶, ❹, ❺

**Circonstances :**
❽, ❾, ⓫

**Effet :**
❸

**Éléments concernant Audrey :**
❷, ❺, ❻, ❼, ❿

## 4 Mobiliser des connaissances utiles C21 C22 ... / 11,5 pts

**1/** Indiquer six infections par lesquelles a pu être contaminé Vincent au cours de ses précédentes expériences sexuelles et préciser les effets à court et à long terme.

| IST | | Conséquences (ou effets, signes) à court terme | Conséquences (ou effets) à long terme |
|---|---|---|---|
| d'origine bactérienne | → Syphilis | → Brûlures en urinant | → Stérilité |
| | → Blennorragie | → Pertes anormales | → Atteinte d'organes profonds |
| | → Chlamydiose | → Boutons, lésions | |
| d'origine virale | → Atteinte due au papillomavirus | → Condylome | → Cancer du col de l'utérus |
| | → Herpès génital | → Petits boutons | → Récidivant |
| | → SIDA | → Séropositif au VIH | → Infections opportunistes, mort |

**2/** Indiquer et justifier :

→ la conséquence possible pour Audrey d'un rapport sexuel au milieu de son cycle.

C'est vers le milieu du cycle qu'a lieu l'ovulation. S'il y a rapport sexuel à cette période, il y a de fortes probabilités de fécondation et donc de grossesse.

→ un moyen qu'Audrey aurait pu mettre en œuvre pour éviter ce risque sachant qu'elle est étourdie ; en préciser le mode d'action.

Patch contraceptif, anneau vaginal, implant sous-cutané (bloquent l'ovulation, modifient la glaire cervicale) ou DIU (empêche la nidation) : restent longtemps en place.

## 5 Proposer des solutions C32 ... / 10,5 pts

**1/** Indiquer et justifier ce que doit immédiatement faire Audrey.

Elle doit immédiatement prendre la pilule d'urgence pour éviter tout risque de grossesse.

**2/** Indiquer où le couple peut s'adresser ensuite pour traiter le problème.

Le jeune couple peut se rendre aux urgences ou au CIDDIST.

**3/** Préciser :

→ les mesures qui seront mises en œuvre pour traiter les risques immédiats :

- délivrance de la pilule d'urgence pour Audrey (si pas prise auparavant),
- test de dépistage du VIH pour Vincent,
- entretien avec chacun pour évaluer les risques d'une contamination antérieure par une IST,
- prescription d'un traitement si nécessaire (trithérapie si exposition possible au VIH).

→ les conseils qui seront donnés pour éviter que le problème ne se renouvelle :

- Audrey doit utiliser un moyen contraceptif (contraception hormonale, DIU…),
- Utiliser des préservatifs de qualité et les utiliser en suivant les recommandations du fabricant.

**4/** Citer un organisme où le couple peut se rendre pour aborder tout problème de sexualité.

Le CPEF, centre de planification et d'éducation familiale.

# Gérer son budget

**OBJECTIF**

> Être capable d'avoir une attitude réfléchie dans la gestion de son budget et un regard critique sur les documents commerciaux disponibles.

**Clara, 22 ans,** titulaire d'un Bac Pro, perçoit 1 600 € par mois et peut effectuer 2 heures supplémentaires par semaine à 15 € de l'heure, ce qu'elle ne fait jamais. Elle paie chaque mois 600 € de loyer TCC, 150 € d'impôts, 50 € d'assurances et 50 € de forfait téléphone. Ses habitudes de consommation sont régulières : elle dépense chaque mois environ 60 € d'essence, 240 € d'alimentation (restaurant d'entreprise, courses en hard-discount), 300 € de vêtements de marque et 500 € pour ses loisirs. Elle ne tient aucune comptabilité. Au 25 de chaque mois, son compte bancaire est à sec et elle puise dans son livret A qui diminue. Elle souhaite placer son argent afin d'acheter un appartement dans quelques années.

## 1 Identifier le problème posé

Clara est en déficit chaque mois et elle souhaite mettre de l'argent de côté.

## 2 Identifier les éléments de la situation

**Quoi :** quelle est la nature du problème ?

Clara dépense plus d'argent qu'elle n'en gagne et souhaite se constituer une épargne.

**Qui :** qui est la personne concernée par le problème ?

Clara, 22 ans, jeune travailleuse.

**Où :** quelle est l'origine du problème ?

Elle ne fait pas ses comptes et dépense sans compter.

**Quand :** à quel moment le problème a-t-il été soulevé ?

Le 25 de chaque mois, son compte est vide et elle doit puiser dans son livret A.

**Comment :** quels éléments ont favorisé sa survenue ?

Elle fait des dépenses excessives au niveau de certains postes du budget.

**Pourquoi :** pour quelle raison souhaite-t-elle changer ses comportements ?

Elle souhaite faire un placement pour ensuite acheter un appartement.

## 3 Mettre en relation les éléments de la situation

Compléter le diagramme « causes-effet » à l'aide des éléments de la situation suivants :

❶ puise chaque mois dans le livret A / ❷ loyer + charges : 600 € / ❸ vêtements : 300 € / ❹ impôts : 150 € / ❺ consommation régulière / ❻ téléphone : 50 € / ❼ alimentation : 240 € / ❽ salaire mensuel net : 1 600 € / ❾ essence : 60 € / ❿ assurances : 50 € / ⓫ ne fait pas ses comptes / ⓬ loisirs : 500 € / ⓭ possibilité de 2 HS/semaine à 15 €/heure

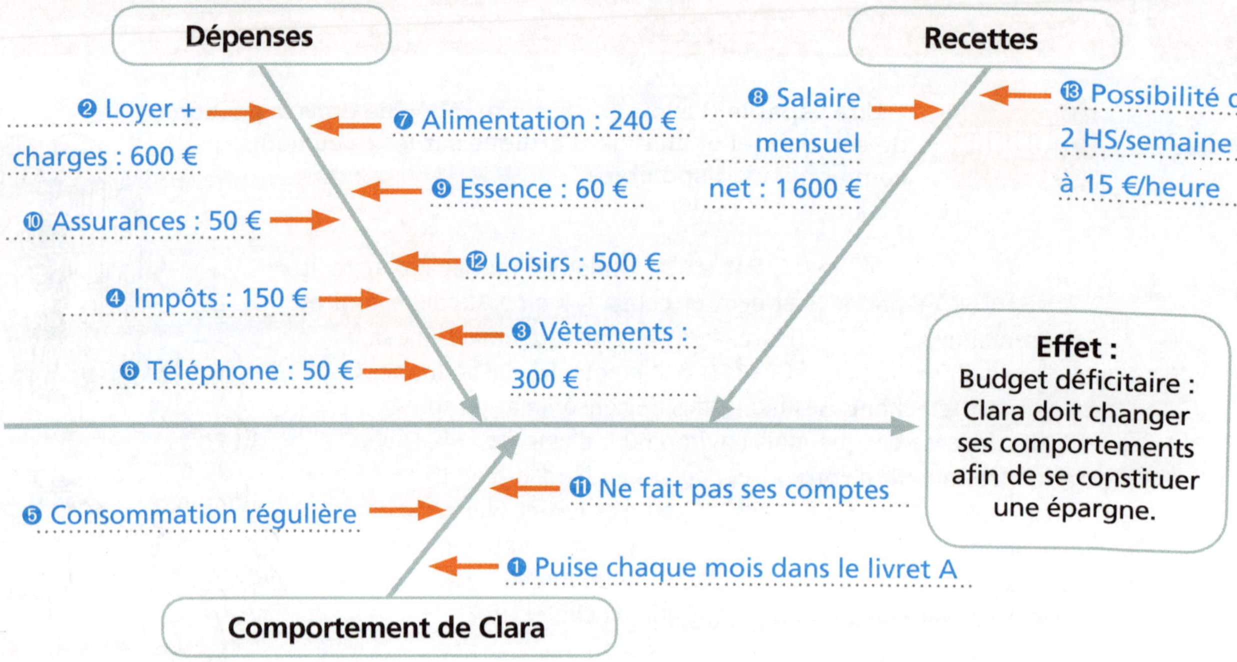


## 4 Mobiliser des connaissances

Pour comprendre la situation et y apporter des solutions, je réalise les **Activités 1** à **5** de la séquence 10.

## 5 Proposer des solutions

**1/** Calculer à combien s'élève le déficit mensuel du budget de Clara.

1 600 € (recettes) – 1 950 € (dépenses) = – 350 € (déficit).

**2/** Afin que Clara n'ait plus un budget déficitaire et qu'elle puisse épargner, donner des conseils concernant :

• Son travail, ses revenus.

Possibilité de faire 2 heures supplémentaires/semaine afin d'augmenter ses revenus (120 €/mois).

• Ses comptes, son budget.

Faire ses comptes pour connaître l'état du budget et le réajuster si besoin ; prévoir les grosses dépenses.

• Ses dépenses, son mode de vie.

Possibilité de réduire le poste habillement à 100 €/mois, notamment en faisant ses achats dans un autre type de magasin et le poste loisirs à 200 €/mois, en sortant moins.

• Le placement le plus approprié à ses objectifs et le justifier.

Le PEL car elle a les moyens pour l'ouvrir et l'alimenter, c'est le placement qui rapporte le plus et qui permet d'obtenir des primes intéressantes lors de l'achat d'un logement, ce qui est son objectif.

• Le montant maximum qu'elle peut épargner chaque mois.

1 720 € (recettes) – 1 450 € (dépenses après réductions envisagées) = 270 €.

# MOBILISER DES CONNAISSANCES UTILES

La consommation des ménages est liée au contexte socio-économique. La tenue d'un budget familial est nécessaire pour veiller à ce que les dépenses n'excèdent pas les recettes et à dégager une épargne.

## → ACTIVITÉ 1 - L'évolution de la consommation des ménages C13 C21 C22

Nous établissons notre budget en fonction de notre consommation. Celle-ci a évolué du fait de certains facteurs socio-économiques.

À partir du **doc. 1** :

**1.** Indiquer les trois postes budgétaires qui ont le plus augmenté ; justifier cette évolution.

> Logement : augmentation du coût du logement.

> Communication et loisirs : développement des moyens de communication, diminution du temps de travail et augmentation du temps de loisirs.

> Consommation non marchande : prise en charge de plus en plus importante.

**2.** Indiquer les deux postes budgétaires qui ont diminué ; justifier cette évolution.

> Alimentation : élévation du niveau de vie (cette part de budget diminue quand les revenus augmentent), production de masse abaissant le coût des produits.

> Habillement : importation massive de textiles à petits prix.

**DOC. 1** La consommation des ménages français

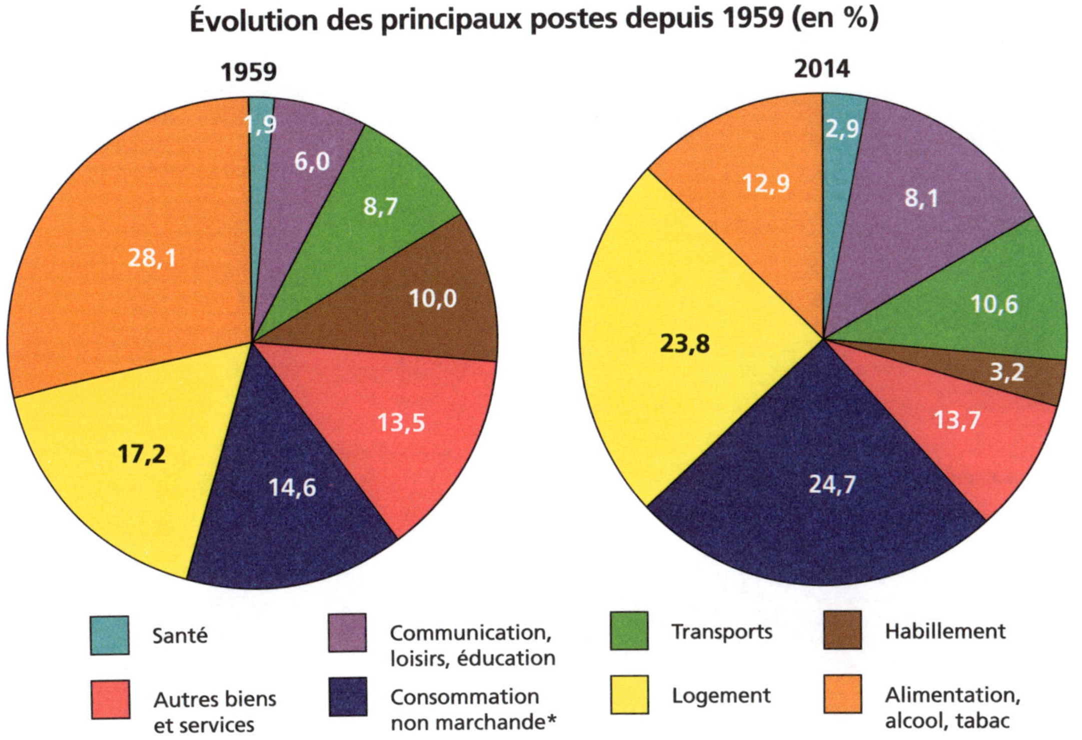


© INSEE, comptes nationaux, 2014.

* Consommation prise en charge par l'État telle qu'éducation, santé, justice, etc., et qui n'impacte pas le budget.

## → ACTIVITÉ 2 - Les différents types de budget C13

**1.** Proposer, à partir du **doc. 2**, la définition d'un budget.

C'est la prévision des dépenses en fonction des recettes.

**2.** Relier par des flèches chaque exemple au type de budget qui le qualifie puis à ses caractéristiques.

| Situations | Type de budget | Caractéristiques |
|---|---|---|
| **A.** Marie, 19 ans, constate, en faisant ses comptes de fin de mois, qu'elle a économisé 120 euros. | Budget équilibré | Les dépenses sont supérieures aux recettes. |
| **B.** Mourad, 17 ans, fait ses comptes de fin de mois : il a dépensé tous ses revenus du mois sans entamer son épargne. | Budget excédentaire | Les dépenses sont égales aux recettes. |
| **C.** Jennifer, 21 ans, a fait de nombreux achats lors des soldes d'hiver. En faisant ses comptes de fin de mois, elle constate qu'il lui manque de l'argent pour payer le loyer. | Budget déficitaire | Les dépenses sont inférieures aux recettes : il reste une épargne. |

**3.** Indiquer le type de budget le plus favorable. Justifier la réponse.

C'est le budget excédentaire. Il est souhaitable de garder une réserve d'argent pour des dépenses imprévues ou en prévision d'achats plus importants.

**4.** Justifier la nécessité d'établir un budget.

Il permet de planifier les dépenses pour éviter un budget déficitaire et de dégager une épargne.

### DOC. 2 Tenir un budget

#### QU'EST-CE QU'UN BUDGET ?

C'est un tableau qui enregistre, chaque mois, toutes vos ressources (argent qui rentre) et toutes vos dépenses (argent qui sort). En préparant à l'avance des tableaux pour les mois à venir, vous déterminez vous-même de quelle façon vous comptez dépenser l'argent que vous gagnez.

Apprendre à maîtriser votre budget, c'est apprendre à utiliser au mieux l'argent que vous recevez pour éviter d'en manquer quand vous en avez besoin. C'est un exercice difficile, en particulier si vous avez peu de ressources. Mais c'est justement dans ce cas-là qu'il est indispensable de gérer votre budget de façon très rigoureuse pour éviter d'aggraver votre situation par des dettes supplémentaires.

**Budget équilibré : ne pas dépenser toutes ses ressources permet d'épargner**

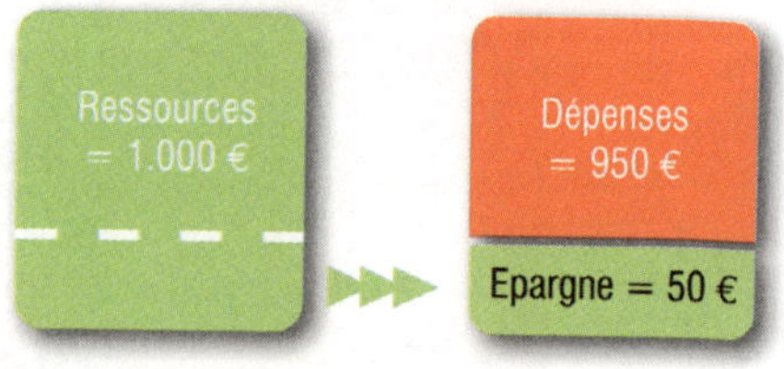


#### ▶ LES DÉPENSES

C'est l'ensemble de ce que vous payez dans le mois. On distingue généralement 3 types de dépenses :

| Dépenses fixes ou difficilement compressibles | Dépenses variables ou compressibles | Dépenses occasionnelles ou facultatives |
|---|---|---|
| → Habitation<br>→ Assurances<br>→ Etc. | → Alimentation<br>→ Electricité, Gaz, Eau<br>→ Etc. | → Cadeaux<br>→ Loisirs<br>→ Etc. |
| *Beaucoup de ces charges peuvent être mensualisées pour éviter les à-coups* | *C'est généralement sur ces postes que vous pouvez faire le plus d'économies* | *Pour ces dépenses, il est indispensable d'épargner au préalable* |

**Budget déséquilibré : plus de dépenses que de ressources entraîne des dettes**

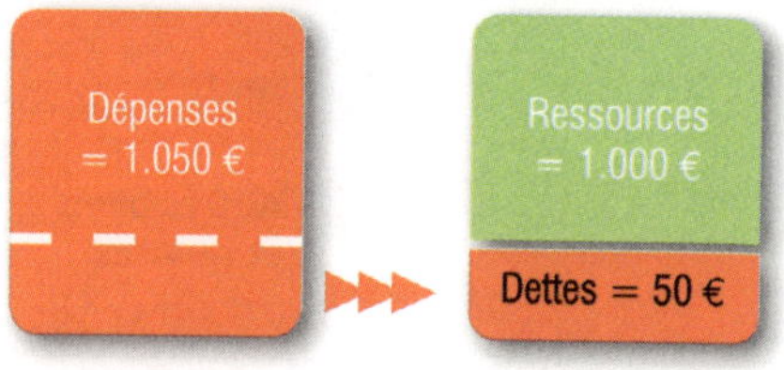


©www.lesclesdelabanque.com

## → ACTIVITÉ 3 - Les différents types d'épargne C22

**1.** Proposer une définition simple de l'épargne.

L'épargne est la part de revenus qui n'a pas été dépensée à la fin du mois. On la fait généralement fructifier en effectuant des placements.

**2.** Relier chaque type d'épargne à sa finalité.

| Type d'épargne | Finalité (but recherché) |
| --- | --- |
| **A.** Épargne de **précaution** | Devenir propriétaire de son logement pour ne plus payer de loyer, augmenter son capital pour le léguer à ses héritiers. |
| **B.** Épargne de **patrimoine** | Disposer d'une réserve pour faire face aux risques de la vie (chômage, longue maladie) ou constituer un complément retraite. |
| **C.** Épargne de **liquidités** | Disposer d'une réserve (liquide) qui permet d'acquérir des biens de consommation (achat d'un scooter). |
| **D.** Épargne de **placement** | Revendre avec une plus-value (plus cher qu'à l'achat) les actions et obligations lorsqu'elles cotent au plus haut en bourse. |
| **E.** Épargne de **spéculation** | Obtenir des revenus supplémentaires en faisant fructifier son argent par des placements bancaires ou immobiliers. |

- A → Disposer d'une réserve pour faire face aux risques de la vie (chômage, longue maladie) ou constituer un complément retraite.
- B → Devenir propriétaire de son logement pour ne plus payer de loyer, augmenter son capital pour le léguer à ses héritiers.
- C → Disposer d'une réserve (liquide) qui permet d'acquérir des biens de consommation (achat d'un scooter).
- D → Obtenir des revenus supplémentaires en faisant fructifier son argent par des placements bancaires ou immobiliers.
- E → Revendre avec une plus-value (plus cher qu'à l'achat) les actions et obligations lorsqu'elles cotent au plus haut en bourse.

## → ACTIVITÉ 4 - Comparatif de produits d'épargne C11 C51 C52 C54

- Demander à votre banque les prospectus publicitaires qui présentent divers produits d'épargne. Étudier les informations qu'ils comportent et les reporter dans un tableau sur feuille de copie ou sur ordinateur (voir modèle ci-dessous).

Le travail réalisé pourra être présenté à la classe.

| | |
| --- | --- |
| Nom de l'épargne | |
| Description | |
| Avantages | |
| Inconvénients | |
| Mon avis | |

## → ACTIVITÉ 5 - Choix de l'épargne courante adaptée à une situation simple C22

**1.** Compléter le tableau ci-dessous à l'aide du **doc. 3**.

| Situations | Moyen(s) | Justifications |
|---|---|---|
| **A.** Tom, 16 ans, veut faire fructifier l'argent de poche qu'il ne dépense pas. | • Livret jeune. | • Taux le plus intéressant.<br>• Argent disponible. |
| **B.** Bryan, 18 ans, lycéen, travaille tous les week-ends dans un fast-food. Il épargne au moins 100 €/mois et souhaiterait dans quelques années acheter un studio. | • PEL. | • Taux intéressant.<br>• Avantages à l'achat d'un logement. |
| **C.** Lucie, 22 ans, souhaite épargner pour acheter une voiture, mais en gardant son argent disponible en cas de nécessité. | • Livret jeune (pour 1 600 €) + Livret A ou LDD. | • Taux le plus intéressant.<br>• Argent disponible. |

### DOC. 3 Quelques formes d'épargne courantes

| Formes d'épargne | Montant maximum | Conditions d'accès | Versement minimum * | Durée | Taux d'intérêt ** | Utilisations/ Remarques |
|---|---|---|---|---|---|---|
| Livret jeune | 1 600 € | De 12 à 25 ans | Libre | Jusqu'à 25 ans | De 1 à 3,5 % selon les banques | • Argent toujours disponible.<br>• Un seul livret possible. |
| Livret A | 22 950 € | Aucune | Libre | Illimitée | 0,75 % | • Argent toujours disponible.<br>• Un seul livret possible. |
| **LDD** (livret de développement durable) | 12 000 € | Être majeur | Libre | Illimitée | 0,75 % | • Argent toujours disponible.<br>• Un seul livret possible. |
| **CEL** (compte épargne logement) | 15 300 € | Aucune | 300 € à l'ouverture puis libre | Illimitée | 0,5 % brut*** | • Argent toujours disponible.<br>• Emprunt possible pour achat de logement à taux intéressant.<br>• Un seul CEL par personne. |
| **PEL** (plan épargne logement) | 61 200 € | Aucune | 225 € à l'ouverture puis 540 €/an minimum | 4 ans | 2 % brut*** depuis le 01/02/2015. | • Emprunt possible pour achat de logement à taux intéressant + primes.<br>• Argent bloqué pendant 4 ans.<br>• Un seul PEL par personne. |

* Correspond à la somme versée à l'ouverture.
** Les taux en vert sont réglementés par l'État ; ils sont régulièrement révisés (taux au 01/08/2015).
*** Imposables.

**2.** Indiquer, à l'aide du **doc. 4**, un avantage de l'action et un inconvénient de ces deux types de placements.

Avantage : des actions souscrites dans une entreprise qui prospère permettent des gains importants lors de leur revente.

Inconvénient : en cas de faillite, les propriétaires d'actions et d'obligations s'exposent à des pertes importantes.

### DOC. 4 Actions et obligations

• Acheter une action d'une entreprise revient à acquérir une partie de cette entreprise ; une action est donc un titre de propriété. En échange, l'entreprise reverse, le plus souvent, une partie de ses bénéfices annuels, par le biais d'un dividende par action.

• Acheter une obligation revient à prêter de l'argent à l'organisme qui a émis cette obligation pour financer sa dette ou pour investir. En échange du prêt, l'émetteur reverse un intérêt, le plus souvent par le biais d'un coupon. De plus, à une certaine échéance connue à l'avance, l'emprunteur s'engage à rembourser une somme fixe.

Proposer maintenant des solutions pour Clara (étape 5, p. 112).

# Activités de synthèse

## RÉCAPITULER

**Compléter les textes à trous. Si besoin, se reporter à l'aide en bas de page.**

### Évolution des postes budgétaires dans le temps

- Le budget est la prévision des ..... dépenses ..... en fonction des recettes. Les différentes dépenses des ménages sont classées en ..... postes budgétaires ..... .
- Des facteurs économiques modifient la part de budget consacrée à ces différents postes budgétaires. Ainsi, depuis 50 ans, ceux qui ont le plus augmenté sont le ..... logement ..... et les ..... communication-loisirs ..... du fait de la diminution du temps de travail et du développement des moyens de communication.
- Ceux qui ont diminué sont l' ..... habillement ..... du fait de l'importation, et l' ..... alimentation ..... , d'une part à cause de la production de masse qui abaisse les coûts et d'autre part, à cause de l'élévation du niveau de vie ; la part de budget consacrée à ce poste diminue quand les revenus augmentent.

### Différents types de budget

- Un budget est ..... équilibré ..... quand les recettes sont égales aux dépenses.
- Un budget est ..... déficitaire ..... quand les dépenses sont supérieures aux recettes ; il conduit à l'endettement.
- Un budget est ..... excédentaire ..... quand les recettes sont supérieures aux dépenses ; il reste une épargne. Ce type de budget est à privilégier.

### Différentes formes d'épargne

- L' ..... épargne ..... est la part de revenus qui n'est pas dépensée.
- Les citoyens épargnent en prévision d' ..... achats ..... importants (épargne de liquidités), d' ..... imprévus ..... (épargne de précaution), de l'acquisition de leur logement (épargne de patrimoine) ou pour faire fructifier leur argent et obtenir des revenus supplémentaires (épargne de ..... placement ..... ) ou encore pour revendre avec une plus-value (épargne de spéculation).
- Les ..... établissements bancaires ..... proposent divers « produits » d'épargne :

– le ..... livret jeune ..... est réservé aux jeunes de 12 à 25 ans ; son taux d'intérêt moyen est de 2,5 % et l'argent est toujours disponible ;

– le ..... livret A ..... , le livret de développement durable (LDD), le compte épargne logement (CEL) et le ..... plan épargne logement ..... (PEL) ont des taux d'intérêt fixés par l' ..... État ..... ;

– les CEL et PEL permettent de bénéficier d' ..... emprunts ..... à taux intéressants pour l'acquisition d'un ..... logement ..... .

**AIDE :** placement / épargne / plan épargne logement / équilibré / dépenses / livret A / déficitaire / postes budgétaires / livret jeune / emprunts / État / excédentaire / achats / logement (× 2) / communication-loisirs / imprévus / habillement / alimentation / établissements bancaires

# RETENIR

**BUDGET** = Prévision des DÉPENSES en fonction des RECETTES

**Postes budgétaires**
- Alimentation
- Logement
- Transports
- Communication et loisirs
- Équipement
- Santé
- Habillement, etc.

→ Place dans le budget liée au contexte socio-économique

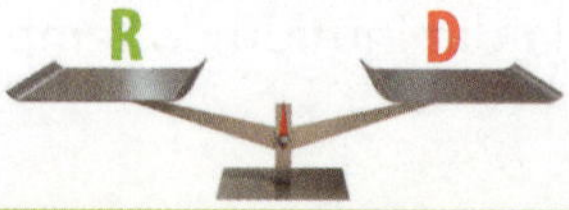

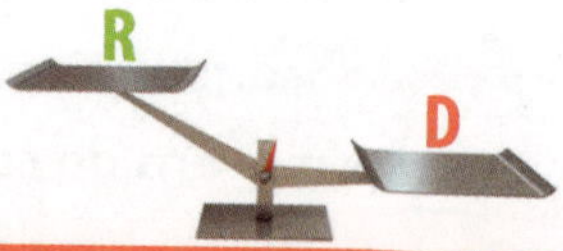


**Le budget peut être :** Equilibré | Excédentaire | Déficitaire

Déficitaire → Réduire ses dépenses !

Excédentaire → **Épargne = argent de côté**

**Épargne de précaution**

**Épargne de patrimoine**

**Épargne de placement, etc.**

- Livret A
- LDD
- PEL
- CEL

→ Taux fixés par l'État.

- Actions et obligations, etc.

## Approfondir

**Les raisons de l'épargne et ses différentes formes** (4 min 02 s)

→ lienmini.fr/pse-vid10

**Vérifiez vos acquis !**

→ lienmini.fr/pse-qcm10

# Acheter un bien

**OBJECTIFS**

> Faire ses achats, utiliser les moyens de paiement et le crédit de manière responsable avec un regard critique sur les documents commerciaux les concernant.
> Se comporter en citoyen consommateur averti et responsable.

**Cyril, 25 ans et Sophie, 22 ans,** connaissent des difficultés au travail. Technicien, Cyril ne perçoit plus de primes et ne fait plus d'heures supplémentaires ; à Sophie, aide à domicile, on a retiré une des familles dont elle s'occupait. Ayant des revenus confortables, le couple ne tient pas ses comptes, n'achète que des produits de marque et utilise sans compter sa carte bancaire avec la ligne de crédit permanent associée. Ils ont hérité d'un appartement dont ils remboursent le crédit pour travaux de rénovation ; leur voiture est en *leasing*. Depuis 3 mois, ils n'arrivent plus à rembourser leurs crédits et ont épuisé l'épargne dont ils disposaient.

## 1 Identifier le problème posé

Cyril et Sophie sont surendettés.

## 2 Identifier les éléments de la situation

**Quoi :** quelle est la nature du problème ? quelles sont les conséquences possibles ?

Le jeune couple est surendetté ; il ne parvient plus à rembourser les crédits en cours et a épuisé son épargne.

**Qui :** qui sont les personnes concernées par le problème ?

Cyril, 25 ans, technicien dans une entreprise et Sophie, 22 ans, aide à domicile.

**Où :** quelle est son origine ?

Le couple ne tient pas ses comptes, a de nombreux crédits et voit diminuer ses revenus.

**Quand :** à quel moment a-t-il été découvert ?

Il y a 3 mois, lorsqu'ils ont découvert qu'ils ne pouvaient plus payer les mensualités de leurs différents crédits.

**Comment :** quels éléments matériels ont favorisé sa survenue ?

Ce sont les difficultés de l'entreprise qui emploie Cyril et la diminution des heures de travail pour Sophie.

**Pourquoi :** quels sont les éléments qui font que ce problème risque d'être à l'origine d'ennuis très graves ?

Si le couple ne parvient pas seul à rembourser ses crédits, il devra saisir la commission de surendettement. Si la situation est trop grave, celle-ci peut mettre en place une procédure débouchant sur la vente des biens.

## 3 Mettre en relation les éléments de la situation

Compléter le diagramme « causes-effet » à l'aide des éléments de la situation suivants :

❶ moins de travail pour Sophie / ❷ voiture achetée en *leasing* / ❸ n'achètent que des produits de marque / ❹ suppression des primes et heures supplémentaires pour Cyril / ❺ ne font pas les comptes régulièrement / ❻ utilisation régulière de la ligne de crédit de leur carte bancaire / ❼ travaux de rénovation de l'appartement / ❽ utilisent sans compter la carte bancaire

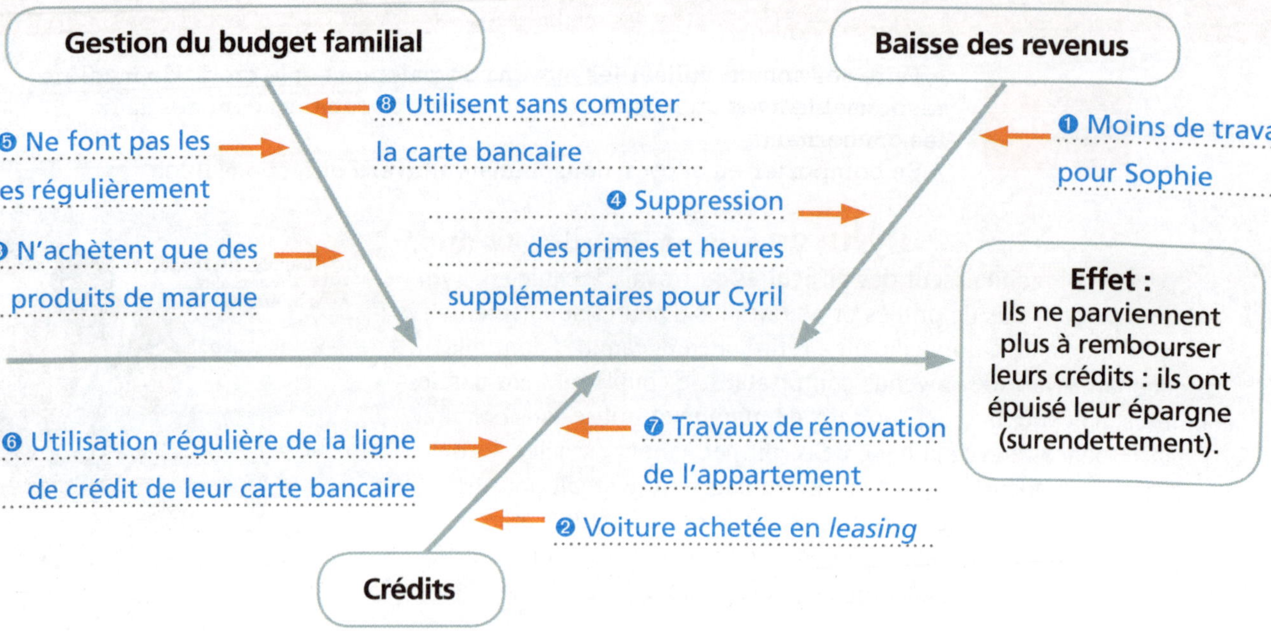


## 4 Mobiliser des connaissances

Pour comprendre la situation et y apporter des solutions, je réalise les **Activités 1** à **11** de la séquence 11.

## 5 Proposer des solutions

**1/** Indiquer auprès de qui ce couple peut trouver aide et conseil.

Il peut contacter une association de consommateurs spécialisée dans les problèmes de surendettement et/ou son conseiller bancaire. Attention ! Ne pas prendre un crédit supplémentaire.

**2/** Préciser les mesures « personnelles » qui seront suggérées à ce couple pour tenter de faire face à cette situation.

> Tenir ses comptes à jour.

> Éviter les achats impulsifs ; n'acheter que le strict nécessaire et des produits premier prix.

> Remplacer sa voiture en *leasing* par un véhicule d'occasion à petit prix.

> Ne plus utiliser la ligne de crédit de la carte bancaire.

> Négocier des remboursements plus faibles et plus étalés dans le temps.

**3/** Nommer l'instance à contacter en cas d'échec de ces mesures.

C'est la commission de surendettement.

**4/** Citer les mesures qui seront mises en œuvre si le dossier est recevable.

> Soit un plan conventionnel de redressement (aménagement des crédits en cours).

> Soit la procédure de rétablissement personnel lorsque le remboursement des dettes n'est pas envisageable : elle peut déboucher sur la vente des biens pour rembourser les créanciers.

# MOBILISER DES CONNAISSANCES UTILES

## A. Acheter

Tout acte d'achat est un contrat entre une personne qui s'engage à délivrer un bien ou un service et une autre personne qui s'engage à le payer. Comme tout contrat, il entraîne des droits et des devoirs pour ceux qui le concluent. Il est souhaitable que le consommateur connaisse les siens.

### ACTIVITÉ 1 - Les engagements du vendeur et du client C13

• Compléter le tableau à l'aide des **doc. 1** et **2** (p. 122).

| Exemples de contrats | Il s'agit d'un contrat (cocher) — de vente d'un bien | de vente d'un service | de location | Obligations du vendeur | Obligations du client |
|---|---|---|---|---|---|
| **A.** Dépôt d'un vêtement au pressing. | | ✗ | | • Nettoyer le vêtement.<br>• Le restituer à la date convenue. | • Récupérer le vêtement.<br>• Payer le prix en vigueur. |
| **B.** Location d'un snowboard pour la journée (de 9 h à 17 h). | | | ✗ | • Fournir le matériel demandé. | • Payer le prix convenu.<br>• Rapporter le matériel à l'heure et en bon état. |
| **C.** Devis pour la réparation d'un scooter. | | ✗ | | • Réaliser la réparation prévue.<br>• Respecter les délais et le prix convenu. | • Récupérer le véhicule.<br>• Payer le prix convenu. |
| **D.** Location d'un studio pour une semaine de vacances. | | | ✗ | • Mettre à disposition le local propre à la date convenue. | • Payer le prix convenu.<br>• Restituer le local en bon état à la date convenue. |
| **E.** Commande de vêtements sur une vente privée Internet. | ✗ | | | • Fournir les vêtements demandés dans les délais. | • Payer le prix convenu.<br>• Récupérer sa commande. |
| **F.** Achat d'un billet de train avec place réservée. | | ✗ | | • Respecter les conditions générales de vente. | • Payer le prix convenu.<br>• Occuper sa place. |
| **G.** Souscription d'un abonnement pour un téléphone mobile. | | ✗ | | • Fournir les prestations souscrites. | • Régler les factures. |

## → ACTIVITÉ 2 - Les particularités d'un contrat de vente C13

• Cocher la réponse qui convient pour chaque proposition ; s'aider des **doc. 1** et **2**.

| | Vrai | Faux |
|---|---|---|
| **A.** Le client peut revenir sur sa décision et récupérer un acompte versé pour retenir un produit. | | ✗ |
| **B.** Le client doit recevoir une confirmation écrite de sa commande après une commande par Internet. | ✗ | |
| **C.** Le client dispose de 10 jours pour annuler un contrat de vente après une commande par Internet. | | ✗ |
| **D.** Le client ne peut plus annuler sa commande après un contrat de vente conclu lors d'un démarchage à domicile. | | ✗ |
| **E.** Il est impossible de trouver des clauses abusives dans les conditions générales de vente. | | ✗ |
| **F.** Le client coche la case « J'ai lu et j'accepte les conditions générales de vente » lors d'un cyberachat. Cela équivaut à signer un contrat de vente. | ✗ | |
| **G.** Si un produit présente un vice caché (défaut), le vendeur doit l'échanger. | ✗ | |
| **H.** L'achat de produits dopants peut faire l'objet d'un contrat de vente. | | ✗ |
| **I.** Un contrat de vente est toujours écrit. | | ✗ |

**DOC. 1** **Le contrat de vente et les engagements qui en découlent**

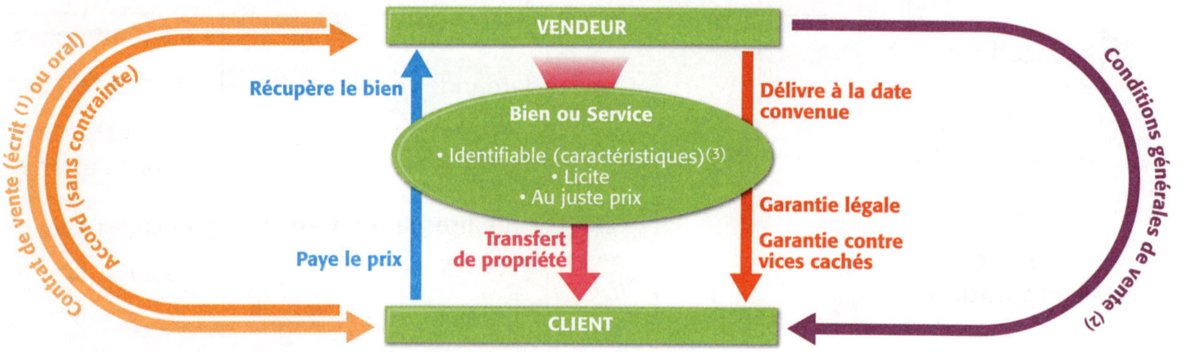


(1) Certains contrats doivent obligatoirement être écrits.
(2) Elles précisent les modalités de vente. Leur acceptation lors d'un cyberachat revient à signer le contrat de vente.
(3) Le vendeur a l'obligation d'information : il doit fournir toutes les caractéristiques du produit ; certains spécialistes (ex. : dépanneurs) doivent fournir un devis.

**DOC. 2** **Ce que doit savoir le consommateur**

• **Arrhes :** lorsqu'on verse une somme pour réserver un bien, il faut savoir comment elle est nommée. Les arrhes permettent de se désengager. Toutefois, si l'acheteur renonce à son achat, il perd la somme versée. Si le vendeur se désengage, il doit verser à son client le double des arrhes reçues.

• **Acompte :** engagement définitif qui oblige le client à payer le montant total du produit et le commerçant à le livrer, sous peine de dommages et intérêts.

• **Contrat de vente et démarchage à domicile :** le client a un délai de 14 jours à partir de la signature du contrat pour l'annuler, sans justification.

• **Contrat de vente et vente à distance (Internet, téléachat) :** le client doit recevoir une confirmation écrite de sa commande et dispose d'un délai de 14 jours pour se rétracter, sauf cas particulier.

• **Contrat de location :** il a les mêmes caractéristiques que le contrat de vente mais dans ce cas, le client a l'usage d'un bien qui ne lui appartient pas.

• **Contrat et clauses abusives :** il s'agit de conditions contraires à la loi que l'on peut trouver dans les conditions générales de vente.

## B. Payer avec le moyen le plus adapté

On distingue les espèces de la monnaie scripturale. En fonction des paiements à effectuer, certains moyens sont plus adaptés mais nécessitent quelques précautions.

### ACTIVITÉ 3 - Avantages et inconvénients des principaux moyens de paiement C13 C21

• Compléter le tableau suivant à l'aide de vos connaissances et du **doc. 3**.

| Moyen de paiement | Intérêts | Limites |
| --- | --- | --- |
| **Espèces** | • Pour de petites sommes.<br>• Permet d'évaluer ce que l'on dépense. | • Ne conviennent pas pour les sommes supérieures à 1 000 €. |
| **Chèque** | • S'envoie par la poste. | • Peut être refusé par un commerçant ; nécessite la présentation d'une pièce d'identité. |
| **Carte de crédit** | • S'utilise en pays étranger.<br>• Facilement acceptée partout.<br>• Permet de régler les cyberachats. | • Liée au code : risque d'oubli, de perte, de vol.<br>• Payante.<br>• Plafond de retrait. |
| **Carte de paiement de magasin** | • Permet à ses titulaires de bénéficier de certains avantages. | • Carte payante utilisable dans le magasin qui la propose ; tentation d'utiliser la ligne de crédit *revolving* qui lui est associée. |
| **Titre interbancaire de paiement (TIP)** | • Simplifie le règlement des factures d'eau, d'électricité, etc. | • Ce moyen de paiement est limité à la facture à laquelle il est joint. |
| **Prélèvement automatique** | • Paiement automatique à la bonne date ; il suffit de signer l'autorisation de prélèvement. | • En cas d'erreur sur la facture, il est parfois difficile de le stopper. |

**DOC. 3** Les monnaies scripturales

**• Les cartes bancaires**
Elles permettent le paiement d'achats divers, le retrait d'espèces aux distributeurs automatiques de billets (DAB) et le télépaiement Internet. Elles peuvent être, selon les options choisies à la banque, à débit immédiat ou à débit différé ; à utilisation nationale (carte bleue) ou internationale (carte bleue Visa) ou avec la possibilité d'un paiement à crédit de type renouvelable.

**• Les cartes de paiement**
Elles sont payantes et liées à la banque du magasin qui les propose. Elles permettent de bénéficier d'avantages dans le magasin. Elles donnent la possibilité (et non l'obligation) d'utiliser une réserve de crédit type *revolving* dans le magasin : ce sont des cartes de crédit.

**• Les cartes de fidélité gratuites ou payantes**
Elles permettent de bénéficier d'avantages (réductions, parking gratuit, cadeaux...). Ce ne sont pas des cartes de paiement.

**• Qu'est-ce que le prélèvement automatique ?**
C'est une opération qui permet à la banque, avec votre accord (« autorisation de prélèvement »), de payer votre créancier sur sa demande, en débitant directement votre compte de dépôt.

**• Comment bien utiliser le virement permanent ?**
C'est un moyen très pratique de payer régulièrement une somme dont le montant est fixe, si on connaît les coordonnées bancaires du bénéficiaire, par exemple pour payer un loyer, une pension alimentaire, etc.

**• Qu'est-ce qu'un titre interbancaire de paiement (TIP) ?**
C'est un moyen de paiement à distance, très voisin du prélèvement. Si vous recevez d'un organisme créancier une facture accompagnée d'un TIP, vous pouvez la régler en datant et en signant ce dernier. Ainsi, vous donnez à distance une autorisation ponctuelle à votre créancier de prélever uniquement la somme indiquée.

© www.lesclesdelabanque.com

## → ACTIVITÉ 4 - Choix du moyen de paiement le plus adapté à une situation C22

• Nommer pour chaque situation le (ou les) moyen(s) de paiement le(s) plus adapté(s). S'aider si besoin du **doc. 3** (p. 123).

| Situations | Moyens de paiement |
|---|---|
| **A.** Shopping à Londres. | Carte bleue internationale |
| **B.** Paiement du loyer. | Chèque, virement bancaire ou prélèvement automatique |
| **C.** Paiement des courses alimentaires de la semaine. | Chèque ou carte bancaire |
| **D.** Paiement de la facture d'eau. | Titre interbancaire de paiement |
| **E.** Paiement mensuel de l'impôt sur le revenu. | Prélèvement automatique |
| **F.** Achats de Noël dans un grand magasin à une période financièrement difficile. | Carte de crédit avec utilisation de la ligne de crédit |
| **G.** Achat de revues, de pain. | Espèces |
| **H.** Paiement d'une pension à un étudiant. | Virement bancaire |

## → ACTIVITÉ 5 - Le paiement par chèque C13

**1.** Compléter le chèque de M. et Mme Pinson à partir des données ci-dessous ; vous êtes le (la) signataire du chèque.

Règlement du loyer du mois à venir à Mme Muriel ETCHEVERRY (le loyer est payable à l'avance)
Montant : 650 €.
Prendre en compte la date du jour.

**2.** Compléter également la souche du chéquier (partie **A**).
S'aider si besoin du mini-guide n° 9 « Bien utiliser le chèque » du site lesclesdelabanque.com (www.lienmini.fr/bien-utiliser-le-cheque).

A
CHÈQUE N° 45
Ordre : Mme ETCHEVERRY
Objet : Loyer
Date : Date du jour
Montant : 650 €

€
à rédiger exclusivement en euros

Payez contre Six cent cinquante euros
somme en toutes lettres
À Mme ETCHEVERRY Muriel

650

N° de compte 345789 0987

OLORON
12, place Amédée Gabe
64400 OLORON-SAINTE-MARIE
Tél. : 05 59 39 65 43

M. et Mme Marc PINSON
12, rue des Saumons
64400 OLORON-SAINTE-MARIE

À
Le
Signature

Chèque N° 45

# C. Rembourser un crédit sans surendettement

Le crédit permet de disposer immédiatement d'un bien ou d'un service sans posséder tout l'argent nécessaire à son achat et d'en échelonner le paiement. Le crédit à la consommation est destiné à financer des produits ou des services ; le crédit immobilier est destiné à l'acquisition d'un logement. Le cumul de crédits est l'une des causes du surendettement.

## → ACTIVITÉ 6 - Les différentes formes de crédit à la consommation C11 C22

**1.** Souligner dans le **doc. 4**, pour chaque crédit, le groupe de mots qui résume son utilisation spécifique.

**2.** À l'aide du **doc. 5** :

> Décoder le sigle TAEG : Taux annuel effectif global.

> Expliquer ce qu'il indique : Le taux annuel effectivement supporté par l'emprunteur.

> Indiquer son intérêt lorsque l'on considère plusieurs crédits : Il permet de comparer, d'identifier le moins cher.

**3.** Classer les crédits A, B et C du **doc. 4** par ordre croissant de TAEG.

> 1. Crédit personnel > 2. Crédit affecté > 3. Crédit permanent

**4.** Indiquer pourquoi le découvert bancaire est classé dans les crédits.

Il faut payer des intérêts proportionnels au montant du découvert et à sa durée.

### DOC. 4 Les différents types de crédit à la consommation

Le crédit à la consommation (jusqu'à 75 000 €) est réglementé par le Code de la consommation. On distingue :

A. **Le crédit affecté :** les fonds sont destinés au seul financement d'un bien déterminé. Vente et crédit sont liés : l'un ne peut pas exister sans l'autre. Son TAEG est généralement supérieur à celui d'un prêt personnel.

B. **Le crédit personnel classique :** les fonds sont utilisés à la convenance de l'emprunteur, par exemple pour faire face à des besoins de trésorerie imprévus.

C. **Le crédit renouvelable ou crédit permanent :** le compte comporte une autorisation de crédit qui peut être utilisée au moyen d'une carte de crédit. L'utilisateur dispose en permanence et librement d'une somme d'argent. La somme disponible est reconstituée au fur et à mesure des remboursements. Le TAEG est l'un des plus élevés : de 16 à 22 %.

D. **Le *leasing* ou location avec option d'achat (LOA) :** la banque achète le bien et le client le loue. Par la suite, il peut acheter ce bien à un prix déterminé au début du contrat, qui tient compte des loyers déjà versés. Le *leasing* se pratique dans le secteur automobile notamment.

E. **Le découvert bancaire (appelé « solde débiteur » d'un compte bancaire).**
Il s'agit d'un service générant des frais (intérêts débiteurs ou agios) proportionnels au montant du débit et au nombre de jours pendant lesquels le compte a été débiteur.

**Remarque :** le crédit gratuit est une facilité de paiement sans frais. Lorsqu'il excède 3 mois, il est soumis à la même réglementation que les autres crédits.

### DOC. 5 Le TAEG (ou taux annuel effectif global)

Le TAEG est le taux annuel réellement et effectivement supporté par l'emprunteur. Il prend en compte l'ensemble des frais liés au crédit (intérêts, frais de dossier...). Il doit clairement être indiqué sur toute publicité ou offre de crédit pour permettre au consommateur de comparer plusieurs crédits.

## ACTIVITÉ 7 - Les formalités pour obtenir un prêt C13 C22

**1.** Indiquer, dans chaque case du diagramme ci-après, le numéro des étapes du **doc. 6** à effectuer par le consommateur, le prêteur ou le vendeur lors d'une demande de crédit à la consommation.

**2.** Indiquer l'intérêt de cette procédure :

> pour l'acheteur : Elle lui permet le temps de la réflexion et de revenir sur sa décision ; elle permet de prévenir le surendettement.

> pour le prêteur : Elle lui permet de vérifier si les finances de l'acheteur peuvent supporter le remboursement d'un crédit.

### DOC. 6 Parcours pour obtenir un crédit à la consommation

La réglementation vise à garantir une commercialisation responsable du crédit à la consommation et une meilleure prévention du surendettement.
Pour obtenir un crédit, un consommateur passe par différentes étapes d'un circuit obligatoire. À chaque étape, ses droits et ses obligations sont clairement énoncés par la loi et dans le contrat d'offre de crédit.

**Étapes**

1. Le consommateur fait une demande de crédit après avoir complété la fiche de dialogue.
2. Le prêteur envoie au consommateur (jugé apte à rembourser) une offre de contrat de crédit valable 15 jours.
3. Le consommateur signe dans les délais l'offre de contrat de crédit et la renvoie au prêteur.
4. Le prêteur débloque le prêt dans les 7 jours suivant la signature du contrat.

**Dans le cas d'un crédit affecté :**

5. Le vendeur confirme le contrat de vente.
6. Le consommateur peut encore changer d'avis ; il envoie alors le bordereau de rétraction dans les 14 jours qui suivent la signature de l'offre de crédit.

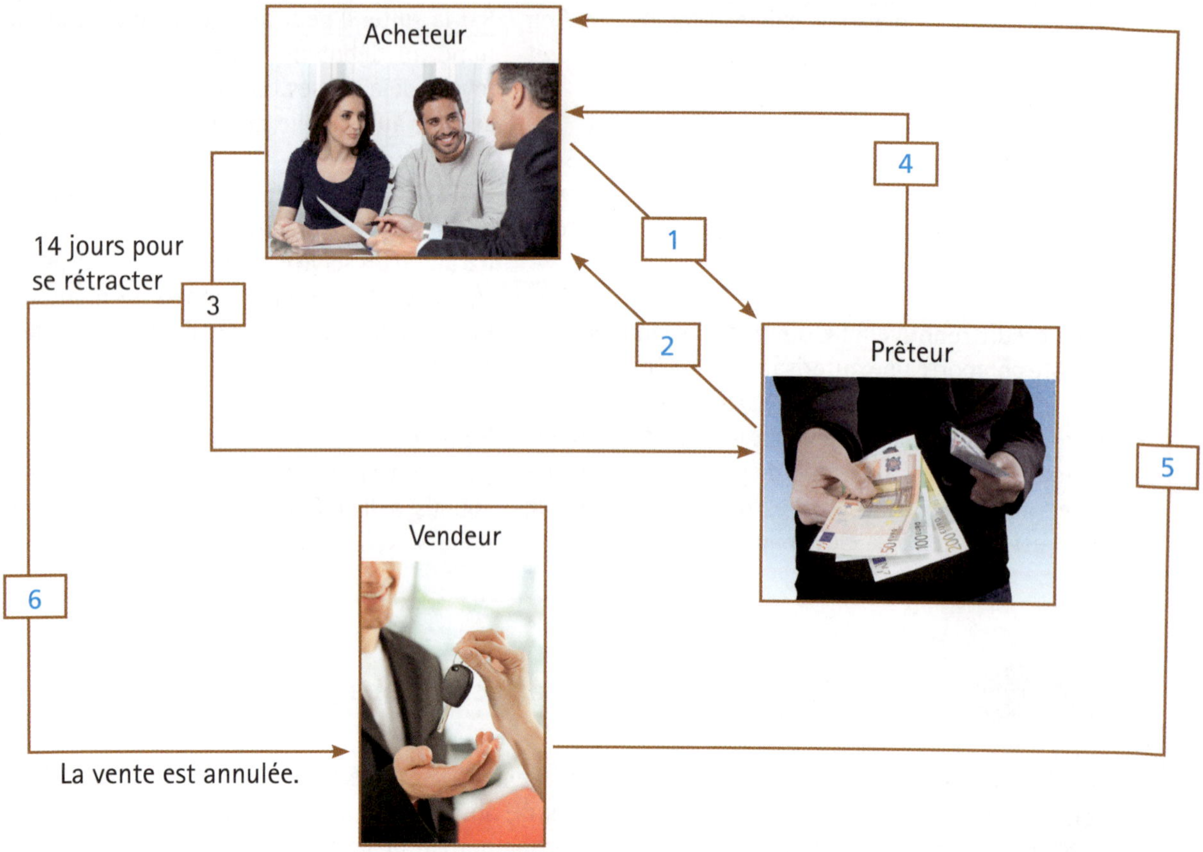

## ACTIVITÉ 8 - Endettement et surendettement C11 C13

Répondre aux questions à l'aide des **doc. 7** et **8**.

**1.** Définir :
> l'endettement : C'est le fait de devoir de l'argent, d'avoir des crédits à rembourser. Les remboursements (ou taux d'endettement) ne doivent généralement pas dépasser 1/3 des revenus du ménage.

> le surendettement : Il y a surendettement lorsque la personne ne parvient plus à rembourser ses dettes.

**2.** Souligner dans le **doc. 8** :
> en bleu, les deux principales caractéristiques des surendettés ;
> en vert, les deux principales causes du surendettement liées aux dettes à la consommation.

**3.** Proposer deux solutions pour éviter le surendettement.
> Limiter les achats à crédit
> Faire ses comptes (éviter les découverts)

### DOC. 7 De l'endettement au surendettement

• Une dette est une somme due, l'endettement est donc le fait d'avoir des dettes à rembourser.
Toute personne ayant contracté un crédit est en situation d'endettement. On estime en général que celui-ci ne devrait pas dépasser un tiers des revenus.

• Le surendettement est l'incapacité pour un ménage de faire face à ses charges telles le paiement du loyer, de l'électricité, des impôts ou le remboursement de crédits.

### DOC. 8 Profil du surendetté et causes du surendettement

PROFIL TYPE

64,6 % Vit seul (célibataire, veuf ou divorcé)

Locataire 77,5 %

28,7 % Chômeur

Employés 34,4 %
Ouvriers 24,3 %

53,1 % âgés de 35 à 54 ans

76,2 % Foyers avec moins de 2 000 euros pour vivre

81,4 % des situations de surendettement se caractérisent par des capacités de remboursement inexistantes ou faibles (strictement inférieures à 450 €).

© Banque de France, 2014.

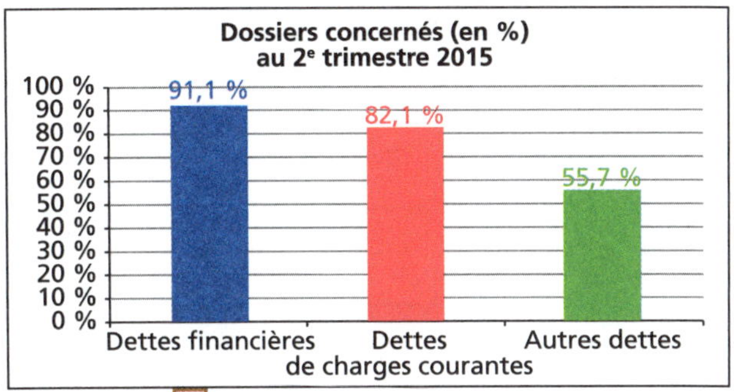


| | |
|---|---|
| • Dettes immobilières | 12,9 % |
| • Dettes à la consommation | 82,9 % |
| Crédits renouvelables | 68,3 % |
| Prêts personnels | 44,2 % |
| Crédits affectés / LOA | 3,0 % |
| • Prêts sur gages ou microcrédits | 0,4 % |
| • Autres (découverts et dépassements) | 57,5 % |

© DGAFP.

## ACTIVITÉ 9 - La procédure pour faire face au surendettement C13

• Compléter le schéma récapitulatif de la procédure en y inscrivant les termes surlignés dans le **doc. 9**. S'aider si besoin du mini-guide n° 22 « La procédure de surendettement » du site lesclesdelabanque.com (**www.lienmini.fr/procedure-de-surendettement**).

### DOC. 9 Traitement du surendettement

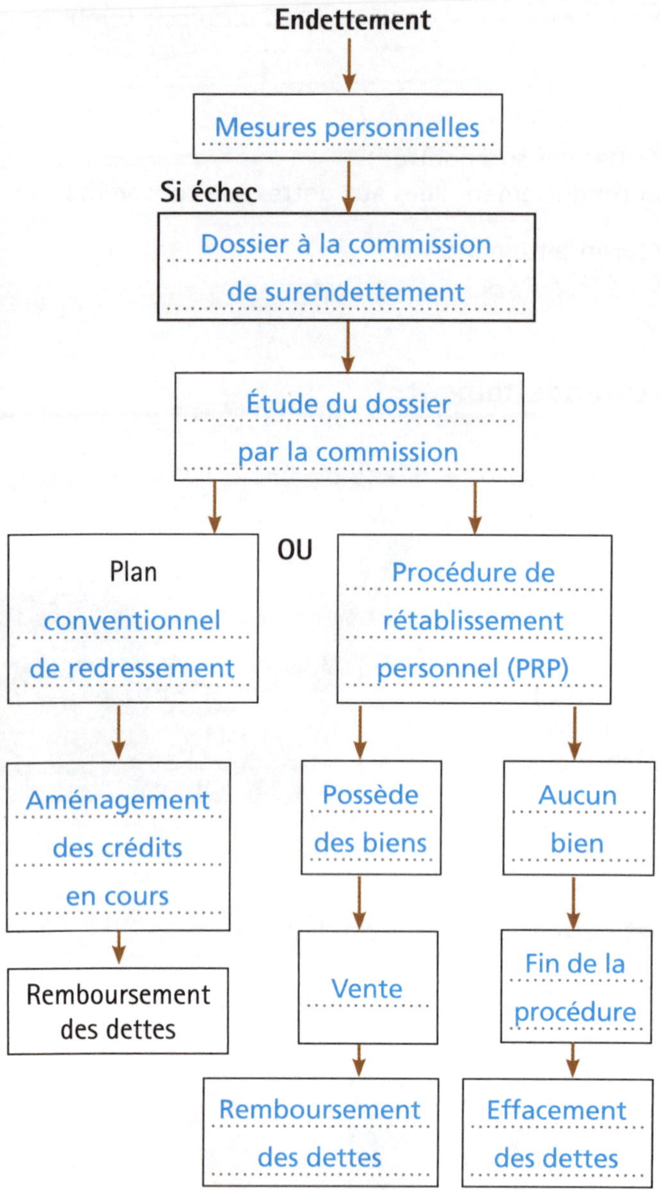


**1. Réagir par des mesures personnelles dès que les difficultés financières apparaissent.**

– Prendre conseil auprès d'un spécialiste de la gestion du budget familial (conseiller, travailleur social...).

– Rencontrer son conseiller bancaire pour voir les actions envisageables.

– Rencontrer ses créanciers (personnes à qui l'on doit de l'argent) pour un aménagement du plan de paiement.

– Éviter de prendre un crédit supplémentaire ou de faire racheter ses crédits par un organisme spécialisé avec allongement de la durée.

**2. Déposer un dossier à la commission de surendettement** (si échec des premières mesures).

Son rôle est d'aider gratuitement et confidentiellement les personnes qui ne peuvent plus faire face à leurs dettes privées.

Le dépôt du dossier entraîne l'inscription immédiate au FICP et, dès lors, l'impossibilité d'obtenir un crédit.

**3. Se soumettre à la décision de la commission de surendettement.**

Après étude du dossier par la commission, celle-ci décide :

– soit un plan conventionnel de redressement : c'est un plan amiable de remboursement négocié avec les créanciers et la personne surendettée. Il comprend des aménagements des crédits en cours et du budget de la personne demandeuse ; il peut durer jusqu'à 10 ans ;

– soit la procédure de rétablissement personnel (PRP) : elle peut être ouverte lorsque la situation financière est telle que le remboursement des dettes n'est pas envisageable. Si la personne possède des biens, le juge prononce la liquidation judiciaire du patrimoine ou la vente (sauf pour les biens nécessaires) pour permettre le remboursement des dettes. Si la personne ne possède aucun bien susceptible d'être vendu, le juge met fin à la procédure et décide l'effacement des dettes. Cette procédure entraîne une inscription au FICP pendant 5 ans.

## D. Protéger le consommateur

Lors de ses actes de consommation, le consommateur peut commettre des erreurs ou être trompé. Les associations de consommateurs sont les interlocuteurs auprès desquels trouver aide et conseil.

### → ACTIVITÉ 10 - Le rôle des associations de consommateurs au niveau local C11 C52

1. Souligner dans le **doc. 10** le rôle des associations de consommateurs au niveau local.

2. À partir du portail de la consommation **www.conso.net** ou du guide des associations de consommateurs (www.lienmini.fr/guide-associations-consommateurs), souligner dans le **doc. 10** :
> en noir, trois associations spécialisées dans les problèmes de surendettement ;
> en bleu, deux autres associations spécialisées dans les problèmes de logement, d'habitat ;
> en vert, deux autres associations spécialisées dans les problèmes d'alimentation.

3. Retrouver à partir de ce même portail l'adresse et le n° de téléphone de la permanence de l'UFC la plus proche de chez vous.

✉ ..............................................................................................................................

.................................................................................. ☎ ..............................................................

**DOC. 10** **Les structures d'information et de défense du consommateur**

• La protection du consommateur est une des missions du ministère de l'Économie, de l'Industrie et du Numérique qui est assurée par la DGCCRF, secondée par de nombreuses instances officielles.
• Leur action est complétée par l'activité d'une multitude d'associations de consommateurs actives tant à l'échelon national qu'à l'échelon local. Ces associations constituent les interlocuteurs privilégiés des citoyens. Elles conseillent pour tout problème de consommation, aident à régler les litiges de la vie quotidienne, soit à l'amiable, soit par une action en justice où elles sont habilitées à défendre les intérêts des consommateurs.
• Il existe des associations de consommateurs nationales agréées spécialisées dans certains problèmes (surendettement par exemple) ou plus généralistes ; la plupart des structures locales tiennent des permanences. L'UFC est l'une des plus connues, car elle s'exprime au travers de la revue *Que Choisir.*

ADEIC — AFOC — UNAF — Léo Lagrange — CGL

CLCV — CNL — AFC — CSF — FF

FR — FNAUT — INDECOSA-CGT — CNAFAL — UFC Que Choisir

## → ACTIVITÉ 11 - Les droits européens du consommateur C13 C22

• Indiquer, pour chaque mesure mise en place au sein de l'Union européenne (**UE**), à quel principe de base de la protection du consommateur du **doc. 11** elle répond (noter le numéro).

**Mesures mises en place au sein de l'Europe**

| | | | |
|---|---|---|---|
| L'UE a mis en place des règles et des normes pour garantir la sécurité des aliments que nous consommons, qu'ils proviennent ou non de l'UE. | N° 3 | La publicité mensongère est interdite ; les sites de vente par correspondance ou par Internet doivent apporter toutes les indications utiles. | N° 8 |
| L'UE précise les informations que doivent comporter les étiquettes de produits alimentaires ; la présence d'OGM ou de substances pouvant provoquer des allergies doit être indiquée. | N° 4 | Le consommateur dispose de 14 jours pour annuler un contrat de vente signé lors de démarchage à domicile. | N° 6 |
| Il est possible d'introduire en France un produit acheté légalement dans tout autre pays de l'UE (sauf exception). | N° 1 | La législation européenne précise que les supermarchés doivent indiquer les prix unitaires (litre ou kilo) des denrées ; les sociétés de crédit, le TAEG. | N° 7 |
| Si le séjour ne correspond pas aux prestations annoncées dans la brochure, le voyagiste doit dédommager le client. | N° 9 | Les centres européens de consommateurs (ECC-Net) peuvent aider à engager un recours contre un commerçant d'un autre État membre. | N° 10 |
| Une loi européenne de 2007 protège des clauses abusives et des pratiques commerciales abusives. | N° 5 | Une garantie de 2 ans s'applique à la vente de tous les biens de consommation partout dans l'UE (directive 1999/44/CE). | N° 2 |

### DOC. 11 La protection des consommateurs dans l'Union européenne (UE)

#### Dix principes de base

1. Achetez ce que vous voulez, où vous voulez.
2. Si un article ne fonctionne pas, renvoyez-le.
3. Des normes de sécurité sévères pour les aliments et les biens de consommation.
4. Informez-vous sur ce que vous mangez.
5. Les contrats doivent être équitables pour les consommateurs.
6. Les consommateurs peuvent parfois changer d'avis.
7. La comparaison des prix doit être facilitée.
8. Le consommateur ne doit pas être induit en erreur.
9. Votre protection lorsque vous êtes en vacances.
10. Des recours efficaces dans les litiges transfrontaliers.

#### Brochure de référence éditée par la Commission européenne

*La protection des consommateurs dans l'Union européenne : dix principes de base* © Communautés européennes, 2005.

Proposer maintenant des solutions pour Sophie et Cyril (étape 5, p. 120).

# Activités de synthèse

## RÉCAPITULER

**Compléter les textes à trous. Si besoin, se reporter à l'aide en bas de page.**

### Contrat de vente

• Tout acte d'achat est un contrat entre une personne qui s'engage à délivrer un bien ou un service et une autre qui s'engage à le payer . Il entraîne des droits et des devoirs pour ceux qui le concluent. L'acceptation des conditions générales de vente revient à signer un contrat de vente . Un contrat de location a les mêmes caractéristiques que le contrat de vente, mais dans ce cas, le client a l'usage pour un temps défini d'un bien qui ne lui appartient pas.

### Différents modes de paiement

• Les espèces sont utilisées pour régler les dépenses d'un faible montant tandis que les sommes plus élevées sont réglées par chèque ou par carte bancaire . Internationale, celle-ci permet de régler ses dépenses à l'étranger. Pour des sommes versées régulièrement (impôts, pension…), on utilise virement ou prélèvement automatique . Certaines factures (électricité, eau…) sont accompagnées d'un TIP ou titre interbancaire de paiement qu'il suffit de signer et de renvoyer pour effectuer le règlement.

### Crédit

• Il permet au consommateur de disposer immédiatement d'un bien ou d'un service sans posséder tout l'argent nécessaire à son achat. Il permet d' échelonner le paiement sur plusieurs mois, voire plusieurs années, moyennant des intérêts . Il existe différentes formes de crédit : le crédit immobilier destiné à l'achat d'un logement et le crédit à la consommation qui concerne d'autres types d'achats. Concernant ce dernier, on distingue le crédit affecté destiné au financement d'un bien déterminé, le prêt personnel utilisé à la convenance de l'emprunteur, le crédit renouvelable ou *revolving*, le *leasing* ou location avec option d'achat ( LOA ). Le TAEG, ou taux annuel effectif global , mesure le coût du crédit ; il permet de comparer différents crédits. La loi précise les modalités pour obtenir un crédit à la consommation. Le consommateur dispose de 14 jours pour renvoyer le bordereau de rétractation après avoir signé l'offre de crédit de l'organisme prêteur.

### Endettement et surendettement

• L' endettement est le fait de devoir de l'argent. Il y a surendettement lorsque le remboursement des dettes n'est plus possible. Pour faire face au surendettement, des mesures personnelles peuvent aboutir. En cas d'échec, il faut déposer un dossier à la commission de surendettement . S'il est recevable, celle-ci décide soit d'un plan conventionnel de redressement avec aménagement des crédits en cours, soit d'une procédure de rétablissement personnel ou PRP. Dans ce cas, si la personne possède des biens, leur vente permet le remboursement des dettes, si la personne ne possède aucun bien, le juge met fin à la procédure et décide de l' effacement des dettes.

**AIDE :** taux annuel effectif global / immobilier / effacement / commission de surendettement / crédits / LOA / titre interbancaire de paiement / espèces / vente / intérêts / crédit renouvelable / payer / devoirs / prélèvement automatique / contrat de vente / endettement / chèque / location / procédure de rétablissement personnel / carte bancaire / échelonner / 14 jours / consommation / surendettement

# RETENIR

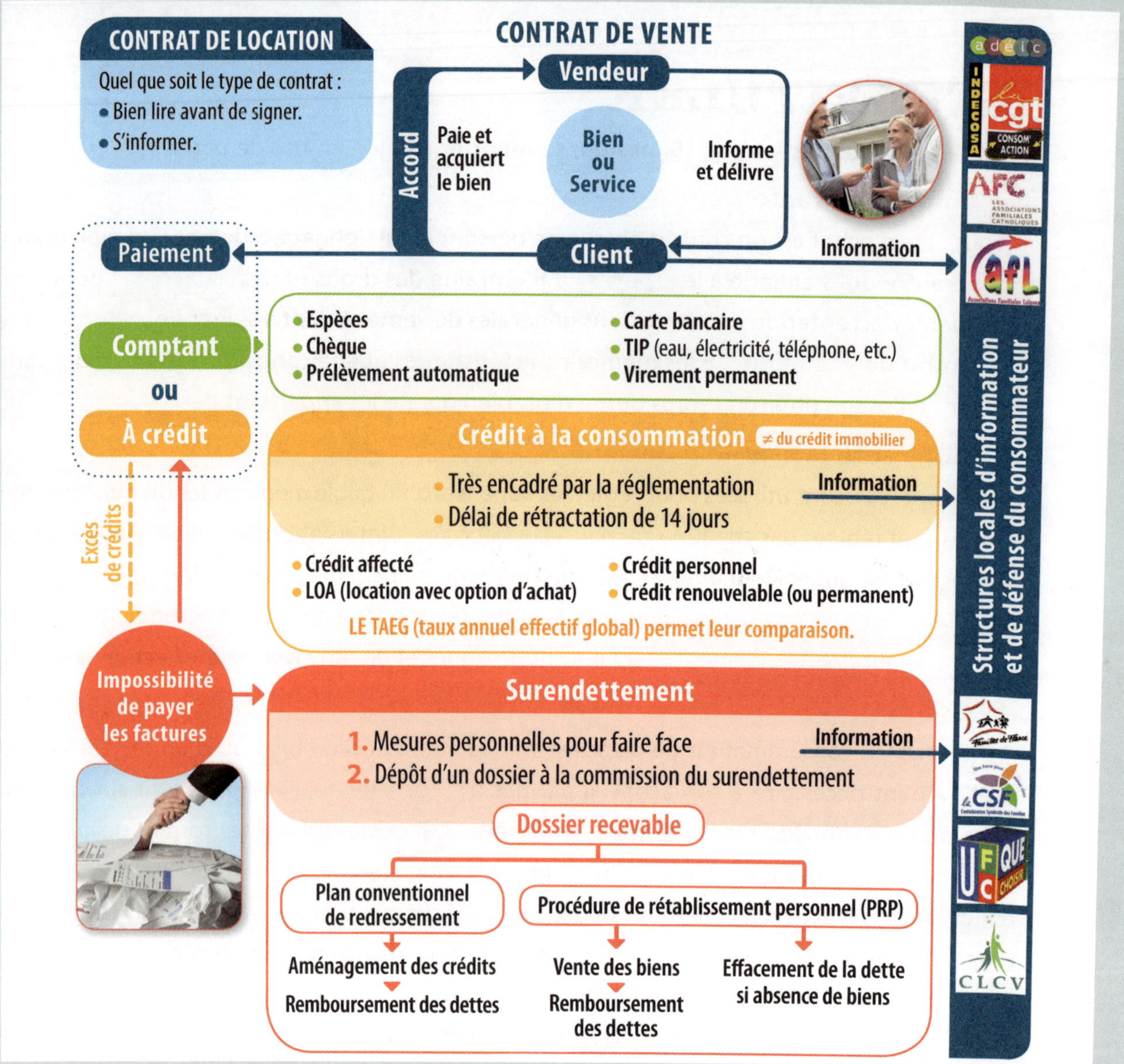


# Approfondir

**Consomag : acheter une voiture en leasing : ce qu'il faut savoir !** (2 min)

→ lienmini.fr/pse-vid11

**Vérifiez vos acquis !**

→ lienmini.fr/pse-qcm11

séquence 12

# S'assurer pour protéger les biens et les personnes

OBJECTIF

> Être capable de se comporter en citoyen conscient de sa responsabilité civile et d'y faire face par la souscription des assurances appropriées.

**Max, 21 ans,** trouve qu'il dépense beaucoup en assurances alors qu'il n'a jamais eu de sinistre. Après le travail, il boit 3 apéritifs avec ses collègues. Pressé de retrouver son amie à laquelle il téléphone en roulant, il ne respecte pas les limitations de vitesse. Il ne voit pas la voiture devant lui ralentir et la percute violemment, emboutissant tout l'arrière. La conductrice lui propose de faire un constat amiable, ce qu'il accepte. Témoin de l'accident, la gendarmerie mesure son alcoolémie (0,8 g). L'assurance de son véhicule couvre sa responsabilité civile et rembourse les seuls dégâts occasionnés à l'autre véhicule mais il reste pénalement responsable de son infraction et encourt des sanctions.

## 1 Identifier le problème posé

L'assurance responsabilité civile de Max rembourse les dégâts occasionnés à l'autre véhicule mais il reste pénalement responsable de son infraction.

## 2 Identifier les éléments de la situation

**Quoi :** quelle est la nature du problème ?

Max se croyait complètement protégé par son assurance ; or celle-ci n'indemnise pas les dégâts sur son propre véhicule et il devra payer une amende.

**Qui :** qui est concerné ?

Max, 21 ans, jeune travailleur.

**Où :** où s'est passé l'accident ?

Sur la route.

**Quand :** à quel moment ?

Le soir, en rentrant du travail.

**Comment :** quels éléments ont favorisé sa survenue ?

Il a bu 3 apéritifs, téléphoné en conduisant et fait un excès de vitesse.

**Pourquoi :** pourquoi ce problème ?

Max a commis des infractions répréhensibles par la loi.

## 3 Mettre en relation les éléments de la situation

Compléter le diagramme « causes-effet » à l'aide des éléments de la situation suivants :

❶ a bu 3 apéritifs avant de prendre le volant / ❷ percute la voiture devant lui / ❸ téléphone en conduisant / ❹ assurance du véhicule / ❺ ne respecte pas les limitations de vitesse / ❻ constat amiable

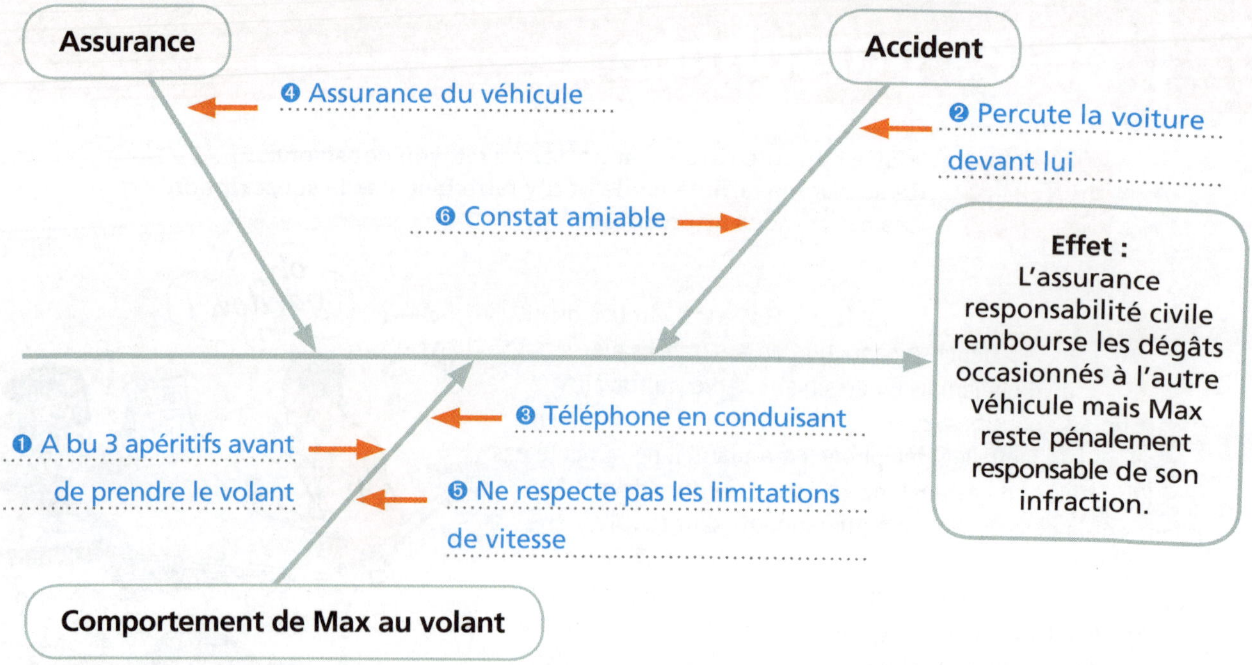


## 4 Mobiliser des connaissances

Pour comprendre la situation et y apporter des solutions, je réalise les **Activités 1** à **3** de la séquence 12.

## 5 Proposer des solutions

**1/** Expliquer à Max :

• Pourquoi il paie des cotisations d'assurance alors qu'il n'a jamais eu de problème.

Les cotisations payées par l'ensemble des adhérents servent à indemniser ceux d'entre eux qui ont été victimes de sinistres, c'est le principe de solidarité.

• Pourquoi il encourt des sanctions bien qu'il soit correctement assuré.

L'assurance ne prenant en compte que des dégâts occasionnés à autrui (sa responsabilité civile), il reste responsable des infractions commises qui relèvent de sa responsabilité pénale.

**2/** Expliquer ce qu'aurait dû faire Max pour éviter le problème :

• au niveau de son comportement : éviter de consommer de l'alcool avant de prendre le volant, ne pas téléphoner en conduisant, respecter les panneaux de limitation de vitesse.

• au niveau de la lecture du contrat d'assurance : bien lire le contrat d'assurance pour prendre conscience des limites de l'assurance souscrite.

**3/** Donner les conseils utiles concernant le constat européen d'accident.

Il faut le compléter soigneusement, avec un crayon à bille à pointe fine, vérifier que toutes les rubriques sont complétées et que celui-ci est signé par l'autre conducteur. Il faut l'envoyer à son assureur dans un délai de 5 jours.

# MOBILISER DES CONNAISSANCES UTILES

Dans de nombreuses situations de la vie, la responsabilité du citoyen est engagée. Parfois, celui-ci est victime d'événements fâcheux ou de sinistres. Les assurances permettent de faire face financièrement à ces situations.

## → ACTIVITÉ 1 - Le principe et le rôle de l'assurance C12 C13

**1.** Compléter le tableau ci-dessous après avoir lu les deux exemples.

| Sinistres | Exemple A | Exemple B |
|---|---|---|
| Causes | Feu de poubelle | Chute en moto |
| Conséquences | Destruction de l'atelier par un incendie | Handicap d'une jambe |
| Réparations proposées | Reconstruction de l'atelier pour une somme de 529 000 € | Soins, rente ou capital |

**2.** Compléter le schéma sur le principe de l'assurance ci-dessous à l'aide des mots surlignés dans le **doc. 1**.

L'assuré paie une prime d'assurance pour couvrir un ou des risques.

↓

L'assureur établit un contrat d'assurance couvrant les risques définis par l'assuré.

↓

En cas de sinistre couvert par le contrat, l'assureur verse des indemnités à l'assuré.

**3.** Résumer le rôle de l'assurance.

L'assurance est un contrat entre une compagnie d'assurance et une personne physique ou morale qui garantit l'assuré contre d'éventuels dommages subis par les personnes ou les biens.

**4.** Souligner dans le **doc. 1** pourquoi l'assurance fonctionne suivant le principe de solidarité.

### Exemple A

Un jeune adolescent de 16 ans met le feu à une poubelle ; l'incendie se propage dans l'atelier. Le montant des dégâts s'élève à 529 000 euros. L'adolescent est assuré par une mutuelle. Par ailleurs, ses parents disposent d'un contrat de responsabilité civile. En réparation du dommage causé, la mutuelle paye certains frais et l'assurance familiale prend en charge une autre partie. Les parents du jeune n'ont rien à payer sur leur propre patrimoine.

### Exemple B

Une jeune adolescente de 17 ans fait une chute avec sa moto. Elle est gravement blessée et reste handicapée d'une jambe. L'accident ne mettant pas en cause la responsabilité d'un tiers, aucune indemnisation ne peut revenir à l'adolescente. La sécurité sociale ne peut pas lui verser une pension d'invalidité. Heureusement, grâce à sa garantie « individuelle corporelle », l'assurance prend en charge des frais de soins et lui verse une rente ou un capital.

**DOC. 1** Principe de l'assurance

Un contrat d'assurance est passé entre l'assureur et l'assuré qui engage les deux parties. L'assuré doit payer sa prime d'assurance et, en échange, l'assureur le garantit contre les événements fâcheux non intentionnels ou risques pour lesquels il s'assure. L'assureur s'engage à verser des indemnités à l'assuré après avoir reçu la déclaration écrite du sinistre.

L'assurance fonctionne sur le principe de la solidarité : les cotisations versées par l'ensemble des adhérents servent à indemniser ceux qui sont victimes de sinistres.

**Remarque :** Le principe de solidarité s'applique plus particulièrement aux mutuelles ; celles-ci ont un but non lucratif et reversent la plupart des cotisations perçues. Les compagnies d'assurance sont des entreprises de services qui dégagent des bénéfices de leur activité.

## ACTIVITÉ 2 - Responsabilité civile et responsabilité pénale C11 C13

**1.** Relever la cause du sinistre décrit dans le **doc. 2**.

L'automobiliste a une alcoolémie de 0,9 g d'alcool par litre de sang.

**2.** Indiquer quels sont les seuls dommages qui seront pris en charge par l'assurance de l'automobiliste.

Le remplacement du scooter et la prise en charge des frais médicaux de la victime.

**3.** Définir à partir des **doc. 2** et **3** :

> la responsabilité civile : C'est le fait d'être responsable des dommages que l'on peut occasionner à autrui.

> la responsabilité pénale : C'est le fait d'être responsable des infractions à la loi commises, et par conséquent de devoir subir les sanctions prévues.

**4.** Souligner dans le **doc. 2** :

> en bleu, les sanctions encourues par l'automobiliste du fait de sa responsabilité pénale.

> en noir, les conséquences de la responsabilité pénale de l'automobiliste au niveau de son assurance.

### DOC. 2 Accident de la route et alcool

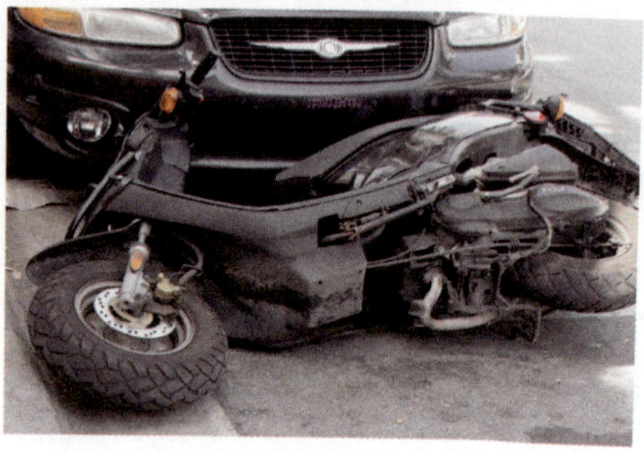

Un automobiliste renverse un scooter. Son conducteur, blessé, est hospitalisé ; le scooter est hors d'usage. La voiture a une aile et le pare-chocs endommagés.
Le dépistage de l'alcoolémie réalisé sur les lieux par la police est positif : 0,9 g d'alcool par litre de sang.
Bien que l'automobiliste ait une assurance tous risques, compte tenu des circonstances, cette assurance ne couvrira que les seuls dégâts qui relèvent de sa responsabilité civile, à savoir les torts occasionnés à autrui : le remplacement du scooter et la prise en charge des frais médicaux de la victime. Les autres garanties couvertes par l'assurance ne s'appliquent pas dans ce cas et l'assureur est en droit (selon le contrat signé) de résilier ce contrat.

Par ailleurs, l'automobiliste reste pénalement responsable de ses actes : c'est la responsabilité pénale. Il est dans l'obligation de « payer » son infraction à la loi.
À partir de 0,8 g d'alcoolémie et ayant blessé une victime, il encourt jusqu'à 30 000 € d'amende, 10 ans de prison, la perte de 6 points du permis de conduire et une suspension ou une annulation de ce permis.

### DOC. 3 Comprendre la responsabilité civile

Elle oblige à réparer les dommages causés à autrui, notamment par imprudence. Pour s'en prémunir : une garantie d'assurance.
Comprendre la loi : c'est une obligation légale pour toute personne de réparer les dommages causés à autrui. Le Code civil (art. 1382 à 1386) définit les cas de responsabilité : dommages causés par son fait, sa négligence, son imprudence, par les enfants, préposés, animaux ou choses que l'on a sous sa garde. [...]
**Pourquoi s'assurer :** l'assurance de responsabilité civile a pour objet de garantir les conséquences pécuniaires de la responsabilité civile encourue par les personnes couvertes par le contrat.
Il faut distinguer la responsabilité civile de la responsabilité pénale dont la sanction, prévue par des lois et règlements, est proportionnelle à la gravité de la faute commise. On ne peut pas assurer les sanctions pénales telles qu'une amende. [...]

© www.macif.fr

## → ACTIVITÉ 3 - La déclaration d'un sinistre C13 C22

Répondre aux consignes à l'aide du **doc. 4**.

**1.** Indiquer l'intérêt de compléter un constat européen d'accident.

Il permet aux assureurs des deux véhicules d'avoir toutes les informations concernant le sinistre pour pouvoir indemniser qui de droit selon le contrat souscrit et les circonstances de l'accident.

**2.** Préciser à qui envoyer ce constat et dans quel délai.

Il doit être envoyé à son assureur dans un délai de 5 jours ouvrés.

**3.** Compléter le constat européen d'accident (dit constat amiable), p. 138, à l'aide du **doc. 4**, des circonstances de l'accident et du tableau ci-dessous. Utiliser la date et l'heure du jour.

**DOC. 4** **Comment compléter un constat d'accident**

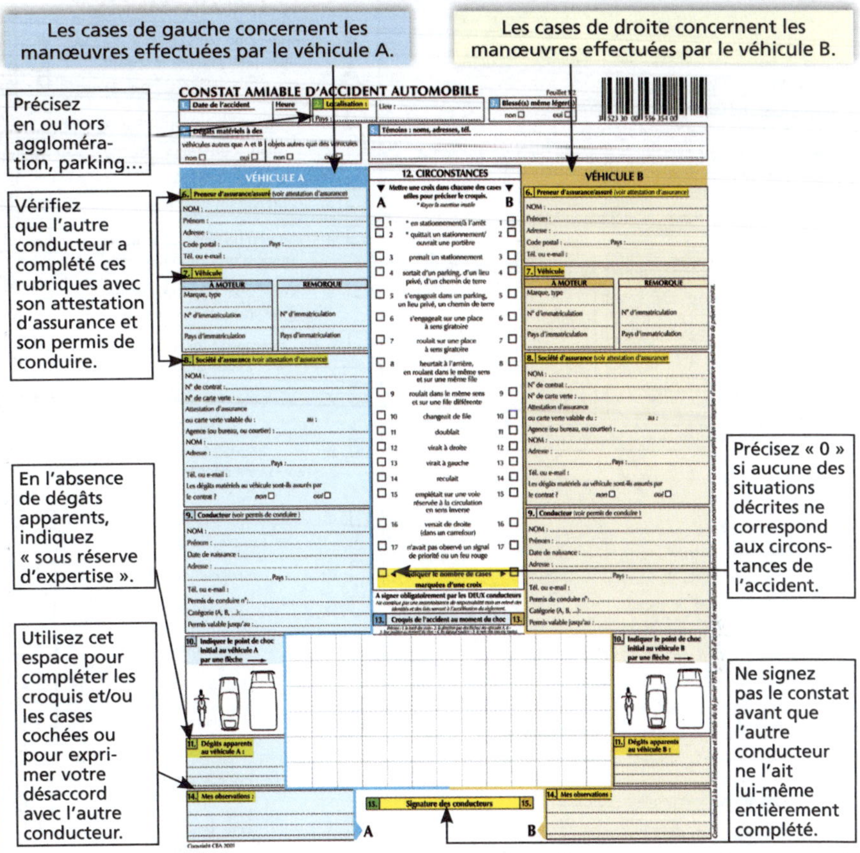


© CEA (Comité européen des assurances).

**Circonstances de l'accident :** À 18 h 23, Max a percuté l'arrière de la voiture qui roule devant lui qu'il n'a pas vue ralentir. Les deux véhicules sont endommagés mais il n'y a pas de blessés. La conductrice propose de faire un constat amiable. L'accident a eu lieu au niveau du 40, bd des Pyrénées à Oloron-Sainte-Marie ; il y a un panneau de limitation de vitesse à 50 km/h, 30 m avant l'accident.

| | Véhicule A | Véhicule B |
|---|---|---|
| Assuré | LABORDE Max<br>15 rue des Outalots – 64400 Oloron-Sainte-Marie<br>Tél. : 05 59 39 98 76 | FERNANDEZ Maria<br>23 rue Camou – 64400 Oloron-Sainte-Marie<br>Tél. : 05 59 39 76 54 |
| Véhicule | Peugeot 208 – 327 YA 64 – France | Renault Clio –1567 YW 64 - France |
| Société d'assurance | MMA – contrat n° 64 567 K<br>Attestation du 01.01.2016 au 31.12.2016<br>Agence d'Oloron<br>8 place de Jaca – 64400 Oloron-Sainte-Marie<br>Tél. : 05 59 39 12 34 | MAIF – contrat n° 67 890 Y<br>Attestation du 01.01.2016 au 31.12.2016<br>Agence de Pau<br>4 rue Raymond Ritter – 64000 Pau<br>Tél. : 05 59 80 55 61 |
| Conducteur | LABORDE Max<br>Né le 15.03.1992<br>Domicilié 15 rue des Outalots<br>64400 Oloron-Sainte-Marie<br>Tél. : 05 59 39 98 76<br>Permis n° 4347833 catégorie B | FERNANDEZ Maria<br>Née le 22.02.1988<br>Domiciliée 23 rue Camou<br>64400 Oloron-Sainte-Marie<br>Tél. : 05 59 39 76 54<br>Permis n° 4567890 catégorie B |
| Point de choc | Avant du véhicule | Arrière du véhicule |
| Dégâts apparents | Capot et pare-chocs enfoncés, phares fêlés. | Phares fêlés, pare-chocs et coffre enfoncés. |

# CONSTAT AMIABLE D'ACCIDENT AUTOMOBILE

Feuillet 1/2

3 523 30 00 556 354 00

**1.** Date de l'accident : Celle du jour — Heure : Idem

**2.** Localisation : Lieu : 64400 OLORON — Pays : France — En agglomération

**3.** Blessé(s) même léger(s) : non ☐ oui ☒

**4.** Dégâts matériels à des véhicules autres que A et B : non ☒ oui ☐ — objets autres que des véhicules : non ☒ oui ☐

**5.** Témoins : noms, adresses, tél. RAS

## VÉHICULE A

**6. Preneur d'assurance/assuré** (voir attestation d'assurance)

NOM : LABORDE
Prénom : MAX
Adresse : 15, rue des Outalots
Code postal : 64400 Pays : FRANCE
Tél. ou e-mail : 05 59 39 98 76

**7. Véhicule**

| À MOTEUR | REMORQUE |
| --- | --- |
| Marque, type : Peugeot 208 | |
| N° d'immatriculation : 327 YA 64 | N° d'immatriculation : |
| Pays d'immatriculation : FRANCE | Pays d'immatriculation : |

**8. Société d'assurance** (voir attestation d'assurance)

NOM : MMA
N° de contrat : 64567 K
N° de carte verte :
Attestation d'assurance ou carte verte valable du : 01.01.2016 au : 31.12.2016
Agence (ou bureau, ou courtier) : OLORON
NOM : Agence MMA d'Oloron
Adresse : 8, place de Jaca – 64400 Oloron-Ste-Marie Pays : FRANCE
Tél. ou e-mail : 05 59 39 12 34
Les dégâts matériels au véhicule sont-ils assurés par le contrat ? *non* ☐ *oui* ☒

**9. Conducteur** (voir permis de conduire)

NOM : LABORDE
Prénom : MAX
Date de naissance : 15.03.1992
Adresse : 15, rue des Outalots Oloron-Ste-Marie Pays : FRANCE
Tél. ou e-mail :
Permis de conduire n° : 4347833
Catégorie (A, B, ...) : B
Permis valable jusqu'au : permanent

**10. Indiquer le point de choc initial au véhicule A par une flèche** →

**11. Dégâts apparents au véhicule A :**
Capot et pare-chocs enfoncés ; phares fêlés

**14. Mes observations :**

## 12. CIRCONSTANCES

▼ **Mettre une croix dans chacune des cases utiles pour préciser le croquis.** ▼
** Rayer la mention inutile*

| A | | | B |
| --- | --- | --- | --- |
| ☐ | 1 | * en stationnement/à l'arrêt | 1 ☐ |
| ☐ | 2 | * quittait un stationnement/ouvrait une portière | 2 ☐ |
| ☐ | 3 | prenait un stationnement | 3 ☐ |
| ☐ | 4 | sortait d'un parking, d'un lieu privé, d'un chemin de terre | 4 ☐ |
| ☐ | 5 | s'engageait dans un parking, un lieu privé, un chemin de terre | 5 ☐ |
| ☐ | 6 | s'engageait sur une place à sens giratoire | 6 ☐ |
| ☐ | 7 | roulait sur une place à sens giratoire | 7 ☐ |
| ☒ | 8 | heurtait à l'arrière, en roulant dans le même sens et sur une même file | 8 ☐ |
| ☐ | 9 | roulait dans le même sens et sur une file différente | 9 ☐ |
| ☐ | 10 | changeait de file | 10 ☐ |
| ☐ | 11 | doublait | 11 ☐ |
| ☐ | 12 | virait à droite | 12 ☐ |
| ☐ | 13 | virait à gauche | 13 ☐ |
| ☐ | 14 | reculait | 14 ☐ |
| ☐ | 15 | empiétait sur une voie réservée à la circulation en sens inverse | 15 ☐ |
| ☐ | 16 | venait de droite (dans un carrefour) | 16 ☐ |
| ☐ | 17 | n'avait pas observé un signal de priorité ou un feu rouge | 17 ☐ |
| 1 | ◄ | **indiquer le nombre de cases marquées d'une croix** | ► 0 |

**A signer obligatoirement par les DEUX conducteurs**
*Ne constitue pas une reconnaissance de responsabilité mais un relevé des identités et des faits servant à l'accélération du règlement.*

**13. Croquis de l'accident au moment du choc**

*Préciser : 1. le tracé des voies - 2. la direction (par des flèches) des véhicules A, B - 3. leur position au moment du choc - 4. les signaux routiers - 5. le nom des rues (ou routes).*

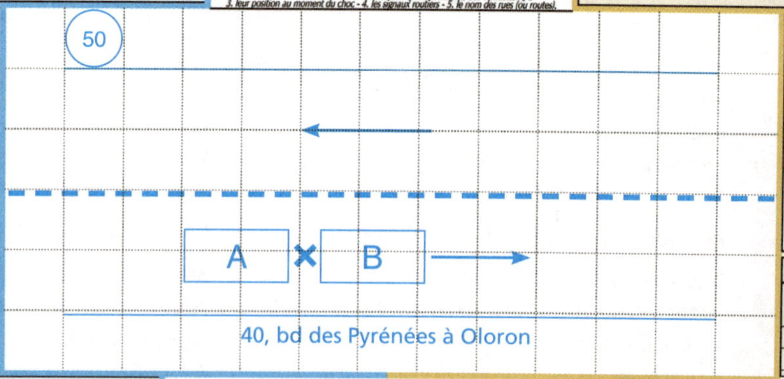


**15. Signature des conducteurs**

A  B

## VÉHICULE B

**6. Preneur d'assurance/assuré** (voir attestation d'assurance)

NOM : FERNANDEZ
Prénom : Maria
Adresse : 23, rue Camou
Code postal : 64400 Pays : FRANCE
Tél. ou e-mail : 05 59 39 76 54

**7. Véhicule**

| À MOTEUR | REMORQUE |
| --- | --- |
| Marque, type : Renault Clio | |
| N° d'immatriculation : 1567 YW 64 | N° d'immatriculation : |
| Pays d'immatriculation : FRANCE | Pays d'immatriculation : |

**8. Société d'assurance** (voir attestation d'assurance)

NOM : MAIF
N° de contrat : 67 890 Y
N° de carte verte :
Attestation d'assurance ou carte verte valable du : 01.01.2016 au : 31.12.2016
Agence (ou bureau, ou courtier) : PAU
NOM : Agence MAIF de Pau
Adresse : 4, rue Raymond Ritter – 64000 Pau Pays : FRANCE
Tél. ou e-mail : 05 59 80 55 61
Les dégâts matériels au véhicule sont-ils assurés par le contrat ? *non* ☐ *oui* ☒

**9. Conducteur** (voir permis de conduire)

NOM : FERNANDEZ
Prénom : Maria
Date de naissance : 22.02.1988
Adresse : 23, rue Camou – 64400 Oloron-Ste-Marie Pays : FRANCE
Tél. ou e-mail :
Permis de conduire n° : 4567890
Catégorie (A, B, ...) : B
Permis valable jusqu'au : permanent

**10. Indiquer le point de choc initial au véhicule B par une flèche** →

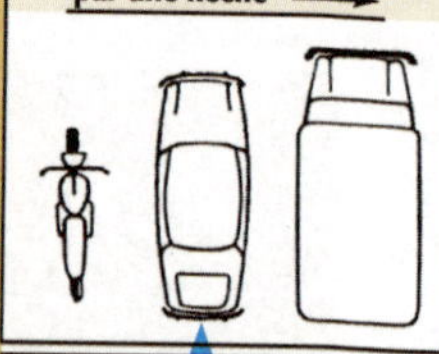

**11. Dégâts apparents au véhicule B :**
Phares fêlés, pare-chocs et coffre enfoncés

**14. Mes observations :**

*Conformément à la loi informatique et libertés du 06 janvier 1978, un droit d'accès et de rectification des informations vous concernant vous est ouvert auprès des entreprises d'assurance destinataires du présent constat*



Proposer maintenant des solutions pour Max (étape 5, p. 134).

# Activités de synthèse

## RÉCAPITULER

**Compléter les textes à trous. Si besoin, se reporter à l'aide en bas de page.**

### Notion d'assurance

- L'assurance est un contrat entre une compagnie d'assurance et une personne physique ou morale (entreprise) qui garantit l'assuré contre d'éventuels dommages subis par les personnes ou les biens.
- L'assurance fonctionne selon le principe de solidarité : les cotisations versées par l'ensemble des adhérents servent à indemniser ceux qui ont été victimes de sinistres .

### Responsabilité civile et responsabilité pénale

- La loi distingue deux types de responsabilité :
  – la responsabilité civile : c'est le fait d'être responsable des dommages que l'on peut occasionner à autrui et par conséquent de devoir en assurer le dédommagement ;
  – la responsabilité pénale : c'est le fait d'être responsable des infractions à la loi commises, et par conséquent de devoir subir les sanctions prévues.
- Il y a obligation légale de réparer les dommages causés à autrui par son fait, sa négligence, son imprudence, par les enfants, animaux ou choses que l'on a sous sa garde.
- De ce fait, l' assurance de responsabilité civile est obligatoire ; elle a pour objet de garantir les conséquences matérielles de la responsabilité civile encourue par les personnes couvertes par le contrat.

### Déclaration d'un sinistre

- Un sinistre doit être déclaré dans les 5 jours à l'assurance.
- Le constat amiable permet de déclarer les accidents matériels de véhicule.

**AIDE :** responsabilité civile / sinistres / autrui / responsabilité pénale / obligation / solidarité / dédommagement / sanctions / adhérents / contrat / constat amiable / dommages / assurance de responsabilité civile / personne

# RETENIR

## PRINCIPE DE L'ASSURANCE

**Risque**
- Accident
- Incendie
- Dégât des eaux
- Vol, etc.
- Responsabilité civile

**Assuré**

Contrat d'assurance

Paie la prime ou la cotisation

**Indemnisation de l'assuré**

**Assureur**

Assure contre le risque

**Sinistre**
- Déclaration dans les délais
- Constat amiable pour les dégâts matériels des véhicules

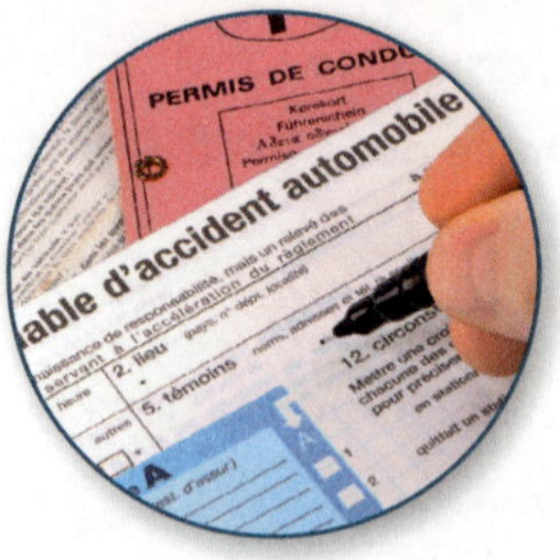


**Assurance responsabilité civile OBLIGATOIRE**

| Responsabilité civile | ≠ | Responsabilité pénale |
|---|---|---|
| Chacun est responsable des dommages occasionnés à autrui. | | Chacun est responsable de ses infractions à la loi. |
| Obligation de dédommagement | | Obligation de subir les sanctions prévues |

# Approfondir

**Les assurances obligatoires** (2 min 09 s)

→ lienmini.fr/pse-vid12

**Vérifiez vos acquis !**

→ lienmini.fr/pse-qcm12

# Maîtriser le module 5

**Jim, 20 ans,** a obtenu son baccalauréat professionnel et travaille depuis un an dans l'entreprise où il a effectué des PFMP. Son salaire est de 1 200 €/mois et il perçoit régulièrement des primes et effectue des heures supplémentaires. Il paie chaque mois des charges fixes (loyer et charges, téléphone, électricité, impôts et des assurances) mais aussi les traites du crédit de sa voiture, de l'électroménager et du mobilier acheté pour son appartement. Il a souscrit un PEL pour lequel il s'est engagé à verser 80 €/mois. Il envisage d'acheter un lave-vaisselle et a signé une offre préalable de crédit il y a deux jours. Il fait ses courses alimentaires sans compter et utilise régulièrement la ligne de crédit renouvelable de sa carte bancaire pour acheter des vêtements coûteux. De plus en plus tôt chaque mois, son compte en banque est à découvert.

**Étudier la situation en mettant en œuvre la démarche de résolution de problèmes.**

## 1 Identifier le problème posé C31 C32 ... / 0,5 pt

De plus en plus tôt chaque mois, son compte en banque est à découvert.

## 2 Identifier les éléments de la situation C32 ... / 5 pts

**Quoi :** quelle est l'origine du problème ?

Jim ne fait aucun compte.

**Comment :** quels comportements ont favorisé l'apparition du problème ?

Utilisation abusive du crédit, achats sans compter.

**Pourquoi :** quelle est la conséquence du problème posé ?

Il risque de se retrouver en situation de surendettement.

## 3 Mettre en relation les éléments de la situation C32 ... / 4,5 pts

- Reporter les numéros des éléments de la liste suivante dans le diagramme « causes-effet » ci-après.

❶ salaire de 1 200 €/mois / ❷ loyer / ❸ charges / ❹ crédit électroménager / ❺ impôts / ❻ primes / ❼ téléphone / ❽ crédit meubles / ❾ électricité / ❿ vêtements coûteux / ⓫ assurances / ⓬ crédit voiture / ⓭ de plus en plus tôt chaque mois, le compte en banque de Jim est vide / ⓮ utilisation ligne crédit de la carte bancaire / ⓯ 80 €/mois PEL / ⓰ courses alimentaires sans compter / ⓱ heures supplémentaires

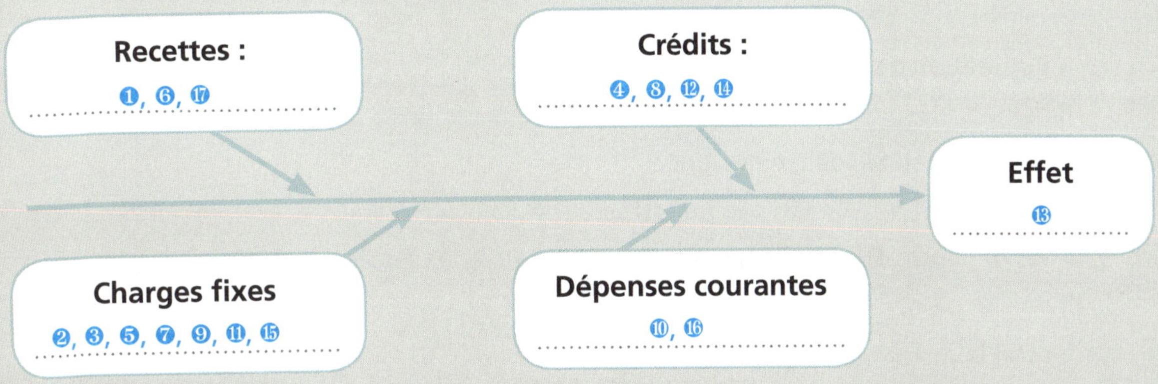

## 4 Mobiliser des connaissances utiles C21

**... / 14 pts**

**1/** Caractériser le budget de Jim ; justifier la réponse donnée.

Le budget est déficitaire car les dépenses sont supérieures aux recettes.

**2/** Expliquer l'intérêt du PEL qu'il a souscrit.

C'est un placement à un bon taux ; au bout de quelques années, il bénéficiera d'un prêt immobilier à un taux intéressant et de primes.

**3/** Expliquer pour le contrat de location souscrit deux obligations qui résultent de ce contrat.

> Payer son loyer
> Maintenir l'appartement en bon état

**4/** Indiquer les moyens de paiement les plus appropriés pour régler :

> les crédits : prélèvement automatique
> l'achat de DVD d'occasion à un ami : chèque ou espèces
> les courses alimentaires : carte bancaire
> le loyer : virement

**5/** Indiquer l'inconvénient de la carte bancaire avec ligne de crédit renouvelable associé.

Jim peut être tenté d'utiliser ce crédit alors qu'il est à découvert en fin de mois, or le crédit renouvelable est celui qui coûte le plus cher.

**6/** Expliquer pourquoi Jim peut encore annuler la commande du lave-vaisselle à crédit.

Il a encore 12 jours pour annuler sa demande de crédit ; le délai de rétractation est de 14 jours.

**7/** Justifier les assurances responsabilité civile que doit avoir Jim pour son véhicule et pour son appartement.

L'assurance responsabilité civile des véhicules à moteur et l'assurance incendie-dégâts des eaux lorsqu'on est locataire sont obligatoires. En effet, chacun est responsable des dommages qu'il peut occasionner à autrui et a obligation de les réparer.

## 5 Proposer des solutions C32

**... / 6 pts**

**1/** Indiquer où Jim peut s'adresser pour trouver aide et conseil pour gérer son budget.

Il peut s'adresser à une association de consommateurs locale, par exemple l'UFC (Union fédérale des consommateurs).

**2/** Quels conseils peuvent être donnés à Jim concernant :

> la tenue de son budget.

Il doit estimer chaque mois ses recettes, ses charges fixes et voir ainsi ce qu'il peut dépenser et s'y tenir.

> l'utilisation de sa carte bancaire.

Il ne doit plus utiliser la ligne de crédit ; voire changer de carte bancaire pour ne plus être tenté.

> l'offre préalable de crédit signée.

Il doit renvoyer le bordereau de rétractation dans les délais.

> ses dépenses alimentaires et vestimentaires.

Il doit se montrer économe et n'acheter que ce qui est strictement nécessaire.

> son PEL.

Il peut le supprimer et utiliser cet argent pour absorber les dettes ; cela signifie toutefois que les intérêts seront vraisemblablement perdus.

# Maîtriser sa consommation en eau

**OBJECTIFS**

> Expliquer la nécessité de préserver les ressources en eau.
> Adopter un comportement écocitoyen pour maîtriser sa consommation en eau.

**Peyo, 17 ans,** élève de Bac Pro pour qui l'eau est un véritable cadeau, pratique le surf. Ce sport est l'occasion le plus souvent d'adopter une démarche écocitoyenne car se baigner dans une eau de mauvaise qualité n'est pas sans danger pour sa santé.
Les problèmes de pollution, qu'ils soient sous forme de déchets aquatiques, d'hydrocarbures, de pollutions chimiques ou bactériologiques, les besoins croissants en eau des sociétés humaines, les modifications climatiques font peser sur cette ressource vitale une pression très importante et la rendent vulnérable. Le club de Peyo est très investi dans ce domaine et essaie de sensibiliser ses membres aux enjeux de la protection de l'eau par des gestes simples pour maîtriser le gaspillage et la qualité.

## 1 Identifier le problème posé

Comment mieux gérer et préserver les ressources en eau de la planète.

## 2 Identifier les éléments de la situation

**Quoi** : quelle est la nature du problème ? quelles en sont les conséquences possibles ?

L'eau est une ressource vitale menacée sur laquelle pèse une pression importante.

**Qui** : qui est la personne concernée ?

Peyo, 17 ans, élève de Bac Pro.

**Comment** : quels éléments ont favorisé sa survenue ?

Les différentes formes de pollutions (déchets, hydrocarbures, pollutions chimiques ou bactériologiques, besoins croissants en eau des sociétés humaines, modifications climatiques) ont favorisé la survenue du problème.

**Pourquoi** : quels sont les éléments qui font que ce problème risque d'avoir des conséquences graves ?

L'eau est une ressource vitale mais si elle est polluée, elle peut engendrer des dangers pour la santé de l'homme et viendra à manquer.

## 3 Mettre en relation les éléments de la situation

Compléter le diagramme « causes-effet » à l'aide des éléments de la situation suivants :

❶ mauvaise qualité / ❷ modifications climatiques / ❸ pollutions chimiques / ❹ déchets aquatiques / ❺ danger pour la santé / ❻ hydrocarbures / ❼ pollutions bactériologiques / ❽ besoins croissants / ❾ gaspillage

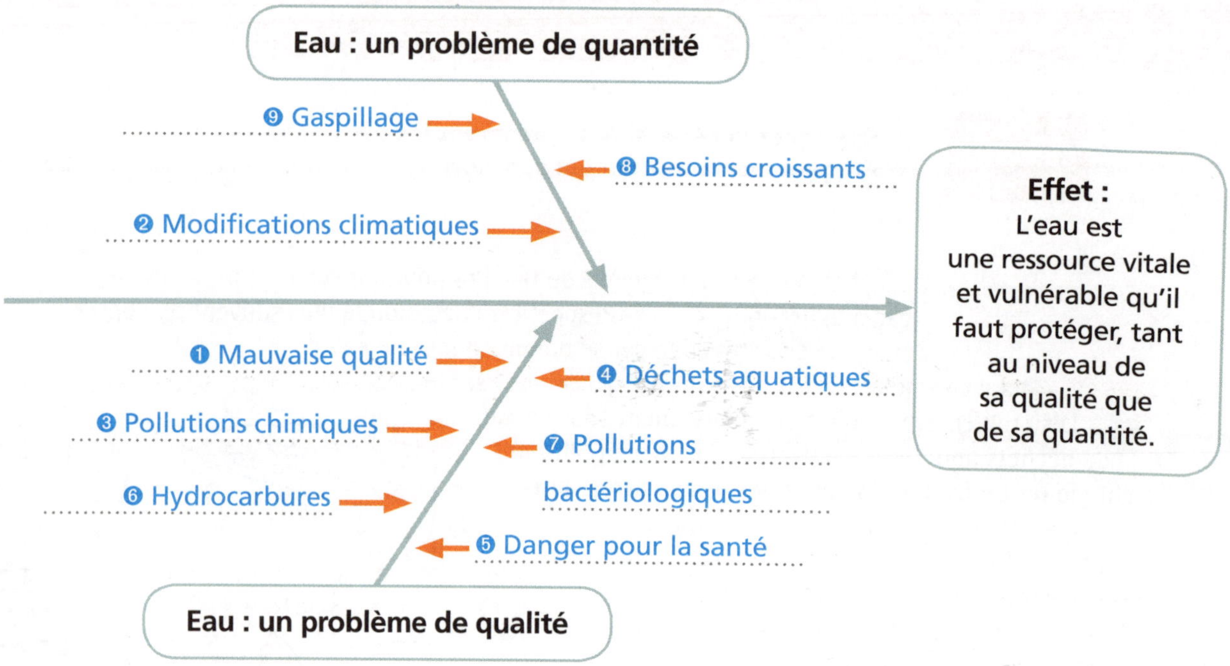


## 4 Mobiliser des connaissances utiles

Pour comprendre la situation et y apporter des solutions, je réalise les **Activités 1** à **9** de la séquence 13.

## 5 Proposer des solutions

Proposer à Peyo cinq gestes écocitoyens qui permettent une gestion des ressources en eau lors d'une activité à la mer, comme à la montagne et à la campagne.

> Utiliser des produits biodégradables pour nettoyer les combinaisons et les planches.

> Ne jeter ni mégots, ni chewing-gums par terre : tout ce qui se jette dans la nature finit à la rivière ou à la mer.

> Ramasser les déchets car tout ce qui est jeté dans la nature finit à la rivière ou à la mer.

> Économiser l'eau quand on se lave et pour rincer son matériel.

> Privilégier les filières écoconception pour le matériel (planche, combinaison…).

# MOBILISER DES CONNAISSANCES UTILES

Alors que la demande en eau augmente, certains pays atteignent déjà les limites de leurs ressources. Les changements climatiques devraient encore accentuer ce phénomène. Une compétition pour l'eau se dessine entre les pays, entre zones urbaines et rurales, mais aussi entre les différents secteurs d'activité.

## → ACTIVITÉ 1 - Les réservoirs d'eau sur Terre C12

**1.** Entourer dans le **doc. 1** le réservoir le plus important en eau sur Terre.

**2.** L'eau de la planète est répartie dans différents réservoirs. Expliquer par une phrase le problème posé par cette répartition.

L'eau est une ressource abondante sur Terre, mais seule une infime partie est directement utilisable notamment par l'homme.

**DOC. 1 Répartition de l'eau**

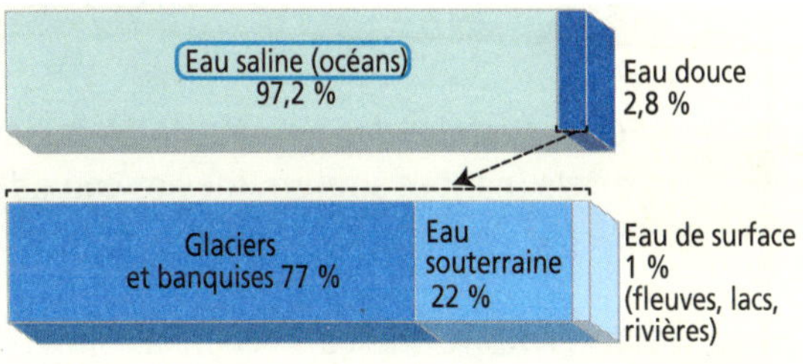


## → ACTIVITÉ 2 - La disponibilité en eau douce au niveau mondial C21 C22

**1.** Indiquer à l'aide de la carte du **doc. 2** trois zones géographiques en état de pénurie en 2025.

> Afrique du Nord > Afrique du Sud > Moyen-Orient

**2.** Proposer deux raisons qui expliquent cette projection.

> Les modifications climatiques.

> L'augmentation de la population : besoins croissants.

**DOC. 2 Eau douce disponible dans le monde en 2025**

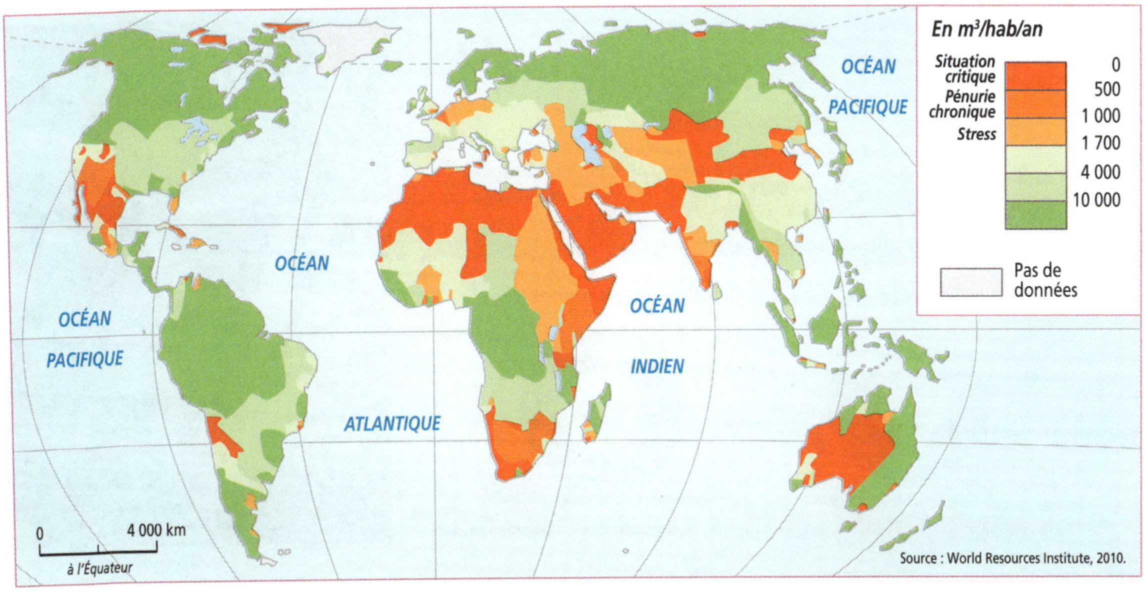


Source : World Resources Institute, 2010.

## ACTIVITÉ 3 - Les ressources en eau disponibles en France C13

**1.** Souligner dans le **doc. 3** les différents lieux de prélèvement de l'eau en France.

**2.** À l'aide des **doc. 3** et **4**, justifier la phrase suivante : « La France dispose de ressources en eau disponibles importantes [...]. Ces moyennes rassurantes doivent cependant être nuancées. »

Les précipitations sont importantes (le réseau hydrographique est vaste et la France possède de bonnes capacités de stockage) mais selon les régions, ces éléments sont variables. Les prélèvements sont parfois plus importants, ex. : les zones agricoles. Le climat, la démographie et la pollution peuvent aussi intervenir sur la quantité disponible en eau de certaines régions.

**3.** Identifier à l'aide du **doc. 4** trois conséquences possibles de cette pénurie hydrique.

> Mortalité des poissons
> Pollutions des rivières
> Chute de la biodiversité

### DOC. 3 Les ressources disponibles en eau en France

• Pour satisfaire des besoins en eau domestiques, économiques ou de loisirs, il existe des sites de stockage naturels (nappes souterraines et eaux de surface : cours d'eau, lacs...) mais également artificiels parce que créés par l'homme (plans d'eau, canaux...).

• Le territoire français reçoit en moyenne 480 milliards de m³ de précipitations par an. Avec un réseau hydraulique qui représente 270 000 km de cours d'eau et 2 000 milliards de m³ de nappes souterraines, la France dispose de ressources en eau disponibles importantes. Au total, les ressources disponibles s'élèvent à 191 milliards de m³ par an, ce qui équivaut à 3 262 m³ par personne par an. La France jouit aussi de très bonnes capacités naturelles de stockage grâce aux chaînes de montagnes et à d'importants aquifères souterrains (réservoirs rocheux).

• Ces moyennes rassurantes doivent cependant être nuancées. Toutes les régions françaises n'ont pas la même répartition selon le niveau et la régularité de leur pluviométrie, la présence ou non d'aquifères souterrains importants, les niveaux d'écoulement et celui des prélèvements. Il est donc nécessaire de rester vigilant.

### DOC. 4 La pénurie d'eau

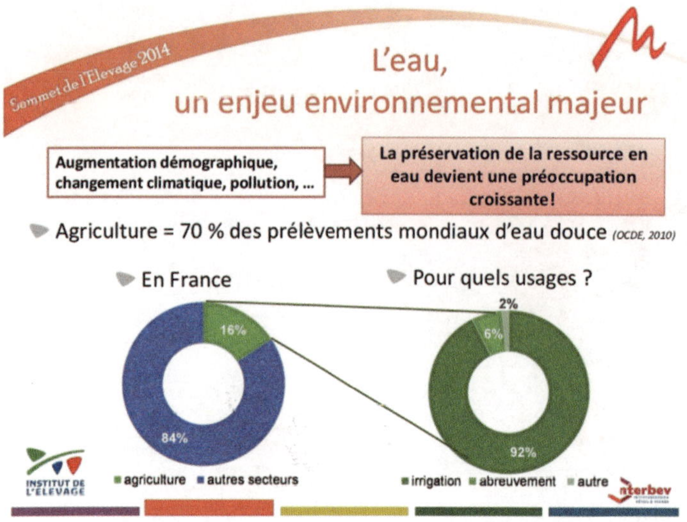


© GAC A. Institut de l'Élevage (2014).

# → ACTIVITÉ 4 - La pollution de l'eau C22 C23

**1.** Entourer dans le **doc. 5** les trois principales sources de pollution de l'eau.

**2.** Souligner dans le **doc. 6** :

> en vert, différents types de polluants ;
> en bleu, les conséquences de cette pollution sur la santé de l'homme ;
> en rouge, les conséquences de cette pollution sur l'environnement.

**3.** Expliquer comment se produit la pollution des milieux aquatiques.

Les diverses activités de l'homme émettent des polluants dans l'air, l'eau ou sur les sols. Lors de la condensation et des précipitations, l'eau peut se charger de polluants et les véhiculer. Ils atteindront les milieux aquatiques et les dégraderont.

## DOC. 5 Les principales sources de pollution de l'eau

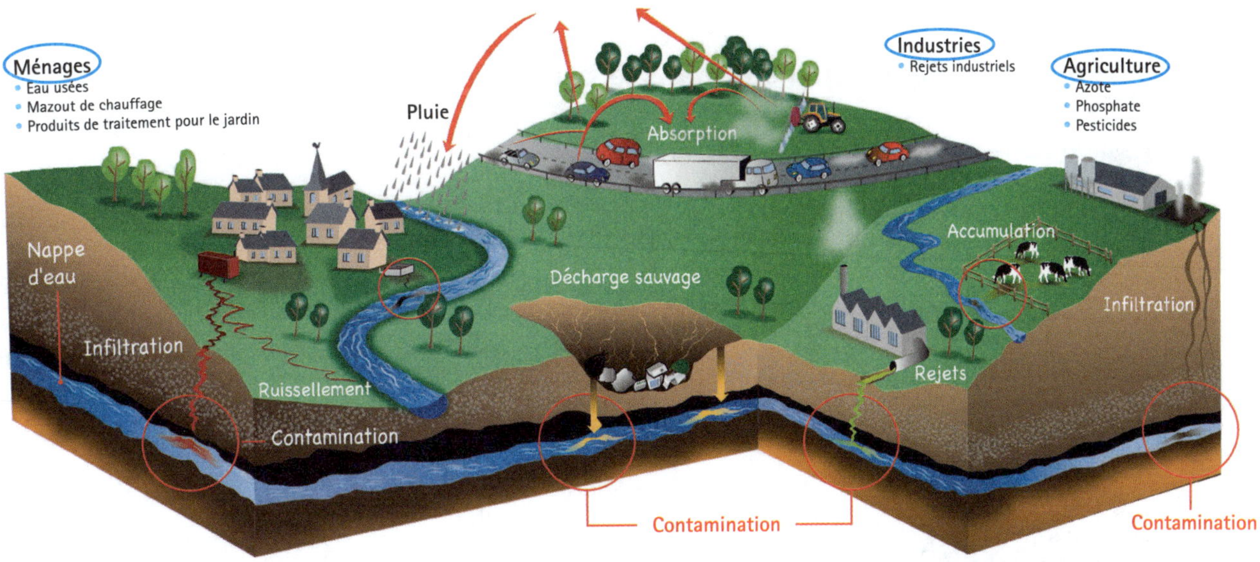


© Mce, extrait du livret « Pour que l'eau vive en Bretagne : agissons contre les pollutions », 2007.

## DOC. 6 Les pollutions de l'eau et ses conséquences

L'eau est un très bon solvant qui absorbe rapidement et facilement les molécules. La pluie contribue à la pollution de l'eau en se chargeant des pollutions atmosphériques et en captant, par son ruissellement, les molécules du sol. Les principales sources de pollution sont issues des activités domestiques, industrielles et agricoles. Ex. : les nitrates, les phosphates, les hydrocarbures, les micro-organismes, les métaux lourds, les déchets plastique et les résidus médicamenteux, etc. L'ingestion d'une eau contaminée peut entraîner des épidémies de gastro-entérites et des diarrhées. Des cas de saturnisme peuvent résulter d'une contamination de l'eau par le plomb issu des canalisations anciennes. Les effets cancérogènes de pesticides et de métaux susceptibles de polluer l'eau sont par ailleurs prouvés. Enfin, la pollution de l'eau par certains produits (hormones) peut perturber le fonctionnement du système hormonal des animaux et contribuer par exemple à la féminisation des poissons. Un apport accidentel massif de substances toxiques peut provoquer une catastrophe écologique au niveau de la faune et de la flore et entraîner une dégradation des écosystèmes aquatiques.

## ACTIVITÉ 5 - Les critères de potabilité C12 C22 C52

**1.** Encadrer dans le **doc. 7** la définition de l'eau potable.

**2.** Identifier dans l'analyse du **doc. 8** deux exemples de chaque catégorie de paramètres en les soulignant de la même couleur que dans le **doc. 7**.

### DOC. 7 Eau potable et paramètres

Une eau potable ne doit pas porter atteinte à la santé de celui qui la consomme. Elle doit répondre à une série de critères, définis par l'arrêté du 11 janvier 2007 du ministère de la Santé.

- Paramètres organoleptiques : coloration, odeur, turbidité, saveur.
- Paramètres physico-chimiques : en relation avec la structure naturelle des eaux (température, pH, chlorures, sulfates).
- Paramètres chimiques : substances indésirables, toxiques.
- Paramètres microbiologiques : bactéries, virus, etc.

L'eau potable fait l'objet de contrôles sanitaires au point de captage, en production et en cours de distribution. L'eau est protégée, des périmètres de protection sont mis en place sur l'ensemble des captages de l'eau potable. Ces analyses sont effectuées par les agences régionales de santé (ARS).

### DOC. 8 Analyse de l'eau dans la commune d'Aigues-Juntes (09)

**Date et heure du prélèvement :** 13/10/2015 à 09 h 00

**Conformité**

| | | | |
|---|---|---|---|
| **Conclusions sanitaires** | Eau d'alimentation non conforme aux exigences de qualité. L'eau distribuée fait l'objet d'une interdiction de consommation depuis le 5 mars 2003 compte tenu du risque sanitaire induit par sa mauvaise qualité bactériologique. | | |
| **Conformité bactériologique** | non | **Respect des références de qualité** | non |
| **Conformité physico-chimique** | oui | | |

**Paramètres analytiques**

| Paramètre | Valeur | Limite de qualité* | Référence de qualité** |
|---|---|---|---|
| Ammonium (en $NH_4$) | < 0,05 mg/L | | ≤ 0,1 mg/L |
| Bactéries coliformes /100mL-MS | 5 n/100 mL | | ≤ 0 n/100 mL |
| Conductivité à 25 °C | 127 µS/cm | | ≥ 200 et ≤ 1 100 µS/cm |
| Entérocoques/100 mL-MS | 2 n/100 mL | ≤ 0 n/100 mL | |
| Escherichia coli/100 mL-MF | 2 n/100 mL | ≤ 0 n/100 mL | |
| Nitrates (en $NO_3$) | 0,4 mg/L | ≤ 50 mg/L | |
| Nitrites (en $NO_2$) | < 0,05 mg/L | ≤ 0,5 mg/L | |
| Odeur (qualitatif) | 0 | | |
| Saveur (qualitatif) | 0 | | |
| Température de l'eau | 16,1 °C | | ≤ 25 °C |
| Turbidité néphélométrique NFU | 0,42 NFU | | ≤ 2 NFU |
| pH | 7,30 unité pH | | ≥ 6,5 et ≤ 9 unité pH |

© www.sante.gouv.fr, ministère des Affaires sociales, de la Santé et des Droits des femmes.

* Limites de qualité : concerne des paramètres dont la présence induit des risques pour la santé. Les eaux doivent respecter les valeurs inférieures ou égales aux limites.

** Références de qualité : témoins du bon fonctionnement de la production et de distribution de l'eau. Ces substances n'ont pas d'effets directs sur la santé.

**3.** Justifier pourquoi l'eau distribuée à Aigues-Juntes est interdite à la consommation en surlignant les éléments non conformes dans le **doc. 8**.

**4.** Rechercher sur le site www.sante.gouv.fr/qualite-de-l-eau-potable les résultats de l'analyse de l'eau de votre commune.

## → ACTIVITÉ 6 - Les mesures collectives pour préserver l'eau C14 C22

• Cocher pour chaque affirmation suivante la bonne réponse en vous aidant des **doc. 9** et **10**.

| Affirmations | Vrai | Faux |
|---|---|---|
| **A.** Le prix de l'eau doit inciter les usagers à réduire la pollution de l'eau. | ✗ | |
| **B.** Les comités locaux de l'eau sont constitués uniquement des collectivités territoriales et services de l'État. | | ✗ |
| **C.** Les communes sont responsables de la protection qualitative et quantitative de l'eau. | ✗ | |
| **D.** Les citoyens sont consultés dans la gestion de l'eau. | ✗ | |
| **E.** Le SAGE permet l'application du SDAGE. | ✗ | |

### DOC. 9 Le prix de l'eau

La partie « taxes et redevances » permet de moderniser le réseau, de préserver la ressource et de lutter contre la pollution. Elle est proportionnelle à sa consommation et est basée sur le principe « pollueur-payeur » définie par la loi sur l'eau de 1992.

**Répartition de la facture d'eau**

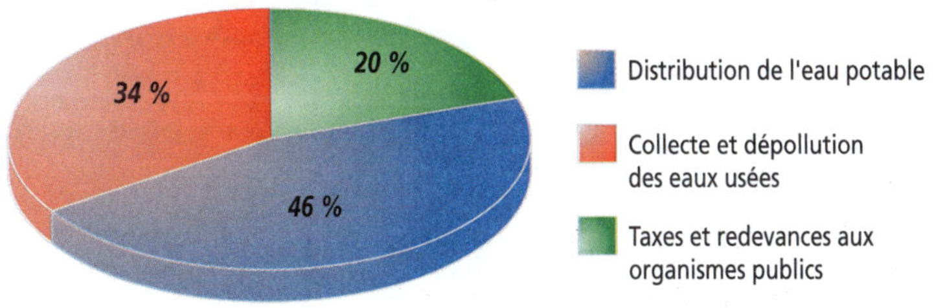


### DOC. 10 Les acteurs et partenaires de la gestion de l'eau

La France est divisée en bassins avec, pour chacun deux instances : un établissement public de l'État (l'agence de l'eau) et une assemblée délibérante, le comité de bassin. Au niveau local, la commune ou l'intercommunalité est responsable de l'organisation de la production et de la distribution de l'eau potable et de l'organisation de la collecte et du traitement des eaux usées. Les commissions locales de l'eau (CLE) élaborent et mettent en œuvre les schémas d'aménagement et de gestion des eaux (SAGE) qui fixent à l'échelle des sous-bassins versants des objectifs de protection quantitative et qualitative des ressources en eau. Les membres d'une CLE sont des élus, des représentants des usagers de l'eau (agriculteurs, industriels, communes, acteurs des loisirs et du tourisme, pêcheurs...) et des représentants institutionnels.

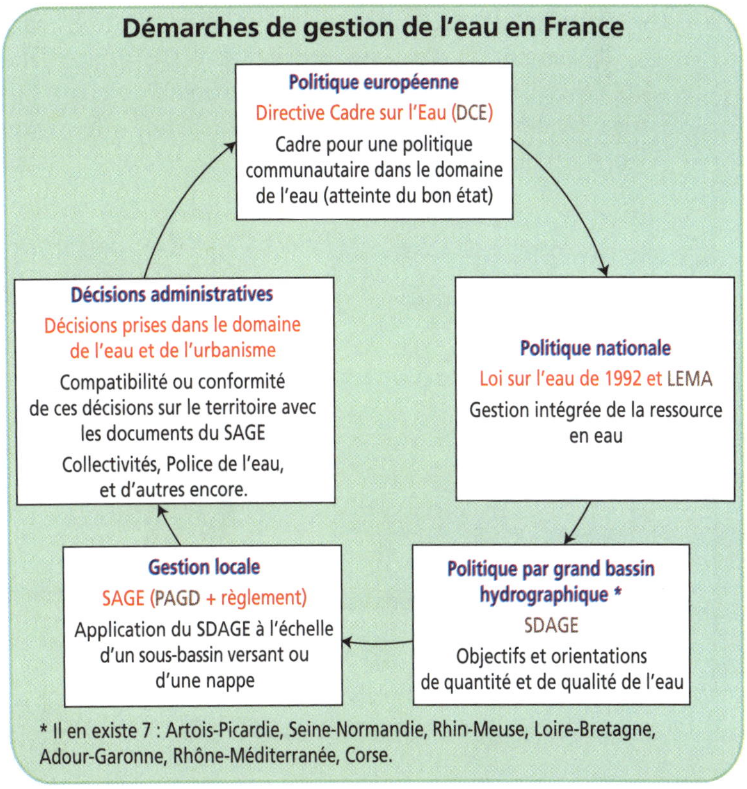

## → ACTIVITÉ 7 - Comportements humains et réserves disponibles C12 C13 C22

En s'aidant du **doc. 11**, répondre aux questions suivantes :

**1.** Entourer dans le tableau ci-dessous les ressources quantitatives en eau des pays et leur consommation. Se reporter à la légende.

| Pays | Ressources en eau | Consommation en eau |
|---|---|---|
| **France** | ■ (■) ■ ■ | (☺) 😐 ☹ |
| **Égypte** | ■ ■ ■ (■) | ☺ 😐 (☹) |
| **Australie (centre)** | ■ ■ ■ (■) | ☺ (😐) ☹ |
| **Canada** | (■) ■ ■ ■ | ☺ (😐) ☹ |
| **Inde** | ■ (■) ■ ■ | (☺) 😐 ☹ |

■ riche en eau / ■ équilibre en eau / ■ pauvre en eau / ■ eau rare
☺ = grande consommation / 😐 = consommation moyenne / ☹ = petite consommation

**2.** Relever la quantité d'eau nécessaire pour satisfaire les besoins d'hygiène et de boisson.

Entre 20 et 50 litres par jour par habitant.

**3.** Souligner dans le **doc. 11** quatre raisons qui expliquent les disparités de consommation.

### DOC. 11 La consommation d'eau domestique dans le monde

• Selon l'OMS, entre 20 et 50 litres d'eau/jour/pers sont nécessaires pour boire et pour satisfaire ses besoins d'hygiène. En Espagne et au Royaume-Uni, la consommation d'eau est proche de 150 L/j/hab. Aux États-Unis, elle dépasse les 250 L. De nombreux pays africains ont une consommation moyenne inférieure à 50 L/j/hab.

• Le climat et la répartition de la population par rapport à la ressource en eau sont des éléments qui contribuent à la différence de consommation entre pays. Il en est de même pour le degré de développement économique : plus il est élevé, plus la consommation sera importante. Enfin, la législation de certains États permet de sensibiliser la population afin de préserver la ressource.

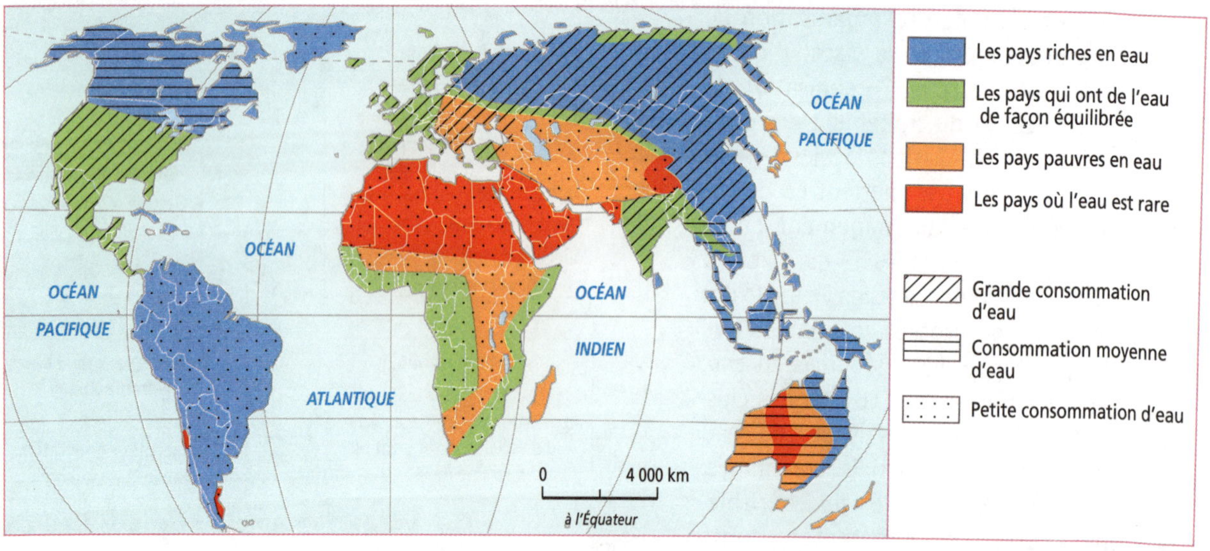

## ACTIVITÉ 8 - Actions écocitoyennes pour maîtriser la consommation en eau C44

**1.** Souligner dans le **doc. 12** la quantité d'eau consommée par habitant et par jour en France.

### DOC. 12 Consommation des Français

On retrouve l'eau dans toutes les activités qui rythment notre quotidien : toilette, lavages divers, évacuation des déchets. Les Français consomment 150 litres d'eau potable par jour et par habitant. La moyenne de la consommation française s'établit pour 1 personne à 55 m³/an, pour 2 personnes à 100 m³/an (1 m³ = 1 000 litres). Pour réduire sa facture et sa consommation, il est possible d'agir.

**2.** Relever dans le **doc. 13** le poste le plus consommateur d'eau au niveau domestique.

C'est le poste « Bains / Douches ».

**3.** Calculer à l'aide des **doc. 12** et **13** le volume d'eau utilisé pour les sanitaires chaque jour et par personne.

150 L × 20 % = 30 litres.

**4.** Proposer pour chaque produit ci-dessous une étape de fabrication qui a nécessité de l'eau.

> Une pomme (70 L) : arrosage du champ.

> Une voiture neuve (450 000 L) : fabrication de peinture.

> Un kg de bœuf (15 500 L) : production du foin qui a nourri le bœuf.

**5.** Proposer six comportements écocitoyens pour réduire la consommation en eau d'une famille en vous appuyant sur le **doc. 13** et/ou la vidéo « Comment économiser l'eau au quotidien ? » (**http://lewebpedagogique.com**).

1. Ne pas laisser couler l'eau lors du lavage des dents ; prendre une douche plutôt qu'un bain.
2. N'utiliser le lave-linge et le lave-vaisselle que quand ils sont pleins.
3. Ne pas jeter de produits toxiques dans les évacuations d'eau.
4. Faire laver sa voiture dans une station de lavage.
5. Utiliser l'eau de lavage des légumes pour arroser les fleurs ; faire réparer les fuites.
6. Installer des économiseurs d'eau, une chasse double commande.

### DOC. 13 Consommation des ménages

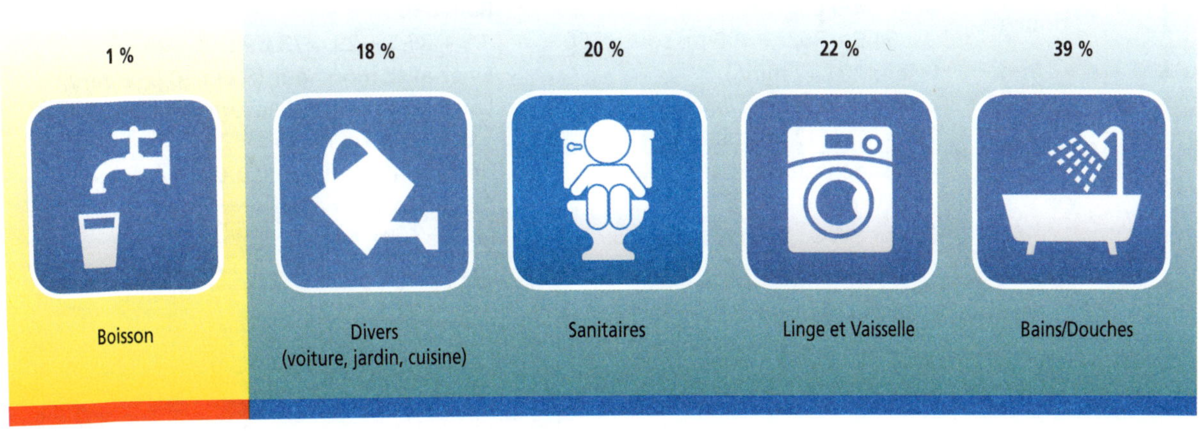

## ACTIVITÉ 9 - La consommation en eau de deux familles C14 C55

1. Retrouver la définition du développement durable et la souligner dans le texte du **doc. 14**.

Après lecture du **doc. 15** :

2. > Évaluer les dépenses réalisées par la famille Sans'o pour réaliser des économies en eau.

WC double commande à 35 € + 2 mousseurs à 5 €/pièce + douche réductrice débit éco à 25 € + récupérateur d'eau à 50 €, soit total des dépenses = 120 €.

> Évaluer les économies réalisées par cette même famille par rapport aux Toutal'o.

La famille Sans'o a réalisé 630 – (402 + 120) soit 108 € d'économies cette année.

3. Expliquer pourquoi la famille Sans'o contribue au développement durable par rapport à la famille Toutal'o.

En 1 an, les Sans'o ont économisé 65 m³ (180 – 115) d'eau par rapport aux Toutal'o. La diminution de la consommation, sans modifier de façon importante ses habitudes, contribue à la gestion durable de la ressource en eau.

### DOC. 14 Définition du développement durable

Le développement durable est un concept élaboré au cours des années 1980, dont l'objectif est de « répondre aux besoins du présent, sans compromettre la capacité pour les générations futures de satisfaire les leurs ».
Il se représente selon le schéma ci-contre.

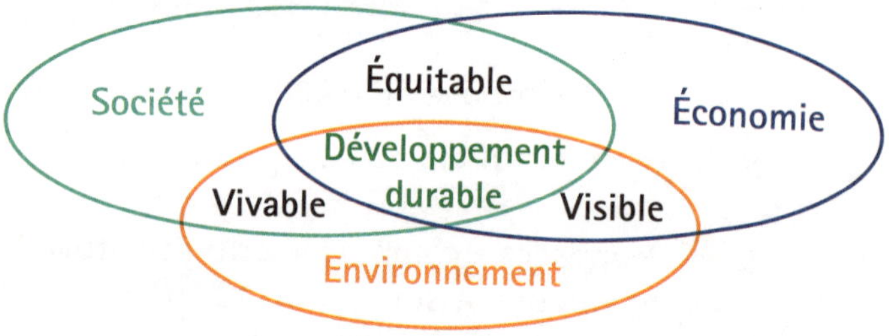


### DOC. 15 Étude comparative de la consommation en eau de deux familles

Les Toutal'o se plaignent du montant de leur facture d'eau. Les Sans'o sont équipés de matériel économe en eau et ont changé leurs habitudes pour faire baisser leur consommation.

| | Famille Toutal'o (4 personnes) | Famille Sans'o (4 personnes) |
|---|---|---|
| **WC** 4 fois/pers/j | 1 réservoir de 6 L<br>35 m³/an soit ≈ 123 €* | WC double commande 3/6 L (35 €)<br>21 m³/an soit ≈ 74 € |
| **Lave-linge** 4 fois/sem | Modèle (année 2000)<br>52 L/lavage = 11 m³ soit ≈ 38 € | Modèle (année 2015)<br>43 L/lavage = 9 m³ soit ≈ 31 € |
| **Salle de bain** 1 bain et 3 douches/j | Lavabo : 6 L (30 sec/pers/j)<br>Douche : 50 L (3 min/pers)<br>Bain : 100 L<br>9 + 54,5 + 36,5 = 100 m³ soit ≈ 350 € | 1 mousseur pour lavabo (5 €) : 3 L (30 sec/pers/j)<br>Douche réductrice débit éco (25 €) : 36 L (3 min/pers)<br>Bain : 80 L<br>4,5 + 39,5 + 29 = 73 m³ soit ≈ 255 € |
| **Cuisine** 5 fois/sem | Évier : 20 L (2 min/j)<br>Lave-vaisselle : 22 L/lavage (année 2000)<br>7,3 + 5,7 = 13 m³ soit ≈ 45 € | Évier avec mousseur (5 €) : 10 L (2 min/j)<br>Lave-vaisselle : 15 L/lavage (année 2015)<br>3,6 + 3,9 = 7,5 m³ soit ≈ 26 € |
| **Jardin, extérieur** | Arrosage et lavage de voiture :<br>10 m³/an soit ≈ 35 € | Récupérateur d'eau (50 €) + arrosage :<br>4,5 m³/an soit ≈ 16 € |
| **Fuites** | Évier et WC : 11 m³/an soit ≈ 39 € | Pas de fuite (réparation effectuée) |
| **TOTAL** | 180 m³ par an soit 630 € | 115 m³ par an soit ≈ 402 € |

* Prix moyen d'un m³ d'eau = 3,5 €.

**Proposer maintenant pour Peyo des actions écocitoyennes pour une bonne gestion de l'eau (étape 5, p. 144).**

# Activités de synthèse

## RÉCAPITULER

**Compléter les textes à trous. Si besoin, se reporter à l'aide en bas de page.**

### Les ressources en eau

• L'eau potable est un enjeu majeur de développement durable. Elle est un bien commun de l'humanité qui est devenu rare et précieux. Les réserves d'eau surexploitées font l'objet d'une demande toujours croissante et subissent des pollutions diverses et graves. La satisfaction des besoins en eau est une problématique de ...développement durable... prioritaire qui sera encore compliquée par le ...réchauffement climatique... .

• Près de 75 % du globe sont couverts d'eau. La presque totalité de cette eau (97,2 %) est ...salée... . La majeure partie de l'eau douce (77 %) est ...gelée... . Les précipitations et les écoulements terrestres sont mal répartis sur l'ensemble du globe. Certaines régions reçoivent beaucoup plus d'eau que d'autres, la répartition des ressources s'en trouve très inégale et certains pays souffrent d'un manque notable d'eau.

• L'eau est prélevée pour les différents usages dans des ...nappes souterraines... et des ...eaux de surface... (lacs, étangs, etc.). La ...croissance démographique... a entraîné un accroissement des prélèvements. Au niveau mondial, la demande en eau a augmenté, l'...agriculture... et l'...industrie... sont les plus grandes consommatrices.

### L'eau potable

• Une eau ...potable... est une eau que l'on peut boire sans risque pour la ...santé... . Cette eau doit répondre à 63 critères de qualité très stricts dont les critères ...microbiologiques..., ...chimiques..., ...organoleptiques..., etc.

• Chaque individu utilise en moyenne ...150 L... d'eau par jour mais en ...gaspille... une grande quantité. Toutefois ce chiffre diffère en fonction de critères tenant à l'habitat collectif ou individuel, au revenu, à l'âge, ou tout simplement aux ...modes de vie... de chacun.

### La consommation en eau et les actions écocitoyennes

• La France est un pays qui a de l'eau de façon équilibrée mais qui est une grande ...consommatrice... . Il faut 15 500 litres d'eau pour produire 1 kg de viande de bœuf.

• Pour limiter ces gaspillages, quelques solutions simples peuvent être adoptées : récupérer l'eau de pluie, ...prendre des douches... plutôt que des bains, réparer les fuites, arroser aux heures les moins chaudes, etc.

**AIDE :** microbiologiques / gelée / croissance démographique / agriculture / nappes souterraines / eaux de surface / potable / santé / chimiques / 150 L / salée / prendre des douches / développement durable / réchauffement climatique / organoleptiques / industrie / gaspille / modes de vie / consommatrice

# RETENIR

**L'eau, abondante sur Terre, est un enjeu majeur du développement durable.
Le cycle de l'eau assure la distribution de cet élément vital sur la planète.**

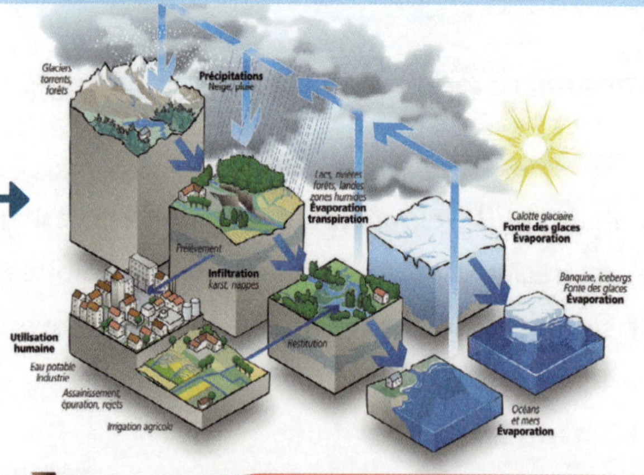


**Une infime partie est utilisable par l'homme**

- Une eau potable peut se boire sans risque pour la santé.
- Elle respecte des paramètres de potabilité très contrôlés comme des critères physico-chimiques ou microbiologiques.

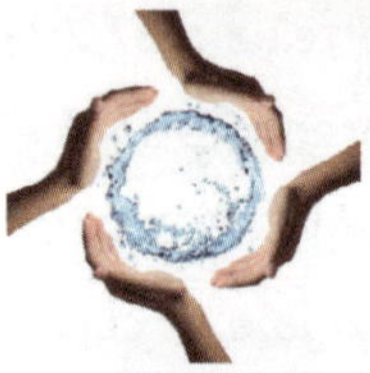

- Augmentation de la population.
- Répartition inégale de l'eau sur Terre et même entre les pays.
- Pollution d'origine humaine (domestique, agricole, industrielle).
- Mauvaise gestion de cette ressource vitale.

**Ces éléments génèrent des pénuries et la dégradation de la qualité de l'eau.**

**Mesures collectives pour préserver l'eau**

- Renforcer la loi sur l'eau basée sur le principe « pollueur-payeur ».
- Faire respecter les normes de qualité de l'eau.
- Dépolluer les eaux usées avant leur rejet dans le milieu naturel.
- Contrôler les travaux et les activités pouvant porter atteinte aux ressources naturelles (périmètres de protection autour des captages).
- Certaines mairies offrent un « kit économie d'eau » à chacun des foyers de la commune.

**Mesures individuelles pour préserver l'eau**

- Réparer les fuites.
- Prendre un bain plutôt qu'une douche.
- Remplir les machines à laver.
- Privilégier les équipements avec une touche « éco ».
- Installer des mousseurs d'eau.
- Ne pas laisser couler l'eau.
- Mesures spécifiques pour l'agriculture et l'industrie.

## Approfondir

**Veolia - Service Client de l'Eau** : Comment mieux maîtriser sa consommation d'eau (2 min 21 s)

→ lienmini.fr/pse-vid13

**Vérifiez vos acquis !**

→ lienmini.fr/pse-qcm13

# Maîtriser sa consommation en énergie

**OBJECTIFS**

> Prendre conscience des enjeux d'une consommation excessive d'énergie.
> Adopter un comportement écocitoyen pour maîtriser sa consommation en énergies.

**Sophie, 21 ans,** aide-soignante, travaille en CDI dans une maison de retraite à 25 km de chez elle. Elle loue un logement ancien mal isolé avec chauffage électrique. Le matin, pressée, elle part avec sa vieille voiture en laissant lumière allumée et appareils en veille. Les dépenses d'essence et d'électricité grevant son budget, elle souhaite les limiter pour profiter d'un peu plus de loisirs. Sensibilisée aux problèmes d'environnement liés à l'énergie, elle désire également agir pour la planète. Un service de covoiturage existe dans sa région ; elle peut prendre le train et bénéficier d'une carte de transport avantageuse, mais ses horaires sont variables ; elle peut changer sa voiture pour en acheter une neuve à crédit, consommant moins de carburant, et bénéficier du bonus écologique. Elle hésite aussi à déménager pour se rapprocher de son travail, ce qui l'éloignerait de ses amis ; elle a visité un logement récent et mieux isolé.

## 1 Analyser la situation initiale et les besoins

**1/** Retrouver le problème de Sophie.

Elle dépense trop d'argent pour son essence et son électricité.

**2/** Préciser le besoin que ressent Sophie.

Réduire ses dépenses énergétiques, pouvoir utiliser cet argent pour ses loisirs et équilibrer son budget ; elle souhaite aussi agir pour la planète.

## 2 Définir le projet

Définir le projet de Sophie.

Maîtriser sa consommation d'énergie autant pour son budget que pour le respect de la planète.

## 3 Analyser le projet en identifiant les ressources et les contraintes

**1/** Les obligations de Sophie.

Être à l'heure au travail tous les jours.

**2/** Les contraintes pour réaliser ce projet.

Elle doit respecter les contraintes de son budget et chercher à limiter sa fatigue, tout en diminuant ses frais d'essence et d'électricité.

**3/** Les ressources (ou possibilités).

Covoiturage, transport en commun, achat d'une nouvelle voiture, déménagement.

## 4 Inventorier les stratégies et leurs conséquences

| Ressources possibles | Conséquences (avantages et inconvénients) |
|---|---|
| **Utiliser les transports en commun (train)** | • Coût moins élevé car carte de transport avantageuse.<br>• Horaires pas toujours adaptés. |
| **Faire du covoiturage** | • Partage des frais d'essence, alternance du conducteur.<br>• Compagnie pendant le trajet, convivialité.<br>• Difficile de trouver quelqu'un qui a les mêmes horaires ; incertitude. |
| **Acheter une voiture neuve** | • Bonus écologique.<br>• Moins de pollution.<br>• Le trajet en voiture perdure (temps, fatigue).<br>• Coût élevé donc nécessité de faire un crédit. |
| **Déménager** | • Proximité du lieu de travail, moins de dépenses d'essence et de fatigue.<br>• Moins de trajet donc moins de pollution.<br>• Logement moins énergivore car mieux isolé.<br>• Changement d'environnement et éloignement de ses amis. |

## 5 Mobiliser des connaissances utiles

Pour comprendre la situation et y apporter des solutions, je réalise les **Activités 1** à **11** de la séquence 14.

## 6 Choisir une stratégie

**1/** Indiquer quelle est la solution la plus adaptée au projet de Sophie.

C'est le déménagement qui semble la solution la mieux adaptée.

**2/** Justifier ce choix :

> par rapport aux contraintes.

Il permet de diminuer les frais d'essence et d'électricité mais aussi la fatigue, et de générer moins de risques de retard au travail.

> par rapport à l'impact de cette activité sur l'environnement.

Moins de déplacements en voiture donc moins de dégagement de $CO_2$.

**3/** Proposer à Sophie trois conseils pour diminuer sa facture d'électricité.

> Ne pas laisser les appareils en veille.

> Éteindre les lumières.

> Mettre un programmateur sur les radiateurs électriques (mise en route avant son retour).

## 7 Évaluer l'impact du projet

Indiquer des éléments qui permettront à Sophie d'évaluer les effets de son projet.

> Diminution de la facture d'électricité.

> Diminution de la sensation de fatigue.

> Passage à la pompe à essence moins fréquent.

> Plus de temps et plus d'argent pour les loisirs.

# MOBILISER DES CONNAISSANCES UTILES

Maîtriser sa consommation d'énergie est un enjeu essentiel pour la population mondiale. L'utilisation croissante d'énergie renouvelable (ENR) et non renouvelable a des impacts significatifs sur les ressources, l'environnement et la qualité de vie des hommes. Seul un accord global entre pays, afin d'adopter des mesures collectives comme la réduction de la consommation et une production d'énergie peu polluante, assurera un développement durable.

## → ACTIVITÉ 1 - Les différentes formes d'énergie C13 C31

À partir du **doc. 1** :

1. Définir « énergies non renouvelables » et « renouvelables » dans la première ligne du tableau.
2. Donner des exemples pour chaque type d'énergie dans la dernière ligne du tableau.

| | Énergies primaires | | | Énergies secondaires |
|---|---|---|---|---|
| | non renouvelables | | renouvelables | |
| **Définitions** | Proviennent des matières terrestres, longues à se renouveler et dont l'utilisation est limitée dans le temps. | | Se renouvellent naturellement et sont donc inépuisables. | |
| **Exemples** | **Fossiles** | **Fissiles** (issues de la fission) | • Soleil (solaire)<br>• Vent (éolienne)<br>• Eau (hydroélectrique)<br>• Terre (géothermique)<br>• Bois (biomasse) | • Kérosène<br>• Mazout<br>• Essence<br>• Électricité |
| | • Pétrole<br>• Charbon<br>• Gaz naturel | • Uranium | | |

3. Indiquer les deux grands problèmes posés par l'utilisation des énergies non renouvelables.

> Raréfaction des énergies non renouvelables, épuisement des ressources.

> Production de $CO_2$, responsable de l'effet de serre et du réchauffement climatique.

### DOC. 1 Classification des énergies

On peut classer les énergies en fonction de leur origine : primaire ou secondaire.

• **L'énergie primaire** est l'ensemble des produits énergétiques non transformés et exploités directement par l'homme. Parmi les énergies primaires on distingue :

– les **énergies non renouvelables** : elles s'épuisent avec un renouvellement long. Ce sont les énergies fossiles (charbon, gaz naturel, pétrole) et l'énergie fissile (minerai d'uranium). Ces énergies sont inégalement réparties, ce qui provoque des tensions entre les pays. Les énergies fossiles dégagent du $CO_2$, en partie responsable de l'effet de serre.

– les **énergies renouvelables** : elles sont inépuisables, réparties équitablement sur terre et variées : hydraulique (eau), solaire (soleil), éolien (vent), géothermie (terre) et biomasse (bois).

• **L'énergie secondaire**, obtenue par transformation d'énergie primaire, est facile à stocker, transporter ou utiliser. Par exemple, le gaz et le pétrole (primaire) sont transformés en électricité (secondaire) ; l'essence ou le gazole (secondaire) proviennent du pétrole (primaire).

## → ACTIVITÉ 2 - Place des énergies dans la production mondiale C12 C22

1. Entourer dans le **doc. 2** la source d'énergie la plus consommée dans le monde.

2. Calculer la part d'énergie primaire fossile consommée.

30 + 27 + 22 = 79 %.

3. Indiquer la part représentée par l'énergie nucléaire. 4 %

4. À partir de ces observations, indiquer sur quel type d'énergie est basée la production mondiale.

Elle est basée sur les énergies non renouvelables.

DOC. 2 **Consommation mondiale d'énergie primaire**

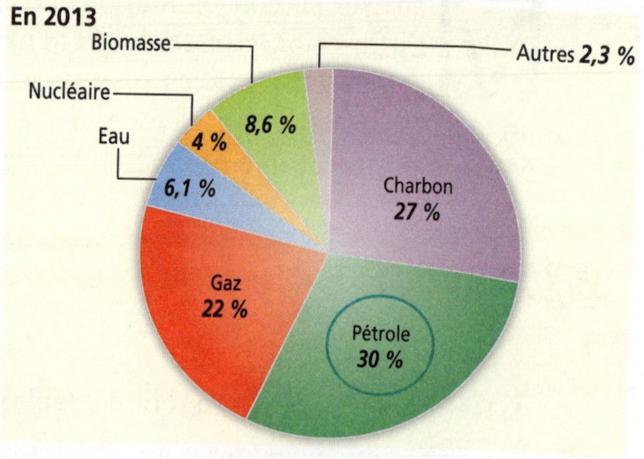


5. À l'aide du **doc. 3**, dire quels pays augmenteront le plus leur consommation d'énergie en 2030.

La Chine et l'Inde, pays en développement dits émergents.

6. Justifier cette évolution à partir de vos connaissances et de l'actualité.

> Équipement des habitations en électroménager.

> Multiplication du nombre de voitures et de déplacements professionnels ou privés (loisirs).

> Développement de l'industrie dans les pays émergents.

7. Relever l'énergie la plus utilisée par la Chine à l'aide du **doc. 4**. Le charbon.

8. Formuler deux remarques sur l'incidence de cette surconsommation d'énergie dans les prochaines années.

> Les ressources en énergie vont se raréfier et manquer car les spécialistes estiment que les réserves en énergies fossiles sont très limitées dans le temps.

> Cela va augmenter l'émission de $CO_2$ et, par conséquent, le risque d'effet de serre.

DOC. 3 **Évolution de la consommation mondiale**

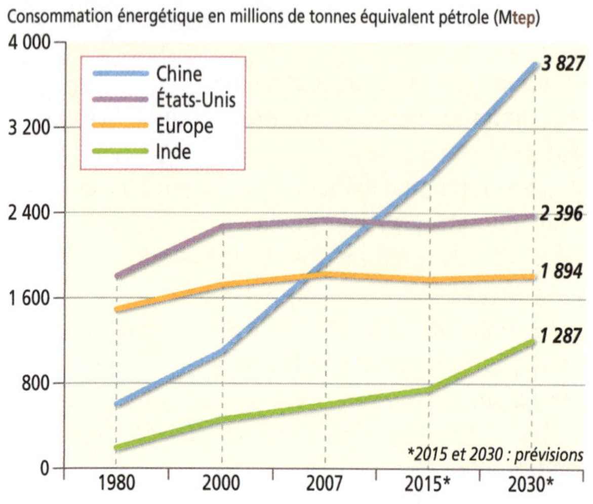


DOC. 4 **Consommation d'énergie en Chine**

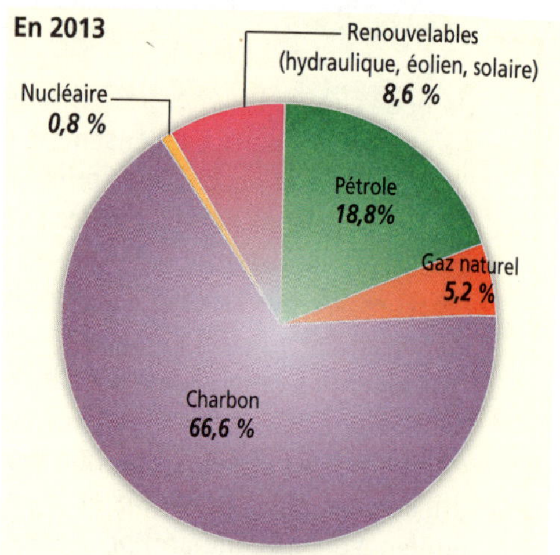

## ACTIVITÉ 3 - Évolution de la situation énergétique en France C12 C42

**1.** Relever, à partir du **doc. 5**, l'évolution sur 40 ans, de la consommation d'énergie primaire en France :

> sur le plan quantitatif : la consommation d'énergie est passée de 179,7 à 259,6 Mtep soit une augmentation d'environ 80 Mtep, donc près de 45 % par rapport à 1973.

> sur le plan qualitatif : la consommation de charbon et de pétrole est en baisse, celle de gaz a doublé, l'électricité a été multipliée presque par 10, les énergies renouvelables ont été multipliées par 2 mais restent encore faibles.

À partir des **doc. 6** et **7** :

**2.** > Indiquer l'énergie renouvelable (**ENR**) la plus utilisée en France.

Il s'agit du bois (biomasse).

> Dire si elle peut représenter un inconvénient pour l'environnement ; justifier votre réponse.

La biomasse utilisée de façon massive engendrerait des problèmes de déforestation (destruction de la biodiversité des espèces, modification du cycle de l'eau, conséquences climatiques...).

**3.** Citer, par ordre décroissant, les autres énergies renouvelables utilisées en France.

1. Hydraulique / 2. Biocarburants / 3. Autres (biogaz, solaire, thermique, géothermie...) / 4. Pompes à chaleur / 5. Éolien / 6. Déchets urbains

### DOC. 5 Évolution de la consommation française d'énergie primaire

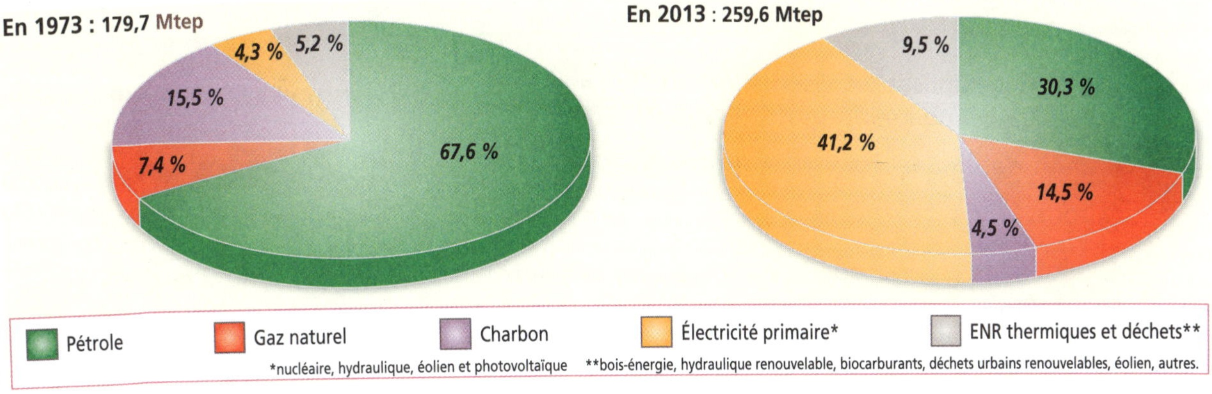


### DOC. 6 Production française d'ENR par filière

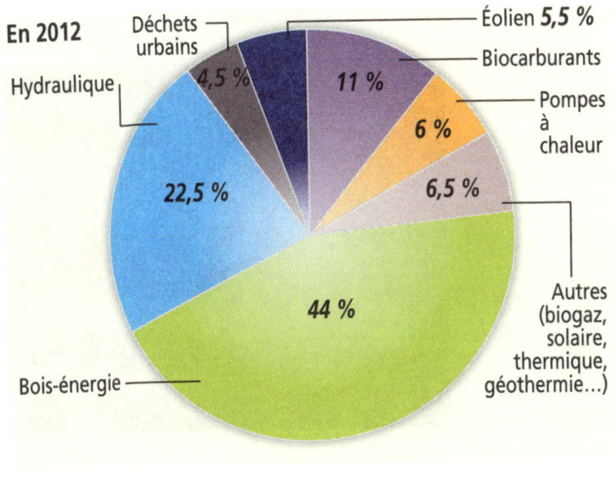


### DOC. 7 Enjeux de la biomasse

La biomasse est l'ensemble de la matière organique qui peut se transformer en énergie.
On distingue :
- le **bois** ;
- le **biogaz** (produit par la fermentation de déchets organiques, déchets ménagers, déchets des industries agroalimentaires...) ;
- les **biocarburants** (extraits de tournesol, betterave, colza).

Cette source d'énergie peut être facilement stockée et, de plus, elle émet peu de gaz à effet de serre. Toutefois, son utilisation en remplacement des énergies fossiles ne peut être envisagée en raison de son impact sur l'environnement, telle la déforestation.

## → ACTIVITÉ 4 - Objectifs de la France pour lutter contre le réchauffement climatique C13 C22

1. Entourer dans le **doc. 8** les deux accords adoptés par l'Union européenne pour lutter contre le réchauffement climatique.

2. Souligner dans le **doc. 8** :
> en bleu, les engagements de la France pour lutter contre le réchauffement climatique.
> en rouge, les pays qui acceptent de se soumettre à un accord global.
> en vert, l'objectif fixé pour 2020.

### DOC. 8 Des accords de Kyoto à l'accord Paris Climat 2015

• L'Union européenne s'était engagée en 1998, au titre du protocole de Kyoto, à réduire ses gaz à effet de serre (GES) de 8 % en 2012 par rapport au niveau 1990. La France les a réduits de 13 % !
• En 2008, l'Union européenne a adopté le paquet « Énergie-Climat » 2020 qui fixe les objectifs pour 2020 : réduire de 20 % les GES, porter la part des énergies renouvelables à 20 % et réduire de 20 % la consommation d'énergie.
• Le 24 octobre 2014, l'Union européenne a adopté le paquet « Énergie-Climat » 2030 dont l'objectif principal est une baisse de 40 % des GES d'ici 2030 par rapport à 1990.
• Au niveau mondial, 192 pays ont renouvelé leur engagement concernant le protocole de Kyoto lors de la conférence de Doha en 2012. 196 pays ont conclu un accord de principe sur la baisse des émissions de GES lors de la conférence de Lima en 2014.
• Pour la première fois, les États-Unis, la Chine, l'Inde, fortement émetteurs de $CO_2$, acceptent de se soumettre à un nouvel accord global qui sera juridiquement contraignant. L'accord conclu lors de la conférence Paris climat 2015 rentrera en vigueur au plus tard à compter de 2020 ; l'objectif fixé est une limitation du réchauffement climatique en dessous de 2 °C et même 1,5 °C si possible.

3. Justifier l'utilisation massive du nucléaire et le développement des énergies renouvelables par rapport aux engagements de la France.

Il s'agit de diminuer ses émissions de GES d'au moins 20 % par rapport à 1990. Pour les mêmes raisons, les énergies renouvelables font partie des axes de développement à privilégier.

4. Souligner dans le **doc. 9** en rouge, les inconvénients de chaque type d'énergie et en vert, les avantages.

5. Nommer un événement environnemental catastrophique récent dans le monde qui pourrait remettre en jeu le choix de l'énergie nucléaire en France.

L'accident nucléaire de Fukushima dû à un séisme de grande amplitude ayant provoqué un tsunami (11 mars 2011).

### DOC. 9 Énergie nucléaire et énergies renouvelables

• La France utilise les énergies renouvelables et le nucléaire afin de réduire ses GES et sa dépendance énergétique (en gaz et pétrole).
• La gestion des déchets radioactifs tout comme la durée de vie et la sécurité des centrales nucléaires sont des paramètres écologiques et sanitaires non résolus à l'heure actuelle.
• Les énergies renouvelables, quant à elles, ont un coût élevé en termes de production et leurs rendements sont tributaires de la météo (vent, soleil). Elles permettent néanmoins d'approvisionner des régions isolées.

Centrale nucléaire.

# ACTIVITÉ 5 - Les causes et conséquences de l'effet de serre C12 C22

À l'aide du **doc. 10** :

**1.** Justifier l'affirmation suivante : « L'effet de serre est un phénomène naturel ».

Les GES naturels (vapeur d'eau, $CO_2$) retiennent une partie des rayonnements infrarouges du soleil renvoyés par réverbération, qui permettent ainsi de réchauffer l'atmosphère autour des 15 °C favorables au développement de la vie. Sans ces gaz, la température serait de – 18 °C.

**2.** Entourer dans le schéma du **doc. 10** les activités qui favorisent l'augmentation de l'effet de serre.

**3.** Indiquer les quatre principaux gaz à effet de serre et entourer celui qui est principalement responsable de l'effet de serre.

> Méthane
> Dioxyde de carbone
> Oxyde nitreux
> Hydrofluorocarbures

**4.** Indiquer le risque lié à l'augmentation des GES dans le futur.

Un risque de réchauffement planétaire qui pourrait atteindre 3 °C d'ici 2100.

**5.** Citer des conséquences possibles liées à ce risque.

Cyclones, tempêtes, montées des eaux de mer, fonte des glaciers, inondations, sécheresse, etc.

## DOC. 10 Définition et phénomène de l'effet de serre

• L'effet de serre est un phénomène naturel ! La Terre reçoit son énergie du Soleil sous forme de chaleur et de lumière. Une partie de l'énergie qui entre dans l'atmosphère y est absorbée, et le reste réchauffe la Terre. Celle-ci ne conserve pas cette énergie et la renvoie vers l'extérieur sous forme de rayonnement infrarouge. Ce sont les gaz à effet de serre naturels, la vapeur d'eau et le dioxyde de carbone ($CO_2$) qui retiennent une partie de ces infrarouges tandis que le reste repart vers l'espace. Ces infrarouges réchauffent ainsi l'atmosphère : s'il n'y avait pas de vapeur d'eau ni de $CO_2$, la température moyenne sur Terre serait de – 18 °C. Grâce à eux, elle est de + 15 °C. L'activité humaine produit de plus en plus de GES : cette évolution provoque un risque de réchauffement planétaire qui pourrait atteindre 3 °C d'ici à 2100.

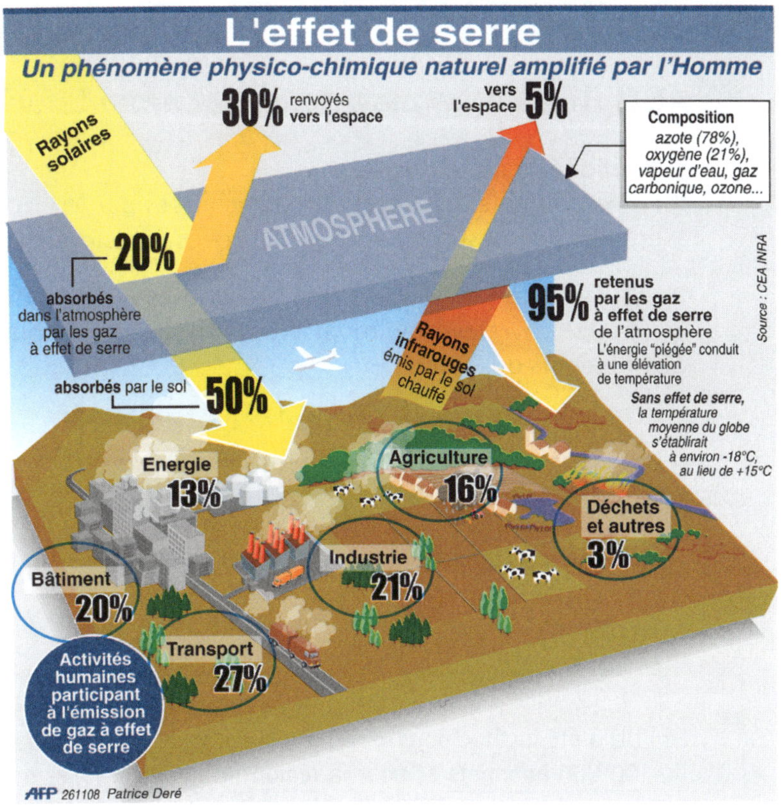


• Le dioxyde de carbone ($CO_2$) constitue 77 % des GES ; il provient de la combustion des énergies fossiles et a une durée de vie de plusieurs milliers d'années dans l'atmosphère. S'y ajoutent le méthane ($CH_4$) provenant de diverses fermentations (14 % des GES, durée de vie de 12 ans), l'oxyde nitreux ($NO_2$) provenant de l'industrie chimique et des engrais (8 % des GES, durée de vie de 114 ans) et les hydrofluorocarbures (HFC) d'origine industrielle (1 % des GES, à durée de vie variable).

## → ACTIVITÉ 6 - La loi sur la transition énergétique C12 C22

À l'aide du **doc. 11** :

**1.** Indiquer qui seront les bénéficiaires de la loi sur la transition énergétique.

Les citoyens, les entreprises et les collectivités locales.

**2.** Indiquer deux enjeux de cette loi.

> Favoriser l'utilisation des énergies propres.

> Réduire le plus possible et à tous les niveaux la consommation d'énergie.

### DOC. 11 Projet de loi relatif à la transition énergétique

Cette loi, votée le 14 octobre 2014, remplace la loi Grenelle dès 2015.

• Ce qui va changer pour les citoyens : des mesures pour aider à financer les travaux de rénovation énergétique des logements et la mise en place de plates-formes conseil, des primes pour favoriser le remplacement des véhicules diesel par des véhicules électriques, le développement du recyclage et de la valorisation des déchets, des chèques « énergie » pour aider les ménages les plus modestes, etc.

• Ce qui va changer pour les entreprises et les collectivités locales : le déploiement des énergies renouvelables, la stimulation du secteur du bâtiment par la rénovation énergétique, des prêts aux collectivités locales pour financer les projets de transition énergétique, le remplacement progressif des véhicules administratifs par des véhicules « propres », la création de zones à circulation restreinte pour améliorer la qualité de l'air, etc.

Source : www.ademe.fr

## → ACTIVITÉ 7 - Le plan de déplacements urbains (PDU) C13 C22

**1.** Souligner dans le **doc. 12** :

> en vert, le type de collectivités concernées par le **PDU**.

> en bleu, les mesures visant à réduire les émissions de $CO_2$.

**2.** Télécharger le document de synthèse PDU 2012-2021 du **doc. 12** (**www.lienmini.fr/PDU-2012-2021**). Y relever au moins quatre réalisations concrètes de la ville de La Rochelle répondant aux objectifs du PDU.

> Réalisation de parcs relais, de parkings souterrains à l'extérieur de la ville.

> Développement du secteur piétonnier, des pistes cyclables, des voies de bus.

> Mise à disposition d'un parc vélo / voitures électriques en libre-service.

> Incitation au covoiturage (parc de covoiturage).

### DOC. 12 Plan de déplacements urbains

Le PDU a été institué pour réfléchir à la place de la voiture dans les villes de plus de 100 000 habitants et pour la région Île-de-France. Les mesures à mettre en place concernent l'amélioration de la sécurité dans les déplacements, la diminution du trafic routier, le développement des transports collectifs économes et peu polluants, l'organisation du stationnement, etc. Entreprises et collectivités publiques sont incitées à favoriser le transport de leur personnel par l'utilisation des transports en commun et par le covoiturage, en réalisant un plan de déplacement d'entreprise visant à développer des modes de déplacements plus respectueux de l'environnement.

© Communauté d'agglomération de La Rochelle.

# ACTIVITÉ 8 - Les mesures collectives mises en œuvre au niveau de l'automobile C12 C22

**1.** > Donner deux informations liées à l'énergie mentionnées sur l'étiquette du **doc. 13**.

→ Consommation de carburant → Émission de $CO_2$

> Justifier leur utilité.

Permettent à tout acheteur d'automobile d'être renseigné sur les émissions de $CO_2$ et la consommation afin de pouvoir comparer les véhicules entre eux et faire un choix raisonné.

**2.** Indiquer à l'aide des **doc. 13** et **14** :

> à quels véhicules s'applique le bonus écologique : véhicules électriques ou hybrides neufs émettant moins de 110 g de $CO_2$.

> le critère pris en compte pour calculer son montant : la quantité de $CO_2$ émise (moins elle sera élevée, plus le montant du bonus sera élevé).

> les classes de véhicules qui bénéficient obligatoirement du bonus : classes A et G.

> les classes qui bénéficient obligatoirement du malus : classes D à G.

**3.** Justifier la mise en œuvre du bonus/malus écologique.

Susciter l'achat de véhicules neufs émettant peu de $CO_2$ pour répondre aux exigences des objectifs du Grenelle de l'environnement, et encourager la fabrication de voitures moins polluantes.

## DOC. 13 Étiquette énergie

L'Union européenne souhaite limiter l'émission moyenne de $CO_2$ des automobiles dans l'Europe à 95 g/km d'ici 2020 afin de lutter contre l'augmentation constante d'émission de ce gaz. C'est pourquoi chaque voiture particulière neuve doit avoir une étiquette informative « émission de $CO_2$ ».

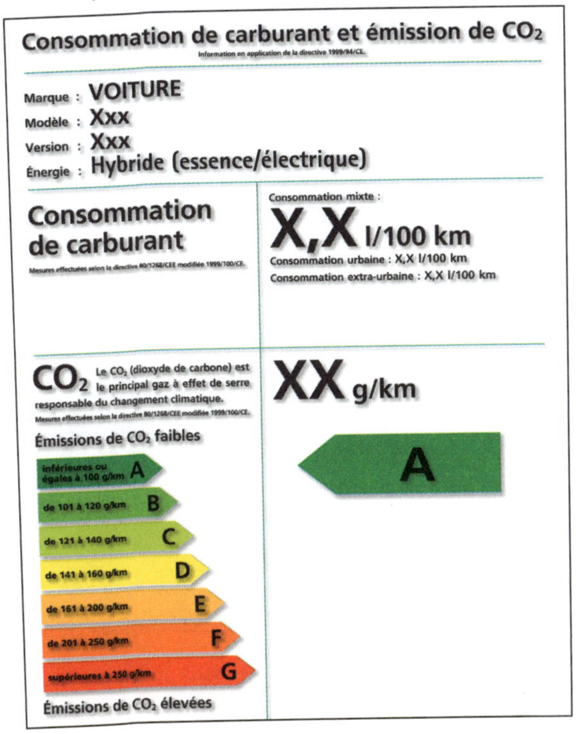


## DOC. 14 Bonus / Malus

Le bonus malus (mesure du Grenelle de l'environnement) se traduit par l'octroi d'une prime lors de l'achat d'un véhicule électrique ou hybride neuf émettant peu de $CO_2$ et par l'imposition d'une taxe pour tous les véhicules en produisant beaucoup. Il est actualisé chaque année.

| BONUS MALUS : applicable à partir du 4 janvier 2016 | |
|---|---|
| **ÉMISSIONS DE $CO_2$/km** | **BONUS** |
| 0 à 20 g (véhicule électrique) | 6 300 € |
| 21 à 60 g (véhicule hybride rechargeable) | 1 000 € |
| moins de 110 g (véhicule hybride non rechargeable) | 750 € |

| ÉMISSIONS DE $CO_2$/km | MALUS |
|---|---|
| 131 à 145 g | 150 € à 500 € |
| 146 à 155 g | 900 € à 1 600 € |
| 156 à 180 g | 2 200 € à 3 000 € |
| 181 à 190 g | 3 600 € à 4 000 € |
| 191 à 250 g | 6 500 € à 8 000 € |

## ACTIVITÉ 9 - Actions individuelles ou écocitoyennes dans le domaine des transports C44

• À l'aide de vos connaissances, des photos et/ou des sites www.faisonsvite.fr (www.lienmini.fr/se-deplacer) et www.ademe.fr (www.lienmini.fr/mes-deplacements), rechercher des actions éco-citoyennes ; les classer dans les tableaux ci-après.

| J'utilise mon énergie personnelle | Je voyage en commun | Je partage la voiture |
| --- | --- | --- |
| • Privilégier les déplacements à pied.<br>• Utiliser le vélo (personnel ou en libre-service dans certaines villes). | • Train<br>• Tramway<br>• Bus électrique urbain ou interurbain<br>• Métro | • Covoiturage<br>• Auto-portage |

| Je choisis ma voiture | J'entretiens ma voiture | Je limite ma consommation |
| --- | --- | --- |
| • Taille adaptée aux besoins de la famille.<br>• Consommation de carburant.<br>• Émission de $CO_2$ (bonus écologique si véhicule électrique ou hybride). | • Pression des pneus.<br>• Réglage de certains éléments du moteur, changement des filtres, etc. | • Pas de surcharge de la voiture.<br>• Limiter l'usage de la vitesse, de la climatisation.<br>• Couper le moteur lorsque l'arrêt se prolonge.<br>• Organiser ses déplacements : choisir un moment creux de la journée, panacher les modes de transport, limiter les petits trajets. |

## ACTIVITÉ 10 - Mesures collectives pour maîtriser l'énergie dans l'habitat C13 C22

**1.** Indiquer à quel label doivent répondre les bâtiments neufs depuis 2013 à l'aide du **doc. 15** et justifier.

Le label BBC (bâtiment à basse consommation) afin de diminuer la consommation annuelle d'énergie et les émissions de $CO_2$ importantes dans ce secteur.

**2.** Souligner dans le **doc. 15** les domaines de l'habitation pris en compte par ce label.

**3.** Compléter le tableau comparatif des lampes à incandescence et « basse consommation ».

| | Incandescence | Basse consommation |
|---|---|---|
| Puissance électrique | 75 W | 20 W |
| Énergie consommée en 1 h | 75 Wh ou 0,075 KWh | 20 Wh ou 0,020 KWh |
| Énergie consommée en 8 000 h | 8 000 × 0,075 = 600 KWh | 8 000 × 0,020 = 160 KWh |
| Prix de revient de la consommation sur 8 000 h (Coût du KWh = 0,105 euro) | 600 × 0,105 = 63 € | 160 × 0,105 = 16,8 € |

**4.** Justifier, à l'aide du tableau complété ci-dessus et du **doc. 15**, les engagements de Grenelle dans le domaine de l'éclairage.

La quantité d'énergie consommée pour la même durée d'utilisation est nettement inférieure pour les ampoules « basse consommation », ce qui va dans le sens d'une diminution des émissions de $CO_2$.

**5.** Justifier la mise en place du DPE (**doc. 15**).

Il informe le locataire ou l'acheteur sur l'estimation de la consommation énergétique d'un logement et sur son taux d'émission de gaz à effet de serre afin qu'il puisse faire un choix en comparant avec le DPE d'autres appartements. Il s'inscrit dans le cadre de la politique énergétique européenne.

### DOC. 15 Maîtrise d'énergie dans le bâtiment

• Le Grenelle de l'environnement s'est attaqué à la question du bâtiment qui dévore 40 % de notre énergie et génère 25 % de nos émissions de $CO_2$. Depuis 2013, les nouvelles constructions individuelles sont des BBC (bâtiments basse consommation) et depuis 2012 pour les bâtiments collectifs. Les efforts concernent le chauffage, l'eau chaude, les sanitaires, la ventilation, la climatisation et l'éclairage. Concernant ce dernier, l'engagement n° 53 du Grenelle prévoit, depuis 2010, le remplacement de toutes les ampoules à incandescence par des lampes « basse consommation ».

• Depuis janvier 2011, le diagnostic de performance énergétique (DPE) du logement doit être présenté pour tous les biens mis en vente et en location.
À côté du descriptif du logement, vous devez trouver une étiquette énergie ❶ et une étiquette climat ❷ indiquant les émissions de gaz à effet de serre du logement.

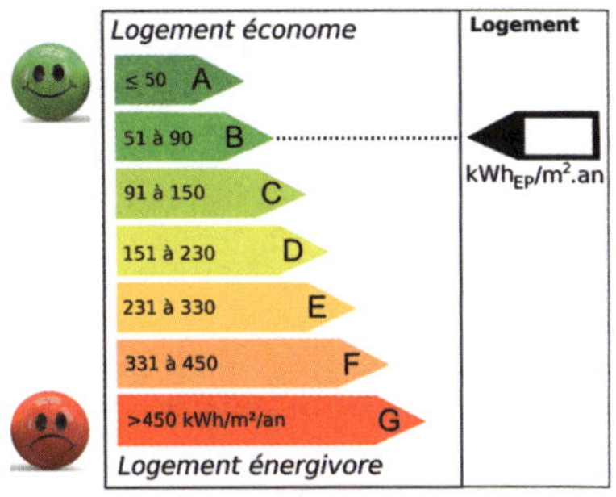


Étiquette énergie ❶

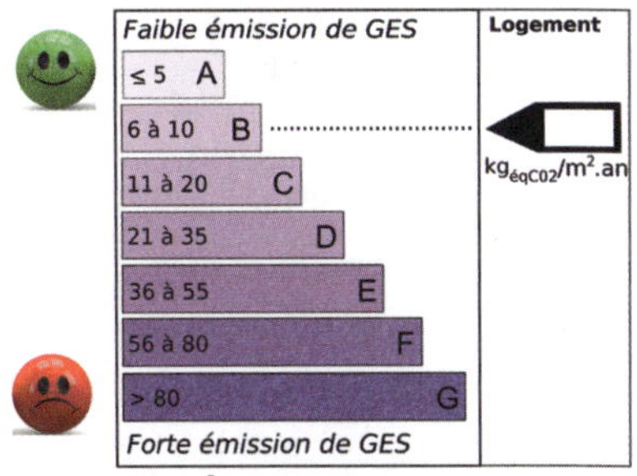


Étiquette climat ❷

**6.** > Souligner dans le **doc. 16** :
→ en bleu, les aides financières permettant d'améliorer les dépenses énergétiques du logement.
→ en vert, les travaux bénéficiant de ces aides.
> Indiquer quelles énergies sont à privilégier pour obtenir ces aides.

Ce sont les énergies renouvelables : solaire, photovoltaïque, éolienne, bois.

### DOC. 16 Crédit d'impôt pour la transition énergétique

C'est une disposition fiscale permettant aux ménages de déduire de leur impôt sur le revenu une partie des dépenses réalisées pour certains travaux d'amélioration énergétique portant sur une résidence principale. Que vous soyez propriétaire occupant, bailleur et même locataire, si vous réalisez des travaux d'isolation thermique, de régulation du chauffage, de changement de chaudière, d'installation d'un chauffage au bois, d'installation d'un chauffage ou d'un chauffe-eau solaires, d'installation d'une pompe à chaleur, d'installation de panneaux photovoltaïques, d'éoliennes, vous pouvez cumuler, sous certaines conditions, le crédit d'impôt, la TVA à taux réduit (5,5 %) et l'éco-prêt à taux zéro. Le crédit d'impôt peut être cumulé également avec d'autres aides publiques pour l'achat des équipements et des matériaux (conseil général, conseil régional, ANAH). Il est accordé pour des logements achevés depuis plus de 2 ans.

Source : Ademe (www.ademe.fr)

## → ACTIVITÉ 11 - Mesures écocitoyennes dans le domaine de l'habitat et de l'équipement C44

• À l'aide de vos connaissances et/ou des sites www.faisonsvite.fr (www.lienmini.fr/se-loger) et www.ademe.fr (www.lienmini.fr/mon-habitation), proposer des mesures écocitoyennes permettant de maîtriser l'énergie dans l'habitation.

| | |
|---|---|
| **Électroménager**  | • Adapter la taille des appareils aux besoins de la famille.<br>• Choisir en fonction des performances électriques (étiquette énergie).<br>• Utiliser les touches « éco » des lave-vaisselle ou lave-linge.<br>• Installer les appareils producteurs de froid loin des sources de chaleur. |
| **Audiovisuel et informatique**  | • Ne pas laisser les appareils en veille.<br>• Éviter le suréquipement.<br>• Débrancher tous les appareils en cas d'absence prolongée. |
| **Éclairage**  | • Utiliser des ampoules « basse consommation ».<br>• Éteindre la lumière quand on quitte une pièce.<br>• Favoriser l'éclairage naturel. |
| **Chauffage**  | • Effectuer une bonne isolation thermique.<br>• Adapter la température à chaque pièce.<br>• Installer des robinets thermostatiques et des programmateurs.<br>• Entretenir la chaudière ; installer une VMC. |
| **Eau chaude**  | • Régler la température de la chaudière.<br>• Préférer la douche au bain.<br>• Installer des chauffe-eau solaires.<br>• Isoler les canalisations. |

**Proposer maintenant des éléments qui permettront à Sophie d'évaluer l'impact de son projet (étape 7, p. 156).**

# Activités de synthèse

## RÉCAPITULER

**Compléter les textes à trous. Si besoin, se reporter à l'aide en bas de page.**

### Les ressources en énergie

- La consommation énergétique mondiale est en constante ....augmentation.... .
- Les énergies extraites du sous-sol, appelées énergies fossiles (exemples : ....charbon...., ....pétrole...., ....gaz....), sont des sources d'énergie ....non renouvelables.... donc épuisables. Le problème de leur remplacement se pose et de nombreux pays ont de plus en plus recours aux ....énergies renouvelables.... telles l'énergie solaire, l'énergie ....éolienne.... (vent), l'énergie ....géothermique.... (chaleur de la terre).
- La plus utilisée dans le monde est l'exploitation du bois (....biomasse....) qui demande une gestion maîtrisée afin d'éviter la ....déforestation.... .
- En France, l'énergie utilisée pour produire l'électricité est l'énergie ....nucléaire.... .

### Utilisations et conséquences sur l'environnement

- Deux secteurs sont des grands consommateurs d'énergie : les ....transports.... et l'....habitat.... .
- La production et la consommation d'énergies constituent une source de pollution de l'air à cause de la production de certains ....gaz à effet de serre...., dont le $CO_2$, qui sont responsables du ....réchauffement climatique.... .

### Les mesures collectives et individuelles d'économie d'énergie

- Pour réduire ce phénomène, il faut consommer ....moins.... et autrement : depuis 2008, l'Union européenne a pour objectif de réduire de 20 % la production des gaz à effet de serre, d'ici à 2020.
- En France les lois de ....Grenelle.... mettent en place des mesures visant ces objectifs, dans le domaine :

– du bâtiment (utilisation de ....lampes « basse consommation »....) ;

– des transports (étiquette énergie, ....PDU....) ;

– des énergies renouvelables (....crédits d'impôt....).

- Chaque individu doit également adopter un comportement ....écocitoyen.... pour diminuer sa consommation énergétique. Il peut par exemple prendre les ....transports en commun...., ne pas laisser les appareils en veille ; il peut aussi choisir d'avoir recours aux ....énergies renouvelables.... : installation de capteurs solaires sur le toit de sa maison par exemple.

**AIDE :** habitat / pétrole / déforestation / augmentation / Grenelle / non renouvelables / gaz / biomasse / nucléaire / gaz à effet de serre / éolienne / géothermique / crédits d'impôt / réchauffement climatique / charbon / transports / PDU / transports en commun / écocitoyen / moins / lampes « basse consommation » / énergies renouvelables (× 2)

# RETENIR

## MAÎTRISER SA CONSOMMATION EN ÉNERGIE POUR :

- limiter les effets sur l'environnement et sur l'Homme (effet de serre, climat instable, recrudescence de maladies) ;
- gérer les ressources et éviter une dépendance énergétique ;
- favoriser l'accès aux énergies sur toute la planète.

**L'accord de Paris pour le climat en 2015** a pour objectif de limiter le réchauffement climatique à 1,5 °C.
**Accord européen : paquet « Énergie-Climat »** (favoriser les énergies renouvelables, baisser la consommation d'énergie et réduire les gaz à effet de serre).
**Loi sur la transition énergétique et la croissance verte.**

### Au niveau des énergies

**Favoriser les énergies renouvelables**
(non polluantes, gratuites, bien réparties sur la planète)

- Solaire (soleil)
- Eolienne (vent)
- Hydroélectrique (eau)
- Géothermique (terre)
- Biomasse (bois)

**Réduire la part des énergies non renouvelables**
(polluantes, chères, mal réparties sur la planète)

- Énergie fossile
- Pétrole
- Gaz
- Charbon
- Énergie nucléaire : uranium

### Au niveau collectif

**Pour les transports :**

- Développement des transports peu polluants : transports en commun, bonus malus véhicule, etc.
- Plan de déplacement urbain (PDU) : voie cyclable, parking, covoiturage, etc.

**Pour le bâtiment**

- Crédits d'impôt pour isoler l'habitat.
- Bâtiments à basse consommation (BBC), etc.

### Au niveau individuel

**Pour les transports :**

- Utiliser les transports peu polluants : train, tramway, bus électrique, métro, vélo, etc.

**Pour l'habitat :**

- Utiliser des ampoules basse consommation.
- Éviter de surchauffer la maison.
- Éteindre les appareils en veille.
- Acheter des appareils électroménagers moins énergivores.
- Isoler son habitation (ex. : double vitrage).

# Approfondir

**Les énergies renouvelables** (1 min 33 s)

→ lienmini.fr/pse-vid14

**Vérifiez vos acquis !**

→ lienmini.fr/pse-qcm14

# Maîtriser le module 6

**La famille Gaspi** habite une maison ancienne sans isolation thermique. Angélique, 15 ans, traîne chaque matin sous la douche et manque régulièrement le bus scolaire. Sa mère l'accompagne au lycée situé à 5 km avec sa vieille voiture. Au retour, elle met le lave-linge avec quelques vêtements en marche puis repart avec sa voiture faire des courses à 2 km de là. En rangeant les surgelés, elle constate que le congélateur est tapissé d'une épaisse couche de givre. Monsieur Gaspi est parti travailler avec son véhicule tout terrain ; en rentrant, il décide de le laver chez lui. Il change le joint du robinet du jardin qui fuit. En entrant dans le salon (23 °C), il baisse le chauffage mais la lumière reste allumée. Une fois rentrés de l'école, Angélique prend un bain et Romain, 17 ans, passe de la télévision à l'ordinateur restés en veille. Le soir, il se brosse les dents tout en laissant couler l'eau à fort débit. Il va se coucher dans sa chambre où le thermomètre indique 18 °C. Les parents Gaspi sont régulièrement surpris des montants très élevés de leurs factures d'eau et d'électricité.

**Étudier la situation en mettant en œuvre la méthodologie de résolution de problèmes.**

## 1 Identifier le problème posé C31 ... / 2 pts

Les factures d'eau et d'électricité sont particulièrement élevées.

## 2 Identifier les éléments de la situation C32 ... / 6 pts

**Quoi :** quelle est la nature du problème ?

La consommation d'eau et d'électricité est élevée, le gaspillage est manifeste.

**Qui :** quelles sont les personnes concernées ?

Les quatre membres de la famille Gaspi.

**Où :** en quel lieu le problème apparaît-il ?

La résidence principale.

**Quand :** à quel moment le problème a-t-il été mis en évidence ?

Lors de la réception des factures très élevées.

**Comment :** quels comportements ont favorisé son apparition ?

Mauvaises habitudes, utilisation non rationnelle du matériel, habitation ancienne, matériel vétuste.

**Pourquoi :** quelles sont les causes ?

Méconnaissance des conséquences du gaspillage, mauvaise information sur l'utilisation du matériel et son entretien, sur les gestes simples pour réaliser des économies, sur les aides de l'État, etc.

## 3 Mettre en relation les éléments de la situation C32 ... / 6 pts

**1/** Souligner dans le texte de la situation, à l'aide de couleurs différentes, les trois familles de causes identifiées :
→ causes liées à l'habitation ;
→ causes liées au comportement adopté par rapport à l'électricité ;
→ causes liées au comportement adopté par rapport à l'eau.

**2/** Noter les effets à partir du classement effectué ci-dessus.

Factures élevées, gaspillage, pollution (émission de $CO_2$, effet de serre).

## 4 Mobiliser des connaissances utiles C21 C22

... / 14 pts

**1/** Indiquer les secteurs en milieu familial les plus dépensiers :

→ en eau :

- bain
- douche
- sanitaires
- vaisselle, linge

→ en électricité :

- chauffage
- eau chaude
- éclairage
- appareils électroménagers, audiovisuels

**2/** Indiquer les conséquences du gaspillage d'eau et d'électricité :

→ pour la famille : difficulté d'approvisionnement en électricité lors des moments de pointe, augmentation des factures.

→ pour la planète : pollution de l'eau et difficultés pour traiter l'eau et la rendre potable ; augmentation des taxes sur la facture d'eau ; les ressources en énergie non renouvelable s'épuisent.

**3/** Expliquer pourquoi une meilleure gestion de l'eau et de l'énergie contribue au développement durable.

Elle permettra de satisfaire les besoins présents des populations sans compromettre ceux des générations futures.

**4/** Citer quatre mesures collectives incitant les citoyens à économiser l'énergie.

- Bonus malus pour les véhicules neufs.
- Développement des transports en commun propres.
- Crédit d'impôts pour dépenses liées aux travaux d'amélioration énergétique (résidence principale).
- Obligation de remplacer les lampes à incandescence par des ampoules « basse consommation ».

## 5 Proposer des solutions C32

... / 12 pts

Proposer des conseils à la famille Gaspi pour réduire ses prochaines factures d'eau et d'électricité.

**EAU** (6 conseils)

- Préférer la douche au bain.
- Réparer les fuites d'eau.
- Ne pas laisser couler l'eau inutilement.
- Faire fonctionner lave-linge et lave-vaisselle à plein.
- Remplacer le vieux matériel par des appareils moins consommateurs d'eau.
- Diminuer le volume de la chasse d'eau (10 000 L en moins par an).

**ÉLECTRICITÉ** (6 conseils)

- Baisser le chauffage de 1 °C (7 % de moins sur la facture d'électricité).
- Installer des programmateurs et robinets thermostatiques, des thermostats.
- Éteindre la lumière lorsqu'on quitte une pièce.
- Utiliser des ampoules « basse consommation » pour les pièces de vie.
- Choisir des appareils peu consommateurs d'électricité en lisant les étiquettes énergies.
- Ne pas laisser les appareils en veille (10 % de consommation en moins).

# Identifier des situations à risques et la conduite à tenir

**OBJECTIFS**
> Adopter un comportement citoyen face aux risques majeurs.
> Adopter une attitude responsable lors de l'application de mesures collectives face à un risque.

**La prévention des risques** est un système qui a pour objectif d'assurer la sécurité du citoyen, notamment en le responsabilisant par l'identification des risques d'accidents et la connaissance de la conduite à tenir. Axe n° 1 : les accidents de la vie courante qui englobent, entre autres, les accidents domestiques, scolaires et de loisirs. Réglementation du matériel, campagnes d'information touchant un large public permettent leur prévention. Axe n° 2 : les accidents du travail. Réglementation, responsables au sein de l'entreprise, instances extérieures, formation du personnel permettent une protection au plus près du travailleur. Axe n° 3 : les catastrophes dues aux risques majeurs. Étude des phénomènes naturels afin de pouvoir anticiper leur survenue, législation prévenant les risques technologiques et information du citoyen sur la conduite à tenir en cas de catastrophe permettent de limiter les dommages.

## 1 Identifier la finalité du système

• Système : la prévention des risques.
• Finalité : la sécurité de chaque citoyen.

## 2 Identifier les éléments du système

Dans le texte de la situation :

**1/** Nommer les trois axes de prévention :
> Accidents de la vie courante > Accidents du travail > Risques majeurs

**2/** Citer les trois principales catégories de risques qu'englobe le premier axe.
> Accidents domestiques > Accidents scolaires > Accidents de loisirs

**3/** Relever les moyens de prévention mis en œuvre au niveau de chaque axe.
> Axe 1 : réglementation, campagnes d'information.
> Axe 2 : réglementation, responsables au sein de l'entreprise, instances extérieures, formation du personnel.
> Axe 3 : étude des phénomènes naturels, législation, information du citoyen.

## 3 Mettre en relation les éléments du système

**1/** Compléter le schéma du système à l'aide des éléments suivants :

❶ risques majeurs / ❷ accidents du travail / ❸ scolaires / ❹ accidents de la vie courante / ❺ étude des phénomènes naturels / ❻ campagnes d'information / ❼ formation du personnel / ❽ domestiques / ❾ réglementation / ❿ instances extérieures / ⓫ législation prévenant les risques technologiques

**2/** Reporter dans le pavé central le système et sa finalité trouvés à l'**étape** 1.

**AXE 1 : prévention des**
❹ accidents de la vie courante

| Accidents | Accidents | Accidents |
|---|---|---|
| ❽ domestiques | ❸ scolaires | de loisirs |

, etc.

> Réglementation
> ❻ Campagnes d'information

**AXE 2 : prévention des**
❷ accidents du travail

> ❼ Formation du personnel
> ❾ Réglementation
> Responsables au sein de l'entreprise
> ❿ Instances extérieures

**Système :** la prévention des risques
**Finalité :** la sécurité de chaque citoyen

**AXE 3 : prévention des catastrophes dues aux** ❶ risques majeurs

> ❺ Étude des phénomènes naturels
> ⓫ Législation prévenant les risques technologiques
> Information du citoyen

## 4 Mobiliser des connaissances utiles

Pour comprendre le système, je réalise les **Activités 1** à **7** de la séquence 15.

## 5 S'inscrire dans le système

Proposer des comportements pour s'inscrire dans le système de prévention des risques en citoyen responsable :

**1/** Au niveau des risques d'accidents de la vie courante.

> Être attentif aux campagnes de prévention ; faire preuve de vigilance.
> Respecter la réglementation, le Code de la route.

**2/** Au niveau des risques d'accidents du travail.

> Respecter les mesures de prévention en vigueur.

**3/** Au niveau des risques majeurs.

> S'informer sur les risques majeurs dans sa commune (DICRIM).
> S'informer sur la conduite à tenir si l'événement se produit.
> Savoir réagir face au signal d'alerte aux populations ; si SST ou PSC1, aider les secours.

# MOBILISER DES CONNAISSANCES UTILES

Chaque jour, chacun est confronté à la notion de risque, en particulier à travers la médiatisation des catastrophes. On peut définir le risque par la probabilité plus ou moins importante d'atteinte à la santé et/ou aux biens. Que l'on soit citoyen ordinaire ou spécialiste, nous n'avons pas tous la même perception du risque ; un risque acceptable dans un pays ne l'est pas forcément pour un autre, un risque acceptable aujourd'hui peut ne pas l'être demain.

## → ACTIVITÉ 1 - La notion de risque majeur C13 C22

Répondre aux questions suivantes à l'aide des **doc. 1** et **2**.

**1.** Retrouver dans l'introduction ci-dessus la définition générale du risque.

C'est la probabilité plus ou moins importante d'atteinte à la santé et/ou aux biens.

**2.** > Définir les schémas ci-dessous à l'aide des termes surlignés dans le **doc. 1**.

❶ Aléa

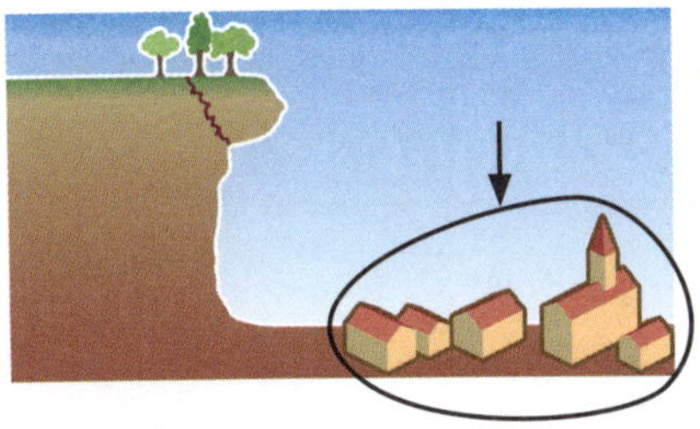

❷ Enjeu

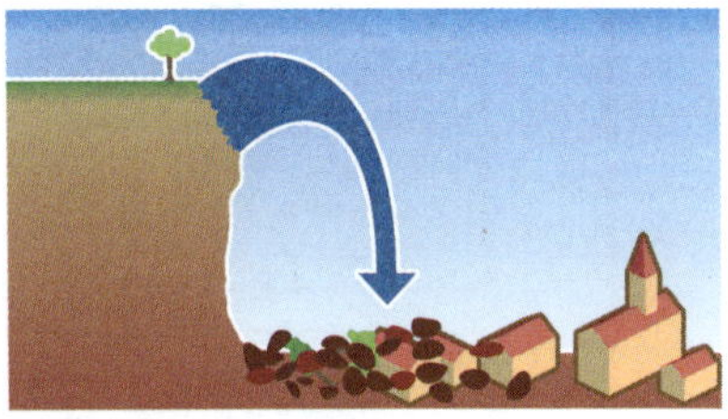

❸ Risque majeur

> Compléter l'équation : **Risque majeur** = Aléa + Enjeu

**3.** Proposer votre définition du risque majeur à l'aide du **doc. 1** et de la consigne **2**.

C'est un risque grave et peu probable concernant un grand nombre de personnes. Il résulte de la confrontation d'un aléa (événement, phénomène, danger ou probabilité d'un événement qui peut affecter notre environnement) et d'un enjeu (personne, équipement, environnement susceptible de subir les conséquences de l'événement).

### DOC. 1 Composantes du risque majeur

Le risque majeur est la possibilité, même très peu probable, d'un événement d'origine naturelle ou technologique dont les effets peuvent mettre en jeu un grand nombre de personnes, occasionner des dommages importants et dépasser les capacités de réaction de la société. On parle dans ce cas de catastrophe et non plus d'accident.

L'existence d'un risque majeur est liée :

– d'une part à la présence d'un événement, ou aléa, qui est la manifestation d'un phénomène naturel ou humain (technologique) ;

– d'autre part à l'existence d'enjeux, qui représentent l'ensemble des personnes et des biens (ayant une valeur monétaire ou non monétaire) pouvant être affectés par un phénomène. Les conséquences d'un risque majeur sur les enjeux se mesurent en termes de vulnérabilité.

Exemple : un aléa sismique en plein désert n'est pas un risque majeur. Un séisme au-dessus de la faille de San Andreas, sur la côte californienne, avec ses grandes villes (San Francisco, Los Angeles…) : voilà le risque majeur !

4. Souligner dans le **doc. 2** :
> en bleu, les catastrophes qui résultent d'un risque naturel ;
> en rouge, les catastrophes provoquées par un risque technologique.

DOC. 2

## Risques majeurs en France : quelques catastrophes de ces deux derniers siècles

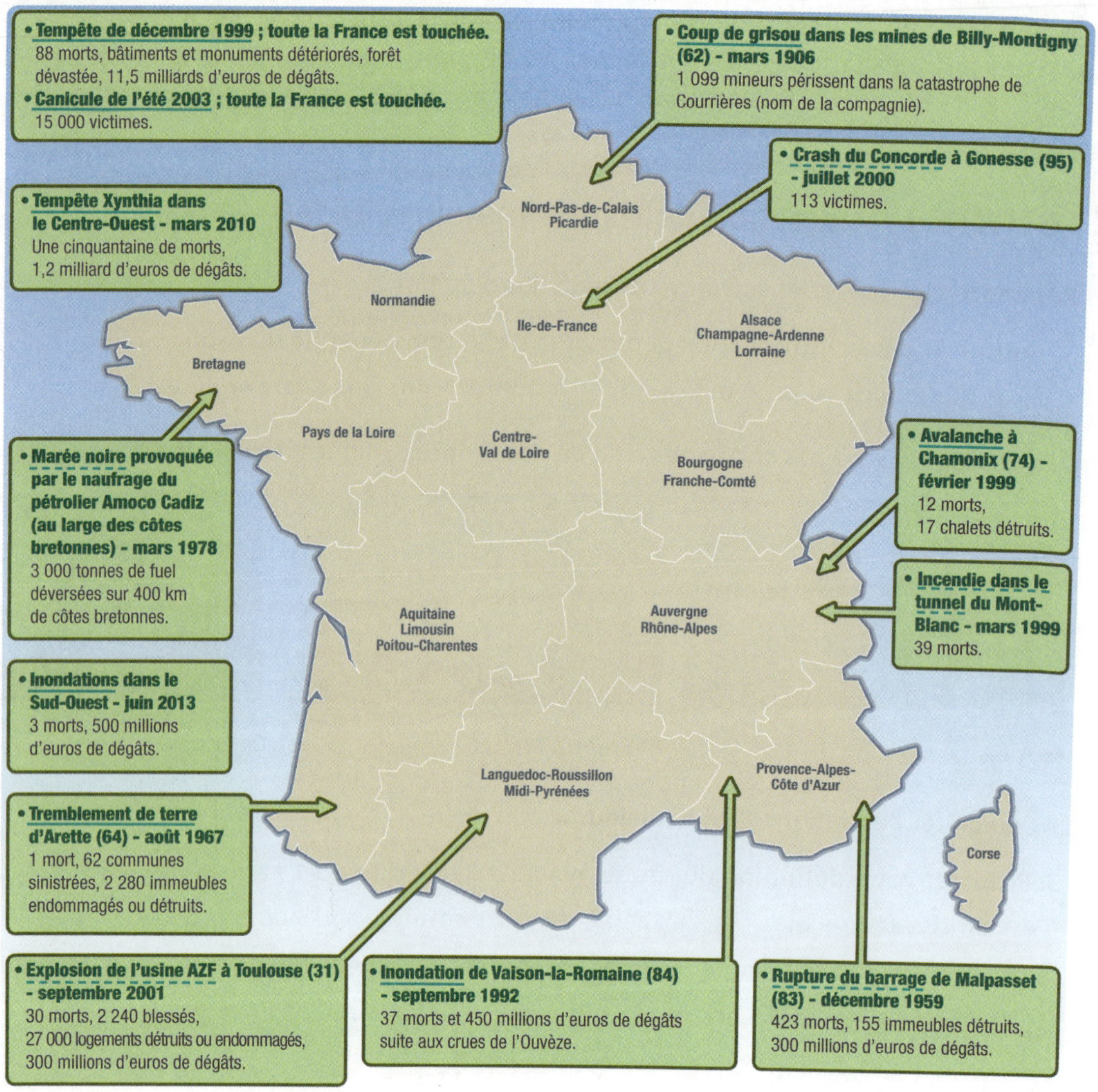

Risque majeur d'origine naturelle : séisme de forte magnitude (Haïti, janvier 2010).

Risque majeur d'origine technologique : accident nucléaire (centrale de Fukushima, Japon, mars 2011).

## → ACTIVITÉ 2 - Risques majeurs, risques professionnels, risques d'accidents domestiques C13 C22

**1.** Retrouver, à partir du **doc. 4**, une définition du risque professionnel.

Famille de dangers pouvant entraîner une atteinte à la santé (un dommage pour l'homme dans son environnement de travail). Ces risques font l'objet d'une classification.

**2.** Proposer une définition des accidents domestiques à l'aide du **doc. 5** et de vos connaissances.

Cette appellation regroupe les accidents se produisant à la maison ou dans ses abords.

**3.** > Indiquer les deux critères à partir desquels la courbe de Farmer du **doc. 3** classe les risques.

→ Fréquence → Gravité

> Expliquer en quoi le risque majeur diffère du risque professionnel et du risque domestique.

Le risque majeur se situe en domaine 3 de la courbe de Farmer. Beaucoup moins fréquent par rapport aux autres risques, sa gravité est beaucoup plus importante. De plus, il s'agit toujours d'un risque collectif. Lorsqu'il survient, on parle le plus souvent de catastrophe.

### DOC. 3 Courbe de Farmer

Cette courbe permet de classer en trois domaines les risques, en fonction de la fréquence de leur apparition (probabilité) et de la gravité des dommages.

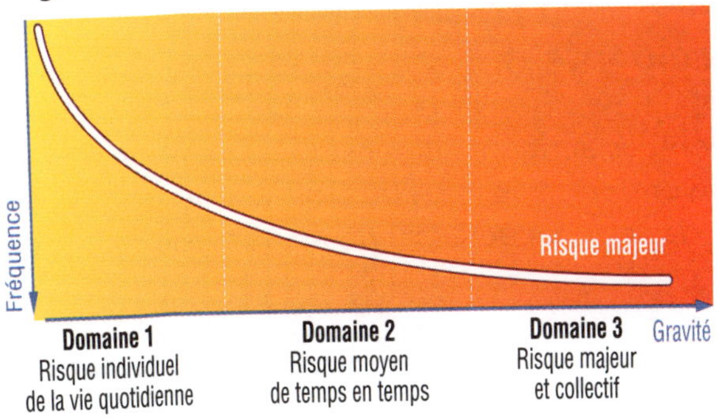


### DOC. 4 Accidents du travail

Accidents du travail (AT) et maladies professionnelles (MP) résultent de l'exposition des travailleurs aux risques professionnels. Ces derniers sont des familles de dangers à l'origine des dommages. Ils font l'objet d'une classification (risques chimique, électrique, mécanique...).

L'employeur a l'obligation de supprimer ou de réduire ces risques afin d'assurer la sécurité des salariés et de protéger leur santé physique et mentale. Pour cela, il doit prendre les mesures appropriées et les mettre en œuvre conformément aux principes généraux de prévention énumérés par le Code du travail.

### DOC. 5 Accidents de la vie courante

Les accidents de la vie courante (AcVC) sont des traumatismes non intentionnels qui se répartissent selon le lieu ou l'activité :

- **les accidents domestiques** ; ils se produisent à la maison ou dans ses abords immédiats : jardin, cour, garage et autres dépendances ;
- **les accidents scolaires** ; ils incluent les accidents survenant lors du trajet, durant les heures d'éducation physique et dans les locaux scolaires (de la crèche à l'enseignement supérieur) ;
- **les accidents de sport ou de vacances**, les accidents de loisirs ;
- **les accidents survenant à l'extérieur** : dans un magasin, sur un trottoir, à proximité du domicile, etc.

Les AcVC touchent tous les milieux et toutes les tranches d'âge, mais plus particulièrement les enfants de moins de 15 ans et les personnes âgées de plus de 65 ans. En France, les AcVC sont la troisième cause de mortalité : ils sont responsables de près de 20 000 décès chaque année, soit 4 % du total des décès.

Source : www.sante.gouv.fr, le site du ministère des Affaires sociales, de la Santé et des Droits des femmes.

**4.** Indiquer à quelle(s) catégorie(s) appartiennent les risques ci-dessous en cochant le tableau (de 0 à 4 colonnes). S'aider des documents étudiés.

| Risques | Risque majeur | | Risque d'AcVC | Risque professionnel |
|---|---|---|---|---|
| | naturel | technologique | | |
| **A.** Inondation à Paris | ✗ | | | |
| **B.** Enfant brûlé | | | ✗ | |
| **C.** Tsunami dans une zone désertique | | | | |
| **D.** Séisme à Tokyo | ✗ | | | |
| **E.** Transports de substances dangereuses | | ✗ | | |
| **F.** Risque incendie | ✗ | ✗ | ✗ | ✗ |
| **G.** Canicule | ✗ | | | |
| **H.** Accident dans une centrale nucléaire | | ✗ | | |
| **I.** Tornade sur une zone habitée | ✗ | | | |
| **J.** Risque chimique | | ✗ | ✗ | ✗ |

**5.** Indiquer, après avoir complété le tableau ci-dessus, vos remarques concernant :

> le risque incendie : présent partout, il peut être aussi bien d'origine humaine (volontaire ou accidentelle) que naturelle ou technologique.

> le risque chimique : présent partout, il peut provoquer des AcVC, des accidents du travail et des catastrophes.

## → ACTIVITÉ 3 - La prévention des accidents domestiques C11 C52

• > Rechercher des mesures de prévention des accidents domestiques dans les diverses zones de l'habitation sur le site interactif **www.prevention-maison.fr**, ou à défaut au CDI du lycée.
> Présenter le résultat de vos recherches à la classe ; chaque élève peut choisir de travailler sur une zone différente de la maison.

© www.ama.fr

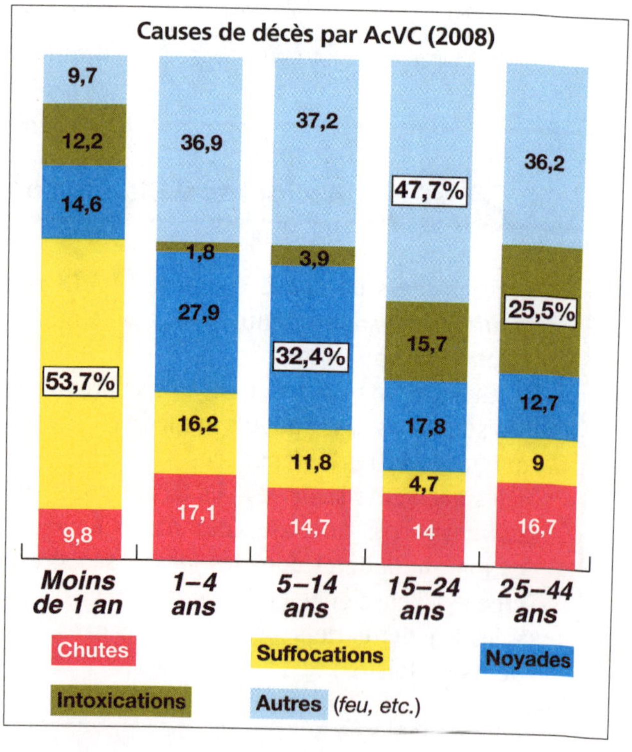

## → ACTIVITÉ 4 - Les risques majeurs au niveau local C11 C12 C13 C52

**1.** > Indiquer à l'aide du **doc. 6** le document (en toutes lettres puis le sigle) qui vous permet d'être informé(e) des risques majeurs sur :

→ votre commune : dossier d'information communal sur les risques majeurs (DICRIM).

→ votre département : dossier départemental des risques majeurs (DDRM).

> Justifier l'importance de ces documents pour le citoyen.

Ils lui permettent de savoir à quels risques il est exposé et comment réagir pour affronter ces situations.

**2.** Repérer à partir des sites **www.prim.net** ou **www.risques.gouv.fr** quels risques majeurs menacent particulièrement :

> votre commune : pas de corrigé type dans le cadre de cet ouvrage.

> votre département : pas de corrigé type dans le cadre de cet ouvrage.

> votre région : pas de corrigé type dans le cadre de cet ouvrage.

### DOC. 6 Sources d'information sur les risques majeurs

- Le document d'information communal sur les risques majeurs (DICRIM) est élaboré afin d'énoncer les mesures préventives en cas de catastrophes majeures affectant le territoire et la population de la commune.
- En effet, le Code de l'environnement dans son article L125-2 indique : « Les citoyens ont un droit à l'information sur les risques majeurs auxquels ils sont soumis dans certaines zones du territoire et sur les mesures de sauvegarde qui les concernent. Ce droit s'applique aux risques technologiques et aux risques naturels prévisibles. »
- Le DICRIM s'appuie sur le dossier départemental des risques majeurs (DDRM) établi par la préfecture avec les services compétents.
- Par exemple, selon ce document, la commune de Bourg-Saint-Maurice est reconnue soumise aux :
  - risques naturels : inondations, avalanches, mouvements de terrain ;
  - risques technologiques : nucléaire, transport de matières dangereuses, barrage.

© DICRIM – ville de Bourg-Saint-Maurice – Les Arcs.

# → ACTIVITÉ 5 - Les mesures de prévention collective face aux risques majeurs C22

• Associer à chaque objectif le numéro de la mesure de prévention qui lui correspond. S'aider des **doc. 7** et **8**.

| Mesures de prévention contre les risques majeurs | Objectifs |
|---|---|
| **❶ Développement de la recherche sur les phénomènes** Des outils de recueil et de traitement des données collectées sur les phénomènes sont mis au point et utilisés. | **A** 4 : comprendre les aléas pour mieux les prévenir. |
| **❷ Maîtrise de l'aménagement du territoire** Éviter d'augmenter les enjeux dans les zones à risque (ex. : ne pas construire dans une zone inondable), et diminuer la vulnérabilité des zones déjà urbanisées en réalisant des travaux. | **B** 3 : anticiper les événements pour que les équipes de secours soient immédiatement opérationnelles. |
| **❸ Planification de l'organisation des secours** L'État et les collectivités territoriales doivent organiser les secours pour faire face aux crises éventuelles. Dans sa commune, le maire est responsable de l'organisation des secours de première urgence. Pour cela, il peut mettre en œuvre le plan communal de sauvegarde. | **C** 6 : savoir à quel risque on s'expose et avoir rapidement le comportement adapté si l'événement se produit. |
| **❹ Exploitation des retours d'expériences** Les accidents technologiques font depuis longtemps l'objet d'analyses poussées lorsqu'ils se produisent. | **D** 2 : diminuer la vulnérabilité des zones construites. |
| **❺ Surveillance des phénomènes et alerte des citoyens** Nécessite l'utilisation de dispositifs d'analyses et de mesures (ex. : services d'annonce de crue) intégrés dans un système d'alerte des populations. Les mouvements de terrain de grande ampleur sont également surveillés en permanence. | **E** 1 : améliorer les actions futures (information, législation…) par une meilleure compréhension des événements antérieurs. |
| **❻ Information des citoyens** La législation précise que les citoyens ont droit à l'information sur les risques majeurs auxquels ils sont exposés, naturels ou technologiques, et sur les mesures de sauvegarde qui les concernent. L'information se fait à divers niveaux (école, commune…). | **F** 5 : réagir efficacement dans les délais les plus courts possible pour que les populations puissent se protéger. |

DOC. 7 **Maîtrise de l'aménagement du territoire**

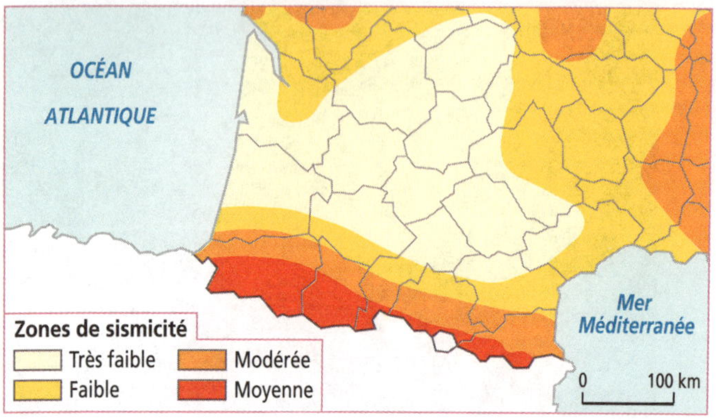


DOC. 8 **Information des citoyens**

© www.prim.net

## ACTIVITÉ 6 - Le signal d'alerte aux populations C11 C21

En 3e, vous avez été formé(e) au **PSC1** ; cette formation comporte le chapitre « **Protection des populations en cas d'alerte** ».

**1.** Rappeler la signification du signal d'alerte aux populations ; s'aider du **doc. 9**.

Il indique un événement grave mettant en péril la sécurité de la population ; celle-ci doit mettre en œuvre les recommandations du DICRIM.

**2.** > Dans un premier temps, encadrer dans le **doc. 10** les comportements que l'on doit adopter lorsque l'on entend le signal d'alerte aux populations.

> Dans un deuxième temps, souligner la justification de chaque comportement.

**3.** Indiquer comment le citoyen est informé de la fin de l'alerte.

Par un son continu pendant 30 secondes.

**4.** Préciser quel peut être le rôle des secouristes PSC1 ou **SST** en cas d'alerte.

Les secouristes PSC1 ou SST peuvent aider les secouristes professionnels.

### DOC. 9 Signal d'alerte aux populations

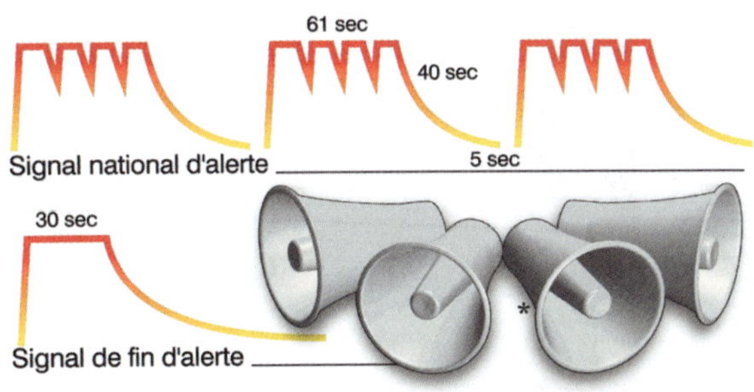


* Outre les sirènes, d'autres dispositifs peuvent être utilisés, notamment des haut-parleurs disposés sur des véhicules.

### DOC. 10 Conduite à tenir

## CE QU'IL FAUT FAIRE...

→ Mettez-vous à l'abri

Entrez dans le bâtiment le plus proche, de préférence dans une pièce sans fenêtre, munissez-vous d'une radio et attendez les consignes avant de ressortir. Si vous êtes en voiture, garez-vous et entrez dans le bâtiment le plus proche. Il s'agit de vous protéger physiquement. Dans le cas d'un séisme, la mise à l'abri se fait à l'extérieur, loin des bâtiments.

→ Écoutez la radio 103.9 'France Bleue Pays de Savoie' (ou éventuellement 93.4 'R' Les Arcs')

Vous pourrez connaître la nature du danger, son évolution ainsi que les consignes de sécurité à suivre. Munissez-vous d'une radio à piles, l'électricité pouvant être coupée.

→ Tenez-vous prêt à évacuer à la demande des autorités

Réunissez vos papiers d'identité, vos effets personnels indispensables (médicaments, lunettes...), de l'eau, des vêtements appropriés, lampes de poche, couvertures. Pensez à vos voisins qui sont seuls et non autonomes (personnes âgées, handicapées...).

→ Coupez le gaz et l'électricité

Pour éviter les risques d'explosion ou de court circuit.

## ...ET NE PAS FAIRE

→ N'allez pas chercher vos enfants à l'école

Les enseignants les mettront en sécurité grâce à leur Plan Particulier de Mise en Sûreté qui organise la sécurité des enfants dès la réception de l'alerte et ce, jusqu'à l'arrivée des secours. Vous ne feriez qu'encombrer les voies de circulation, voire vous exposer ou les exposer au danger inutilement.

→ Ne téléphonez pas

Tous les renseignements vous seront fournis par la radio. Libérez les lignes pour les secours, qu'il s'agisse du téléphone fixe ou du portable.

© DICRIM – ville de Bourg-Saint-Maurice – Les Arcs.

## → ACTIVITÉ 7 - Les consignes face aux deux principaux risques dans ma ville C13 C14

**1.** Retrouver pour deux risques majeurs repérés dans l'**activité 4** (p. 177) la conduite individuelle préconisée à tenir par tous. S'aider de vos connaissances, du DICRIM de votre ville ou bien des sites **www.prim.net** ou **www.risques.gouv.fr**.

| | Risque majeur ❶<br>Pas de corrigé type | Risque majeur ❷<br>Pas de corrigé type |
|---|---|---|
| CONSIGNES | Avant : | Avant : |
| | Pendant : | Pendant : |
| | Après : | Après : |

**2.** Entourer dans le **doc. 11** le dispositif qui assure la sécurité dans les établissements scolaires en cas de risque majeur.

**DOC. 11** Organisation des secours

Source : DICRIM « jeunes », éd. 2014, ville de Nice.

Proposer maintenant des comportements pour s'inscrire dans le système de prévention des risques en citoyen responsable (étape 5, p. 172).

# Activités de synthèse

## RÉCAPITULER

**Compléter les textes à trous. Si besoin, se reporter à l'aide en bas de page.**

### Les différents types de risques

Le risque est la possibilité plus ou moins importante d'atteinte à la santé des personnes et/ou d'atteinte aux biens. On distingue :

- les risques professionnels ; ce sont des familles de dangers présents dans le milieu professionnel qui, suite à un événement dangereux, peuvent entraîner un dommage ;
- les risques d' accidents de la vie courante (ou AcVC) sont présents à la maison ou dans son environnement proche ; les jeunes enfants représentent 30 % des victimes ;
- les risques majeurs résultent de la confrontation d'un aléa (événement dangereux) et d'un enjeu (menace pour l'homme et ses biens) ; les accidents sont rares mais d'une gravité extrême et concernent un grand nombre de personnes (risque collectif) ; on parle de catastrophe.

### Le risque majeur au niveau local

- Selon la région et la ville où l'on réside, on est plus ou moins exposé aux risques majeurs et leur nature est différente. On distingue les risques naturels (avalanche, inondation, tempête, séisme…) et les risques technologiques (explosion, rupture de barrage, accident nucléaire…).

### Mesures collectives pour limiter la gravité des dommages pour un risque majeur

- Tout citoyen doit légalement être informé des risques majeurs auxquels il est exposé et des mesures de sauvegarde. Cette information préventive se fait notamment en milieu scolaire mais aussi par le DICRIM ou dossier d'information communal sur les risques majeurs.
- Par ailleurs, l'État développe la recherche sur les phénomènes en utilisant notamment les retours d'expériences, veille à une meilleure maîtrise de l'aménagement du territoire afin de réduire l'exposition aux aléas, structure l'organisation des secours, assure une surveillance de certains secteurs sensibles et organise l'alerte des populations.

### La conduite à tenir face à un risque majeur

- Dès le signal d'alerte aux populations, il faut écouter la radio pour connaître la nature du problème, éviter de téléphoner et de sortir chercher les enfants à l'école.
- Le citoyen est le premier acteur de la sécurité civile. En suivant les recommandations, il favorise la bonne marche de la chaîne de secours. Titulaire d'un diplôme de secourisme valide, il peut aider les secours.

**AIDE :** DICRIM / maison / aléa / exposé / informé / naturels / extrême / jeunes enfants / santé / enjeu / technologiques / professionnel / catastrophe / scolaire / territoire / signal d'alerte / secourisme / radio / citoyen / accidents de la vie courante / téléphoner / secours / surveillance / risques

# RETENIR

## Conduite à tenir
### face aux risques majeurs

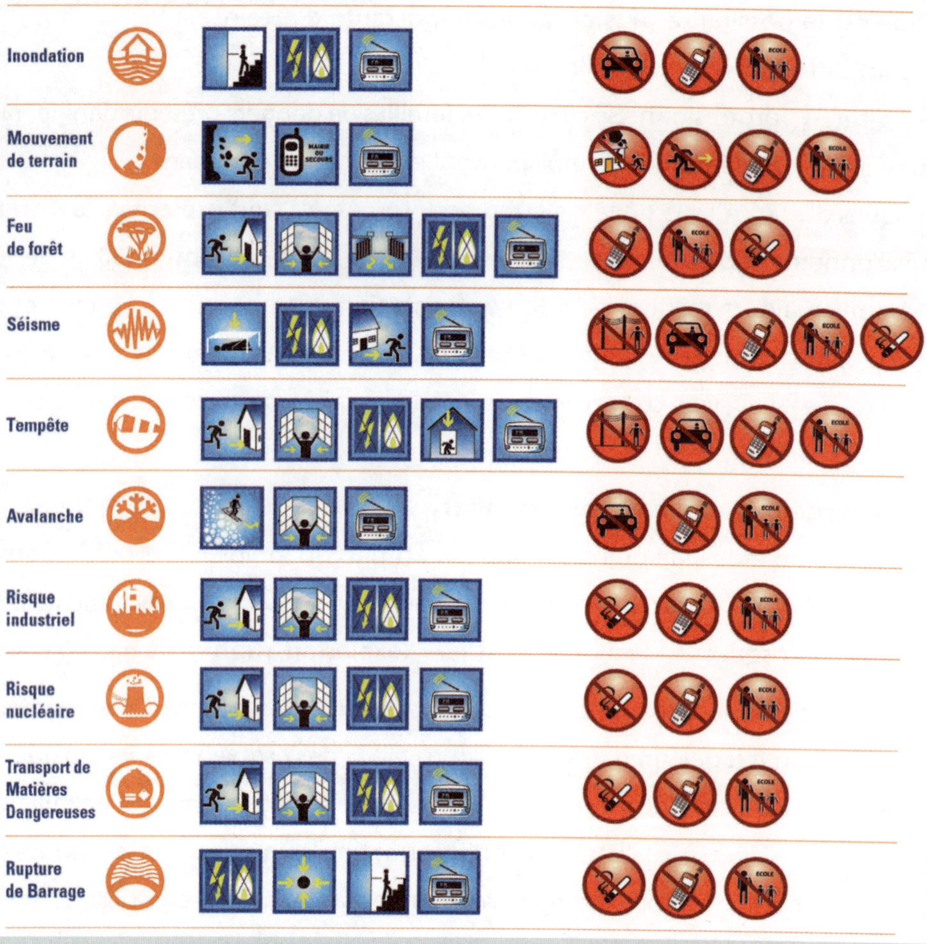


© Institut des Risques Majeurs (IRMa)/ministère de l'Écologie, du Développement durable et de l'Énergie/ministère de l'Intérieur.

## Approfondir

**Les risques majeurs à Hendaye – Information et prévention** (3 min 16 s)

→ lienmini.fr/pse-vid15

**Vérifiez vos acquis !**

→ lienmini.fr/pse-qcm15

# Se protéger du bruit

**OBJECTIFS**

> Adopter un comportement citoyen et responsable en évitant de créer des nuisances sonores.
> Adopter une attitude raisonnée face à sa santé en se préservant de nuisances sonores excessives.

**Joe, 17 ans,** est en première professionnelle. L'atelier de travaux pratiques est bruyant mais il met rarement son casque antibruit. Passionné de musique, il écoute sans cesse (excepté en cours) son baladeur MP3, au volume maximal. L'immeuble où il réside est ancien ; on entend les bruits de l'avenue proche. La famille entend aussi les voisins du dessus (talons, téléviseur, chien qui aboie) et ne perçoit même plus le niveau sonore élevé de son vieux lave-vaisselle qui fonctionne chaque jour, ni le bruit de fond incessant de la ventilation. De plus en plus souvent, Joe demande qu'on lui répète ce qui lui est dit ; il est stressé, irritable et présente des troubles du sommeil.

## 1 Identifier le problème posé

Joe a des problèmes de santé liés au bruit.

## 2 Identifier les éléments de la situation

**Quoi :** quelle est la nature du problème ? quelles en sont les conséquences possibles ?

Joe a des signes de surdité ; de plus, il est stressé, irritable et présente des troubles du sommeil. Ces problèmes risquent de s'aggraver et d'en entraîner d'autres.

**Qui :** qui est la personne concernée ?

Joe, élève de première professionnelle.

**Quand :** à quel moment le problème a-t-il été découvert ?

L'irritabilité, le stress et la fatigue de Joe ont été remarqués par son entourage.

**Comment :** quels éléments ont favorisé sa survenue ?

Joe vit dans un environnement bruyant (bruits extérieurs, bruits de voisinage, bruits liés à l'habitat et à l'environnement professionnel) ; ses comportements augmentent encore son exposition au bruit.

**Pourquoi :** quels sont les éléments qui font que ce problème risque d'être à l'origine d'ennuis très graves ?

La surdité peut résulter de lésions de l'appareil auditif et peut être irréversible. Le manque de sommeil entraîne rapidement une fatigue importante, des troubles physiologiques et peut être à l'origine d'accidents domestiques et professionnels.

## 3 Mettre en relation les éléments de la situation

Compléter le diagramme « causes-effet » à l'aide des éléments de la situation suivants :

❶ vieux lave-vaisselle / ❷ atelier bruyant / ❸ avenue / ❹ absence de casque antibruit / ❺ talons / ❻ ventilation / ❼ téléviseur / ❽ chien / ❾ baladeur MP3 au volume maximal

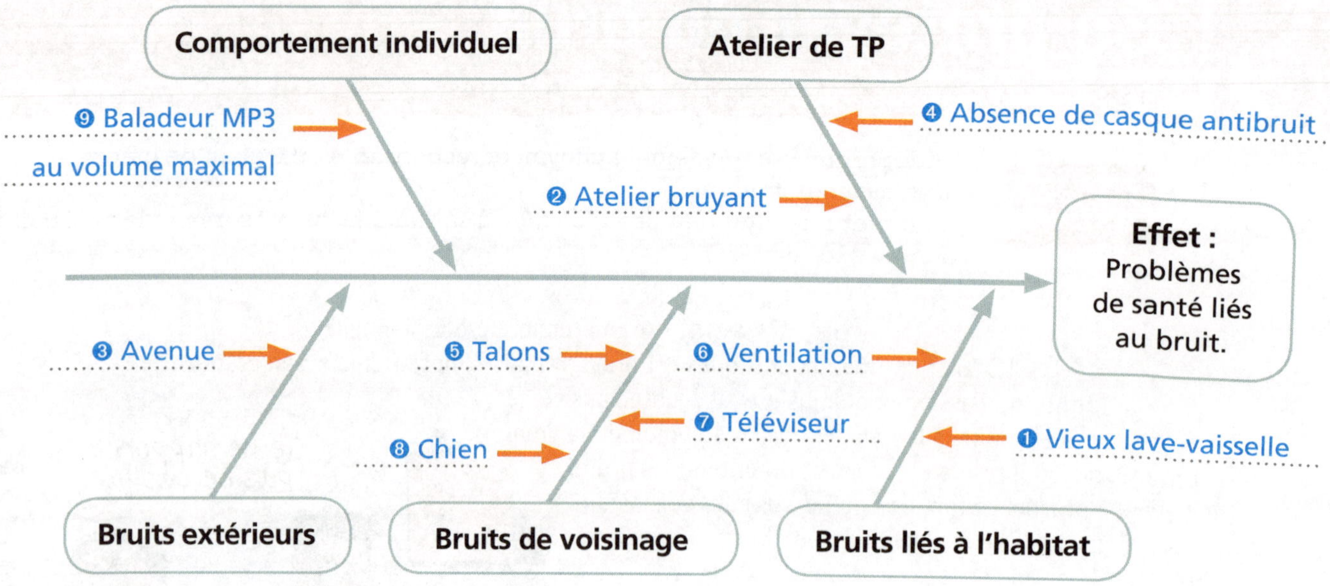


## 4 Mobiliser des connaissances utiles

Pour comprendre la situation et y apporter des solutions, je réalise les **Activités 1** à **9** de la séquence 16.

## 5 Proposer des solutions

Proposer, pour chaque famille de causes répertoriées sur le diagramme « causes-effet », des solutions au problème de Joe.

**1/** Comportement individuel

Limiter l'écoute du MP3 et le régler sur un niveau sonore beaucoup plus bas.

**2/** Atelier de TP

Porter systématiquement le casque antibruit car l'environnement est très bruyant.

**3/** Bruits extérieurs

Réaliser une isolation phonique de l'appartement ; demander les aides auxquelles la famille a droit.

**4/** Bruits de voisinage

Signaler aux voisins qu'ils sont parfois bruyants ; faire preuve de diplomatie pour régler le problème à l'amiable.

**5/** Bruits liés à l'habitat

Changer le lave-vaisselle ; veiller lors de l'achat à choisir un modèle peu bruyant en vérifiant le niveau sonore de celui-ci sur sa fiche technique ; moderniser le système de ventilation.

# MOBILISER DES CONNAISSANCES UTILES

Le bruit est la pollution qui nous touche le plus car elle est directement perceptible (bruits de l'habitat, du voisinage, des transports, du milieu de travail, etc.). La qualité de vie et la santé en subissent, plus ou moins gravement, les conséquences. Les lois qui permettent de lutter contre le bruit évoluent peu à peu mais cela n'est pas suffisant : il faut aussi que chacun modifie ses comportements.

## → ACTIVITÉ 1 - Les sources de bruit C13

• Souligner dans le **doc. 1** :
> en noir, les bruits liés à l'habitat et au voisinage.
> en vert, les bruits liés aux transports.

**DOC. 1** **Matinée ordinaire dans un vieil immeuble mal insonorisé**

Paul, étudiant, habite un studio dans la cité X proche d'un aéroport. Le vieil immeuble mal insonorisé n'est jamais silencieux : dès 7 h, Paul est réveillé par des portes qui claquent, des voix de personnes qui se saluent ou s'interpellent. Viennent ensuite les allées et venues de la voisine du dessus qui marche avec des talons hauts, le bruit des informations à la télévision, l'aspirateur de la concierge qui entretient les parties communes, la chaîne hi-fi de l'étudiant d'en face puis, dans l'appartement même, la vieille machine à laver qui essore bruyamment. Après un court répit, vers 10 h, les bruits reprennent : le musicien du dessous répète, et au-dessus, le chien ne cesse d'aboyer. Mais quand on ouvre la fenêtre, ces bruits de voisinage ne s'entendent presque plus, masqués par la circulation automobile du périphérique, et parfois par le passage d'un train ou d'un avion qui décolle sans oublier, le soir et les week-ends, les motos et mobylettes pétaradantes des jeunes du quartier.

# → ACTIVITÉ 2 - Du son au bruit C13 C22

Répondre aux consignes suivantes à l'aide du **doc. 2**.

**1.** Préciser la différence entre un son et un bruit.

| SON | BRUIT |
|---|---|
| Un son est une onde acoustique qui est perçue par l'appareil auditif. | Un bruit est un son perçu désagréablement par ce même appareil. |

**2.** Relier chaque grandeur physique qui caractérise le son (A) aux adjectifs (B) et à l'unité de mesure (C) qui correspondent.

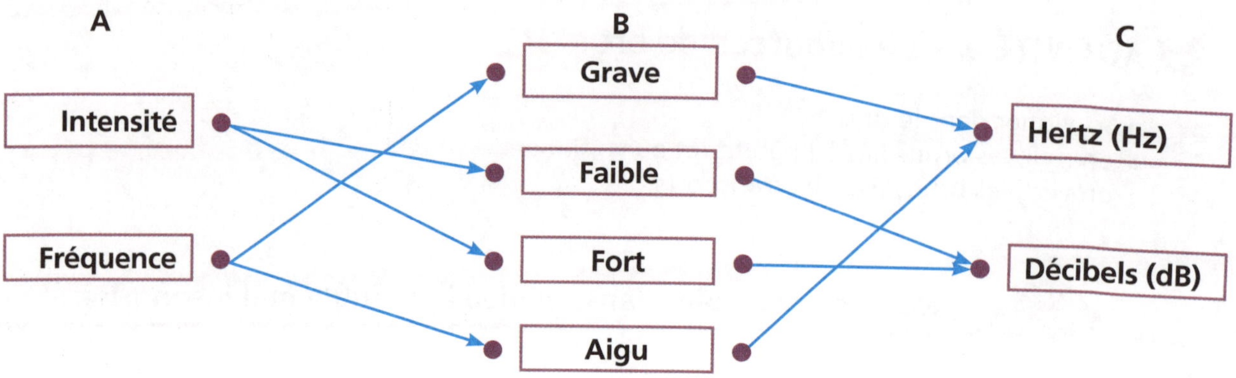


**3.** Caractériser chacune des quatre courbes d'ondes acoustiques ci-dessous à l'aide de la liste suivante :

fort et aigu / faible et aigu / faible et grave / fort et grave

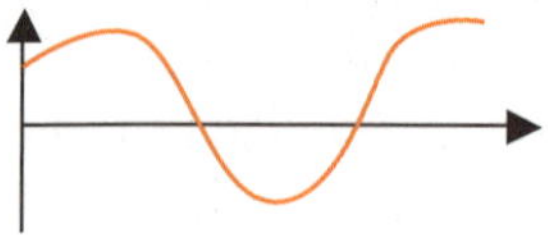

A : fort et grave

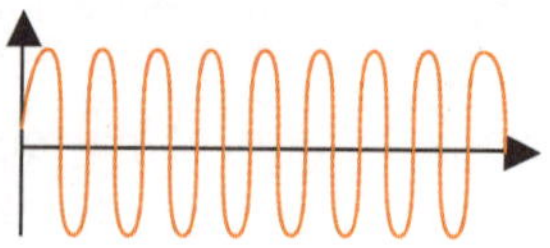

B : fort et aigu

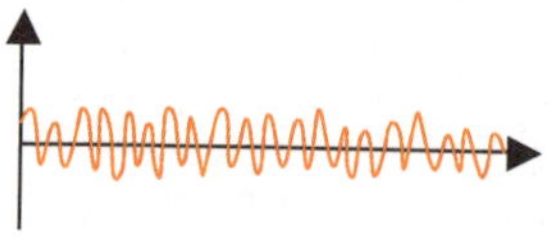

C : faible et aigu

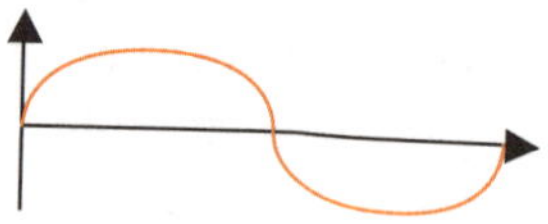

D : faible et grave

## DOC. 2 Caractéristiques physiques du son

Le son est une vibration (onde acoustique) qui se déplace de proche en proche dans l'air, les solides et les liquides. Il entraîne des variations de pression du milieu auxquelles l'appareil auditif est sensible. Le son devient bruit lorsque la sensation auditive qu'il provoque est gênante ou désagréable.

**Grandeurs physiques qui caractérisent le son**

• **L'intensité** correspond à l'amplitude de la vibration ; plus celle-ci est importante, plus le son est « fort ».
On mesure physiquement l'intensité sonore en décibels acoustiques : **dB(A)***.
Le sonomètre permet cette mesure.

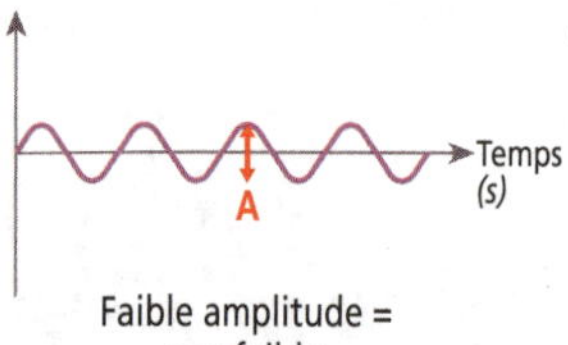


Faible amplitude = son faible

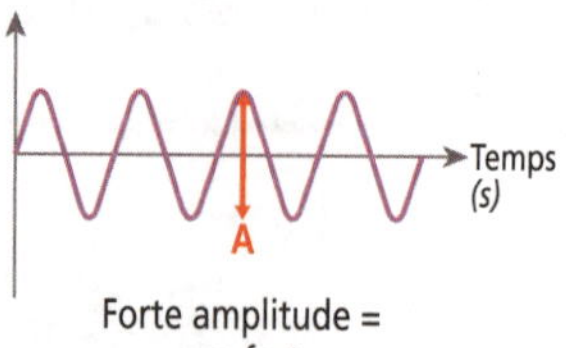


Forte amplitude = son fort

• **La fréquence** correspond au nombre de vibrations (ou périodes T) reçues par le tympan durant 1 seconde.
Elle s'exprime en hertz (**Hz**)**.
L'oreille humaine perçoit uniquement les sons compris entre 20 Hz et 20 000 Hz.

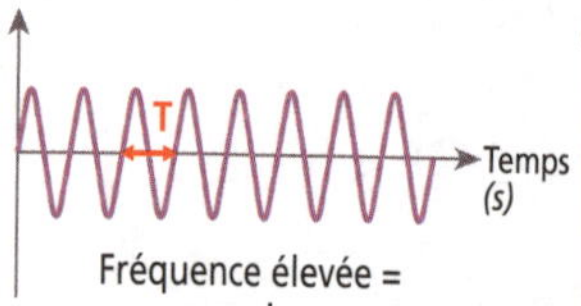


Fréquence élevée = son aigu (2 000 < fréquence < 20 000 Hz)

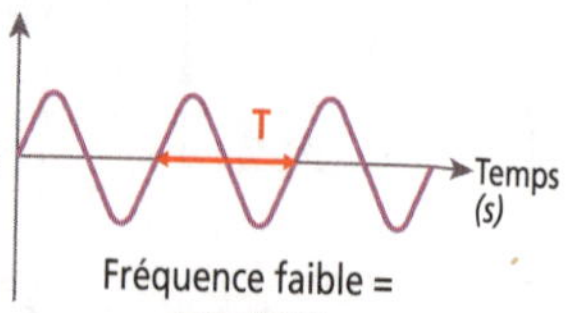


Fréquence faible = son grave (20 < fréquence < 200 Hz)

* dB(A) s'écrit aussi dB.

** 1 Hz = 1 oscillation par seconde.

## → ACTIVITÉ 3 - Les différents seuils C22 C24

Après lecture du **doc. 3** :

**1.** Indiquer à quel niveau sonore, exprimé en dB, correspond chaque seuil puis relier par des flèches chacun d'entre eux à sa définition.

| | |
|---|---|
| Seuil d'audition : 0 dB. | L'exposition prolongée à ce niveau sonore provoque la fatigue auditive et perturbe le système nerveux. |
| Seuil de fatigue : 70 dB. | Niveau sonore qui peut provoquer une sensation douloureuse au niveau de l'appareil auditif. |
| Seuil de douleur : 120 dB. | Niveau sonore le plus faible que peut percevoir l'oreille humaine. |

**2.** > Indiquer à quel seuil se situe un baladeur à puissance maximale : 100 dB .

> Ce niveau sonore correspond à *(cocher)* :

- ❑ 10 fois le seuil de la fatigue
- ❑ 20 fois le seuil de la fatigue
- ❑ 100 fois le seuil de la fatigue
- ☒ 1 000 fois le seuil de la fatigue
- ❑ 10 fois le seuil de danger
- ❑ 20 fois le seuil de danger
- ☒ 100 fois le seuil de danger

> Conclure sur la manière d'utiliser raisonnablement un baladeur.

Lorsqu'on utilise régulièrement un baladeur, un volume réduit est préférable pour ne pas s'exposer à de la fatigue auditive ou à des lésions de l'appareil auditif.

### DOC. 3 Ordres de grandeur des niveaux sonores

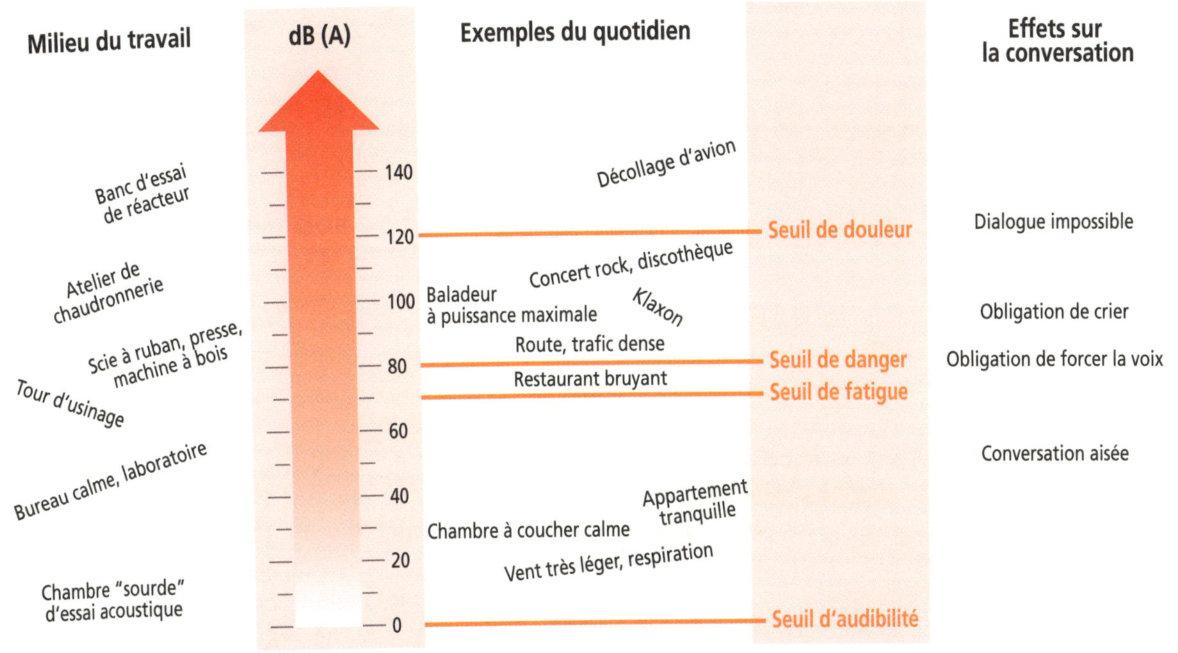


**Important !** L'échelle des décibels est une échelle logarithmique : 3 décibels supplémentaires correspondent à un doublement du niveau sonore, et 10 décibels multiplient celui-ci par 10 ! De même, les décibels ne s'additionnent pas : 2 machines à laver de niveau sonore de 60 décibels ne font pas un bruit de 120 décibels mais de 63 décibels.

# → ACTIVITÉ 4 - Le mécanisme de la perception du son C22 C23

À l'aide des informations contenues dans les **doc. 4** et **5** :

**1.** Compléter le schéma du **doc. 4** à l'aide des termes surlignés dans le **doc. 5**.

**2.** > Tracer le trajet du son dans l'appareil auditif du **doc. 4**.
> Encadrer sur ce même schéma le nom de la partie de l'oreille où se situent les cellules auditives ciliées.

**3.** Expliquer par une phrase courte le mécanisme de la perception des sons.

L'onde acoustique fait vibrer les cellules auditives. Le nerf auditif conduit l'influx nerveux créé jusqu'à l'aire auditive du cerveau qui décode le message.

## DOC. 4 Schéma de l'appareil auditif

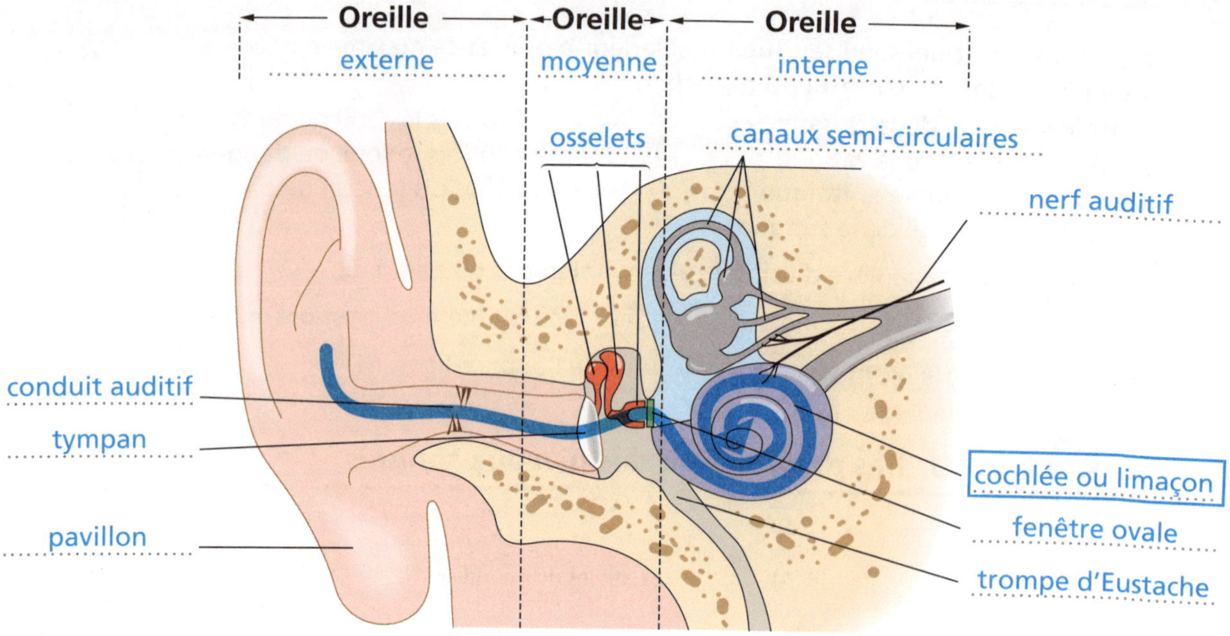


## DOC. 5 Description de l'appareil auditif et de son fonctionnement

L'oreille externe comporte le pavillon, qui se prolonge par le conduit auditif à l'extrémité duquel se trouve une membrane sensible aux vibrations : le tympan.
Le tympan sépare l'oreille externe de l'oreille moyenne, qui est une sorte de canal communiquant avec le nez par la trompe d'Eustache.
Du tympan part une chaîne de 3 osselets dont le dernier s'appuie sur une membrane souple qui constitue la fenêtre ovale. Celle-ci est la frontière entre l'oreille moyenne et l'oreille interne.
Dans la partie supérieure de l'oreille interne se trouvent les canaux semi-circulaires qui interviennent dans l'équilibre.

Dans la partie inférieure se trouve la cochlée, ou le limaçon, qui porte les cellules auditives ciliées sensibles aux vibrations. Celles-ci se prolongent par le nerf auditif.
L'onde acoustique captée par le pavillon fait vibrer le tympan qui fait vibrer à son tour les 3 osselets ; le dernier osselet fait vibrer la fenêtre ovale ; la vibration se propage à l'intérieur du limaçon et atteint les cellules nerveuses ciliées qui le tapissent. Le message nerveux créé par la stimulation des cellules ciliées se propage par le nerf auditif qui le transmet au cerveau où il sera décodé.

## → ACTIVITÉ 5 - Les effets du bruit sur l'appareil auditif C13 C22

Après lecture du **doc. 6** :

**1.** Compléter le tableau ci-dessous.

| | Nature des lésions | Causes liées au bruit* |
|---|---|---|
| Surdité de TRANSMISSION | • Déchirement du tympan<br>• Lésion des osselets | • Bruit soudain très intense<br>• Explosion, effet de souffle |
| Surdité de PERCEPTION | • Destruction des cellules ciliées | • Exposition prolongée à des bruits intenses |

* D'autres causes sont possibles.

**2.** Cocher, pour chaque situation ci-dessous, le type de surdité susceptible d'apparaître.

| Situations | Surdité de transmission | Surdité de perception |
|---|---|---|
| **A.** Kévin travaille sur les pistes de l'aéroport de Roissy ; il porte rarement son casque antibruit. | | ✗ |
| **B.** Samuel travaille dans une carrière ; on utilise des explosifs pour extraire la pierre. Il ne porte jamais son casque antibruit. | ✗ | |
| **C.** Le samedi, Célia va en discothèque où elle aime se tenir tout le long de la soirée à proximité des haut-parleurs pour mieux profiter de la musique. | | ✗ |
| **D.** Durant ses loisirs, Fred va régulièrement s'entraîner au stand de tir sans casque antibruit. | ✗ | |
| **E.** Élodie écoute à tout moment son baladeur MP3, au volume maximal. | | ✗ |

### DOC. 6 Conséquences du bruit sur l'appareil auditif

• **Fatigue auditive**
À la suite d'une exposition à un bruit intense, on peut souffrir temporairement de sifflements d'oreille ou de bourdonnements (acouphènes) ainsi que d'une baisse de l'acuité auditive.
Cette fatigue auditive demande quelques semaines, sans surexposition au bruit, pour disparaître.

• **Surdité**
L'exposition prolongée à des niveaux de bruits intenses détruit peu à peu les cellules ciliées de l'oreille interne (cf. photos ci-contre). Elle conduit progressivement à une surdité de perception ou surdité neurosensorielle qui est irréversible. Dans ce cas, la chirurgie n'est d'aucun secours. L'appareillage par des prothèses électroniques se contente d'amplifier l'acuité résiduelle, il ne restitue pas la fonction auditive dans son ensemble. Son efficacité reste donc limitée.
Un bruit soudain très intense, par exemple lors d'une explosion, peut entraîner une surdité brutale, totale ou partielle, réversible ou non. L'effet de souffle peut en effet provoquer une déchirure du tympan, mais aussi des lésions des osselets ; on parle de surdité de transmission.

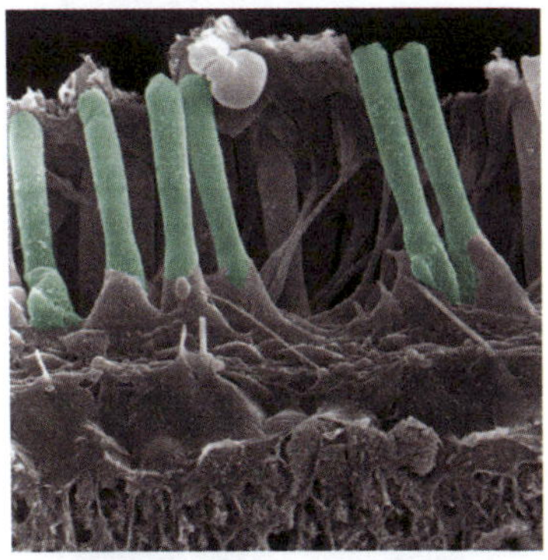
Cellules ciliées **normales**.

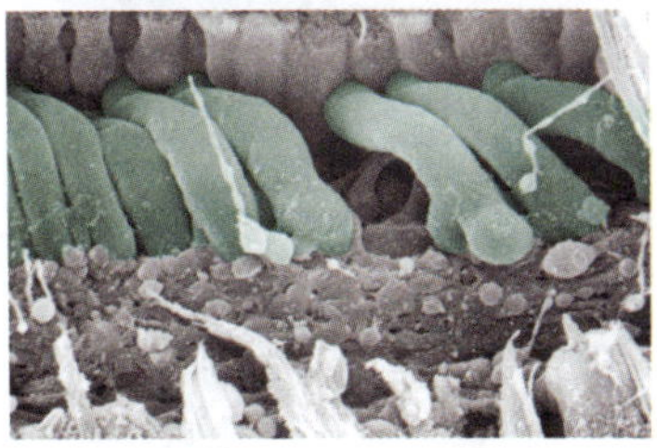
Cellules ciliées **abîmées**.

## → ACTIVITÉ 6 - Les autres effets du bruit C13 C21 C22

**1.** Sur le **doc. 7**, nommer les différents systèmes du corps humain sur lesquels le bruit provoque des effets négatifs.

**2.** Retrouver à partir des **doc. 7**, **8** et **9** et de vos connaissances les conséquences psychologiques du bruit.

Le bruit provoque du stress, diminue la vigilance, augmente la tension nerveuse, excède ceux qui le subissent et génère de l'agressivité.

**3.** Retrouver à partir des **doc. 8** et **9** les conséquences sociologiques du bruit.

Le bruit peut être à l'origine d'agressions physiques et verbales, comme le relate le fait-divers, et d'accidents en milieu professionnel.

### DOC. 7 Autres effets physiologiques du bruit sur l'organisme

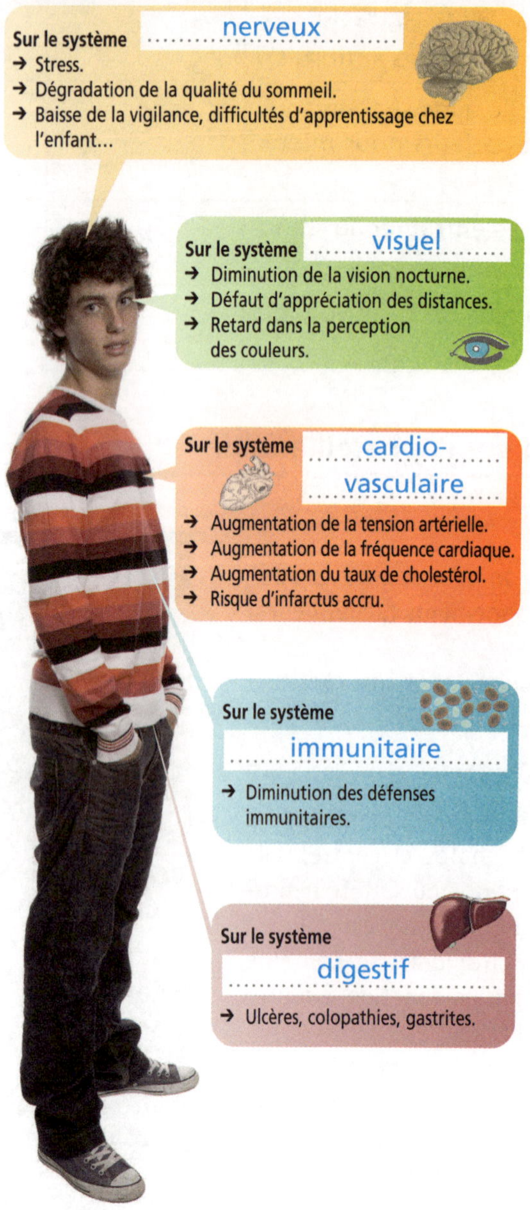


### DOC. 8 Fait-divers

Placé en garde à vue jeudi en fin de matinée, ce chauffeur livreur célibataire et sans enfant « a reconnu presque instantanément les faits ». Il aurait poignardé les trois résidents car ils faisaient trop de bruit. Travaillant de nuit, il a expliqué aux policiers s'être couché vers 19 h 15 et avoir entendu du bruit dans le couloir de l'hôtel aux alentours de minuit. « Il est sorti et a eu une altercation avec les trois victimes », a détaillé le procureur. Mais « il a continué à entendre du bruit et il est retourné au contact » vers 2 heures du matin. [...]

© www.rtl.fr, RTL/AFP, 29 août 2014.

### DOC. 9 Le bruit au travail

L'exposition au bruit sur le lieu de travail est susceptible d'affecter la santé des travailleurs. L'effet le plus connu du bruit au travail est la perte auditive. Il peut également accroître le risque d'accidents de différentes manières, notamment :

- en empêchant les travailleurs de bien entendre et de comprendre correctement les paroles et les signaux ;
- en masquant le son émis par un danger imminent ou les signaux d'avertissement (exemple : avertisseurs sonores de recul sur certains véhicules) ;
- en distrayant les travailleurs, notamment les conducteurs ;
- en contribuant au stress lié au travail qui augmente la charge cognitive (paramètres que le mental doit gérer) et accroît ainsi le risque d'erreurs.

© Agence européenne pour la sécurité et la santé au travail.

## → ACTIVITÉ 7 - Les mesures de prévention contre le bruit au travail C21 C22

**1.** Identifier dans les **doc. 11** et **12** les modes d'action des moyens de lutte contre le bruit en milieu professionnel. S'aider du **doc. 10**.
> Souligner en noir les moyens qui agissent sur l'émission du bruit.
> Souligner en vert les moyens qui agissent sur la transmission du bruit.
> Souligner en bleu les moyens qui agissent sur la réception du bruit.

**2.** Citer les mesures de prévention éventuelles observées dans l'atelier de TP ou lors des **PFMP**.

Pas de corrigé type dans le cadre de cet ouvrage.

### DOC. 10 Moyens de lutte contre le bruit

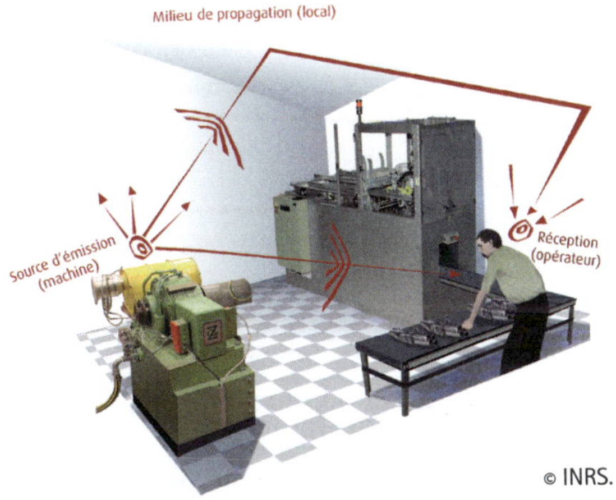


© INRS.

Agir sur la source émétrice du bruit, sur sa propagation ou sur sa réception.

### DOC. 11 Actions réglementaires en fonction du niveau d'exposition

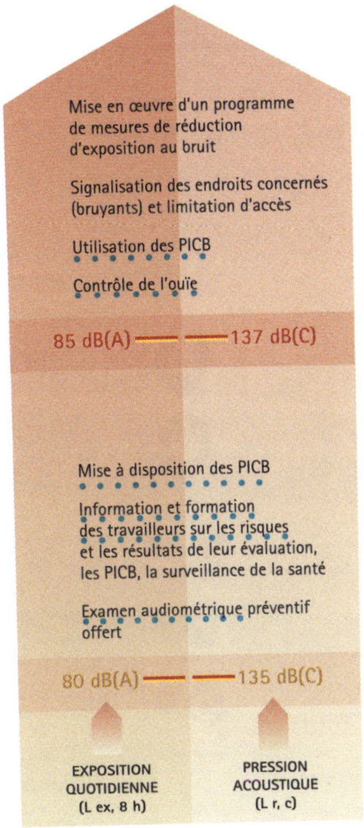


© INRS.

### DOC. 12 Moyens d'action contre le bruit

Conformément à la réglementation, l'employeur doit réduire le bruit des ateliers au niveau le plus bas possible. Il dispose des moyens suivants :

| | |
|---|---|
| Action sur la source | • Réduction du bruit à la source par action sur la machine. Ex. : achat d'une nouvelle machine moins bruyante lors du renouvellement du parc machines. |
| Protections collectives | • Encoffrement de machines : un encoffrement est une boîte présentant un isolement phonique élevé, à l'intérieur de laquelle est placée la machine bruyante.<br>• Traitement acoustique du local : revêtir les parois du local d'un matériau absorbant le son. Efficace seulement au niveau des zones éloignées des zones de bruit.<br>• Écrans acoustiques : des boxes permettent d'isoler des postes de travail bruyants ; ils sont généralement associés à un traitement acoustique du plafond. |
| Protections individuelles | • PICB : casques et bouchons d'oreilles sont mis à disposition ou utilisés en fonction des niveaux sonores précisés par la loi. Celle-ci prend simultanément en compte l'exposition quotidienne subie durant 8 heures (l ex, 8 h) et le niveau maximal des pics sonores auxquels peut être exposé le travailleur (pression acoustique, L r, c). |

## → ACTIVITÉ 8 - Les mesures de prévention contre les bruits du quotidien C21 C22 C44

**1.** Indiquer, à l'aide de vos connaissances, des comportements que chacun peut mettre en œuvre chez soi pour éviter de faire du bruit.

Ne pas passer l'aspirateur tôt le matin, tard le soir ; écouter le téléviseur, la chaîne hi-fi à un volume raisonnable ; éviter de parler trop fort ; remplacer les vieux appareils électroménagers bruyants ; choisir une tondeuse à gazon peu bruyante ; éviter de l'utiliser à des heures matinales, etc.

**2.** Expliquer pourquoi le fait de veiller à ne pas créer de pollution sonore constitue un comportement citoyen.

En respectant l'environnement, on respecte la tranquillité, le bien-être et la santé des autres.

**3.** Souligner dans le **doc. 13** :
> en bleu, les mesures et moyens de prévention qui agissent sur la source de bruit.
> en vert, les mesures et moyens de prévention qui agissent sur la propagation du bruit.

DOC. 13 **Mesures et moyens pour lutter contre le bruit**

• L'isolation phonique des bâtiments freine la propagation de l'onde sonore. Doubles vitrages, plaques isolantes fixées sur les parois, sols flottants et plafonds suspendus sont les dispositifs les plus couramment utilisés.

• Un cadre réglementaire fixe les normes acoustiques des logements récents. Sous certaines conditions, des aides sont attribuées pour réaliser l'isolation phonique des logements anciens. Les locaux publics bénéficient de la même vigilance au niveau de l'isolation sonore, notamment ceux qui accueillent des jeunes. À l'extérieur, les murs antibruit protègent les bâtiments proches de grands axes.

• Des décrets précisent le niveau sonore maximal d'un certain nombre d'appareils (MP3, électroménager, matériel de bricolage et de jardinage, matériel professionnel). Les industriels tendent à proposer du matériel de moins en moins bruyant (aspirateur, lave-vaisselle...), ce qui constitue un critère de choix important pour le consommateur. La recherche pour produire des nouveaux isolants ou des technologies permettant de réduire les émissions sonores est constante.

• Il existe par ailleurs une répression des nuisances sonores. Les auteurs de tapages nocturnes et même diurnes sont sanctionnés, l'utilisation injustifiée des avertisseurs sonores (klaxons) est passible d'une contravention. Quant aux compagnies aériennes, elles payent une taxe reversée en partie aux riverains à des fins d'insonorisation.

## → ACTIVITÉ 9 - Prévention et écoute de musique amplifiée C21 C24

• Justifier les cinq mesures préconisées dans l'affiche ci-contre concernant :

> l'utilisation du MP3.

1. Un volume plus faible ne gâche pas le plaisir de la musique.
2. Cela repose l'appareil auditif.

> l'attitude à adopter lors d'un concert ou d'une sortie en discothèque.

3. Le niveau sonore est souvent très élevé, ce qui entraîne une fatigue auditive rapide.
4. Cela repose l'appareil auditif.
5. Cela permet de profiter de la musique en atténuant le niveau sonore.

© INPES/www.ecoute-ton-oreille.com

Proposer maintenant des solutions pour Joe (étape 5, p. 184).

# Activités de synthèse

## RÉCAPITULER

**Compléter les textes à trous. Si besoin, se reporter à l'aide en bas de page.**

### Les sources de bruit

• Le son est une onde qui se déplace de proche en proche, et qui entraîne au niveau des fluides (air) une variation de pression perçue par l'appareil auditif.
Le son se caractérise par son intensité (amplitude de la vibration), qui se mesure en dB(A), et par sa fréquence (nombre de vibrations/seconde), qui s'exprime en Hz.

• Un son devient bruit lorsque la sensation auditive qu'il provoque est gênante.
Les origines sont diverses : bruits extérieurs liés aux transports, bruits de voisinage, bruits liés à l'habitat, bruits dans le milieu professionnel.
On distingue certains seuils caractérisés par leur niveau sonore : le seuil de l'audition (0 dB), le seuil de la fatigue (70 dB) et le seuil de la douleur (120 dB).

### Anatomie et physiologie de l'oreille ; conséquences du bruit

• Au niveau de l'oreille, l'onde sonore fait vibrer le tympan, les osselets, puis la fenêtre ovale et enfin les cellules ciliées du limaçon. Le nerf auditif qui les prolonge transmet l'influx nerveux au cerveau qui décode le message reçu.

• L'appareil auditif peut être endommagé par le bruit : des lésions au niveau du tympan ou des osselets (qui transmettent) entraînent une surdité de transmission ; des lésions des cellules auditives (qui perçoivent) entraînent une surdité de perception.

• Le bruit peut provoquer des troubles physiologiques (digestifs, cardiaques, respiratoires ou endocriniens) et des atteintes psychologiques (irritabilité, stress, dépression, troubles du sommeil…). Il peut avoir des conséquences sociologiques : la fatigue qu'il induit peut générer irritabilité et violence.

### Les mesures de prévention contre le bruit

• Action à la source : réglementation sur le niveau sonore de divers appareils et matériels ; modification des comportements ; encoffrement de machines en milieu professionnel.

• Action sur la transmission : isolation phonique des logements ; murs antibruit ; traitement acoustique des locaux professionnels.

• Action au niveau de la réception du bruit par le port de casques antibruit.

**AIDE :** intensité / bruit / douleur / professionnel (2 fois) / onde / fréquence / audition / transmission (2 fois) / appareil auditif / cerveau / cellules ciliées / logements / cardiaques / casques / respiratoires / niveau sonore / perception / psychologiques

# RETENIR

## Source

Bruits de transport

Bruits de voisinage

Bruits professionnels

Bruits de l'habitat

**Action au niveau de la source**

Ex. : réglementation, modification des comportements

## Nature – Transmission

**Bruit =** son provoquant une sensation auditive gênante

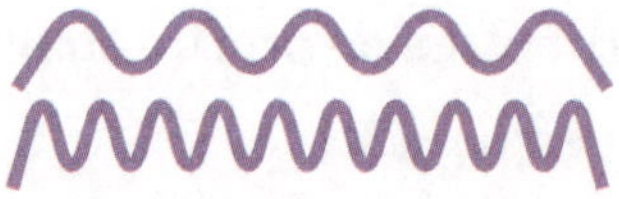

**Son =** onde sonore caractérisée par :

- **l'intensité** (son faible / fort) avec pour unité le décibel : dB(A)
- **la fréquence** (son aigu / grave) avec pour unité le hertz : Hz

**Action au niveau de la transmission**

Ex. : isolation phonique

## Perception

**L'onde sonore** parvient jusqu'aux cellules ciliées qui la transmettent au cerveau.

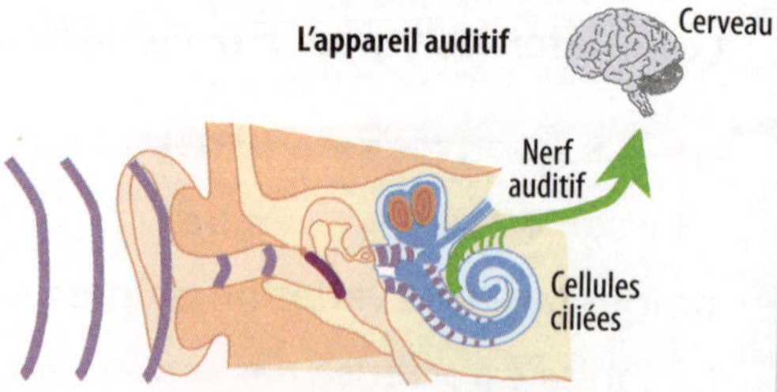


**Le niveau sonore, ou sensation acoustique**, se mesure en dB(A).

- Seuil de l'audition = 0 dB(A)
- Seuil de fatigue = 70 dB(A)
- Seuil de douleur = 120 dB(A)

**Action au niveau de la réception**

Ex. : port de PICB (casque, bouchons d'oreilles)

**Prévention du bruit nécessaire**

**Exposition répétitive à des niveaux sonores élevés :**

- atteintes de l'appareil auditif, surdités de perception ou de transmission ;
- troubles physiologiques et psychologiques ;
- conséquences sociales (violence, accidents).

# Approfondir

**Les jeunes sont-ils de futurs sourds ?** (4 min)

→ lienmini.fr/pse-vid16

**Vérifiez vos acquis !**

→ lienmini.fr/pse-qcm16

# Maîtriser le module 7

**Yohann, 18 ans,** élève en baccalauréat professionnel, travaille durant les week-ends et les vacances d'été au bar d'une discothèque. Lors des pauses, il s'approche des enceintes pour mieux profiter de la musique, sa passion. Durant ses loisirs, il écoute encore de la musique dans sa chambre ou s'initie au mixage, toujours avec un volume sonore très élevé. Lorsqu'il se déplace, il écoute son MP3 au niveau sonore maximal. Yohann est de plus en plus souvent fatigué et énervé ; depuis quelque temps, il n'entend pas toujours très bien les cours.

**Étudier la situation en mettant en œuvre la méthodologie de résolution de problèmes.**

## 1 Identifier le problème posé C31 ... / 1 pt

Yohann est fatigué, énervé et n'entend pas toujours très bien.

## 2 Identifier les éléments de la situation C32 ... / 2,5 pts

**Quoi :** quelle est la nature du problème ?

Yohann a des problèmes de santé liés au bruit.

**Qui :** qui est la personne concernée ?

Yohann, élève de baccalauréat professionnel.

**Où :** en quel lieu le problème apparaît-il ?

Au lycée, où il n'entend plus très bien les cours.

**Comment :** quels comportements ont favorisé son apparition ?

Il écoute sans cesse de la musique à un niveau sonore élevé.

**Pourquoi :** quelle est la cause ?

C'est sa passion pour la musique.

## 3 Mettre en relation les éléments de la situation C32 ... / 2,5 pts

**1/** Souligner dans le texte de la situation, à l'aide de couleurs différentes, les deux familles de causes identifiées.

→ Cause liée aux contraintes professionnelles.

→ Causes liées au comportement.

**2/** Indiquer l'effet sur Yohann à partir du classement effectué ci-dessus.

Yohann ressent les effets nocifs pour l'organisme d'une exposition constante au bruit.

## 4 Mobiliser des connaissances utiles C21 C23 ... / 9 pts

**1/** Donner une définition du son et du bruit.

Le son est une onde qui se déplace de proche en proche dans les fluides et qui est perçue par l'appareil auditif. Le son devient bruit lorsqu'il est perçu désagréablement.

**2/** Expliquer le mécanisme de la perception du son.

L'onde sonore fait vibrer le tympan, les osselets, la fenêtre ovale puis les cellules ciliées de la cochlée. Celles-ci transmettent l'influx nerveux au cerveau qui décode le message.

**3/** Indiquer les huit principales conséquences du bruit à différents niveaux.

| Effets sur L'APPAREIL AUDITIF | Effets sur LES AUTRES ORGANES | Conséquences pour LA SOCIÉTÉ |
|---|---|---|
| • Acouphènes | • Système nerveux : perte du sommeil, stress, dépression... | • Accidents du travail |
| • Surdité de perception | • Appareil digestif (troubles digestifs) | • Agressions (= agressivité que peut provoquer le bruit) |
| • Surdité de transmission | • Troubles cardiaques et respiratoires | |

## 5 Proposer des solutions C32

... / 4 pts

Proposer des conseils à Yohann pour préserver son audition.

- Profiter des pauses pour s'isoler dans une zone moins bruyante de la discothèque.
- Porter des bouchons d'oreilles permettant d'atténuer le niveau sonore.
- Écouter la musique avec un niveau sonore raisonnable (dans sa chambre, MP3 dans la rue).
- Faire un bilan de santé et un bilan auditif pour traiter rapidement le problème.

Sur son lieu de travail, Yohann trouve la brochure « dossier d'information communal sur les risques majeurs ».

### Répondre aux questions C21 C24

**1/** Indiquer le sigle qui désigne habituellement ce document ; justifier l'importance de ce dernier pour les citoyens. ... / 3 pts

Ce document est le DICRIM. Il sert à informer les citoyens sur les risques majeurs qui menacent plus particulièrement leur commune et sur la conduite à tenir au cas où ils surviendraient.

**2/** → Définir un risque majeur (utiliser les termes « aléa » et « enjeu »). ... / 4 pts

On parle de risque majeur en cas d'événement gravissime et peu probable concernant un grand nombre de personnes. Il résulte de la confrontation d'un aléa (phénomène ou danger qui peut affecter notre environnement) et d'un enjeu (personnes, équipements, constructions susceptibles de subir les conséquences de l'événement).

→ Citer deux risques majeurs d'origine :

- naturelle : séisme, inondation, etc.
- technologique : catastrophe nucléaire, explosion, rupture de barrage, etc.

**3/** Indiquer la conduite à tenir lorsque le signal d'alerte aux populations retentit. ... / 4 pts

| À faire | À ne pas faire |
|---|---|
| • Se confiner chez soi (ou en sortir : séisme, feu, inondation). | • Téléphoner (pour ne pas encombrer le réseau). |
| • Écouter les informations à la radio pour connaître la nature du problème. | • Sortir chercher les enfants à l'école. |

# Repérer les risques professionnels dans l'activité de travail

**OBJECTIFS**

> Repérer les dangers potentiels présents dans la situation de travail.
> Proposer des solutions préventives pour supprimer la survenue d'un dommage.

**Miguel, 43 ans,** responsable d'une petite entreprise de menuiserie, doit rédiger le document unique. Obligatoire, ce document transcrit les résultats de l'évaluation des risques et liste les solutions à mettre en œuvre. Pour le réaliser, il faut utiliser l'approche par le risque, méthode d'analyse que Miguel ne maîtrise pas. Il doit, pour chaque risque professionnel, l'analyser en définissant les limites de la situation de travail, en repérant la situation dangereuse, en identifiant le danger potentiel, l'événement dangereux et le dommage possible ; évaluer les risques d'atteinte à la santé (faibles, moyens, élevés) ; proposer des mesures de prévention adaptées (intrinsèques, individuelles ou collectives, formation et information du personnel) si ce risque est élevé. L'élaboration du document unique, selon la méthode d'analyse des risques, permet de lancer une véritable démarche de prévention.

## 1 Identifier le problème posé

Utiliser l'approche par le risque pour élaborer le document unique.

## 2 Identifier les éléments de la situation

**Qui :** quelle est la personne concernée ?

Miguel, responsable d'une petite entreprise.

**Quoi :** que doit-elle rédiger ?

Le document unique obligatoire.

**Où :** en quel lieu se situe la problématique ?

Dans l'entreprise de Miguel.

**Comment :** quelle méthode la personne doit-elle utiliser ?

L'approche par le risque.

**Pourquoi :** quel est le but de cette action ?

Lancer une démarche de prévention.

## 3 Mettre en relation les éléments de la situation

Compléter le diagramme « causes-effet » à l'aide des éléments de la situation suivants :

❶ individuelles / ❷ danger / ❸ intrinsèques / ❹ risque faible / ❺ risque moyen / ❻ dommage / ❼ limites de la situation de travail / ❽ collectives / ❾ situation dangereuse / ❿ risque élevé / ⓫ formation - information du personnel / ⓬ événement dangereux

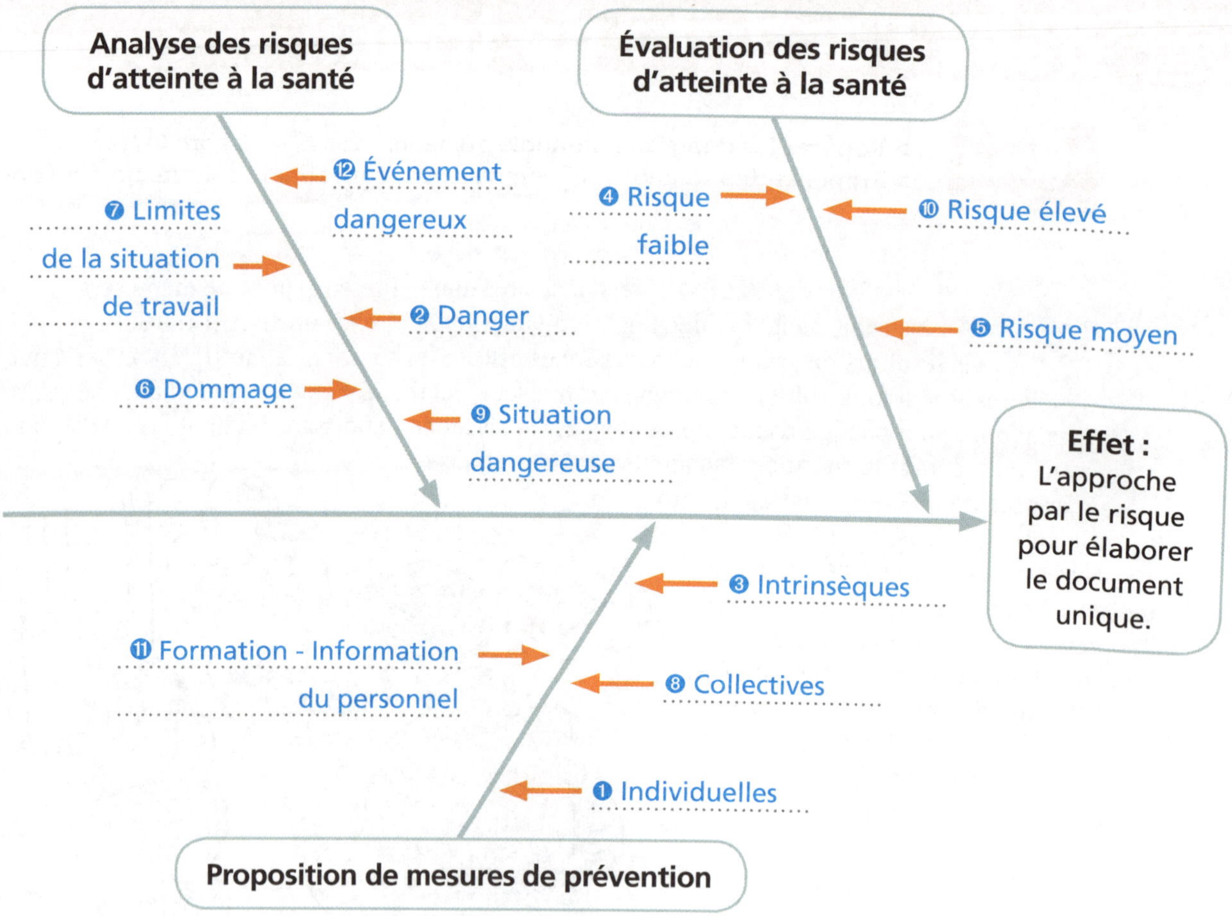


## 4 Mobiliser des connaissances utiles

Pour comprendre la situation et y apporter des solutions, en acquérant la méthode d'approche par le risque, je réalise les **Activités 1** à **4** de la séquence 17.

## 5 Proposer des solutions

**1/** Proposer un exemple pour les activités professionnelles exercées dans l'entreprise de Miguel :

- de situation dangereuse : découper une planche avec une scie circulaire.
- de danger : la scie circulaire.
- d'événement dangereux : le contact avec la lame.
- de dommage : une coupure, une amputation.

**2/** En fonction de la situation, proposer des mesures de prévention adaptées :

- intrinsèque : automatiser la découpe des planches.
- collective : mettre un carter de protection.
- individuelle : porter des gants adaptés.

# MOBILISER DES CONNAISSANCES UTILES

L'évaluation des risques constitue le point de départ de la démarche de prévention. L'identification et l'analyse des risques permettent de définir les actions de prévention les plus appropriées. Évaluer les risques qui ne peuvent pas être évités est l'un des principes généraux de prévention présents dans le Code du travail. En effet, comment lutter efficacement contre les risques si on ne les connaît pas précisément ?

## ACTIVITÉ 1 - Des exemples de risques professionnels C13 C23

1. Indiquer sous chaque photographie le risque professionnel représenté ; s'aider du **doc. 1**.

Risque électrique

Risque chimique

Risque lié à l'activité physique

2. Indiquer les trois risques professionnels auxquels vous êtes le plus exposé(e) dans votre secteur professionnel ; s'aider du **doc. 1**.

| Risque ❶ | Risque ❷ | Risque ❸ |
|---|---|---|
| Pas de corrigé type. | Pas de corrigé type. | Pas de corrigé type. |

### DOC. 1 Classification des risques professionnels (INRS)

Les risques professionnels sont des familles de dangers à l'origine des dommages (ou atteinte à la santé). On distingue les risques suivants :

| | | | |
|---|---|---|---|
| 1 | Risques d'accident de plain-pied | 10 | Risques liés aux effondrements et aux chutes d'objet |
| 2 | Risques de chute de hauteur | 11 | Risques et nuisances liés au bruit |
| 3 | Risques liés aux circulations internes | 12 | Risques liés aux ambiances thermiques |
| 4 | Risque routier | 13 | Risques d'incendie, d'explosion |
| 5 | Risques liés à l'activité physique | 14 | Risques liés à l'électricité |
| 6 | Risques liés à la manutention mécanique | 15 | Risques liés à l'éclairage |
| 7 | Risques liés aux produits, aux émissions et aux déchets | 16 | Risques liés aux rayonnements |
| 8 | Risques liés aux agents biologiques | 17 | Risques psychosociaux |
| 9 | Risques liés aux équipements de travail | 18 | Autres risques |

Attention aux confusions possibles avec le mot « risque » ! Il ne faut pas confondre les risques professionnels (familles de dangers) avec les risques d'atteinte à la santé (possibilité plus ou moins importante que le travailleur soit victime du danger).

© INRS.

## ACTIVITÉ 2 - Risque professionnel et risque d'atteinte à la santé C13

• Préciser, pour chaque situation ci-dessous, si le risque désigne un risque professionnel ou un risque d'atteinte à la santé en cochant la bonne colonne du tableau. S'aider au besoin du **doc. 1** (p. 199).

| Situations | Risque professionnel | Risque d'atteinte à la santé |
|---|---|---|
| **A.** Sébastien, boucher, manipule des couteaux qu'il laisse en permanence sur son plan de travail, s'exposant régulièrement à des risques de coupures. | | ✗ |
| **B.** En boucherie, on utilise des couteaux et de nombreux robots tranchants ; le risque mécanique est présent dans tous les recoins de l'atelier. | ✗ | |
| **C.** L'atelier de menuiserie est particulièrement exposé au risque lié à la poussière de bois ; il est là dès que l'on scie, rabote ou ponce. | ✗ | |
| **D.** Lola, ébéniste, travaille sans masque et sans la ventilation dont elle ne supporte pas le bruit. Elle respire chaque jour de la poussière de bois et s'expose au risque de cancer de l'ethmoïde (os du visage) ou des sinus. | | ✗ |

## ACTIVITÉ 3 - Les différentes mesures de prévention C13 C22

• Relever dans les descriptions ci-dessous les moyens de prévention utilisés puis préciser le nom du niveau mis en œuvre ; s'aider du **doc. 2** (p. 201).

| | Moyen de prévention | Niveau de prévention |
|---|---|---|
| **A.** Véritable fléau dans l'industrie textile, le syndrome du canal carpien touche 30 % des ouvrières. En cause, la saisie des bobines de fil de plus de 3 kg à bout de doigts. Pour y faire face, deux mesures toutes simples : diminuer le poids des bobines (1 kg) et les équiper d'un dispositif qui en facilite la prise en main. | • Diminution du poids des bobines.<br>• Dispositif de préhension. | • Niveau 1<br>Prévention intrinsèque par diminution du danger. |
| **B.** Une formation de sauveteur secouriste du travail vient de s'achever dans une entreprise du BTP. Son but : former le personnel à intervenir efficacement en cas d'accident et à participer à la prévention des risques professionnels. | • Formation SST. | • Niveau 3<br>Formation du personnel. |
| **C.** Le sol d'une cuisine collective a subi un traitement antidérapant pour limiter les risques de chute. Cela n'exclut pas l'obligation de porter des sabots de sécurité aux semelles adaptées. | • Sol antidérapant.<br>• Chaussures de sécurité antidérapantes. | • Niveau 2<br>Protection collective.<br>Protection individuelle. |
| **D.** Sur une chaîne de fabrication de boîtes de vitesse pour un constructeur automobile, opérateurs et chariots élévateurs circulent fréquemment. Pour éviter les risques de collision, ces derniers sont équipés d'avertisseurs lumineux et sonores. | • Avertisseurs lumineux et sonores. | • Niveau 3<br>Information du personnel. |

## DOC. 2 Principes de prévention

**Les mesures de prévention sont classées en trois catégories :**

| Niveau 1<br>prévention intrinsèque (ou à la source) | Niveau 2<br>Protection collective et/ou individuelle | Niveau 3<br>Instructions/formations pour l'opérateur |
|---|---|---|

**Du plus efficace au moins efficace**

### ➤ Supprimer le risque d'atteinte à la santé

• En changeant le processus de fabrication ou le mode opératoire.
**Exemple** : automatiser un système.

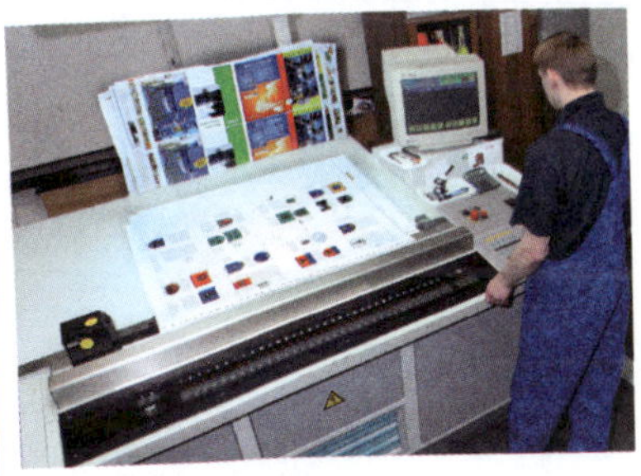

**OU**

### ➤ Limiter le risque d'atteinte à la santé

• En diminuant le danger.
**Exemple** : remplacer un produit dangereux par un autre qui l'est moins ou qui ne l'est pas.

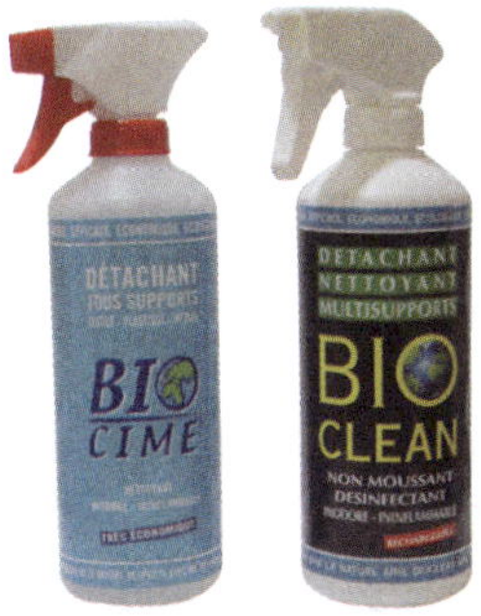


• En diminuant la durée d'exposition de l'opérateur aux risques.
**Exemples** : organiser une rotation entre les opérateurs, diversifier les activités d'un opérateur.

### ➤ Collective

• Moyens ou dispositifs appliqués à tout un local ou un atelier.
**Exemples** : hottes aspirantes, boutons d'arrêt d'urgence, encoffrement des machines, etc.

### ➤ Individuelle

• Mise à disposition de moyens de protection individuelle pour les opérateurs.
**Exemples** : chaussures de sécurité, bouchons d'oreille, casques, cotte de mailles, etc.

© INRS.

### ➤ Information du personnel

• Fiches de poste
• Affiches informatives (**INRS**)
• Pictogrammes
• Voyants lumineux / sonores

© INRS.

### ➤ Formation du personnel

• au secourisme du travail
• à la prévention (habilitation électrique, prévention des risques liés à l'activité physique, habilitation au travail en hauteur)
• **CACES**
• ...

SAUVETEUR SECOURISTE DU TRAVAIL

## ACTIVITÉ 4 - La méthodologie de l'approche par le risque C33

La méthodologie de l'approche par le risque (ou analyse par le risque) est détaillée dans les **Fiches méthode N^os 2** et **3** de l'ouvrage. Il est recommandé de s'y référer pour réaliser cette activité.

**1.** Repérer parmi les propositions soulignées s'il s'agit de danger, d'événement dangereux ou de dommage en cochant la bonne colonne du tableau. S'aider du **doc. 3**.

| Exemples | Danger | Événement dangereux | Dommage |
|---|---|---|---|
| **A.** Pendant son travail, Julien est victime d'une brûlure thermique. | | | ✗ |
| **B.** Sur la plateforme logistique où elle travaille, Élisa manipule des charges lourdes. | ✗ | | |
| **C.** Léa, employée dans un pressing, a, suite à un défaut de ventilation, inhalé des vapeurs toxiques. | | ✗ | |

**2.** Replacer les éléments surlignés de la situation dans le texte ci-après. S'aider du **doc. 3**.

Sébastien, employé boucher, désosse et découpe des pièces de viande pour la présenter à la vente au détail. Le samedi, jour de pointe, le magasin ne désemplit pas. À l'atelier de découpe et de fabrication, les cadences s'accélèrent.
Le maniement du couteau se fait moins précis ; s'il entre en contact avec la main de Sébastien, celui-ci risque une coupure ou pire le sectionnement d'un tendon.
La présence d'eau sur le sol rend la glissade presque inévitable. Sébastien se déplace avec précaution, ce n'est pas le moment de se faire une entorse !

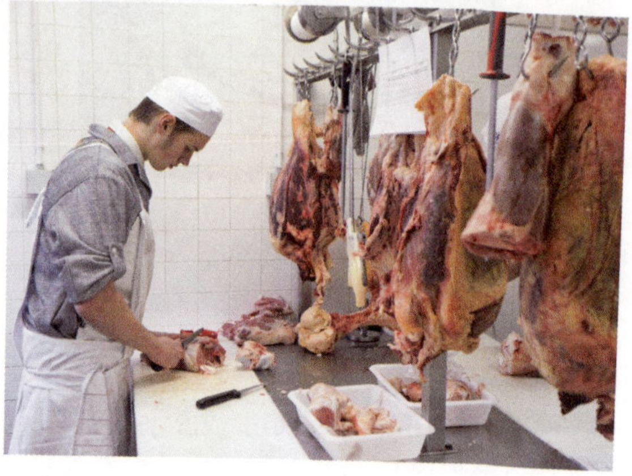

- Situation de travail dangereuse : Désosser et découper des pièces de viande.
- Dangers possibles : ❶ Couteau ❷ Eau sur le sol
- Opérateur : Sébastien
- Événements dangereux : ❶ Contact avec la main ❷ Glissade
- Dommages possibles : ❶ Coupure, sectionnement d'un tendon ❷ Entorse

DOC. 3

### Définitions

- **Situation dangereuse** : toute situation dans laquelle l'opérateur est exposé à un ou plusieurs dangers.
Exemples : travailler à proximité d'une pièce nue sous tension, manipuler des produits chimiques, travailler sous une charge en hauteur, etc.

- **Dommage** (ou risque d'atteinte à la santé) : se dit de la blessure physique ou atteinte à la santé.
Exemples : brûlure, fracture, amputation, surdité, décès, etc.

- **Danger** : c'est la source potentielle de dommage.
Exemples : outil coupant (fraise), charge en hauteur, atmosphère bruyante, etc.

- **Événement dangereux** : c'est un événement extérieur capable de provoquer un dommage. Sans sa survenue, il n'y a pas de situation d'accident.
Exemples : contact de la pièce nue sous tension avec la peau, inhalation de vapeurs toxiques, exposition 8 heures par jour à un niveau sonore de 85 dB(A), etc.

**3.** Mettre en relation les éléments de la situation de travail de Sébastien en complétant le schéma de principe d'apparition du dommage (**PAD**) pour un seul danger.

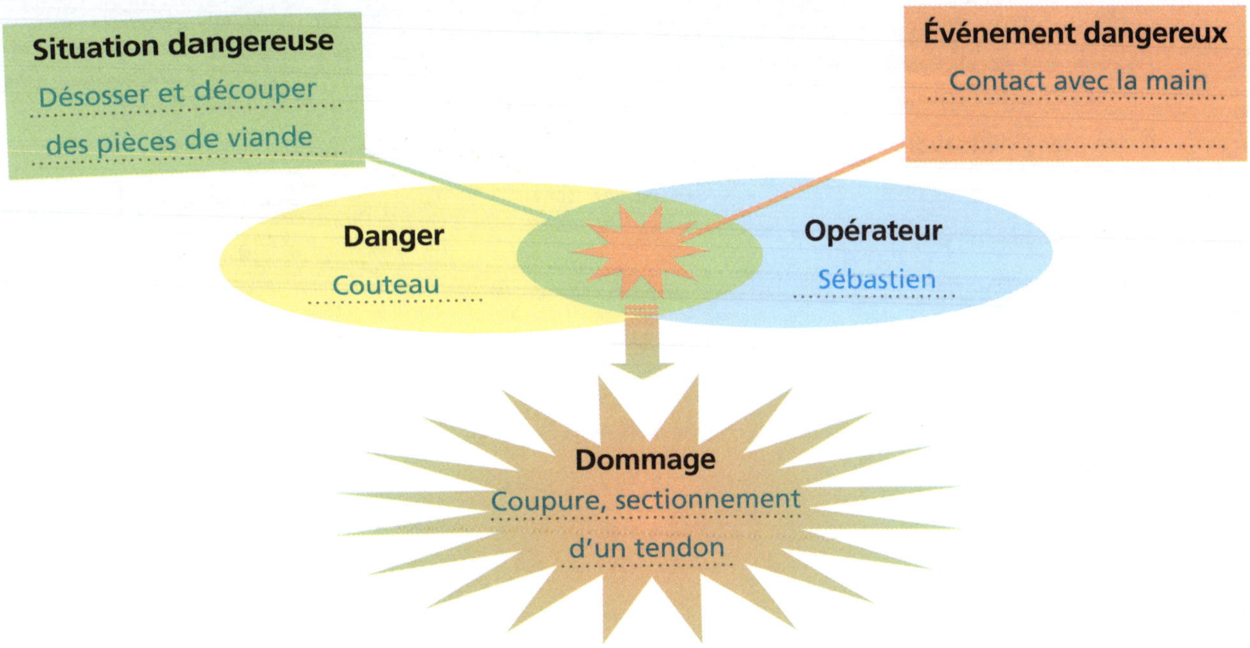


**4.** Évaluer les risques d'atteinte à la santé de Sébastien en cochant la case adéquate du graphique. S'aider des critères d'estimation de la **Fiche méthode N° 3** de l'ouvrage.

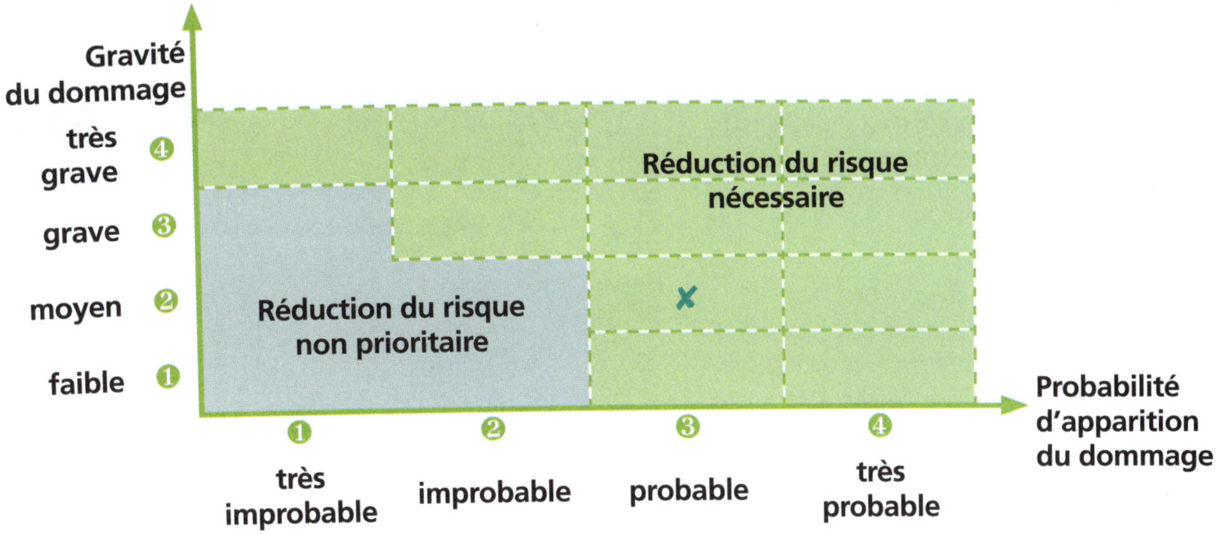


**5.** Interpréter la représentation schématique de l'évaluation des risques en complétant les phrases suivantes :

> Le dommage peut entraîner un accident avec arrêt de travail, il est estimé moyen.

> L'exposition au danger est estimée fréquente et la probabilité d'apparition de l'événement dangereux est faible, la probabilité d'apparition du dommage est estimée probable.

> La réduction du risque est nécessaire.

**6.** Proposer des mesures de prévention. S'aider du **doc. 4** ainsi que de vos connaissances.

| Niveau 1<br>Prévention intrinsèque<br>(suppression du danger) | Niveau 2<br>Protection collective<br>et/ou individuelle | Niveau 3<br>Instructions<br>Formations |
|---|---|---|
| • Nettoyage régulier du sol et des plans de travail.<br>• Préparation des pièces de viande en avance.<br>• Rampes de distribution des pièces de viande. | • Sol antidérapant.<br>• Couteaux en bon état.<br>• Rangements pour les couteaux.<br>• EPI adaptés (gants, cottes de mailles, chaussures anti-dérapantes). | • Affiches INRS.<br>• Formation à l'affûtage et à l'affilage. |

DOC. 4

## Quelques mesures de prévention en boucherie

• **Une organisation du travail**

Pour éviter le coup de feu prévisible des heures de pointe, les artisans de la boucherie ont grand intérêt à anticiper la demande de la clientèle. Ainsi, ils n'en serviront que mieux leurs clients dont le temps d'attente sera considérablement réduit et la satisfaction augmentée.

• **Des locaux bien conçus**

De plus en plus, dans les grandes surfaces mais aussi chez les artisans, le laboratoire est vitré. La clientèle a vue directe sur les opérations de préparation. Les entreprises sont également soumises à des règles d'hygiène strictes et proposent des aménagements favorisant la sécurité du personnel. Citons, par exemple, des rangements pour les couteaux non utilisés (barre magnétique, armoire de stérilisation, tiroirs...), des sols antidérapants.

• **Des couteaux... qui coupent**

Faute de formation et de temps, les opérateurs de découpe peuvent mal entretenir leurs couteaux, qui perdent rapidement leur pouvoir de coupe. Les gestes deviennent plus nombreux, plus difficiles et la tâche prend plus de temps. Ceci peut favoriser les risques d'accidents. La formation des opérateurs à l'affûtage/affilage est donc primordiale.

**Remarque :** L'application de la démarche d'approche par le risque au secteur professionnel du diplôme préparé fait l'objet de la séquence 18.

Proposer maintenant des solutions pour Miguel (étape 5, p. 198).

# Activités de synthèse

## RÉCAPITULER

**Compléter les textes à trous. Si besoin, se reporter à l'aide en bas de page.**

### Prévenir, pour quoi faire ?

- L'employeur est responsable de la santé et de la sécurité des ......salariés...... de son entreprise. Pour cela, il doit ......identifier les dangers...... liés à l'activité professionnelle, ......évaluer les risques...... d'atteinte à la santé, proposer et mettre en place ......des actions de prévention.......
- Un décret du 5 novembre 2001 lui donne l'obligation de rédiger le ......document unique.......

### Une démarche identifiée : l'approche par les risques

- Analyser toute situation de travail permet d'en repérer les risques ......d'atteinte à la santé...... pour le travailleur. L'approche par les risques se décompose en ......trois...... étapes.

| Étapes | Description |
|---|---|
| ❶ ......Analyse des risques...... d'atteinte à la santé<br>Objectif : mettre en évidence les dangers auxquels le salarié est exposé et les dommages potentiels. | Elle nécessite de délimiter ......la situation de travail...... en répondant aux questions : qui est l'opérateur ?, où ?, quoi ?<br>Ensuite, il faut identifier les différents éléments de la situation de travail : ......la situation dangereuse......, ......le danger......, ......l'événement dangereux......, ......le dommage....... |
| ❷ ......Évaluation des risques...... d'atteinte à la santé<br>Objectif : évaluer les dommages en fonction de leur probabilité de survenue. | Elle combine la probabilité d' ......apparition du dommage...... et l'estimation de ......la gravité...... du dommage.<br>Selon le résultat obtenu, la réduction du risque sera ......nécessaire...... ou non prioritaire. |
| ❸ Propositions de mesures de ......prévention......<br>Objectif : proposer des mesures pour éviter ou limiter la survenue du dommage. | Elles sont faites selon un ordre chronologique défini :<br>1. prévention ......intrinsèque...... (ou à la source) : elle consiste à ......supprimer...... ou ......réduire...... le risque d'atteinte à la santé ;<br>2. protection ......collective...... et/ou ......individuelle...... : elle consiste à ......isoler...... le (les) opérateur(s) du risque d'atteinte à la santé ;<br>3. ......informations...... et ......formations...... de l'opérateur : elles consistent à ......sensibiliser...... les opérateurs aux situations dangereuses et à leur permettre de mieux maîtriser le risque. |

**AIDE :** la situation de travail / évaluation des risques / sensibiliser / l'événement dangereux / des actions de prévention / collective / identifier les dangers / la gravité / salariés / le dommage / supprimer / individuelle / évaluer les risques / réduire / prévention / analyse des risques / document unique / d'atteinte à la santé / la situation dangereuse / trois / isoler / intrinsèque / apparition du dommage / nécessaire / informations / formations / le danger

# RETENIR

## L'approche par les risques : démarche et outils

**Étape ❶ ANALYSE des risques d'atteinte à la santé**

- **Définition des limites de la situation de travail.**
- **Identification des dangers.**

- Définition des limites de la situation de travail
  - QUI est l'opérateur ? sexe, âge, etc.
  - QUOI ? tâche professionnelle effectuée
  - OÙ ? environnement professionnel
- Identification des éléments de la situation
  - Danger
  - Dommage
  - Situation dangereuse
  - Événement dangereux

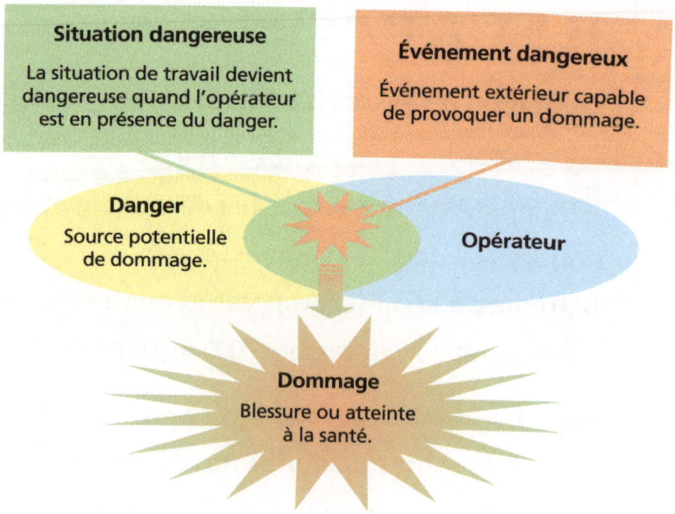


**Étape ❷ ÉVALUATION des risques d'atteinte à la santé**

- **Estimation et évaluation des risques.**

- Estimation de la gravité du dommage et de la probabilité d'apparition du dommage.
- Évaluation des risques pour déterminer la zone de réduction du risque nécessaire.

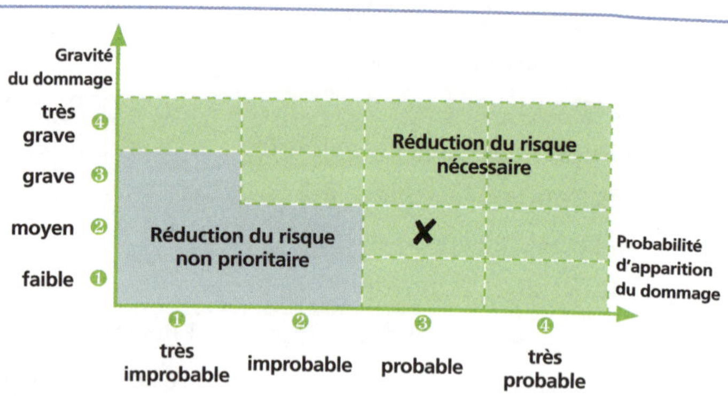


**Étape ❸ PROPOSITIONS de mesures de prévention**

- Conformément aux principes généraux de prévention (loi du 31/12/1991).
- Selon une hiérarchisation définie.

1. Prévention intrinsèque
2. Protection collective et individuelle
3. Instructions/formations pour l'opérateur

# Approfondir

7 des risques professionnels (4 min 05 s)

→ lienmini.fr/pse-vid17

Vérifiez vos acquis !

→ lienmini.fr/pse-qcm17

# Appliquer l'approche par le risque à un risque spécifique du secteur professionnel

**OBJECTIFS**

> Repérer les dangers potentiels présents dans la situation de travail.
> Proposer des solutions préventives pour éviter la survenue d'un dommage.

Coller ici la situation professionnelle correspondant à votre secteur, distribuée par l'enseignant.

## 1 Analyser les risques d'atteinte à la santé

• Définir les limites de la situation de travail

**Qui est l'opérateur ?** Réponse propre à la situation qui sera choisie.

**Quelle est la tâche réalisée ?** Réponse propre à la situation qui sera choisie.

**Quel est le lieu ?** Réponse propre à la situation qui sera choisie.

Il faut mobiliser des connaissances utiles pour comprendre la situation choisie et y apporter les solutions adaptées. À cette fin, je réalise les **Activités** (qui correspondent au risque professionnel identifié dans la situation) de la séquence 18.

• Identifier le danger et les dommages potentiels

**Le danger** : Réponse propre à la situation qui sera choisie.

**La situation dangereuse** : Réponse propre à la situation qui sera choisie.

**L'événement dangereux** : Réponse propre à la situation qui sera choisie.

**Le dommage** : Réponse propre à la situation qui sera choisie.

• Compléter le schéma du PAD en y reportant les informations identifiées à l'**étape** 1.

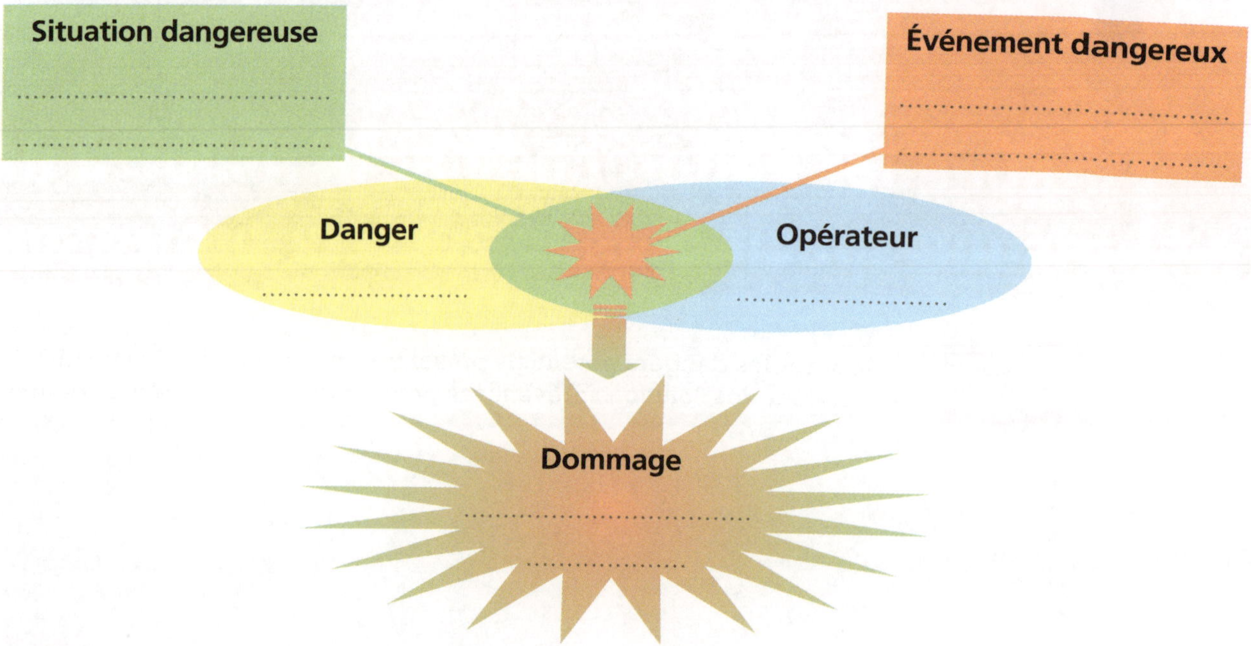


## 2 Évaluer les risques d'atteinte à la santé

• Indiquer à l'aide du schéma ci-dessous et en vous appuyant au besoin sur les échelles d'estimation de la **Fiche méthode N° 3** de l'ouvrage :

– la gravité du dommage encouru : Pas de réponse type.

– la probabilité d'apparition du dommage : Pas de réponse type.

→ La réduction du risque est donc : Pas de réponse type.

• Cocher le schéma.

**Représentation de l'évaluation du risque**

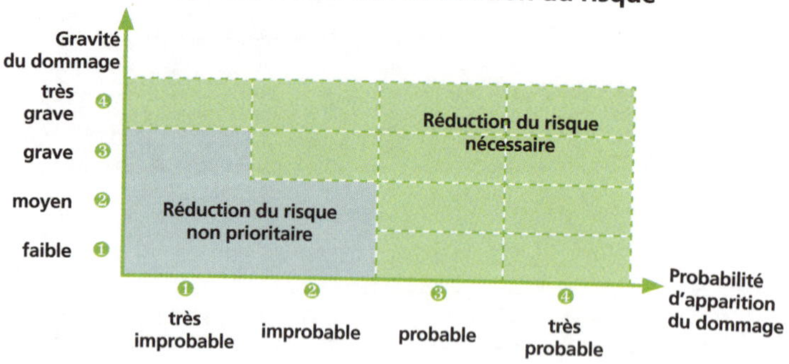


## 3 Proposer des mesures de prévention

| Niveau 1<br>Prévention intrinsèque<br>(suppression du danger) | Niveau 2<br>Prévention collective<br>et/ou individuelle | Niveau 3<br>Instructions/Formations |
|---|---|---|
| Réponses propres à la situation qui sera choisie. | Réponses propres à la situation qui sera choisie. | Réponses propres à la situation qui sera choisie. |

# MOBILISER DES CONNAISSANCES UTILES

## Le risque mécanique

**Exemples de situations professionnelles exposant au risque mécanique**

❶ Romain, titulaire d'un **Bac Pro boucher charcutier traiteur**, est employé dans l'atelier de découpe d'un abattoir. Il travaille toute la journée à l'aide d'outils tranchants.

❷ Samir, titulaire d'un **Bac Pro technicien menuisier agenceur**, est employé dans une entreprise de menuiserie. Il effectue des découpes à l'aide de machines à bois.

### → ACTIVITÉ 1 - Du danger à l'événement dangereux C13 C21 C23

**1.** Souligner dans le **doc. 1** :
> en rouge, le danger > en bleu, la situation dangereuse > en vert, l'événement dangereux

**2.** Indiquer pour votre secteur professionnel les sources de danger associées au risque mécanique.

La réponse à cette question étant bien spécifique à un secteur professionnel, un corrigé type ne peut être donné dans le cadre de cet ouvrage.

**DOC. 1 Définition du risque mécanique**

Ensemble de facteurs physiques qui peuvent être à l'origine d'une blessure par l'action mécanique d'éléments de machines, d'outils, de pièces ou de matériaux solides ou encore de fluides projetés.

Le risque mécanique est le risque lié à une défaillance humaine ou technique à l'occasion de l'utilisation d'une machine fixe ou mobile ou d'un équipement de travail.

© www.bossons-fute.fr

### → ACTIVITÉ 2 - Dommages dus au risque mécanique C21 C24

**1.** Compléter le schéma de la peau saine ci-dessous à l'aide de la liste de termes suivante :

hypoderme / vaisseaux sanguins / nerf / glande sudoripare / épiderme / glande sébacée / derme

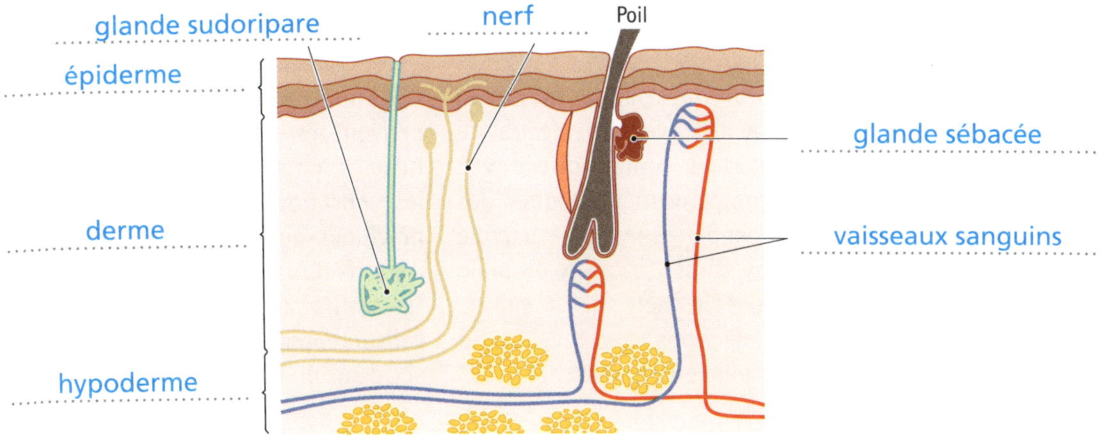

**2.** Indiquer, sous chaque schéma et chaque texte ci-dessous, la nature du dommage présenté en replaçant les termes surlignés dans le **doc. 2**.

**Les dommages résultant du risque mécanique**

❶

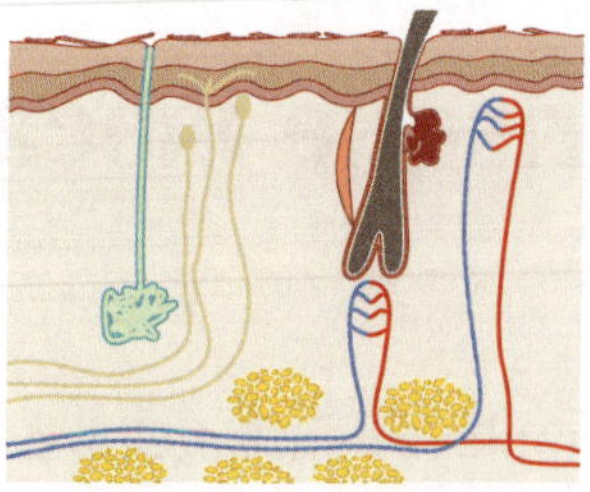

Écorchure

❷

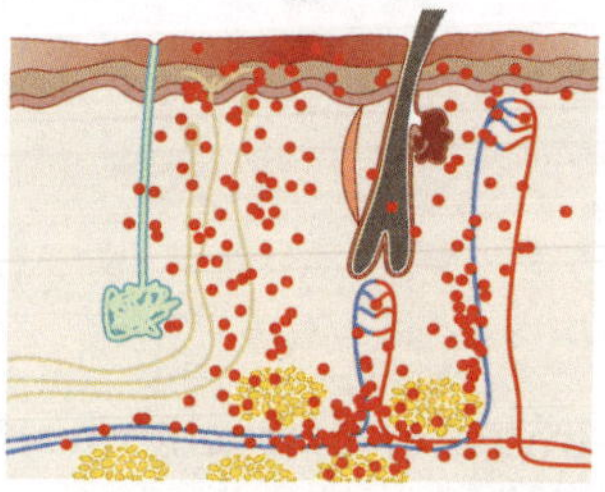

Contusion

❸

Aplatissement des tissus sous l'action d'un choc, d'une compression importante (engrenages, crémaillères, laminoirs...).

Écrasement

❹

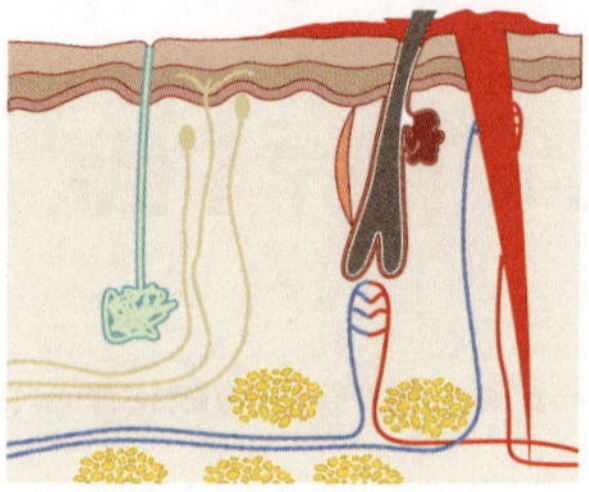

Coupure

❺

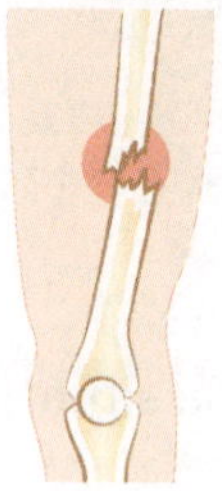

Fracture

❻

Amputation ou arrachement d'un doigt, d'un membre (hachoir, scie à ruban, cisaille...).

Sectionnement

**3.** Indiquer et justifier, à l'aide du **doc. 2**, des schémas ci-dessus et de vos connaissances, trois éléments qui contribuent à la gravité d'une plaie.

> Sa profondeur : plus elle est profonde, plus les nerfs et les vaisseaux sanguins sont atteints.

> Son étendue : c'est une porte d'entrée d'autant plus importante pour les micro-organismes.

> Sa localisation : articulations, yeux, proximité d'orifices naturels.

**4.** Justifier, à partir de vos connaissances, la nécessité de la présence de sauveteurs secouristes du travail (**SST**) dans les entreprises exposées au risque mécanique.

Ils sont les premiers maillons de la chaîne de secours ; de la rapidité de leur réaction dépend l'efficacité des secours. Ils peuvent souvent être conduits à faire des soins de plaies simples.

**5.** Indiquer, pour votre secteur professionnel, les dommages auxquels vous êtes plus particulièrement exposé(e).

La réponse à cette question étant bien spécifique à un secteur professionnel, un corrigé type ne peut être donné dans le cadre de cet ouvrage.

**DOC. 2** **Dommages résultant du risque mécanique**

Les accidents du travail provoqués par des machines ou des équipements de travail peuvent être de gravité variable. Ainsi, les accidents par contact direct avec un organe en mouvement peuvent provoquer des dommages allant de la simple écorchure ou plaie bénigne à des lésions gravissimes (coupure ou plaie profonde, fracture, sectionnement de membre, écrasement, etc.). Des projections de pièces sont à l'origine de contusion ou même de brûlure.

Les vibrations provoquées par certaines machines peuvent être à l'origine de maladies professionnelles : « tableau 69 : affections provoquées par les vibrations et chocs transmis par certaines machines-outils, outils et objets et par les chocs itératifs du talon de la main sur les éléments fixes ».
Les statistiques montrent que les plaies et coupures constituent par leur nombre le 3e type de lésion pour les accidents du travail ayant entraîné un arrêt de travail.

## ACTIVITÉ 3 - Du risque mécanique au risque infectieux C12 C23

1. > Citer, à partir du **doc. 3**, les trois rôles de la peau dans la défense contre les micro-organismes.

→ barrière mécanique → barrière chimique → barrière biologique

> Souligner, en utilisant trois couleurs différentes, les éléments qui agissent pour chaque rôle.

2. Expliquer, à l'aide du **doc. 3**, pourquoi le risque mécanique ne peut pas être séparé du risque infectieux.

Le risque mécanique génère des lésions plus ou moins importantes au niveau de la peau ; ce sont des portes d'entrée pour les micro-organismes qui vont générer une infection.

3. Expliquer, à l'aide des **doc. 3** et **4**, pourquoi la moindre lésion doit être traitée par application d'un antiseptique.

Toute lésion est une porte d'entrée pour des micro-organismes et peut occasionner une infection. Le bacille tétanique, responsable du tétanos, maladie mortelle, peut notamment pénétrer.

### DOC. 3 La peau : une barrière mécanique, chimique et biologique

La peau et les muqueuses* jouent un triple rôle dans la défense contre les micro-organismes en limitant leur pénétration dans le corps.
La couche cornée, qui constitue la surface de la peau, a un rôle de barrière mécanique. Le rôle de barrière chimique est assuré par le sébum qui imperméabilise la peau, rendant difficile la pénétration des micro-organismes et par la transpiration dont le pH leur est défavorable. Les flores résidentes sont des micro-organismes non pathogènes qui colonisent peau et muqueuses. Elles jouent le rôle de barrière biologique en s'opposant à la pénétration de micro-organismes étrangers.
Toutefois, ces barrières ont leurs limites ; une lésion de la peau constitue une porte d'entrée pour les micro-organismes. C'est pourquoi le risque mécanique ne peut pas être dissocié du risque infectieux.

* Muqueuse : tissu qui tapisse un organe communiquant avec l'extérieur et qui généralement sécrète du mucus.

### DOC. 4 Le tétanos

- Le responsable du tétanos est une bactérie que l'on trouve dans la terre et, de ce fait, sur tout support ayant été à son contact (végétaux, épines de végétaux, métal rouillé ❶...).

- Sous forme de spores ❷, le bacille tétanique est particulièrement résistant. Une plaie, même bénigne, peut être une porte d'entrée pour ces spores. Celles-ci germent ; les bactéries formées se multiplient et sécrètent des toxines qui attaquent le système nerveux.

- Après une période d'incubation de durée variable apparaissent une certaine rigidité musculaire, des contractions des muscles de la mâchoire puis de nombreux muscles, occasionnant des crampes violentes et douloureuses qui peuvent être à l'origine de fractures. La maladie peut être mortelle lorsque les muscles respiratoires sont atteints.

❶

❷
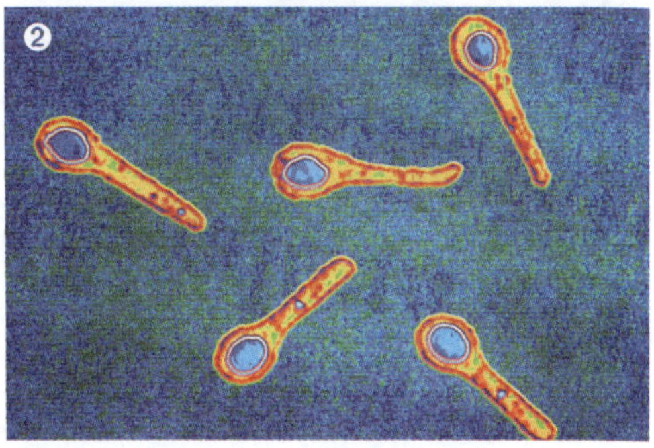

# ACTIVITÉ 4 - Les défenses de l'organisme contre les micro-organismes C12 C13

**1.** Entourer dans le **doc. 5** les deux lignes de défense qui entrent en action lorsque les micro-organismes ont franchi la peau et/ou les muqueuses.

**2.** > Citer, à l'aide du **doc. 5,** les quatre signes de la réaction inflammatoire.

→ gonflement → rougeur → chaleur → douleur

> Expliquer pourquoi la réaction inflammatoire est bénéfique pour l'organisme.

Elle résulte de la dilatation des capillaires qui apportent des polynucléaires en grande quantité pour réaliser la phagocytose des micro-organismes ayant pénétré dans la plaie.

**3.** Expliquer pourquoi la peau et les muqueuses font partie des défenses non spécifiques.

Elles agissent sur tous les micro-organismes.

## DOC. 5 Les trois lignes de défense de l'organisme

L'immunité est un dispositif complexe qui fait intervenir divers leucocytes (globules blancs) et divers organes. Les micro-organismes qui pénètrent dans l'organisme se heurtent à trois lignes de défense qui rentrent successivement en action en cas d'échec de la précédente.

### ❶ 1re ligne de défense : la peau et les muqueuses

Si franchie

### ❷ 2e ligne de défense : la phagocytose

Lorsque la peau et les muqueuses sont franchies, il y a dilatation des capillaires pour apporter des polynucléaires (globules blancs) qui vont réaliser la **phagocytose** (destruction des micro-organismes par ingestion).
Cette dilatation génère localement gonflement, rougeur, chaleur et douleur ; c'est la **réaction inflammatoire.**

**Réaction inflammatoire**

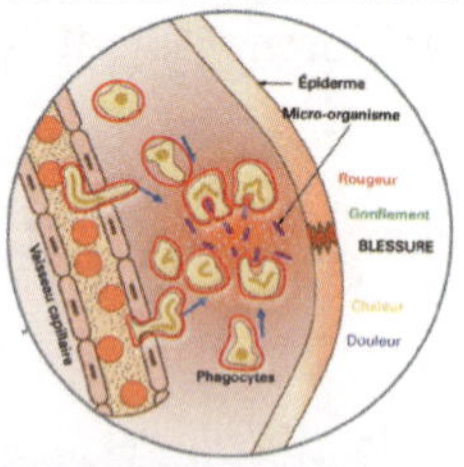


**Détails de la phagocytose**

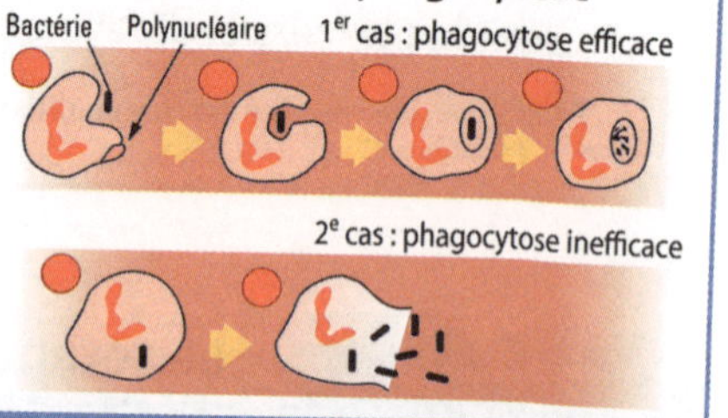


**Peau, muqueuses et phagocytose sont des défenses non spécifiques qui agissent sur tous les micro-organismes.**

Si franchie

### ❸ 3e ligne de défense : les anticorps

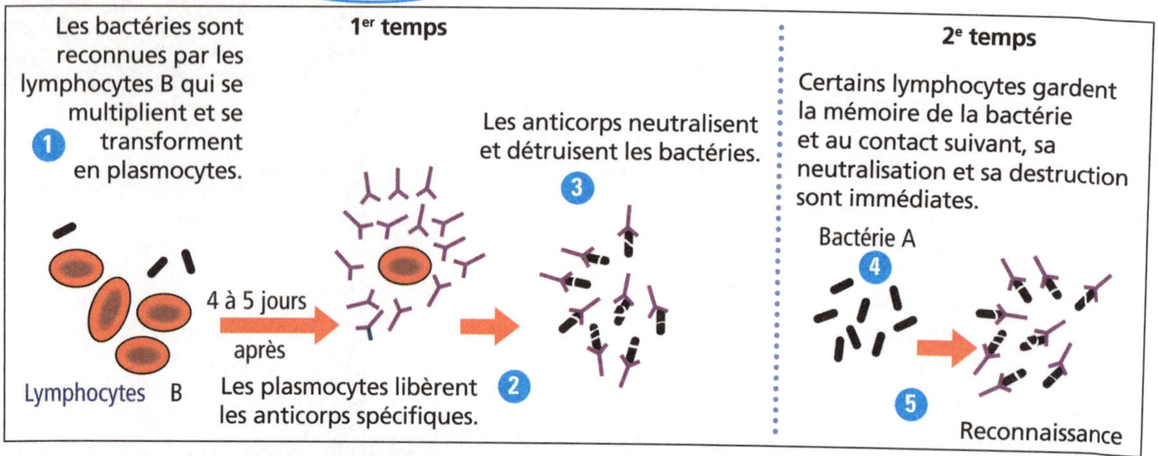


**Les anticorps sont des défenses spécifiques qui n'agissent que sur un micro-organisme donné.**

## → ACTIVITÉ 5 - Des moyens pour aider le système immunitaire C22 C23

**1.** Compléter, à l'aide du **doc. 6**, le tableau comparatif des vaccins et sérums qui sont les principaux auxiliaires (aides) du système immunitaire.

| | VACCIN | SÉRUM |
|---|---|---|
| Rôle | Préventif (évite la maladie) | Curatif (soigne la maladie) |
| Composition | Antigènes (micro-organismes morts ou affaiblis) | Anticorps (ici : anti-tétanos) |
| Mode d'action | À leur contact, l'organisme fabrique des anticorps spécifiques et forme sa mémoire immunitaire. | Ils neutralisent les micro-organismes et les toxines responsables de la maladie. |
| Caractère de l'immunité (protection) assurée<br>*Cocher* | ☒ spécifique<br>☐ non spécifique | ☒ spécifique<br>☐ non spécifique |
| | ☒ active (l'organisme fabrique ses anticorps).<br>☐ passive (l'organisme reçoit des anti-corps déjà prêts). | ☐ active (l'organisme fabrique ses anticorps).<br>☒ passive (l'organisme reçoit des anti-corps déjà prêts). |
| | ☒ retardée (les anticorps sont fabri-qués au bout de 4 à 5 jours).<br>☐ immédiate (les anticorps agissent dès l'injection). | ☐ retardée (les anticorps sont fabri-qués au bout de 4 à 5 jours).<br>☒ immédiate (les anticorps agissent dès l'injection). |
| | ☐ passagère (les anticorps étrangers à l'organisme sont éliminés au bout d'un mois).<br>☒ durable (plusieurs années). | ☒ passagère (les anticorps étrangers à l'organisme sont éliminés au bout d'un mois).<br>☐ durable (plusieurs années). |

**2.** Justifier pourquoi le vaccin contre le tétanos est fortement recommandé pour le personnel exposé au risque mécanique.

Le personnel exposé au risque mécanique est souvent victime de petites plaies ou lésions qui sont autant de portes d'entrée pour le tétanos ; il est donc indispensable d'être protégé.

### DOC. 6 Moyens pour éviter le tétanos

René, 58 ans, ouvrier dans le bâtiment, a marché sur un clou rouillé dans un chantier. Son médecin, consulté 3 jours après l'accident, le sermonne : « Monsieur X, ce n'est pas sérieux, votre dernier vaccin anti-tétanos remonte à plus de 30 ans, il ne joue plus son rôle préventif. Pour soigner le tétanos qui va probablement se déclarer car votre pied a dû être infesté par la bactérie, je vais vous injecter un sérum ; celui-ci a un rôle curatif, il est constitué d'anticorps anti-tétanos qui vont immédiatement neutraliser le micro-organisme et ses toxines ; l'organisme l'éliminera au bout d'un mois. Dès lors, je vous vaccinerai. Oui je sais, cela fait 2 piqûres et vous n'aimez pas cela ! Mais un vaccin ce n'est pas la même chose : il est constitué d'antigènes (micro-organismes morts ou affaiblis). À leur contact, l'organisme fabrique au bout de 4 à 5 jours des anticorps spécifiques (actifs contre le tétanos) et forme sa mémoire immunitaire ; ainsi vous êtes protégé pour de longues années. »

© Studio La vache qui meuh.

## ACTIVITÉ 6 - Mesures de prévention adaptées au secteur professionnel C44

• Indiquer et justifier pour votre secteur professionnel des mesures de prévention contre le risque mécanique. S'aider de vos connaissances, du **doc. 7** et/ou du site www.bossons-fute.fr (fiche de risque « risque mécanique » et/ou fiche de métier concernant votre secteur professionnel).

| | | Mesures préventives |
|---|---|---|
| NIVEAU 1 Prévention intrinsèque | | Le corrigé, spécifique à un secteur professionnel, ne peut être donné dans le cadre de cet ouvrage. Quelques pistes sont toutefois indiquées.<br>• Remplacement par des machines ou des outils moins dangereux. |
| NIVEAU 2 Protection | Collective | • Protecteurs sur les machines.<br>• Dispositifs de détection des personnes.<br>• Arrêt d'urgence. |
| | Individuelle | • Tenue de travail avec chaussures de sécurité, gants, casque, lunettes et tout EPI adapté à la situation. |
| NIVEAU 3 Instructions (formation – information) | | • Stages de formation.<br>• Fiches de postes.<br>• Affiches INRS. |

### DOC. 7 Quelques moyens de prévention

Protecteurs sur les machines et dispositifs de détection des personnes.

Bouton « Arrêt d'urgence ».

Affichage INRS.

### PAD pour conclure

• **Danger :** énergie cinétique des machines, outils, etc.
• **Situation dangereuse :** travailler avec ou sur une machine, travailler avec un outil, etc.
• **Événement dangereux :** défaillance humaine ou technique lors de l'utilisation d'une machine ou d'un outil.
• **Dommage :** coupure, contusion, fracture, écrasement, amputation, etc.

**Vérifiez vos acquis !**

→ lienmini.fr/pse-qcm18a

# Le risque électrique

**Exemples de situations professionnelles exposant au risque électrique**

❶ Hannane, titulaire d'un **Bac Pro esthétique cosmétique parfumerie**, est employée dans un institut de beauté. Des câbles électriques d'appareils anciens et encore utilisés sont dénudés.

❷ Florian, titulaire d'un **Bac Pro technicien du bâtiment,** constate que des fils électriques ont été endommagés par les fortes chaleurs et sont en contact avec le corps de la bétonnière.

## → ACTIVITÉ 1 - Le danger C13

• Souligner dans les **doc. 1** et **2** les raisons pour lesquelles l'électricité constitue un danger important.

### DOC. 1 Triangles de sévérité (2015)

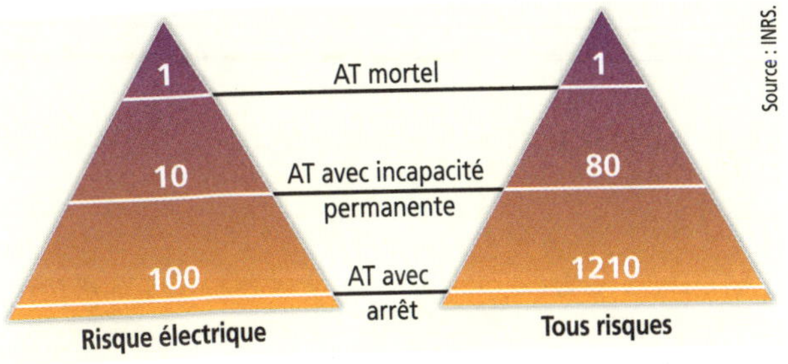


Source : INRS.

Les triangles de sévérité mettent en lumière la gravité particulière du risque électrique.
En 2015, 1 AT mortel pour 100 AT avec arrêt concerne le risque électrique contre 0,08 % pour tous les risques confondus.

### DOC. 2 Accidents

• **Électrisations et électrocutions**

Lors d'un accident d'origine électrique, il arrive qu'une personne soit électrisée, c'est-à-dire que le courant électrique lui traverse le corps. En milieu de travail, de tels accidents du travail sont rares mais souvent graves : chaque année, une dizaine de travailleurs meurent électrocutés.

• **Incendies d'origine électrique**

Un incendie sur cinq serait d'origine électrique. Pour que survienne un incendie d'origine électrique, il faut qu'il y ait simultanément une source de chaleur ou une étincelle, un comburant (l'oxygène de l'air) et un combustible.

## → ACTIVITÉ 2 - Les situations dangereuses C13 C22

• Entourer dans le **doc. 3** le nombre d'AT d'origine électrique pour votre secteur professionnel, puis indiquer pour celui-ci des situations dangereuses liées à l'électricité.

### DOC. 3 AT d'origine électrique par secteur d'activité (2012)

# → ACTIVITÉ 3 - Les événements dangereux C22 C23 C24

**1.** Préciser, pour chaque situation ci-dessous, s'il s'agit d'un contact direct ou indirect, en cochant la case correspondante du tableau. S'aider du **doc. 4**.

| Situations | Contact direct | Contact indirect |
|---|---|---|
| **A.** Un ouvrier pousse un échafaudage métallique qui entre en contact avec une ligne électrique. | | ✗ |
| **B.** Le four d'une cuisine professionnelle n'est pas relié à la terre. Suite à une élévation en température anormale du four, un fil (phase) entre en contact avec sa masse métallique. Le cuisinier touche le four. | | ✗ |
| **C.** À force de tirer sur le câble d'un aspirateur industriel, le câble s'est dénudé au ras de la prise. Un agent de propreté branche l'aspirateur. | ✗ | |

## DOC. 4 Contact direct ou indirect

L'électricité ne peut circuler qu'en circuit fermé. Il y a électrisation lorsque le corps sert de conducteur. L'électrisation peut se produire par contact direct ou indirect.

On distingue deux sources de risques d'accident :

- **Risque d'électrisation par contact direct (A)** : contact d'une personne avec une partie active du circuit électrique.
- **Risque d'électrisation par contact indirect (B)** : contact d'une personne avec une masse (métallique) mise accidentellement sous tension à la suite d'un défaut d'isolement d'un fil électrique.

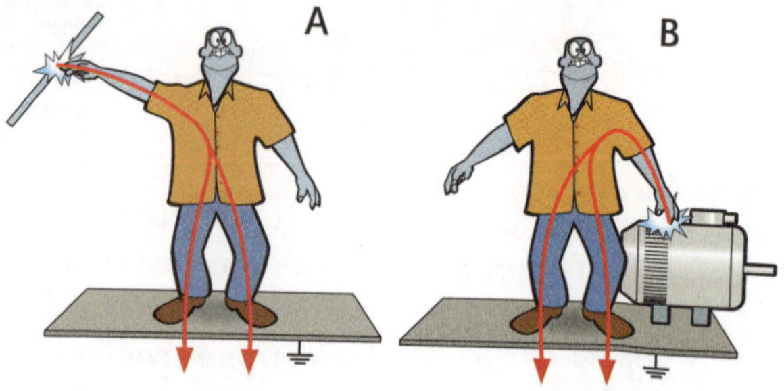




**2.** Indiquer, pour votre secteur professionnel, des circonstances pouvant vous exposer à l'électricité :

> par contact direct : La réponse à cette question étant bien spécifique à un secteur professionnel, un corrigé type ne peut être donné dans le cadre de cet ouvrage.

> par contact indirect : La réponse à cette question étant bien spécifique à un secteur professionnel, un corrigé type ne peut être donné dans le cadre de cet ouvrage.

**3.** > L'état de la peau (sèche, humide ou mouillée) influe sur le danger électrique. Calculer l'intensité qui traverse le corps en appliquant la loi d'Ohm (U = RI donc I = U/R).

| Tension (U) | 25 volts | 220 volts |
|---|---|---|
| Peau sèche | Résistance (R) de la peau : 5 500 Ohms<br>Intensité (I) qui traverse le corps :<br>I = U/R = 25/5 500 = 0,0045 A = 4,5 mA | Résistance de la peau : 2 300 Ohms<br>Intensité qui traverse le corps :<br>I = 220/ 2 300 = 0,095 A = 95 mA |
| Peau humide | Résistance de la peau : 3 000 Ohms<br>Intensité qui traverse le corps :<br>I = 25/ 3 000 = 0,008 A = 8 mA | Résistance de la peau : 1 800 Ohms<br>Intensité qui traverse le corps :<br>I = 220/ 1 800 = 0,122 A = 122 mA |

> Conclure après avoir comparé l'intensité, selon que la peau est sèche ou humide.

L'intensité du courant est, selon la tension, 1,5 à 2 fois plus importante lorsque la peau est humide. On peut en déduire que les dommages provoqués sont beaucoup plus graves dans ce cas, d'où les précautions particulières à prendre dans les locaux exposés à l'humidité.

## ACTIVITÉ 4 - Les dommages dus au courant électrique C12 C13 C24

**1.** Dans les **doc. 5** et **6** :
> souligner d'un trait la définition de l'électrisation, de deux traits celle de l'électrocution ;
> entourer les éléments qui conditionnent le niveau de gravité de l'électrisation.

**2.** Indiquer, pour les schémas du **doc. 5**, dans quel cas les conséquences de l'électrisation sont les plus graves pour la victime ; justifier la réponse donnée.

Il s'agit du cas B ; le courant pénètre par le bras et descend par la jambe ; il traverse donc des organes vitaux (cœur, muscles respiratoires) et les dommages seront d'autant plus importants.

Après lecture du **doc. 6** :

**3.** Indiquer l'action du courant électrique sur :

> les muscles : tétanisation
> l'appareil respiratoire: paralysie des muscles respiratoires
> les tissus : brûlures
> le cœur : fibrillation

**4.** Justifier l'utilité d'un défibrillateur dans les ateliers particulièrement exposés au risque électrique.

L'électrisation pouvant provoquer la fibrillation cardiaque, un défibrillateur est utile pour relancer l'activité du cœur.

### DOC. 5 L'électrisation

C'est le passage du courant électrique à travers le corps.

Elle a des effets plus ou moins graves pour l'organisme selon : l'intensité du courant ; le temps de passage dans le corps ; le trajet dans le corps humain (le passage par le cœur ou les muscles respiratoires crée plus de dommages qu'au travers des muscles moteurs) ; l'état de la peau (sèche ou mouillée) et la surface de la zone en contact ; la nature du sol (isolant ou conducteur).

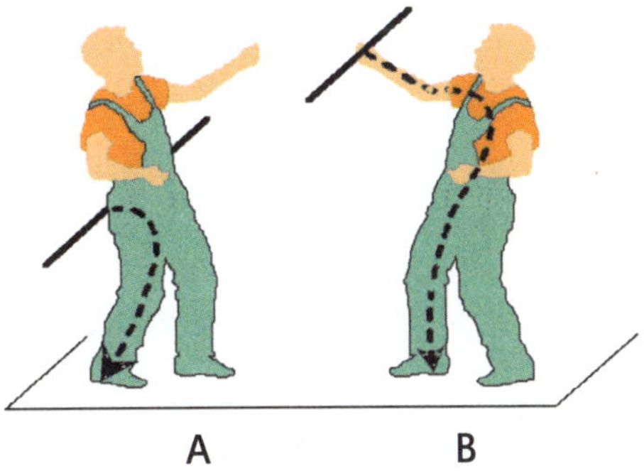


### DOC. 6 Effets physiques et physiologiques de l'électrisation

L'électrisation peut provoquer les effets suivants (du moins grave au plus dangereux) :

❶ Picotements sans aucun danger.

❷ Choc au toucher sans effet dangereux.

❸ Brûlures (la production de chaleur par effet Joule provoque des brûlures externes au niveau du contact et de très graves brûlures internes au niveau des tissus situés sur le trajet du courant), tétanisation (contraction des muscles).

❹ Fibrillation cardiaque (contractions désordonnées et inefficaces du cœur ; même effet qu'un arrêt du cœur), paralysie des muscles qui assurent la respiration, arrêt du cœur, électrocution (mort de la victime par électrisation).

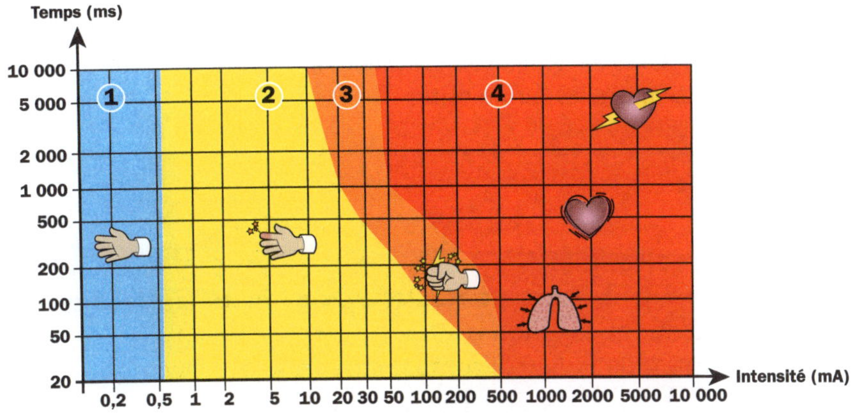


© Marque Jaune (*ibid.* p. 80).

## ACTIVITÉ 5 - Mesures de prévention adaptées au secteur professionnel C44

• Indiquer et justifier pour votre secteur professionnel des mesures de prévention contre le risque électrique. S'aider de vos connaissances, du **doc. 7** et/ou du site www.bossons-fute.fr (fiche de risque « risque électrique » et/ou fiche de métier concernant votre secteur professionnel).

| | | Mesures préventives |
|---|---|---|
| NIVEAU 1 Prévention intrinsèque | | Le corrigé, spécifique à un secteur professionnel, ne peut être donné dans le cadre de cet ouvrage. Quelques pistes sont toutefois indiquées.<br>• Mise à la terre, disjoncteur différentiel, liaison équipotentielle, etc. |
| NIVEAU 2 Protection | Collective | • Réalisation des travaux hors tension lorsque c'est possible.<br>• Respect des normes techniques réglementaires.<br>• Respect des modalités et de la périodicité des vérifications.<br>• Limitation de l'accès aux armoires électriques qui doivent rester fermées à clef. |
| | Individuelle | • Habilitation électrique correspondant au poste occupé.<br>• Tenue de travail de sécurité adaptée (combinaison en coton ignifugé, casque isolant et antichoc, gants/protège-bras isolants, chaussures/bottes isolantes de sécurité, écran facial anti-UV pour se protéger des arcs électriques…). |
| NIVEAU 3 Instructions (formation – information) | | • Stages de formation.<br>• Fiches de postes.<br>• Affiches INRS. |

### DOC. 7 Prévention : recommandations, normes et réglementation

• Pour éviter des accidents, il faut non seulement être formé au risque mais aussi organiser son travail, privilégier la mise hors tension des installations et interposer des obstacles là où l'éloignement est insuffisant. Pour les opérations sur ouvrages électriques, la meilleure prévention consiste à travailler hors tension.

Lorsque les travaux ne peuvent être réalisés que sous tension, les intervenants doivent avoir suivi une formation relative aux risques électriques, posséder des EPI et l'outillage adapté ainsi qu'une habilitation en adéquation avec les opérations à effectuer.

© INRS – Revue « Travail et Sécurité » n° 663.

• Les parties sous tension des installations sont isolées par des boîtiers, des armoires, etc. La mise à la terre des masses avec coupure automatique de l'alimentation permet de se protéger des contacts indirects. Disjoncteur, relais et fusibles protègent les circuits contre les surintensités.

La réglementation définit les classes de matériel électrique et les degrés de protection. Quatre décrets précisent la prévention des risques électriques dans le Code du travail (obligations des maîtres d'ouvrage pour la conception des installations électriques et des employeurs pour leur utilisation).

### PAD pour conclure

- **Danger :** électricité.
- **Situation dangereuse :** travailler avec du matériel électrique, sur des installations électriques, etc.
- **Événement dangereux :** contact avec l'énergie électrique.
- **Dommage :** électrisation, électrocution.

**Vérifiez vos acquis !**

→ lienmini.fr/pse-qcm18b

# Le risque biologique

**Exemples de situations professionnelles exposant au risque biologique**

❶ Antoine, élève en **Bac Pro assistant en soins et services à la personne**, effectue une PFMP en maison de retraite. Il doit changer la couche souillée et effectuer la toilette au lit d'un résident.

❷ Pauline, élève en **Bac Pro hygiène propreté stérilisation**, effectue une PFMP au service de stérilisation centrale d'un hôpital. Elle réceptionne et trie les instruments décontaminés provenant du bloc opératoire afin de préparer les opérations de stérilisation.

## → ACTIVITÉ 1 - Le danger C12 C21

Après lecture du **doc. 1** :

**1.** Indiquer la nature des agents biologiques majoritaires et préciser s'ils sont dangereux.

Ce sont des micro-organismes que l'on trouve partout.

Ils ne sont pas tous pathogènes.

**2.** Relever, lorsqu'il s'agit de « santé au travail », les catégories des agents biologiques.

Les agents biologiques sont alors des micro-organismes, des prions, des parasites ou des cultures cellulaires pouvant provoquer infection, allergie ou intoxication.

**3.** Indiquer, pour votre secteur professionnel, à quel(s) agent(s) biologique(s) vous êtes particulièrement exposé(e). S'aider de vos connaissances et/ou de la fiche métier qui vous correspond, téléchargée sur www.bossons-fute.fr

La réponse à cette question étant bien spécifique à un secteur professionnel, un corrigé type ne peut être donné dans le cadre de cet ouvrage.

### DOC. 1 Agents biologiques

• Ce sont pour la plupart d'entre eux des êtres vivants microscopiques qui ont besoin de nourriture et de certaines conditions environnementales (eau, chaleur...) pour se reproduire. Indispensables à la vie, ils sont présents chez les êtres vivants (humain, animaux, plantes) et dans l'environnement (eaux, sols) où ils jouent un rôle essentiel dans le recyclage de la matière (ex. : transformation des feuilles mortes en compost). La plupart sont inoffensifs pour l'homme mais certains (pathogènes) peuvent être à l'origine de maladies. À l'inverse, d'autres présentent un intérêt et sont utilisés depuis des milliers d'années pour la transformation de produits alimentaires (pain, fromage, yaourt...) et plus récemment dans les biotechnologies (fabrication de vaccins, d'antibiotiques...).

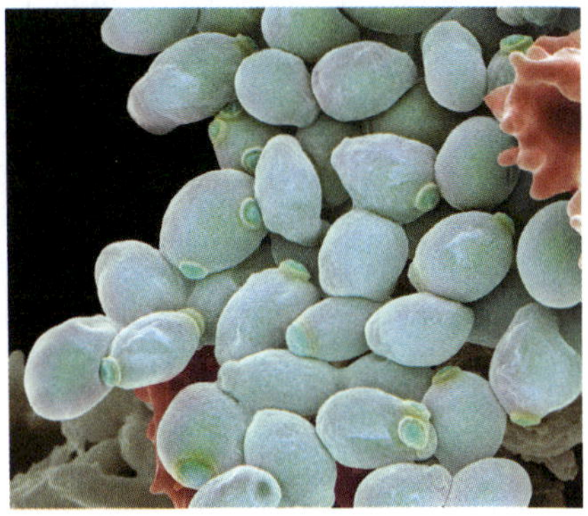
Candida albicans (responsable de mycoses).

• En santé au travail, la notion « d'agents biologiques » regroupe selon la règlementation européenne :
- les micro-organismes (bactéries, virus, champignons, protozoaires), y compris ceux génétiquement modifiés ;
- les prions ou agents transmissibles non conventionnels (ATNC) ;
- les endoparasites humains (amibes, vers intestinaux...) ;
- les cultures cellulaires.

Ils sont susceptibles de provoquer une infection, une allergie ou une intoxication.

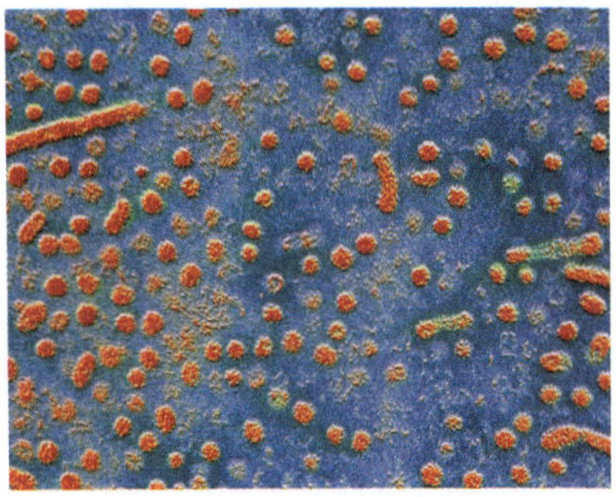
Virus de l'hépatite B.

Source : dossier INRS « Les risques biologiques en milieu professionnel » (ED6034).

## ACTIVITÉ 2 - Les situations dangereuses C12 C22 C23

**1.** Indiquer à l'aide du **doc. 2** dans quel secteur d'activité se situe votre activité professionnelle.

Réponse spécifique de l'élève.

**2.** Décrire une situation dangereuse de votre secteur professionnel vous exposant à des agents biologiques ; justifier la dangerosité de cette situation à l'aide du **doc. 3.**

La réponse à cette activité étant bien spécifique à un secteur professionnel, le corrigé ne peut être donné dans le cadre de cet ouvrage.

**3.** > Indiquer à l'aide du **doc. 4** si le contact avec des agents biologiques au cours de votre activité professionnelle est dû à :

❑ une utilisation délibérée ❑ une exposition potentielle (cocher)

> Justifier votre réponse : La réponse à cette activité étant bien spécifique à un secteur professionnel, le corrigé ne peut être donné dans le cadre de cet ouvrage.

### DOC. 2 Activités exposant à des risques biologiques

Elles sont généralement classées en quatre catégories :

- Travaux au contact d'humains ou de produits d'origine humaine ;
- Travaux au contact d'animaux ou de leurs produits ;
- Assainissement et maintenance ;
- Industries et laboratoire agro-alimentaires.

### DOC. 3 Classification des agents biologiques pour le risque infectieux

| Groupes | 1 | 2 | 3 | 4 |
|---|---|---|---|---|
| Pathogénicité chez l'homme | Non | Oui | Oui | Oui |
| Danger pour les travailleurs | | Oui | Oui | Oui |
| Propagation dans la collectivité | | Peu probable | Possible | Risque élevé |
| Prophylaxie et/ou traitement efficace | | Oui | Oui | Non |
| Exemples de micro-organismes appartenant à ces groupes | • Vaccins | • Bacille tétanique | • Virus du SIDA<br>• Virus de la rage | • Virus Ebola |

Source : Dossier INRS « Les risques biologiques en milieu professionnel » (ED6034).

### DOC. 4 Utilisation délibérée et exposition potentielle

- On parle d'**utilisation délibérée** (voulue) lorsque l'on utilise des agents biologiques dans un procédé industriel par exemple dans les biotechnologies (fabrication de médicaments...).
Depuis quelques années, on utilise aussi, de manière délibérée, des agents biologiques pour assurer la dépollution (traitement des marées noires) ou pour le nettoyage industriel (fontaines de dégraissage).

- On parle d'**exposition potentielle** (possible) lorsque les agents biologiques ne font pas partie du procédé industriel mais l'accompagnent, soit du fait de l'activité elle-même (métiers de santé, du traitement de l'eau ou des déchets...), soit du fait des caractéristiques de l'activité apportant chaleur, humidité et présence de nutriments qui favorisent l'installation et le développement d'agents biologiques (papeteries, industries du coton...).

© Source : Dossier INRS « Les risques biologiques en milieu professionnel » (ED6034).

## ACTIVITÉ 3 - Les dommages causés par les agents biologiques C21 C22

**1.** Associer par des flèches les dommages dus aux agents biologiques aux schémas qui leur correspondent. (Attention ! le dommage ❹ n'a pas de schéma associé.)

❶ **L'infection (ou maladie infectieuse) :** elle est due à la pénétration et à la multiplication de micro-organismes dans le corps. Sa gravité dépend de la nature de l'agent infectieux, des perturbations qu'il entraîne (fièvre, douleur...) ainsi que des organes qu'il atteint. Le système immunitaire est chargé de le neutraliser.

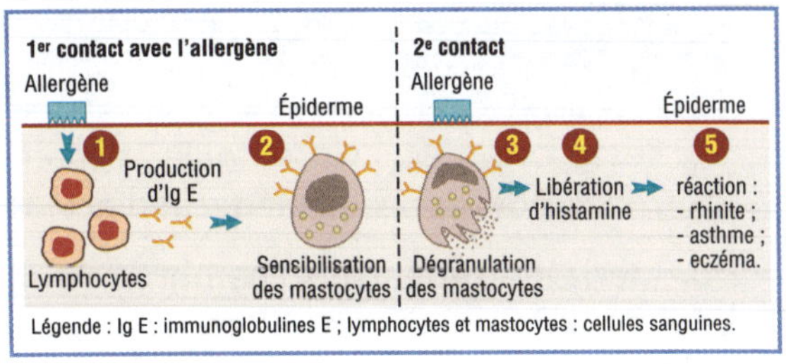


❷ **L'intoxication :** elle résulte de l'action dans l'organisme de toxines (ou poisons) sécrétées par des bactéries ou présentes dans le corps bactérien ou bien encore sécrétées par des moisissures (mycotoxines).
On parle aussi d'intoxination.

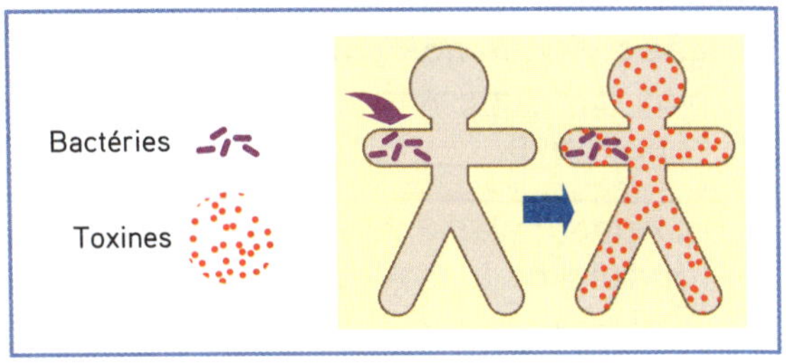


❸ **L'allergie :** les allergies ou réactions d'hypersensibilité sont dues à une réaction immunitaire excessive provoquée par un allergène pouvant provenir d'un agent biologique ; le seuil de déclenchement de ces effets est très variable d'un individu à l'autre. L'allergie ne se manifeste qu'au deuxième contact avec l'allergène.

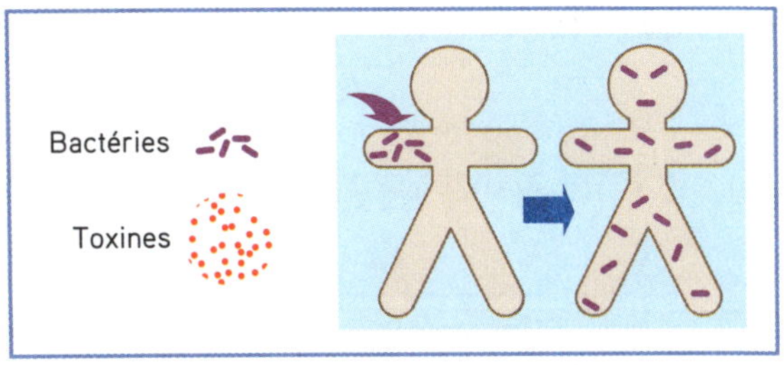


❹ **Le cancer :** un cancer est une tumeur maligne formée par la multiplication anarchique de cellules. Certaines mycotoxines peuvent entraîner des cancers, de même que certaines infections lorsqu'elles deviennent chroniques (exemple : cancer du foie dans le cas de l'hépatite B ou C).

**Important !** 24 maladies professionnelles sont provoquées par des agents biologiques, parmi lesquelles 21 résultent du risque infectieux (voir page 37 de la brochure « Les risques biologiques en milieu professionnel » téléchargeable sur le site www.inrs.fr).

**2.** Expliquer, à l'aide de la consigne **1.**, pourquoi les micro-organismes restent le principal agent biologique constituant un danger ; donner deux raisons.

> 21 maladies professionnelles résultent du risque infectieux.

> Les micro-organismes sécrètent aussi des toxines responsables d'intoxinations ou de cancers.

**3.** Indiquer pour votre secteur professionnel, à l'aide de la consigne **1.**, de vos connaissances et/ou de la fiche métier téléchargée sur **www.bossons-fute.fr** :

> le type de dommage auquel vous êtes plus particulièrement exposé(e).

La réponse à cette question étant bien spécifique à un secteur professionnel, le corrigé ne peut être donné dans le cadre de cet ouvrage.

> la (les) maladie(s) professionnelle(s) qui menace(nt) particulièrement votre secteur professionnel.

La réponse à cette question étant bien spécifique à un secteur professionnel, le corrigé ne peut être donné dans le cadre de cet ouvrage.

## → ACTIVITÉ 4 - La chaîne épidémiologique C22 C23

Après lecture du **doc. 5** :

**1.** Indiquer, pour chaque situation ci-dessous, le réservoir de micro-organismes et la voie de pénétration dans l'organisme ; s'aider de l'exemple donné pour le cas **A**.

| Situations | réservoir de m-o | voie de pénétration |
|---|---|---|
| **A.** Jean, cuisinier, s'est entaillé la main en épluchant des pommes de terre ; 8 jours après, le médecin diagnostique le tétanos. | Terre | Voie sanguine |
| **B.** Maria entretient les chambres de malades atteints de tuberculose pulmonaire qui toussent beaucoup ; elle ne porte pas de masque. Son médecin diagnostique une primo-infection, 1re phase de la tuberculose. | Malades | Voie aérienne |
| **C.** En vidant une poubelle d'une unité de soins, Patrick se pique avec une seringue non placée dans un collecteur approprié. Quelques mois plus tard, une analyse médicale montre qu'il est porteur du virus de l'hépatite B. | Malade soigné avec seringue | Voie sanguine |
| **D.** Anne travaille dans l'industrie de l'habillement. Elle coud des cols en fourrure de loutre sur des manteaux ; elle se pique accidentellement. Quelques jours après, le médecin diagnostique une tularémie. | Loutre | Voie sanguine |
| **E.** Ali est maître nageur dans une piscine. Le médecin diagnostique une mycose (maladie provoquée par des champignons microscopiques) au niveau des orteils résultant de son activité professionnelle. | Nageurs contaminés | Voie cutanée |

**2.** Retrouver, pour l'agent biologique auquel vous êtes particulièrement exposé(e) au cours de votre activité professionnelle, les différents maillons de la chaîne de transmission.

**AGENT BIOLOGIQUE :** réponse spécifique de l'élève.

| Réservoir → | Porte de sortie → | Transmission → | Porte d'entrée → | Hôte |
|---|---|---|---|---|
| réponse spécifique de l'élève | réponse spécifique de l'élève | réponse spécifique de l'élève | réponse spécifique de l'élève | Vous |

### DOC. 5 Chaîne de transmission des agents biologiques

Toute maladie infectieuse se propage selon la chaîne de transmission constituée de 5 maillons.

❶ **Réservoir :** personne malade (hépatite, SIDA...), animal malade (rage, grippe aviaire...), terre (tétanos), eau (poliomyélite), etc.

❷ **Porte de sortie :** pour qu'il y ait exposition, il faut que les agents biologiques puissent sortir du réservoir (toux, urine, sang...).

❸ **Transmission :** elle peut se faire par contact direct (morsure d'animal...) ou indirect (air, objet souillé...).

❹ **Porte d'entrée (ou voie de pénétration) :** outre la voie respiratoire, il y a la voie sanguine (plaie), cutanée (peau), digestive (main non lavée portée à la bouche), etc.

❺ **Hôte potentiel (ou récepteur) :** c'est l'individu (ici, le travailleur) qui se trouve au bout de la chaîne de transmission. Il va être contaminé et pourra développer la maladie si l'exposition est suffisamment importante et s'il n'est pas protégé.

La mise en œuvre d'une prévention méthodique se fait en agissant au niveau des 5 maillons de la chaîne.

Exemple de chaîne de transmission : la leptospirose.

# ACTIVITÉ 5 - Mesures de prévention adaptées au secteur professionnel C24 C44

1. Justifier, à l'aide du **doc. 6**, pourquoi la prévention du risque biologique est essentielle pour le personnel concerné par les accidents avec exposition au sang (**AES**).

Le sang peut véhiculer des micro-organismes particulièrement pathogènes (SIDA, hépatite B) du groupe 3, voire 4. La pénétration de ces m-o dans le corps, par l'intermédiaire d'aiguilles ou d'instruments tranchants contaminés, ou encore lors de soins, est possible. Il est nécessaire de combiner les niveaux de protection pour une protection optimale. Par ailleurs, il existe des vaccins contre certaines maladies véhiculées par le sang (ex. : hépatite B).

2. Justifier l'utilité d'une surveillance médicale particulière et importante par la médecine du travail de tout personnel exposé au risque biologique. S'aider du **doc. 6**.

Elle permet de repérer une éventuelle contamination, mais aussi de s'assurer que la personne prend toutes les mesures de prévention utiles et de la sensibiliser régulièrement à la prévention.

Pictogramme de signalisation des risques liés à la présence d'agents biologiques

**DOC. 6** Prévention des AES

### Définition

On appelle AES, Accident avec Exposition au Sang, les accidents survenant en contact avec du sang ou un liquide biologique contaminé par le sang.

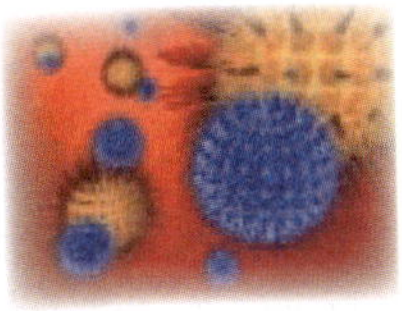

### Les risques encourus

Les AES exposent au risque de transmission de maladies infectieuses.

On recherchera le risque de transmission des virus :
- virus Hépatite B (VHB)
- virus Hépatite C (VHC)
- virus immunodéficience humaine (VIH)

### Conduite à tenir

**Premiers soins**

- NE PAS FAIRE SAIGNER
- NETTOYER IMMEDIATEMENT la plaie à l'eau et au savon puis rincer
- DESINFECTER AVEC DU DAKIN pendant au moins 5 minutes (ou à défaut alcool à 70°)
- En cas de projection sur les muqueuses ou les yeux, rincer abondamment à l'eau ou au sérum physiologique pendant au moins 10 minutes

### Évaluation des risques infectieux

- Un avis médical est indispensable si possible dans l'heure qui suit. Contacter le médecin du travail ou le médecin traitant
- Déclaration d'accident de travail dans les 24 heures et contact avec le médecin du travail pour assurer un suivi sérologique adapté
- Analyser les circonstances de l'accident

### Prévention

- Information sur le risque
- Port de gants
- Port de lunettes, masque, surblouse, ...
- Matériel à usage unique
- Elimination immédiate des déchets dans des conteneurs adaptés (aiguilles, linge, ...)
- Afficher les procédures*

(*se référer au protocole de prise en charge des cas d'AES existant dans l'entreprise)

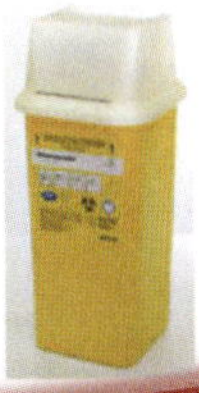

© Service de Santé au Travail – SMIA – Angers.

3. Indiquer et justifier pour votre secteur professionnel des mesures de prévention contre le risque biologique. S'aider de vos connaissances, des **doc. 6** (p. 223) et **7**, et/ou du site www.bossons-fute.fr (fiche de métier concernant votre secteur professionnel).

| | | Mesures préventives |
|---|---|---|
| **NIVEAU 1** Prévention intrinsèque<br>*Réservoir et porte de sortie* | | Le corrigé, spécifique à un secteur professionnel, ne peut être donné dans le cadre de cet ouvrage. Quelques pistes sont toutefois indiquées.<br>• Substitution des agents biologiques dangereux.<br>• Dépistage et traitement des malades et des porteurs sains.<br>• Élimination des déjections animales. |
| *Transmission*<br>**NIVEAU 2** Protection<br>*Porte d'entrée* | Collective | • Traitement de l'air pour éviter toute aéro-contamination.<br>• Désinsectisation, dératisation. |
| | Individuelle | • Tenue de travail protectrice : combinaison, masque, gants, lunettes.<br>• Ne pas manger sur les lieux de travail.<br>• Désinfections des plaies même bénignes.<br>• Comportements : pas de main portée à la bouche, lavage régulier des mains, solutions hydro-alcooliques.<br>• Vaccins réglementaires. |
| **NIVEAU 3** Instructions (formation – information)<br>*Hôte* | | • Instructions au poste de travail portant sur la procédure à suivre :<br>– en cas de manipulation d'agents biologiques dangereux ;<br>– en cas de contamination ;<br>– pour la collecte, le tri et l'évacuation des déchets biologiques. |

DOC. 7

## Quelques moyens de prévention

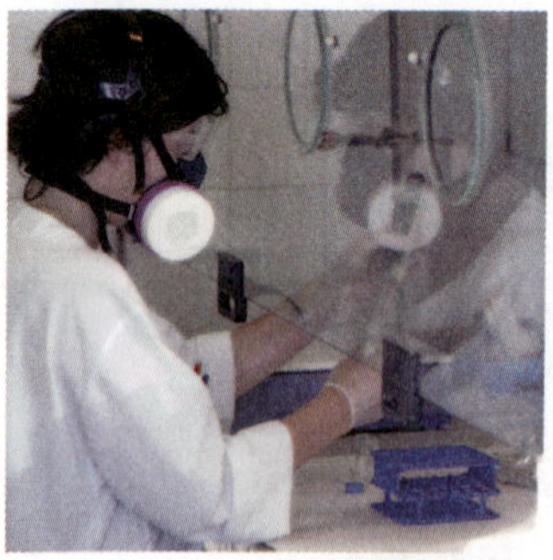

Les EPI protègent l'hôte ; un dispositif de ventilation empêche la transmission des agents biologiques.

© INRS

Le lavage fréquent des mains et/ou la friction hydro-alcoolique sont indispensables.

### PAD pour conclure

- **Danger :** agents biologiques.
- **Situation dangereuse :** travailler en présence d'agents biologiques dangereux.
- **Événement dangereux :** pénétration dans l'organisme de l'agent.
- **Dommage :** dommage spécifique selon l'agent biologique.

**Vérifiez vos acquis !**

→ lienmini.fr/pse-qcm18c

# Le risque lié à l'ambiance thermique

**Exemples de situations professionnelles exposant au risque lié à l'ambiance thermique**

❶ Pablo, titulaire d'un **Bac Pro boucher charcutier traiteur**, est employé dans l'atelier de découpe réfrigéré d'un abattoir. Il travaille toute la journée dans ce local à 7 °C.

❷ Erwann, titulaire d'un **Bac Pro technicien du bâtiment**, travaille sur un chantier en plein été. Il est souvent en plein soleil et à la mi-journée, la température atteint 30 °C.

## → ACTIVITÉ 1 - L'ambiance thermique et la situation dangereuse C14 C24

Après lecture du **doc. 1** :

**1.** > Cocher la case qui correspond aux conditions thermiques dans lesquelles vous exercez le plus souvent votre activité professionnelle.

❑ bon confort thermique ❑ travail au chaud ❑ travail au froid

> Justifier la réponse donnée.

La réponse à cette activité étant bien spécifique à un secteur professionnel, le corrigé ne peut être donné dans le cadre de cet ouvrage.

**2.** Indiquer et justifier si travailler dans cette ambiance thermique est une situation dangereuse.

La réponse à cette activité étant bien spécifique à un secteur professionnel, le corrigé ne peut être donné dans le cadre de cet ouvrage.

### DOC. 1 Confort thermique en milieu professionnel

- On est en état de confort thermique lorsque l'on ne perçoit ni sensation de froid ni sensation de chaud ; il s'agit donc d'une sensation subjective de bien-être.
- Ce confort résulte d'un certain nombre de paramètres dont les principaux sont :

– **La température de l'air** : plus l'activité physique est importante, plus la température ambiante du local où elle s'effectue doit être basse. On recommande 21 à 23 °C pour un travail de bureau et 15 à 16 °C pour un travail physique intense.

– **L'humidité** : pour les températures de l'air mentionnées ci-dessus, l'humidité relative de confort est d'environ 40 à 60 %. Une humidité excessive empêche l'évaporation de la transpiration ; une humidité insuffisante est irritante pour les voies respiratoires.

– **La vitesse de l'air** : plus ou moins bien supportée selon la température, elle rafraîchit lorsque la température est élevée et refroidit lorsque la température est basse (courant d'air). On préconise de 0,1 à 0,2 m/s pour le travail sédentaire et de 0,2 à 0,5 m/s pour le travail physique. La circulation de l'air favorise l'évaporation de la transpiration et l'élimination de la chaleur par convection.

- Le travail au chaud ou au froid n'a pas de définition réglementaire ; toutefois on considère que :

– **le travail à des températures < 10 °C** peut être considéré comme du travail au froid : il génère des risques de bilan thermique négatif pour l'organisme et de possibles dommages ;

– **le travail à des températures > 30 °C** pour une activité sédentaire, et **28 °C** pour un travail nécessitant une activité physique, peut être considéré comme du travail à la chaleur : il génère des risques de bilan thermique positif pour l'organisme.

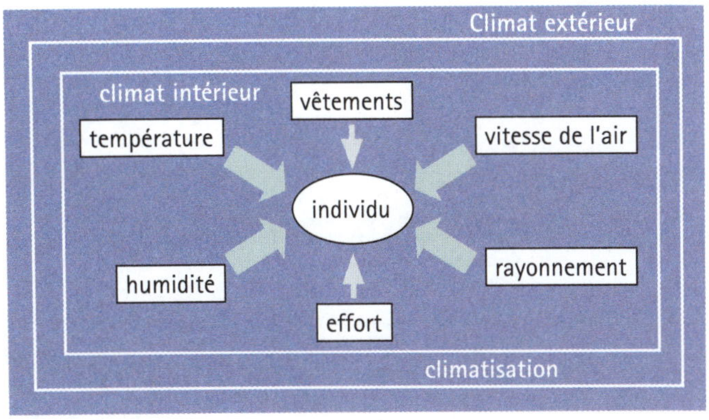


Ensemble des facteurs qui influent sur le confort thermique. Cette notion est subjective et dépend des conditions de travail et des vêtements portés.

# → ACTIVITÉ 2 - Les mécanismes de régulation de la température du corps C13 C23

À partir du **doc. 2** :

**1.** Indiquer la particularité de la température interne du corps humain.

Elle est constante : 37 °C.

**2.** Nommer le mécanisme qui intervient dans cette régulation puis l'organe qui la commande.

C'est la thermorégulation. L'organe qui la commande est l'hypothalamus.

**3.** Entourer sur le schéma du **doc. 2** les deux réactions de l'organisme que vous pouvez observer lors de votre activité professionnelle et souligner leur effet sur l'organisme.

**4.** Préciser dans quelles circonstances l'ambiance thermique constitue un danger.

Lorsque les températures sont trop chaudes ou trop froides, la thermorégulation ne se fait plus correctement car l'organisme est dépassé ; la température du corps augmente ou diminue et des dommages sont possibles.

## DOC. 2 Mécanisme de la thermorégulation

La thermorégulation est l'ensemble des processus qui permettent à l'homme de maintenir sa température corporelle centrale constante à 37 °C malgré les variations de la température extérieure.
Les températures trop chaudes ou trop froides constituent un danger lorsque les capacités d'adaptation de l'organisme sont dépassées.

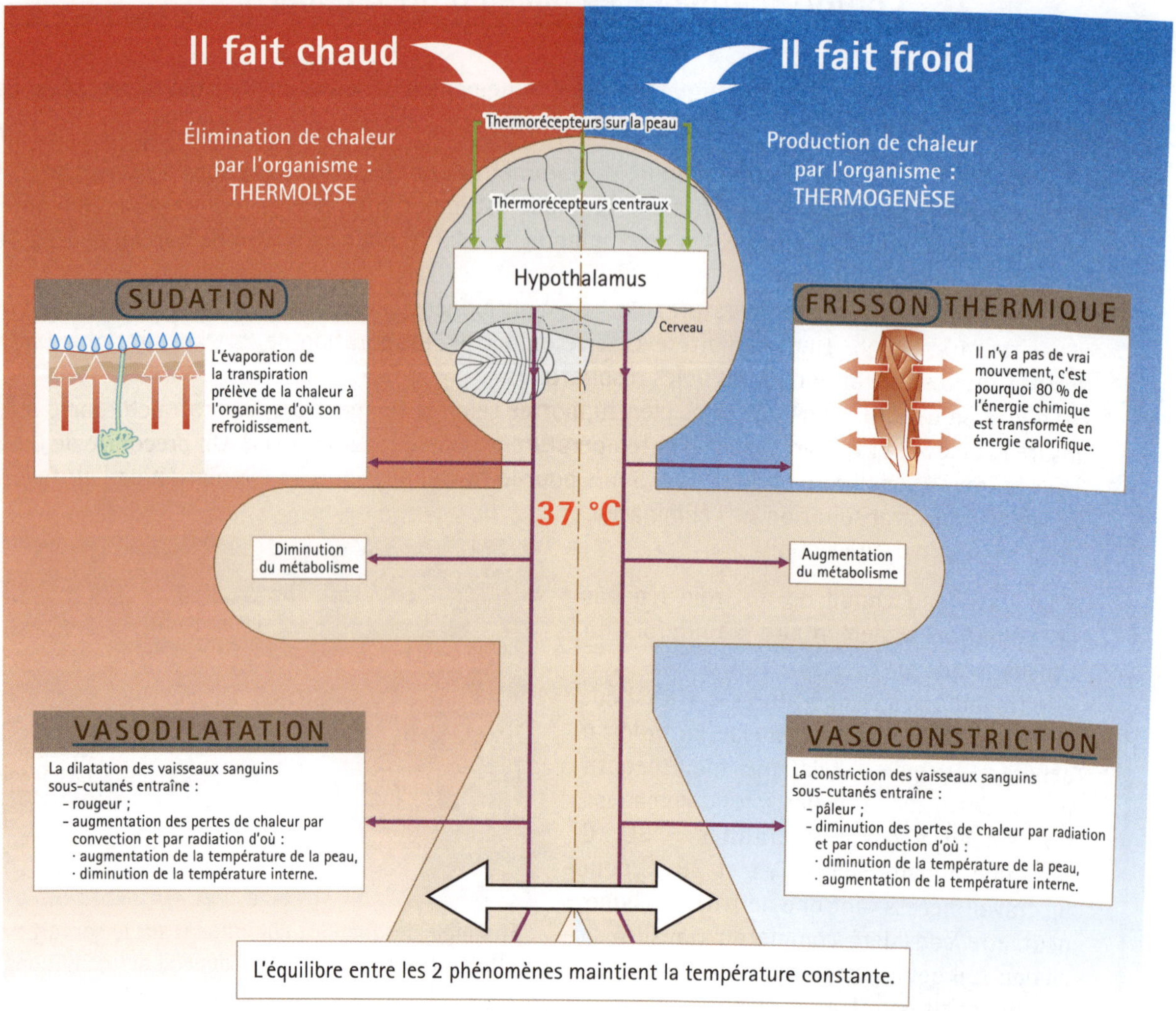

## → ACTIVITÉ 3 - Les dommages résultant du travail à la chaleur ou au froid C13 C22

**1.** Souligner dans le **doc. 3,** en vous aidant au besoin du **doc. 2** (p. 226) :
> en bleu, les phénomènes qui montrent que la thermorégulation est trop sollicitée.
> en vert, les atteintes provoquées par le chaud ou le froid (maladies, lésions, aggravation de troubles existants).

**2.** Expliquer à l'aide du **doc. 3** pourquoi l'ambiance thermique de votre secteur professionnel peut être à l'origine d'accidents du travail.

La réponse à cette question étant bien spécifique à un secteur professionnel, le corrigé ne peut être donné dans le cadre de cet ouvrage.

DOC. 3

### Effets liés au travail au chaud et au froid

Outre l'inconfort qu'elle génère, l'exposition répétée et prolongée à des ambiances thermiques chaudes ou froides, lors d'activités professionnelles, peut provoquer des dysfonctionnements de l'organisme, des maladies ou l'aggravation des maladies existantes : la thermorégulation ne fonctionne pas correctement ou est trop sollicitée.

| Dommages dus à la chaleur | Dommages dus au froid |
|---|---|
| • Élévation de la température superficielle de la peau<br>• Transpiration excessive pouvant entraîner une déshydratation<br>• Augmentation du rythme cardiaque et baisse de la tension artérielle<br>• Perturbations stimulus/réponse : les mouvements perdent de leur précision (risques en terme de sécurité)<br>• Œdème (gonflement) des chevilles et des pieds<br>• Insuffisance veineuse (varices)<br>• Érythèmes (rougeurs)<br>• Atteinte des yeux<br>• Coup de chaleur<br>• Accidents généraux de déshydratation<br>• Crampes de chaleur<br>• État d'épuisement<br>• Syncope de chaleur<br>• Maladies professionnelles (tableaux n$^{os}$ 58, 71) | • Abaissement de la température superficielle de la peau : sensation de froid notamment aux extrémités d'où une perte de la dextérité<br>• Baisse du temps de réaction lors de manipulations ;<br>• Frissons continus<br>• Troubles du rythme cardiaque<br>• Atteinte des réflexes<br>• Crampes<br>• Engelures, gelures<br>• Phénomène de Raynaud<br>• Aggravation des affections rhumatismales<br>• Affections des voies respiratoires favorisées<br>• Pertes de mémoire, confusion mentale<br>• Assoupissement<br>• Hypothermie (baisse de la température corporelle)<br>• Lésions si contact répété avec des produits surgelés |

**Remarque** : dans les deux cas, il y a baisse de rendement ; le travailleur utilise une partie de son énergie pour réguler sa température corporelle.

## → ACTIVITÉ 4 - Mesures de prévention adaptées au secteur professionnel C44

• Indiquer et justifier pour votre secteur professionnel des mesures de prévention contre le risque lié à l'ambiance thermique. S'aider de vos connaissances, du **doc. 4** (p. 233) et/ou du site www.bossons-fute.fr (fiche de risque « travail à la chaleur » ou « travail au froid » et/ou fiche de métier concernant votre secteur professionnel).

| | | Mesures préventives – FROID | Mesures préventives – CHAUD |
|---|---|---|---|
| NIVEAU 1 Prévention intrinsèque | | • Limitation de la circulation extérieure en cas d'intempéries.<br>• Chauffage des locaux de travail (usine, entrepôts...). | • Automatisation des tâches en ambiance thermique élevée.<br>• Climatisation des véhicules, des locaux. |
| NIVEAU 2 Protection | Collective | • Chambres frigorifiques équipées d'une ouverture intérieure.<br>• Suppression des courants d'air dans les locaux.<br>• Pauses fréquentes avec mise à disposition de locaux tempérés et de boissons chaudes. | • Isolation thermique des locaux.<br>• Rafraîchissement d'ambiance (humidificateurs, ventilateurs...).<br>• Pauses fréquentes en ambiance rafraîchie.<br>• Aménagement d'horaires.<br>• Mise à disposition d'eau potable, de sel. |
| | Individuelle | • Trois couches de vêtements recommandées : sous-vêtement coton, vêtement laine, vêtement isolant (anorak, pantalon).<br>• Équipements de protections individuelles isolants. | • Pauses, sieste, décalage des heures de travail.<br>• Réhydratation avec prise de sel. |
| NIVEAU 3 Instructions (formation - information) | | • Information sur les risques liés au froid et symptômes d'alarme, consignes de sécurité, hygiène alimentaire (boissons chaudes), hygiène vestimentaire.<br>• Éviter qu'un salarié travaille seul dans une enceinte froide ou dispositif de surveillance. | • Information sur l'hygiène alimentaire (pas d'alcool, repas légers et fractionnés, eau toutes les 20 min), sur l'hygiène vestimentaire (vêtement léger, non ajusté et en fibre naturelle).<br>• Aménagement d'horaires. |

### DOC. 4 Quelques moyens de prévention

**CHAUD**

Affichage INRS

**FROID**

Un local chauffé pour se changer et se réchauffer

Se protéger du froid avec plusieurs couches de vêtements

### PAD pour conclure

- **Danger :** ambiance chaude / ambiance froide.
- **Situation dangereuse :** travailler à la chaleur / travailler au froid.
- **Événement dangereux :** exposition quotidienne aux ambiances thermiques extrêmes.
- **Dommage :** dommages dus à la chaleur / dommages dus au froid.

**Vérifiez vos acquis !**

→ lienmini.fr/pse-qcm18d

# Le risque lié à l'ambiance lumineuse

**Exemples de situations professionnelles exposant au risque lié à l'ambiance lumineuse**

❶ Audrey, titulaire d'un **Bac Pro comptabilité**, est employée dans un cabinet comptable. Elle travaille toute la journée derrière l'écran de son ordinateur.

❷ Alexis, élève en **Bac Pro gestion des pollutions et protection de l'environnement**, effectue une PFMP dans les égouts de Paris. La zone où il travaille est mal éclairée.

## → ACTIVITÉ 1 - Les caractéristiques et grandeurs physiques de la lumière C13

À partir du **doc. 1** :

**1.** Souligner la nature physique de la lumière.

**2.** Définir :

> la lumière naturelle : rayonnement lumineux produit par le soleil.

> la lumière artificielle : rayonnement lumineux produit par une lampe.

> l'éclairage naturel : apport de lumière naturelle.

> l'éclairage artificiel : apport de lumière artificielle.

**3.** Préciser la nature des recommandations du Code de travail en matière d'éclairement des locaux professionnels (ex. : travail de bureau = 200 lux).

Elles précisent la quantité de lumière (ou éclairement) que doivent recevoir divers lieux de travail pour un bon confort visuel.

**4.** Expliquer l'importance de l'indice de rendu des couleurs (**IRC**).

Plus cet indice est proche de 1, plus l'éclairage fera ressortir les couleurs comme le soleil ; plus on s'en éloigne, plus le rendu des couleurs sera mauvais.

### DOC. 1 Unités spécifiques à la lumière

• Le rayonnement lumineux visible est un rayonnement électromagnétique dont la longueur d'onde est comprise entre celle des ultraviolets et celle des infrarouges. Les rayons solaires produisent de la lumière naturelle ; divers types de lampes produisent de la lumière dite artificielle.

• Diverses unités permettent de quantifier lumière et éclairage :
- **La luminance**, appelée aussi luminosité, mesure la quantité de lumière réfléchie par une surface. Elle dépend de la couleur et de la brillance d'une surface. Exemple d'un papier blanc sur une table noire : tous deux reçoivent le même éclairement mais ne réfléchissent pas la même quantité de lumière.
- **Le contraste** entre un objet et une surface est la façon dont le premier est vu par rapport à la seconde. S'il est trop faible, on ne voit pas bien la différence ; s'il est trop élevé, l'œil peut se fatiguer.
- **L'indice de rendu des couleurs** (IRC) est de 100 % lorsque l'objet est éclairé par une lumière semblable à celle du soleil qui est constituée des 7 couleurs (rendu idéal). Lorsque la lumière est différente, le rendu des couleurs est mauvais et l'indice inférieur.

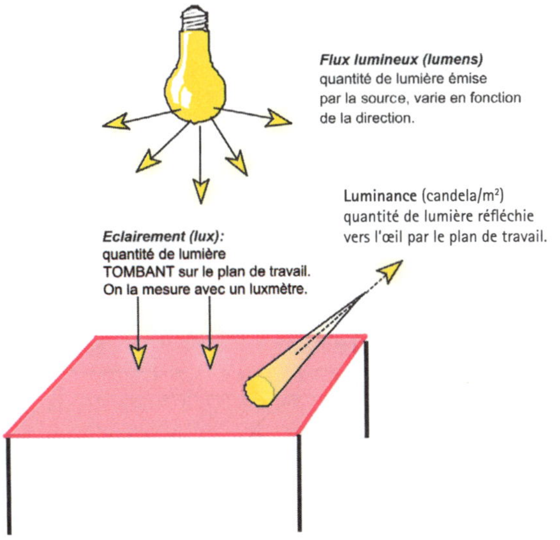


Source : L'éclairage – Série Stratégie SOBANE – Gestion des risques professionnels (www.sobane.be).

## → ACTIVITÉ 2 - Les moyens de produire et diffuser de la lumière C13 C22

**1.** > Indiquer, à partir du **doc. 2**, le type de lampe qui a la plus grande efficacité lumineuse.

C'est la lampe fluocompacte ou certaines lampes dites LED.

> Retrouver l'inconvénient majeur de ce type de lampe par rapport aux deux autres catégories.

L'indice de rendu des couleurs est moins bon.

**2.** Justifier, à l'aide du **doc. 2**, la disparition de la vente des ampoules à incandescence.

Elles ont une efficacité lumineuse très faible et consomment donc pour un même éclairement beaucoup plus d'énergie que d'autres types de lampes.

**3.** Retrouver pour votre environnement professionnel, à l'aide des **doc. 2** et **3** :

> Le type de lampe utilisé, ses avantages et ses inconvénients.

La réponse à cette activité étant bien spécifique à un secteur professionnel, le corrigé ne peut être donné dans le cadre de cet ouvrage.

> Les types d'éclairages utilisés.

La réponse à cette activité étant bien spécifique à un secteur professionnel, le corrigé ne peut être donné dans le cadre de cet ouvrage.

### DOC. 2 Différents types de lampes

| | Fluocompacte | Halogène ES | LED | Incandescence* |
|---|---|---|---|---|
| |  |  |  |  |
| **Efficacité lumineuse** (en lumens/watt) | 60 à 80 lm/w | 18 à 25 lm/w | 12 à 100 lm/w | 12 à 20 lm/w |
| **Économie d'énergie** | Jusqu'à 80 % | Jusqu'à 30 % | Jusqu'à 90 % | |
| **Durée de vie moyenne** | De 6 000 à 15 000 heures | De 2 000 à 5 000 heures | De 15 000 à 25 000 heures | 1 000 heures |
| **IRC** | 80 – 85 | 100 | +/– 80 | 100 |

* Retirées de la vente ; ne sont plus commercialisées depuis décembre 2012.

### DOC. 3 Différents types d'éclairage

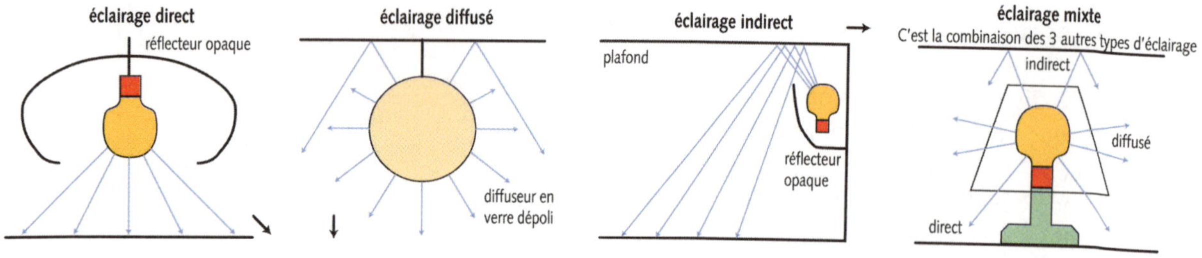

## → ACTIVITÉ 3 - L'anatomie de l'œil et le mécanisme de la vision C22 C23

1. Compléter le schéma de l'œil à l'aide des termes surlignés dans le **doc. 4**.

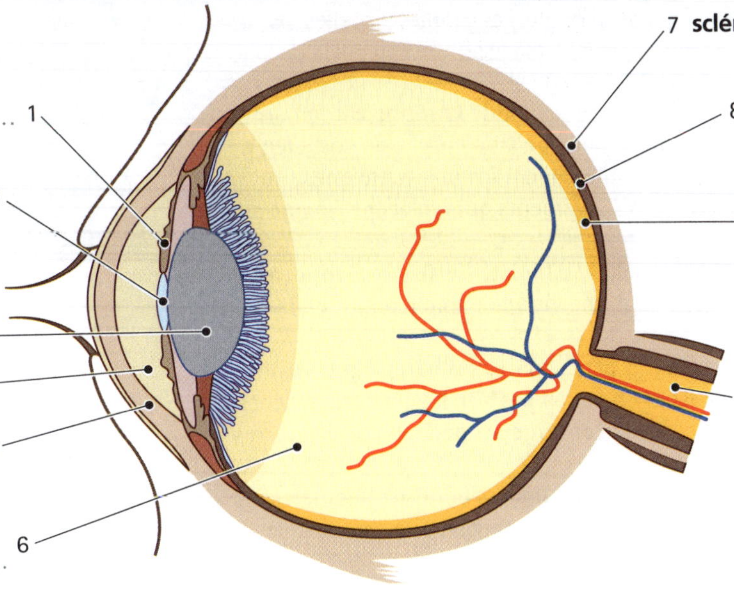


2. Souligner dans le **doc. 4** les informations qui concernent le fonctionnement de l'œil.

3. Rédiger à partir de ces informations un texte expliquant le mécanisme de la perception visuelle.

La pupille adapte son diamètre pour doser la quantité de lumière qui pénètre dans l'œil et le cristallin modifie sa courbure pour que l'image se projette à l'envers sur les cellules visuelles de la rétine qui contiennent des pigments visuels. Sous l'action de la lumière, des réactions chimiques transforment l'image en influx nerveux. Le nerf optique transmet ce dernier à l'aire visuelle du cerveau qui décrypte alors l'image reçue.

### DOC. 4 Description et fonctionnement de l'œil

Chaque œil comporte :

- **Des membranes.** On distingue de l'extérieur vers l'intérieur :
  - la sclérotique, une membrane protectrice dure qui délimite le globe oculaire et qui se prolonge à l'avant par la cornée bombée et transparente ;
  - en dessous, la choroïde qui se prolonge à l'avant par l'iris dont la couleur diffère selon les personnes ; au centre de l'iris se trouve un orifice, la pupille, qui peut changer de diamètre pour régler la quantité de lumière que l'œil va recevoir ;
  - en dessous se trouve la rétine constituée en partie de cellules visuelles où se projettent les images. Ces cellules contiennent des pigments visuels. Sous l'action de la lumière, des réactions chimiques les transforment en influx nerveux.
- **Un nerf optique** qui est le prolongement des cellules visuelles de la rétine, il transmet l'influx nerveux à l'aire visuelle du cerveau qui décripte l'image reçue à l'envers.
- **Des milieux transparents** qui laissent passer image et lumière :
  - l'humeur aqueuse entre cornée et iris ;
  - l'humeur vitrée dans le globe oculaire ;
  - le cristallin, lentille biconvexe élastique et déformable ; il modifie sa courbure en fonction de l'éloignement de l'objet (accommodation) et renvoie l'image à l'envers, sur la rétine.
- **Des organes protecteurs** que sont les sourcils, les paupières et les cils, l'appareil lacrymal (producteur de larmes).

**4.** Relier par une flèche chaque type de vision au schéma qui lui correspond.

**❶ Vision normale** : l'iris se dilate pour doser la quantité de lumière ; le cristallin s'accommode (se déforme) pour projeter l'image à l'envers au fond de la rétine. Les cellules visuelles, par un processus chimique, transmettent l'image au cerveau qui la décode.

**❷ Myopie** : l'image se forme en avant de la rétine car la cornée est trop bombée ou le globe oculaire trop court ; on voit bien de près mais on ne voit pas distinctement les objets éloignés.
**Correction** : verres concaves divergents qui replacent l'image sur la rétine.
**Conséquences professionnelles** : difficulté à effectuer sans correction des travaux nécessitant une vision de loin (conduite...).

**❸ Presbytie** : le cristallin a perdu son élasticité et n'accommode plus correctement l'image ; on ne voit pas bien les objets rapprochés.
**Correction** : on augmente la convergence de l'œil par des verres convergents.
**Conséquences professionnelles** : impossibilité d'effectuer sans correction des travaux de précision (électronique, micromécanique...).

**❹ Hypermétropie** : l'image se forme en arrière de la rétine car la cornée est trop plate ou le globe oculaire trop court ; on a une vision floue des objets proches et nette des objets éloignés.
**Correction** : verres convexes convergents.
**Conséquences professionnelles** : impossibilité d'effectuer sans correction des travaux de précision (électronique, micromécanique...).

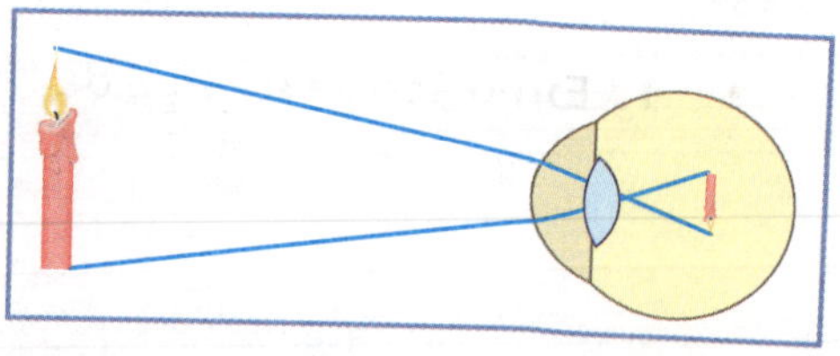

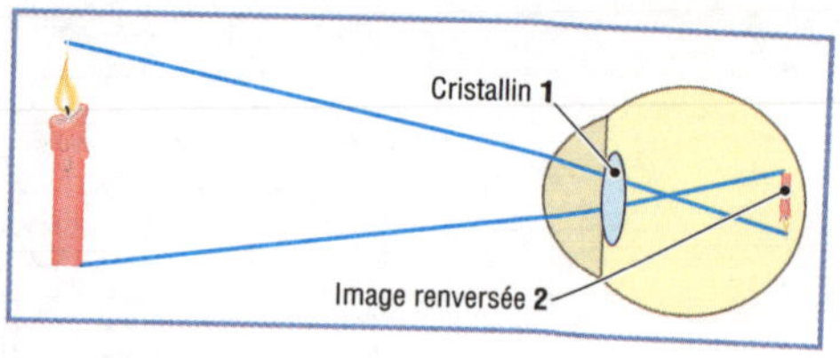


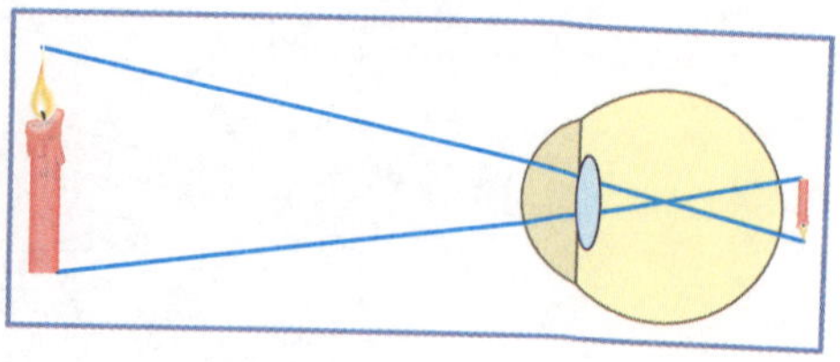

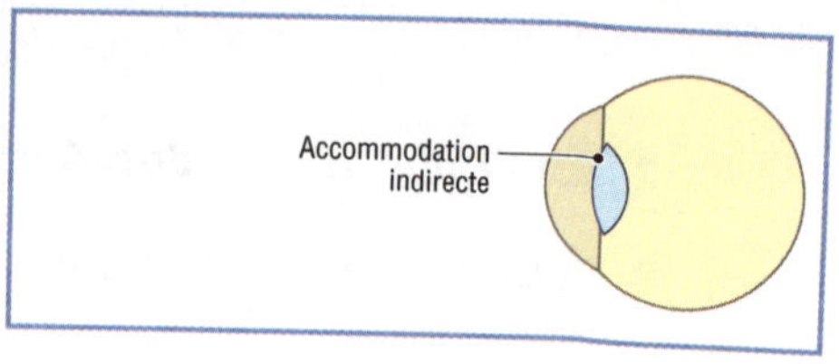


## → ACTIVITÉ 4 - Les dommages résultant d'une ambiance lumineuse inadaptée C12

• Souligner dans le **doc. 5** :
> en vert, les effets à court terme d'un éclairage inadapté.
> en rouge, les effets à long terme d'un éclairage inadapté.

### DOC. 5 Un mauvais éclairage n'est pas anodin

• Les dommages résultant de mauvaises conditions d'éclairage varient selon la qualité et la quantité de lumière diffusée, la sensibilité de chaque travailleur et le type d'activité réalisé (travail minutieux, travail sur écran...).

• Un éclairage inadapté génère dans un premier temps de la fatigue :
– fatigue oculaire : l'œil doit fournir des efforts, soit pour distinguer des détails, soit pour se protéger des éblouissements. ; celle-ci se traduit par des rougeurs, des picotements, des maux de tête ;
– fatigue intellectuelle : des efforts supplémentaires sont nécessaires pour comprendre et analyser les perceptions (images) moins précises reçues par le cerveau ;
– fatigue physique : les postures parfois nécessaires à la vision peuvent générer des contractures, des douleurs (nuque) et générer à long terme des troubles musculo-squelettiques (TMS).

• L'exposition régulière à un éclairage inadapté peut entraîner :
– une baisse de l'acuité visuelle (pouvoir de séparation des objets) ;
– une diminution du champ visuel (angle de vision) ;
– une baisse de la vision du relief et de la vision des couleurs.

• De ce fait, les éclairages insuffisants, trop puissants ou éblouissants sont des sources potentielles d'accidents du travail ; des informations mal perçues peuvent être à l'origine d'erreurs, des obstacles non repérés peuvent provoquer des chutes. Le travail sur écran génère de la fatigue visuelle ; il révèle et accentue des anomalies de la vision passées auparavant inaperçues.

# → ACTIVITÉ 5 - Les situations dangereuses C23

**1.** Expliquer, à l'aide du **doc. 6**, pourquoi l'absence de confort visuel constitue une situation dangereuse.

Un éclairement insuffisant ou un éblouissement régulier peuvent générer des dommages (fatigue oculaire, baisse de l'acuité visuelle…) qui peuvent être à l'origine d'accidents du travail : chutes, collisions, blessures dues au non-repérage des informations.

**2.** Décrire une situation dangereuse rencontrée lors de vos PFMP liée au manque de confort visuel.

La réponse à cette activité étant bien spécifique à un secteur professionnel, le corrigé ne peut être donné dans le cadre de cet ouvrage.

**3.** Décrire une situation dangereuse propre au travail sur écran à l'aide de vos connaissances et du **doc. 6**.

Écran mal réglé (trop sombre ou contraste trop important), éclairage du local inadapté (non compris entre 300 et 500 lux), fauteuil ne permettant pas d'être face à son écran et à la bonne distance, etc.

## DOC. 6 Confort visuel

- On peut définir le confort visuel comme un environnement qui permet d'accomplir sans gêne ni fatigue l'activité visuelle nécessaire à la réalisation d'une tâche (ex. : travail sur ordinateur).
- Pour un bon confort visuel, il faut :

– assurer un éclairement suffisant : le niveau d'éclairement est fixé par les normes en fonction du type de tâche à effectuer ;

– éviter l'éblouissement : il est la conséquence d'une luminance excessive. Il peut être direct (source lumineuse dans le champ visuel) ou indirect (réflexion sur des objets ou des surfaces) ;

– éviter des contrastes trop importants dans le champ visuel : le contraste est le résultat d'une différence de luminance émise par deux surfaces ; un bon contraste est nécessaire entre ce qui est à percevoir et le fond. Toutefois un contraste trop élevé diminue l'efficacité de la vision et provoque une fatigue ;

– assurer un rendu des couleurs compatible avec la tâche à accomplir : le rendu des couleurs varie en fonction des lampes choisies ; certains secteurs professionnels (peinture par exemple) nécessitent un éclairage assurant un excellent rendu des couleurs.

© ACMS, 2012.

**Remarque :** quand la différence de niveaux d'éclairement représente un contraste trop important, l'accommodation n'a pas le temps de se faire et l'on est soit ébloui, soit aveuglé ; ce phénomène est à l'origine de chutes, de collisions, etc.

## → ACTIVITÉ 6 - Mesures de prévention adaptées au secteur professionnel C44

• Indiquer et justifier pour votre secteur professionnel des mesures de prévention contre le risque lié à l'ambiance lumineuse. S'aider de vos connaissances, des **doc. 6** (p. 233) à **8** et/ou du site www.bossons-fute.fr (fiche de risque « éclairage – ambiance lumineuse » et/ou fiche de métier concernant votre secteur professionnel).

| | | Mesures préventives |
|---|---|---|
| NIVEAU 1 Prévention intrinsèque | | La réponse à cette activité étant bien spécifique à un secteur professionnel, le corrigé ne peut être donné dans le cadre de cet ouvrage. Quelques pistes sont toutefois indiquées. |
| NIVEAU 2 Protection | Collective | • Intégrer l'éclairage et éclairer convenablement les équipements de travail chaque fois que possible ; assurer l'entretien régulier du matériel d'éclairage.<br>• Adapter l'éclairage à l'environnement de travail afin d'éviter la fatigue visuelle par une lumière naturelle suffisante, par un éclairage artificiel suffisant selon la tâche à effectuer, par une protection contre le rayonnement solaire direct, par un éclairage adapté pour un bon rendu des couleurs, pour éviter les éblouissements.<br>• Rendre l'accès aux organes de commande d'éclairage facile avec voyants lumineux. |
| | Individuelle | • Écran adapté, bien orienté pour le travail administratif avec un niveau d'éclairement adapté à la tâche, à l'état visuel et à l'âge du sujet.<br>• EPI adapté : lunettes appropriées (soudage, travaux extérieurs...), vêtements réfléchissants en cas de travail nocturne. |
| NIVEAU 3 Instructions (formation – information) | | • Formation à la sécurité relative à l'exécution de la tâche. |

### DOC. 7 Obligations de l'employeur

- Éviter la fatigue visuelle et les affections de la vue par un éclairage suffisant, adapté et non gênant.
- Donner la priorité à la lumière naturelle.
- Protéger contre l'éblouissement et la fatigue visuelle.
- Protéger contre les effets thermiques des rayonnements et les risques de brûlure par contact.
- Faciliter l'accès aux commandes d'éclairage.
- Entretenir le matériel d'éclairage.

© INRS.

### DOC. 8 Éclairements recommandés

Selon le Code du travail :

| | |
|---|---|
| Travail de bureau | 200 lux |
| Bureau de dessin, mécanographie | 300 lux |
| Mécanique fine, gravure, dessin difficile, couture | 400 lux |
| Mécanique de précision, électronique fine, contrôles | 600 lux |
| Tâches très difficiles dans l'industrie et les laboratoires | 800 lux |

© INRS.

### PAD pour conclure

- **Danger :** ambiance lumineuse inadaptée.
- **Situation dangereuse :** travailler dans une ambiance lumineuse inadaptée.
- **Événement dangereux :** exposition prolongée à une ambiance lumineuse inadaptée.
- **Dommage :** fatigue visuelle, maux de tête, chutes, etc.

**Vérifiez vos acquis !**

→ lienmini.fr/pse-qcm18e

# Maîtriser le module 8

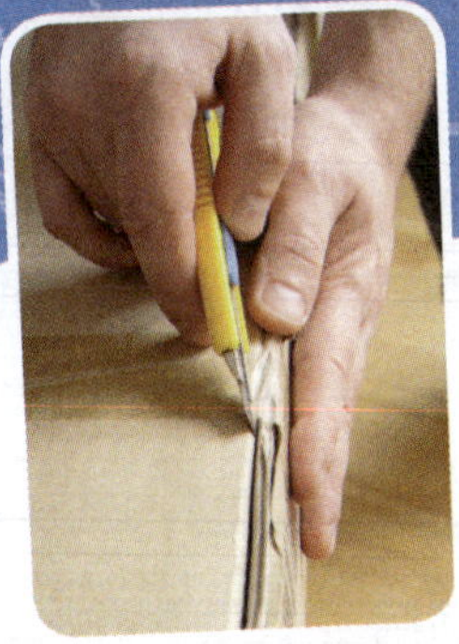

**Alexandre**, élève en Bac Pro commerce, effectue une période de formation en milieu professionnel (PFMP) dans un hypermarché.
Sa journée de travail débute dans l'entrepôt du magasin par l'ouverture des cartons livrés, à l'aide d'un cutter, afin de vérifier la conformité de la livraison.
Il faut travailler vite et il ne possède aucun équipement de protection individuelle.

## 1 Analyser la situation C21 C23

**1/** Nommer le risque professionnel auquel est exposé l'opérateur dans cette situation. **... / 1 pt**

C'est le risque mécanique (Alexandre travaille avec un outil tranchant).

**2/** Expliquer pourquoi Alexandre est aussi exposé au risque infectieux. **... / 1 pt**

Il s'expose à des coupures et de ce fait à la pénétration de micro-organismes dans l'organisme.

**3/** Justifier pourquoi il est souhaitable qu'Alexandre soit vacciné contre le tétanos. **... / 2 pts**

Les cartons qu'il déballe ont été en contact avec le sol où peuvent se trouver les spores du bacille tétanique. S'il venait à se couper avec le cutter, ces spores pourraient pénétrer dans son organisme, y germer et provoquer le tétanos qui est une maladie grave, parfois mortelle.

## 2 Appliquer l'approche par le risque à la situation C33

**Étape 1 : Analyse des risques d'atteinte à la santé**

**Définir les limites de la situation de travail.** **... / 1,5 pt**

- Qui est l'opérateur ? Alexandre.
- Quelle est la tâche réalisée ? Ouvrir des cartons à l'aide d'un cutter.
- Quel est le lieu ? Entrepôt de l'hypermarché.

**Identifier le danger et les dommages potentiels** **... / 1,5 pt**

- Danger : le cutter.
- La situation dangereuse : ouvrir des cartons à l'aide d'un cutter.
- L'événement dangereux : contact de la main avec le cutter.
- Le dommage : coupure.

**Compléter le schéma du PAD à partir des informations recueillies à l'étape 1.** **... / 2,5 pts**

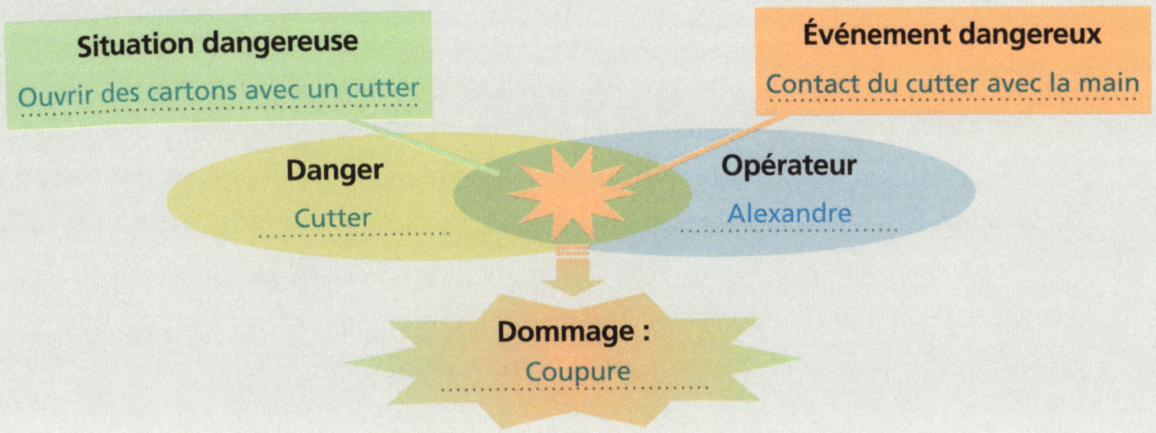

**Étape 2 : Estimer et évaluer le risque**

... / 2,5 pts

• Indiquer, à l'aide du schéma ci-contre et en vous appuyant au besoin sur les échelles d'estimation de la **Fiche méthode N° 3** de l'ouvrage :

– la gravité du dommage encouru : faible à moyen.

– la probabilité d'apparition du dommage : probable à très probable.

→ La réduction du risque est donc nécessaire.

• Cocher le schéma.

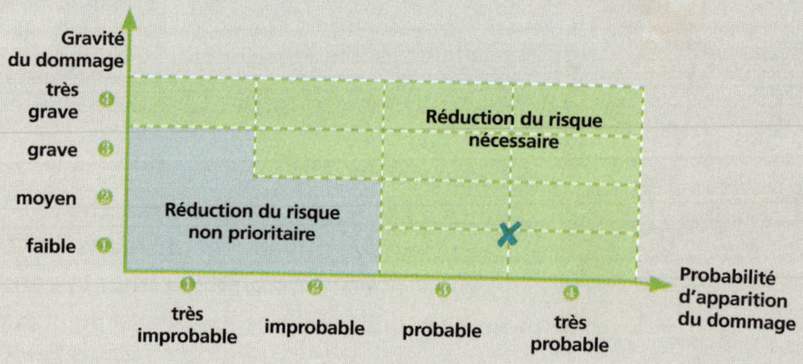


**Étape 3 : Proposer des mesures de prévention**

... / 3 pts

| Niveau 1<br>Prévention intrinsèque<br>(suppression du danger) | Niveau 2<br>Protection collective<br>et/ou individuelle | Niveau 3<br>Instructions<br>Formations |
|---|---|---|
| Supprimer l'utilisation du cutter : cartons avec languettes d'ouverture ou ruban adhésif facilement détachable. | Utiliser des gants de protection. | Formation du personnel à la sécurité. |

En ouvrant un carton, Alexandre s'entaille profondément le poignet avec le cutter. Le sang coule abondamment. Son collègue Samir, SST, intervient aidé par Nadia, une autre employée.

## 3 Présenter les secours entrepris par le SST dans la situation C44 C45

**1/** Indiquer, pour chaque action, l'ordre chronologique à respecter lors de l'intervention du SST.

**2/** Décrire précisément les trois actions à mettre en œuvre.

**1 Protéger** ... / 1 pt

Il faut mettre le cutter en lieu sûr, faire éponger le sang sur le sol.

**3 Alerter** ... / 2 pts

Samir doit envoyer Nadia alerter les secours (SAMU : n° 15) en respectant la procédure en vigueur dans l'entreprise, s'assurer qu'elle a bien compris le contenu du message, lui recommander de ne pas raccrocher en premier, de venir lui rendre compte de l'entretien téléphonique puis aller accueillir les secours afin de les guider jusqu'à Alexandre.

**2 Secourir** ... / 2 pts

Samir doit immédiatement appuyer sur la coupure avec la paume de la main après s'être protégé à l'aide d'un gant (prévention SIDA, hépatite B), faire allonger Alexandre, le couvrir, le surveiller, le rassurer et maintenir la pression jusqu'à l'arrivée des secours.

# La prévention dans l'entreprise

**OBJECTIFS**

> Avoir conscience de ses droits et devoirs en matière de sécurité au sein de l'entreprise.
> Être capable d'expliquer l'organisation de la prévention au sein de l'entreprise.

**La prévention des risques professionnels** est un système qui a pour finalité d'assurer la santé et la sécurité au travail. Il est régi par le Code du travail qui précise le cadre juridique de la prévention au sein de l'entreprise en explicitant les principes généraux de la prévention d'où découle concrètement l'organisation de sa mise en œuvre. Il précise les missions de deux catégories d'acteurs, les organismes de prévention d'une part et les acteurs au sein même de l'entreprise d'autre part qui œuvrent en étroite collaboration. Dans l'entreprise sont concernés en premier lieu l'employeur, mais aussi l'IPRP, le médecin du travail, le CHSCT, les délégués du personnel et les salariés. Les instances actives sont l'inspection du travail, la CNAMTS et la CARSAT, des organisations professionnelles, des organismes techniques (INRS, ANACT...).

## 1 Identifier la finalité du système

• Système : prévention des risques professionnels

• Finalité : santé et sécurité au travail

## 2 Identifier les éléments du système

1/ Retrouver :

> le pilote du système : le cadre juridique de la prévention.

> les deux catégories d'acteurs du système :

• Catégorie 1 : les acteurs au sein de l'entreprise.

• Catégorie 2 : les organismes de prévention.

> les personnes ou instances de chaque catégorie :

• Catégorie 1 : employeur, IPRP, médecin du travail, CHSCT, DP, salariés.

• Catégorie 2 : inspection du travail, CNAMTS, CARSAT, organisations professionnelles, organismes techniques (INRS, ANACT...).

## 3 Mettre en relation les éléments du système

Compléter le schéma du système à l'aide des éléments suivants :

❶ inspection du travail / ❷ salariés / ❸ médecin du travail / ❹ organisations professionnelles / ❺ délégués du personnel / ❻ principes généraux de la prévention / ❼ employeur / ❽ IPRP / ❾ CNAMTS et CARSAT / ❿ organismes techniques (INRS, ANACT...) / ⓫ CHSCT

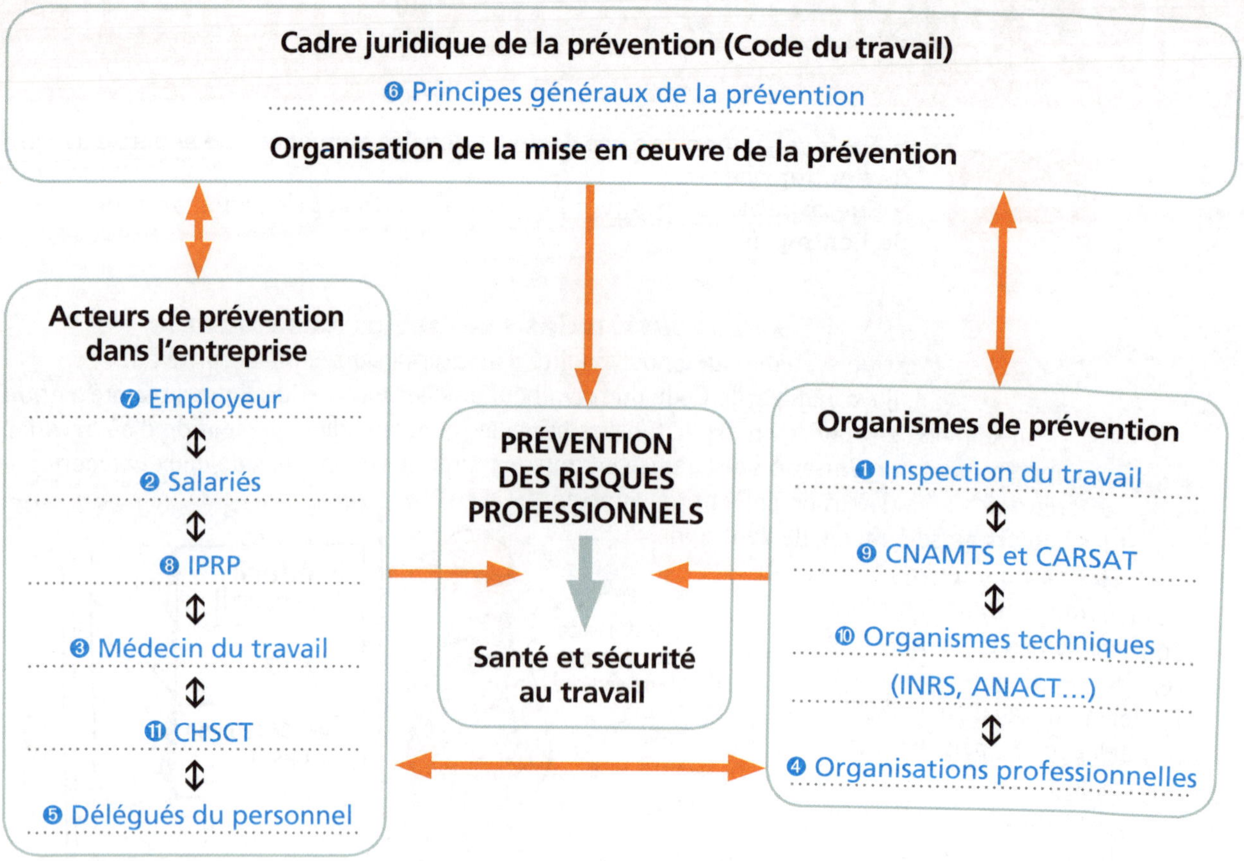


## 4 Mobiliser les connaissances utiles

Pour comprendre le système, je réalise les **Activités 1** à **6** de la séquence 19.

## 5 S'inscrire dans le système

Proposer des actions et des comportements pour s'inscrire dans le système de prévention des risques professionnels en salarié responsable et actif :

**1/** Au niveau de son comportement au travail.

• Respecter le règlement intérieur et les consignes de sécurité mentionnées.

• Veiller à sa sécurité et à celle de ses collègues.

• Alerter la hiérarchie en cas de danger grave et imminent ; exercer son droit de retrait.

**2/** Dans la participation à diverses instances.

• Participer à l'élaboration ou à l'actualisation du document unique.

• Voter aux diverses élections dans l'entreprise (CE, membres du CHSCT) ou encore se présenter aux élections pour exercer ces fonctions.

• Communiquer à ces instances ses remarques concernant l'hygiène et la sécurité.

**3/** Au niveau de la surveillance de la santé au travail.

• Se rendre aux convocations des services de santé au travail.

# MOBILISER DES CONNAISSANCES UTILES

La prévention des accidents du travail et des maladies professionnelles, inscrite dans le Code du travail, relève de la responsabilité du chef d'entreprise assisté dans cette mission par divers interlocuteurs au sein même de l'entreprise ainsi que par différents organismes extérieurs.

## A. Appréhender le cadre juridique de la prévention

### → ACTIVITÉ 1 - Droits et obligations de l'employeur et du salarié concernant la sécurité C13 C24

**1.** Reporter dans le tableau les droits et les obligations de l'employeur et du salarié à l'aide du **doc. 1** et du **doc. 2** (p. 240).

| | DROITS | OBLIGATIONS |
|---|---|---|
| Employeur | • Sanction disciplinaire envers tout employé n'ayant pas respecté l'obligation de sécurité | • Obligation générale de sécurité<br>• Organiser la sécurité au travail<br>• Informer sur les risques<br>• Prévenir la pénibilité |
| Salarié | • Droit de retrait en cas de danger grave et imminent | • Veiller à sa santé et à sa sécurité et à celle des autres salariés (obligation de sécurité)<br>• Respecter le règlement intérieur<br>• Alerter l'employeur en cas de danger ou de défectuosité dans les systèmes de protection |

**DOC. 1** **Obligation de sécurité pour employeurs et salariés**

• **Tout employeur** doit organiser un véritable « système » de management de la sécurité et de la santé au travail afin de répondre à son obligation générale de sécurité et de santé envers ses salariés, que lui impose le Code du travail.
Il doit également informer les salariés sur les risques pour leur sécurité et leur santé, puisque chaque salarié est acteur de sa propre sécurité.
Depuis 2010, l'employeur a dans ses obligations de prévenir la pénibilité, tracer les expositions professionnelles grâce à la réalisation de fiches d'exposition.

Sanctions : en cas d'accident de travail, l'employeur peut être condamné en justice à indemniser le salarié pour faute inexcusable. Le non-respect de ses obligations par l'employeur peut entraîner des sanctions pénales.

• **Les salariés** sont tenus de respecter les instructions de l'employeur, dans les conditions prévues au règlement intérieur. Ces instructions précisent, en particulier lorsque la nature des risques le justifie, les conditions d'utilisation des équipements de travail, des moyens de protection, des substances et préparations dangereuses. Elles sont adaptées à la nature des tâches à accomplir.
Chaque salarié est tenu de prendre soin, en fonction de sa formation et selon ses possibilités, de sa santé et de sa sécurité ainsi que de celles des autres personnes concernées par ses actes ou ses omissions au travail.

Sanctions : en cas de non-respect des consignes, le salarié engage sa responsabilité et une faute grave peut être retenue contre lui.

## DOC. 2 Droit de retrait (article L 4131-1 du Code du travail)

• Le travailleur alerte immédiatement l'employeur de toute situation dont il a un motif raisonnable de penser qu'elle présente un danger grave et imminent pour sa vie ou sa santé ainsi que de toute défectuosité qu'il constate dans les systèmes de protection. Il peut se retirer d'une telle situation.

• L'employeur ne peut demander au travailleur qui fait usage de son droit de retrait de reprendre une activité dans une situation de travail où persiste un danger grave et imminent résultant notamment d'une défectuosité de protection.

© INRS.

**2.** Souligner dans le tableau de la **consigne 1** (p. 239) les droits et les devoirs du salarié en cas de danger grave et imminent puis les justifier.

Ils font partie intégrante de son obligation de sécurité ; le salarié est sur le terrain et de ce fait, il est le premier à repérer un danger.

**3.** Justifier à partir du **doc. 3** l'utilité d'un accueil et d'une formation à la sécurité pour les nouveaux embauchés.

Tout nouvel embauché ignore les dangers présents au sein de l'entreprise ; il doit en être informé lors de l'accueil et il doit être formé à l'utilisation de tous les matériels et dispositifs de prévention utilisés.

## DOC. 3 Obligation de formation à la sécurité

• **Article L. 4141-2 du Code du travail (extrait)** : « L'employeur organise une formation pratique et appropriée à la sécurité au bénéfice :
1. des travailleurs qu'il embauche ;
2. des travailleurs qui changent de poste de travail ou de technique ;
3. des salariés temporaires [...]. »

• **Article L. 4141-3 du Code du travail** : « L'étendue de l'obligation d'information et de formation à la sécurité varie selon la taille de l'établissement, la nature de son activité, le caractère des risques qui y sont constatés et le type d'emploi des travailleurs. »

© INRS.

• **Article L. 4154-2 du Code du travail (extrait)** : « Les salariés titulaires d'un contrat de travail à durée déterminée, les salariés temporaires et les stagiaires affectés à des postes de travail présentant des risques particuliers pour leur santé ou leur sécurité bénéficient d'une formation renforcée à la sécurité ainsi que d'un accueil et d'une information adaptés dans l'entreprise dans laquelle ils sont employés. »

## → ACTIVITÉ 2 - Les principes généraux de la prévention C21

• Indiquer pour chaque mesure le numéro du principe de prévention énoncé dans le **doc. 4** qui a été appliqué.

| | | |
|---|---|---|
| **Mesure A = principe n°** 3<br>Le dispositif de ventilation d'un atelier de peinture a été intégré dès la conception du local. | **Mesure B = principe n°** 9<br>Le personnel a été formé aux règles de sécurité concernant l'utilisation d'une nouvelle machine. Une fiche rappelant ces règles a été fixée dessus. | **Mesure C = principe n°** 1<br>Le travail de l'opérateur sur une machine dangereuse a été supprimé ; l'opération de découpe a été entièrement robotisée et est pilotée par ordinateur. |
| **Mesure D = principe n°** 8<br>Un dispositif de ventilation aspire les poussières de bois assurant la protection collective des ouvriers menuisiers. Les équipements de protection individuelle ne sont plus nécessaires. | **Mesure E = principe n°** 4<br>Les postes de travail ont été conçus afin de limiter les mouvements du dos et les torsions de la colonne vertébrale. L'organisation vise à limiter les gestes répétitifs. | **Mesure F = principe n°** 5<br>De nouvelles hottes de laboratoires plus performantes garantissent une totale asepsie et isolent totalement le personnel des cultures, ce qui n'est pas le cas des becs Bunsen. |
| **Mesure G = principe n°** 6<br>Le perchloréthylène, solvant volatil hautement toxique utilisé pour dégraisser les pièces, a été remplacé par un nouveau produit qui ne présente pas ces inconvénients. | **Mesure H = principe n°** 2<br>La nature des risques et leur importance ont été estimées au niveau de chaque secteur de travail afin d'envisager quelles actions de prévention doivent être prioritairement menées. | **Mesure I = principe n°** 7<br>L'entreprise a intégré la prévention dans les postes de travail, au niveau de l'organisation du travail et de l'environnement ; elle a aussi envisagé celle-ci lors des prestations d'entreprises de services qu'elle sollicite. |

### DOC. 4 Neuf principes généraux de prévention

La prévention des risques professionnels repose sur 9 principes généraux inscrits dans le Code du travail (article L. 4121-2) pour évaluer, anticiper, protéger et informer. Ils guident l'employeur dans la mise en œuvre obligatoire de la prévention dans l'entreprise.

© Extrait de l'animation « Les 9 principes généraux de prévention », 2008, Réf. anim-044, www.inrs.fr

## → ACTIVITÉ 3 - L'élaboration du document unique C12 C24 C33

À partir du **doc. 5** :

**1.** Indiquer l'intérêt de cette mesure réglementaire.

Elle oblige chaque entreprise à réaliser une analyse fine des dangers présents dans les unités de travail et à réfléchir aux mesures de prévention appropriées à mettre en place.

**2.** > Souligner dans le **doc. 5** les quatre principales étapes de la réalisation d'un document unique.

> En déduire, en cochant la bonne réponse, la méthode d'analyse à utiliser pour élaborer ce document.

❑ méthodologie de résolution de problèmes
☒ approche par le risque
❑ approche par l'accident

### DOC. 5 Cadre réglementaire du document unique

Le 5 novembre 2001, il est introduit dans l'article R.230-1 du Code du travail une nouvelle disposition : « désormais les résultats de l'évaluation des risques pour la sécurité et la santé des travailleurs devront être transcrits dans un document unique ». Cette évaluation doit conduire à faire un inventaire des dangers dans chaque unité de travail, à analyser les situations de travail à risque, à évaluer et hiérarchiser ces risques et à proposer des actions de prévention.

Les résultats de l'évaluation des risques et le programme de prévention doivent être transcrits sur le document unique. Ce document est révisable chaque année et/ou en cas d'information complémentaire notable. Cette réglementation est applicable depuis le 8 novembre 2002. Tout établissement qui ne se soumet pas à cette réglementation est passible d'une amende de 1 500 € (3 500 € en cas de récidive).

**Exemple de document unique (extrait)**

Il n'existe pas de modèle standard de document unique ; l'exemple ci-dessous est préconisé par la Chambre des Métiers et de l'Artisanat du Limousin pour les métiers du bois.

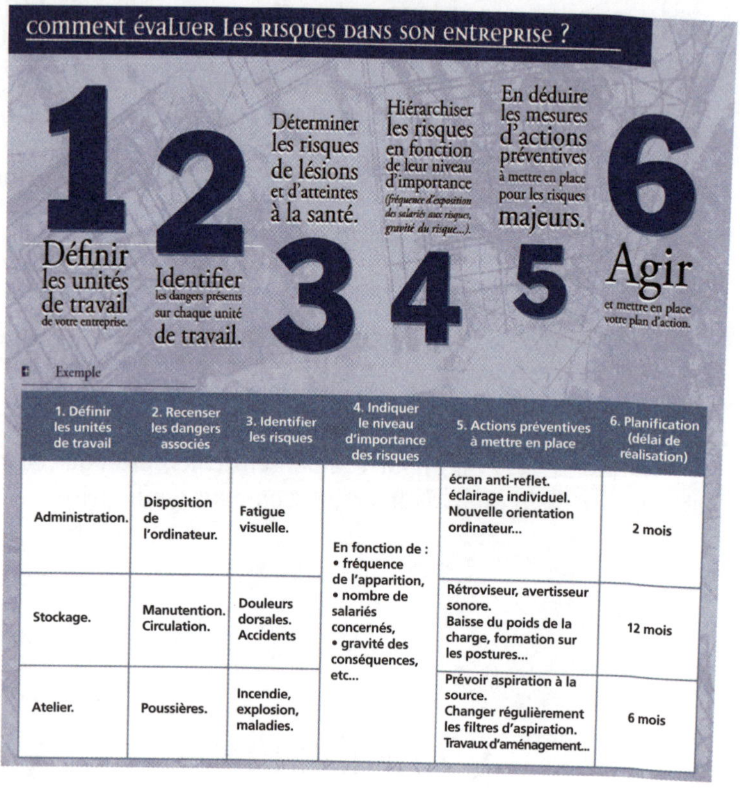


Exemple

| 1. Définir les unités de travail | 2. Recenser les dangers associés | 3. Identifier les risques | 4. Indiquer le niveau d'importance des risques | 5. Actions préventives à mettre en place | 6. Planification (délai de réalisation) |
|---|---|---|---|---|---|
| Administration. | Disposition de l'ordinateur. | Fatigue visuelle. | En fonction de : • fréquence de l'apparition, • nombre de salariés concernés, • gravité des conséquences, etc... | écran anti-reflet. éclairage individuel. Nouvelle orientation ordinateur... | 2 mois |
| Stockage. | Manutention. Circulation. | Douleurs dorsales. Accidents | | Rétroviseur, avertisseur sonore. Baisse du poids de la charge, formation sur les postures... | 12 mois |
| Atelier. | Poussières. | Incendie, explosion, maladies. | | Prévoir aspiration à la source. Changer régulièrement les filtres d'aspiration. Travaux d'aménagement... | 6 mois |

© Chambre régionale des Métiers et de l'Artisanat du Limousin.

**3.** Pour un secteur de votre atelier pédagogique ou d'une entreprise où vous avez effectué une PFMP, réaliser avec un camarade une partie du document unique en vous limitant à deux dangers. Pour cela, compléter le tableau fourni par votre professeur en mettant en œuvre la démarche d'approche par le risque étudiée en Première (se reporter aux **Fiches méthode N$^{os}$ 2** et **3** de l'ouvrage).

# B. Identifier les acteurs de la prévention dans l'entreprise

## → ACTIVITÉ 4 - L'interlocuteur adapté à chaque situation C22

• Indiquer l'acteur de la prévention concerné par chaque situation en cochant la bonne colonne du tableau (possibilité de cocher plusieurs cases pour la même entrée) ; s'aider des **doc. 6** à **10** (p. 245 à 246).

| Situations | DP | IPRP | Médecin du travail | SST | Membres du CHSCT |
|---|---|---|---|---|---|
| **A.** Soigner une coupure à la main. | | | | X | |
| **B.** Mettre en œuvre la sécurité dans l'entreprise. | | X | | | |
| **C.** Le niveau sonore de l'atelier dépasse 85 dB(A) depuis l'installation d'une nouvelle machine. | X | X | X | X | X |
| **D.** Une femme enceinte a de plus en plus de difficultés à travailler à son poste actuel. | | | X | | |
| **E.** Réaliser une enquête suite à un accident du travail. | X | | | | X |
| **F.** Former un groupe de SST. | | X | | | |
| **G.** Présenter à l'employeur les demandes d'un groupe de salariés qui demandent l'installation de douches supplémentaires. | X | | | | X |
| **H.** Depuis qu'il occupe un nouveau poste de travail, un employé a mal au dos tous les soirs. | | | X | | |
| **I.** Saisir l'inspecteur du travail. | X | | | | X |
| **J.** Assurer une information sur les méfaits de l'alcoolisation qui touche régulièrement quelques salariés. | | X | X | | |
| **K.** Assurer les premiers secours en cas d'accident du travail. | | | | X | |
| **L.** Donner son avis sur l'aménagement des nouveaux horaires de travail. | X | | | | X |
| **M.** Évaluer les résultats de la politique sécurité de l'entreprise et proposer des actions correctives. | | X | | | |
| **N.** Assurer les visites médicales d'embauche. | | | X | | |
| **O.** S'assurer que le défibrillateur est en bon état de marche. | | | | X | |
| **P.** S'assurer que l'installation du nouveau poste de travail n'est pas contraignante pour la colonne vertébrale. | | | X | | |
| **Q.** Voter au CHSCT. | | | | | X |

# ACTIVITÉ 5 - Les missions des acteurs de la prévention dans l'entreprise C13 C22

• Compléter le tableau récapitulatif à l'aide des **doc. 6 à 10** (p. 245 à 246).

| Rôle des différents acteurs de la prévention dans l'entreprise | | | |
|---|---|---|---|
| **Acteurs** | | **Missions principales** | **Conditions d'existence** Sont-ils toujours présents dans l'entreprise ? À partir de combien d'employés ? |
| Personnel chargé de l'hygiène et de la sécurité | IPRP | • S'occuper, sur délégation du chef d'entreprise, de toute la mise en œuvre de la prévention, conformément aux principes généraux de la prévention énoncés par la loi. | • Obligatoire.<br>• Interne à l'entreprise ou bien intervenant extérieur. |
| | SSTI / Médecin du travail | • Assurer la surveillance médicale des salariés : visite d'embauche, de reprise, surveillance des salariés vulnérables ou exposés à un risque particulier à leur poste.<br>• Assurer les actions de prévention en milieu de travail : expertise du milieu de travail et proposition d'actions pour améliorer les postes et les conditions de travail.<br>• Coordonner les équipes pluridisciplinaires des services de santé au travail. | • Toute entreprise doit avoir un service de santé au travail ou adhérer à un service interentreprises. |
| Délégués du personnel (DP) | | • Représenter le personnel auprès de l'employeur et présenter les réclamations.<br>• Saisir l'inspecteur du travail en cas de non-application du droit du travail.<br>• Faire des suggestions sur l'organisation de l'entreprise. | • Présents dans les entreprises à partir de 11 salariés.<br>• Nombre variable selon la taille de l'entreprise. |
| Sauveteurs secouristes du travail (SST) | | • Faire alerter et réaliser les premiers secours en cas d'accident.<br>• Assurer la maintenance du matériel de premiers secours.<br>• Contribuer à la prévention par le repérage de risques et la transmission d'informations. | • 1 SST par atelier ou chantier de plus de 20 personnes faisant des travaux dangereux pendant plus de 15 jours.<br>• 10 à 15 % de l'effectif de l'atelier est souhaitable. |
| Comité d'hygiène, de sécurité et des conditions de travail (CHSCT) | | • Contribuer à la santé physique et mentale des salariés.<br>• Contribuer à la sécurité.<br>• Contribuer à la prévention des risques professionnels et à l'amélioration des conditions de travail. | • Dans toute entreprise à partir de 50 salariés. Y siègent l'employeur, les membres élus et, à titre consultatif, le médecin du travail, l'inspecteur du travail, des représentants de la CARSAT. |

## DOC. 6 Intervenant en prévention des risques professionnels (IPRP)

Le Code du travail instaure l'obligation aux chefs d'entreprise de désigner un salarié compétent (technicien ou ingénieur) pour s'occuper de la santé au travail dans son entreprise. Lorsque ces compétences n'existent pas, il doit faire appel aux compétences d'un **IPRP** habilité pour remplir notamment son obligation d'évaluation des risques professionnels en respectant les principes d'une approche pluridisciplinaire.

Selon l'article R.4623-38, l'IPRP se doit d'assurer des missions de diagnostic et de conseil, des missions d'accompagnement et de suivi, la communication des résultats de ses études au médecin du travail.

## DOC. 7 Services de santé au travail interentreprises (SSTI)

L'arrêté du 2 mai 2012 précise que « désormais, les missions de prévention des risques professionnels et de suivi de la santé des salariés sont assurées notamment par les services de santé au travail interentreprises (**SSTI**) et par leurs équipes pluridisciplinaires animées et coordonnées par le médecin du travail* ».

Les SSTI doivent « éviter toute altération de la santé des travailleurs du fait de leur travail ». Cette mission préventive nécessite des actions en milieu de travail développées par l'équipe pluridisciplinaire et le suivi médical des salariés qui relève essentiellement du médecin du travail. Celui-ci ne dispense pas de soins à l'exception des situations d'urgence.

**LA SURVEILLANCE MÉDICALE**

Le médecin du travail, sous le sceau du secret médical :

- **échange** avec le salarié sur son poste et son environnement de travail,
- **identifie** les risques professionnels,
- **évalue** l'aptitude au poste de travail en pratiquant si besoin des examens complémentaires,
- **propose** si nécessaire des actions adaptées au salarié et à son poste de travail

L'équipe médicale est composée d'un médecin, d'un(e) infirmier(e) et d'un(e) assistant(e) médical(e)

CONNAISSANCE DE L'ENTREPRISE, DES RISQUES ET DES CONDITIONS DE TRAVAIL DES SALARIÉS

Le médecin du travail et/ou l'équipe pluridisciplinaire :

- **visitent** les postes de travail, chantiers, ateliers…
- **conseillent** les chefs d'entreprise et les salariés sur les moyens à mettre en oeuvre pour préserver la santé, améliorer la sécurité et les conditions de travail.

**LES ACTIVITÉS DE PRÉVENTION EN MILIEU DE TRAVAIL**

**La visite médicale** *à l'initiative de l'employeur*

SECRET MÉDICAL

**embauche** : Le salarié bénéficie d'un examen médical avant l'embauche ou pendant la période d'essai…
*(art. R.4624-10 du Code du Travail)*

**périodique** : Le salarié bénéficie d'examens médicaux ou d'entretiens infirmiers périodiques…, en vue de s'assurer du maintien de son aptitude médicale au poste de travail occupé.
*(art. R.4624-16 et R.4623-31 du Code du Travail)*

**reprise** : Le salarié bénéficie d'un examen de reprise de travail après :

- un congé maternité
- une absence pour cause de maladie professionnelle
- après une absence d'au moins **30 jours** pour cause d'accident du travail, de maladie ou d'accident non professionnel

Cet examen a lieu lors de la reprise du travail et au plus tard dans un délai de 8 jours
*(art. R.4624-22 et 23 du Code du Travail)*

**Le saviez-vous ?**

**pré-reprise** : En vue de faciliter la recherche des mesures nécessaires, lorsqu'une modification de l'aptitude au travail est prévisible, un examen médical de pré-reprise peut être sollicité à **l'initiative du salarié, du médecin traitant ou du médecin conseil des organismes de sécurité sociale**, préalablement à la reprise du travail.
*(art. R.4624-20 et 21 du Code du Travail)*

**occasionnelle** : Tout salarié bénéficie d'un examen médical à la demande de l'employeur ou à sa demande. La demande du salarié ne peut motiver aucune sanction
*(art. R.4624-17 du Code du Travail)*

i A votre demande, vous pouvez contacter et/ou rencontrer votre médecin du travail de façon confidentielle. Cette visite ne fera pas l'objet d'une facturation.

* Les grosses entreprises peuvent avoir un service interne.

© Service de Santé au Travail – SMIA – Angers.

## DOC. 8 Délégués du personnel (DP)

**DP**
Présents dans les entreprises à partir de 11 salariés (nombre variable selon l'effectif de l'entreprise).
Élus* tous les 4 ans.

- Peuvent faire des suggestions sur l'organisation générale de l'entreprise.
- Assument les missions dévolues au **CE**, au CHSCT lorsque ceux-ci n'ont pas été mis en place.
- Représentent le personnel auprès de l'employeur et lui font part des réclamations en matière de réglementation du travail.
- Interlocuteurs de l'inspection du travail qu'ils peuvent saisir pour tout problème d'application du droit du travail.

* Pour être élu, il faut avoir au moins 18 ans et 1 an d'ancienneté dans l'entreprise.

Les **DP**, tout comme les membres du personnel élus au CE, les membres du CHSCT, les délégués syndicaux, sont des salariés protégés. Leur licenciement ne peut se faire qu'après une procédure spécifique. L'employeur qui les empêche d'effectuer correctement leurs fonctions commet le délit d'entrave.

## DOC. 9 Sauveteurs secouristes du travail (SST)

Un **SST** est un membre du personnel qui a reçu la formation nécessaire pour donner les premiers secours en cas d'urgence en attendant l'arrivée des secours spécialisés. Le Code du travail rend obligatoire la présence de secouristes dans chaque atelier où sont effectués des travaux dangereux, dans chaque chantier occupant 20 personnes au moins pendant plus de 15 jours, où sont effectués des travaux dangereux. Le SST connaît son atelier et les risques qui lui sont propres. Il a un rôle essentiel dans la prévention, notamment en faisant remonter des observations (état du matériel par exemple) à l'encadrement et aux instances chargées de la prévention.

## DOC. 10 Comité d'hygiène, de sécurité et des conditions de travail (CHSCT)

Désignés pour 2 ans par les membres élus du CE et les DP. Nombre variable selon la taille de l'entreprise.

Obligatoire dans toute entreprise à partir de 50 salariés.

Le **CHSCT** contribue à la protection de la santé et à l'amélioration des conditions de travail :
- il analyse les risques et les conditions de travail, participe à l'élaboration du document unique ;
- il élabore des enquêtes après accidents du travail et maladies professionnelles ;
- il donne son avis sur le règlement intérieur, avant nouvel aménagement ou changement d'organisation ;
- il participe à la formation à la sécurité des salariés de l'établissement.

# C. Identifier les organismes de prévention

## → ACTIVITÉ 6 - Rôles et conditions d'intervention des principaux organismes de prévention C13

• Compléter le tableau récapitulatif suivant à l'aide des **doc. 11** à **17** (p. 248 à 250).

| Organismes | | Rôles | Conditions d'intervention |
|---|---|---|---|
| Organismes dépendant du ministère des Affaires sociales, de la Santé et des Droits des femmes | CNAMTS | • Animer et coordonner divers organismes : INRS, CARSAT, CGSS, etc.<br>• Définir la politique de prévention des AT et des MP.<br>• Établir le taux de cotisations payées par les employeurs.<br>• Intervenir en prévention au sein des entreprises par les ingénieurs-conseils de la CARSAT.<br>• Inciter à la mise en œuvre de la prévention en modulant les taux de cotisation selon les efforts réalisés. | • Les ingénieurs de la CARSAT peuvent pénétrer dans les entreprises, participer au CHSCT. |
| | INRS | • Conduire des recherches pour améliorer santé et sécurité au travail.<br>• Concevoir des produits d'information.<br>• Assurer des formations, des aides techniques.<br>• Participer à la rédaction de textes réglementaires ou normatifs. | |
| Organismes dépendant du ministère du Travail, de l'Emploi, de la Formation professionnelle et du Dialogue social | ANACT | • Aider les entreprises à développer des projets innovants sur l'organisation du travail.<br>• Informer sur les conditions de travail.<br>• Élaborer des outils de formation. | • Elle peut apporter une aide financière à des actions pilotes menées par les entreprises. |
| | Inspection du travail | • Veiller à l'application de la loi.<br>• Enquêter après un AT.<br>• Conseiller employeur et salariés.<br>• Verbaliser en cas d'infraction à la législation.<br>• Faire stopper des travaux si danger grave et imminent. | • Les inspecteurs peuvent pénétrer librement dans les entreprises et faire réaliser les investigations utiles. |
| Organismes agréés | | • Réaliser certains contrôles réglementaires sur les locaux ou les machines.<br>• Assurer des formations. | • À la demande des entreprises ou suite à la mise en demeure de l'inspection du travail. |
| Organisations professionnelles | | • Siéger auprès d'un certain nombre d'instances, notamment celles qui organisent la politique sécurité auprès des entreprises.<br>• Défendre les intérêts de la profession qu'elles représentent. | • Les représentants élus sont désignés pour siéger dans les différentes instances. |

DOC. 11

## Lien entre les principales instances de prévention

En France, la prévention des risques professionnels est placée sous la responsabilité de deux ministères. Tandis que la direction générale du travail mène une action qui s'exprime essentiellement par voie réglementaire, les actions initiées par la CNAMTS s'articulent autour de recommandations pratiques, d'incitations financières, de contrôles, d'assistance technique et de conseils aux entreprises pour la mise en œuvre de mesures de prévention adaptées, ou de promotion de la formation et de l'information en matière de santé et de sécurité au travail. Les missions de surveillance et de contrôle, ainsi que d'information et de conseil, pour tout ce qui concerne l'application des dispositions législatives et réglementaires relatives aux conditions de travail, à la santé et la sécurité en milieu de travail, sont principalement assurées par l'Inspection du travail.

### Schéma simplifié des principales instances de prévention

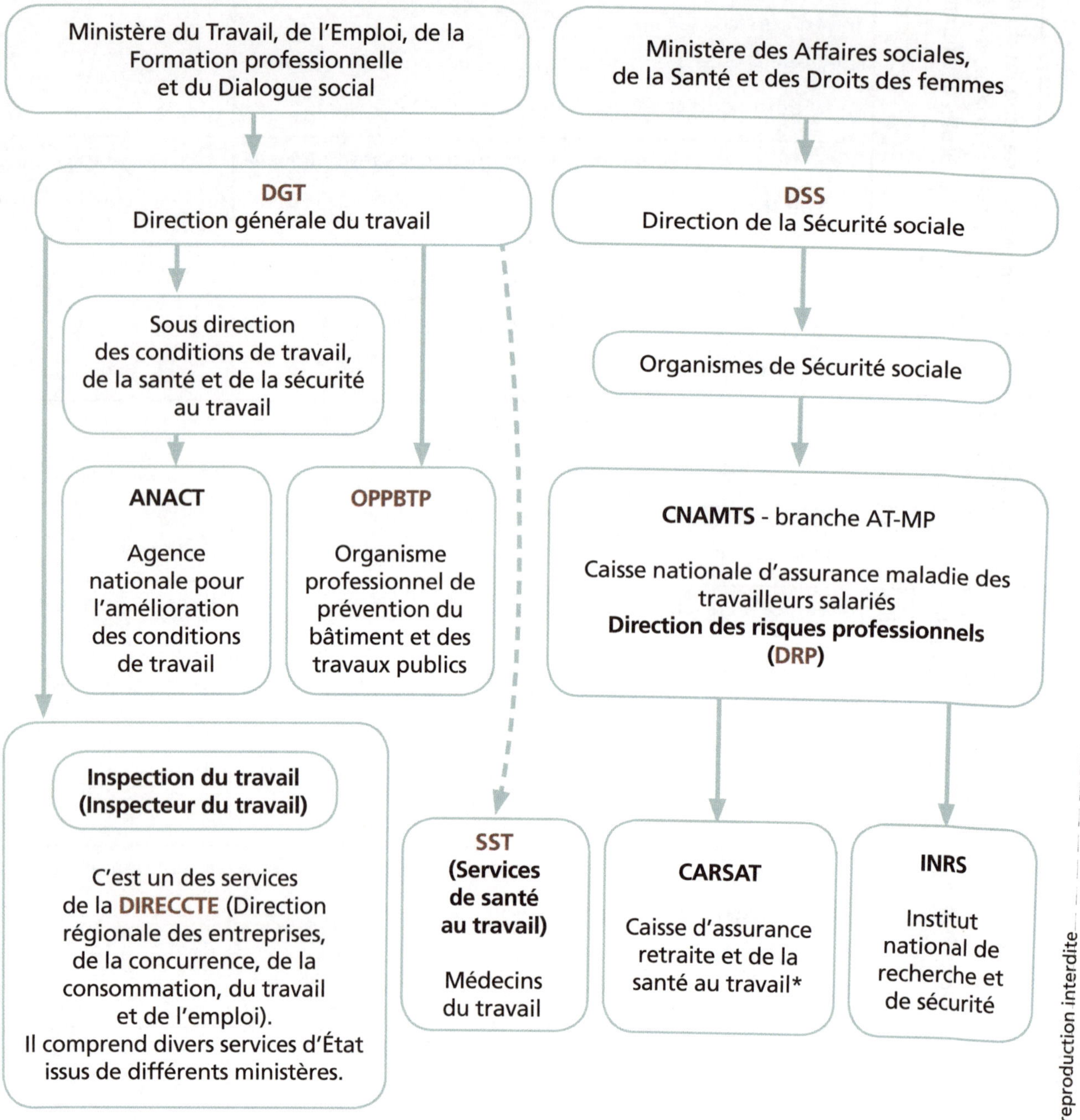


* Depuis 2010, les CARSAT remplacent les CRAM à l'exception de la CRAM Île-de-France et Alsace-Moselle et des CGSS Martinique, Réunion et Guadeloupe.

## DOC. 12 Les CARSAT sous l'autorité de la CNAMTS

**Moyens techniques :** ingénieurs-conseils et techniciens de prévention ont le droit de pénétrer dans les établissements assujettis au régime général de Sécurité sociale. Ils sont invités aux réunions des CHSCT, effectuent des enquêtes à la suite d'accidents, des études techniques, des journées d'information et des sessions de formation destinées aux employeurs et aux salariés.

**Moyens réglementaires**

Les organismes de Sécurité sociale peuvent :
- inviter tout employeur à prendre des mesures de prévention ;
- adopter des dispositions générales applicables à l'ensemble des employeurs exerçant une même activité.

**Les CARSAT**
- développent et coordonnent la politique de prévention des AT et des MP ;
- concourent à l'application des règles de tarification.

**Moyens d'incitation**

En cas de risques graves ou de carences des entreprises, les CARSAT peuvent augmenter les cotisations. À l'inverse, les entreprises ayant accompli un effort particulier en faveur de la prévention peuvent bénéficier d'une minoration de leur taux de cotisation.

## DOC. 13 Missions de l'institut national de recherche et de sécurité (INRS)

La principale mission de l'INRS est de développer et de promouvoir une culture de prévention des accidents du travail et des maladies professionnelles. Une mission qui répond à des exigences économiques, sociales et politiques et qui s'articule autour de trois axes majeurs :

- **Anticiper** : il identifie, à travers ses travaux, les dangers et met ainsi en évidence les risques professionnels qu'ils pourraient représenter pour les salariés ;
- **Sensibiliser et informer** : il conçoit de nombreux produits d'information afin de sensibiliser et d'informer les entreprises et tous ceux qui sont concernés par les problématiques de prévention ;
- **Accompagner** : il aide les entreprises à résoudre les problèmes auxquels elles sont confrontées en matière de santé et de sécurité. Pour cela, il apporte aux acteurs de la prévention assistance, formation et information.

Ses actions sont destinées aux spécialistes de la prévention et aux entreprises et salariés du régime général de la Sécurité sociale.

© INRS.

## DOC. 14 Agence nationale pour l'amélioration des conditions de travail (ANACT)

- Le réseau ANACT a pour vocation d'améliorer à la fois la situation des salariés et l'efficacité des entreprises, ainsi que de favoriser l'appropriation des méthodes correspondantes par tous les acteurs concernés. Il aide les entreprises et les autres organisations à développer des projets innovants touchant au travail.
- L'ANACT a signé avec l'État le contrat d'objectifs et de performance 2014-2017 afin d'amener les conditions de travail au rang des facteurs de performance et de compétitivité des entreprises. Parmi les objectifs de ce contrat :

1. Favoriser et accompagner les expérimentations en matière de qualité de vie au travail ;
2. Renforcer la prévention des risques professionnels et encourager les politiques de promotion de la santé au travail ;
3. Prévenir la pénibilité pour favoriser un maintien durable en emploi.

anact
Agence Nationale pour l'Amélioration des Conditions de Travail

## DOC. 15 Inspection du travail

Les inspecteurs du travail sont chargés de veiller à l'application des dispositions législatives et réglementaires. Ils effectuent des enquêtes à la suite d'accidents graves. Ils jouent également un rôle de conseil et d'information auprès des employeurs et des salariés.

Pour mener à bien ces différentes missions, les inspecteurs du travail peuvent pénétrer librement dans tous les établissements soumis à leur contrôle et demander toutes les investigations jugées utiles : mesures de bruit, prélèvements, analyses de produits, etc. S'ils constatent des infractions à la législation, ils peuvent faire des observations ou dresser un procès-verbal qu'ils transmettent au ministère public. En cas de danger grave et imminent, sous certaines conditions, les inspecteurs du travail peuvent prescrire l'arrêt temporaire des travaux sur un chantier.

## DOC. 16 Organismes agréés

Le recours à des organismes agréés par le ministère chargé du Travail résulte de dispositions réglementaires. Ce recours n'est pas obligatoire pour l'ensemble des vérifications périodiques réalisées dans les entreprises ; en revanche il sera prescrit en cas de contrôle effectué sur mise en demeure de l'inspection du travail, ou bien pour vérifier le respect des valeurs limites de concentration dans l'atmosphère de certaines substances.

Les organismes agréés sont peu à peu supprimés au profit d'organismes accrédités.

Des agréments concernent le contrôle des éléments suivants : aération et assainissement, benzène, éclairage, installations électriques, machines et appareils de levage, plomb, poussière de bois, silice, etc.

**Remarque : APAVE, VERITAS** sont des organismes connus ayant des agréments pour divers secteurs.

L'entreprise peut aussi solliciter des organismes agréés pour certaines actions de formation.

## DOC. 17 Organisations professionnelles

Les organisations professionnelles ont pour mission de défendre et d'aider les entreprises exerçant un même métier ou appartenant à un même secteur d'activité. Elles sont regroupées en confédérations correspondant à trois grandes branches de métiers : alimentation, bâtiment, production et services. Elles sont elles-mêmes réunies en organisations interprofessionnelles :

- L'UPA (union professionnelle artisanale) ;
- La FFB (fédération française du bâtiment) qui regroupe les métiers du bâtiment ;
- Le CIDUNATI (confédération intersyndicale de défense et d'union nationale d'action des travailleurs indépendants) ;
- Le MPCIA Aquitaine (mouvement patronal du commerce, de l'industrie et de l'artisanat d'Aquitaine).

Chaque organisation professionnelle siège au sein de nombreux organismes publics où elle porte la voix des métiers qu'elle représente : Conseil de prud'hommes, Caisses d'assurance maladie, Caisse d'assurance vieillesse des artisans, CAF, Direction départementale du travail, de l'emploi et de la formation professionnelle, Éducation nationale, Chambre de métiers et de l'artisanat, etc.

**Indiquer maintenant comment s'inscrire dans le système de prévention des risques professionnels en salarié responsable et actif (étape 5, p. 238).**

# Activités de synthèse

## RÉCAPITULER

**1. Retrouver les termes correspondant à ces définitions.**

| | |
|---|---|
| Principes généraux de la prévention | Inscrits dans le Code du travail et au nombre de neuf, ils guident l'employeur dans la mise en œuvre de la sécurité au sein de l'entreprise. |
| Document unique | C'est une obligation réglementaire. Il comporte une analyse fine des dangers par secteur de l'entreprise, une estimation de la probabilité d'apparition du dommage et des solutions préventives planifiées. |

**2. Compléter les tableaux récapitulant les acteurs de la prévention des risques professionnels.**

| Acteurs dans l'entreprise | Rôle au niveau de la prévention dans l'entreprise |
|---|---|
| Employeur | Responsable de la sécurité au sein de l'entreprise, il a une obligation générale de sécurité. |
| Salarié | Il a une obligation de sécurité notamment en respectant le règlement intérieur et dispose du droit de retrait. |
| Médecin du travail | Assure la surveillance médicale des salariés et propose des mesures pour améliorer les conditions de travail. |
| Délégué du personnel | Représente le personnel auprès de l'employeur et présente les réclamations individuelles et collectives. |
| IPRP | Met en œuvre la prévention dans l'entreprise sur délégation du chef d'entreprise. |
| Sauveteur secouriste du travail | Alerte et réalise les premiers secours en cas d'accident. |
| CHSCT | Contribue à l'hygiène et à la sécurité des conditions de travail. |

| Acteurs institutionnels | Rôle au niveau de la prévention dans l'entreprise |
|---|---|
| CARSAT | Ses ingénieurs conseillent les entreprises et modulent le taux des cotisations selon les efforts de prévention réalisés. |
| INRS | Réalise recherches, formations et produits d'information à disposition des entreprises pour améliorer la sécurité. |
| ANACT | Aide les entreprises à développer des projets innovants dans l'organisation du travail ; élabore des outils d'information. |
| Inspection du travail | Veille à l'application du Code du travail. |
| Organisme agréé | Réalise certains contrôles réglementaires sur les locaux ou les machines. |
| Organisation professionnelle | Défend les intérêts de la profession qu'elle représente en siégeant dans certaines instances. |

# RETENIR

**La prévention des risques professionnels est réglementée par le Code du travail. Elle repose sur les 9 principes de la prévention.**

**POUR SA MISE EN ŒUVRE :**

**Des acteurs au sein de l'entreprise** + **Des acteurs institutionnels**

Sanction si non respect de cette obligation → **Employeur** Obligation globale de sécurité

**Salariés**
- Obligation de sécurité
- Droit de retrait en cas de danger grave et imminent

**Service de santé au travail interentreprises (SSTI) dont médecin du travail**
- Suivi médical des salariés
- Expertise sur la sécurité

**IPRP**

**Comité d'hygiène, de sécurité et des conditions de travail (CHSCT)**

**Délégués du personnel (DP)**

**Sauveteurs secouristes du travail (SST)**

**Santé et sécurité au travail**

**Inspecteur du travail**

**CNAMTS CARSAT**

**Organisations professionnelles**

UPA Union Professionnelle Artisanale

FFB Fédération Française du Bâtiment

**Organismes techniques**
- Organismes agréés (apave, Bureau Veritas)
- INRS (Institut National de Recherche et de Sécurité)
- ANACT (Agence Nationale pour l'Amélioration des Conditions de Travail)
- OPPBTP (OPPBTP La prévention BTP)

## Approfondir

**Actions de prévention dans une carrosserie** (5 min 06 s)

→ lienmini.fr/pse-vid19

**Vérifiez vos acquis !**

→ lienmini.fr/pse-qcm19

# Distinguer accidents du travail et maladies professionnelles

**OBJECTIFS**

> Être capable d'indiquer les conséquences des AT et des MP et leur mode d'indemnisation.
> Prendre conscience de la contribution nécessaire de chacun à la collectivité.

**Guillaume, 22 ans,** vient de glisser sur de la graisse dans l'atelier de mécanique où il est en train de travailler. Il est tombé sur son avant-bras qu'il ne peut plus bouger et qui a doublé de volume. Un SST s'occupe de lui en attendant les secours. Malgré sa douleur, Guillaume est inquiet ; la gravité de sa blessure va entraîner un long arrêt de travail avec perte de revenus et par conséquent engendrer des difficultés pour rembourser le crédit de sa voiture et de son home cinéma. Il y aura des dépenses de santé conséquentes : médecin, chirurgien, radiologue, pharmacie, kinésithérapeute, etc. De plus, il ne pourra plus pratiquer le football et devra se faire aider pour se laver ou pour s'habiller. Guillaume doit faire les démarches appropriées pour obtenir l'indemnisation de son accident du travail.

## 1 Identifier le problème posé

Guillaume doit faire les démarches appropriées pour obtenir l'indemnisation de son AT.

## 2 Identifier les éléments de la situation

**Quoi** : quelle est l'origine du problème ?

Une blessure importante va générer de lourdes dépenses de santé et un long arrêt de travail.

**Qui** : qui est la personne concernée ?

Guillaume, ouvrier mécanicien.

**Où** : dans quel lieu ?

dans l'atelier de mécanique.

**Comment** : quels éléments ont favorisé sa survenue ?

De la graisse dans l'atelier de mécanique.

**Pourquoi** : quels sont les éléments qui font que ce problème risque d'être à l'origine de complications importantes ?

Guillaume craint de ne plus pouvoir rembourser ses crédits suite à son arrêt de travail, de devoir arrêter le sport et redoute la dépendance (aide nécessaire pour la toilette ou l'habillage).

## 3 Mettre en relation les éléments de la situation

Compléter le diagramme « causes-effet » à l'aide des éléments de la situation suivants :

❶ difficultés à rembourser les crédits / ❷ plus de football / ❸ perte de revenus / ❹ médecin / ❺ chirurgien / ❻ au cours du travail / ❼ radiologue / ❽ aide à la toilette et l'habillage / ❾ pharmacie / ❿ kinésithérapeute / ⓫ dans l'atelier de mécanique

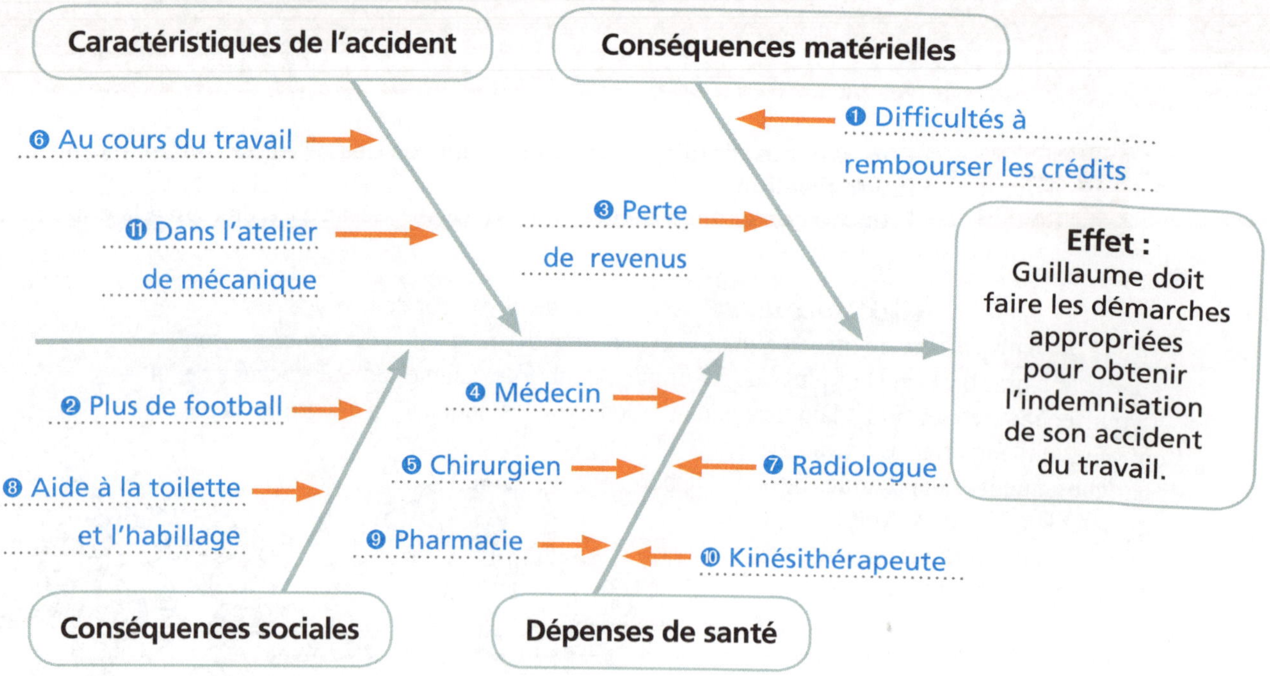


## 4 Mobiliser des connaissances utiles

Pour comprendre la situation et y apporter des solutions, je réalise les **Activités 1** à **6** de la séquence 20.

## 5 Proposer des solutions

**1/** Indiquer les démarches que doit faire Guillaume pour être indemnisé de son accident du travail.

> Il doit prévenir son employeur dans les 24 h (celui-ci doit prévenir la CPAM dans les 48 h).

> Il doit envoyer le certificat médical initial remis par le médecin à la CPAM.

> Il doit présenter la feuille d'AT remise par l'employeur à tous les praticiens pour être dispensé d'avancer les frais.

**2/** Indiquer par quoi sera remplacé son salaire sachant qu'il a 3 mois d'arrêt de travail (90 jours).

Il percevra des indemnités journalières de :
> 60 % de son salaire brut jusqu'à 28 jours d'arrêt de travail ;
> 80 % de son salaire brut à partir du 29e jour d'arrêt.

**3/** Citer l'action qu'il peut intenter contre son employeur sachant que le sol de l'atelier n'est pas conforme aux normes de sécurité en vigueur malgré les injonctions de l'inspection du travail.

Il peut intenter une action en justice car l'accident met en cause la responsabilité pénale de l'employeur qui s'expose à des sanctions. Sa responsabilité civile est aussi en cause et il peut obtenir une réparation complémentaire si la faute inexcusable est prouvée.

# MOBILISER DES CONNAISSANCES UTILES

En 2014, 621 000 salariés ont été victimes d'un accident du travail (AT) 539 en sont décédés ; les maladies professionnelles (MP) ont tué 368 personnes. Outre le coût humain, AT et MP génèrent un coût financier élevé. Il faut connaître leurs procédures de déclaration et d'indemnisation si l'on en est victime sans perdre de vue qu'il vaut mieux prévenir que guérir.

## → ACTIVITÉ 1 - Les caractéristiques des AT et des MP C11 C13 C21

À l'aide du **doc. 1** :

**1.** Compléter le tableau en cochant la bonne colonne.

| Caractéristiques | AT | MP |
|---|---|---|
| **A.** Résulte d'une action soudaine. | ✘ | |
| **B.** Se déclare lentement. | | ✘ |
| **C.** Se produit lors du travail. | ✘ | |
| **D.** Résulte d'une longue exposition à des conditions de travail. | | ✘ |
| **E.** Provoque une lésion (blessure) du corps. | ✘ | |
| **F.** Doit être reconnue par la Sécurité sociale (inscription dans un tableau). | | ✘ |

**2.** Proposer une définition simple :

> d'un accident du travail (AT) : accident survenant par le fait ou à l'occasion du travail ; il résulte d'une action soudaine et provoque des lésions.

> d'une maladie professionnelle (MP) : maladie se déclarant lentement et résultant d'une exposition plus ou moins longue à un danger dans le cadre de son travail. Elle doit être reconnue comme telle par la Sécurité sociale, notamment en figurant sur un tableau de MP.

### DOC. 1 Accident du travail et maladie professionnelle

**Accident du travail**

« Est considéré comme accident du travail, quelle qu'en soit la cause, l'accident survenu par le fait ou à l'occasion du travail à toute personne salariée ou travaillant, à quelque titre que ce soit, pour un ou plusieurs employeurs ou chefs d'entreprise. »
(Article L.411.1. du Code de la Sécurité sociale.)
Suite à des jugements de tribunaux (jurisprudence), trois conditions complètent les règles légales : une action soudaine a provoqué une ou plusieurs lésions ; l'accident est intervenu au temps et au lieu de travail ; un rapport de cause à effet existe entre l'accident et les lésions.

**Maladie professionnelle**

« Pour être reconnue comme professionnelle, une maladie doit correspondre aux caractéristiques énoncées par l'un des 114 tableaux des maladies professionnelles ; elle doit être contractée dans les conditions mentionnées dans le tableau correspondant. »
« Peut être également reconnue d'origine professionnelle une maladie [...] lorsqu'il est établi qu'elle est essentiellement et directement causée par le travail habituel de la victime [...] »
(Article L.461.1. du Code de la Sécurité sociale.)

**3.** Télécharger les « tableaux de synthèse des statistiques nationales de la sinistralité 2014 de la branche AT-MP du régime général » sur le site **www.risquesprofessionnels.ameli.fr**. En imprimer la page 3 puis y surligner le CTN (comité technique national) dont relève votre secteur professionnel et les données qui le concernent.

## → ACTIVITÉ 2 - Le coût humain des AT et des MP C21 C22

**1.** Souligner dans le **doc. 2** :

> en bleu, le nombre de victimes décédées d'un AT ou d'une MP.

> en vert, le nombre de victimes d'un AT ou d'une MP atteintes d'une incapacité permanente (IP).

**DOC. 2** **Statistiques AT et MP pour 18 275 500 salariés (2014)**

| AT | | | | | |
|---|---|---|---|---|---|
| AT avec arrêt | 621 111 | AT avec incapacité permanente (IP) | 36 895 | Décès | 530 |
| Jours d'incapacité temporaire (IT) | 38 560 891 | Durée moyenne de l'IT | 60,6 | Indice de fréquence (IF[1]) | 34 |
| Taux de fréquence (TF[2]) | 22,9 | Taux de gravité (TG[3]) | 1,4 | Indice de gravité (IG[4]) | 14,1 |

| MP | | | |
|---|---|---|---|
| MP réglées | 51 631 | MP avec IP | 25 840 |
| Décès | 368 | Jours d'IT | 10 554 153 |

| Accidents du trajet | | | |
|---|---|---|---|
| Accident avec arrêt | 86 746 | Accident avec IP | 7 290 |
| Décès | 281 | Jours d'IT | 6 020 689 |

1. IF : nombre d'AT par millier de salariés.
2. TF : nombre d'AT avec arrêt par million d'heures de travail.
3. TG : nombre de jours d'arrêt par millier d'heures de travail.
4. IG : somme des taux d'IPP par million d'heures de travail.

Source : INRS.

**2.** Définir, à partir de la **consigne 1.** et du **doc. 3**, le coût humain des AT et des MP.

Il représente les dommages physiques subis par les victimes d'AT et de MP, mais aussi toutes les conséquences générées au niveau de leur vie personnelle, familiale, sociale et professionnelle.

**3.** Compléter le **doc. 3** en ajoutant une conséquence possible pour chaque ligne du tableau.

**DOC. 3** **Coût humain des AT et des MP**

| | Quelques conséquences possibles des AT et des MP... |
|---|---|
| ... sur la vie quotidienne | • Sentiment de perte de l'intégrité physique en cas d'accident, de maladie.<br>• Souffrances physique et morale liées au traumatisme.<br>• Repli sur soi, dépression. |
| ... sur la vie familiale | • Diminution des revenus lors de l'arrêt de travail (les prestations en espèces sont inférieures au salaire) d'où des problèmes de budget possibles.<br>• Difficultés relationnelles dans la famille consécutives à l'état de déprime. |
| ... sur la vie sociale | • Impossibilité de pratiquer certains sports à cause du handicap.<br>• Perte d'intérêt pour toute activité sociale. |
| ... sur la vie professionnelle | • Difficultés dans la réalisation du travail.<br>• Changement de poste.<br>• Arrêt de toute activité professionnelle. |

## → ACTIVITÉ 3 - Le coût financier des AT et des MP C22 C23

**1.** Définir, à partir des **doc. 4** et **6**, les coûts direct et indirect des AT et des MP.

> coût direct : correspond aux dépenses liées aux soins, indemnités journalières et rentes, etc.

> coût indirect : coûts résultant des dysfonctionnements ou de détériorations au sein de l'entreprise provoqués par l'accident (dégradation de machines, arrêt ou retard de production, etc.).

**2.** Expliquer à l'aide du **doc. 5** comment est financé le coût direct des AT et des MP.

Ce sont les cotisations patronales AT et MP versées par les entreprises qui le financent.

**3.** Expliquer pourquoi des bons résultats en matière de sécurité constituent aussi un enjeu financier important pour l'entreprise.

Les entreprises qui ont peu d'AT et de MP paient un taux de cotisations AT et MP plus bas.

### DOC. 4 Coûts direct et indirect des AT et MP

Remplacement du salarié, arrêt de production, diminution du rendement, matériels et produits détériorés, retard de livraison, insatisfaction du client, perte de marchés, temps passé à gérer l'accident, etc.

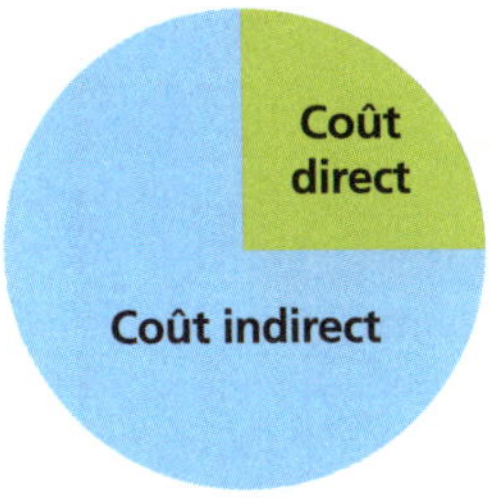


Frais de médecin, d'hôpital, de médicaments, de radiologie, de rééducation, etc.
Indemnités journalières
Pension, rente
Fond de prévention

### DOC. 5 Calcul des taux de cotisation AT et MP pour l'entreprise

La fixation du taux des cotisations dues au titre des AT et des MP fait l'objet d'une réglementation propre, absolument distincte des cotisations dues au titre de l'assurance maladie. Le taux de cotisation « AT et MP » est calculé chaque année en fonction du risque et fait l'objet d'une notification aux entreprises par les CARSAT. Il repose sur les résultats de l'établissement en matière de sécurité.

Source : www.ameli.fr

### DOC. 6 Répartition des prestations versées

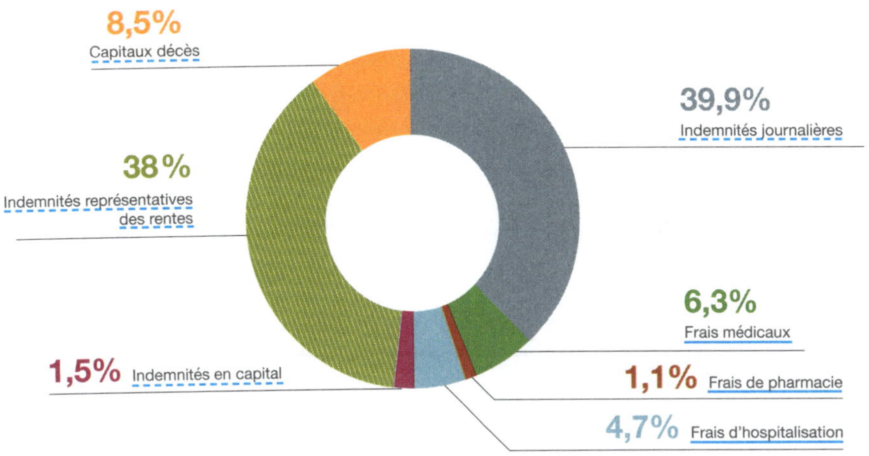


Source : Cnamts, direction des risques professionnels – extrait du rapport de gestion 2014 de l'Assurance Maladie – Risques professionnels.

## → ACTIVITÉ 4 - Les procédures de déclaration et d'indemnisation d'un AT C22 C23

**1.** Indiquer pour l'**exemple A** ci-après et à l'aide du **doc. 7** :

> La démarche que doit faire Patrick.

Il doit informer son employeur dans les 24 h.

> La démarche que doit faire son employeur.

Il doit informer la CPAM dans les 48 h.

> Le document que Patrick va recevoir :

– du médecin : le certificat médical initial (en 3 exemplaires).

– de l'employeur : la feuille d'AT à 3 volets.

> Indiquer l'utilité de ces documents.

Ils vont permettre de percevoir les prestations en nature (gratuité des soins).

Exemple A : Un parpaing mal scellé tombe ; **Patrick**, ouvrier maçon, a la main écrasée. Le traitement de sa blessure a nécessité une intervention chirurgicale, une semaine d'hospitalisation, deux mois de rééducation chez un kinésithérapeute, sans oublier de nombreux médicaments et examens médicaux et radiologiques entièrement pris en charge par sa CPAM. Pendant son traitement, Patrick perçoit des indemnités journalières. À la fin de son traitement, le médecin-conseil de la CPAM constate que son pouce et son index sont définitivement paralysés. Une rente d'incapacité lui est attribuée.

### DOC. 7 Déclaration d'un AT

**Ce que je fais en tant qu'assuré**

**Je retrouve ci-après les démarches que je dois effectuer pour bénéficier de mes prestations.**

**JE DÉCLARE MON ACCIDENT**

Je préviens rapidement mon employeur de mon accident, en précisant les circonstances et l'identité du ou des témoin(s) éventuel(s).

J'envoie le « certificat médical initial » remis par mon médecin après mon accident à ma caisse d'assurance maladie.

**JE M'ASSURE QUE MON EMPLOYEUR A FAIT LES DÉMARCHES DE SON CÔTÉ**

Une fois informé de mon accident, mon employeur doit remplir plusieurs obligations :

- déclarer à ma caisse d'assurance maladie, l'accident que j'ai eu sur mon lieu de travail ou sur le trajet, en renvoyant la « déclaration d'accident du travail »,
- me remettre une « feuille d'accident du travail » dès que possible,
- en cas d'arrêt de travail, il doit remplir une attestation de salaire et l'envoyer au plus tôt à ma caisse d'assurance maladie, qui calculera ainsi le montant de mes indemnités journalières.

**J'UTILISE MA FEUILLE D'ACCIDENT DU TRAVAIL**

- Je la présente aux professionnels de santé que je consulte. Elle me dispense de l'avance des frais.
- À la fin de mon traitement ou dès qu'elle est entièrement remplie, je la renvoie à ma caisse d'assurance maladie.

Source : Cnamts, 2012 – © Agence Australie / Cristof Echard.

**2.** Souligner, à l'aide du **doc. 8**, dans l'**exemple A** et dans le **doc. 6** (p. 257) :

> en bleu, les prestations en nature ;

> en vert, les prestations en espèces.

### DOC. 8 Prestations en nature et en espèces

- Les prestations en nature constituent la prise en charge des dépenses de santé.
- Les prestations en espèces correspondent aux indemnités journalières, aux rentes d'incapacité en cas d'infirmité, aux rentes aux ayants droit (veuve, enfants ou parents) en cas de décès de la victime.

# ACTIVITÉ 5 - Les procédures de déclaration et d'indemnisation d'une MP C22 C23 C24

**1.** Justifier pour l'**exemple B** ci-après et à l'aide du **doc. 10** (p. 260), pourquoi le tétanos de Tom est considéré comme tétanos professionnel.

Il travaille dans les égouts (travaux pouvant provoquer la maladie).
Le délai d'apparition est inférieur à 30 jours (14 août). Le tétanos ne résulte pas d'un accident du travail.

**Exemple B :** Titulaire d'un bac professionnel hygiène et environnement, **Tom** encadre une équipe d'agents d'assainissement dans les égouts de Paris. Il est en congé d'été du 1 au 16 août. Le 14 août, il ressent de violentes contractions à la mâchoire puis au niveau des jambes. Son médecin diagnostique un tétanos professionnel.

**2.** Indiquer, à l'aide du **doc. 9**, les démarches que doit faire Tom pour constituer un dossier de maladie professionnelle recevable.

Il doit envoyer à la CPAM le formulaire de déclaration de MP complété, le certificat médical initial établi par son médecin et une attestation de salaire complétée par l'employeur.

**3.** Calculer, à l'aide du **doc. 9**, le montant des prestations en espèces que percevra Tom sachant qu'il aura 3 mois d'arrêt de travail (90 jours) et que son salaire brut est de 2 000 € ; le détail des calculs est attendu.

Salaire journalier de base :

2 000/30 = 66,66 €

Montant perçu :

(66,66 × 60/100 × 28) + (66,66 × 80/10 × 62)

= 1120 + 3306 = 4426 €

## DOC. 9 Déclaration et indemnisation d'une MP

### JE DÉCLARE MA MALADIE PROFESSIONNELLE

J'envoie à ma caisse d'assurance maladie :

- **ma déclaration de maladie professionnelle** (disponible sur www.ameli.fr rubrique « formulaires » ou auprès de ma caisse d'assurance maladie),
- **le certificat médical initial remis par mon médecin.** Il précise la nature de ma maladie et montre le lien, qui existe entre ma maladie et mon travail,
- **mon attestation de salaire,** remplie par mon employeur.

### PRISE EN CHARGE DES SOINS

Si je suis atteint(e) d'une maladie professionnelle, tous les soins qui y sont liés, sont pris en charge à 100 %* par l'Assurance Maladie. Je ne fais pas l'avance des frais et ne paye pas le forfait journalier si je suis hospitalisé(e). La participation forfaitaire de 1 € pour chaque acte ou consultation reste à ma charge.

### LE PAIEMENT D'INDEMNITÉS JOURNALIÈRES

**Si je suis en arrêt de travail, les indemnités journalières compensent en partie ma perte de salaire.** Elles me sont dues pour tous les jours de la semaine (samedis, dimanches et jours fériés compris) et sont calculées à partir de mon dernier salaire brut :

JOUR 1 – JOUR 2 – … – JOUR 28 : 60 % du dernier salaire brut
JOUR 29 – … : 80 % du dernier salaire brut

Leur montant ne peut pas être supérieur à mon salaire journalier net (salaire mensuel net divisé par 30).

### LE VERSEMENT D'UNE INDEMNITÉ OU D'UNE RENTE EN CAS D'INCAPACITÉ

À l'issue de mon traitement, si des séquelles affectent ma capacité de travail, je peux également bénéficier :

- **d'une indemnité en capital forfaitaire** (somme d'argent versée en une seule fois), **si mon taux d'incapacité est inférieur à 10 %,**
- **d'une rente, si mon taux d'incapacité permanente est supérieur ou égal à 10 %.** Le montant de cette rente dépend de mon taux d'incapacité et des salaires que j'ai perçus au cours des 12 mois précédant mon arrêt de travail. Elle m'est versée tout au long de ma vie tant que mon état de santé le justifie.

Source : Cnamts, 2012 – © Agence Australie / Cristof Echard.

**Remarque** : le versement des prestations en nature et en espèces se fait selon les mêmes modalités pour les AT et accidents du trajet.

## DOC. 10 Exemple de tableau de MP : tétanos professionnel

Date de création : décret du 12 juillet 1936 — Dernière mise à jour : décret du 19 juin 1985

| Désignation de la maladie | Délai après la fin de l'exposition pendant lequel on peut déclarer la maladie* | Liste limitative des travaux susceptibles de provoquer cette maladie |
| --- | --- | --- |
| Tétanos en dehors des cas consécutifs à un accident du travail | 30 jours | Travaux effectués dans les égouts |

* Délai maximal entre la constatation de la maladie et la date à laquelle le travailleur a cessé d'être exposé au risque.

## → ACTIVITÉ 6 - Les responsabilités pénale et civile de l'employeur C22 C23

**1.** Indiquer et justifier à l'aide du **doc. 11** quel type de responsabilité est mis en cause dans l'**exemple A** ci-dessous.

Il s'agit de la responsabilité pénale ; l'employeur est condamné pour un manquement délibéré aux règles de sécurité.

**Exemple A (suite)** : Le tribunal correctionnel a condamné l'employeur de Patrick à 15 000 € d'amende et 3 mois de prison avec sursis pour n'avoir pas mis en œuvre les moyens de protection appropriés sur le chantier.

**2.** Indiquer ce que doit faire Patrick pour obtenir une réparation complémentaire du préjudice subi et expliquer comment celle-ci sera financée.

Il doit prouver la faute inexcusable de l'employeur pour obtenir un dédommagement supplémentaire de la CPAM. Celle-ci sera répercutée chez l'employeur (augmentation des cotisations AT-MP).

## DOC. 11 Responsabilité pénale et responsabilité civile de l'employeur

La responsabilité pénale est un mécanisme de répression qui vise à punir l'auteur d'une infraction. [...] Depuis 1994, le Code pénal réprime plus sévèrement les atteintes à la santé et à la sécurité des personnes. Les peines prévues sont ainsi aggravées si les dommages trouvent leur origine dans un manquement délibéré aux règles de sécurité. [...] La responsabilité civile est un mécanisme de réparation qui permet l'indemnisation de la victime d'un dommage. En matière d'accidents du travail et de maladies professionnelles, c'est un régime spécifique, dérogatoire du droit commun, qui préside à l'indemnisation des victimes. [...] Tout salarié victime d'un AT ou d'une MP bénéficie automatiquement d'une indemnisation forfaitaire qui lui est directement versée par sa caisse primaire d'assurance maladie (cotisations AT/MP acquittées par l'employeur). Cette indemnisation est versée sans qu'une faute ne soit recherchée, qu'elle soit imputable à l'employeur ou au salarié et responsable du dommage. [Toutefois], en cas de faute inexcusable de l'employeur (mesures préventives non prises pour un danger connu), dans le cas d'accident du travail, la victime pourra obtenir une majoration de sa rente d'incapacité permanente partielle (IPP) et une réparation complémentaire du préjudice subi. [...] La preuve de la faute inexcusable échoit à la victime ou ses ayants droit. [...] La caisse primaire d'assurance maladie récupère auprès de l'employeur la majoration de la rente d'IPP [...]

© www.atousante.com, portail internet de santé au travail.

Proposer maintenant des solutions pour Guillaume (étape 5, p. 254).

# Activités de synthèse

## RÉCAPITULER

**1. Compléter le tableau suivant :**

| | Définitions |
|---|---|
| Accident du travail | Accident survenu par le fait ou à l'occasion du travail ; c'est un événement soudain qui occasionne un dommage. |
| Maladie professionnelle | Elle résulte de l'exposition plus ou moins longue d'un travailleur à un danger et se déclare plus ou moins rapidement (de quelques jours à des dizaines d'années) ; elle doit figurer dans l'un des 112 tableaux. |
| Coût financier | Indemnisation des accidents du travail et des maladies professionnelles qui représente des sommes élevées pour la CNAMTS. |
| Coût humain | Souffrances physiques et morales, handicaps, perturbations de la vie familiale et sociale dues à un AT ou une MP. |
| Coût indirect | Dépenses que supporte l'entreprise en cas d'AT : détérioration de matériel, arrêt d'une chaîne de production. |
| Prestations en nature | Dépenses de santé occasionnées par l'AT ou la MP ; elles sont intégralement prises en charge. |
| Prestations en espèces | Remplacement partiel du salaire pendant l'arrêt de travail lié à l'AT ou la MP, rente d'incapacité, rente d'ayants droit en cas de décès de la victime. |

**2. Compléter le texte à trous ci-dessous. Si besoin, se reporter à l'aide en bas de page.**

- En cas d'accident du travail, la victime doit déclarer celui-ci à l'employeur dans un délai de 24 heures et l'employeur doit le déclarer à la CPAM dans un délai de 48 heures.
- Le certificat médical initial établi par le médecin et la feuille d'accident du travail remise par l'employeur permettent à la victime de percevoir les prestations en nature.
- Pour constituer un dossier de maladie professionnelle valide, la victime doit envoyer à la CPAM un formulaire de déclaration accompagné du certificat médical initial établi par le médecin et d'une attestation de salaire.
- Si la maladie est reconnue, la CPAM envoie la feuille de maladie professionnelle.

**AIDE :** CPAM (2 fois) / reconnue / 24 heures / certificat médical initial (2 fois) / feuille d'accident du travail / 48 heures

# RETENIR

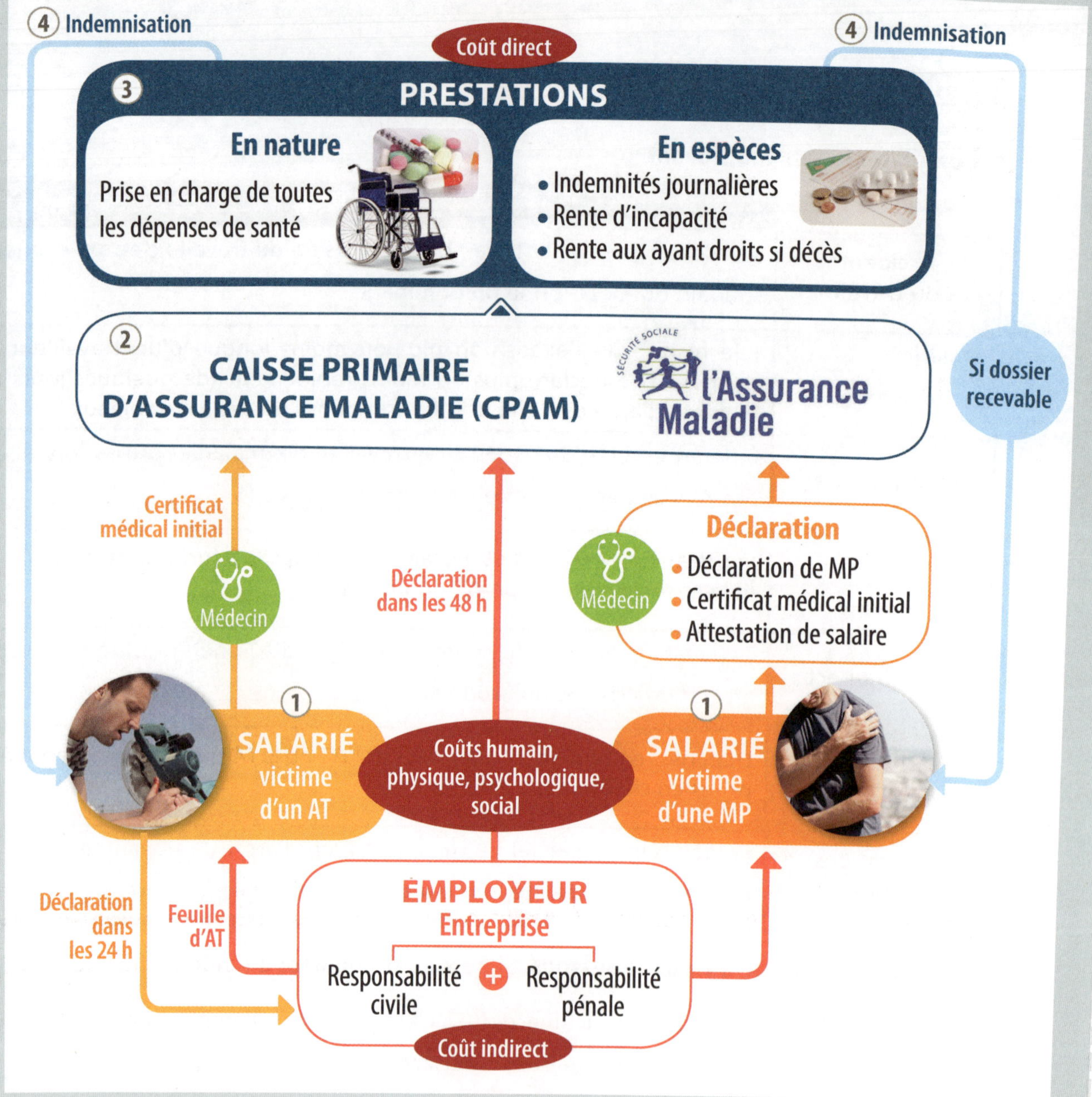


## Approfondir

**Qu'est-ce qu'un accident du travail ? (1 min 09 s)**

→ lienmini.fr/pse-vid20

**Vérifiez vos acquis !**

→ lienmini.fr/pse-qcm20

# Maîtriser le module 9

Vous venez d'obtenir votre baccalauréat professionnel et vous débutez votre période d'essai dans l'entreprise X comprenant 125 salariés. Vous êtes pris(e) en charge par votre chef d'équipe qui vous fait visiter l'atelier et les différents services. Il vous explique l'importance particulière de la sécurité dans l'établissement et vous rappelle le rôle des différents acteurs. Vous lui précisez que vous êtes titulaire du certificat de SST.

## Répondre aux questions C21 C22 C24

**1/** Indiquer trois obligations du salarié au niveau de la sécurité. **... / 3 pts**

> Veiller à sa santé et à sa sécurité et à celle des autres salariés (obligation de sécurité).

> Respecter le règlement intérieur.

> Alerter l'employeur en cas de danger grave et imminent.

**2/** Justifier l'importance, au niveau de la sécurité, de l'accueil pour tout nouveau salarié dans l'entreprise. **... / 1,5 pt**

Tout nouvel embauché ignore les dangers présents au sein de l'entreprise ; il doit en être informé lors de l'accueil et doit être formé à l'utilisation de tous les matériels et dispositifs de prévention utilisés. C'est une obligation réglementaire.

**3/** Indiquer, pour chaque situation, quelle(s) personne(s) doi(ven)t agir en cochant la bonne colonne du tableau. **... / 3,5 pts**

| Situations | DP | IPRP | Médecin du travail | SST |
|---|---|---|---|---|
| **A.** Soigner un saignement de nez. | | | | ✘ |
| **B.** Missions de diagnostic sécurité dans un atelier. | | ✘ | | |
| **C.** Un salarié a des vertiges sur le poste de montage. | | | ✘ | |
| **D.** Présenter à l'employeur les requêtes d'un groupe de salariés qui demandent l'amélioration du chauffage dans les vestiaires. | ✘ | | | |
| **E.** Assurer les premiers secours en cas d'accident du travail. | | | | ✘ |
| **F.** Donner son avis sur la durée de la pause du midi. | ✘ | | | |
| **G.** S'assurer que la répétition du geste n'entraîne pas le syndrome du canal carpien au niveau du poignet du salarié. | | | ✘ | |

**4/** Indiquer la signification du sigle IPRP. **... / 0,5 pt**

Intervenant en prévention des risques professionnels.

Votre chef de service vous laisse auprès du médecin du travail pour votre visite médicale d'embauche. Il se rend à une réunion du CHSCT mise en place suite à un accident du travail venant de se produire dans les ateliers.

**5/** Expliquer le rôle de la visite médicale d'embauche. **... / 1 pt**

La visite médicale d'embauche permet de vérifier que le salarié est apte à occuper le poste pour lequel il a été embauché.

**6/** Compléter le tableau suivant concernant le CHSCT. **... / 6,5 pts**

| | |
|---|---|
| > CHSCT : Comité d'hygiène, de sécurité et des conditions de travail | |
| > Nombre de salariés à partir duquel cette instance doit être présente dans l'entreprise : 50 | |
| > Rôle : contribuer à la protection de la santé physique et mentale des salariés, à leur sécurité, à l'amélioration des conditions de travail. | |
| **> Composition** | |
| **Membres avec voix décisionnelle** | **Membres avec rôle consultatif** |
| • Chef d'entreprise<br>• Représentants du personnel | • Médecin du travail<br>• Inspecteur du travail<br>• IPRP<br>• Représentant de la CNAMTS |
| > Exemples d'actions pour remplir son rôle<br>• Analyser les risques professionnels par des visites régulières des ateliers.<br>• Participer à l'élaboration du document unique.<br>• Réaliser des enquêtes en cas d'accident du travail ou de maladie professionnelle. | |

**7/** Compléter le tableau suivant concernant les accidents du travail. **... / 4 pts**

| | |
|---|---|
| Définition d'un AT : accident survenant par le fait ou à l'occasion du travail ; il résulte d'une action soudaine et provoque des lésions. | |
| **Démarches pour être indemnisé d'un AT** | **Mode d'indemnisation d'un AT** |
| • Prévenir son employeur dans les 24 h. Il envoie la déclaration d'AT dans les 48 heures à la CPAM.<br>• Envoyer le certificat médical initial remis par le médecin à la CPAM.<br>• Présenter la feuille d'AT remise par l'employeur à tous les praticiens pour être dispensé d'avancer les frais. | Prestations en nature<br>• Prise en charge de toutes les dépenses de santé nécessaires.<br>Prestations en espèces<br>• 60 % du salaire brut jusqu'à 28 jours d'arrêt de travail ; 80 % du brut à partir du 29e jour d'arrêt.<br>• Rente d'incapacité possible selon taux de handicap. |

# Prévenir le risque chimique

**OBJECTIFS**

> Repérer les risques chimiques au cours de situations professionnelles.
> Adopter un comportement responsable en respectant les règles de sécurité.

**Cédric, 17 ans,** élève en Bac Pro réparation des carrosseries, est en PFMP. Son travail consiste à préparer les carrosseries de véhicules et à les peindre. Il travaille dans la cabine de peinture mal ventilée et sans EPI en utilisant des peintures riches notamment en pigments à base de plomb, cadmium, chrome... mais aussi en solvants volatils. En consultant une brochure distribuée par le service de santé au travail, il découvre que les poussières de peinture (ponçage) et les peintures appliquées constituent un danger auquel il est exposé au cours de son travail. L'inhalation ou un contact répété avec ces produits en l'absence de protections peut provoquer, à court terme, des eczémas, de l'asthme, une toxicité neurologique et, à long terme, des cancers*.

## 1 Analyser les risques d'atteinte à la santé

- **Définir les limites de la situation de travail**

Qui est l'opérateur ? Cédric, élève en baccalauréat professionnel réparation des carrosseries.

Quelle est la tâche réalisée ? Préparer les carrosseries de véhicules et les peindre.

Quel est le lieu ? Un atelier de carrosserie.

Il faut mobiliser des connaissances utiles pour comprendre la situation et y apporter les solutions adaptées. À cette fin, je réalise les **Activités 1** à **6** de la séquence 21.

- **Identifier le danger et les dommages potentiels**

Le danger : poussières de peinture, peintures fraîches.

La situation dangereuse : préparer les carrosseries de véhicules et les peindre.

L'événement dangereux : inhalation et/ou contact répété avec ces produits.

Le dommage : eczémas, asthme, toxicité neurologique à court terme ; cancers à long terme.

* Vous pouvez aussi utiliser une situation professionnelle proposée par votre professeur plus en relation avec votre secteur professionnel.

• Compléter le schéma du PAD en y reportant les informations identifiées à l'étape 1.

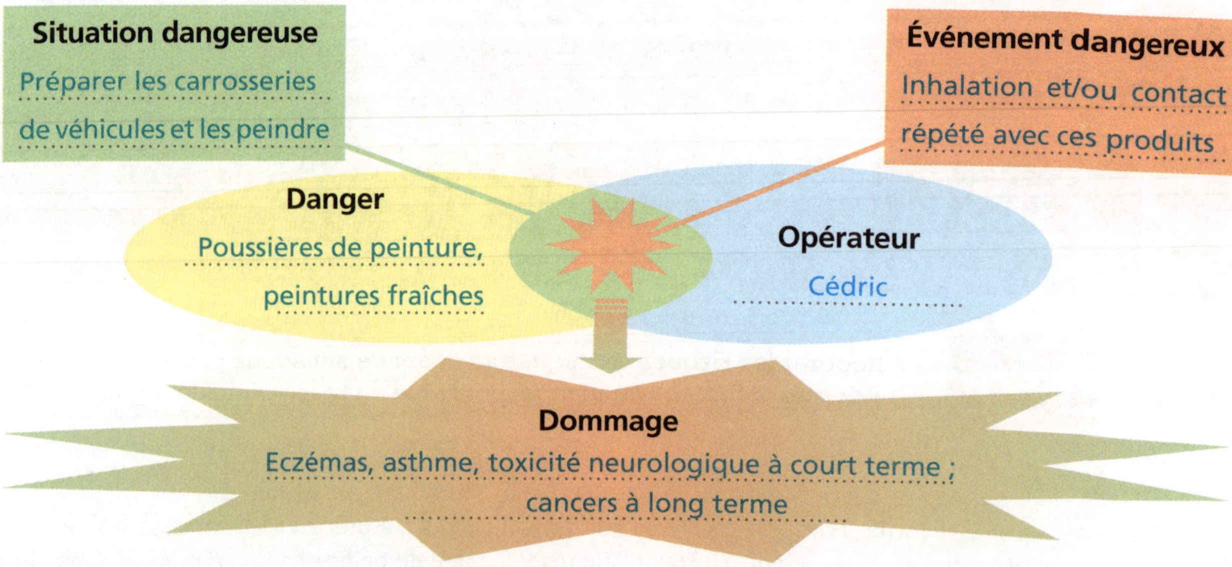


## 2 Évaluer les risques d'atteinte à la santé

• Indiquer, à l'aide du schéma ci-contre et en vous appuyant au besoin sur les échelles d'estimation de la **Fiche méthode N° 3** de l'ouvrage :

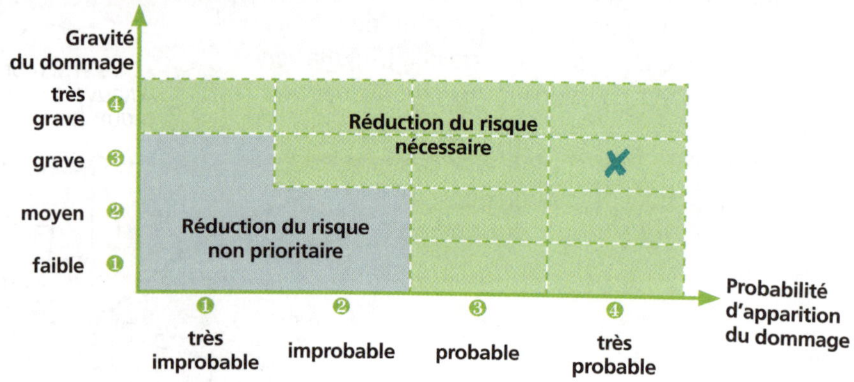


– la gravité du dommage encouru : grave.

– la probabilité d'apparition du dommage : très probable.

→ La réduction du risque est donc nécessaire.

• Cocher le schéma.

## 3 Proposer des mesures de prévention

• Vous pouvez vous aider de la fiche pratique « Vous travaillez dans un atelier de mécanique ou de carrosserie ? » téléchargeable sur **www.sante-securite-paca.org** (onglet « Documentation »).

| Niveau 1<br>Prévention intrinsèque<br>(suppression du danger) | Niveau 2<br>Protection collective<br>et/ou individuelle | Niveau 3<br>Instructions/Formations |
|---|---|---|
| • Utiliser des peintures dites « à l'eau » avec moins de solvants. | • Cabines de peinture régulièrement contrôlées même pour des petites retouches.<br>• Ventilation générale pour renouveler l'air de l'atelier.<br>• Machines à laver les pistolets.<br>• Ponceuses à aspiration intégrée.<br>• EPI : masques, gants, lunettes, etc. | • Informations au niveau des postes de travail.<br>• Affichage rappelant les règles de sécurité. |

# MOBILISER DES CONNAISSANCES UTILES

Dans les entreprises, de nombreux produits (peintures, solvants, carburants...) peuvent nuire à la santé des opérateurs, provoquer AT ou MP, incendies, explosions ou pollutions. Des mesures de prévention sont indispensables.

## → ACTIVITÉ 1 - Le danger C13 C14 C24

**1.** Indiquer, à l'aide du **doc. 1**, la signification des sigles suivants :

> ACD : agent chimique dangereux.

> CMR : cancérogène, mutagène ou toxique pour la reproduction.

**2.** Expliquer pourquoi tous les produits chimiques ne sont pas des ACD.

Tous les produits chimiques ne présentent pas un danger pour la santé ; est considérée comme ACD toute substance reconnue comme telle par la classification européenne.

**3.** Indiquer pour votre secteur professionnel à quels ACD vous êtes exposé(e). S'aider des fiches métiers téléchargées sur les sites **www.bossons-fute.fr** et/ou **www.fmpcisme.org**.

La réponse à cette question étant bien spécifique à un secteur professionnel, un corrigé type ne peut être donné dans le cadre de cet ouvrage.

### DOC. 1 Du produit chimique aux agents chimiques dangereux

• **Définition** : les produits chimiques sont des produits d'origine naturelle ou de synthèse, rencontrés sous différentes formes (solide, liquide, gaz, vapeur) et pouvant être en suspension dans l'air (poussières, fumées, brouillards, particules, fibres...). On peut les trouver dans différents contenants :

© SMIEC – Service de Santé au Travail de la Région Choletaise.

• **Description** : certaines substances ou produits, en l'état ou au sein d'un mélange, en raison de leurs effets observés sur la santé de l'homme ou de l'animal, sont qualifiés d'agents chimiques dangereux (ACD) (article R.4412-3 du Code du travail). Ceux-ci comprennent notamment les agents cancérogènes, mutagènes ou toxiques pour la reproduction (CMR) définis à l'article R.4412-60 du Code du travail. [...]

• **Caractérisation des ACD** :

– toutes les substances qui font l'objet d'une classification européenne harmonisée, en application du règlement européen CLP (*classification, labelling, packaging*) ;

– les substances non classées au niveau européen, mais qui peuvent présenter un danger pour la santé et la sécurité des personnes ;

– certains composés chimiques (fumées de soudage, poussières de bois...), qui, notamment en raison de leur forme, présentent un danger pour la santé des personnes.

Des tableaux de MP du régime général ou agricole de la Sécurité sociale reconnaissent un lien direct entre l'exposition à des ACD particuliers et l'apparition de certaines affections.

© www.travailler-mieux.gouv.fr – Fiches sur les agents chimiques dangereux (ACD).

À l'aide des **doc. 2** et **3** :

**4.** Relever quatre mentions informatives d'un étiquetage CLP.

> La composition.

> La nature du danger.

> Les précautions lors du stockage ou de l'utilisation.

> Les coordonnées du distributeur en cas de problème.

**5.** Indiquer l'intérêt d'une harmonisation européenne des pictogrammes de dangers présents sur les ACD.

Il est important qu'au-delà des nationalités, le danger soit codifié de la même manière.

**6.** Citer et définir le document qui complète l'étiquette du produit, à la disposition des entreprises.

La FDS complète les informations de l'étiquetage, notamment au niveau des mesures d'urgence en cas d'accident, de la protection des salariés et de l'environnement.

## DOC. 2 Pictogrammes de danger (CLP*)

**Pictogrammes de danger**

Matières explosibles (EX)

Matières inflammables (IN)

Matières comburantes (CB)

Gaz sous pression (GZ)

Matières corrosives (CR)

Toxicité aiguë et catégorie 1, 2, 3 (TO)

Toxicité aiguë catégorie 4 (corrosion, irritations ou sensibilisation oculaires/lésions oculaires (DA)

Risque mutagène respiratoire, cancérogène ou pour la reproduction (CMR)

Danger pour le milieu aquatiques (EN)

* *Classification, Labelling, Packaging* : il s'agit de l'application dans l'UE du système harmonisé international SGH ou système général harmonisé.

## DOC. 3 Identification des produits dangereux

### • *L'étiquetage CLP*

© UIC et INRS.

### • *La fiche de données de sécurité (FDS)*

Elle est transmise par le fournisseur.
Avant toute utilisation de produit, l'employeur doit l'exiger en version française et la conserver.
Elle doit comporter 16 rubriques traitant des thèmes suivants :
- identification du produit et composition (1 et 3),
- identification des dangers (2, 10, 11 et 15),
- mesures en cas d'urgence (4, 5 et 6),
- propriétés physiques et chimiques (9),
- protection des salariés (7 et 8),
- protection de l'environnement (12 et 13),
- informations diverses (14, 15 et 16).

L'employeur est tenu de prendre connaissance du contenu de la **FDS** afin d'apporter les actions de prévention nécessaires.

© SMIEC – Service de Santé au Travail de la Région Choletaise.

## → ACTIVITÉ 2 - Des situations dangereuses C14 C23

**1.** > Compléter le tableau ci-dessous à l'aide des trois situations présentées dans le **doc. 4**.
> Indiquer, pour chaque situation, si l'opérateur s'expose à un accident du travail (AT) ou à une maladie professionnelle (MP) en cochant la bonne proposition dans la dernière ligne du tableau.

| | Situation 1 | Situation 2 | Situation 3 |
|---|---|---|---|
| **Tâche effectuée** | • Traitement des surfaces par électrolyse | • Entretien des sanitaires | • Réalisation de shampooings |
| **Danger : agent chimique** | • Sels de chrome | • Eau de Javel<br>• Détartrant pour WC | • Parabène |
| **Situation dangereuse** | • Utilisation de produits émettant des aérosols contenant de l'acide chromique | • Entretien de sanitaires par personne non formée ayant à disposition deux produits incompatibles. | • Travail sans gants |
| **Événement dangereux** | • Condition de température favorable<br>• Exposition régulière depuis 25 ans | • Inhalation de chlore suite au mélange de deux produits | • Répétition de la tâche depuis 18 ans |
| **Dommage** | • Rhinites<br>• Asthme | • Brûlure des voies respiratoires | • Irritation des mains<br>• Lésions eczémateuses |
| | ☐ AT ☒ MP possible | ☒ AT ☐ MP possible | ☐ AT ☒ MP possible |

**2.** Décrire pour votre secteur professionnel une situation dangereuse résultant de l'exposition à un ACD.

La réponse à cette question étant bien spécifique à un secteur professionnel, un corrigé type ne peut être donné dans le cadre de cet ouvrage.

### DOC. 4 Situations professionnelles

• **Situation 1 :** Paul travaille depuis 25 ans dans un atelier de traitement des surfaces par chromage électrolytique. Il utilise des produits contenant des sels de chrome qui, dans certaines conditions de température, émettent des aérosols contenant de l'acide chromique. L'inhalation de ce produit peut déclencher des rhinites et même de l'asthme.

• **Situation 2 :** un intérimaire non formé est affecté par l'entreprise de propreté qui l'emploie à l'entretien des sanitaires. Dans le placard à produits destiné à ce seul usage se trouvent de l'eau de Javel et du détartrant pour WC. Le mélange des deux produits dégage du chlore, gaz toxique qui brûle les voies respiratoires.

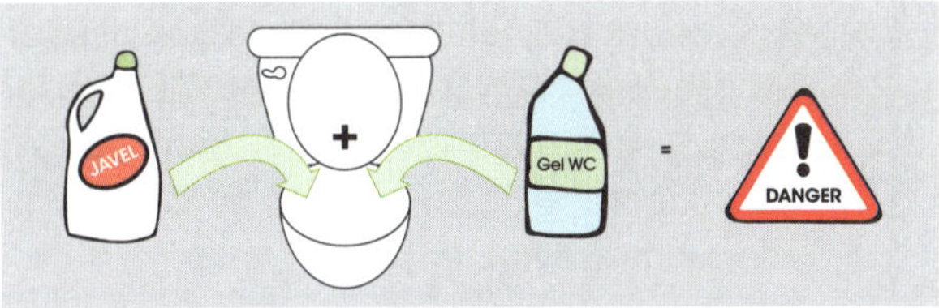


• **Situation 3 :** Sylvain travaille dans un salon de coiffure depuis 18 ans. Il fait des shampooings régulièrement sans mettre de gants ; le shampooing qu'il utilise contient du parabène. Il s'expose à des irritations des mains et à des lésions eczémateuses.

## → ACTIVITÉ 3 - Évaluation des situations dangereuses avec la VLEP C12 C13 C24

À partir du **doc. 5** :

**1.** Donner la définition de la VLEP puis compléter le tableau ci-dessous.

La VLEP définit les niveaux de concentration d'une substance dans l'atmosphère de travail à ne pas dépasser, afin de ne pas exposer les travailleurs aux dangers de cette substance.

| Type de VLEP | Durée d'exposition | Objectif de cette mesure |
|---|---|---|
| VLCT | 15 minutes | Protéger des pics d'exposition, des effets locaux |
| VME | 8 heures | Protéger des effets systémiques |

**2.** Justifier pourquoi certaines VLEP sont dites contraignantes.

Ce sont des VLEP à ne pas dépasser (d'autres sont indicatives) car elles concernent des produits dangereux, dont l'amiante et certains ACD.

**3.** Indiquer et justifier l'obligation de l'employeur lorsqu'il utilise dans l'entreprise des produits chimiques ayant une VLEP contraignante ou indicative et des CMR.

Il doit faire mesurer la VLEP par un organisme agréé une fois par an afin de prévenir la survenue de pathologies d'origine professionnelle. L'intervention d'un organisme agréé garantit son indépendance et des résultats fiables.

### DOC. 5 Les VLEP

Pour prévenir la survenue de pathologies d'origine professionnelle dues à l'exposition à un polluant dangereux [ACD et CMR], le législateur définit des niveaux de concentration dans l'atmosphère de travail à ne pas dépasser. Ce sont les valeurs limites d'exposition professionnelle (VLEP). [...]

Il existe différentes sortes de VLEP :

- Celles qui réglementairement sont dites « contraignantes ». Elles sont fixées par décret en Conseil d'État et intégrées à l'article R. 4412-149 du Code du travail. 84 substances sont concernées : poussières de bois, amiante, benzène, chlorure de vinyle, plomb, quartz, etc.

© Eyrein industrie (www.eyrein-industrie.com).

- Celles qui sont désignées comme « indicatives » (et qui concernent 46 produits chimiques) et qui doivent être considérées comme des objectifs minimaux pour la prévention. [...]

Le mesurage régulier de l'exposition des salariés aux agents chimiques (ACD et CMR) [...] permet d'évaluer les risques et de vérifier que les VLEP ne sont pas dépassées.

Depuis 2014, pour les agents chimiques ayant une VLEP (indicative ou contraignante) et tous les CMR, il est obligatoire de faire appel, au moins une fois par an, à un organisme de contrôle agrée par le ministère chargé du Travail. [...]

Il existe en France :

→ des valeurs limites d'exposition à court terme (VLCT) qui sont des valeurs mesurées sur une durée maximale de 15 minutes. Leur respect prévient les risques d'effets toxiques immédiats ou à court terme ;

→ des valeurs moyennes d'exposition (VME) qui sont destinées à protéger les travailleurs des effets à moyen ou long terme car elles sont mesurées ou estimées sur la durée d'un poste de travail de 8 heures. [...]

© www.sante-securite-paca.org.

## → ACTIVITÉ 4 - L'événement dangereux, la pénétration dans l'organisme C22 C23

**1.** Indiquer, pour chaque situation ci-dessous, la voie de pénétration du produit dans l'organisme, en cochant la colonne correspondante du tableau. S'aider du **doc. 6**.

| Situations | voie digestive | voie cutanée | voie aérienne |
|---|---|---|---|
| **A.** Bianca, agent d'entretien, a mélangé du détartrant pour WC et de l'eau de Javel. Un dégagement de chlore se produit rapidement. | | | ✗ |
| **B.** Bénédicte, coiffeuse, a de l'eczéma sur les mains provoqué par certains produits utilisés au salon. | | ✗ | |
| **C.** Manuel, agent de service hospitalier, désinfecte une chambre en pulvérisant sur les surfaces un produit à base d'aldéhydes. | | | ✗ |
| **D.** Pierre, jardinier, vient de pulvériser un insecticide sur des plants de légumes. Il prend un en-cas à 10 h sans se laver les mains souillées par le produit. | ✗ | | |
| **E.** À l'office, Lola a avalé de l'eau de Javel qui était stockée dans une bouteille de soda sans étiquetage. | ✗ | | |
| **F.** Malik s'est brûlé gravement la main en renversant une bouteille d'acide. | | ✗ | |

**2.** Retrouver et justifier pour un ACD utilisé lors de vos activités professionnelles la voie de pénétration dans l'organisme possible.

La réponse à cette question étant bien spécifique à un secteur professionnel, un corrigé type ne peut pas être donné dans le cadre de cet ouvrage.

### DOC. 6 Voies de pénétration

- **Voie respiratoire**

C'est la principale voie d'entrée des toxiques dans l'organisme sous forme de gaz, fumées, vapeurs, particules et aérosols. La pénétration pulmonaire s'explique par la très grande surface d'échanges (1 800 millions d'alvéoles représentent 100 m$^2$ environ) et l'importante vascularisation permettant une diffusion très rapide dans le sang. De nombreux facteurs conditionnent cette pénétration, notamment la taille des particules.

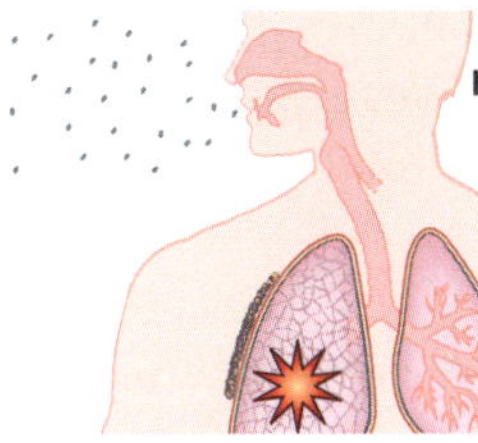


- **Voie digestive**

Elle n'est pas habituellement une voie de pénétration sauf par la déglutition des particules provenant des voies respiratoires ou une absorption accidentelle ou suicidaire. L'ingestion peut être due aux souillures sur les mains notamment en fumant ou mangeant sur les lieux de travail.

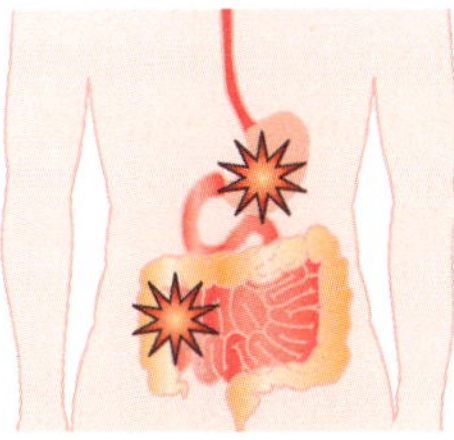


- **Voie cutanée et muqueuse**

La peau représente une barrière mais celle-ci est incomplète et sélective et ce d'autant plus qu'elle sera « abîmée » par des produits chimiques ou lésée (abrasions, plaies...). Certaines substances la franchissent très facilement et très rapidement et peuvent donc exercer un effet général en plus de l'effet local (irritation, sensibilisation, nécrose...). Le contact avec les muqueuses (l'œil par exemple) peut être très dangereux.

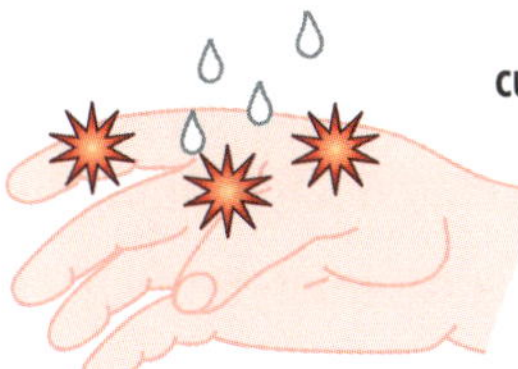

## → ACTIVITÉ 5 - Les dommages : effets physiopathologiques C14 C21 C24

**1.** À l'aide du **doc. 7**, expliquer, quelle que soit la voie de pénétration d'un ACD dans l'organisme :
> pourquoi tous les organes peuvent être atteints.

La substance chimique passe dans le sang qui la véhicule dans tout l'organisme.

> pourquoi chaque ACD a un effet spécifique.

Les substances ont une affinité particulière pour certains organes cibles où ils vont particulièrement se fixer ; les dommages se situent au niveau de ces organes.

**2.** Justifier pourquoi la toxicité chronique est généralement à l'origine de maladies professionnelles.

Elle apparaît après une période d'exposition relativement longue.

**3.** Indiquer quatre facteurs dont dépend l'effet toxique d'une substance chimique.

> Nature du produit
> Dose absorbée
> Voie d'absorption
> Cumul avec d'autres produits (tabac, alcool...)

**4.** Justifier, à l'aide du visuel du **doc. 7**, pourquoi les femmes enceintes exposées au risque chimique doivent informer au plus tôt le médecin du travail de leur grossesse.

Les produits peuvent passer dans le sang et arriver jusqu'au fœtus via le placenta. Les CMR peuvent provoquer des malformations. Le médecin juge s'il doit changer la femme de poste.

**5.** Rechercher les effets physiopathologiques d'un ACD que vous utilisez régulièrement lors de vos activités professionnelles sur sa fiche toxicologique téléchargée sur le site **www.inrs.fr** (onglet « Produits et services » puis « Bases de données »).

### DOC. 7 Effets des ACD

• **Devenir du produit dans l'organisme :** la substance est véhiculée par la circulation sanguine générale et pourra aller se fixer sur différents tissus ou organes pour lesquels elle aura une affinité particulière (organes « cibles » : système nerveux, reins, foie, poumons, cellules sanguines, peau, yeux, etc.). Elle pourra également subir des modifications essentiellement au niveau du foie qui pourront la transformer en produits non toxiques, toxiques ou plus toxiques que la substance initiale. Il y a différentes voies d'élimination du toxique ou de ses produits de transformation : l'urine, l'air expiré, la peau (sueur) et les phanères (cheveux, ongles...), les sécrétions digestives (salive, bile...).

• **Plusieurs types de toxicité**

– **Toxicité immédiate :** intoxication aiguë qui peut résulter de l'absorption, du contact ou de l'inhalation accidentelle ou volontaire de substances nocives en une seule fois (temps court, concentration élevée).

– **Toxicité à plus ou moins long terme :** intoxication chronique qui peut résulter de l'exposition répétée par contact ou inhalation de petites doses de substances chimiques possédant des propriétés cumulatives (temps long, concentration faible).

– **Toxicités spécifiques :** effets cancérigènes, toxiques vis-à-vis de la reproduction (non héréditaires), mutagènes (héréditaires) ou allergisants.

• **La toxicité peut être :** locale (à l'endroit de contact : peau, yeux, muqueuses respiratoires et digestives), générale (à distance du contact) ou les deux.

© Carsat Auvergne (www.carsat-auvergne.fr).

## → ACTIVITÉ 6 - La prévention du risque chimique C44

1. Indiquer et justifier pour votre secteur professionnel des mesures de prévention contre le risque chimique. S'aider de vos connaissances, des **doc. 8** à **10** (p. 274) et/ou du site www.bossons-fute.fr (fiche de risque chimique et/ou fiche de métier concernant votre secteur professionnel).

| Type de prévention | | Exemples de mesures préventives | Justifications |
|---|---|---|---|
| Niveau 1 Prévention intrinsèque | Suppression du risque | • Supprimer le produit dangereux, le remplacer par un autre moins dangereux. | • On tend à élaborer des produits de moins en moins toxiques. |
| | Réduction du risque | • Diminuer les durées d'exposition, faire des roulements.<br>• Varier les activités de l'employé.<br>• Automatiser les opérations.<br>• Stocker à l'écart des locaux de travail. | • Il s'agit de limiter l'exposition des salariés. |
| Niveau 2 Protection | Collective | • Ventilation générale.<br>• Hotte aspirante.<br>• Captage des polluants à la source.<br>• Installation de douches. | • Pour diminuer la concentration des produits dans l'atmosphère des locaux de travail. |
| | Individuelle | • Utilisation d'EPI : gants, masques, combinaisons, bottes. | • Pour éviter un contact cutané, une inhalation. |
| Niveau 3 Instructions (Formation – information) | | • Stage de formation du personnel.<br>• Mise à disposition de fiches de poste, de FDS, d'affiches INRS.<br>• Signalisation des zones à risques. | • Pour éviter des manipulations dangereuses par méconnaissance du danger. |

2. Justifier la surveillance médicale renforcée pour les travailleurs exposés à des CMR.

Il est nécessaire de s'assurer que ces salariés ne débutent pas de pathologies et de rappeler les règles de prévention en vigueur.

### DOC. 8 Suivi médical régulier

Les salariés exposés à des agents cancérogènes, mutagènes, toxiques pour la reproduction de catégorie 1 ou 2 bénéficient d'une surveillance médicale renforcée avec une visite médicale au moins annuelle.
Le médecin du travail peut espacer ces visites médicales en tenant compte des recommandations de bonne pratique.
Mais il ne doit pas s'écouler plus de 2 ans entre 2 visites médicales.

© www.atousante.com, portail internet de santé au travail.

## DOC. 9 Quelques moyens de prévention

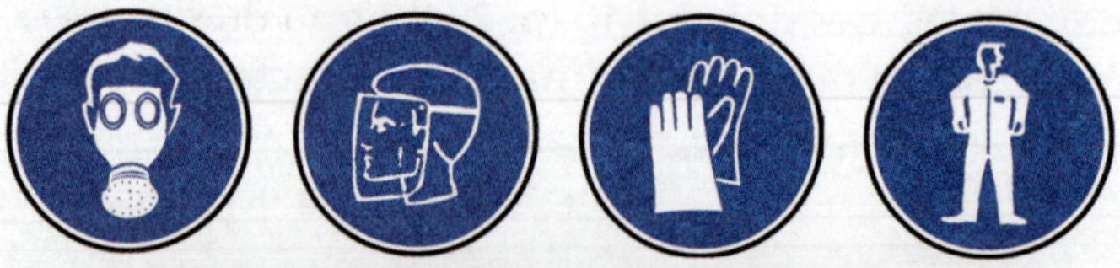

Exemples de panneaux rappelant l'obligation de porter des EPI, bonne protection contre le risque chimique.

© INRS.

Affichage INRS

## DOC. 10 Plaquette informative pour le personnel exposé aux CMR (extraits)

**Ce que vous devez savoir sur les AGENTS CHIMIQUES**

CANCÉROGÈNES

MUTAGÈNES

TOXIQUES pour la REPRODUCTION

Étiquetage unique à partir de 2015

Avec la participation de l'AIST - La Prévention Active

### SALARIÉS
> Si vous utilisez des CMR

**Comment vous protéger ?**

> Réduisez le plus possible les contacts avec ces produits
- respectez les modes opératoires
- utilisez les protections collectives : ventilation, respect des zones délimitées, etc.
- portez les équipements de protection individuelle adaptés : gants, masques, combinaisons, etc.
- adoptez des mesures d'hygiène strictes : quitter les vêtements et se laver les mains avant de manger, séparer vêtements de ville et vêtements de travail, ne pas rapporter les vêtements de travail à la maison

...

> Informez-vous auprès de votre :
- encadrement
- CHSCT (ou, à défaut, les délégués du personnel)
- médecin du travail

> Consultez votre fiche d'exposition

### EMPLOYEURS
> Si vous utilisez des CMR

**Comment protéger vos salariés ?**

> Après avoir évalué le risque chimique (retranscrit dans le document unique), respectez les principales règles de prévention prescrites (décret 2001-97 du 01/02/2001 pour les CMR avérés et décret 2003-1254 du 23/12/2003 pour les CMR suspectés)
- remplacez l'agent chimique
- travaillez en vase clos si le remplacement est impossible
- aspirez le produit à la source
- mettez à disposition des équipements de protection individuelle adaptés
- délimitez les zones d'utilisation de CMR
- formez et informez vos salariés

...

> Établissez une fiche d'exposition pour chacun de vos salariés

> N'oubliez pas de remettre une attestation d'exposition à tout salarié quittant l'entreprise

*Associez à votre démarche de prévention le CHSCT (ou, à défaut, les délégués du personnel)*

© Carsat Auvergne (www.carsat-auvergne.fr).

Proposer maintenant des solutions pour Cédric (étape 3, p. 266).

# Activités de synthèse

## RÉCAPITULER

**Compléter les textes à trous.**

### Le danger

• Tous les produits chimiques utilisés lors de l'activité professionnelle ou apparaissant au cours de celle-ci (fumées) ne sont pas dangereux.
Ceux qui le sont sont appelés ACD ou agents chimiques dangereux ; ils comprennent les CMR ou cancérogènes, mutagènes ou toxiques pour la reproduction.

• Les produits dangereux portent une étiquette avec les informations obligatoires réglementées dont le pictogramme de danger qui précise la nature de celui-ci.
La FDS ou fiche de données de sécurité détenue par l'employeur complète ces informations pour faciliter la mise en œuvre de la prévention.

### La situation dangereuse

• Être en contact avec des ACD, dont des CMR, au cours de son activité professionnelle constitue une situation dangereuse.
Lorsque ces substances sont présentes dans l'atmosphère, on évalue l'exposition des travailleurs à ces substances avec la VLEP ou valeur limite d'exposition professionnelle.

### L'événement dangereux

• Les ACD peuvent pénétrer dans l'organisme :
– par voie respiratoire s'ils sont inhalés ;
– par voie cutanée et par les muqueuses en cas de contact ;
– par voie digestive en cas d'absorption.

### Les dommages

• Les ACD passent dans le sang qui les distribue dans l'organisme. Les tissus et organes touchés dépendent de la nature du produit ; cependant le foie et les reins sont les plus vulnérables.

• L'intoxication aiguë résulte d'une absorption importante de produit ; l'intoxication chronique apparaît dans le temps après des expositions répétées et est à l'origine de maladies professionnelles.

### La prévention

• Niveau 1 : remplacement des ACD par des produits moins dangereux.
• Niveau 2 : captage des polluants à la source, mise à disposition d'EPI.
• Niveau 3 : formation du personnel, panneaux rappelant le port obligatoire des EPI, signalisation des zones de risque, etc.

# RETENIR

## PRODUITS CHIMIQUES

**DANGER**

**ACD (agents chimiques dangereux)**

- Ils comprennent les CMR (cancérigènes, mutagènes, toxiques pour la reproduction).
- Ils se présentent sous forme de : produits, gaz, fumées, etc.
- Pour identifier le danger, lire l'étiquette des produits et les pictogrammes de danger.

**! Attention !** Tous les produits chimiques ne sont pas dangereux.

**SITUATION DANGEREUSE**

- Utiliser des ACD, des CMR.
- Travailler dans une atmosphère contenant des ACD, des CMR.

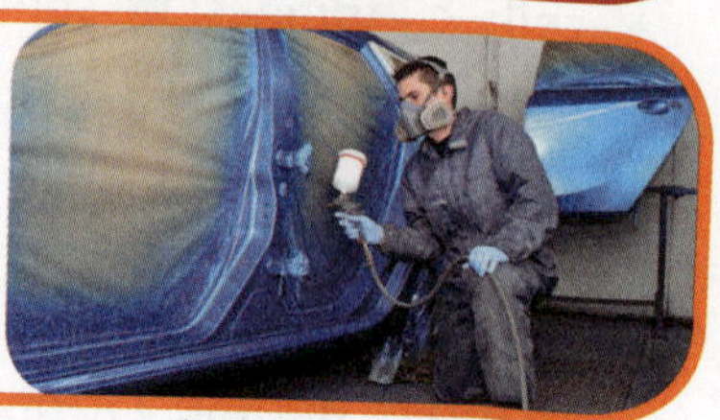

**ÉVÉNEMENT DANGEREUX**

**La pénétration dans l'organisme**

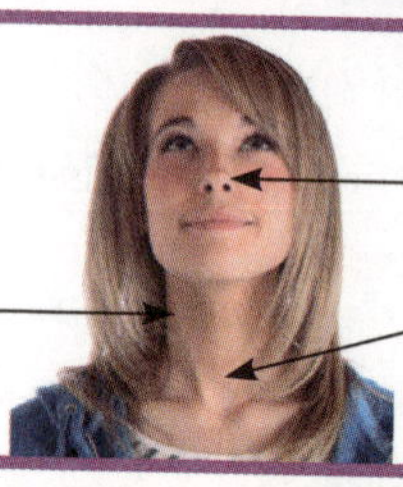


**DOMMAGES**

**Dommages variables selon la nature du produit, la quantité absorbée, la durée d'exposition.**

- ↓ Intoxication aigüe si absorption massive
- ↓ Intoxication chronique ↓ Maladies professionnelles

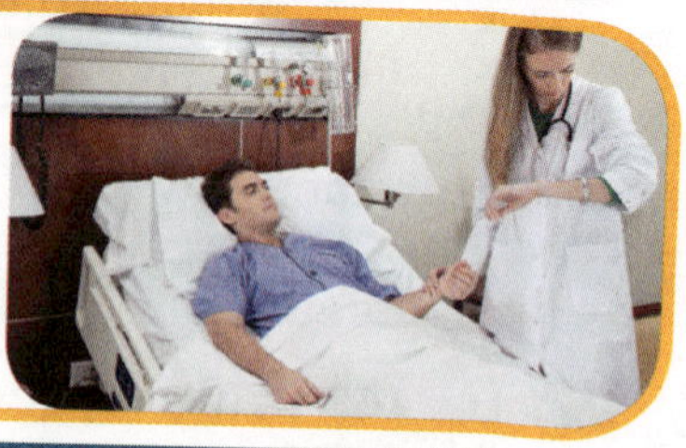

**PRÉVENTION**

| Niveau 1<br>**Suppression du danger** | Niveau 2<br>**Protection collective et / ou individuelle** | Niveau 3<br>**Formation / Information** |
|---|---|---|
| • Remplacer les ACD par un produit non dangereux. | • Aspiration du produit<br>• Port d'EPI  | • Formation du personnel<br>• Signalisation |

## Approfondir

**Les conseils du Pr Chimico sur les risques chimiques** (9 min 30 s)

→ lienmini.fr/pse-vid21

**Vérifiez vos acquis !**

→ lienmini.fr/pse-qcm21

# Prévenir les risques liés à l'activité physique

**OBJECTIFS**
> Être capable d'observer les règles de sécurité de manière raisonnée.
> Avoir un comportement responsable vis-à-vis de sa santé.

**Raphaëlle, 18 ans,** élève en Bac Pro commerce, travaille dans une grande surface durant les vacances scolaires. Elle effectue de la mise en rayons tous les matins, souvent accroupie, à genoux ou les bras au-dessus de la tête pour accéder aux rayonnages les plus hauts ; elle soulève aussi des charges lourdes, des palettes aux rayonnages. En consultant une brochure distribuée par le service de santé au travail, Raphaëlle découvre que les postures contraignantes et le port de charges lourdes sont des facteurs aggravant le risque de troubles musculo-squelettiques. Elle réalise qu'elle effectue tous les jours durant 4 heures et pendant les vacances, des tâches qui l'exposent à ces dommages, notamment au niveau des épaules, poignets, dos et genoux*.

## 1 Analyser les risques d'atteinte à la santé

**• Définir les limites de la situation de travail**

Qui est l'opérateur ? Raphaëlle, élève en baccalauréat professionnel commerce.

Quelle est la tâche réalisée ? Mettre en rayon des marchandises.

Quel est le lieu ? Une grande surface.

Il faut mobiliser des connaissances utiles pour comprendre la situation et y apporter les solutions adaptées. À cette fin, je réalise les **Activités 1** à **9** de la séquence 22.

**• Identifier le danger et les dommages potentiels**

Le danger : postures contraignantes et port de charges lourdes.

La situation dangereuse : mettre en rayon des marchandises.

L'événement dangereux : répétitivité : tous les jours, 4 h/jour durant 2 mois.

Le dommage : TMS au niveau des épaules, poignets, dos et genoux.

* Vous pouvez aussi utiliser une situation professionnelle proposée par votre professeur plus en relation avec votre secteur professionnel.

• **Compléter le schéma du PAD en y reportant les informations identifiées à l'étape 1.**

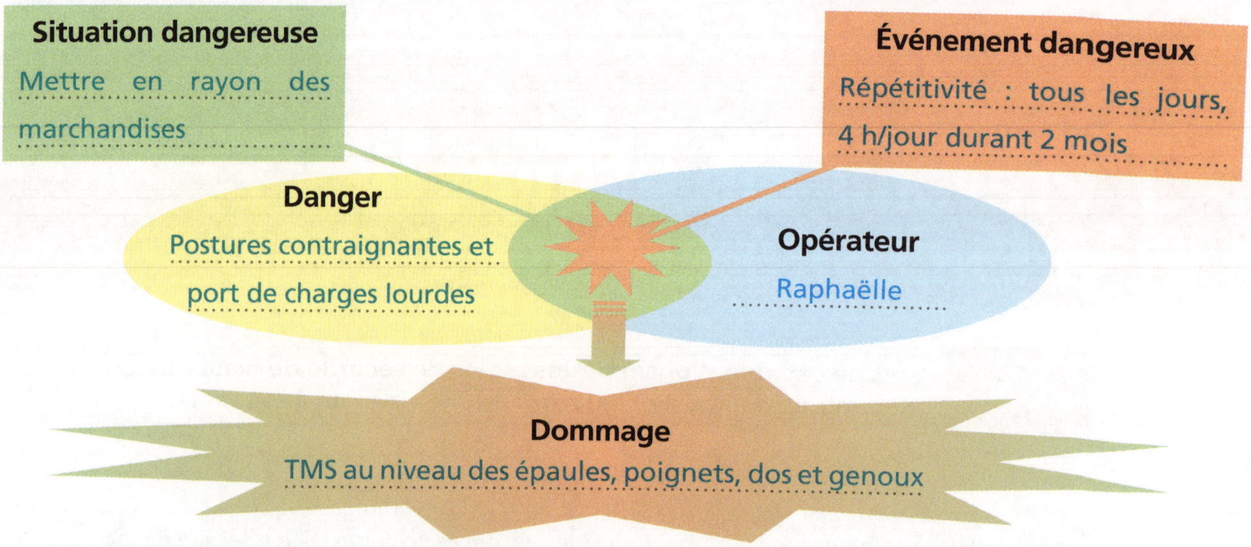


## 2 Évaluer les risques d'atteinte à la santé

• Indiquer, à l'aide du schéma ci-contre et en vous appuyant au besoin sur les échelles d'estimation de la **Fiche méthode N° 3** de l'ouvrage :

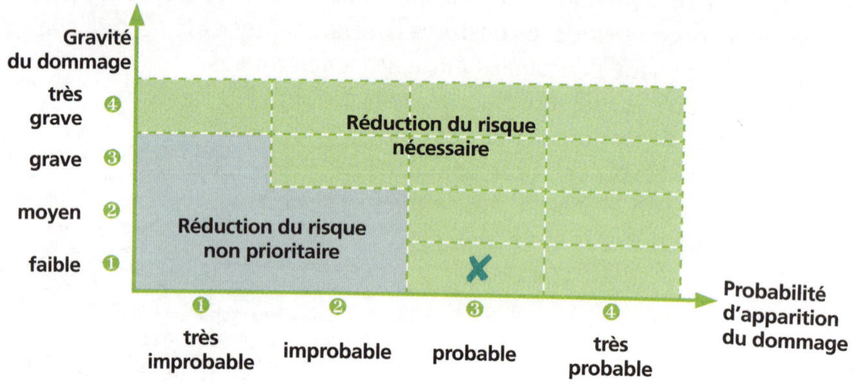


– la gravité du dommage encouru : faible.

– la probabilité d'apparition du dommage : probable.

→ La réduction du risque est donc nécessaire.

• Cocher le schéma.

## 3 Proposer des mesures de prévention

• Vous pouvez vous aider de la fiche pratique « Vous occupez un poste de mise en rayon dans une grande ou moyenne surface ? » téléchargeable sur **www.sante-securite-paca.org** (onglet « Documentation »).

| Niveau 1<br>Prévention intrinsèque<br>(suppression du danger) | Niveau 2<br>Protection collective<br>et/ou individuelle | Niveau 3<br>Instructions/Formations |
|---|---|---|
| | • Matériel de manutention.<br>• Matériel adapté pour accéder aux étages supérieurs des rayons.<br>• EPI : éléments repose-genoux. | • Formation PRAPE.<br>• Diversification des activités pour des postures variées.<br>• Organisation des rayons : produits légers ou à faible rotation en hauteur, produits lourds à hauteur des salariés.<br>• Organisation du travail limitant le port de charges, les gestes inutiles. |

# MOBILISER DES CONNAISSANCES UTILES

L'activité professionnelle nécessite des gestes (parfois répétitifs), des postures (parfois contraignantes), des déplacements, des manutentions ; le travail musculaire mis en œuvre est, selon les cas, statique ou dynamique. Ainsi, l'activité physique peut entraîner des dommages pour l'appareil locomoteur. En connaître les mécanismes permet une prévention raisonnée.

## → ACTIVITÉ 1 - Activités physiques statiques et dynamiques C13 C14 C23

1. Compléter le tableau comparatif ci-dessous à l'aide du **doc. 1**.

| | | Travail dynamique | Travail statique |
|---|---|---|---|
| Définition | | Succession de contractions et de relâchements musculaires qui permettent mouvements, gestes, déplacements. | Contractions musculaires continues permettant le maintien de postures ou positions. |
| Conséquences sur : | les rythmes cardiaque et respiratoire | Ils s'accélèrent en fonction de l'intensité de l'activité musculaire. | Ils restent constants. |
| | l'apport en $O_2$ et en glucose | Il augmente avec les rythmes cardiaque et respiratoire pour répondre aux besoins du muscle en activité. | Il reste constant. |
| | l'élimination des déchets | Ils s'éliminent grâce au flux sanguin élevé en phase de relâchement. | Ils stagnent car le flux sanguin est ralenti par le muscle contracté. |
| | l'apparition de la fatigue | Elle apparaît plus tardivement car le muscle est bien approvisionné et débarrassé de ses déchets. | Elle apparaît rapidement car le muscle est mal approvisionné et mal débarrassé de ses déchets. |

### DOC. 1 Le travail statique… pas si reposant !

• **L'effort statique** est un état prolongé de contractions musculaires généralement dans le but de maintenir une posture. Ainsi dans la position debout, divers muscles des jambes, des hanches, du dos et du cou sont contractés durant de longs moments. La ventilation pulmonaire et la fréquence cardiaque restent constantes et, de ce fait, l'approvisionnement en $O_2$ et en glucose n'augmente pas. L'absence de mouvements freine la circulation sanguine et les déchets métaboliques des muscles ne sont pas évacués. Ils s'accumulent et provoquent douleur et sensation de fatigue au niveau des muscles sollicités d'où la nécessité de varier ses postures et sa position régulièrement.

• **L'effort dynamique** est une alternance de contractions et de relâchements musculaires ; les rythmes respiratoire et cardiaque s'accélèrent selon l'intensité de l'effort afin d'approvisionner les fibres musculaires en $O_2$ et en glucose nécessaires aux contractions musculaires. Ces contractions agissent comme une pompe et favorisent la circulation du sang et, de ce fait, l'élimination des toxines et autres déchets métaboliques du muscle. La fatigue apparaît moins rapidement. Toutefois, une activité physique dynamique intense et prolongée reste un facteur de pénibilité.

**2.** > Souligner dans le **doc. 2**, en vert, les causes de l'apparition du phénomène de fatigue ; en bleu, les causes d'une contracture.

> En déduire l'importance de la phase de récupération.

La physiologie du calcium doit se rétablir pour que le muscle élimine ses déchets et se réapprovisionne en $O_2$ et en glucose afin d'éviter les contractures, crampes ou courbatures.

**3.** Expliquer, à l'aide du **doc. 3**, pourquoi le travail statique debout favorise l'apparition de varices.

En station debout, les valvules tendent à se fermer et le sang stagne dans les veines d'où l'apparition des varices. Inversement, les contractions des muscles lors de la marche favorisent l'ouverture des valvules et la remontée du sang vers le cœur.

### DOC. 2 Fatigue et contractures

• La fatigue musculaire est définie comme l'état d'un muscle, auparavant trop sollicité, qui n'a plus la capacité de répondre correctement à un ordre. Elle résulte d'un ensemble de facteurs tels que l'accumulation de déchets comme l'acide lactique, la saturation des mécanismes de transport d'$O_2$ ou l'insuffisance respiratoire ou encore, dernière théorie en date, la perturbation de la physiologie du calcium (des échanges d'ions s'effectuent lors de l'activité cellulaire et notamment musculaire).

• La contracture est la tétanisation douloureuse d'un muscle ou d'une partie de muscle. Elle se déclenche au cours d'un exercice physique prolongé ou d'un mouvement contrarié sur un muscle fatigué où s'accumulent de l'acide lactique et autres déchets métaboliques.

### DOC. 3 Structure des veines

Dans les veines se trouvent des valvules qui favorisent le retour veineux. L'activité musculaire influe sur leur fonctionnement.

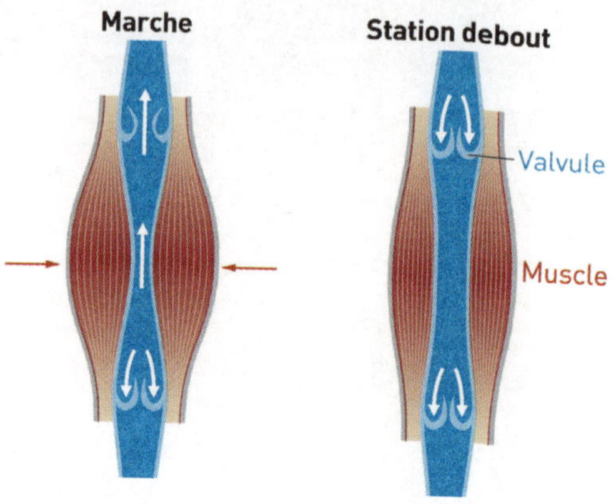


## → ACTIVITÉ 2 - Les situations contraignantes et dangereuses C13 C14 C23

**1.** Souligner dans le **doc. 4** la définition d'une posture contraignante.

**2.** Retrouver, à l'aide du **doc. 4**, pour votre secteur professionnel des situations contraignantes ou dangereuses puis justifier cette particularité.

Un corrigé type ne peut être donné dans le cadre de cet ouvrage.

### DOC. 4 Postures contraignantes et autres situations dangereuses

Une posture est la position du corps ou d'une partie du corps pendant une activité. Elle est neutre si elle ne dépasse pas l'amplitude articulaire ; elle est dite contraignante lorsque le corps est courbé ou tourné excessivement au-delà de l'amplitude confortable. Les muscles, les ligaments et les tendons sont davantage sollicités pour soutenir la partie du corps qui force lorsqu'elle est dans une posture contraignante. Le danger dépend de la durée de la posture et de sa fréquence.

**Quelques exemples de postures contraignantes**

**Remarque** : d'autres situations dangereuses existent : pression d'objets durs ou coupants au contact de la peau, utilisation d'un outil vibrant, position assise ou debout sur une surface vibrante, etc.

## ACTIVITÉ 3 - Les TMS dans le secteur professionnel C14 C22 C23

À partir des **doc. 5** et **6** :

**1.** Proposer une définition simple des TMS.

Les TMS sont une atteinte des tissus mous (muscles, tendons, nerfs) se trouvant au niveau d'une articulation et résultant d'une hyper-sollicitation de celle-ci. Ils regroupent de multiples pathologies occasionnant gêne et douleur.

**2.** Expliquer, à l'aide des **doc. 5** et **6**, pourquoi les TMS constituent un réel problème :

> pour les travailleurs : ils génèrent souffrance, gêne et handicap dans la vie quotidienne et lors des activités professionnelles.

> pour l'entreprise : ce sont des journées de travail perdues, des cotisations à la hausse pour les employeurs.

> pour la société : ils représentent 86 % des MP déclarées et leur coût s'avère très élevé.

### DOC. 5 Coût social des TMS

En 2013, 86 % des MP reconnues du régime général sont des TMS.

**20332 €**
Coût moyen d'un TMS

**46 538**
Nouveaux TMS indemnisés pour les actifs du régime général

**10,4 millions**
d'indemnités journalières pour les actifs du régime général

**Plus de 1 milliard €**
de frais couverts par les cotisations des entreprises pour les actifs du régime général

© CARSAT, 2013.

### DOC. 6 Les TMS : c'est quoi ?

- Les troubles musculo-squelettiques (TMS) englobent un grand nombre de pathologies touchant les tissus mous à la périphérie des articulations. Ils affectent les muscles, les tendons et les nerfs qui permettent le mouvement des os des membres supérieurs, du dos et des membres inférieurs. Ils résultent d'un déséquilibre entre les capacités physiques des personnes et les sollicitations qui apparaissent au travail, notamment lorsque les possibilités de récupération sont insuffisantes. Ce sont des pathologies d'hyper-sollicitation.
- Les TMS se manifestent par des douleurs et des difficultés dans les mouvements pouvant entraîner un handicap sérieux dans la vie professionnelle et la vie personnelle.
- La Caisse nationale d'assurance maladie reconnaît et indemnise cinq catégories de TMS, qui figurent dans les tableaux n° 57, 69, 79, 97 et 98 du Code de la Sécurité sociale.

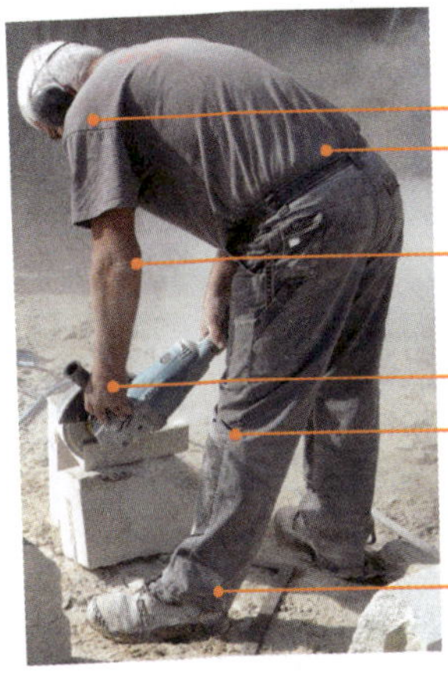

3. Retrouver pour votre secteur professionnel, à l'aide du **doc. 8**, deux situations dangereuses pouvant occasionner des TMS ; préciser pour chacune les sollicitations biomécaniques mises en cause.

La réponse à cette question étant bien spécifique à un secteur professionnel, un corrigé type ne peut être donné dans le cadre de cet ouvrage.

4. Indiquer puis justifier à l'aide du **doc. 6** (p. 281) les parties de votre corps les plus menacées par les TMS dans votre secteur professionnel ; indiquer les maladies encourues.

La réponse à cette question étant bien spécifique à un secteur professionnel, un corrigé type ne peut être donné dans le cadre de cet ouvrage.

5. Justifier à l'aide du **doc. 7** pourquoi le stress et une mauvaise organisation aggravent les risques de TMS.

Le stress augmente la tension musculaire, une mauvaise organisation augmente les gestes et les postures défavorables, ce qui favorise les TMS.

## DOC. 7 Facteurs de risques

Les TMS sont des maladies multifactorielles à composante professionnelle. Les sollicitations qui sont à l'origine des TMS sont biomécaniques, organisationnelles et psychosociales. Certaines de ces sollicitations peuvent exister dans des activités extra-professionnelles. Le stress, de même que certains facteurs individuels comme le sexe ou les antécédents médicaux, favorise les TMS. Les relations entre ces facteurs sont présentées sur la figure ci-contre.

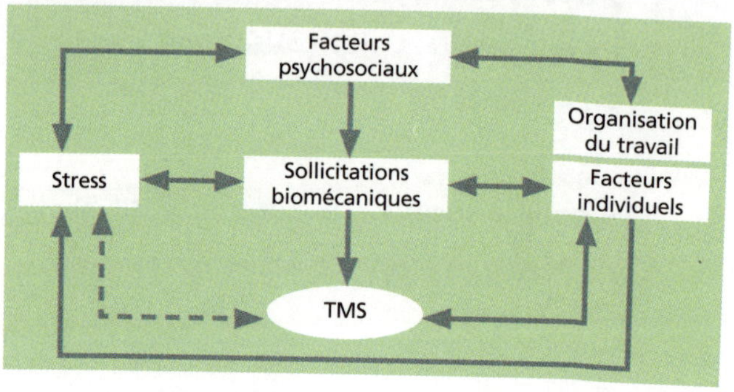


## DOC. 8 Facteurs biomécamiques à l'origine des TMS

### Exemples de facteurs biomécaniques directs

Posture défavorable

Application de forces de grande intensité

Charges s'exerçant pendant une durée prolongée

Inactivité musculaire

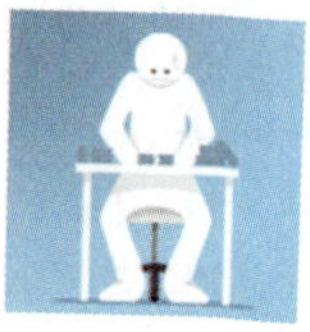
Manipulation d'objets fréquemment répétée

### Exemples de facteurs biomécaniques indirects

Vibrations

Ambiance thermique

Ambiance lumineuse

Les facteurs de risques biomécaniques sont les positions angulaires articulaires extrêmes, les efforts excessifs, la répétitivité des gestes, le travail en position statique maintenue. Un temps de récupération insuffisant augmente significativement l'effet de ces facteurs biomécaniques.

© www.123-tms.fr, site Internet de prévention des TMS, édité par la Mutuelle Nationale Territoriale (MNT).

## → ACTIVITÉ 4 - Articulation malade et articulation saine C22 C23

**1.** Compléter les textes ci-après en précisant, au niveau de l'articulation atteinte de TMS, les modifications apportées par comparaison avec l'articulation saine.

**1. Articulation de l'épaule saine**

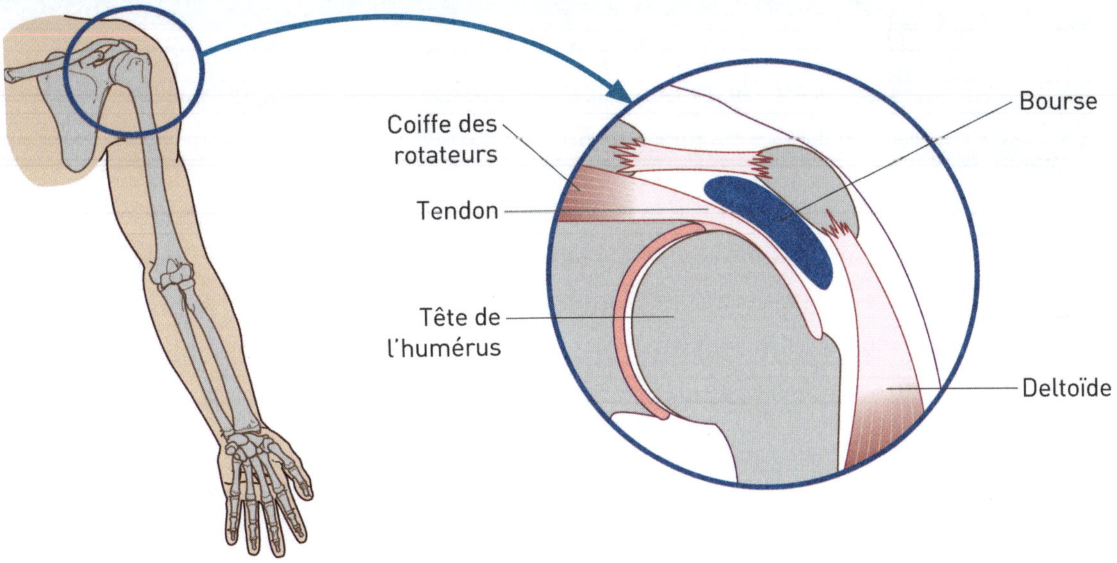


Au-dessus de la tête de l'humérus se trouvent des tendons qui pourraient être blessés par les frottements dus au mouvement de l'os s'il n'y avait pas un mécanisme protecteur. Entre le tendon et l'os se trouve la bourse séreuse qui agit comme un coussin lubrifiant, permettant au tendon de glisser sur l'os sans dommages.

**2. Articulation atteinte de TMS**

| 1re phase : la tendinite | 2e phase possible : la bursite ou hygroma |
|---|---|
| 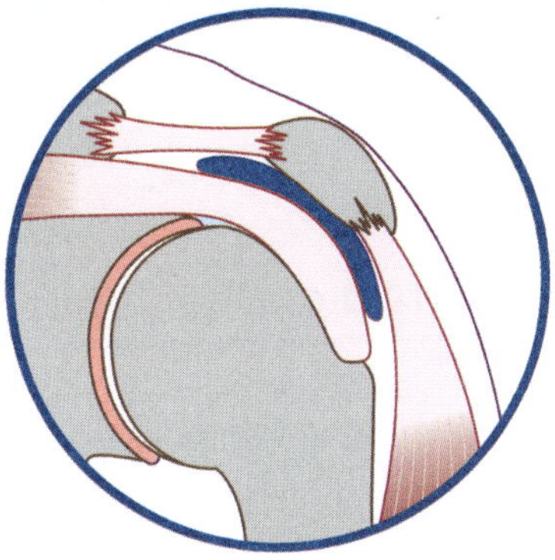 | 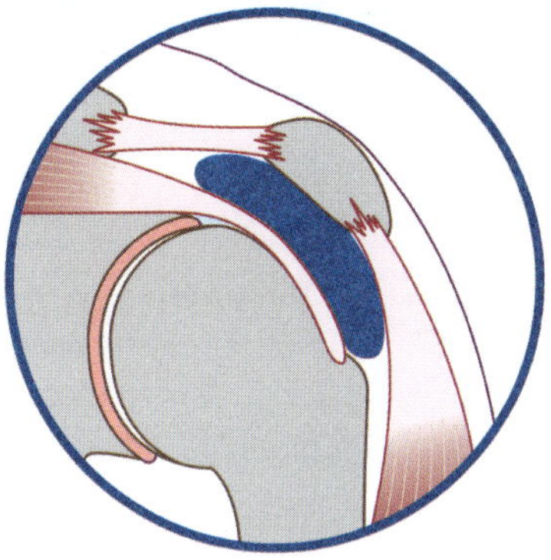 |
| • Aspect du tendon : Le tendon enflammé a augmenté de volume (tendinite).<br>• Aspect de la bourse : La bourse est aplatie car comprimée par le tendon enflammé. | • Aspect du tendon : Le tendon a retrouvé sa taille normale.<br>• Aspect de la bourse : Le volume de la bourse a augmenté ; la bursite est une inflammation de la bourse séreuse. |

**2.** Justifier la gêne générée par cette pathologie.

Tout geste de la vie quotidienne ou professionnelle requiert l'utilisation du bras donc la mobilité de la tête de l'humérus qui est en contact direct avec le tendon ou la bourse séreuse. Ces parties abîmées sont sensibles et tout mouvement peut générer de la douleur.

## → ACTIVITÉ 5 - La prévention des TMS C44

• Indiquer et justifier pour votre secteur professionnel des mesures de prévention contre les TMS. S'aider de vos connaissances, du **doc. 9** et/ou du site www.bossons-fute.fr (fiche de risque « travail répétitif sous contrainte de temps » et/ou fiche de métier concernant votre secteur professionnel).

| | | Mesures de prévention contre le risque lié à la manutention |
|---|---|---|
| Niveau 1 Prévention intrinsèque | | La réponse étant spécifique à chaque secteur professionnel, un corrigé type ne peut être proposé. Quelques pistes peuvent toutefois être suggérées.<br>• Absence de mesures au niveau 1. |
| Niveau 2 Protection | Collective | • Prévoir des espaces de travail suffisants.<br>• Mécaniser la manutention lourde.<br>• Faire tourner le personnel sur les postes pour solliciter des groupes musculaires différents.<br>• Alterner postes assis et debout.<br>• Limiter le poids des outils et du matériel.<br>• Veiller à l'ergonomie de chaque machine : accès facile aux organes de commande, automatisation de certaines tâches, plan de travail à hauteur adaptée, réglage des machines pour éviter les pannes.<br>• Limiter le bruit et les vibrations des machines.<br>• Équiper les postes assis de sièges tournants pour éviter les rotations du dos ; veiller à prévoir un espace suffisant pour permettre la rotation des sièges. |
| | Individuelle | • Hygiène de vie : gymnastique douce, stretching, relaxation, yoga. |
| Niveau 3 Formation, information | | • Mise en place de gymnastique de pause.<br>• Information préventive. |

## DOC. 9 Prévention par action sur les facteurs biomécaniques

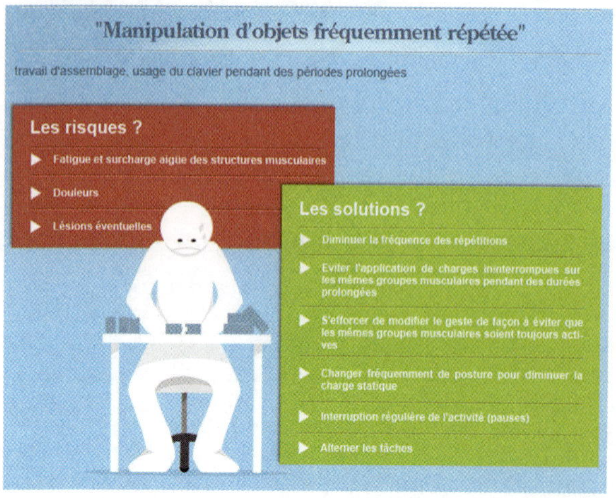


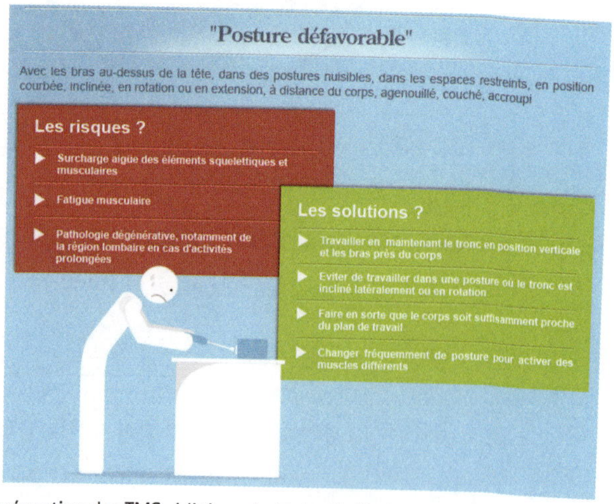


© www.123-tms.fr, site Internet de prévention des TMS, édité par la Mutuelle Nationale Territoriale (MNT).

## ACTIVITÉ 6 - L'anatomie de la colonne vertébrale C13 C22

• Annoter les **schémas n° 1, 2** et **3** à l'aide des termes surlignés dans le **doc. 10**.

Schéma n° 1 : vue de profil de la colonne vertébrale

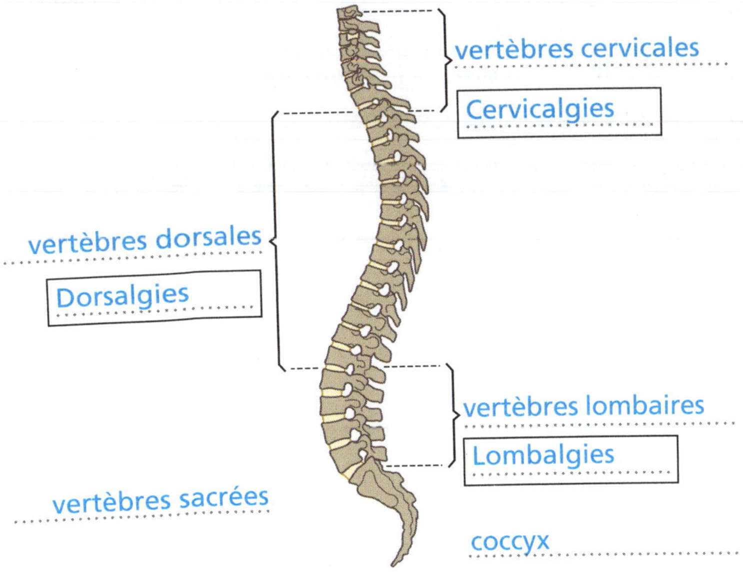


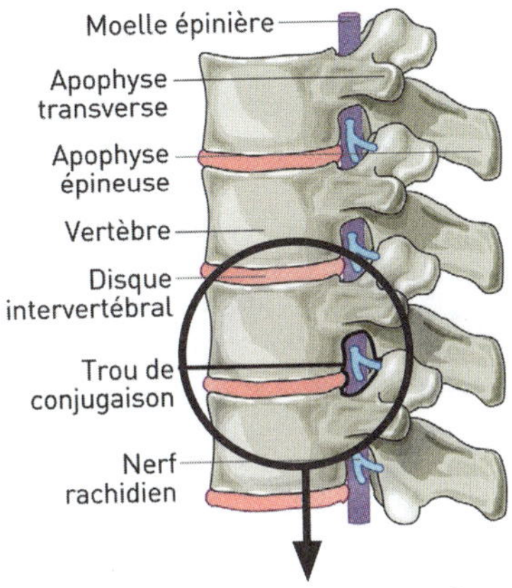


Schéma n° 2 : articulation entre 2 vertèbres (vue de profil)

Le disque intervertébral permet la mobilité et répartit les pressions.

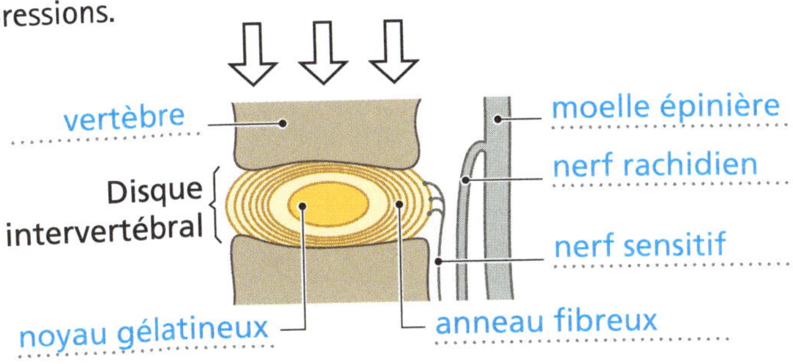


Schéma n° 3 : déformations du disque intervertébral lors des mouvements de flexion et d'extension

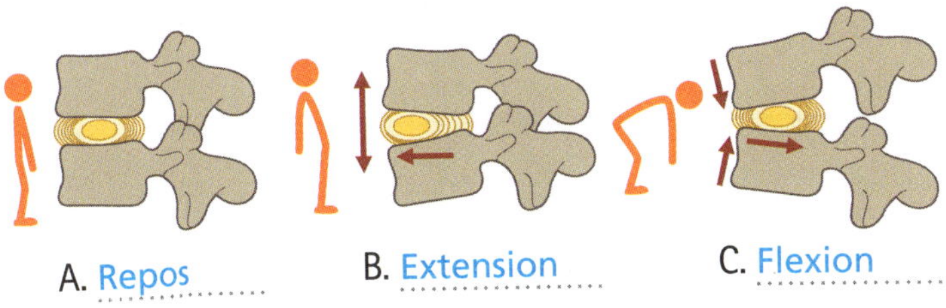


### DOC. 10 Anatomie et fonctions

Bon nombre de gestes et postures de travail nécessitent un mouvement du tronc rendu possible par l'anatomie de la colonne vertébrale. De cette anatomie résultent ses différentes fonctions.

- **Posture : elle soutient la tête et le tronc et permet la position debout.** C'est un axe avec deux cambrures constitué d'un empilement de 32 à 35 vertèbres avec de haut en bas : 7 vertèbres cervicales au niveau du cou, 12 vertèbres dorsales sur lesquelles sont fixées les côtes, 5 vertèbres lombaires au niveau des reins, 3 à 5 vertèbres sacrées soudées sur lesquelles s'appuie le bassin, 2 à 4 vertèbres soudées et atrophiées qui constituent le coccyx.
- **Protection : elle protège la moelle épinière.** La moelle épinière se loge dans la colonne vertébrale et passe dans le canal vertébral de chaque vertèbre. Les nerfs rachidiens sortent au niveau de chaque vertèbre par les trous de conjugaison. Ils innervent des parties déterminées de notre corps. Ainsi les deux nerfs qui sortent au niveau de la 4e lombaire descendent au niveau des jambes, ce sont les nerfs sciatiques.
- **Mouvement : elle amortit et répartit les pressions qui s'exercent sur elle et permet le mouvement grâce au disque intervertébral qui sépare chaque vertèbre (c'est une articulation semi-mobile).** Ce disque est un anneau fibreux constitué de lamelles avec au centre un noyau gélatineux d'où partent des nerfs sensitifs. Lorsqu'on se penche (flexion), le noyau gélatineux est repoussé vers l'arrière ; lorsqu'on se met en arrière (extension), le noyau gélatineux est repoussé vers l'avant. Normalement, au repos, le noyau revient au centre du disque.

## ACTIVITÉ 7 - Les atteintes de la colonne vertébrale C13 C21 C22

**1.** Sur le **schéma n° 1** (p. 285), inscrire dans les encadrés les noms des douleurs au niveau de la colonne vertébrale surlignés en vert dans le **doc. 11**.

**2.** Inscrire les atteintes de la colonne vertébrale, surlignées en jaune dans le **doc. 11**, sous les cas du **schéma n° 4** qui leur correspondent.

**Schéma n° 4 : atteintes du disque intervertébral**

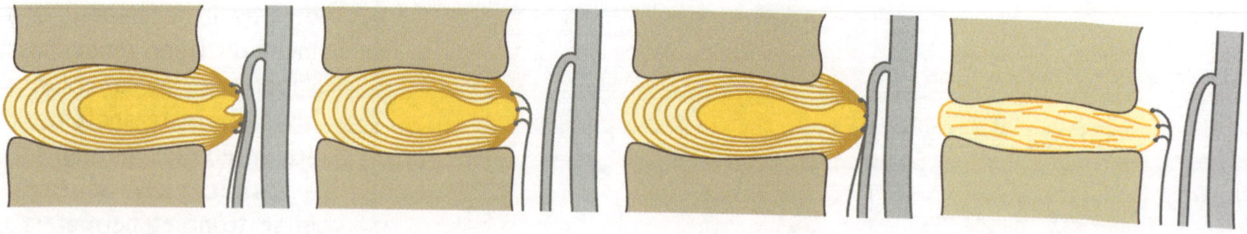

A. Hernie discale B. Lumbago aigu C. Sciatique D. Tassement discal

**3.** Indiquer, à l'aide du **doc. 11**, les affections de la colonne vertébrale fréquentes dans votre secteur professionnel.

La réponse à cette question étant bien spécifique à un secteur professionnel, un corrigé type ne peut être donné dans le cadre de cet ouvrage.

DOC. 11 **Pathologies de la colonne vertébrale liées à l'activité professionnelle**

Une activité physique importante et/ou réalisée dans de mauvaises conditions peut entraîner des douleurs au niveau de la colonne vertébrale. Selon l'emplacement de la colonne où sont situées ces douleurs, on les appelle des cervicalgies, des dorsalgies ou des lombalgies qui sont les plus fréquentes. Elles sont favorisées par le stress chronique, l'insuffisance musculaire, l'obésité, des déformations de la colonne vertébrale (scoliose, lordose et cyphose), etc.

• **La douleur peut être d'origine musculaire** ; en effet de mauvaises postures créent des déséquilibres musculaires, avec apparition de tensions et de raideurs réactionnelles entraînant des douleurs plus ou moins importantes.

• **La douleur peut être d'origine discale** ; les pathologies les plus courantes sont :
→ le lumbago aigu : lors d'un mouvement, le noyau ne revient pas au centre de l'anneau car il est coincé dans des lamelles abîmées. Il touche les nerfs sensitifs et une violente douleur apparaît provoquant un blocage musculaire en position semi-fléchie.
→ la sciatique : la déformation créée par le noyau gélatineux vient toucher le nerf sciatique provoquant une vive douleur qui descend dans la jambe.
→ la hernie discale : l'enveloppe du disque est étirée, parfois déchirée ; le nerf rachidien et parfois la moelle épinière sont atteints.
→ le tassement discal : le noyau disparaît dans les lamelles du disque abîmé.

Elles peuvent être reconnues comme MP :
→ tableau n° 97 du régime général : affections chroniques du rachis lombaire provoquées par des vibrations de basses et moyennes fréquences transmises au corps entier ;
→ tableau n° 98 du régime général : affections chroniques du rachis lombaire provoquées par la manutention manuelle de charges lourdes.

# ACTIVITÉ 8 - Les facteurs aggravants dans des situations de manutention C14

**1.** Identifier, pour chaque situation de travail ci-dessous, la situation dangereuse et le(s) facteur(s) aggravant(s). S'aider des **doc. 12** et **13** (p. 288).

**A**

**Situation dangereuse**

Porter sur une certaine distance une charge importante.

**Facteur(s) aggravant(s)**

Dépôt avec le dos rond.

**B**

**Situation dangereuse**

Porter au poste de travail avec déplacement sur moins de 2 mètres.

**Facteur(s) aggravant(s)**

Posture : bras en l'air.

Charge : encombrante et non rigide (matelas).

**C**

**Situation dangereuse**

Porter au poste de travail sans déplacement.

**Facteur(s) aggravant(s)**

Posture avec torsion du torse.

**2.** Concernant la manutention, décrire pour votre secteur professionnel une situation dangereuse et les facteurs aggravants.

La réponse à cette question étant bien spécifique à un secteur professionnel, un corrigé type ne peut être donné dans le cadre de cet ouvrage.

## DOC. 12 Efforts physiques à l'origine de pathologies de la colonne vertébrale

- Situations dangereuses

**Manutention et port de charges lourdes**

Il s'agit de :

→ **manutention manuelle :** opération nécessitant l'effort physique d'une ou plusieurs personnes ;

→ **transport manuel :** portage sur une certaine distance d'une charge importante par un ou plusieurs opérateurs.

**Manutention manuelle au poste de travail**

Manutention au poste de travail sans déplacement de l'opérateur avec la charge ou déplacement sur moins de 2 mètres.

- Facteurs aggravants...

**... liés à la charge**

→ Masse ;

→ Taille, forme, volume de la charge ;

→ Charge à prendre ou à déposer en hauteur, etc.

**... liés aux locaux de travail**

→ Espace de travail restreint ;

→ Sol encombré, glissant, etc.

**... liés au temps d'exposition**

**... liés aux contraintes posturales et articulaires**

→ Position à genoux ; → Posture accroupie ;

→ Maintien des bras en l'air ; → Posture en torsion.

## DOC. 13 Postures de manutention et effets sur la colonne vertébrale

**MAUVAISE POSTURE**

Lorsque la posture mise en œuvre pour soulever une charge est mauvaise (éloignement trop important de la charge, dos rond) :
- la charge est soulevée avec un effort 5 fois plus important ;
- la pression qui s'exerce sur les disques intervertébraux est 5 fois plus importante et de plus inégalement répartie, d'où les risques de lumbago et de hernie discale.

Le risque est encore plus élevé en cas de torsion de la colonne lors de la manutention.

**BONNE POSTURE**

Lorsque la colonne vertébrale reste droite quand on soulève un poids, la pression qui s'exerce sur les disques intervertébraux est également répartie dans toutes les directions ; la charge est soulevée avec un effort minimum.

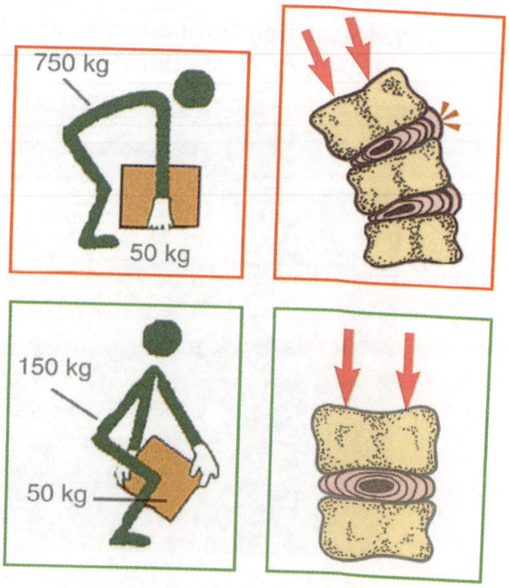


### Comment soulever un poids en préservant sa colonne vertébrale

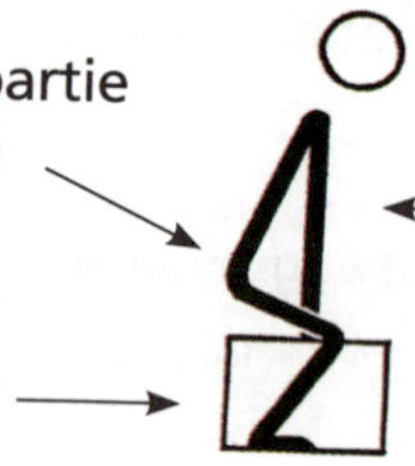


© INRS.

**3.** Inscrire sur le **schéma n° 5** le nom des déformations de la colonne vertébrale surlignées dans le **doc. 14**, aggravant le risque de lésion au cours des opérations de manutention.

## DOC. 14 Facteurs aggravants dans des situations de manutention liés à la personne

Outre les conditions de manutention, des facteurs liés à la personne augmentent le risque de pathologies au niveau de la colonne vertébrale et notamment :
- **l'âge** : au niveau des disques intervertébraux, le noyau gélatineux devient granuleux et l'anneau fibreux moins élastique ; le risque de lésion est accru.
- **les déformations de la colonne vertébrale** telles que :

→ la cyphose : il y a accentuation de la courbure du dos : il est rond ;

→ la lordose : il y a accentuation de la courbure lombaire, les reins sont cambrés ;

→ la scoliose : la colonne vertébrale n'est pas rectiligne mais a une forme en S.

Schéma n° 5 : déformations de la colonne vertébrale

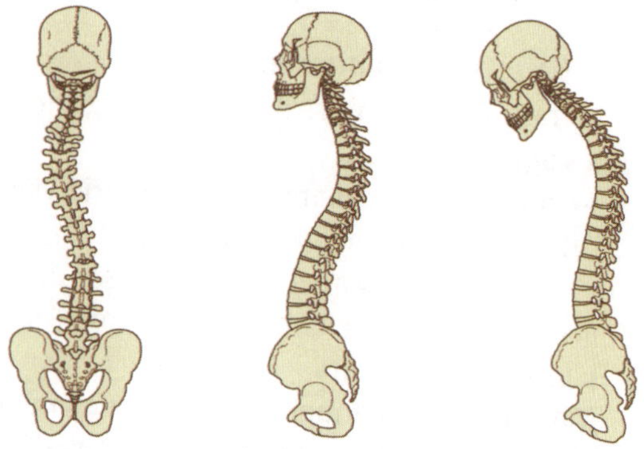

Scoliose ............ Lordose ............ Cyphose ............

## ACTIVITÉ 9 - La prévention des affections de la colonne vertébrale C44

1. Indiquer et justifier pour votre secteur professionnel des mesures de prévention contre le risque lié à la manutention. S'aider de vos connaissances, des **doc. 15** et **16** (p. 290) et/ou du site www.bossons-fute.fr (fiche de risque « manutention manuelle » et/ou fiche de métier concernant votre secteur professionnel).

| | | Mesures de prévention contre le risque lié à la manutention |
|---|---|---|
| Niveau 1 Prévention intrinsèque | | La réponse étant spécifique à chaque secteur professionnel, un corrigé type ne peut être proposé. Quelques pistes peuvent toutefois être suggérées.<br>• Agir sur les objets : contenants (25 kg plutôt que 50 kg). |
| Niveau 2 Protection | Collective | • Éviter le recours à la manutention manuelle dès la conception des locaux ; prévoir des installations de levage, stockage, manutention (monte-charge…).<br>• Installer des dispositifs de mise à hauteur : tables élévatrices, etc.<br>• Faciliter les déplacements horizontaux et verticaux : chariots, transpalettes, convoyeurs, rouleaux, ponts de liaison, canalisations.<br>• Aménager les lieux de stockage : rayonnages, stockage dynamique.<br>• Mettre en place des aides au soulèvement des charges : vérins, manipulateurs.<br>• Améliorer l'organisation : alternance des tâches, pauses de récupération, etc. |
| | Individuelle | • Gants de manutention.<br>• Chaussures de sécurité. |
| Niveau 3 Formation, information | | • Information sur les risques encourus lorsque les manutentions ne sont pas effectuées d'une manière techniquement correcte.<br>• Formation pratique à la sécurité relative aux manutentions manuelles.<br>• Formation PRAPE. |

### DOC. 15 Réglementation des manutentions

Pour les manutentions manuelles, les articles R 4541-1 à R 4541-9, D4153-40, D4152-12, D4153-39 du Code du travail indiquent :
- de privilégier la manutention mécanique : elle permet d'éviter les risques propres à la manutention manuelle en faisant appel à l'utilisation d'appareils de levage et de transport : palans, poulies, transpalettes, chariots automoteurs à conducteur porté, etc.
- de limiter les charges en fonction du sexe et de l'âge.

| Sexe | Hommes | | | Femmes | | |
|---|---|---|---|---|---|---|
| Âge | 14 à 15 ans | 16 à 17 ans | à partir de 18 ans | 14 à 15 ans | 16 à 17 ans | à partir de 18 ans |
| Charges maximales admissibles | 15 kg | 20 kg | 55 kg | 8 kg | 10 kg | 25 kg |

Il existe des restrictions concernant certaines catégories de personnel.

© www.ast74.fr.

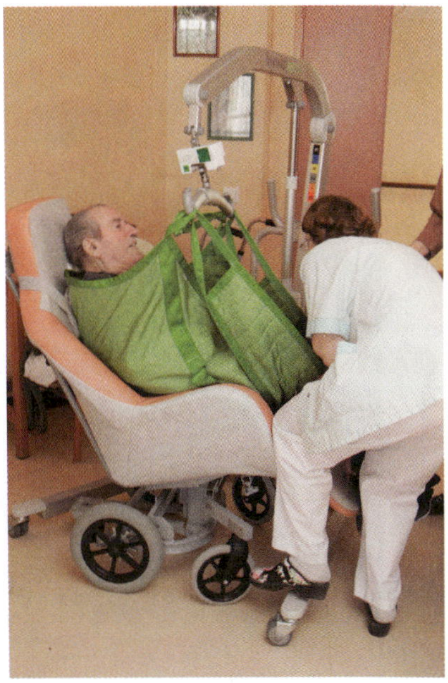

## DOC. 16 Port de charges dans un atelier de mécanique

**▷▷▷ Le saviez-vous ?**

***Le port de charges est à l'origine de pathologies de la colonne vertébrale et des articulations.***

PRÉCAUTIONS À PRENDRE

**LES RECOMMANDATIONS EMPLOYEURS**

- Équiper tous les postes de travail :
  - d'engins de levage (grue d'atelier, palan, "chèvre"...).
  - de chariots spécifiques (pour les moteurs, boîtes de vitesses, ensemble moto-propulseur...).
  - de tables élévatrices ou de pont afin de favoriser le travail à bonne hauteur.
- Entretenir régulièrement le matériel.
- Effectuer les vérifications réglementaires annuelles des engins de levage.
- Limiter l'encombrement de l'atelier et prévoir des emplacements spécifiques pour le stockage à proximité du poste de travail.
- Avec le concours des salariés, organiser le travail afin de réduire au strict minimum le port de charges.
- Informer les salariés des risques qu'ils courent et les former sur la prévention des risques liés à l'activité physique et à l'ergonomie (PRAPE), ainsi que sur la bonne utilisation du matériel de levage mis à disposition.
- Intégrer dans la planification du temps d'intervention la mise en poste des engins de levage.

PRÉCAUTIONS À PRENDRE

**LES RECOMMANDATIONS SALARIÉS**

- Organiser les différentes tâches à effectuer pour limiter le déplacement des charges.
- Utiliser le matériel de levage mis à disposition.
- Maintenir propre l'état des sols.
- Travailler à bonne hauteur (cela permet ainsi un geste adapté à la tâche avec une amplitude articulaire satisfaisante).
- Choisir les postures les plus favorables et appliquer les recommandations données lors des formations sur la prévention des risques liés à l'activité physique et à l'ergonomie (PRAPE).

Source : www.sante-securite-paca.org (extrait d'une fiche pratique réalisée dans le cadre d'un travail partenarial « Vous travaillez dans un atelier de mécanique ? »).

**2.** Justifier les caractéristiques de votre poste de travail (assis – assis/debout) à l'aide de vos connaissances, du **doc. 17** et, si nécessaire, de la fiche pratique « ED79 – conception et aménagement des postes de travail » à télécharger sur www.inrs.fr.

Les caractéristiques du poste de travail sont à justifier par la nécessité de garder le dos droit afin d'éviter les lombalgies.

## DOC. 17 Organisation des postes de travail

Une hauteur adaptée à l'activité et une bonne organisation de la surface de travail permettent :
- de travailler en gardant le dos droit, ce qui prévient les pathologies de la colonne vertébrale ;
- de limiter les gestes contraignants, ce qui prévient les TMS.

Un certain nombre de recommandations sont données concernant les postes de travail qui doivent permettre de travailler dans des positions adaptées, non dangereuses pour la santé et confortables.

Fig. 7.1. Dimensionnement du poste de travail (cotes en millimètres). Population européenne.

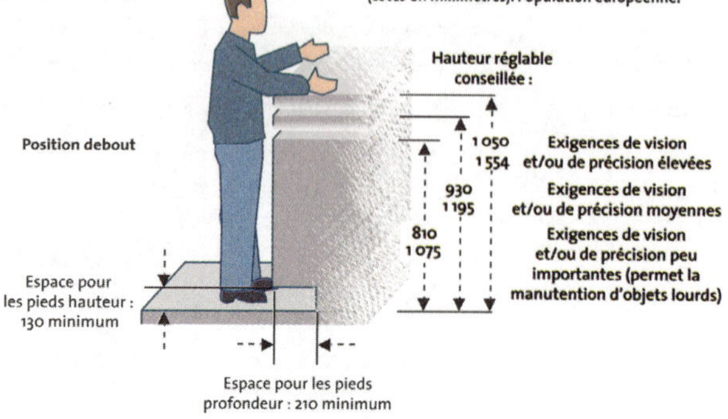


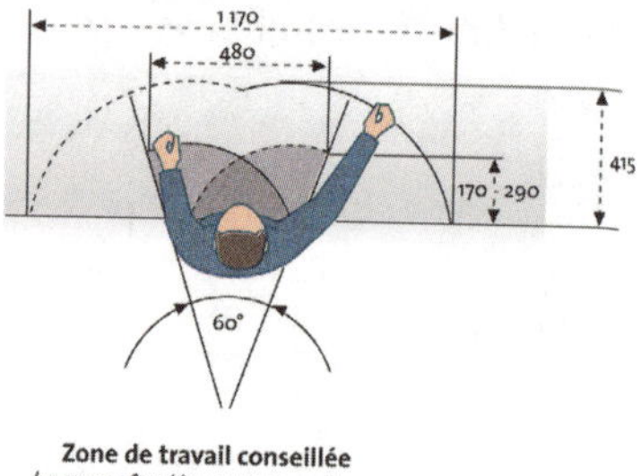


Zone de travail conseillée (mesures fondées sur une surface de siège horizontale)

© INRS, fiche ED79 « Conception et aménagement des postes de travail ».

Proposer maintenant des solutions pour Raphaëlle (étape 3, p. 278).

# Activités de synthèse

## RÉCAPITULER

**Compléter le tableau.**

| | Définition | Conséquences / Pathologies | Prévention principale |
|---|---|---|---|
| **Travail statique** | • Peu de mouvements ; les muscles restent contractés pour maintenir des postures. | • Fatigue rapide car élimination lente des déchets.<br>• Varices si position debout habituelle.<br>• TMS favorisés. | • Postes permettant un peu de mouvements, pauses permettant de bouger, alternance avec travail dynamique. |
| **Travail dynamique** | • Comporte des mouvements et/ou des déplacements ; il y a succession de contractions et de relâchement des muscles. | • Débit sanguin élevé, les déchets s'éliminent.<br>• Possibilités de contracture.<br>• Facteur de pénibilité lorsque long et soutenu. | |
| **Gestes répétitifs** | • Mouvements réalisés de très nombreuses fois au cours d'une journée de travail, sollicitant les mêmes muscles et articulations. | • Les articulations et les tissus mous sont très sollicités, ce qui favorise l'apparition de TMS. | • Aménagement ergonomique des postes de travail pour limiter la contrainte articulaire.<br>• Rotation du personnel sur les postes pour solliciter des groupes musculaires différents.<br>• Formation. |
| **Gestes et postures contraignants** | • Mouvement ou position sollicitant une articulation au-delà de l'amplitude confortable et forçant sur celle-ci. | | |
| **Manutention avec facteurs aggravants** | • Transport manuel de charges lourdes avec ou sans déplacements.<br>• La fréquence, des masses élevées, de mauvaises postures de manutention sont des facteurs aggravants. | • La pression qui s'exerce sur le disque intervertébral peut être élevée et être à l'origine de lumbagos, sciatiques, hernies discales.<br>• Douleurs musculaires au niveau du dos : cervicalgies, dorsalgies, lombalgies.<br>• Ces pathologies sont des TMS. | • Mise à disposition de matériel de manutention, de convoyeurs, etc.<br>• Formation aux techniques de manutention. |

# RETENIR

## ACTIVITÉ PHYSIQUE STATIQUE

- Inactivité musculaire
- Posture contraignante

## ACTIVITÉ PHYSIQUE DYNAMIQUE

- Gestes contraignants
- Gestes répétitifs
- Port de charges lourdes

Facteurs de risques

## TMS (Troubles Musculo-Squelettiques)

**Atteinte des tissus mous (tendons, nerfs, muscles) au niveau des articulations**

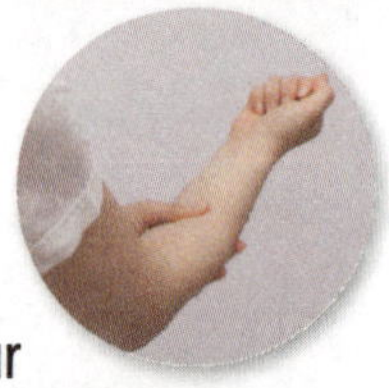

- Douleur
- Gêne au travail, dans la vie quotidienne

**Lorsque les TMS touchent la colonne vertébrale :**

- Hernie discale
- Sciatique
- Lumbago

Les douleurs associées sont les cervicalgies, lombalgies, dorsalgies.

Certains TMS sont reconnus comme MP.
Ils constituent 86 % des MP reconnues et indemnisées par la CPAM.

### AUTRES FACTEURS

- Stress
- Organisation du travail
- Facteurs psychosociaux

### AUTRES FACTEURS

- Mauvaise technique de manutention
- Facteurs personnels

## PRÉVENTION

| Niveau 1 | Niveau 2 | Niveau 3 |
| --- | --- | --- |
| **Suppression du risque** | **Protection collective et / ou individuelle** | **Formation / Information** |
| • Automatisation de certaines tâches | • Matériel de manutention et de transfert des charges<br>• Port d'EPI | • Formation PRAPE<br>• Organisation rationnelle du travail<br>• Alternance des tâches |

# Approfondir

**Les TMS (troubles musculo-squelettiques)** (4 min 14 s)

→ lienmini.fr/pse-vid22

**Vérifiez vos acquis !**

→ lienmini.fr/pse-qcm22

# Maîtriser le module 10

**Karène, 20 ans**, est embauchée dans un salon de coiffure où chaque salarié est chargé d'une technique. Son travail consiste à réaliser des permanentes. Les préparations de produits sont réalisées dans le salon dans une zone peu ventilée ; elle n'aime pas utiliser des gants. En consultant une brochure distribuée par le service de santé au travail, elle découvre que les produits pour permanente constituent un danger. Ils contiennent des substances qui, par contact ou inhalation, peuvent s'avérer allergisantes pour la peau, les yeux et les voies respiratoires. Les dommages provoqués sont des rougeurs, de l'eczéma de contact (mains), des picotements du nez et de la gorge, une gêne respiratoire et de l'asthme.

## 1 Appliquer l'approche par le risque à la situation C33

**Étape 1 : Analyse des risques d'atteinte à la santé**

**Définir les limites de la situation de travail.** **… / 1 pt**

- Qui est l'opérateur ? Karène.
- Quelle est la tâche réalisée ? Réaliser des permanentes.
- Quel est le lieu ? Un salon de coiffure.

**Identifier le danger, la situation dangereuse, l'événement dangereux, les dommages potentiels puis les inscrire sur le schéma du PAD** **… / 4 pts**

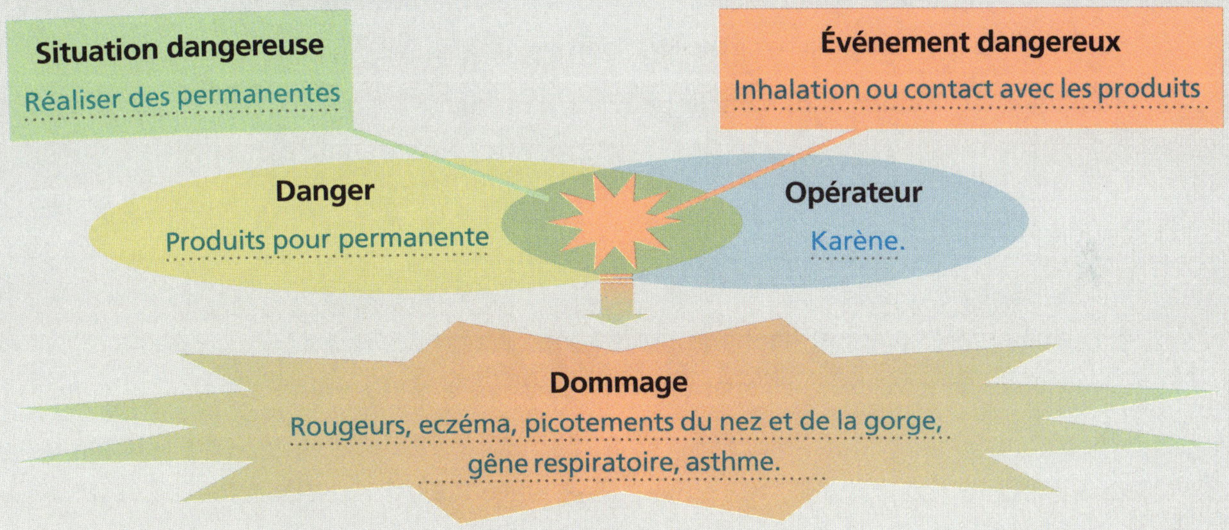


**Étape 2 : Évaluation des risques d'atteinte à la santé** **… / 1 pt**

- Indiquer à l'aide du schéma ci-dessous et en vous appuyant, au besoin, sur les échelles d'estimation de la **Fiche méthode N° 3** de l'ouvrage :

– la gravité du dommage encouru : faible.

– la probabilité d'apparition du dommage : probable.

→ La réduction du risque est donc : nécessaire.

- Cocher le schéma.

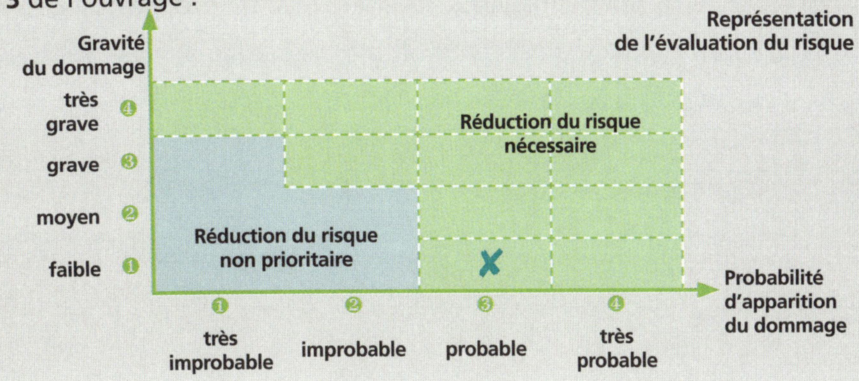

**Étape 3 : Proposer des mesures de prévention** ... / 2 pts

| Niveau 1<br>Prévention intrinsèque<br>(suppression du danger) | Niveau 2<br>Protection collective<br>et/ou individuelle | Niveau 3<br>Instructions<br>Formations |
|---|---|---|
| • Utiliser des produits moins dangereux, moins volatils. | • Réaliser les préparations dans un espace ventilé réservé à cet effet.<br>• Utiliser des gants, des crèmes protectrices. | • Formation du personnel sur :<br>– la dangerosité des produits ;<br>– les règles de sécurité. |

Remarque : vous pouvez vous aider de la fiche pratique « Vous travaillez dans un salon de coiffure ? » téléchargeable sur www.sante-securite-paca.org (onglet « Documentation »).

## 2 Répondre aux questions C21 C22 C23

S'occuper d'une cliente induit un travail statique debout mais aussi, au niveau des mains, des postures contraignantes et des gestes répétitifs. Tous les matins, Karène doit réceptionner les livraisons de produits et chaque soir, elle doit assurer le nettoyage du salon.

**1/** > Justifier pourquoi le travail statique en position debout est pénible. ... / 4 pts

Lors du travail statique, il n'y a pas l'alternance contraction / relâchement des muscles qui favorise la circulation ; ceux-ci sont contractés pour maintenir la posture. De ce fait, les toxines générées par la contraction musculaire s'évacuent lentement et la fatigue apparaît.

> Indiquer et justifier le dommage pouvant en résulter à long terme au niveau des membres inférieurs.

Le retour veineux se faisant moins bien, le sang tend à stagner dans les valvules, ce qui favorise l'apparition des varices.

**2/** Définir les TMS puis justifier pourquoi Karène y est particulièrement exposée. ... / 3 pts

Les troubles musculo-squelettiques (ou TMS) sont une atteinte des tissus mous (muscles, tendons, nerfs) se trouvant au niveau d'une articulation et résultant d'une hyper-sollicitation de celle-ci. Elles regroupent de multiples pathologies occasionnant gêne et douleur. Karène y est très exposée car elle a des postures contraignantes et effectue des gestes répétitifs (mains, bras, épaules).

**3/** Indiquer et justifier la position que doit adopter Karène pour soulever les cartons de produits livrés. ... / 4 pts

Position : jambes fléchies, dos droit, bras tendus, pieds légèrement décalés et écartés.
Il faut garder le dos bien droit afin que les pressions s'exerçant sur les disques intervertébraux ne soient pas trop élevées pour éviter toute lésion de ceux-ci.

**4/** Expliquer l'indication « CMR » repérée sur l'étiquette du produit détergent désinfectant utilisé pour l'entretien du salon. ... / 1 pt

Ce produit contient des substances dites cancérigènes, mutagènes et toxiques pour la reproduction.

# Déterminer les effets physiopathologiques de la charge mentale

**OBJECTIF**

> Être capable d'expliquer la place de la charge mentale dans le coût du travail et le mécanisme d'apparition du stress pour mieux le maîtriser.

**Tout travail a un coût pour l'individu qui l'exécute.** On peut le représenter par un système comportant les deux composantes en interaction de ce coût : la charge physique et la charge mentale.

La charge physique correspond à l'activité physique réalisée avec les différents facteurs contribuant à sa pénibilité.

La charge mentale comprend la charge mentale psychologique ou cognitive qui correspond aux différentes sollicitations du cerveau (traitement de l'information, réflexion, mémorisation). Elle comprend également la charge mentale psychique ou affective qui correspond aux ressentis et aux émotions au cours de la tâche (responsabilités, cadences...). Une charge mentale psychologique et/ou affective trop forte est à l'origine des risques psychosociaux qui génèrent le stress au travail.

## 1 Identifier la finalité du système

- **Système :** coût du travail pour l'individu.
- **Finalité :** réalisation d'une tâche.

## 2 Identifier les éléments du système

Dans le texte de la situation :

**1/** Retrouver les deux axes du système.

> La charge physique.

> La charge mentale.

**2/** Indiquer les deux composantes de la charge mentale.

> La charge mentale psychologique ou cognitive.

> La charge mentale psychique ou affective.

**3/** Retrouver les risques professionnels en relation avec la charge mentale.

Ce sont les risques psychosociaux.

## 3 Mettre en relation les éléments du système

**1/** Compléter le schéma du système à l'aide des éléments suivants :

❶ charge physique / ❷ risques psychosociaux / ❸ charge mentale / ❹ charge mentale affective / ❺ charge mentale psychologique

**2/** Reporter dans le pavé central le système et sa finalité trouvés à l'étape 1.

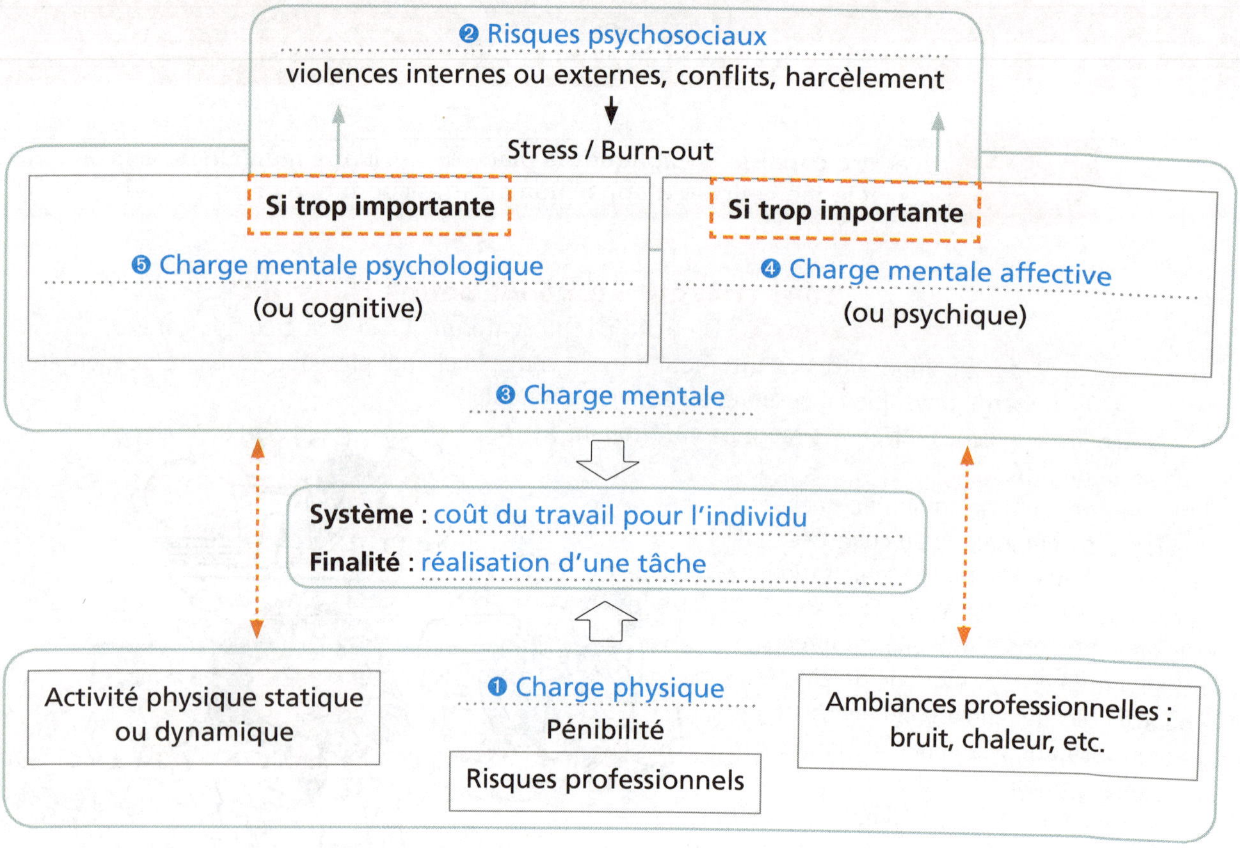


## 4 Mobiliser des connaissances utiles

Pour comprendre le système, je réalise les **Activités 1** à **4** de la séquence 23.

## 5 S'inscrire dans le système

Retrouver pour votre secteur professionnel :

**1/** Des éléments qui constituent la charge mentale psychologique.

La réponse à cette question étant bien spécifique à un secteur professionnel, un corrigé type ne peut pas être donné dans le cadre de cet ouvrage.

**2/** Des éléments qui constituent la charge mentale affective.

La réponse à cette question étant bien spécifique à un secteur professionnel, un corrigé type ne peut pas être donné dans le cadre de cet ouvrage.

**3/** Les facteurs de stress.

La réponse à cette question étant bien spécifique à un secteur professionnel, un corrigé type ne peut pas être donné dans le cadre de cet ouvrage.

**Remarque** : la charge physique traitée dans les risques liés à l'activité physique de la séquence 22 ne sera pas abordée ici.

# MOBILISER DES CONNAISSANCES UTILES

Une charge mentale excessive génère des effets physiologiques qui peuvent s'avérer nocifs. En connaître le mécanisme permet une meilleure prévention.

## → ACTIVITÉ 1 - Charge mentale psychologique et affective C14 C22 C23

1. Souligner dans le **doc. 2** et à l'aide du **doc. 1** :
> en bleu, les composantes appartenant à la charge mentale psychologique ou cognitive.
> en vert, les composantes appartenant à la charge mentale affective.

### DOC. 1 Définition de la charge mentale

La charge mentale comprend la charge psychologique et la charge affective.
- La charge mentale psychologique ou cognitive correspond au niveau d'effort mental (traitement de l'information, analyse, mémorisation, contraintes de temps ou de délai...) nécessaire pour accomplir une tâche.
- La charge mentale affective ou psychique correspond à toutes les pollutions affectives qui peuvent affecter le travail intellectuel (anxiété, angoisse, répétition et monotonie du travail, interruption du travail, poids de la hiérarchie, etc.). Elle inclut la charge sociale liée aux rapports avec les personnes.

### DOC. 2 Composantes de la charge mentale d'après les enquêtes SUMER

Les enquêtes SUMER commanditées par le ministère du Travail analysent les éléments de la charge mentale suivants :

**D1 – Travail dans l'urgence**
→ Obligation de se dépêcher
→ Abandon d'une tâche pour une autre non prévue
→ Impossibilité de respecter à la fois la qualité et les délais

**D2 – Responsabilités**
→ Conséquences d'une erreur dans le travail

**D3 – Moyens pour effectuer son travail**
→ Moyens pour effectuer correctement son travail

**D4 – Exigences de travail**
→ Tâches monotones et complexes
→ Le travail implique de lire ou d'écrire des documents
→ Le travail permet-il d'apprendre des choses nouvelles ?
→ Attention et vigilance

**D5 – Tensions**
→ Situations de tension
→ Exposition à des agressions verbales ou physiques
→ Recevoir des ordres contradictoires
→ Contact avec personnes en détresse, devoir calmer les gens

**D6 – Évaluation et soutenabilité du travail**
→ Impact de la façon de travailler sur la rémunération et la carrière
→ Entretiens d'évaluation
→ Souhaits et craintes sur l'avenir de son emploi

© Ministère du Travail, de l'Emploi, de la Formation professionnelle et du Dialogue social, http://travail-emploi.gouv.fr

**2.** Proposer une définition de la charge mentale à l'aide de la **consigne 1** et des **doc. 1** et **2** (p. 297).

La charge mentale correspond aux sollicitations mentales du cerveau pendant l'exécution d'un travail telles que le traitement de l'information, la mémorisation ou la prise de décision, auxquelles s'ajoutent les sentiments et les émotions perçus.

**3.** Indiquer, pour chaque situation, la charge mentale subie en cochant la bonne colonne du tableau.

| Situations | Charge mentale psychologique | Charge mentale affective |
|---|---|---|
| **A.** Stagiaire dans une maison de retraite, Mélissa doit aider des résidents atteints de la maladie d'Alzheimer à prendre leur repas ; elle a des difficultés à s'habituer à la maladie. | | ✗ |
| **B.** Stagiaire dans une grande surface, Max participe au contrôle des livraisons, tâche qui nécessite de vérifier de nombreux paramètres et de compléter les documents de traçabilité. | ✗ | |
| **C.** Affectée à l'accueil, Sandra doit répondre au téléphone, renseigner correctement les visiteurs, sans oublier de compléter un certain nombre de documents dont elle a la charge. | ✗ | |
| **D.** En stage dans un atelier, Ali se fait régulièrement réprimander par son tuteur ; il est angoissé à l'idée de mal faire son travail. | | ✗ |

**4.** > Souligner dans le **doc. 3** la définition des risques psychosociaux.

> Justifier pourquoi ils résultent d'une charge mentale excessive.

On constate que les facteurs à l'origine des risques psychosociaux correspondent aux composantes de la charge mentale énoncées dans le **doc. 2**.

**DOC. 3** **Les risques psychosociaux**

Sont regroupés sous l'intitulé « risques psychosociaux » (RPS) : le stress au travail, les violences internes (harcèlement moral) et externes (par des personnes extérieures à l'entreprise à l'encontre des salariés). Le stress n'est qu'une manifestation de RPS, mais il est le mieux défini et le plus employé (parfois mal à propos).

Facteurs à l'origine de RPS :

- **Exigences de travail et son organisation** (facteurs organisationnels) : autonomie dans le travail, degré d'exigence en matière de qualité et/ou de délais, vigilance et concentration requises, ordres contradictoires.
- **Management et relations de travail** (facteurs psychologiques) : nature et qualité de la relation avec les collègues, les supérieurs, reconnaissance, rémunération, justice organisationnelle.
- **Prise en compte des valeurs et attentes des personnes** : développement des compétences, équilibre entre vie personnelle et professionnelle, conflits d'éthique.
- **Changements du travail** : mutation, nouvelles technologies, sécurité de l'emploi, restructurations.

© J. Arpoulet et R. Ghirenghelli, Université de Bordeaux Segalen.

## ACTIVITÉ 2 - Les causes du stress C13 C14 C24

**1.** Retrouver dans le **doc. 4** dans quel cas survient une situation de stress.

Il y a stress lorsque l'individu pense ne pas avoir les ressources suffisantes pour gérer la situation et se sent dépassé par celle-ci.

**2.** Indiquer, à l'aide du **doc. 4** et de votre vécu, quatre facteurs de stress dans votre environnement professionnel et dans votre vie quotidienne.

> Contrôles
> Examens
> Entretiens d'embauche
> Situations conflictuelles

**3.** Expliquer, à l'aide du **doc. 5**, dans quel contexte se situent les sujets victimes du stress au travail ; justifier cette particularité.

Il s'agit de sujets soumis à une forte charge mentale psychologique et ayant une faible latitude décisionnelle. On peut comprendre cette situation de stress car les individus se sentent enfermés dans une situation dans laquelle ils disposent de peu de marge de manœuvre pour la gérer.

### DOC. 4 Qu'est-ce que le stress ?

On parle de stress au travail quand une personne ressent un déséquilibre entre ce qu'on lui demande de faire dans le cadre professionnel et les ressources dont elle dispose pour y répondre.

Les situations stressantes qui s'installent dans la durée ont toujours un coût pour la santé des individus qui les subissent.

Elles ont également des répercussions négatives sur le fonctionnement des entreprises : turn-over, journées de travail perdues, perte de qualité de la production, démotivation parmi les équipes, etc.

© INRS, « Stress au travail – Privilégier la prévention collective ».

### DOC. 5 Environnement professionnel et niveau de tension observé

Le schéma ci-dessous représente le niveau de tension des travailleurs observé selon la demande psychologique et la latitude décisionnelle (d'après les enquêtes SUMER).

- **La demande psychologique** (axe des ordonnées) est la charge psychologique associée à l'exécution des tâches, à la quantité et à la complexité de celles-ci, aux tâches imprévues, aux contraintes de temps, aux interruptions et aux demandes contradictoires.
- **La latitude décisionnelle** (axe des abscisses) prend en compte à la fois l'autonomie décisionnelle (possibilité de choisir sa façon de travailler et de participer aux décisions qui s'y rattachent) et l'utilisation des compétences (possibilité d'utiliser ses propres compétences et d'en développer de nouvelles).

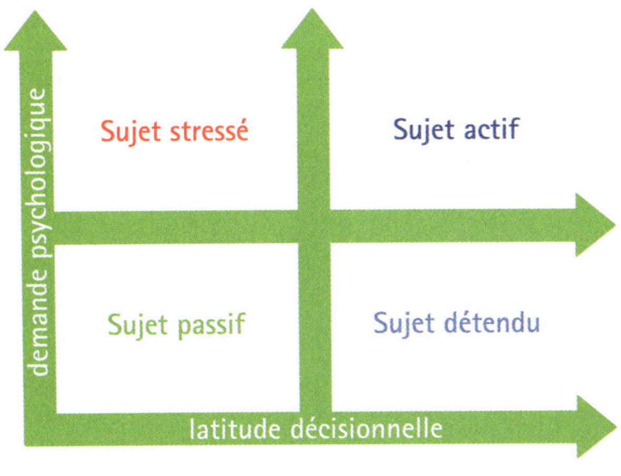

DOC. 6 **Les mécanismes physiologiques mis en œuvre dans le stress**

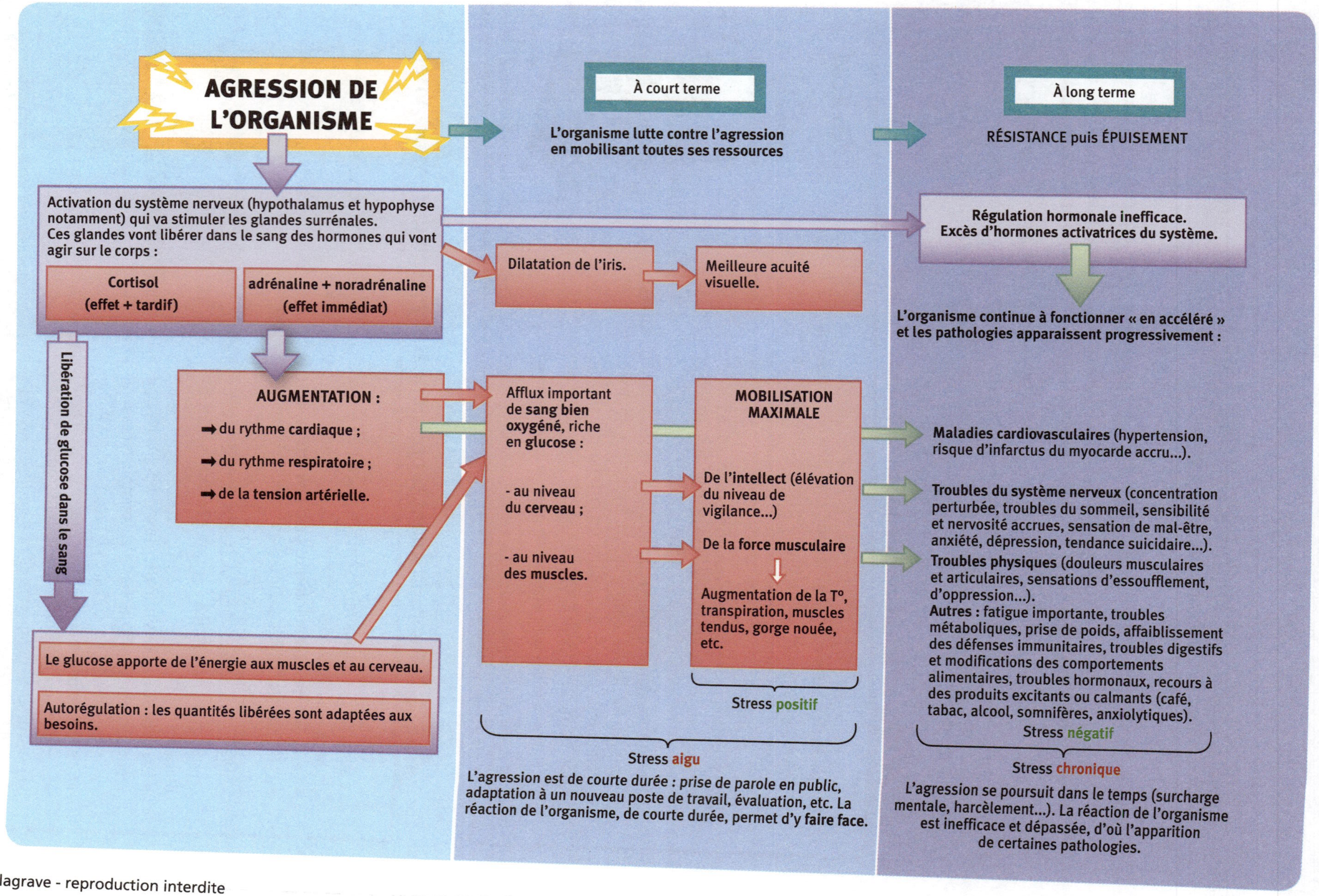

## → ACTIVITÉ 3 - Le mécanisme physiologique du stress et ses effets C13 C23 C24

À partir du **doc. 6** (p. 300) :

**1.** Résumer le mécanisme physiologique mis en œuvre lors du stress.

Face à une agression de l'organisme, la production d'hormones augmente les rythmes cardiaque et respiratoire ainsi que la glycémie. L'afflux de sang oxygéné et riche en glucose au niveau des muscles et du cerveau entraîne une mobilisation optimale de l'intellect et de la force musculaire pour faire face à l'agression.

**2.** > Indiquer les effets du stress sur l'organisme à court terme (stress aigu).

Les rythmes cardiaque et respiratoire s'accélèrent, la glycémie s'élève. De ce fait, cerveau et muscles ont un approvisionnement optimal.

> En déduire pourquoi on parle de bon stress ou de stress positif.

Ce phénomène a pour conséquence une mobilisation maximale de l'intellect et de la force musculaire, ce qui permet de faire face à l'« agression » : l'organisme est en phase de résistance.

**3.** > Indiquer et justifier les trois principaux effets pathologiques du stress à long terme (stress chronique).

→ Maladies cardiovasculaires car cet appareil est trop sollicité.

→ Troubles du système nerveux : l'intellect et le niveau de vigilance sont en mobilisation maximale sur le long terme (troubles du sommeil, nervosité, dépression...).

→ Troubles physiques : ils résultent de la sollicitation chronique de divers appareils (douleurs musculaires, essoufflement, oppression...).

> En déduire pourquoi on parle de mauvais stress ou de stress négatif.

Le stress chronique génère des pathologies diverses pouvant être très graves : l'organisme est en phase d'épuisement.

**4.** Indiquer pourquoi le stress n'est pas à proprement parler un risque psychosocial même s'il est souvent classé parmi ceux-ci.

Le stress est la réaction de l'organisme à l'agression que constituent les risques psychosociaux. Il est plus facilement perceptible et observable que les risques sociaux dont il est la résultante. On peut considérer qu'il est un dommage résultant des risques psychosociaux.

## → ACTIVITÉ 4 - Du stress chronique au burn-out C13

**1.** justifier pourquoi le stress chronique représente un danger important pour tout individu.

Il peut être à l'origine de nombreuses pathologies résultant d'une hypersollicitation de l'organisme.
Il peut dégénérer en épuisement professionnel ou burn-out.

**2.** Souligner dans le **doc. 7** les signes du burn-out.

**3.** Indiquer par quel processus apparaît le burn-out.

Le travail occupe peu à peu toute la vie de l'individu ne laissant plus aucun espace pour sa vie personnelle et sociale.

**4.** Expliquer pourquoi le burn-out constitue une maladie extrêmement grave.

Plusieurs années sont parfois nécessaires pour s'en remettre ; il peut conduire au suicide.

### DOC. 7 le burn-out, absent des maladies professionnelles en France

Le burn-out ou syndrome de l'épuisement professionnel menace les travailleurs soumis à une pression importante et à un stress permanent.

Le travail gagne peu à peu l'ensemble de leur vie personnelle, sociale et psychologique ; il n'y a plus de place pour autre chose. Face à ce surmenage, divers troubles apparaissent progressivement : fatigue chronique, troubles du sommeil, irritabilité, migraines, maux de dos, perte de mémoire, symptômes d'angoisse ou de panique et enfin état dépressif pouvant conduire au suicide.

Pour lutter contre l'épuisement, le sujet utilise des substances addictives telles qu'anxiolitiques, somnifères, alcool ou tabac.

Le burn-out touchait essentiellement les travailleurs ayant des métiers relationnels, mais il gagne peu à peu tous les secteurs.

Les médecins du travail recommandent d'être conscient de ses limites, de consulter et de s'arrêter dès les premiers signes d'alerte. En effet, lorsque l'épuisement est trop important, il faut plusieurs mois, voire plusieurs années pour guérir.

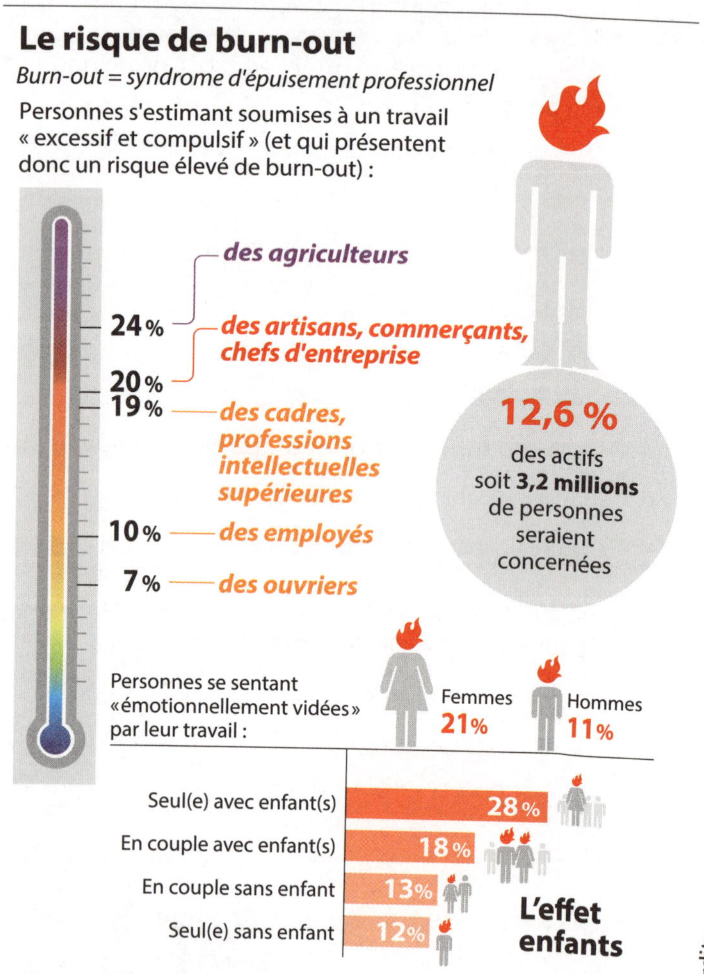


© Agence IDE.

Dans certains pays, il est reconnu comme maladie professionnelle. En France, la loi sur le dialogue social votée en 2015 comprend « un début de reconnaissance » du « burn-out », mais ce syndrome d'épuisement professionnel ne figurera pas au tableau des maladies professionnelles.

**Indiquer maintenant comment vous vous inscrivez dans le système qui situe la place de la charge mentale dans le coût du travail pour l'individu (étape 5, p. 296).**

# Activités de synthèse

## RÉCAPITULER

### 1. Compléter le tableau sur la charge mentale.

| Type de charge | Définition |
|---|---|
| Charge mentale | Ensemble des informations et contraintes (moyens, niveau d'urgence, de responsabilité, d'exigence…) qui doivent être prises en compte pour effectuer une tâche, ensemble auquel s'ajoutent des paramètres affectifs et sociaux (tensions, affectivité…). |
| Charge affective | Ensemble des sentiments (compassion, rancœur, jalousie…) et d'émotions qu'il faut maîtriser au cours de son activité professionnelle. |
| Charge psychologique | Effort mental nécessaire à la réalisation d'une tâche (traitement de l'information, analyse…). |

### 2. Compléter les textes à trous sur le stress.

→ Les facteurs de stress dans l'environnement sont :

- Une charge mentale élevée dans son travail.
- Les contraintes horaires.
- Le bruit.
- Les tensions.

→ Face à cette agression, il se produit dans l'organisme la réaction physiologique suivante : Il y a production d'hormones qui augmentent les rythmes cardiaque et respiratoire ainsi que la glycémie ; il y a afflux de sang oxygéné et riche en glucose au niveau des muscles et du cerveau.

→ Cette réaction entraîne :

- au niveau des muscles : mobilisation optimale de la force musculaire pour faire face à l'agression ;
- au niveau du cerveau : mobilisation optimale de l'intellect pour faire face à l'agression.

→ Cette réponse sur le court terme génère un stress aigu dit encore stress positif.

→ Mais si ce phénomène se poursuit à long terme, il génère un stress chronique dit encore stress négatif car il y a sollicitation excessive des appareils respiratoire et circulatoire et du système nerveux.

→ Il peut en résulter des pathologies graves telles que :

- des maladies cardiovasculaires ;
- des troubles du système nerveux ;
- des troubles physiques.

→ Un stress permanent peut conduire à l'épuisement professionnel ou burn-out.

# RETENIR

**CHARGE MENTALE**

**CHARGE PSYCHOLOGIQUE**
effort mental

+

**CHARGE AFFECTIVE**
ressenti, émotions

Si trop importante

**Risques psychosociaux**
Pressions, tensions, harcèlement, etc.

**STRESS**

**Autres agressions**
bruits, transports (métro, avion. . .), tensions familiales, etc.

**ALARME**

**Ensemble de réactions neurologiques et hormonales augmentant les rythmes cardiaque et respiratoire, la glycémie, etc.**
Muscles tendus, gorge nouée, transpiration, etc.
Stress aigu (stress qui peut être positif)

Mobilisation maximale de l'intellect et de la force musculaire pour réagir à l'agression.

**RÉSISTANCE PUIS ÉPUISEMENT**

**Si la réaction se poursuit dans le temps**
Apparition progressive de pathologies :
troubles du système nerveux,
maladies cardiovasculaires, etc.
Stress chronique (stress négatif)

**ÉPUISEMENT PROFESSIONNEL OU BURN-OUT**

## Approfondir

**Le burn-out, une maladie professionnelle ?** (2 min 06 s)

→ lienmini.fr/pse-vid23

**Vérifiez vos acquis !**

→ lienmini.fr/pse-qcm23

# Prévenir les risques liés à la charge mentale : approche par le travail

**OBJECTIF**

> Être capable de mettre en œuvre la démarche d'approche par le travail (ou démarche ergonomique) en vue de proposer des mesures de prévention.

**Dans un hypermarché,** la rédaction du document unique a mis en évidence plusieurs risques professionnels dont ceux liés à la charge mentale. Les caissières y sont particulièrement exposées : souvent jeunes et en CDD, elles sont victimes d'un stress important, d'une grande fatigue en fin de journée et souffrent parfois de TMS. Le travail d'enregistrement des articles et d'encaissement ne représente qu'une partie des tâches réelles effectuées. La caisse enregistreuse, outil de travail principal, se compose d'un tapis roulant, d'un scanner et d'un clavier vertical. L'environnement est bruyant, les cadences aux heures de pointe difficiles à maintenir (3 min par client), et les imprévus nombreux (marchandise détériorée, code-barres défectueux...). Ces derniers temps, le planning d'organisation est de plus en plus bouleversé suite à de multiples arrêts maladie. Il devient difficile d'assurer un service rapide et de qualité aux clients. La direction décide de mener une analyse approfondie des postes de caisse avec des partenaires de la prévention.

## 1 Identifier le problème ergonomique posé

Les arrêts de travail à répétition chez les caissières.

## 2 Identifier les éléments de la situation

**Qui** : quelles sont les personnes concernées ?

Les caissières.

**Quoi** : quel travail ont-elles à effectuer ?

L'enregistrement et l'encaissement.

**Où** : en quel lieu se situe la problématique ?

Dans un hypermarché.

**Avec quoi** : de quels matériels disposent-elles ?

Une caisse enregistreuse, un tapis roulant, un clavier vertical, un scanner.

**Comment** : quelles sont les contraintes ?

Assurer un service rapide et de qualité ; accorder 3 minutes maximum à chaque client.

## 3 Mettre en relation les éléments de la situation

Compléter le diagramme « causes-effet » à l'aide des éléments de la situation suivants :

❶ caisse enregistreuse / ❷ caissières / ❸ hypermarché / ❹ environnement bruyant / ❺ scanner / ❻ enregistrement des articles / ❼ imprévus nombreux / ❽ tapis roulant / ❾ 3 minutes par client / ❿ clavier vertical / ⓫ encaissement des articles / ⓬ saisie des articles / ⓭ jeunes et en CDD

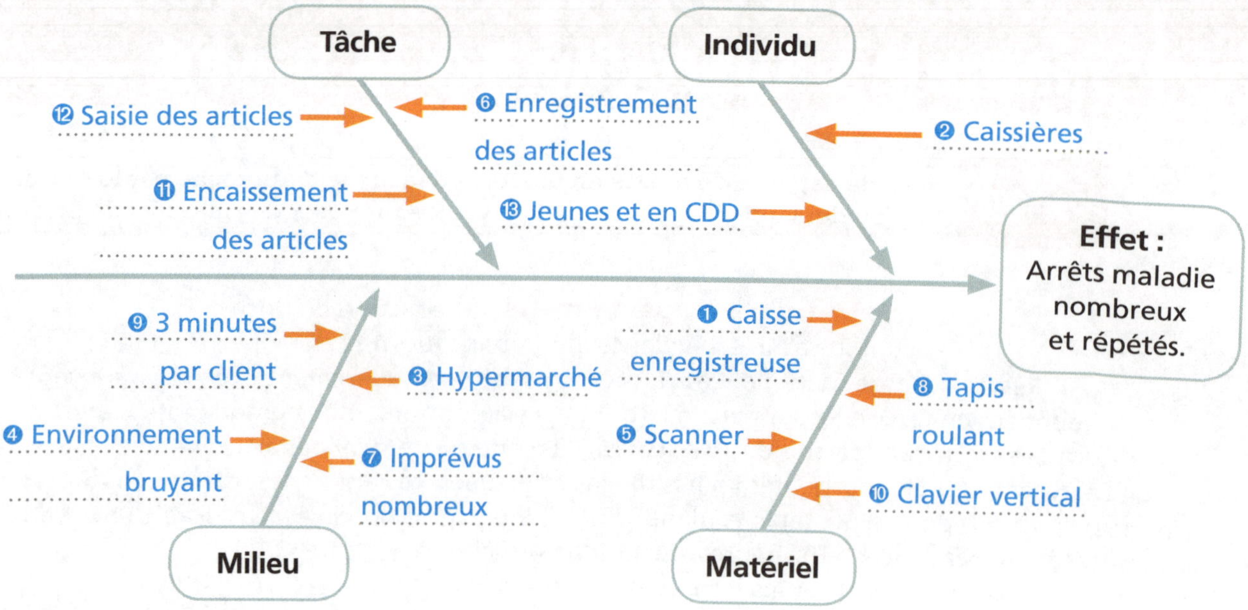


## 4 Mobiliser des connaissances utiles

Pour comprendre la situation et y apporter des solutions, en acquérant la méthode d'approche par le travail, je réalise les **Activités 1** à **3** de la séquence 24.

## 5 Proposer des mesures de prévention

Vous pouvez vous aider de la fiche de métiers « hôte de caisse d'hyper ou de supermarché » (rubrique 10) téléchargeable sur **www.bossons-fute.fr**

| Niveau 1<br>Prévention intrinsèque | Niveau 2<br>Protection collective et/ou individuelle | Niveau 3<br>Instructions/Formations du personnel |
|---|---|---|
| • Identification précise des événements prévisibles.<br>• Organisation de plannings fixes. | • Saisie des codes-barres sans manipulation des produits lourds.<br>• Limitation des bruits d'ambiance. | • Formation à la gestion des comportements inadaptés des clients.<br>• Formation à la gestion du stress. |

# MOBILISER DES CONNAISSANCES UTILES

Dans l'entreprise, un problème lié à la charge mentale au travail est détectable par l'observation de plusieurs indicateurs : absentéisme, plaintes des opérateurs, maladies professionnelles. L'employeur peut mener, avec les partenaires de la prévention, une analyse approfondie des situations de travail. L'approche par le travail est une prise en compte globale du contexte professionnel. Elle vient renforcer l'approche par les risques pour prévenir des risques d'atteinte à la santé sur le long terme, pour rechercher et prévenir des risques cachés. Pour ce faire, elle utilise les principes de l'ergonomie.

## → ACTIVITÉ 1 - Définition de l'ergonomie C11

• Souligner dans le **doc. 1** les composantes essentielles des définitions de l'ergonomie.

**DOC. 1** **Qu'est-ce que l'ergonomie ?**

• **Société d'Ergonomie de Langue Française :**

L'ergonomie est la mise en œuvre de connaissances scientifiques relatives à l'homme et nécessaires pour concevoir des outils, des machines et des dispositifs qui puissent être utilisés par le plus grand nombre avec le maximum de sécurité.

• **F. Daniellou :**

L'ergonomie étudie l'activité de travail afin de mieux contribuer à la conception des moyens de travail adaptés aux caractéristiques physiologiques et psychologiques de l'être humain, avec des critères de santé et d'efficacité économique.

## → ACTIVITÉ 2 - Étapes de l'approche par le travail C13 C14 C22 C34

La méthodologie de l'approche par le travail (ou démarche ergonomique) est détaillée dans les **Fiche méthode N$^{os}$ 4** et **5** de l'ouvrage. Il est indispensable de s'y référer pour réaliser cette activité.

**1.** Identifier le problème ergonomique (étape ❶) posé au travers des données recueillies dans différentes entreprises.

| Situations | Problèmes ergonomiques |
|---|---|
| **A.** L'**usine Toutbois** fabrique des meubles en pin et en médium. Depuis 6 mois, le médecin du travail enregistre une augmentation de TMS (troubles musculo-squelettiques). | Recrudescence du nombre de TMS (maladie professionnelle). |
| **B.** La **société IMA** a été restructurée il y a 6 mois. Les tâches ont été redistribuées mais la direction doit faire face à une conséquence qu'elle n'avait pas prévue : des arrêts de travail répétés, en particulier sur la chaîne de montage. | Arrêts de travail répétés sur la chaîne de montage. |
| **C.** Le service des méthodes de l'**entreprise SALADOR** a modifié les cadences des chaînes de conditionnement. Depuis, les agents de maîtrise enregistrent de nombreuses plaintes. | Plaintes des opérateurs sur les chaînes de conditionnement. |

**2.** Illustrer les composantes du schéma de compréhension (étape ❷) à partir de la situation professionnelle (p. 305). S'aider de la **Fiche méthode N° 4** de l'ouvrage.

| Éléments du schéma de compréhension | Deux illustrations |
|---|---|
| **Déterminant « Opérateur »**<br>Exemples : âge, taille, sexe, état de santé, qualification, ancienneté, tenue professionnelle, type de contrat. | • Femmes jeunes<br>• Contrat à durée déterminée (CDD) |
| **Déterminant « Entreprise »**<br>Exemples : outils et machines, ambiances professionnelles, organisation du travail. | • Bruits<br>• Cadences élevées |
| **Effets sur l'opérateur**<br>Exemples : satisfaction, intérêt, ennui, stress, fatigue, douleurs diverses, arrêts de travail. | • Stress<br>• Fatigue, TMS |
| **Effets sur l'entreprise**<br>Exemples : qualité du travail, arrêts maladie, délais de livraison, satisfaction des clients | • Non-satisfaction des clients<br>• Désorganisation des postes de travail<br>• Arrêt maladie |

**3.** Différencier travail prescrit / travail réel, tâches / activités. S'aider du **doc. 2**.

| Propositions | Travail prescrit | Travail réel | |
|---|---|---|---|
| | | Tâches | Activités |
| **A.** Enregistrer et encaisser des achats. | ✘ | | |
| **B.** Accueillir le client. | | ✘ | |
| **C.** Saisir un article sur le tapis roulant. | | | ✘ |
| **D.** Maintenir son espace de travail propre. | | ✘ | |
| **E.** Appliquer un chiffon nettoyant sur le tapis roulant. | | | ✘ |

DOC. 2

## Travail prescrit et travail réel

- **Travail prescrit** : c'est le travail défini par l'entreprise et donné à l'opérateur.
Ex. : usiner 5 000 pièces par jour ; vendre 30 portables par jour.

- **Travail réel** : c'est le travail mis en œuvre concrètement.
Il se décompose en **tâches** et **activités** :
– **Tâche réelle** (ce que l'opérateur fait) : tâche réalisée par l'opérateur en fonction des exigences de chaque situation. Elle se décrit en termes d'actions sur les objets et l'environnement.
Ex. : contrôler les pièces usinées ; faire une démonstration au client.
– **Activité réelle** (comment l'opérateur le fait) : description des actions physiques, mentales et sensorielles développées pour accomplir la tâche.
Ex. : peser et mesurer les pièces brutes ; soulever un carton contenant des portables.

4. À l'aide du **doc. 3**, repérer les liens de causalité entre les éléments de la situation et l'hypothèse (étape ❸) en soulignant dans l'exemple de formulation d'hypothèse ci-dessous :

> les déterminants ;

> l'activité ;

> les effets sur l'homme.

**EXEMPLE DE FORMULATION D'HYPOTHÈSE**

- **Il semble que les faits suivants :**

→ les cadences élevées (3 minutes par client),

→ l'organisation perturbée par des arrêts de travail,

- **conduisent l'opérateur :**

→ à adopter un rythme de travail très soutenu,

- **ce qui entraîne :**

→ stress et fatigue en fin de journée.

DOC. 3 **Liens de causalité (méthode prospective)**

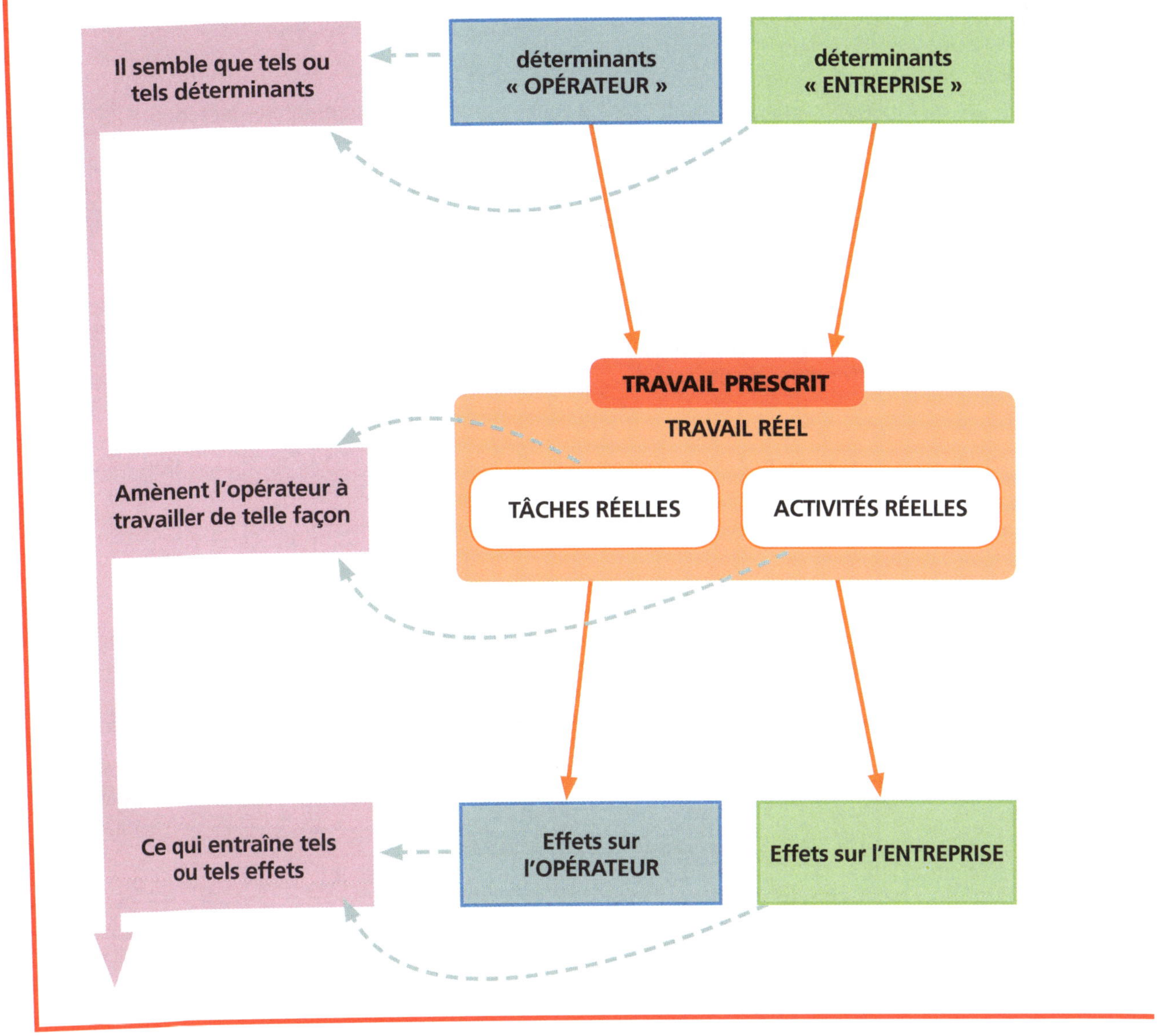

**5.** Citer au moins deux outils pertinents pour valider l'hypothèse énoncée à la **consigne 4** (étape ❹). S'aider du **doc. 4**.

> Enquête (questionnaire de Karasek)

> Chronogramme de l'activité, etc.

## DOC. 4 Outils de validation d'hypothèses

- **Enquêtes ou témoignages**

Ex. : le questionnaire de Karasek (extraits) : c'est un des outils utilisés pour évaluer la charge mentale.

**› DEMANDE PSYCHOLOGIQUE**

**→ Quantité – Rapidité**

Q10 - Mon travail me demande de travailler très vite.
Q12 - On me demande d'effectuer une quantité de travail excessive.
Q13 - Je dispose du temps nécessaire pour exécuter correctement mon travail.

**› LATITUDE DÉCISIONNELLE**

**→ Latitude ou Marges de manœuvre**

Q4 - Mon travail me permet de prendre souvent des décisions moi-même.
Q6 - Dans ma tâche, j'ai très peu de libertés pour décider comment je fais mon travail.
Q8 - J'ai la possibilité d'influencer le déroulement de mon travail.

**› SOUTIEN SOCIAL**

**→ Le soutien professionnel**

**– par les supérieurs :**

Q22 - Mon supérieur réussit facilement à faire collaborer ses subordonnés.
Q21 - Mon supérieur m'aide à mener ma tâche à bien.

**– par les collègues :**

Q23 - Les collègues avec qui je travaille sont des gens professionnellement compétents.

- **Chronogrammes de l'activité**

C'est une représentation graphique mettant en relation l'activité et la durée.

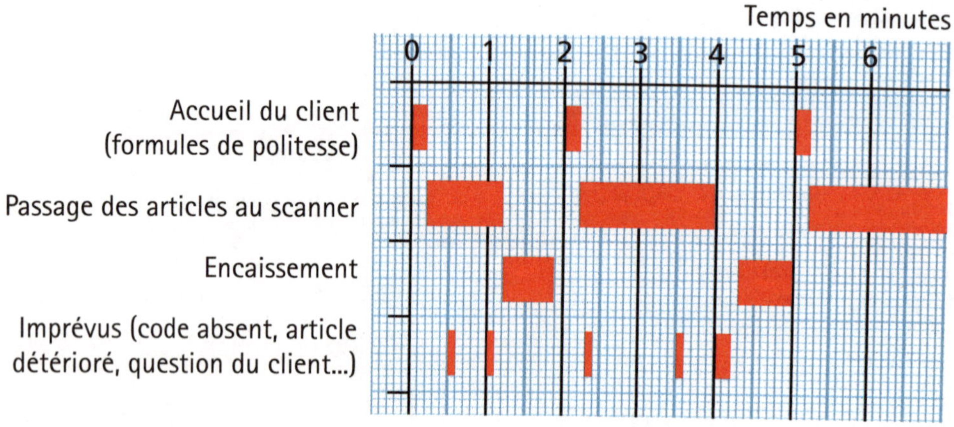


- **Analyse des postures** (voir Fiche méthode N° 4 de l'ouvrage, étape ❹).

| | Rotation du tronc à droite  | Rotation du tronc à gauche  | Pousse la charge  |
|---|---|---|---|
| Durée (client 1) | 1 minute | 45 secondes | 1 minute |

- **Vidéos, photographies.**

## ACTIVITÉ 3 - Mise en œuvre de l'approche par le travail C34

### DOC. 5 Description de l'activité professionnelle de Marie

• Marie, 26 ans, titulaire d'un CAP employé de commerce multi-spécialités, est embauchée depuis 18 mois dans un hypermarché situé à une heure de transport de son domicile. Elle a un contrat de travail à durée indéterminée à temps partiel (30 heures par semaine). Ses horaires sont variables, une semaine type se déroule ainsi :

| | | | | | |
|---|---|---|---|---|---|
| Lundi<br>9h–14h30 | Mardi<br>Repos | Mercredi<br>15h–20h45 | Jeudi<br>9h-11h30 /<br>14h30-16h45 | Vendredi<br>15h15-21h15 | Samedi<br>10h30-13h30 /<br>14h30-19h30 |

Elle bénéficie d'un samedi libre toutes les 8 semaines. La prise de pause est décidée par la chef d'équipe. Ces horaires irréguliers empêchent Marie de s'investir dans une activité de loisir et ne lui permettent pas d'avoir une vie de famille équilibrée.

Sous contrôle permanent de sa hiérarchie, elle doit respecter une durée moyenne de 3 minutes par client. La relation avec les clients est peu satisfaisante, allant de l'agression verbale en période de forte affluence à l'indifférence en temps normal.

Les imprévus à gérer sont nombreux dans son travail : opérations promotionnelles non enregistrées, code-barres illisible ou défectueux, casse de produit.

• **Son travail consiste à :**

→ accueillir chaque client (sourire et formules de politesse obligatoires) ;
→ enregistrer les articles et les déposer en bout de caisse ;
→ contrôler que tous les produits ont été présentés par le client ;
→ encaisser le montant des achats, saisir éventuellement la carte de fidélité ;
→ établir la comptabilité de la caisse en début et en fin de journée ;
→ maintenir son espace de travail propre.

Pour enregistrer les articles, toutes les 3 secondes, elle saisit par rotation droite du tronc un article, le passe devant le scanner (elle vérifie soit visuellement, soit en écoutant le bip sonore la prise en compte du code-barres) puis par rotation gauche du tronc évacue les articles scannés.

Depuis un mois, Marie doit faire face à des horaires qui changent d'une semaine sur l'autre en raison d'arrêts maladie répétés de collègues. Elle accepte toujours ces contraintes horaires mais n'a pourtant pas le sentiment que ses efforts sont remarqués. Ils sont plutôt mal vus de ses camarades de travail et l'ambiance entre elles est tendue.

Marie a eu un arrêt maladie de 7 jours en raison d'une grande fatigue nerveuse et physique. Elle a repris le travail avec appréhension et souffre depuis peu d'une douleur lancinante à l'épaule droite.

• **Son environnement professionnel :**

→ caisse enregistreuse avec clavier, scanner, tapis roulant, rouleaux glissants, désactiveur d'antivols ;
→ packs de marchandise (jusqu'à 8 kg), 250 kg en moyenne manipulés par heure ;
→ poste en sortie de magasin près des portes : courants d'air, chaleur, froid ;
→ exposition au bruit : animations, musique d'ambiance ;
→ éclairage artificiel éblouissant ;
→ poste de travail exigu ;
→ tenue professionnelle imposée (différente selon les saisons).

## 1. Identifier le problème ergonomique posé par l'entreprise (étape ❶)

La direction de cet hypermarché, alertée par les arrêts de travail répétés des caissières et informée de la mauvaise ambiance, décide de se lancer dans une démarche de prévention.

## 2. Décrire et analyser la situation (étape ❷)

> À partir de la description de la situation professionnelle de Marie dans le **doc. 5** (p. 311), compléter le schéma de compréhension du **doc. 6**.

**Consigne de travail :** relever les tâches et détailler les activités uniquement pour la tâche surlignée en jaune dans le **doc. 5**.

DOC. 6 **Schéma de compréhension de l'activité de Marie**

**déterminants « OPÉRATEUR »**
- Femme, 26 ans, CAP ECMS
- CDI à temps partiel
- Domicile à 1 heure (transport en commun)

**déterminants « ENTREPRISE »**
- Hypermarché
- Horaires et pauses variables
- Rythme de 3 minutes par client
- Charges de 8 kg maxi, 250 kg/heure maximum
- Chaleur, froid, intensité sonore élevée, éclairage éblouissant
- Poste de caisse exigu
- Contrôle permanent de la hiérarchie

**TRAVAIL PRESCRIT**
- Saisie et encaissement des produits présentés par les clients

**TRAVAIL RÉEL**

**TÂCHES RÉELLES**
- Accueillir le client
- Enregistrer les articles et les déposer en bout de caisse
- Contrôler les produits présentés par le client
- Encaisser le montant des achats
- Saisir la carte de fidélité
- Établir la comptabilité de la caisse en début et en fin de journée
- Maintenir son espace de travail propre
- Gérer les imprévus

**ACTIVITÉS RÉELLES**

Uniquement sur la tâche « enregistrer les articles et les déposer en bout de caisse ».
- Saisit un article (un toutes les 3 secondes) par rotation droite du tronc
- Passe l'article au scanner en le maintenant en l'air
- Écoute le bip sonore
- Vérifie visuellement que l'article est scanné
- Évacue les articles par rotation gauche du tronc

**Effets sur l'OPÉRATEUR**
- Fatigue nerveuse et physique
- Relations clientèle insatisfaisantes
- Relations avec les collègues conflictuelles
- Difficulté d'organisation de la vie familiale
- Absence de loisirs programmés
- Douleur à l'épaule droite
- Arrêt de travail de 7 jours
- Manque de reconnaissance de la hiérarchie

**Effets sur l'ENTREPRISE**
- Arrêt de travail 7 jours
- Flexibilité des horaires
- Ambiance de travail dégradée

## 3. Formuler des hypothèses (étape ❸)

> Formuler une hypothèse relative à l'effet « grande fatigue nerveuse et physique ». Plusieurs hypothèses sont possibles.

- **Il semble que les faits suivants :**

→ les horaires et les pauses non maîtrisés,

→ de nombreux imprévus à gérer,

→ de mauvaises relations avec les collègues,

→ l'éloignement de son domicile,

→ la cadence de travail imposée,

→ le contrôle permanent exercé par la hiérarchie

- **conduisent Marie :**

→ à accepter tous les horaires et à accélérer la cadence de travail,

- **ce qui entraîne :**

→ une grande fatigue nerveuse et physique.

## 4. Valider les hypothèses (étape ❹)

> Proposer une méthode de vérification pour cette hypothèse.

| Hypothèse proposée | Méthode de vérification de l'hypothèse |
|---|---|
| **Il semble que le fait que** des imprévus surviennent, **conduit Marie** à accélérer la cadence de travail, **ce qui entraîne** un stress important. | Mesurer et faire figurer sur un chronogramme les moments et la durée des incidents (= imprévus) soit en observant, soit en filmant une journée de travail. |

## 5. Proposer des solutions (étape ❺)

> À partir des **doc. 7 à 9** (p. 314), et de la fiche métier « Hôte de caisse d'hyper ou de supermarché » (§ 10 « actions préventives ») téléchargée sur le site **www.bossons-fute.fr**, proposer des pistes d'amélioration et les hiérarchiser dans le tableau ci-dessous.

| Niveau 1<br>Prévention intrinsèque | Niveau 2<br>Protection collective et/ou individuelle | Niveau 3<br>Instructions / Formations |
|---|---|---|
| • Faire choisir les horaires par les caissières.<br>• Opérer des rotations sur différentes caisses (caisse rapide...).<br>• Mettre en œuvre une polyvalence de tâches. | • Prévoir des caisses de dimensions suffisantes.<br>• Prévoir la saisie des codes-barres sans manipulation pour les produits lourds et des packs avec prise facile (anse).<br>• Prévoir des chariots permettant le rangement des packs en hauteur et non au fond du chariot. | • Organiser des actions de formation à la gestion des situations difficiles (clients mécontents).<br>• Former les directions au respect du personnel et à la gestion participative.<br>• Formation PRAPE. |

## DOC. 7 Des horaires à la carte

C'est dans le magasin Carrefour de Brest que les horaires choisis par les caissières ont été rodés en premier. Ce mode d'organisation permet aux caissières, toutes les quatre semaines, de se mettre d'accord entre elles sur leur grille horaire personnelle, en fonction du plan de charge du magasin bien sûr. Selon les enquêtes menées par Carrefour France, 92 % des caissières sont aujourd'hui favorables à ce système. « Ce n'est donc plus la hiérarchie qui fait les horaires », souligne la responsable nationale des caisses.
Comment est-ce alors vécu par cette hiérarchie ? « Plutôt bien », répond cette ancienne caissière, car du coup, une autre relation s'établit entre la hiérarchie et les caissières : c'est une source de conflit qui a disparu, et ces dernières peuvent enfin s'organiser pendant le temps qu'elles ne passent pas au travail.

D'après la revue « Travail & Sécurité », octobre 2000.

## DOC. 8 Des pauses optimisées

Selon l'INRS, il est recommandé (en plus de la pause déjeuner) de prévoir au moins une pause le matin et une l'après-midi, chacune d'une durée de l'ordre de dix à quinze minutes. Cette durée permet en effet de quitter son poste de travail pour prendre une boisson, téléphoner, aller aux toilettes, etc.
Si l'organisation du travail le permet, il est préférable que le moment de prise de ces pauses soit choisi par le travailleur lui-même.
Ce système est utilisé dans de nombreuses entreprises, notamment dans le cas de travail à la chaîne et pour les caissières d'hyper et de supermarchés.

## DOC. 9 Exemples de prévention collective du stress

- **Adapter le travail** demandé aux capacités et aux ressources des salariés (en tenant compte de leur âge, par exemple).
- **Organiser le travail** pour le rendre stimulant et donner l'opportunité au personnel d'utiliser ses compétences.
- **Définir clairement les rôles et les responsabilités** de chacun.
- **Donner la possibilité** aux salariés **de participer aux décisions** et aux actions de changements qui affecteront leur travail.
- **Améliorer la communication interne et réduire les incertitudes.**
- **Faciliter les échanges et le dialogue social** entre tous les acteurs de l'entreprise.

D'autres types d'actions sur le stress au travail existent, avec des effets plus ou moins durables : gestion individuelle du stress (renforcer la résistance des salariés) et prise en charge des salariés en souffrance.

- **Renforcer la résistance au stress des salariés par :**

– des programmes de développement personnel (ou gestion individuelle du stress) associant souvent relaxation et techniques inspirées de la psychothérapie cognitive et comportementale. Ils visent à réduire l'état de stress d'une personne en modifiant la façon dont cette personne perçoit sa situation de travail ;
– des formations à la gestion des conflits ou à la détection précoce des agressions sont proposées aux salariés en contact direct avec un public parfois hostile.

Ces actions peuvent être efficaces pour les professionnels exposés à des situations de tension, en raison de la nature même de leur activité : contact direct avec le public, confrontation à la détresse, la souffrance, la maladie ou la mort.

© INRS, d'après le dossier web « Le stress au travail » - 15/12/2010.

Proposer maintenant des solutions pour les caissières de l'hypermarché (étape 5, p. 306).

# Activités de synthèse

## RÉCAPITULER

**Compléter les textes à trous.**

### La démarche d'approche par le travail

• L'approche par le travail vient renforcer l'approche par les risques.
Elle se caractérise par une démarche globale d'analyse de la situation professionnelle.

• Elle a pour finalité la proposition de mesures de prévention destinées à limiter ou éviter les risques d'atteintes à la santé sur le long terme.

• Elle se décompose en cinq étapes :

> Étape ❶ : identifier le problème ergonomique

> Étape ❷ : décrire et analyser la situation

> Étape ❸ : formuler des hypothèses

> Étape ❹ : valider des hypothèses

> Étape ❺ : proposer des solutions

### Les composantes du schéma de compréhension de la situation de travail

• Le schéma de compréhension de l'activité observée est constitué :

> des déterminants « opérateur » et « entreprise » ;

> du travail réel et du travail prescrit ;

> des effets sur l'opérateur et sur l'entreprise ;

• **Définitions**

Les déterminants « opérateur » sont constitués des éléments qui caractérisent l'opérateur.

Les déterminants « entreprise » sont constitués des éléments qui caractérisent l'entreprise.

Le travail prescrit est le travail défini par l'entreprise ; il se différencie du travail réel qui décrit le travail mis en œuvre concrètement par le salarié.

Le travail réel est un ensemble de tâches et d'activités :

> tâche réelle : ce que fait l'opérateur ;

> activité : comment il accomplit la tâche.

Les effets sur l'opérateur et sur l'entreprise listent les conséquences positives ou négatives.

### La formulation et la validation d'hypothèses

• L'hypothèse posée à partir d'un effet négatif choisi se construit en utilisant les différentes composantes du schéma de compréhension. Des liens de causalité sont mis en évidence.

• Pour passer à la proposition de mesures de prévention, l'hypothèse doit être validée par des observations complémentaires.

# RETENIR

## L'approche par le travail : démarche et outils

### Étape ❶ Identifier le problème ergonomique

- Origine de la démarche d'analyse.
- Ce sont des effets négatifs.

- **Analyse d'indicateurs** : taux d'absentéisme, turn-over, arrêts de travail, difficulté de recrutement sur un poste, déclaration de maladies professionnelles, plaintes des salariés, etc.

### Étape ❷ Décrire et analyser la situation

- Phase de recueil de données puis de mise en relation de ces données dans le schéma de compréhension de l'activité.

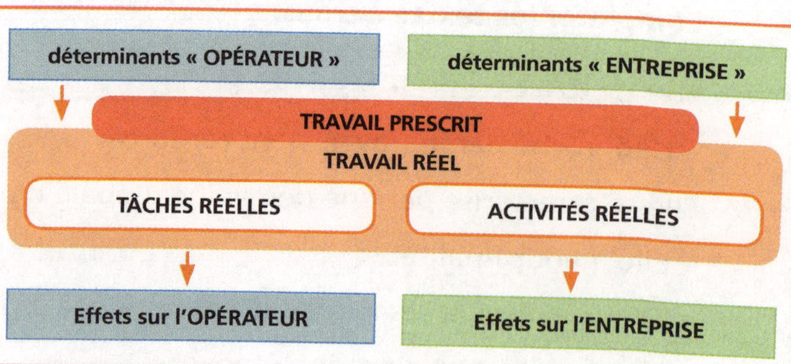


### Étape ❸ Formuler des hypothèses

- Identification de liens de causalité entre les différents éléments de la situation professionnelle pour expliquer un effet négatif.

Liens de causalité (méthode prospective)

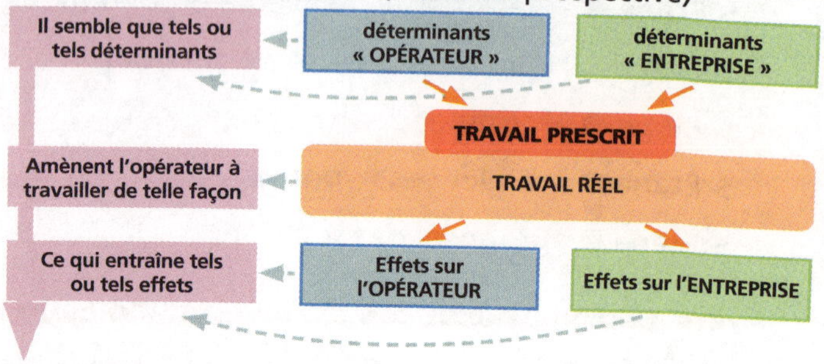


### Étape ❹ Valider les hypothèses

- Mise en œuvre d'observations complémentaires pour confirmer ou infirmer l'hypothèse.

**Observations complémentaires** : mesures de bruit, d'éclairement, observation des flux des matières premières, des déplacements de l'opérateur, etc.

Ex. : analyse de la posture

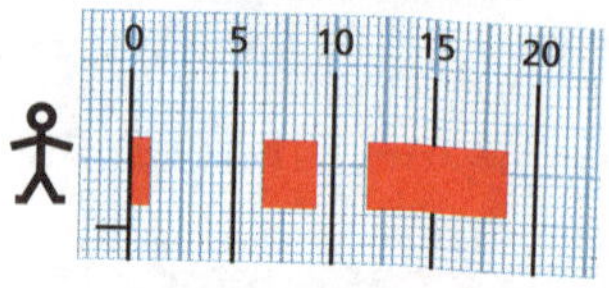


### Étape ❺ Proposer des solutions

- Proposition de solutions de prévention pour supprimer ou limiter les effets néfastes.

**Principes généraux de prévention** (loi du 31/12/1991)

1. Prévention intrinsèque
2. Protection collective et individuelle
3. Instructions/formations pour l'opérateur

# Approfondir

**Un film ergonomique** (5 min 07 s)

→ lienmini.fr/pse-vid24

**Vérifiez vos acquis !**

→ lienmini.fr/pse-qcm24

# Maîtriser le module 11

**Pauline, 23 ans,** est chargée de faire de la téléprospection dans un centre d'appel. Étudiante, elle travaille à temps partiel. Son travail consiste à obtenir des clients qu'elle a en ligne d'accepter un rendez-vous avec un commercial. Pour déclencher un appel, Pauline clique avec la souris sur la consigne « appel ». Ensuite, elle mène un entretien selon une procédure écrite qu'elle suit des yeux, ce qui laisse peu d'autonomie dans la gestion de l'appel. Elle recueille les données qu'elle saisit avec le clavier de l'ordinateur et met fin à la conversation par sélection sur l'écran de l'option adaptée (le client n'est pas dans la cible, rappeler plus tard, client pas intéressé). Pauline aimerait pouvoir se lever, faire quelques pas pour évacuer la tension mais c'est impossible car elle est soumise à des normes de rendement (au moins 110 appels par jour) et la hiérarchie est très présente par sa surveillance permanente. Alors que Pauline aurait besoin d'échanger sur des situations difficiles comme les agressions verbales qu'elle subit parfois, elle a peu de relations avec ses collègues en raison de la prise de pauses décalées et très courtes. En fin de journée, elle a mal au dos et il lui faut au moins deux heures pour évacuer le stress. C'est un métier qui use vite avec beaucoup de turn-over* et de nombreux arrêts maladie.

* Changement de personnel

## 1 Appliquer l'approche par le travail à la situation C34

**1/** Classer les éléments soulignés de la situation dans le schéma de compréhension. **... / 5,5 pts**

**Déterminants « OPÉRATEUR »**

- Pauline
- 23 ans
- Étudiante
- Temps partiel

**Déterminants « ENTREPRISE »**

- Ordinateur
- Procédure écrite
- Au moins 110 appels par jour
- Pauses décalées et très courtes
- Surveillance permanente (hiérarchie)

**TRAVAIL PRESCRIT**

- Faire de la téléprospection

**TRAVAIL RÉEL**

**TÂCHES RÉELLES**

- Déclencher un appel
- Mener un entretien
- Recueillir les données client
- Mettre fin à la conversation

**ACTIVITÉS RÉELLES**

- Clique avec la souris
- Saisit sur le clavier
- Sélectionne sur l'écran l'option adaptée

**Effets sur l'OPÉRATEUR**

- Mal au dos
- Stress
- Peu d'autonomie
- Peu de relations avec ses collègues

**Effets sur l'ENTREPRISE**

- Turn-over
- Arrêts maladie

**2/** Différencier le travail réel et le travail prescrit. **... / 3 pts**

> Le travail réel représente l'ensemble des tâches et activités réalisées par l'opérateur.

> Le travail prescrit représente ce que l'entreprise demande à l'opérateur.

**3/** Formuler une hypothèse relative à la situation de travail de Pauline. **... / 2 pts**

- **Il semble que les faits suivants :**
  → la procédure d'appel écrite,
  → des normes de rendement imposées,
  → la surveillance permanente exercée par la hiérarchie
- **conduisent Pauline :**
  → à ne pas avoir une grande autonomie,
- **ce qui entraîne :**
  → un stress important.

**4/** Classer les mesures de prévention ci-dessous en fonction de leur niveau. **... / 2,5 pts**

pauses régulières (toutes les 5 minutes) / formation à la gestion des situations d'agressions verbales / poste de travail permettant le changement de postures / formation à la gestion du stress / diminution du nombre d'appels attendus

| **Niveau 1** Prévention intrinsèque | **Niveau 2** Protection collective et/ou individuelle | **Niveau 3** Instructions/Formations du personnel |
|---|---|---|
| • Pauses régulières (toutes les 5 minutes).<br>• Diminution du nombre d'appels attendus. | • Poste de travail permettant le changement de postures. | • Formation à la gestion des situations d'agressions verbales.<br>• Formation à la gestion du stress. |

## 2 Déterminer les effets physiopathologiques de la charge mentale C21 C23

**1/** Nommer les deux composantes de la charge mentale. **... / 1 pt**

> Charge affective > Charge psychologique

**2/** Décrire la réaction physiologique de l'organisme face à une situation stressante. **... / 2 pts**

Il y a production d'hormones et afflux de sang (oxygéné et riche en glucose) au niveau des muscles et du cerveau.

**3/** Citer trois facteurs de stress dans l'environnement. **... / 1,5 pt**

> Charge mentale élevée > Contraintes horaires > Bruit

**4/** Énoncer les trois principaux effets pathologiques du stress chronique. **... / 1,5 pt**

> Maladies cardiovasculaires

> Troubles du système nerveux

> Essoufflement, douleurs musculaires, etc.

**5/** Énoncer la conséquence la plus grave du stress chronique au travail. **... / 1 pt**

Le burn-out ou épuisement professionnel.

# Utiliser l'analyse d'un accident du secteur professionnel dans une démarche de prévention

**OBJECTIF**

> Être capable de mettre en œuvre la démarche d'approche par l'accident en vue de proposer des mesures de prévention.

**Abdel, 38 ans,** maçon, travaille depuis plusieurs années dans une petite entreprise du bâtiment. Avec quatre collègues, ils interviennent sur le chantier d'une maison individuelle. Un échafaudage a été installé sur la façade afin de permettre la construction d'un balcon. Il est également utilisé pour l'approvisionnement en matières premières de l'étage. Aujourd'hui, Abdel et Lilian réalisent la finition du balcon au premier étage de la maison.

Pendant ce temps, Stéphane monte des planches au premier étage ; gêné par le garde-corps supérieur de l'échafaudage, il l'enlève pour passer plus facilement. À la pause de midi, le chef de chantier répartit les tâches : Lilian part sur un autre chantier et Abdel réalise la finition du balcon. Monté sur l'échafaudage, Abdel prépare le coffrage de cette partie de la balustrade. Il ajuste un serre-joint avec une main et de l'autre tient le bois de coffrage. En forçant sur le serre-joint il est déséquilibré et fait une chute de hauteur. Il souffre d'une fracture du tibia.

## 1 Identifier le problème posé

Abdel est victime d'une fracture du tibia.

## 2 Identifier les éléments de la situation

**Qui** : qui est la personne concernée ?

Abdel, maçon.

**Quoi** : quel travail a-t-il à effectuer ?

Finition du balcon d'une maison individuelle au premier étage.

**Où** : en quel lieu se situe la problématique ?

Sur le chantier d'une maison individuelle.

**Avec quoi** : de quels matériels dispose-t-il ?

Coffrage en bois, serre-joint, échafaudage.

## 3 Mettre en relation les éléments de la situation

Compléter le diagramme « causes-effet » à l'aide des éléments de la situation suivants :

❶ chantier d'une maison individuelle / ❷ bois de coffrage / ❸ réaliser la finition d'un balcon / ❹ Abdel / ❺ serre-joint / ❻ premier étage / ❼ échafaudage sans garde-corps supérieur

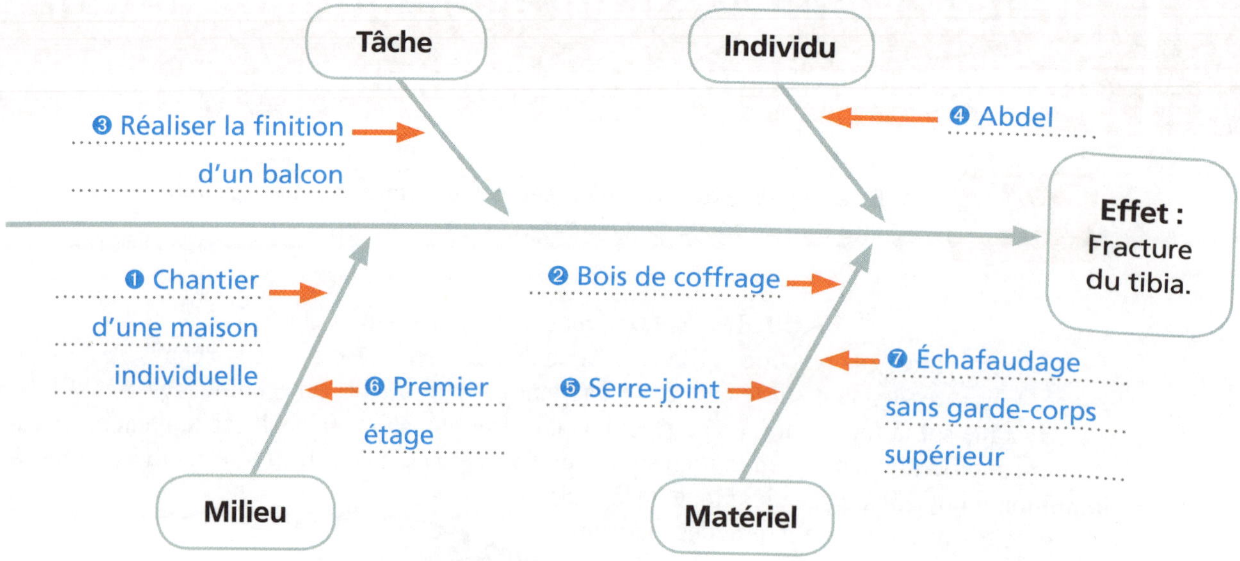


## 4 Mobiliser des connaissances utiles

Pour comprendre la situation et y apporter des solutions en acquérant la méthode d'approche par l'accident, je réalise les **Activités 1** à **3** de la séquence 25.

## 5 Proposer des solutions

Vous pouvez construire l'arbre des causes* de l'accident d'Abdel sur une feuille de copie et proposer des solutions de prévention en vous aidant des brochures ED 6119 « Mon métier : maçon » et/ou « Prévention des risques professionnels des maçons – plâtriers », téléchargeables respectivement sur :

→ **www.inrs.fr** (www.lienmini.fr/mon-metier-maçon)

→ **www.rsi.fr** (www.lienmini.fr/prevention-risques-professionnels-maçons-plâtriers)

| Niveau 1<br>Prévention intrinsèque | Niveau 2<br>Protection collective et/ou individuelle | Niveau 3<br>Formation/Information du personnel |
|---|---|---|
| • Monter des échafaudages avec du matériel adapté. | • Harnais de sécurité.<br>• Filet de protection. | • Formation au travail en hauteur (R408). |

* Étape facultative

# MOBILISER DES CONNAISSANCES UTILES

L'analyse de l'accident de travail est réalisée pour construire une démarche de prévention. Le but à atteindre est d'éviter qu'un accident identique ou connexe ne se reproduise. L'analyse se fait suivant la méthode de l'arbre des causes. Il s'agit de rechercher les causes de l'accident en recueillant systématiquement les données relatives à l'accident pour comprendre ce qui s'est passé et proposer des mesures correctives.

## → ACTIVITÉ 1 - Définition des objectifs de l'analyse de l'accident de travail C11 C13 C14

**1.** Souligner dans le **doc. 1** la raison principale pour laquelle on analyse un accident de travail.

**2.** Rédiger un court résumé en intégrant les caractéristiques essentielles de l'analyse.

L'analyse de l'accident permet de mettre en évidence les causes multiples de l'accident de travail. Elle permet de prévoir des mesures de prévention pour éviter qu'il ne se reproduise. On ne cherche pas les responsables mais les causes de l'accident.

### DOC. 1 Pourquoi analyser un accident de travail ?

L'accident et la maladie résultant de l'activité professionnelle sont des événements non souhaités.
Leur analyse doit permettre la mise en évidence des causes multiples de l'accident de travail et la recherche des dysfonctionnements qui ont contribué à les provoquer. Elle aboutit à la proposition d'actions correctives et de mesures de prévention à mettre en place afin d'éviter que l'accident ne se reproduise.

**Il ne s'agit pas de rechercher les responsables mais les causes de l'accident ou de la maladie dans un but correctif et préventif.**

## → ACTIVITÉ 2 - Incident, presque accident et accident C13 C14

| SITUATION ❶ | SITUATION ❷ | SITUATION ❸ |
|---|---|---|
| 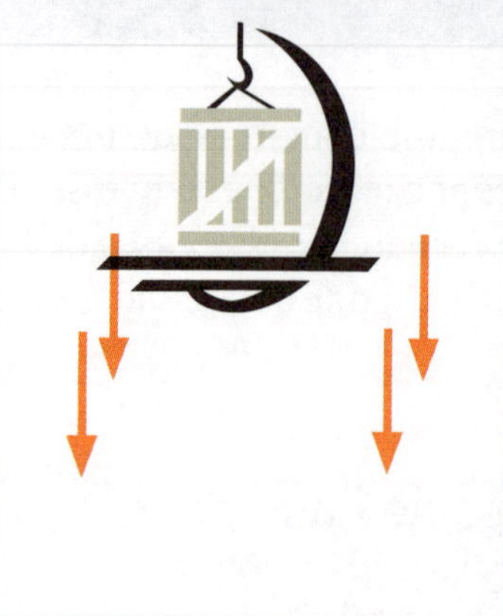 | 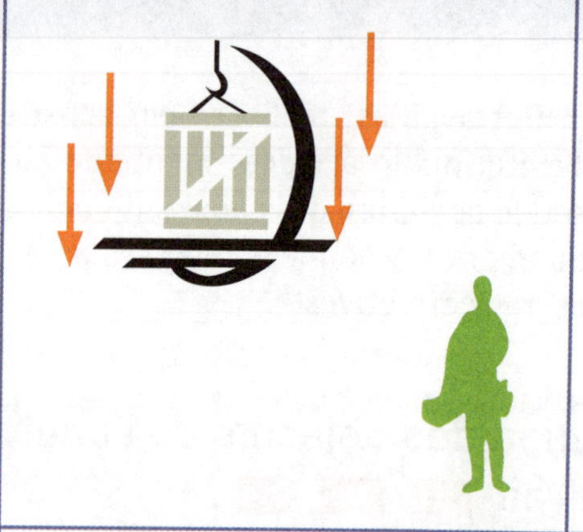 |  |
| Une charge tombe, il n'y a personne. | Une charge tombe à quelques mètres d'un opérateur. Un éclat de bois l'égratigne légèrement. | Une charge tombe et touche un opérateur à l'épaule. Il subit un arrêt de travail de 3 semaines. |
| **INCIDENT** | **PRESQUE ACCIDENT** | **ACCIDENT** |

**1.** Repérer les conséquences de chaque situation ci-dessus en cochant les cases appropriées.

| CONSÉQUENCES \ SITUATIONS | ❶ | ❷ | ❸ |
|---|---|---|---|
| **A.** Dégâts matériels. | ✗ | ✗ | ✗ |
| **B.** Dommage corporel bénin possible. | | ✗ | |
| **C.** Premier signe d'une situation de travail dégradée. | ✗ | | |
| **D.** Dommage corporel grave. | | | ✗ |
| **E.** Arrêt de travail. | | | ✗ |

**2.** Déduire la nécessité de signaler les incidents et de prendre en compte les presque accidents. S'aider de la **consigne 1** et du **doc. 2**.

Les incidents qui se produisent dans un milieu de travail sont le signe d'une situation de travail dégradée. Leur signalement peut permettre d'éviter la survenue d'un presque accident.
Les presqu'accidents sont la preuve de la dégradation nette de la situation de travail.

**DOC. 2** **Pyramide de Bird**

Les incidents ne sont pas toujours signalés, pourtant ils sont autant de signaux d'alarme qui nous disent que des risques sont présents dans le milieu de travail. Risques qui pourraient, une prochaine fois, entraîner des blessures graves.

Plus le nombre d'incidents est élevé, plus la probabilité d'avoir un accident est élevée.

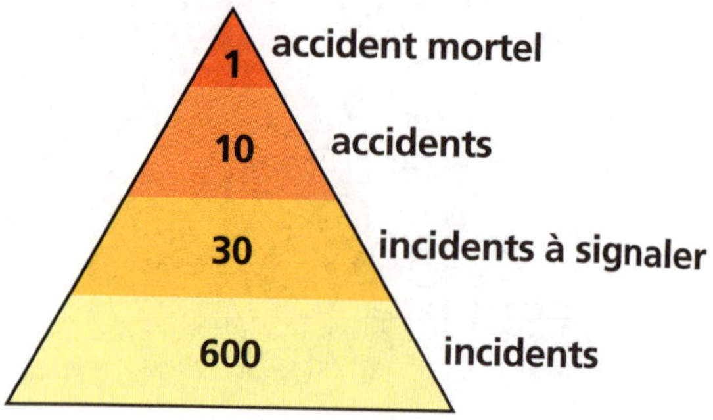

## → ACTIVITÉ 3 - Étapes de la démarche d'analyse de l'accident de travail C13 C14 C22 C35

La méthodologie de l'approche par l'accident est détaillée dans la **Fiche méthode N°6** de l'ouvrage. Il est indispensable de s'y référer pour réaliser cette activité.

### 1. Recueillir les faits (étape ❶)

> Différencier un fait d'une opinion en cochant la bonne case. S'aider du **doc. 3**.

| | Fait | Opinion |
|---|---|---|
| **A.** Au moment de l'accident il pleuvait. | ✗ | |
| **B.** Il roulait trop vite. | | ✗ |
| **C.** Il n'avait pas mis ses chaussures de sécurité. | ✗ | |
| **D.** Insuffisance d'organisation du travail. | | ✗ |
| **E.** Il faisait chaud. | | ✗ |
| **F.** La température était de 30 °C. | ✗ | |

> Barrer ce qui relève d'une opinion dans le compte-rendu de l'accident de Rémi.

Rémi, ouvrier de maintenance, doit réaliser une opération toute simple : remplacer un tube fluorescent défectueux dans le bureau de Monsieur A. Cela fait plusieurs jours que Monsieur A attend qu'on lui répare cet éclairage. ~~Ce n'est pas étonnant : les agents sont toujours débordés et ils ne travaillent pas assez vite~~. Le plafond étant haut, Rémi est obligé d'aller chercher une échelle double. Il ne la trouve pas à sa place habituelle et, ~~par négligence~~, décide de ~~se contenter~~ de celle qu'il trouve. Elle a un barreau cassé. ~~Pour aller plus vite~~, il ne dégage pas le sol très encombré. En redescendant, il regarde où il pourra poser les pieds sur le sol et, ~~oubliant~~ le barreau cassé, est déséquilibré. Il tombe lourdement et souffre de contusions diverses.

**DOC. 3** **Un fait… pas une opinion !**

- Un fait constitue une information.
- Un fait est vérifiable : il est vu, lu, entendu.
- Un fait est non contestable.
- Un fait est concis et précis.
- Un fait s'exprime à la forme affirmative.

> Classer les faits du compte-rendu de l'accident de « Rémi, ouvrier de maintenance » selon les composantes du contexte professionnel.

| Contexte professionnel relatif à … | Faits |
|---|---|
| **l'Individu** | Rémi, ouvrier de maintenance |
| **la Tâche** | Remplace un tube fluorescent |
| **le Matériel** | Échelle avec un barreau cassé |
| **le Milieu** | Plafond haut, sol très encombré |

## DOC. 4 Technique de construction de l'arbre des causes

• L'arbre des causes est la représentation graphique de l'enchaînement logique des faits qui ont conduit à l'accident. Le dommage (= accident), fait ultime, est le point de départ de sa construction.

À partir de la liste des faits, on remonte l'histoire de l'accident en se posant trois questions :
> « Qu'a-t-il fallu pour que ce fait se produise ? »
> « Est-ce nécessaire ? »
> « Est-ce suffisant ? »

• On procède en associant ces questions jusqu'à ce que l'on ne puisse plus apporter de réponses ou bien que les réponses ne fassent plus progresser.
L'arbre des causes se construit de droite à gauche. ⟵ Sens de construction

Sa lecture, de gauche à droite, permet d'en comprendre le déroulement. ⟶ Sens de lecture

**Exemple de construction de l'arbre des causes à partir des faits soulignés suivants :**
En <u>essuyant avec un chiffon les cylindres</u> de sa <u>machine en marche</u>, Paul s'est fait <u>coincer l'index droit dans les cylindres</u>. Son <u>index droit est fracturé</u>. Pressé par <u>l'urgence de la commande</u>, il n'avait pas <u>mis ses gants de protection</u>.

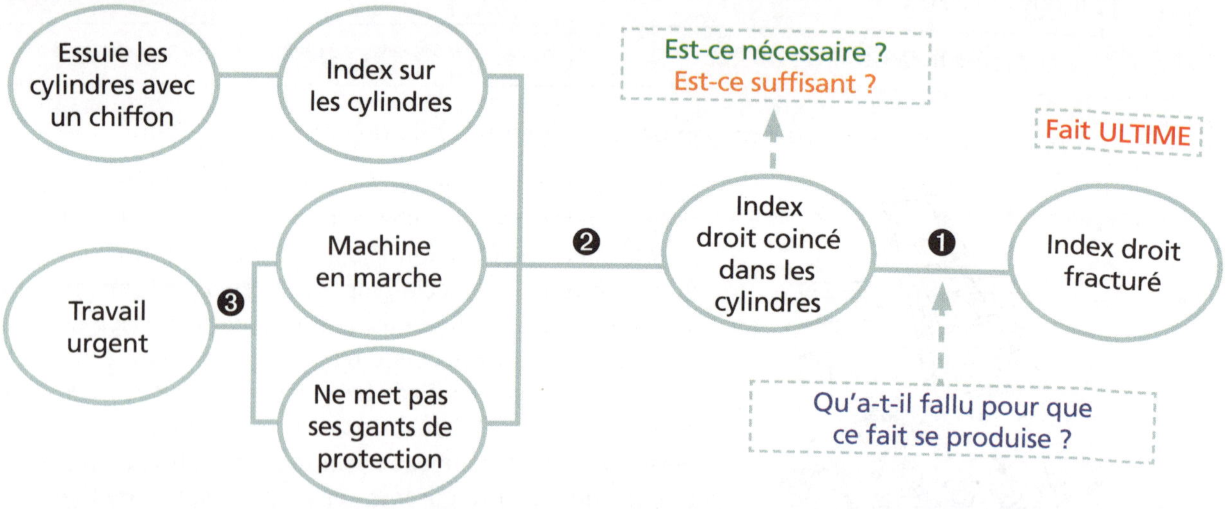


<table>
<tr><th colspan="2">Code graphique des liaisons utilisées pour la construction de l'arbre des causes</th></tr>
<tr><td>❶<br>Enchaînement<br>1 fait / 1 antécédent</td><td>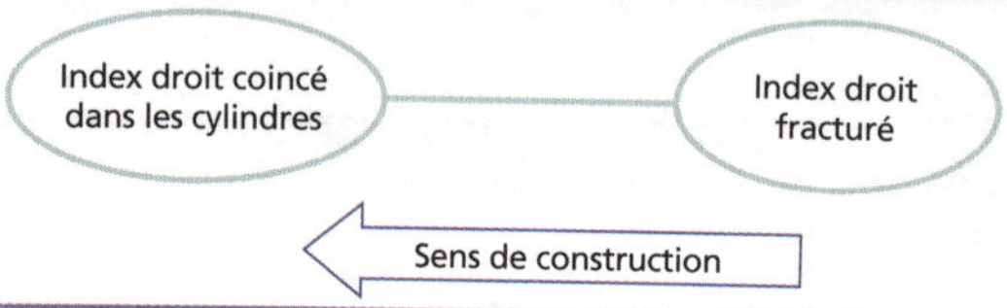<br></td></tr>
<tr><td>❷<br>Conjonction<br>1 fait / plusieurs antécédents</td><td>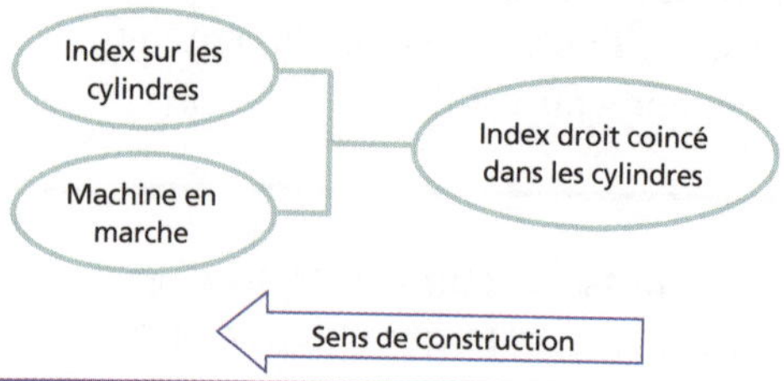<br></td></tr>
<tr><td>❸<br>Disjonction<br>Plusieurs faits / 1 antécédent</td><td>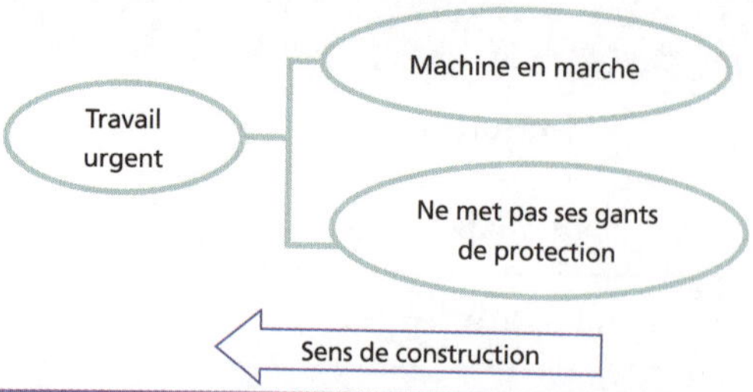<br></td></tr>
</table>

## 2. Construire l'arbre des causes (étape ❷)

> Compléter l'arbre des causes à partir de la liste des faits du compte-rendu de l'accident de Rémi, ouvrier de maintenance. S'aider du **doc. 4** (p. 324).

**Liste des faits**

- Tube fluorescent défectueux
- Travail urgent
- Change un tube sur plafond haut
- Contusions diverses
- Échelle double pas à sa place
- Échelle à barreau cassé
- Sol encombré
- Ne dégage pas le sol
- Regarde le sol en descendant
- Tombe

**Arbre des causes de l'accident de Rémi, ouvrier de maintenance**

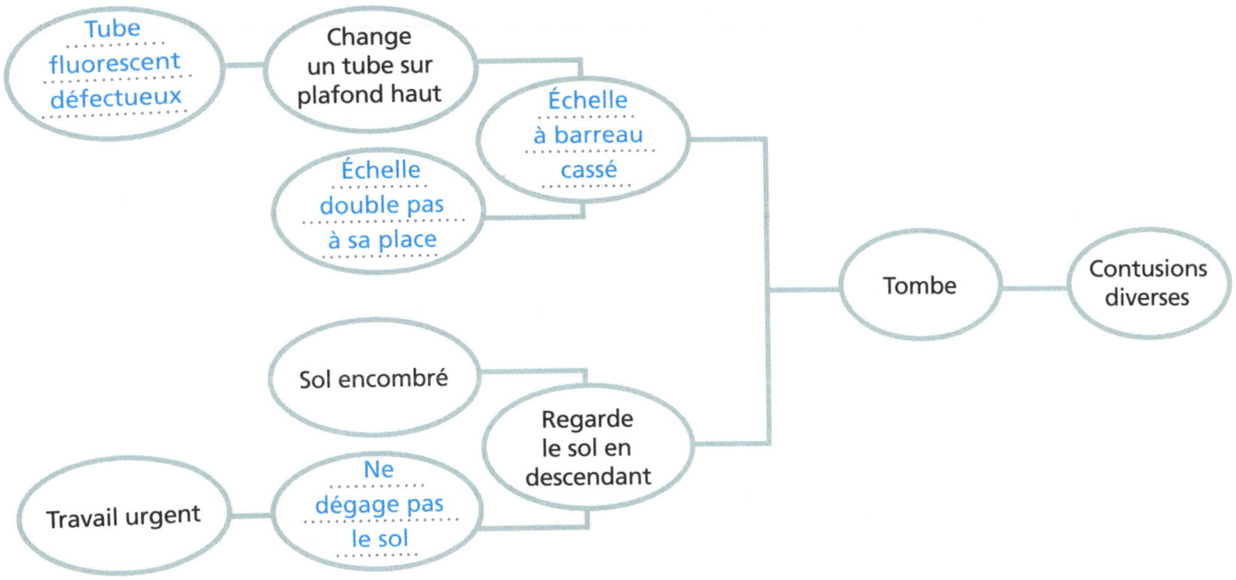


## 3. Proposer et hiérarchiser des mesures de prévention (étape ❸)

> Proposer une mesure de prévention pour chacun des faits de cet arbre des causes.

Le ✂ placé sur chaque liaison symbolise la coupure avec le fait suivant. Faute de fait antérieur, celui-ci ne se produira pas.

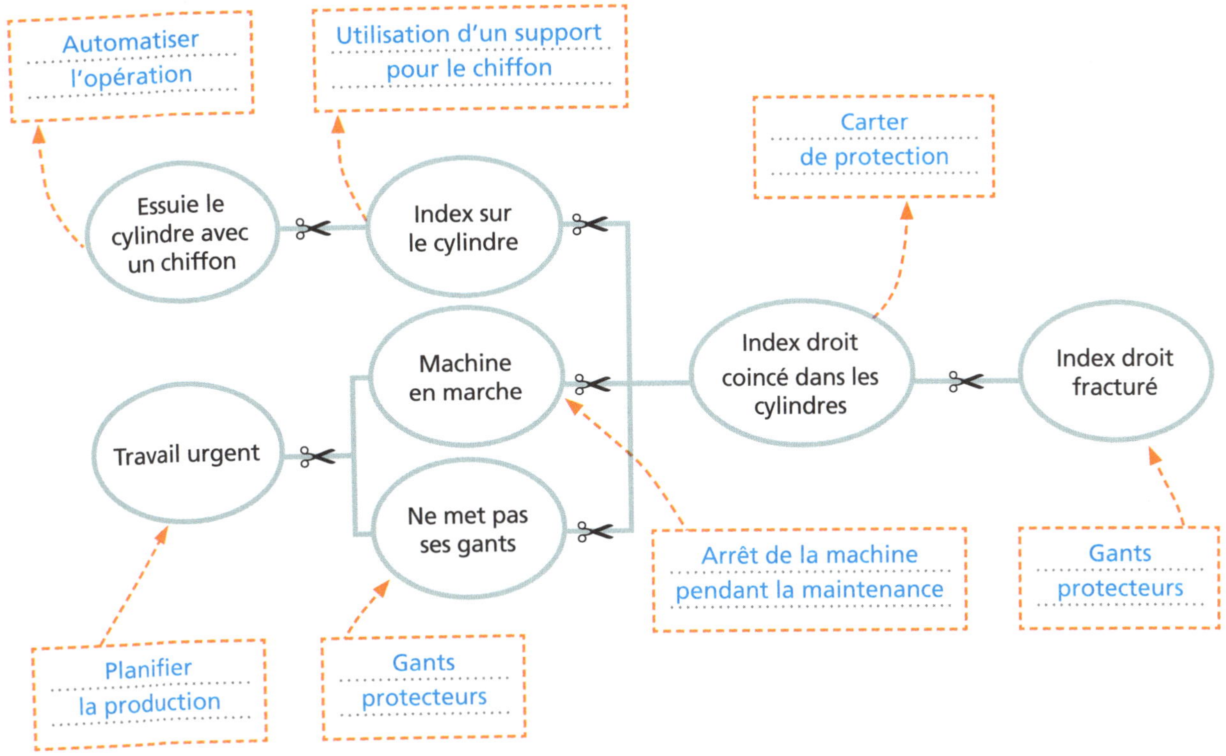

> Hiérarchiser les mesures de prévention proposées en les classant dans le tableau suivant :

| Prévention intrinsèque | Protection collective / individuelle |
|---|---|
| • Planification de la production | • Carter de protection |
| • Automatisation de l'opération | • Gants adaptés |
| • Arrêt de la machine pendant la maintenance | |
| • Outil adapté | |

## 4. Définir les facteurs potentiels d'accident (étape ❹)

> Dans le **doc. 5**, souligner la définition et le rôle du facteur potentiel d'accident.

**DOC. 5** **Facteur Potentiel d'Accident (FPA)**

Il représente une famille de risques à laquelle peut être rattaché un facteur particulier d'un accident qui s'est déjà produit. Les FPA alimentent l'approche par les risques et permettent de généraliser les mesures de prévention à de nombreuses situations.

> En prenant pour support l'accident de « Rémi, ouvrier de maintenance », identifier à quelle catégorie appartiennent les faits cités et lister les FPA. S'aider de la liste de termes suivante :

matériel / milieu / tâche / organisation du travail (2 fois) / circulation

| Fait | Catégorie | FPA |
|---|---|---|
| Échelle à barreau cassé | Matériel | Maintenance du matériel |
| Échelle double pas à sa place | Matériel | Organisation du travail |
| Sol encombré | Milieu | Circulation |
| Travail urgent | Tâche | Organisation du travail |

> Citer le FPA émergent dans cette situation. L'organisation du travail.

> Proposer des mesures de prévention adaptées et préciser leur niveau de prévention.

| Niveaux de prévention | |
|---|---|
| 1 • Prévention intrinsèque<br>2 • Protection collective et/ou individuelle<br>3 • Instructions/formations pour l'opérateur | **Niveau** 1<br>• Recruter du personnel supplémentaire.<br>• Rédiger un planning chronologique d'interventions.<br>• Assurer la maintenance du matériel.<br>• Remplacer les échelles par des échafaudages mobiles.<br>• Établir des zones de rangement, des protocoles d'intervention.<br>**Niveau** 3<br>• Former le personnel à l'utilisation des échafaudages mobiles. |

**Proposer maintenant des solutions pour éviter que l'accident d'Abdel ne se reproduise (étape 5, p. 320).**

# Activités de synthèse

## RÉCAPITULER

**Compléter les textes à trous.**

### L'analyse par l'accident

- Il s'agit de rechercher les ........causes........ de l'accident en recueillant systématiquement les données relatives à l'accident pour ........comprendre........ ce qui s'est passé et proposer des mesures ........correctives........ . On ne cherche pas ........les responsables........ mais les causes de l'accident.
- Elle se décompose en trois étapes :

> Étape ❶ : ........recueillir les faits........ . > Étape ❷ : ........construire l'arbre des causes........ .

> Étape ❸ : ........proposer des mesures de prévention........ .

### Le recueil des faits (étape ❶)

- Les faits doivent être recueillis ........le plus vite possible........ après l'accident. Une ........enquête........ sera conduite sur les lieux même de ........l'accident........ auprès de toutes les personnes susceptibles d'apporter des informations sur la situation de travail. Les faits permanents et inhabituels seront recherchés. Ils seront formulés de manière ........objective........ , sans ........jugement........ ou ........opinion........ .
- Un fait est objectif et donc : ........vérifiable........ , ........concis........ et ........précis........ .

### La construction de l'arbre des causes (étape ❷)

- L'arbre des causes est la ........représentation graphique........ de l'enchaînement logique des faits qui ont conduit à l'accident. L'arbre des causes se construit de ........droite........ à ........gauche........ . Le ........dommage........ (= accident), fait ultime, est le ........point de départ........ de sa construction. Sa lecture de ........gauche........ à ........droite........ permet d'en comprendre le déroulement.
- On remonte l'histoire de l'accident en se posant trois questions :

> 1. ........Qu'a-t-il fallu pour que ce fait se produise ?........ > 2. ........Est-ce nécessaire ?........

> 3. ........Est-ce suffisant ?........

- La construction se ........termine........ lorsqu'on ne peut plus apporter de réponses à ces questions ou bien lorsqu'elles n'apportent pas de précisions utiles.

### La proposition de mesures de prévention (étape ❸)

- Le principe consiste à examiner ........tous les faits........ constituant ........l'arbre des causes........ et à rechercher pour chacun d'eux un ou plusieurs moyens.
- Plus la mesure est proposée ........en amont........ du fait ultime, plus l'enchaînement des événements sera ........réduit........ .

### L'identification des facteurs potentiels d'accident (étape ❹)

- Un facteur potentiel d'accident (FPA) est une ........famille de risques........ . Les FPA relèvent de quatre catégories : ........l'individu, la tâche, le milieu et le matériel........ .

# RETENIR

## L'approche par l'accident : démarche et outils

**Étape ❶ Recueillir les faits**

• Reconstitution logique et chronologique de l'histoire de l'accident.

• Les faits sont recherchés parmi toutes les composantes du contexte professionnel :
> Individu
> Tâche
> Matériel
> Milieu

**Étape ❷ Construire l'arbre des causes**

• Mise en évidence des liens de causalité entre les différents faits à partir de l'arbre des causes.

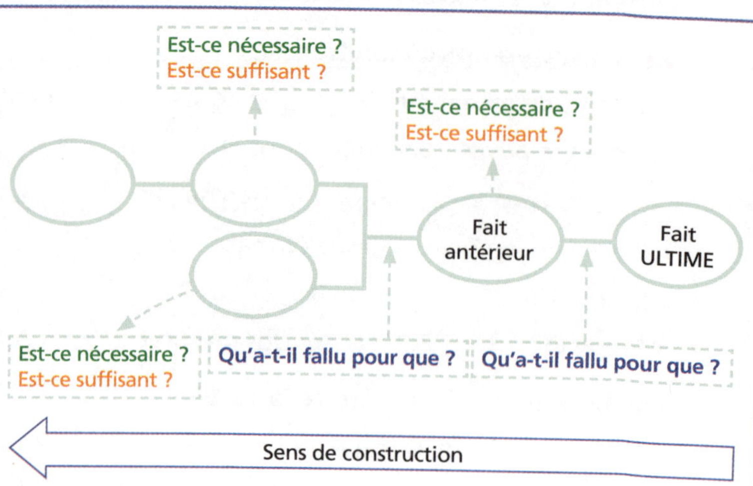


**Étape ❸ Proposer des mesures de prévention**

• Proposition de solutions de prévention pour supprimer ou limiter les effets néfastes à partir de chaque fait de l'arbre des causes.

**Principes généraux de prévention** (loi du 31/12/1991)

1 • Prévention intrinsèque
2 • Protection collective et/ou individuelle
3 • Instructions/formations pour l'opérateur

## Une étape complémentaire

**Étape ❹ Élargir la prévention aux accidents connexes (FPA)**

• Généralisation des mesures de prévention à d'autres situations de travail.

• L'émergence des FPA (ou familles de risque) débouche sur la mise en œuvre d'une approche par les risques.

# Approfondir

**La démarche de prévention autour de l'analyse de l'AT** (2 min 55 s)

→ lienmini.fr/pse-vid25

**Vérifiez vos acquis !**

→ lienmini.fr/pse-qcm25

# Maîtriser le module 12

**Frédéric, 35 ans,** travaille seul dans l'atelier d'entretien. Il entreprend de meuler une pièce posée par terre ; à 2,5 mètres de la porte d'entrée, se trouve un seau en plastique qui contient un solvant très inflammable. Au cours du meulage, une étincelle atteint le seau dont le liquide s'enflamme. Très rapidement, le seau fond et le liquide enflammé se répand au sol puis s'écoule vers la porte d'entrée en raison de la pente du sol. Frédéric décide de s'échapper du local en traversant le rideau de feu car il n'y a pas d'autre issue. Son vêtement de travail s'enflammant au niveau de la jambe droite, il éteint le feu en enveloppant celle-ci au moyen de la partie supérieure de son vêtement. Frédéric ne reçoit les premiers secours qu'au bout de 30 minutes. Il est finalement atteint d'une brûlure du second degré.

## Utiliser l'analyse d'un accident de travail dans une démarche de prévention C35

**1** Donner les trois caractéristiques d'un fait. **... / 1,5 pt**

> Objectif
> Vérifiable
> Précis, concis

**2** Compléter la liste des faits relatifs à l'accident de Frédéric. **... / 7 pts**

| | | |
|---|---|---|
| • Meulage d'une pièce | • Liquide en feu au sol | • Traverse les flammes |
| • Solvant très inflammable | • Sol en pente | • Le pantalon prend feu |
| • Solvant dans seau ouvert | • Rideau de feu devant la porte | • Brûlure à la jambe droite |
| • Étincelles au meulage | • Porte un bleu de travail | • Travaille seul |
| • Le solvant prend feu | • Décide de sortir | • Intervention des secours après 30 min |
| • Le seau fond | • Porte à 2,50 m, seule issue | • Brûlure du 2e degré |

**3** Compléter l'arbre des causes, page 330. **... / 6 pts**

**4** > Proposer des mesures de prévention dans les encadrés prévus à cet effet. **... / 5,5 pts**

> Préciser leur niveau en vous aidant du schéma ci-dessous.

**Niveaux de prévention**

1 • Prévention intrinsèque
2 • Protection collective et/ou individuelle
3 • Instructions/formations pour l'opérateur

## ARBRE DES CAUSES

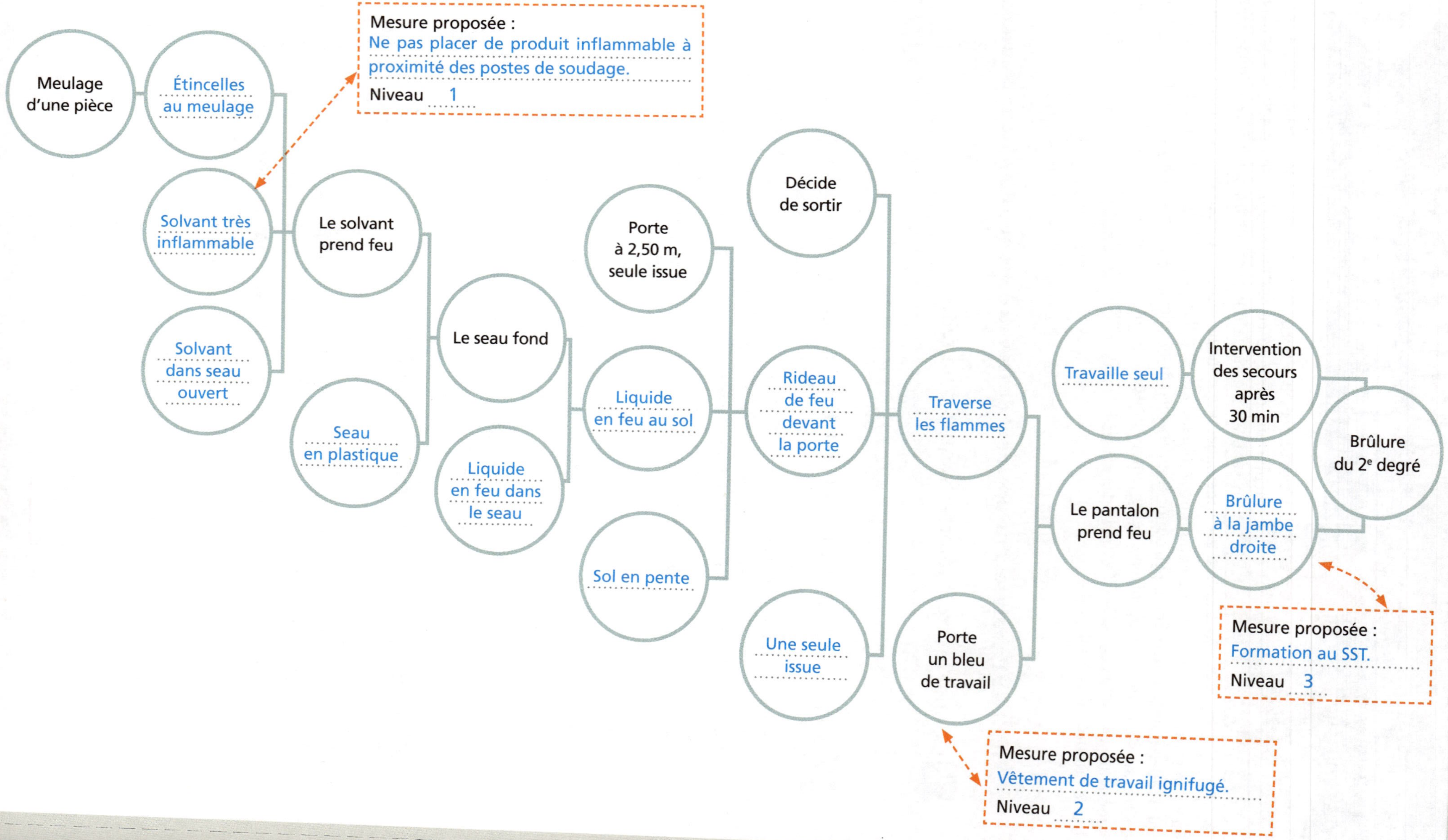

# Annexes

lienmini.fr/pse-qcm26

## Fiches de secourisme pour gérer les situations d'urgence



## Évaluations





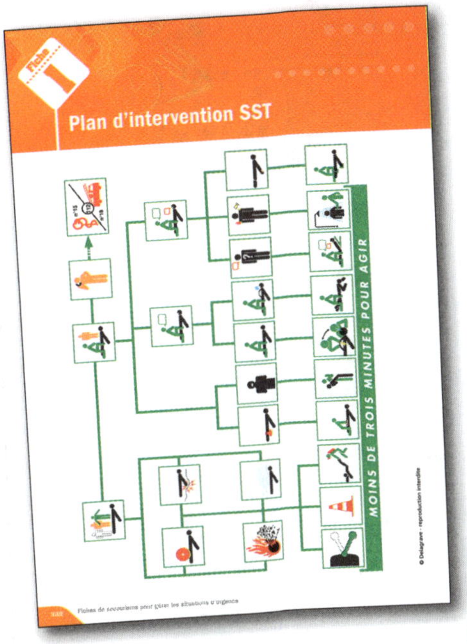


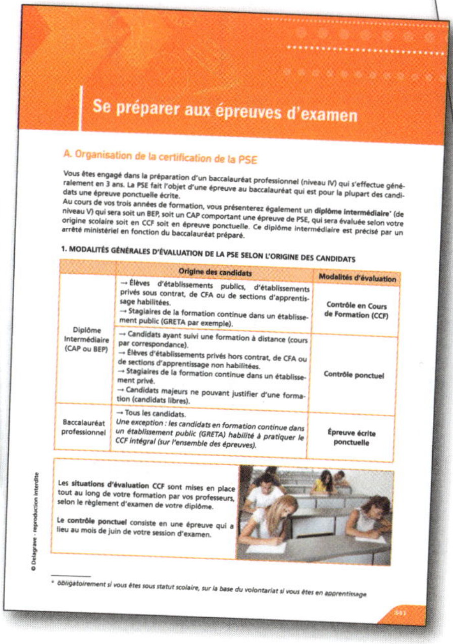

Fiche 1

# Plan d'intervention SST

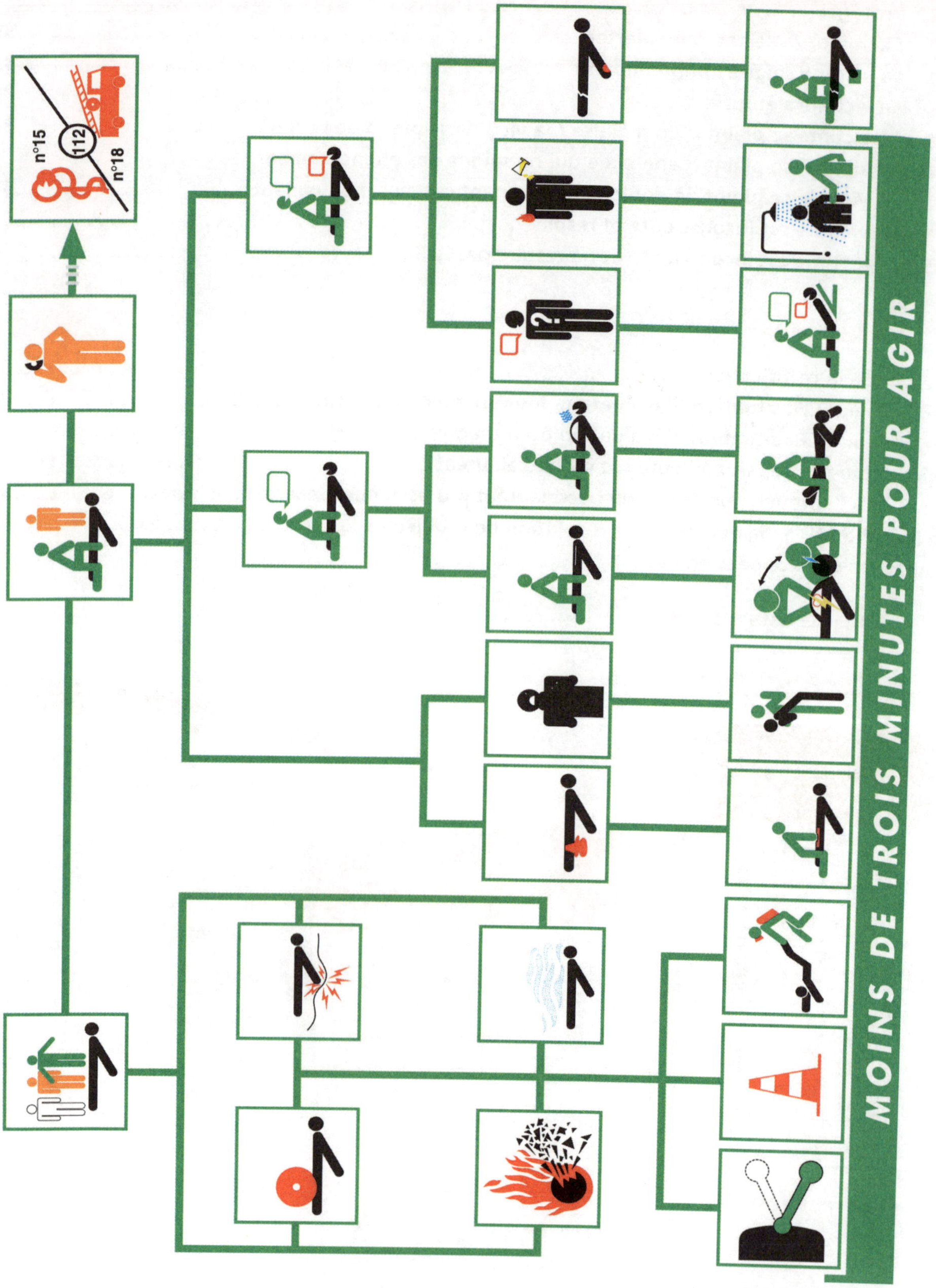

# Fiche 2
# Protéger

## > Phase d'analyse

Avant d'accéder à la victime, le **SST**, en effectuant une approche prudente de la zone d'intervention, doit se poser les questions suivantes :

**Que s'est-il passé ?**
> Interroger les témoins, la victime si possible.
> Rechercher les éléments matériels significatifs.

**Persiste-t-il un (ou des) danger(s) ?**
> Observer l'environnement pour identifier les dangers persistants.

- **Danger d'origine mécanique**

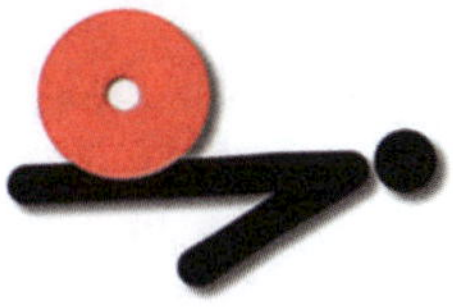

- **Danger d'origine électrique**

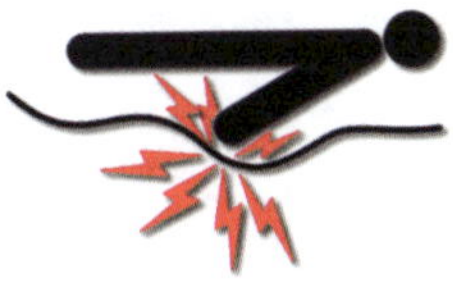

- **Danger d'origine thermique ou pouvant provoquer un incendie ou une explosion**

- **Danger dû à une atmosphère toxique ou irrespirable**

## > Phase d'action

Sans risque pour soi-même ou pour les tiers, sans aggraver l'état de la victime.

- **Supprimer le danger, c'est :**
> couper le gaz ;
> enlever un objet ;
> couper le courant.

- **Isoler la zone dangereuse, c'est :**
> fermer une porte à clé ;
> mettre des chaises autour de la zone dangereuse.

- **Soustraire la victime au danger, c'est :**
> la tirer par les poignets ;
> la tirer par les chevilles.

Fiche 3

# Examiner

**> Pourquoi ?**

Pour apprécier l'état des fonctions vitales de la victime et ensuite réaliser les gestes de secours appropriés.

**> Comment ?**

- **La victime saigne-t-elle ?**
  > Repérer toute trace de sang.
- **La victime s'étouffe-t-elle ?**
  > Observer le visage et le comportement.
- **La victime répond-elle ?**
  > Poser des questions.
  > Donner un ordre simple.
- **La victime respire-t-elle ?**
  > Basculer la tête en arrière.
  > Contrôler la respiration.

**Cas particulier : la victime est sur le ventre.**

Si la victime est sur le ventre, la mettre sur le dos pour libérer les voies aériennes et vérifier la respiration.

# Alerter, faire alerter

**> Qui ?**

> SAMU : 15
> Pompiers : 18
> N° unique européen : 112
> Infirmerie ou personne prévue dans l'entreprise

**> Que dire ?**

> Nom, prénom et numéro de téléphone.
> Le lieu de l'accident.
> La nature de l'accident et les risques éventuels.
> Le nombre de victimes et leur état.
> Le (ou les) geste(s) d'urgence entrepris.

- **Répondre aux questions posées par les secours et ne jamais raccrocher le premier.**
- **Demander à la personne qui alerte de revenir pour faire le compte rendu de l'appel.**
- **Envoyer une personne au-devant des secours.**

Fiche 4

# La victime saigne abondamment

**Exemple**

>> Danielle est auxiliaire de vie sociale à domicile. Elle se coupe au poignet et présente une plaie qui saigne abondamment.

> **Que faire ?** Comprimer la plaie pour arrêter le sang qui coule.

> **Comment ?**

• **La compression manuelle**

> J'appuie après m'être protégé(e) et j'allonge la victime.

> J'alerte et je surveille la victime en attendant les secours.

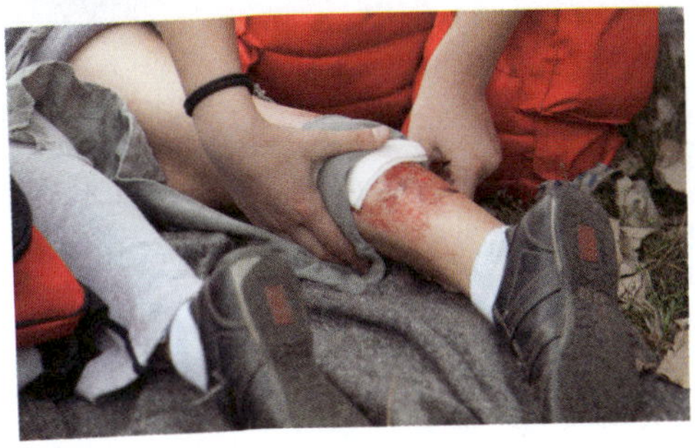

• **Le pansement compressif**

> J'appuie avec un tissu épais que j'entoure d'une bande élastique ou d'un lien large si je dois me dégager pour faire autre chose.

> J'alerte et je surveille la victime en attendant les secours.

> En cas d'inefficacité, reprendre la compression manuelle par-dessus le pansement.

Remarque : le sauveteur peut se faire aider par un témoin ou la victime pour réaliser cette compression.

**Des maladies peuvent être transmises par le sang.**

Il convient de :

- se protéger par le port de gants non souillés par des produits corrosifs, par un morceau de plastique ou en glissant sa main dans un sac imperméable ;
- toujours se laver les mains et les désinfecter (solution hydroalcoolique ; Dakin) ;
- retirer les vêtements souillés de sang le plus tôt possible après l'action de secours ;
- consulter immédiatement un service d'urgence en cas de contact avec le sang de la victime.

**Cas particulier de saignements abondants.**

• **La victime saigne du nez :**

> faire asseoir la victime, la tête légèrement penchée en avant ;

> lui demander de se moucher ;

> lui demander de comprimer ses narines avec deux doigts pendant au moins dix minutes.

• **La victime vomit ou crache du sang :**

> alerter immédiatement le 15 ;

> installer la victime dans la position où elle se sent le mieux ;

> conserver les vomissements ou les crachats ;

> surveiller et rassurer la victime.

• **Autres saignements :**

> faire allonger la victime ;

> appliquer les consignes définies préalablement par le 15 ;

> surveiller et rassurer la victime.

Fiche 5

# La victime s'étouffe

**Exemple**

>> Estelle déjeune au restaurant de son entreprise. Soudain, elle avale de travers et s'étouffe. Elle ne parle pas et ne respire pas.

## > Que faire en cas d'obstruction totale ?

Désobstruer les voies respiratoires pour rétablir la respiration.

## > Comment ?

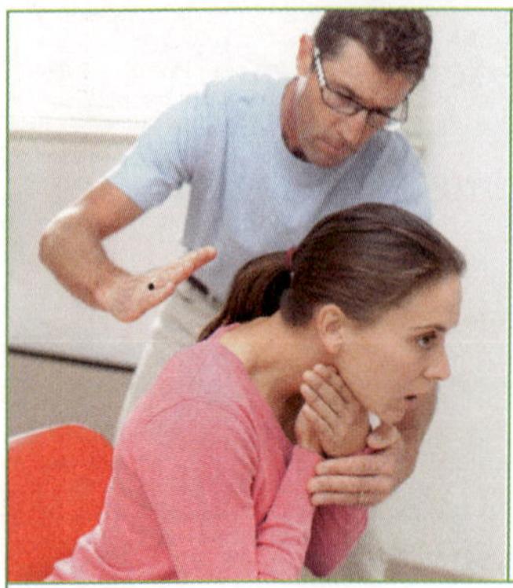

Si échec →

Je passe à l'**étape 2**

← Si échec

Retour à l'**étape 1**

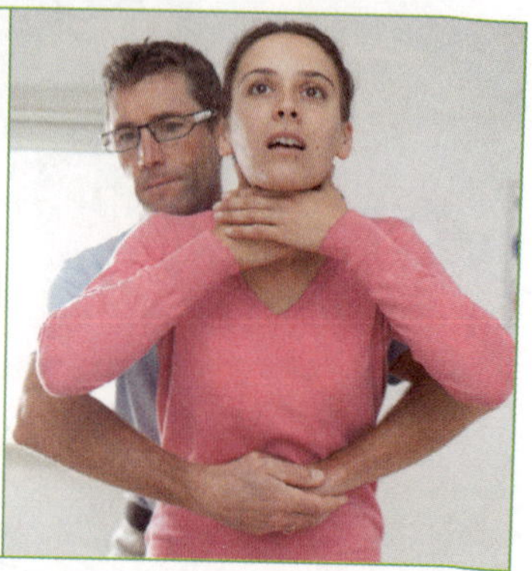

### Étape 1 : tapes dans le dos

> Je me place sur le côté et je maintiens la victime avec une main.
> Je donne jusqu'à 5 tapes vigoureuses entre ses omoplates avec le talon de l'autre main.

### Étape 2 : compressions abdominales (méthode de Heimlich)

> Je me place derrière la victime.
> Je place mon poing au-dessus de son nombril avec l' autre main à plat sur la première.
> Je tire jusqu'à 5 fois vers l'arrière et vers le haut.
> Je relâche bien entre chaque compression abdominale.

> J'alerte et je surveille la victime en attendant les secours.
> En cas d'inefficacité, pratiquer la RCP

### 1er cas particulier : le nourrisson

Pour désobstruer un nourisson, il convient de l'installer à califourchon sur son avant-bras de façon à ce que sa tête soit plus basse que le thorax, ce qui facilite la sortie du corps étranger.
> On réalise jusqu'à 5 tapes dans le dos et si le corps étranger n'est pas rejeté, on effectue jusqu'à 5 compressions thoraciques avec 2 doigts au milieu de la poitrine, sur la moitié inférieure du sternum.

### 2e cas particulier : la femme enceinte ou la personne obèse

Après 5 étapes inefficaces :
> Se placer derrière la victime debout ou assise.
> Passer ses avant-bras sous ceux de la victime.
> Placer le poing fermé au milieu du sternum.
> Placer l' autre main à plat sur la première.
> Tirer fortement vers l'arrière.
> Réaliser de 1 à 5 compressions.

**Cas d'obstruction partielle :** la victime fait des efforts de toux, émet des sifflements.
> Les deux étapes ci-dessus ne s'appliquent pas.
> Inciter la victime à tousser pour rejeter le corps étranger.

Fiche 6

# La victime se plaint d'un malaise

**Exemple**

>> Ce matin, à l'atelier, Valérie dit qu'elle ressent une douleur intense au niveau de la poitrine.

**Autres signes possibles de malaise :** mal au ventre, mal de tête sévère, faiblesse ou paralysie d'une partie du corps ; difficultés à parler ou à respirer, troubles de l'équilibre, perte de vision, sensation de froid ou pâleur intense, etc.

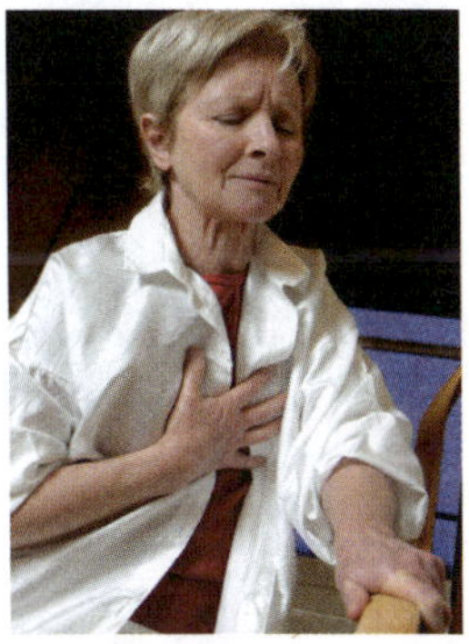

**> Que faire ?**

> Mettre la victime au repos, l'observer et lui poser des questions.

> Alerter et suivre les conseils donnés pour éviter une détresse vitale.

**> Comment ?**

> Je fais allonger la victime au sol.

> Je lui demande son âge, où elle a mal et comment, depuis combien de temps elle ne se sent pas bien, si c'est la première fois, si elle prend des médicaments, si elle a été hospitalisée récemment.

> J'alerte les secours et je leur passe la victime si elle peut répondre.

> Je surveille la victime en attendant les secours.

# La victime se plaint de brûlures

**Exemple**

>> Lilou travaille à la cuisine d'un restaurant scolaire. Au cours d'une préparation, elle se brûle.

Après observation, il faut différencier les brûlures en déterminant leur origine et leur gravité.

| Origines des brûlures | |
|---|---|
| • Les brûlures **thermiques** sont provoquées par la chaleur (fer à repasser, casserole…). | • Les brûlures **chimiques** ont pour origine le contact avec un produit corrosif ou irritant (acides, bases…). |

**> Que faire ?** Arroser à l'eau et alerter afin d'éviter l'aggravation de l'état de la victime.

**> Comment ?**

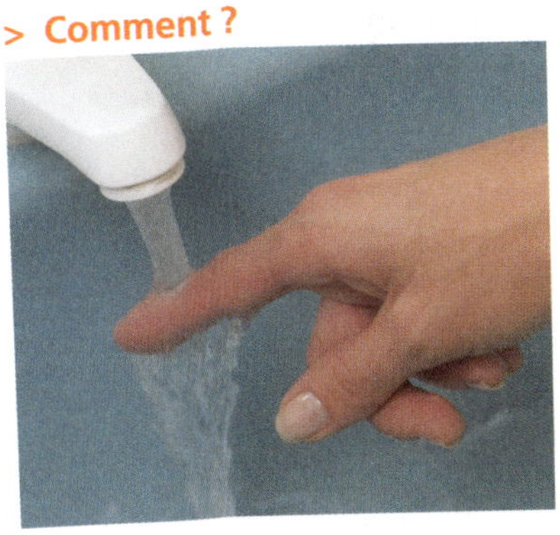

> J'arrose immédiatement la partie brûlée à l'eau du robinet (de 15 à 25 °C) à faible pression jusqu'à l'arrivée des secours :

– pour refroidir (si brûlure thermique) ;

– pour diluer le produit (si brûlure chimique).

> De plus, je demande à la victime de se déshabiller si les vêtements ne collent pas à la peau.

**1^er^ cas particulier :** brûlure par ingestion ou par inhalation

> Placer la victime en position semi-assise et appeler le 15.

**2^e^ cas particulier :** brûlure électrique

> Même procédure que pour brûlure thermique.

Fiche 7

# La victime se plaint d'une plaie qui ne saigne pas abondamment

**Exemple**
>> Florian est manutentionnaire. Pour changer de bâtiment, il emprunte son vélo, tombe et se blesse au genou.

**> Que faire en cas de plaie simple ?** Nettoyer la plaie pour éviter une aggravation.

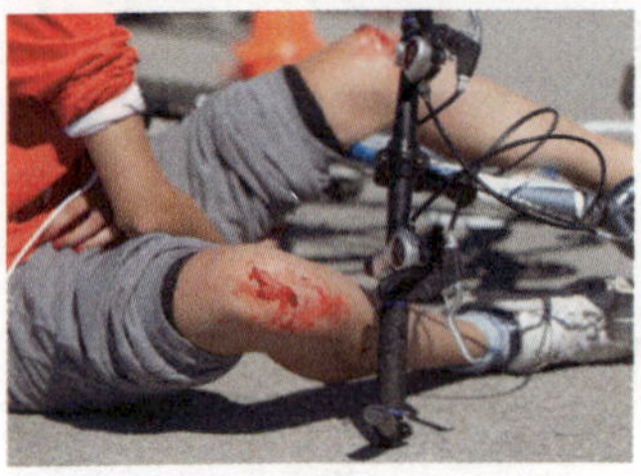

**> Comment ?**
> Je me lave les mains et je mets des gants.
> Je nettoie la plaie à l'eau et au savon ou avec un antiseptique à l'aide d'une compresse.
> Je pose un pansement.
> Je demande à la victime si elle est vaccinée contre le tétanos.
> Je lui demande de surveiller l'évolution de sa plaie.

**> Que faire en cas de plaie grave ?**
Dans le cas de plaies graves, le secouriste propose à la victime une position adaptée en attendant l'arrivée des secours et n'enlève jamais le corps étranger éventuel.

• **Plaie au thorax**

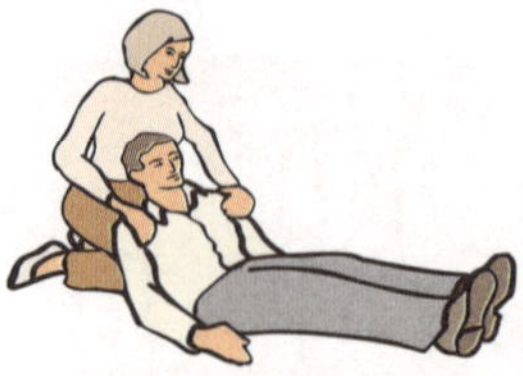

Position semi-assise

• **Plaie à l'abdomen**

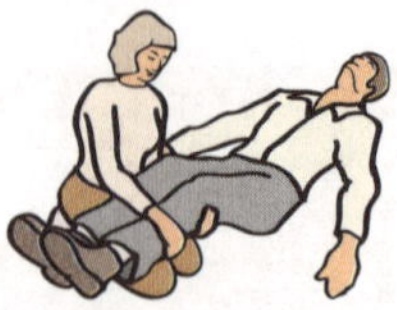

Position cuisses relevées vers le ventre et jambes fléchies

• **Plaie à l'œil**

Allonger la victime et lui demander de fermer les yeux et de ne pas bouger la tête.

• **Amputation**
> Protéger le moignon.
> Récupérer le membre et l'envelopper dans une compresse ou un linge propre.
> Mettre l'ensemble dans un sac en matière plastique étanche.
> Mettre ce sac dans un autre sac contenant eau et glaçons.

# La victime se plaint de douleurs empêchant certains mouvements

**Exemple**
>> Julie est tombée sur le bras ; celui-ci enfle et est très douloureux.

**> Que faire ?** Interdire tout mouvement pour éviter des complications.
**> Comment ?**
> Je laisse la victime dans la position où elle se sent le mieux.
> Je lui demande de ne pas bouger.
> J'alerte et je surveille la victime en attendant les secours.

# La victime est inconsciente et respire

Fiche 8

**Exemple**
>> Jade tombe dans sa chambre alors qu'elle vient de terminer sa journée de classe.

> **Que faire ?** Assurer la libération des voies aériennes et mettre en position latérale de sécurité (**PLS**) pour éviter les difficultés respiratoires.

> **Comment ?**

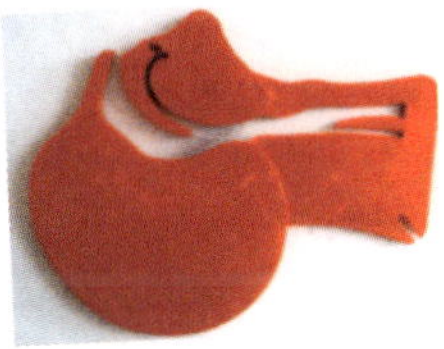

**Libération des voies aériennes**
> Je bascule la tête en arrière.
> Je contrôle la respiration.
> J'alerte ou je fais alerter après l'examen de la victime.

**Mise en position latérale de sécurité (PLS)**

**1.** Je mets le bras le plus proche de moi en angle droit et je plie légèrement le coude, la paume de sa main est vers le ciel.

**2.** Je place le dos de sa main contre son oreille.

**3.** Je plie sa jambe, je me recule et j'appuie sur le genou pour tourner la victime.

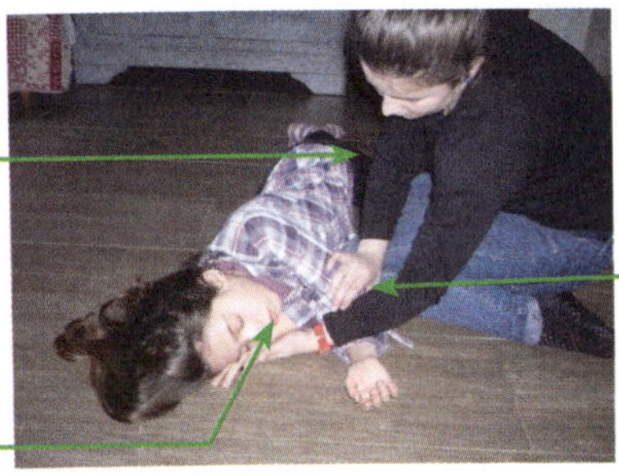

**4.** Je stabilise la victime en remontant sa jambe en angle droit.

**5.** Je retire doucement ma main en maintenant son coude.

**6.** J'ouvre sa bouche, je la couvre et la surveille.

**Cas particuliers**
> **Le nourrisson :** il est placé sur le côté dans les bras du secouriste, son dos contre le SST.
> **La femme enceinte :** elle est allongée sur le côté gauche pour ne pas comprimer les vaisseaux sanguins de l'abdomen.
> **Le traumatisé :** il est couché autant que possible sur le côté atteint.
> **Une victime qui présente des convulsions :** elle ne doit pas être touchée pendant la crise. À la fin de la crise, vérifier la présence de respiration et installer la victime en PLS.

Fiche 9

# La victime est inconsciente et ne respire pas

**Exemple**

>> Kevin est ouvrier dans une entreprise d'électricité. Il intervient sur un circuit électrique et s'écroule tout à coup.

### > Que faire ?

Mettre en œuvre une réanimation cardio-pulmonaire (**RCP**) associée à une défibrillation pour assurer la survie de la victime.

### > Comment ?

> J'alerte ou je fais alerter et je demande un défibrillateur.
> Je fais 30 compressions thoraciques en appuyant avec mes mains, bras tendus, au centre de la poitrine de la victime* puis 2 insufflations.

* Fréquence : 100 compressions/min.

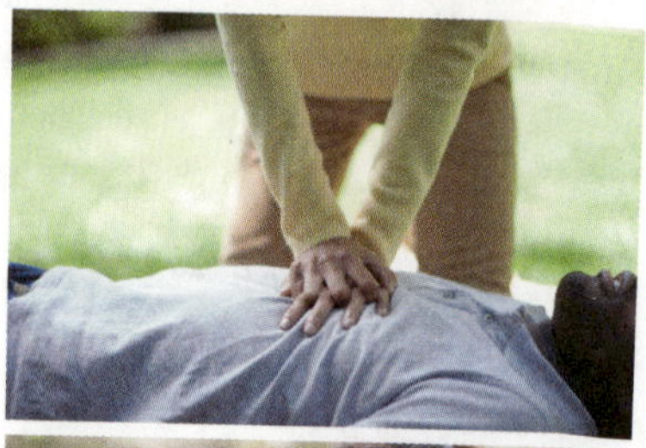

> Je recommence les compressions suivies des insufflations et ainsi de suite.

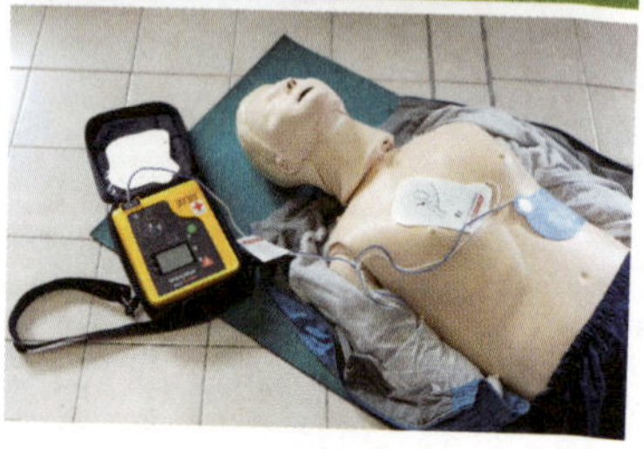

> **Dans tous les cas, je place le défibrillateur dès que je l'ai.**
> Je suis les consignes du défibrillateur jusqu'à l'arrivée des secours.

> **Si je n'ai pas de défibrillateur, je continue la RCP jusqu'à l'arrivée des secours ou la reprise d'une respiration normale.**

**Cas particulier** : la victime est âgée de moins de 8 ans.
> Je mets en place un défibrillateur dès que je l'ai.
> Je fais 5 insufflations.
> Je fais 30 compressions puis 2 insufflations et ainsi de suite.
> Je suis les consignes du défibrillateur jusqu'à l'arrivée des secours.
> **Si je n'ai pas de défibrillateur, je continue la RCP jusqu'à l'arrivée des secours ou la reprise d'une respiration normale.**

**Compressions thoraciques chez le nourrisson**

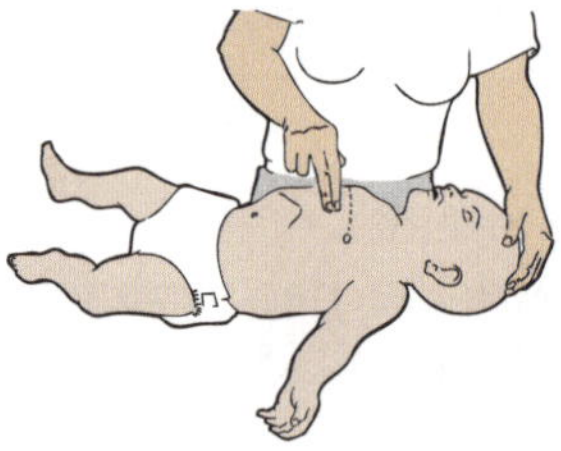

**Compressions thoraciques chez l'enfant de 1 à 8 ans**

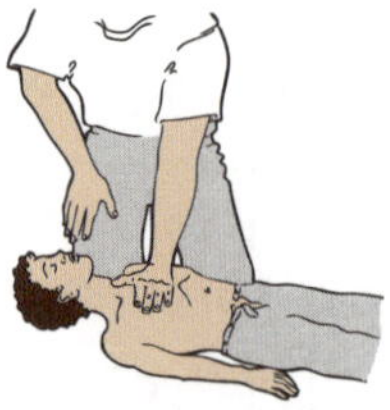

# Se préparer à la certification

## A. Organisation de la certification de la PSE

Vous êtes engagé dans la préparation d'un baccalauréat professionnel (niveau IV) qui s'effectue généralement en 3 ans. La PSE fait l'objet d'une épreuve au baccalauréat qui est pour la plupart des candidats une épreuve ponctuelle écrite.
Au cours de vos trois années de formation, vous présenterez également un **diplôme intermédiaire*** (de niveau V) qui sera soit un BEP, soit un CAP comportant une épreuve de PSE, qui sera évaluée selon votre origine scolaire soit en CCF soit en épreuve ponctuelle. Ce diplôme intermédiaire est précisé par un arrêté ministériel en fonction du baccalauréat préparé.

### 1. MODALITÉS GÉNÉRALES D'ÉVALUATION DE LA PSE SELON L'ORIGINE DES CANDIDATS

| | Origine des candidats | Modalités d'évaluation |
|---|---|---|
| Diplôme Intermédiaire (CAP ou BEP) | → Élèves d'établissements publics, d'établissements privés sous contrat, de CFA ou de sections d'apprentissage habilitées.<br>→ Stagiaires de la formation continue dans un établissement public (GRETA par exemple). | **Contrôle en Cours de Formation (CCF)** |
| | → Candidats ayant suivi une formation à distance (cours par correspondance).<br>→ Élèves d'établissements privés hors contrat, de CFA ou de sections d'apprentissage non habilitées.<br>→ Stagiaires de la formation continue dans un établissement privé.<br>→ Candidats majeurs ne pouvant justifier d'une formation (candidats libres). | **Contrôle ponctuel** |
| Baccalauréat professionnel | → Tous les candidats.<br>*Une exception : les candidats en formation continue dans un établissement public (GRETA) habilité à pratiquer le CCF intégral (sur l'ensemble des épreuves).* | **Épreuve écrite ponctuelle** |

Les **situations d'évaluation CCF** sont mises en place tout au long de votre formation par vos professeurs, selon le règlement d'examen de votre diplôme.

Le **contrôle ponctuel** consiste en une épreuve qui a lieu au mois de juin de votre session d'examen.

* *obligatoirement si vous êtes sous statut scolaire, sur la base du volontariat si vous êtes en apprentissage.*

## 2. TABLEAU RÉCAPITULATIF DE L'ORGANISATION DE LA CERTIFICATION DE LA PSE

Ce tableau envisage le cas largement le plus fréquent des candidats scolaires d'établissements publics ou privés sous contrat ou apprentis de CFA habilités au CCF.

<table>
<tr><th>QUI ?<br>Quelle classe</th><th>QUOI ?<br>Diplôme concerné</th><th>COMMENT ?<br>Modalités de l'épreuve</th><th>COMBIEN ?<br>Barème affecté à l'épreuve</th><th>QUAND ?<br>Période de l'année scolaire</th></tr>
<tr><td>Seconde BAC PRO</td><td>Tous</td><td>Aucune épreuve</td><td></td><td></td></tr>
<tr><td rowspan="2">Première BAC PRO</td><td>Diplôme intermédiaire<br>CAP</td><td>CCF<br>Évaluation écrite – durée 1 heure – 2 parties<br><br>1<sup>re</sup> partie<br>• Évaluation par sondage des compétences des modules 1, 2 et 3 du référentiel CAP (les modules 1 à 5 du référentiel bac correspondent aux modules 1 à 2 du référentiel CAP).<br>• Appui sur une situation de la vie quotidienne ou professionnelle et sur une documentation.<br>• Mobilisation de la démarche de résolution de problèmes.<br><br>2<sup>e</sup> partie<br>Évaluation écrite<br>• Évaluation par sondage des connaissances et compétences du module 4 du référentiel CAP (correspondant au module 8 du référentiel bac) relatives à l'enseignement professionnel.<br>• Appui sur une situation de la vie quotidienne ou professionnelle et sur une documentation.<br><br>Évaluation pratique<br>Prise en compte des résultats obtenus lors de la formation de base au secourisme ou du recyclage SST.</td><td>Coeff 1<br>20 pts<br><br>/ 10 pts<br><br><br>/ 10 pts<br>/ 8 pts<br><br><br>/ 2 pts</td><td rowspan="2">Le moment de l'année scolaire n'est pas indiqué dans les textes : le plus souvent après le premier semestre.</td></tr>
<tr><td>Diplôme intermédiaire<br>BEP</td><td>CCF<br>Évaluation écrite – durée 1 heure – 2 parties<br><br>1<sup>re</sup> partie<br>• Évaluation par sondage des compétences d'au moins deux modules parmi les modules 1 à 5.<br>• Appui sur une situation de la vie quotidienne et sur une documentation<br>• Mobilisation de la démarche de résolution de problèmes.<br><br>2<sup>e</sup> partie<br>• Évaluation par sondage des connaissances et compétences des modules 6 et 7.<br>• Appui sur une situation de la vie quotidienne ou professionnelle et sur une documentation.</td><td>Coeff 1<br>20 pts<br><br>/ 10 pts<br><br><br>/ 10 pts</td></tr>
<tr><td>Terminale BAC PRO</td><td>Baccalauréat professionnel</td><td>ÉPREUVE PONCTUELLE ÉCRITE<br>Durée 2 heures<br>Le sujet se compose de deux parties correspondant l'une aux modules 1 à 7, l'autre aux modules 8 à 12.<br>Chaque partie comporte plusieurs questions indépendantes ou liées permettant d'évaluer les connaissances et les compétences relatives aux modules correspondants.</td><td>Coeff 1<br>/ 20 pts</td><td>À la fin de l'année scolaire.</td></tr>
</table>

## B. Conseils pour se préparer à la certification (CCF ou examen ponctuel)

### 1. REMARQUES GÉNÉRALES

Les candidats au BEP ou au CAP relevant de l'épreuve ponctuelle passent au mois de juin de la session d'examen une épreuve d'une heure ayant sensiblement les mêmes caractéristiques que la situation d'évaluation proposée aux candidats relevant du CCF.

Les candidats au baccalauréat professionnel qui relèvent du CCF passent deux situations d'évaluation dont l'une présente des similitudes avec la première partie de l'épreuve ponctuelle.

**De ce fait, les conseils qui suivent valent pour l'ensemble des candidats.**

### 2. QUELQUES CONSEILS PRATIQUES POUR RÉUSSIR LES ÉVALUATIONS

**AVANT les différentes épreuves écrites**

→ **Revoir les résumés de cours pour en maîtriser les contenus :**

> utiliser les rubriques « Récapituler » et « Retenir » qui figurent sur la fiche d'activités de synthèse située à la fin de chaque séquence,

> utiliser les résumés élaborés en classe avec votre professeur ou ceux fournis par celui-ci, ou encore les résumés que vous aurez rédigés.

***Dans tous les cas (CAP, BEP, bac pro), le règlement d'examen précise que l'épreuve a notamment pour objectif d'évaluer les compétences du candidat à mobiliser des connaissances scientifiques, juridiques et économiques.*** Le sujet proposé permettra donc d'évaluer l'exactitude de ces connaissances.

→ **Revoir les outils méthodologiques à l'aide des rabats de la pochette :**

| Outils méthodologiques utilisés en PSE | Quels outils pour quelles épreuves ? |
|---|---|
| **A.** La démarche de résolution des problèmes : voir les rabats de l'ouvrage et les situations proposées utilisant cette démarche. | **Diplômes intermédiaires :**<br>**BEP :**<br>> CCF : **A + B**<br>> épreuve ponctuelle : **A + B**<br><br>**CAP :**<br>> CCF : **A + B + C**<br>> épreuve ponctuelle : **A + B + C**<br><br>**Baccalauréat professionnel :**<br>> épreuve ponctuelle : **A + B + C + D + E** |
| **B.** Les outils de mise en relation des éléments de la situation (QQOQCP, diagramme de causes à effets, etc.). | |
| **C.** L'approche par le risque | |
| **D.** L'approche par le travail | |
| **E.** L'approche par l'accident | |

***Dans tous les cas (CAP, BEP, bac pro), le règlement d'examen précise que l'épreuve a notamment pour objectif d'évaluer les capacités du candidat à conduire une démarche d'analyse.*** Le sujet proposé permettra donc d'évaluer le respect des étapes de la démarche mise en œuvre et la pertinence et le réalisme des solutions proposées.

**PENDANT chaque épreuve**

→ **Lire l'ensemble du sujet :**

Il est composé de plusieurs pages et comporte généralement des documents supports de certaines questions. La lecture complète du sujet avant de répondre aux questions permet de cibler les informations utiles.

→ **Conseils pour la lecture** :

> **La situation de départ :** elle présente des éléments qui généralement servent tous à un moment ou à un autre du questionnement. Sa lecture doit être attentive. Il faut donc déjà commencer à en repérer les éléments qui semblent importants en les soulignant ou en les entourant au crayon à papier ; mieux vaut éviter d'utiliser des surligneurs au cours de cette première lecture car il est parfois demandé de restituer le document sur lequel on demandera d'intervenir.

> **Les questions :** elles débutent toutes par un VERBE à l'infinitif, celui-ci indique quel niveau de réponse est attendu (citer, relever, décrire, etc.).
*Exemple : « Relever… » signifie que la réponse se trouve dans un document.*

La capacité mobilisée est indiquée dans la marge des sujets d'entraînement proposés dans l'ouvrage (mettre en relation, rechercher l'information, proposer des actions, etc.) ; elle guide utilement sur la démarche intellectuelle à mettre en œuvre. Ces informations ne figureront pas sur les sujets des épreuves certificatives.

> **Les documents :** ils servent de support à la question ou à la série de questions posées. Seuls quelques éléments seront utilisés pour formuler la réponse ; il ne faut pas hésiter à les souligner, là encore au crayon à papier pour les mêmes raisons que ci-dessus.

→ **Traiter le sujet, répondre aux questions, rédiger**

Il faut répondre aux questions posées en veillant à :

> **Éviter les hors-sujet :** la lecture attentive préconisée ci-dessus doit éviter cette erreur.

> **Soigner l'écriture :** les sujets de CAP et BEP sont souvent présentés sous la forme de sujets-réponses où un espace est laissé sous les questions. En cas de manque de place, il est préférable de continuer au dos de la feuille en l'indiquant au préalable au correcteur *(« Voir suite au dos. »).*

> **Soigner l'orthographe :** ce point est encore plus important lorsque les réponses font appel à des connaissances traitées en classe (termes scientifiques par exemple) ou lorsqu'elles sont rédigées à partir d'éléments d'un document qui, lui, est correctement orthographié.

→ **Gérer le temps imparti**

Si une question paraît difficile, il est préférable de passer à la suivante et d'y revenir plus tard afin de ne pas perdre trop de temps. Il faut aussi réserver quelques minutes pour relire son devoir.

## 3. LES SPÉCIFICITÉS DE L'ÉPREUVE PONCTUELLE DU BACCALAURÉAT PROFESSIONNEL

| | Structure du sujet | | Remarques, conseils pour s'y préparer |
|---|---|---|---|
| 1re partie | **Modules 1 à 7** : le questionnement prend appui sur des situations de la vie quotidienne et permet d'évaluer des contenus d'au moins deux modules. *La démarche de résolution de problèmes est mobilisée.* | 10 points | Le nombre de points affectés à cette partie (50 %) éclaire sur l'importance de la maîtrise incontournable de la démarche de résolution de problèmes. |
| 2e partie | **Module 8** : le sujet permet d'évaluer des contenus à travers la mise en œuvre de la démarche d'approche par le risque. Des documents ressource permettent de proposer une démarche de prévention.<br>Le questionnement intègre une question qui permet d'expliquer la conduite à tenir face à une situation d'urgence. | 4 points | Le sujet ne sera pas spécifique à un bac pro alors que le référentiel prévoit l'étude d'un seul risque spécifique. Il faudra donc travailler la maîtrise de l'approche par le risque, la démarche de prévention mais aussi les techniques d'exploitation de documents qui doivent permettre de traiter dans tous les cas cette partie.<br>Il faut aussi revoir les cours de secourisme. |
| | **Modules 9 à 12** : l'évaluation s'appuie sur un dossier ressource qui présente une situation d'entreprise, une description des activités, des documents législatifs et réglementaires. Les contenus permettent la mise en œuvre de la démarche d'analyse par le travail, la mobilisation des connaissances et l'argumentation des solutions proposées. | 6 points | Il faut :<br>– maîtriser la démarche d'approche par le travail ;<br>– s'entraîner à exploiter un dossier ressource complexe présentant une situation d'entreprise ; utiliser par exemple des documents collectés lors de PFMP ;<br>– s'entraîner à justifier et à argumenter les choix réalisés ;<br>– revoir aussi l'approche par l'accident (évoquée dans les objectifs de l'épreuve). |

# S'entraîner au CCF : situation d'évaluation pour un diplôme intermédiaire CAP

CCF Prévention santé environnement – Coefficient 1

| Session 2018 | CAP |
|---|---|
| Nom : ...<br>Prénom : ... | **Partie 1 :** ... / 10 points<br>**Partie 2 :** ... / 8 points |
| Spécialité : ... | **Total :** ... / 18 pts |

## → Les candidats répondent directement sur le sujet. L'utilisation de la calculatrice est interdite.

| **SITUATION** | Max, 20 ans, est salarié au sein de l'entreprise Vassout Fruits, spécialisée dans la vente en gros de fruits et légumes. Le soir, il regarde la télévision ou joue en ligne sur Internet en buvant du café ou du Coca-Cola® ; il ne se couche jamais avant minuit. Il a des difficultés à se lever à 4 h du matin pour se rendre à son travail. Sa journée de manutentionnaire débute à 5 h. Trop fatigué, il n'a plus envie de voir ses amis ni de se rendre à ses activités sportives. |
|---|---|

| Module Capacité CAP évaluée | Travail demandé | Barème |
|---|---|---|
| | **Partie 1** | |
| 1 (C31) | **1.** Cocher le problème correspondant à la situation de Max.<br>❑ Max ne voit plus ses amis.<br>❑ Max aime regarder la télévision et jouer en ligne.<br>☒ Max a un important manque de sommeil. | .../0,5 pt |
| | **2.** Appliquer la démarche de résolution de problèmes à cette situation. | |
| 1 (C32) | ❶ Identifier les éléments de la situation.<br>**QUI :** Qui est concerné ? — Max, 20 ans.<br>**QUOI :** Quelle est l'origine du problème ? — Il débute son travail très tôt.<br>**COMMENT :** Quels comportements ont favorisé l'apparition du problème ? — Il se couche tard et consomme des produits excitants.<br>**POURQUOI :** Quelle est la conséquence du problème posé ? — Le manque de sommeil génère une fatigue importante. | .../1 pt |

❷ Mettre en relation les éléments de la situation …/0,75 pt

Compléter le diagramme causes-effets ci-dessous à l'aide des éléments suivants :
*café, Coca-Cola® / travaille à 5 h / difficultés à s'endormir / se lève à 4 h / jeux en ligne / se couche après minuit*

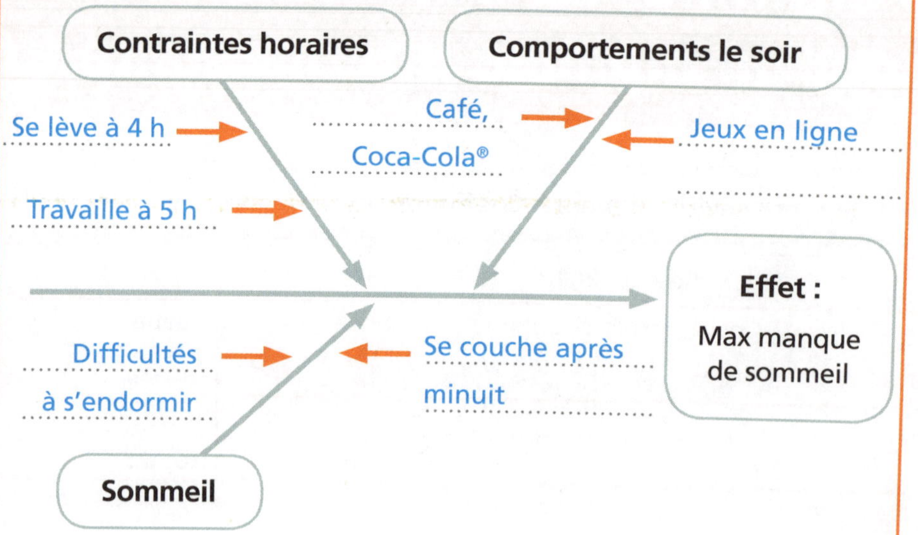


❸ Mobiliser des connaissances …/0,5 pt

• Proposer une définition simple des rythmes biologiques puis donner un exemple.

Ce sont les rythmes de l'organisme réglés par une horloge interne.
Exemple : le sommeil.

• Citer une conséquence du travail décalé (en dehors des horaires traditionnels). …/0,5 pt

→ Sur les rythmes biologiques : ils sont désynchronisés.

→ Sur l'activité professionnelle : baisse de rendement ou augmentation des accidents du travail.

• Indiquer à quelle phase du cycle du sommeil se déroule chaque phénomène en cochant la bonne colonne du tableau. …/0,5 pt

| Phénomènes | Sommeil lent | Sommeil paradoxal |
|---|---|---|
| **1.** Récupération de la fatigue mentale. | | ✗ |
| **2.** Récupération de la fatigue physique. | ✗ | |
| **3.** Moment du rêve. | | ✗ |
| **4.** Production de l'hormone de croissance. | ✗ | |

• Déduire deux conséquences du manque de sommeil. …/0,5 pt

→ Sur les rythmes biologiques : fatigue physique.

→ Sur l'activité professionnelle : fatigue mentale, difficultés à mémoriser.

❹ Proposer trois solutions à Max pour améliorer sa qualité de sommeil. …/0,75 pt

→ Se coucher le plus tôt possible.

→ Ne pas faire la sieste (ou celle-ci doit être très courte).

→ Éviter les dîners trop lourds, faire du sport l'après-midi.

Max se lève à la dernière minute et ne prend pas de petit déjeuner ; il mange deux croissants dans le hangar vers 7 h puis un sandwich garni de beurre et de charcuterie à l'approche de midi avec un soda et une pâtisserie.
Chaque soir, il mange une pizza.
Conscient du fait qu'il se nourrit de manière complètement déséquilibrée, Max souhaite changer ses habitudes.

1 (C41)

**3.** Indiquer quatre raisons pour lesquelles l'alimentation de Max n'est pas équilibrée. …/1 pt

→ Absence de petit déjeuner.

→ Excès de féculents, de graisses et d'aliments gras.

→ Absence de fruits et légumes (exceptée la tomate de la pizza).

→ Très peu de produits laitiers (un peu de fromage dans la pizza).

1 (C42)

**4.** Cocher trois problèmes de santé qui pourraient toucher Max s'il continue à mal se nourrir. …/0,75 pt

| | | |
|---|---|---|
| ☒ Obésité | ❑ Grippe | ❑ Diarrhée |
| ❑ Cancer du poumon | ☒ Diabète | ☒ Maladie cardio-vasculaire |

1 (C44)

**5.** Proposer un déjeuner équilibré à Max. La restauration rapide proche de son entreprise propose les plats ci-dessous. …/0,5 pt

CHOIX DE LA BOUTIQUE : brioches / tartelettes aux pommes / éclairs / sandwichs charcuterie / sandwichs fromage / sandwichs crudités-fromage / sandwich poulet-crudités / salade composée (salade verte, tomates, thon, œuf) / fromage blanc aux fruits rouges / salade de fruits frais / fruits frais / riz au lait / jus de fruits frais / smoothies (lait + fruits mixés) / eau / pain.

À partir du choix de la boutique, il y a de nombreuses combinaisons possibles.

Le choix réalisé doit comporter :

- des légumes et des fruits ;
- un aliment protidique ;
- un féculent ;
- un produit laitier ;
- une boisson.

Titulaire d'un CAP, Max se voit de plus en plus souvent confier par son employeur la fonction de chef d'équipe. Il souhaiterait obtenir un bac pro logistique mais ne souhaite pas le préparer au LP ou au CFA. En attendant, Max met à jour son CV.

3 (C13)

**6.** Indiquer un autre moyen pour Max d'obtenir le bac pro logistique ; s'aider d'**Annexe 1**. …/0,5 pt

Il peut obtenir ce diplôme par la validation des acquis de l'expérience (VAE).

3 (C21)

**7.** Relever, dans l'**Annexe 1**, les conditions nécessaires pour entreprendre cette démarche. …/0,5 pt

Il faut au minimum un an d'expérience professionnelle ou bénévole.

| | | |
|---|---|---|
| **3** (C21) | **8.** Cocher la case correspondant à la bonne réponse.<br>Le CV doit être ☒ dactylographié ❑ manuscrit | .../0,25 pt |
| **3** (C21) | **9.** Citer trois rubriques composant un CV.<br>→ Coordonnées ;<br>→ Expérience professionnelle ;<br>→ Formation / parcours scolaire. | .../0,5 pt |

Max souhaite acheter une voiture. Il ne dispose pas de la somme nécessaire.
Il décide de prendre un crédit.

| | | |
|---|---|---|
| **2** (C13) | **10.** Indiquer, parmi les trois offres de crédit pouvant convenir à Max et présentées dans l'**Annexe 2**, quelle est la plus intéressante. Justifier la réponse à l'aide de l'**Annexe 3**.<br>C'est l'offre B car elle a le TAEG le plus bas, le crédit revient donc moins cher. | .../0,5 pt |
| **2** (C22) | **11.** Indiquer et justifier le mode de paiement le plus adapté pour payer les mensualités du crédit.<br>Le prélèvement automatique est le mode de paiement le plus adapté car la somme est prélevée chaque mois sans autre intervention de Max que la signature de l'accord initial de prélèvement automatique. Ainsi, il ne risque pas d'oublier de payer ses mensualités. | .../0,5 pt |

**Partie 2**

L'entreprise Vassout Fruits produit des poires et des pommes. Max, au poste de manutentionnaire, est chargé du transport des palettes de fruits. Les fruits sont stockés dans des caisses de 25 kg, empilées sur des palettes. Les palettes sont elles-mêmes empilées les unes sur les autres jusqu'à une hauteur de 6 m.
Le stockage est rigoureux, mais la hauteur de caisses empilées rend l'ensemble instable. Il est déjà arrivé qu'une pile entière de palettes tombe, pouvant entraîner dans sa chute jusqu'à 3 tonnes de pommes et provoquer de graves blessures.

| | | |
|---|---|---|
| **4** (C11 C21) | **12.** Identifier la problématique de la situation.<br>Risque de chute de palettes sur support en hauteur. | .../1 pt |
| **4** (C31 C32 C33 C44) | **13.** Établir le processus d'apparition d'un dommage à l'aide de la situation ci-dessus. | .../2,5 pts |

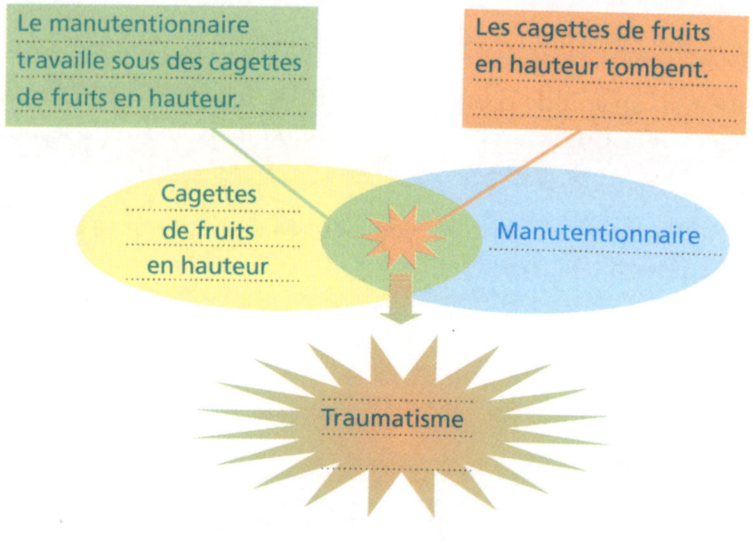

| | | |
|---|---|---|
| 2 (C22) | **14.** Estimer la gravité du dommage ainsi que sa probabilité d'apparition à l'aide de l'**Annexe 4**.<br>→ Gravité du dommage : 2-3<br>→ Probabilité d'apparition : 3-4 | .../1 pt |
| 4 (C44) | **15.** Relever à l'aide du schéma ci-dessous la priorité de la réduction du risque.<br>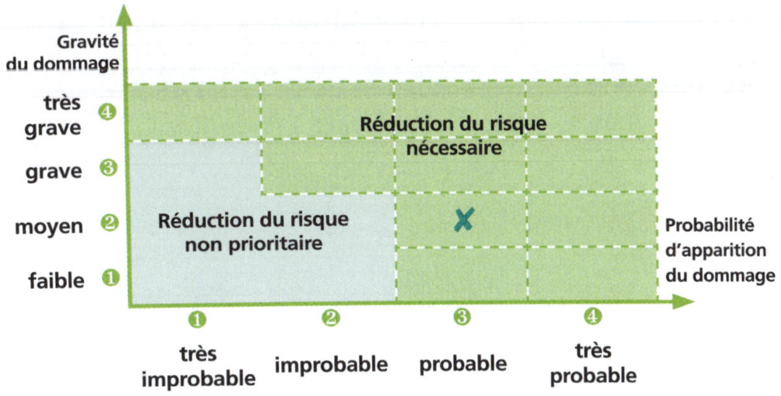<br>Réduction du risque nécessaire. | .../0,5 pt |
| 4 (C44) | **16.** Citer les trois niveaux de prévention et proposer une mesure de prévention pour chacun d'entre eux à l'aide de vos connaissances. | .../3 pts |



| Niveaux de prévention | Propositions de solutions correctives |
|---|---|
| Niveau 1 Prévention intrinsèque | Supprimer les cagettes en hauteur. |
| Niveau 2 Prévention collective / individuelle | Collective : filet de protection.<br>Individuelle : casque. |
| Niveau 3 Prévention formation information | Formation aux techniques d'entreposage. |

## ANNEXE 1 : Qu'est-ce que la VAE ?

Ce dispositif permet l'obtention de tout ou partie d'une certification (diplôme, titre à finalité professionnelle ou certificat de qualification professionnelle) sur la base d'une expérience professionnelle salariée, non salariée (commerçant, collaborateur de commerçant, profession libérale, agriculteur ou artisan...) et/ou bénévole (syndicale, associative) et/ou volontaire. Cette expérience, en lien avec la certification visée, est validée par un jury. [...]

**Qui peut entreprendre une démarche de VAE ?**

Toute personne, quels que soient son âge, sa nationalité, son statut et son niveau de formation, ayant au moins un an d'expérience salariée, non salariée ou bénévole.

www.vae.gouv.fr

## ANNEXE 2 : Propositions d'offre de crédit pour Max

Eléments financiers concernant le dossier de Max :
- Salaire : 1400 € net ;
- Crédit consommation en cours : 100 € par mois ;
- Mensualité maximale autorisée : 320 € pour un éventuel crédit auto.

Compte tenu des éléments ci-dessus, trois propositions de crédit auto peuvent être faites :
Proposition A : crédit de 7000 € – 60 mensualités de 134 € – TAEG : 5,7 %
Proposition B : crédit de 7000 € – 36 mensualités de 207 € – TAEG : 4,2 %
Proposition C : crédit de 7000 € – 72 mensualités de 115 € – TAEG : 6,1 %

## ANNEXE 3 : Le TAEG

Le TAEG est le taux qui est censé représenter le coût réel pour le client usager ; il intègre les coûts associés obligatoires contractuellement, à savoir frais de dossiers, commissions diverses, coût de garanties particulières. [...] Le taux effectif global ou prêt TAEG a été mis en place afin de permettre aux consommateurs de comparer sur une seule et même base les propositions de crédit effectuées par des établissements de crédits différents.
Le TAEG est l'indicateur du coût global de votre prêt.[...]

www.credit-conso.org

## ANNEXE 4 : Estimation du risque

→ La gravité du dommage : cela peut aller du décès de l'opérateur à l'accident sans arrêt de travail.

- 4 **très grave** (décès)
- 3 **grave** (accident avec incapacité permanente)
- 2 **moyen** (accident avec arrêt de travail et/ou hospitalisation)
- 1 **faible** (accident sans arrêt de travail)

→ La probabilité d'occurrence (ou probabilité d'apparition du dommage) : c'est la conjonction de la fréquence d'exposition au danger et de la probabilité que l'événement dangereux ait lieu.

| fréquence et/ou durée d'exposition au danger | probabilité d'apparition d'un événement dangereux | probabilité d'apparition du dommage |
|---|---|---|
| fréquent et/ou longue durée d'exposition | élevée | 4 très probable |
| | faible | 3 probable |
| rare et/ou courte durée d'exposition | élevée | 2 improbable |
| | faible | 1 très improbable |

# S'entraîner au CCF : situation d'évaluation pour un diplôme intermédiaire BEP

| Session 2018 | BEP |
|---|---|
| Nom : ..........<br>Prénom : .......... | **Partie 1 :** ... / 20 points<br>**Partie 2 :** ... / 20 points |
| Spécialité : .......... | **NOTE FINALE :**<br>**P1 + P2 : 2 =** ... / 20 pts |

→ L'usage de la calculatrice est autorisé ; rédigez vos réponses sous forme de phrases dans les espaces prévus à cet effet.
La présentation est soignée. – Durée : 1 heure

| **SITUATION** | Premier emploi, premier logement, nouvelle ville, Marc, 20 ans, découvre une nouvelle vie loin de ses parents chez qui il vivait jusqu'alors et qui veillaient sur sa santé. Il a abandonné ses activités sportives, fume jusqu'à un paquet de cigarettes par jour, déjeune au restaurant d'entreprise où il choisit de préférence des plats en sauce accompagnés de pâtes ou de frites et des pâtisseries et dîne le soir d'un hamburger au fast-food du quartier ou bien mange des pâtes ou une pizza chez lui. Constatant qu'il grossit, il décide de se remettre au football. Sur le terrain, il se fatigue et s'essouffle rapidement. C'est parfois la même chose au travail lorsqu'il doit fournir un effort physique. Le médecin du travail l'interroge sur son mode de vie. |
|---|---|

| Modules Capacités évaluées | Travail demandé | Barème |
|---|---|---|
| **1, 2, 3**<br>Identifier un problème (C21)<br><br>Appliquer une démarche de résolution de problèmes (C32)<br><br>Énoncer des connaissances (C21) | **Partie 1**<br>**1.** Appliquer la démarche de résolution de problèmes à cette situation.<br>❶ Indiquer le problème soulevé par la situation.<br>Marc grossit, se fatigue et s'essouffle rapidement lors d'une activité physique.<br>❷ Identifier les éléments de la situation. | .../1 pt<br><br><br><br>.../2,5 pts |

| | |
|---|---|
| **QUI :** Qui est concerné ? | Marc, jeune travailleur de 20 ans. |
| **QUOI :** Quelle est l'origine du problème ? | Le changement de vie et l'apparition de nouvelles habitudes. |
| **QUAND :** À quel moment le problème se fait-il ressentir ? | Sur le terrain de football, au travail lorsque des efforts physiques sont nécessaires. |
| **COMMENT :** Quels comportements ont favorisé l'apparition du problème ? | Le changement des habitudes alimentaires, l'arrêt du sport, les cigarettes. |
| **POURQUOI :** Quelle est la conséquence du problème à plus long terme ? | Le problème va s'amplifier ; des problèmes de santé peuvent apparaître. |

❸ Mettre en relation les éléments de la situation à partir des éléments soulignés. …/1,5 pt

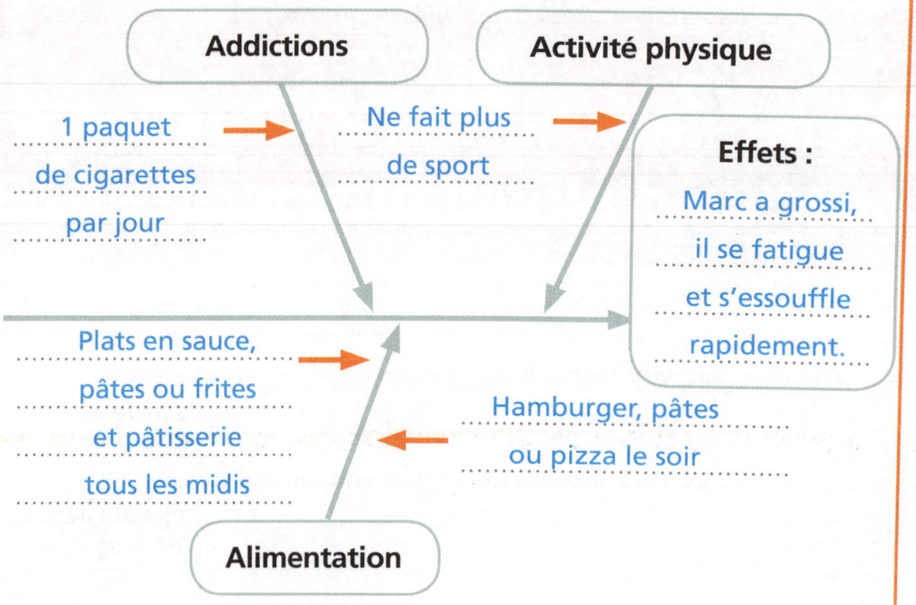


**❹ Mobiliser des connaissances.** …/1,5 pt

• Définir le phénomène d'addiction.

L'addiction est une relation de dépendance entraînant une impossibilité répétée de contrôler un comportement et la poursuite de ce comportement en dépit de la connaissance des conséquences négatives.

• Citer trois formes d'addictions. …/1,5 pt

→ Avec substances : alcool, tabac, médicaments.

→ Sans substances : jeux, téléphone portable, Internet.

• Indiquer l'action dans l'organisme des principales substances contenues dans la fumée de cigarette. …/1 pt

| Substances | Actions |
|---|---|
| Nicotine | Substance responsable de la dépendance. |
| Goudrons | Substances cancérigènes. |
| Monoxyde de carbone CO | Substances se fixant sur les globules rouges à la place de l'oxygène. |

• Justifier l'essoufflement de Marc au regard de ses habitudes. …/0,5 pt

Sa consommation de tabac, de par le CO contenu dans la fumée, est en partie responsable de l'essoufflement lors de l'effort.

| | | |
|---|---|---|
| | • Indiquer quatre bienfaits d'une activité physique régulière.<br>→ Développe la musculature.<br>→ Renforce la résistance des appareils respiratoire et cardiaque.<br>→ Prévient certaines maladies (cardio-vasculaires, obésité, etc.).<br>→ Source de bien-être physique et psychique. | .../2 pts |
| | • Citer quatre dangers d'une alimentation déséquilibrée.<br>→ Prise de poids, obésité.<br>→ Maladies cardio-vasculaires.<br>→ Carences vitaminiques.<br>→ Diabète. | .../2 pts |
| | ❺ Donner des conseils pour remédier au problème de Marc.<br>• Quatre conseils concernant son alimentation<br>→ Réduire la consommation de produits gras et de féculents.<br>→ Consommer des fruits et ou des légumes ainsi que des produits laitiers le midi et le soir.<br>→ Consommer un poisson grillé avec des pâtes ou des légumes le midi.<br>→ Manger plus léger le soir. | .../2,5 pts |
| | • Deux autres conseils<br>→ Persister à pratiquer une activité physique indispensable.<br>→ Arrêter de fumer. | .../1 pt |
| **Marc a un salaire de 1400 € par mois. Il souhaite acheter une voiture. Il a repéré un véhicule qui lui convient mais ne dispose pas de la somme nécessaire. Il décide de prendre un crédit.** | | |
| 5<br>Traiter l'information<br>(C13) | **2.** Indiquer, parmi les trois offres de crédit pouvant convenir à Marc présentées dans l'**Annexe 1**, quelle est la plus intéressante. Justifier la réponse à l'aide de l'**Annexe 2**.<br>C'est l'offre B qui est la plus intéressante car son TAEG est le plus bas. Le salaire de Marc lui permet de supporter des remboursements mensuels de 207 €. | .../1 pt |
| 5<br>Mettre en relation<br>(C22) | **3.** Indiquer si Marc a la possibilité de renoncer à l'offre préalable de crédit faite par son banquier qu'il a signée il y a six jours.<br>Le délai de rétractation ou temps pour revenir sur sa décision est de quatorze jours ; il dispose donc encore de huit jours pour renoncer à l'offre de crédit. | .../1 pt |
| 5<br>Mettre en relation<br>(C22) | **4.** Indiquer le moyen de paiement le plus adapté pour payer ce crédit. Justifier la réponse.<br>Le prélèvement automatique est le moyen de paiement le plus adapté car Marc n'aura pas à se préoccuper de régler son crédit chaque mois. | .../1 pt |

**Partie 2**

Marc travaille dans un atelier de chaudronnerie où le niveau sonore moyen est de 85 dB (A) ; il ne porte pas ses bouchons d'oreille. D'autre part, durant les pauses, il écoute son lecteur MP3 avec un volume réglé à la puissance maximale.

| | | |
|---|---|---|
| 7<br>Énoncer des connaissances (C21) | **5.** Indiquer à quel niveau sonore se situe le seuil de danger.<br>Le seuil de danger se situe à 80 dB (A). | .../0,5 pt |
| 7<br>Énoncer des connaissances (C21) | **6.** Expliquer à quels risques s'expose Marc avec un tel comportement.<br>**Au niveau de l'audition** : → Acouphènes. → Baisse de l'audition, surdité.<br>**Au niveau de sa santé** : → Fatigue. → Troubles divers (nervosité, troubles du sommeil, etc.). | .../1 pt |
| 7<br>Mettre en relation (C22) | **7.** Citer deux autres conséquences du bruit dans l'entreprise.<br>→ Il augmente les risques d'accidents du travail.<br>→ Il augmente les risques de maladies professionnelles. | .../1 pt |
| 7<br>Mettre en relation (C22) | **8.** Indiquer, à l'aide de l'**Annexe 6**, les obligations de Marc quant au port des PICB. Justifier la réponse.<br>Le niveau sonore dans l'atelier est tel que règlementairement, les salariés doivent porter les PICB. | .../1 pt |
| 7<br>Énoncer des connaissances (C21) | **9.** Proposer une mesure collective permettant de réduire le bruit dans les ateliers.<br>L'isolation de l'atelier ou l'encoffrement des machines peuvent être des solutions. | .../1 pt |

Marc reçoit ses premières factures d'eau et d'électricité et est surpris par leur montant. La facture d'eau est accompagnée d'une notice explicative (Annexe 5). Il trouve aussi dans sa boite aux lettres le DICRIM de la ville.

| | | |
|---|---|---|
| 7<br>Énoncer des connaissances (C21) | **10.** Relever dans l'**Annexe 4** la signification du sigle DICRIM et expliquer l'intérêt de ce document pour le citoyen.<br>Le DICRIM est le document d'information communal contre les risques majeurs. Il informe la population sur la conduite à tenir au cas où les risques possibles dans l'agglomération viendraient à se produire. | ... /1,5 pt |
| 7<br>Énoncer des connaissances (C21) | **11.** Citer deux exemples de risques naturels et deux exemples de risques technologiques pouvant être présentés dans ce document.<br>→ Risques naturels : inondation, tempête, séisme, etc.<br>→ Risques technologiques : rupture de barrage, accident nucléaire, explosion industrielle, etc. | ... / 2 pts |

| | | |
|---|---|---|
| **6**<br>Proposer des actions (C44) | **12.** Indiquer quatre mesures que Marc peut mettre en œuvre pour économiser l'eau et quatre mesures pour économiser l'électricité. | .../4 pts |

| Mesures pour économiser l'eau | Mesures pour économiser l'électricité |
|---|---|
| → Éviter de laisser couler l'eau lorsqu'on se lave les dents ou lorsqu'on fait la vaisselle.<br>→ Préférer les douches aux bains.<br>→ Installer une chasse d'eau à double débit.<br>→ Installer des mousseurs au niveau des robinets. | → Ne pas laisser l'éclairage fonctionner inutilement.<br>→ Installer des ampoules basse-consommation.<br>→ Utiliser les programmes économiques des appareils.<br>→ Ne pas chauffer les pièces au-delà de 18 à 20 °C. |

| | | |
|---|---|---|
| **6**<br>Énoncer des connaissances (C21) | **13.** Définir l'eau potable.<br>L'eau potable est une eau pouvant être bue sans danger pour l'organisme. | .../1 pt |
| **6**<br>Traiter l'information (C13) | **14.** Indiquer si l'eau distribuée dans la ville de Marc est potable.<br>L'eau distribuée dans la ville de Marc est potable car l'analyse conclut que tous les paramètres sont conformes aux limites de qualité. | .../1 pt |
| **6**<br>Traiter l'information (C13) | **15.** Justifier le goût parfois chloré de l'eau distribuée ; préciser si celui-ci présente un danger pour le consommateur.<br>L'eau a été désinfectée par chloration, ce qui ne présente aucun danger pour le consommateur. | .../1 pt |
| **6**<br>Expliquer un phénomène à partir de ses connaissances (C23) | **16.** Indiquer le niveau de dureté de l'eau distribuée. Préciser un intérêt pour le consommateur de connaître celui-ci.<br>L'eau est moyennement minéralisée. Cette information est importante car elle permet de savoir si les appareils électro-ménagers sont exposés à l'entartrage ou de doser correctement la lessive. | .../2 pts |
| **Marc souhaite acheter une machine à laver la plus économique et la plus silencieuse possible.** | | |
| **6**<br>Traiter l'information (C13) | **17.** Indiquer, à partir des étiquettes présentées en **Annexe 3**, quelle est la machine qui répond le mieux aux attentes de Marc.<br>C'est la machine B. | .../1 pt |
| **6**<br>Argumenter (C24) | Justifier la réponse donnée (deux justifications attendues).<br>→ C'est celle qui consomme le moins d'énergie (A+++).<br>→ C'est la moins bruyante (49 dB (A) en lavage et 60 dB (A) en essorage). | .../2 pts |

## ANNEXE 1 : Propositions d'offre de crédit

Proposition A : crédit de 7 000 € – 60 mensualités de 134 € – TAEG : 5,7 %
Proposition B : crédit de 7 000 € – 36 mensualités de 207 € – TAEG : 4,2 %
Proposition C : crédit de 7 000 € – 72 mensualités de 115 € – TAEG : 6,1 %

## ANNEXE 2 : Le TAEG

Le TAEG est le taux qui est censé représenter le coût réel pour le client usager ; il intègre les coûts associés obligatoires contractuellement, à savoir frais de dossiers, commissions diverses, coût de garanties particulières. […] Le taux effectif global ou prêt TAEG a été mis en place afin de permettre aux consommateurs de comparer sur une seule et même base les propositions de crédit effectuées par des établissements de crédits différents. Le TAEG est l'indicateur du coût global de votre prêt. […]

www.credit-conso.org

## ANNEXE 3 : Étiquettes énergie de trois lave-linge

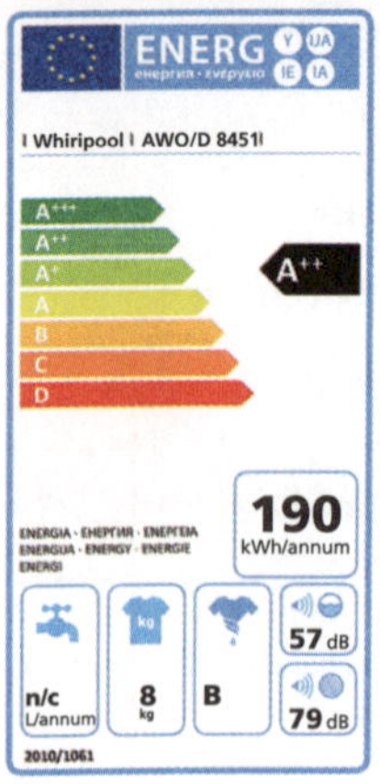

A

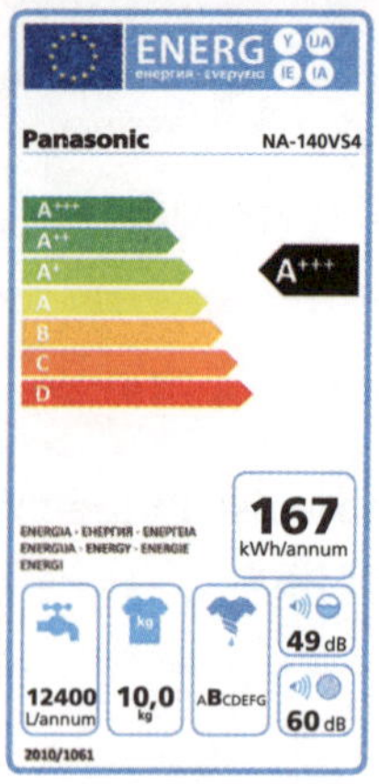

B

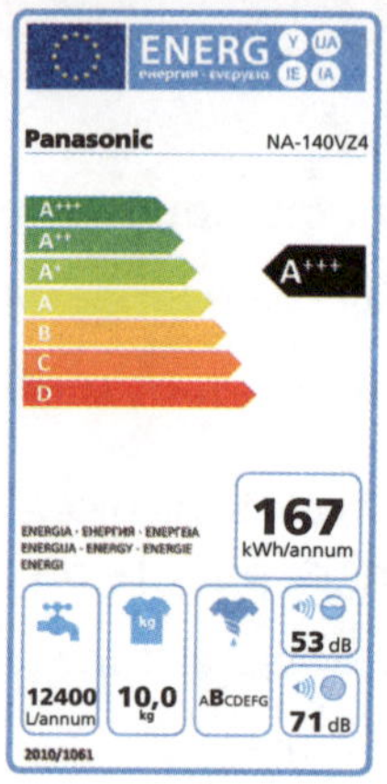

C

## ANNEXE 4 : Le DICRIM

## ANNEXE 5 : Analyse d'eau

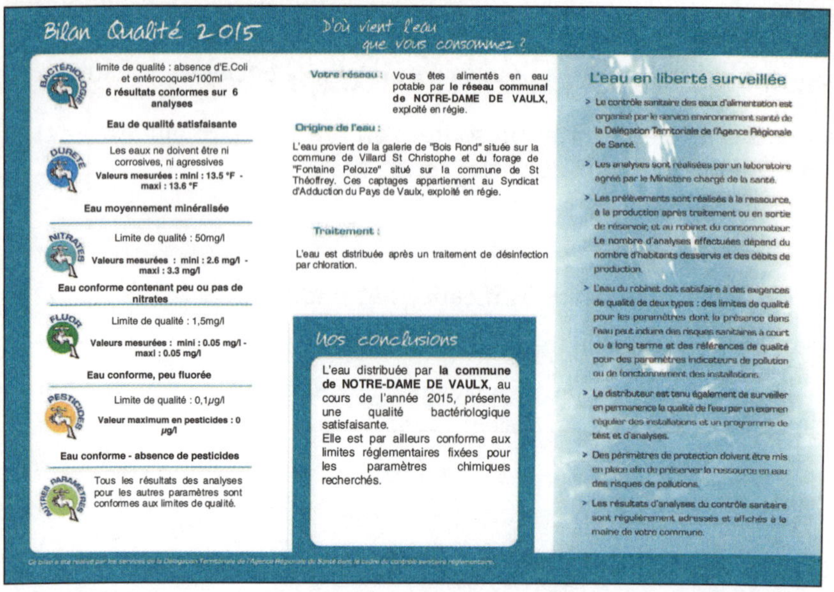

Bilan Qualité 2015

BACTÉRIOLOGIE
limite de qualité : absence d'E.Coli et entérocoques/100ml
**6 résultats conformes sur 6 analyses**
**Eau de qualité satisfaisante**

DURETÉ
Les eaux ne doivent être ni corrosives, ni agressives
**Valeurs mesurées : mini : 13.5 °F - maxi : 13.6 °F**
**Eau moyennement minéralisée**

NITRATES
Limite de qualité : 50mg/l
**Valeurs mesurées : mini : 2.6 mg/l - maxi : 3.3 mg/l**
**Eau conforme contenant peu ou pas de nitrates**

FLUOR
Limite de qualité : 1,5mg/l
**Valeurs mesurées : mini : 0.05 mg/l - maxi : 0.05 mg/l**
**Eau conforme, peu fluorée**

PESTICIDES
Limite de qualité : 0,1μg/l
**Valeur maximum en pesticides : 0 μg/l**
**Eau conforme - absence de pesticides**

AUTRES PARAMÈTRES
Tous les résultats des analyses pour les autres paramètres sont conformes aux limites de qualité.

D'où vient l'eau que vous consommez ?

**Votre réseau :** Vous êtes alimentés en eau potable par **le réseau communal de NOTRE-DAME DE VAULX**, exploité en régie.

**Origine de l'eau :**
L'eau provient de la galerie de "Bois Rond" située sur la commune de Villard St Christophe et du forage de "Fontaine Pelouze" situé sur la commune de St Théoffrey. Ces captages appartiennent au Syndicat d'Adduction du Pays de Vaulx, exploité en régie.

**Traitement :**
L'eau est distribuée après un traitement de désinfection par chloration.

Nos conclusions

L'eau distribuée par **la commune de NOTRE-DAME DE VAULX**, au cours de l'année 2015, présente une qualité bactériologique satisfaisante.
Elle est par ailleurs conforme aux limites réglementaires fixées pour les paramètres chimiques recherchés.

L'eau en liberté surveillée

- Le contrôle sanitaire des eaux d'alimentation est organisé par le service environnement santé de la Délégation Territoriale de l'Agence Régionale de Santé.
- Les analyses sont réalisées par un laboratoire agréé par le Ministère chargé de la santé.
- Les prélèvements sont réalisés à la ressource, à la production après traitement ou en sortie de réservoir, et au robinet du consommateur. Le nombre d'analyses effectuées dépend du nombre d'habitants desservis et des débits de production.
- L'eau du robinet doit satisfaire à des exigences de qualité de deux types : des limites de qualité pour les paramètres dont la présence dans l'eau peut induire des risques sanitaires à court ou à long terme et des références de qualité pour des paramètres indicateurs de pollution ou de fonctionnement des installations.
- Le distributeur est tenu également de surveiller en permanence la qualité de l'eau par un examen régulier des installations et un programme de test et d'analyses.
- Des périmètres de protection doivent être mis en place afin de préserver la ressource en eau des risques de pollutions.
- Les résultats d'analyses du contrôle sanitaire sont régulièrement adressés et affichés à la mairie de votre commune.

## ANNEXE 6 : Niveau sonore et règlementation

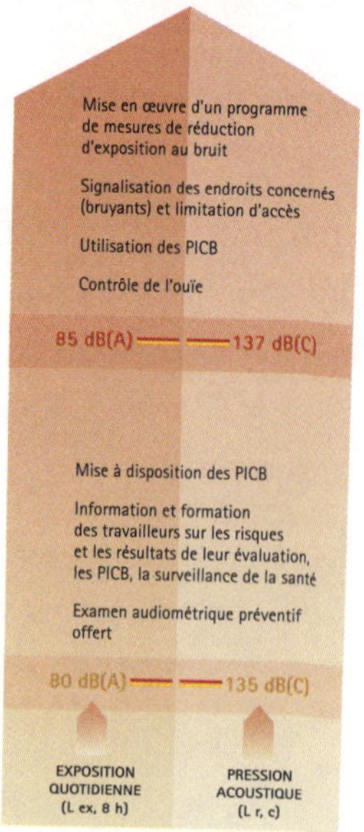

# Exercices pour se préparer à l'épreuve du baccalauréat

## Activité 1 : Décoder le verbe d'action qui débute chaque question

*Comprendre sans ambiguïté la signification du verbe d'action qui débute chaque question conditionne l'exactitude de la réponse apportée.*
*Cette activité a pour but de vous exercer lors de la lecture d'un sujet à bien réfléchir au sens des verbes débutant le questionnement.*

**Associer à chaque définition le verbe qui lui correspond. Il est possible, si nécessaire, d'utiliser la liste aide au bas de la page.**

- Citer : faire une énumération ou rapporter les paroles de quelqu'un ou des extraits d'un texte.
- Indiquer : désigner quelque chose, préciser.
- Nommer : donner le nom.
- Relever : remarquer un élément dans un texte, le mettre en évidence.
- Définir : énoncer la nature, les qualités, les propriétés essentielles de l'être ou de la chose que le mot désigne ; donner une définition.
- Proposer : faire une proposition.
- Retrouver : identifier une information dans un texte ou dans ses connaissances.
- Expliquer : donner les éléments nécessaires pour permettre la compréhension d'un phénomène.
- Calculer : effectuer un calcul à partir de données.
- Justifier : appuyer la réalité de quelque chose par des données établies, par des faits.
- Identifier : repérer, généralement dans un texte ou un schéma.
- Appliquer : mettre en application, généralement une formule, une règle mathématique ou encore une loi.
- Hiérarchiser : effectuer un classement.
- Différencier : faire une distinction entre différents éléments.
- Formuler : rédiger un texte exprimant la pensée de l'auteur ou rédiger un texte de manière adéquate, conforme à certaines règles établies.
- Présenter : décrire un objet ou un phénomène de manière à le faire connaître.
- Analyser : réaliser une étude approfondie d'un ensemble pour en dégager les éléments essentiels.
- Argumenter : justifier en apportant un nombre suffisant d'éléments probants.
- Déduire : tirer comme conséquence, conclure.

**Liste aide** : *identifier – retrouver – définir – présenter – hiérarchiser – justifier – nommer – appliquer – citer – argumenter – calculer – déduire – proposer – analyser – indiquer – formuler – relever – expliquer – différencier*

## Activité 2 : Réviser les méthodes d'analyse évaluées lors de l'épreuve

*Différentes méthodes d'analyse sont mobilisées dans le sujet du baccalauréat. La première partie de l'activité vise à faire retrouver la finalité de chaque méthode.*
*La première partie du sujet mobilise la démarche de résolution de problèmes. Il faut en maîtriser les étapes et l'enjeu ; c'est l'objet de la deuxième partie de l'activité.*

**1.** Indiquer dans le tableau la méthode correspondant au but recherché. S'aider de ses connaissances.

| Méthodes ou démarches | Buts recherchés |
|---|---|
| Approche par le risque | Repérer les dangers potentiels pour une situation professionnelle afin de proposer des mesures de prévention adaptées. |
| Démarche de projet | Déterminer l'ensemble des actions à mener pour l'aboutissement du projet et son évaluation. |
| Démarche de résolution de problèmes | Permettre l'analyse méthodique d'une situation pour y apporter des solutions adaptées. |
| Approche par l'accident | Construire une démarche de prévention pour éviter qu'un accident identique ou connexe ne se reproduise. |
| Approche par le travail | Prévenir des atteintes à la santé sur le long terme ; rechercher et prévenir les risques cachés. |

**2.** Classer de 1 à 5 les étapes de la démarche de résolution de problèmes ci-dessous.

**3.** Associer par une flèche chaque étape à sa finalité.

ÉTAPES DE LA DÉMARCHE DE RÉSOLUTION DE PROBLÈMES :

| | |
|---|---|
| N° 3 | Mettre en relation les éléments de la situation |
| N° 5 | Proposer des solutions |
| N° 1 | Identifier le problème posé |
| N° 4 | Mobiliser des connaissances |
| N° 2 | Identifier les éléments de la situation |

FINALITÉS :

- C'est indiquer les « remèdes possibles » pour résoudre le problème en utilisant les connaissances acquises lors de l'étape précédente et en les appliquant :
  – soit aux éléments de la situation identifiés dans l'étape 2 ;
  – soit aux causes du problème identifiées lors de l'étape 3.
- C'est acquérir les connaissances scientifiques, techniques et juridiques nécessaires pour traiter le problème avec un « œil expert ».
- C'est repérer les éléments qui constituent la situation problème.
  Il est utile de les retrouver car c'est à leurs niveaux que l'on pourra éventuellement agir pour apporter des solutions.
- C'est reconnaître le problème général qui se dégage à la lecture de la situation.
- Il s'agit de retrouver les liens et interactions entre les éléments que l'on a repérés lors de l'étape 2, toujours dans le but de voir ensuite à quel niveau il est possible d'agir.
  Le diagramme causes-effets est généralement utilisé pour schématiser cette mise en relation.

**4.** Indiquer le type d'approche correspondant à chaque situation en cochant la bonne colonne du tableau.

| Exemples de situations | Type d'approche par | | |
|---|---|---|---|
| | Le risque | L'accident | Le travail |
| **A. Karl,** salarié dans l'entreprise RFLY 1, constate un défaut électrique au niveau du sol de l'accueil lors de fortes pluies. Le revêtement du sol devient conducteur, ce qui peut entraîner un risque électrique majeur. | ✗ | | |
| **B. Djamila,** 18 ans, secrétaire dans l'entreprise Bravocash, reçoit un client pour faire un devis. Elle se rend à l'étage afin d'avertir l'informaticien. L'escalier est raide. Djamila tombe dans l'escalier et se fait une entorse. | | ✗ | |
| **C. Vincent,** 22 ans, travaille depuis deux ans dans l'entreprise Kermasoft au poste d'électricien. Chaque jour, il doit pré-câbler 100 tableaux électriques. Il découpe des câbles électriques avec sa pince en forçant sur sa main. Depuis quelques jours, il ressent des douleurs au niveau du poignet. | | | ✗ |
| **D. Emré,** 19 ans, opérateur de fabrication, vient de mélanger deux produits chimiques sur la chaine de production. Un gaz corrosif s'échappe et est inhalé par deux collègues proches d'Emré. Ils sont asphyxiés. | | ✗ | |
|  E. | ✗ | | |
|  F. | | ✗ | |
|  G. | | | ✗ |

## Activité 3 : Se préparer à la question concernant la conduite à tenir face à une situation d'urgence

*Dans la deuxième partie du sujet concernant le module 8, le sujet du baccalauréat intègre une question (qui peut comporter différentes parties) demandant d'expliquer la conduite à tenir face à une situation d'urgence.*
*Les deux parties qui suivent ont pour but de vous aider dans vos révisions concernant le secourisme. Pour les réaliser, vous devez vous aider de vos connaissances et du plan d'intervention SST joint en annexe.*

**1re PARTIE : pour chaque visuel ci-dessous, nommer le geste réalisé et indiquer dans quel cas il est pratiqué.**

❶
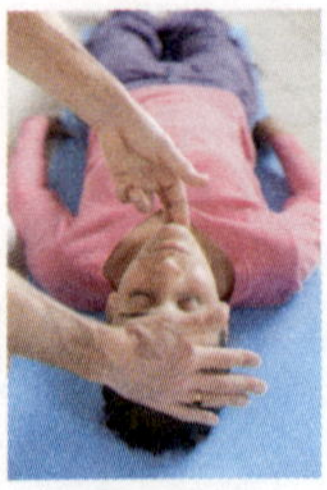

**Nom du geste :** Bascule de la tête en arrière

**Quand le réaliser ?** Victime inconsciente

❷
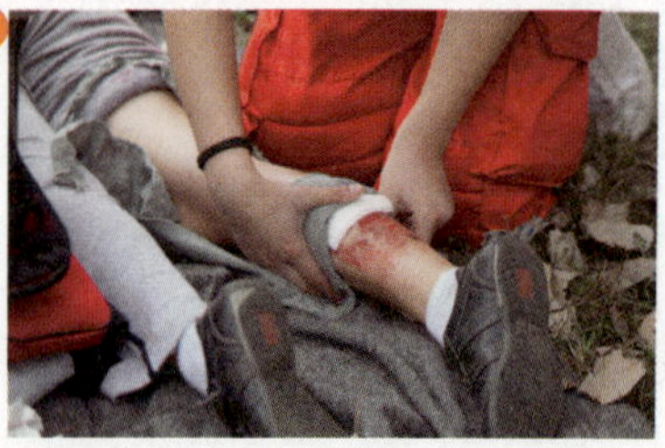

**Nom du geste :** Compression de l'endroit qui saigne

**Quand le réaliser ?** Perte de sang abondante

❸

**Nom du geste :** Tapes dans le dos

**Quand le réaliser ?** Étouffement du nourrisson

❹
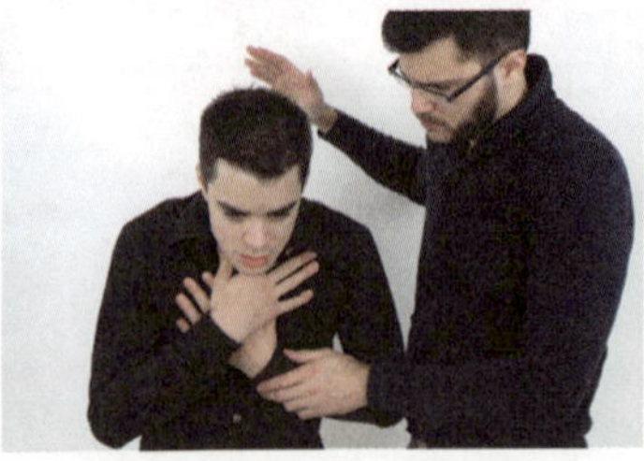

**Nom du geste :** Tapes dans le dos

**Quand le réaliser ?** Étouffement de la victime

❺

**Nom du geste :** Vérification de la respiration

**Quand le réaliser ?** Victime inconsciente

❻
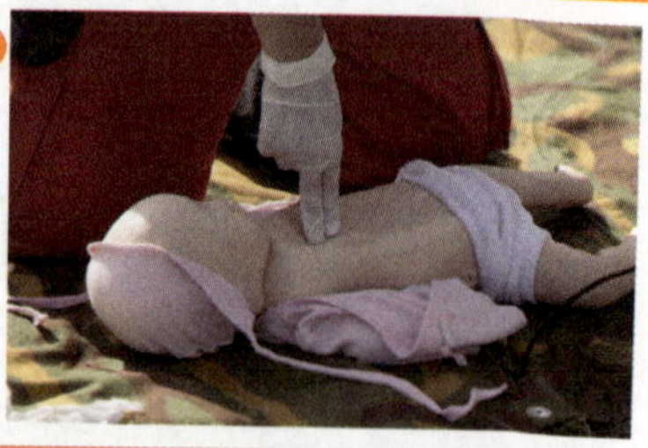

**Nom du geste :** Compressions thoraciques

**Quand le réaliser ?** Victime en arrêt cardiaque

❼
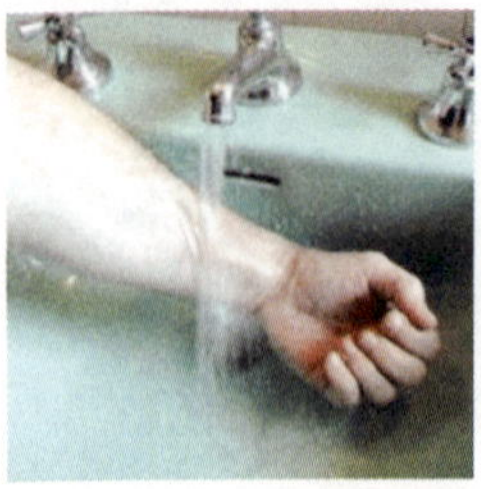

**Nom du geste :** Arroser la brûlure

**Quand le réaliser ?** Victime présentant une brûlure

❽

**Nom du geste :** Compressions thoraciques

**Quand le réaliser ?** Victime en arrêt cardiaque

❾
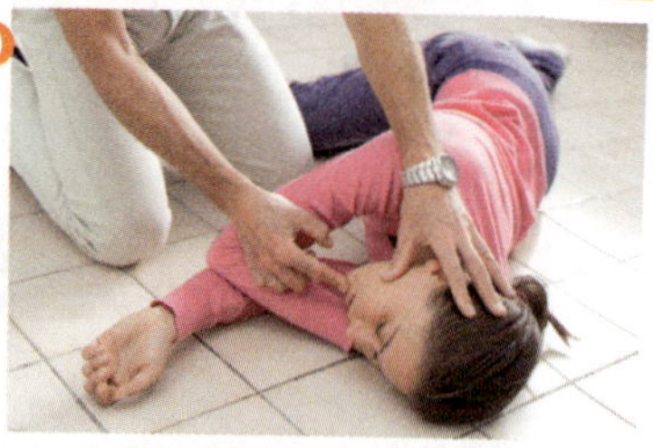

**Nom du geste :** Position latérale de sécurité (PLS)

**Quand le réaliser ?** Victime inconsciente

## 2e PARTIE : Analyse de situations d'accident de travail

**Situation 1.** Gabriel, 35 ans, électricien de formation, est retrouvé dans une tranchée du chantier. Un témoin va chercher un SST. Gabriel est inconscient et respire.

**1.** Citer la première action entreprise par le SST pour sécuriser la zone.

Couper le courant et enlever le câble.

**2.** Hiérarchiser, en numérotant par ordre chronologique, l'intégralité des actions menées par le SST dans cette situation.

3 Secourir 4 Alerter 2 Examiner 1 Protéger

**3.** Le témoin appelle les secours. Lister trois éléments utiles à transmettre et indiquer le numéro de téléphone qu'il doit contacter.

**Numéro de téléphone :** 15

> Adresse du lieu de l'accident
> État de la victime
> Nature de l'accident

**4.** Citer le geste de secours que le SST va effectuer. Il s'agit d'une PLS.

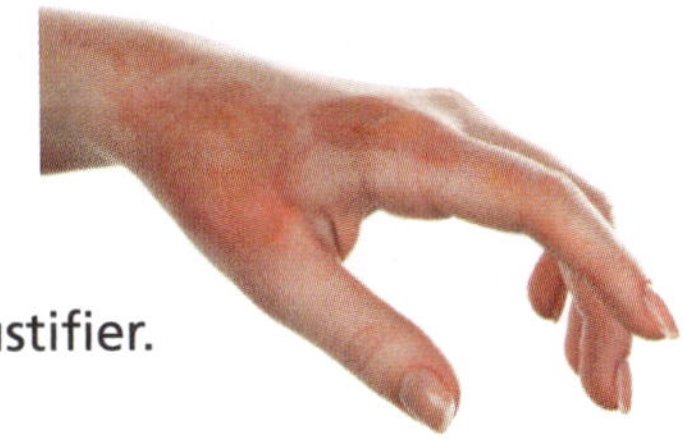

**Situation 2.** Lors d'une animation commerciale dans une grande surface de bricolage, Mourad, 22 ans, s'est renversé de l'acide chlorhydrique sur la main. Une forte quantité d'acide s'est déversée sur le sol. Mourad est conscient mais souffre de la main. Un témoin alerte le SST.

**1.** Citer la première action entreprise par le SST pour sécuriser la zone. Justifier.

Faire baliser la zone d'accident afin d'éviter un sur accident.

**2.** Cocher la case correspondant au type de brûlure.

☐ Brûlure électrique ☐ Brûlure thermique ☒ Brûlure chimique

**3.** Décrire le geste de secours que le SST doit effectuer.

Le SST amène la victime près d'un point d'eau. Il rince la main en l'arrosant à l'eau courante jusqu'à l'arrivée des secours. Parallèlement, il déshabille la victime en se protégeant si celle-ci a des projections sur ses vêtements.

**4.** Proposer une mesure individuelle pour que ce type d'accident ne se reproduise pas.

Porter des équipements de protection individuels (EPI) comme les gants, les lunettes de protection et la blouse en coton.

**Situation 3.** Lisa, 20 ans, chargée d'accueil dans l'entreprise 4YU, s'entrave avec les câbles informatiques de son bureau. Elle s'agrippe à l'étagère et un carton de 3 kg lui tombe sur la tête. Après quelques minutes, Lisa, toujours debout, a un mal de tête persistant. Elle alerte un SST.

**1.** Citer la première action entreprise par le SST au niveau des gestes de secours.

Le SST va demander à Lisa de s'allonger et va la questionner.

**2.** Citer deux actions que le SST peut effectuer lors de la surveillance de l'état de la victime.

> Lui parler régulièrement et la rassurer.
> Protéger la victime contre le froid ou le chaud.

**3.** Proposer une mesure de prévention collective au niveau des câbles informatiques.

Mettre les câbles dans des gaines ou supprimer les câbles informatiques en utilisant le wifi et les portables avec batteries.

## Activité 4 : Repérer et hiérarchiser les différentes phases de la démarche de prévention

*Mobilisées dans la deuxième partie du sujet, l'approche par le travail ou par l'accident et l'approche par le risque débouchent sur la mise en place de mesures de prévention. Une hiérarchie existe dans la mise en place de ces mesures. Cette activité vise à retrouver cette hiérarchie et à identifier la nature de différentes mesures.*

**1. Compléter le texte suivant en indiquant la nature des mesures concernées. S'aider des mesures indiquées dans le tableau figurant dans la deuxième question.**

Lors de la mise en place de toute prévention, on essaie de voir dans un premier temps si l'on peut supprimer le danger, on parle alors de prévention intrinsèque.
Si cela s'avère impossible, on met en place des mesures de prévention qui protègent l'ensemble des travailleurs, on parle alors de prévention collective. Si celle-ci n'est pas possible, on met en place des dispositifs qui protègent chacun des travailleurs, il s'agit de prévention individuelle.
Lorsque ces mesures sont impossibles, et parfois en complément des mesures précédentes, on met en place une information et des formations des travailleurs.

**2. Indiquer la nature des mesures préventives suivantes en cochant la bonne colonne du tableau.**

| Exemples de mesures de prévention | Natures des mesures *(cocher)* | | | |
|---|---|---|---|---|
| | Formation information | Prévention collective | Prévention individuelle | Prévention intrinsèque |
| **A.** Remplacement d'une machine bruyante par une machine qui l'est moins | | | | ✗ |
| **B.** Casques de chantier | | | ✗ | |
| **C.** Formation à la prévention des risques liés à l'activité physique et à l'ergonomie (PRAPE) | ✗ | | | |
| **D.** Panneaux indiquant la circulation de transpalettes | ✗ | | | |
| **E.** Casque anti-bruit | | | ✗ | |
| **F.** Système d'aspiration des émanations de produits chimiques | | ✗ | | |
| **G.** Chaussures de sécurité | | | ✗ | |
| **H.** Sol antidérapant | | ✗ | | |
| **I.** Stage de formation sur les risques biologiques | ✗ | | | |
| **J.** Mécanisation d'une opération de manutention de charges lourdes | | ✗ | | |
| **K.** Remplacement des sacs de 25 kg par des sacs de 10 kg | | | | ✗ |

# S'entraîner à l'épreuve ponctuelle du baccalauréat professionnel : exemple de sujet

| Session : 2017 | Baccalauréat Professionnel. Sujet : Prévention Santé Environnement |
|---|---|
| Nom : ..........<br>Prénom : .......... | **Première partie :** Modules 1-7 → … / 40 pts<br>**Deuxième partie :** Module 8 → … / 16 pts<br>Modules 9-12 → … / 24 pts<br>↓<br>… / 80 pts |
| Spécialité : .......... | ↓<br>NOTE : … / 20 pts |

**Consignes générales :** l'usage de la calculatrice est autorisée, rédiger vos réponses sous forme de phrases dans les espaces prévus à cet effet. La présentation est soignée.

## PREMIÈRE PARTIE – MODULES 1 À 7

| SITUATION 1 | **Leila, 19 ans,** secrétaire dans l'entreprise « Chauff'matix », spécialisée dans la vente de fours micro-ondes, est arrivée deux fois en retard cette semaine. Elle ne s'est pas réveillée car elle dort mal à cause de son vieux matelas et du bruit dans la rue. David, son petit ami, lui conseille de faire du sport pour s'aérer et surtout de monter le chauffage électrique car il fait 15 °C dans sa chambre mal isolée. Leila pense que fumer du cannabis et manger des repas copieux permet de mieux dormir. |
|---|---|

| Modules Capacités évaluées | Travail demandé | Barème |
|---|---|---|
| **C31 :** Identifier un problème | **A. Identifier le problème posé par la situation**<br>Des retards successifs au travail. | .../1 pt |
| **C32 :** Appliquer une démarche de résolution de problèmes | **B. Appliquer la démarche de résolution de problèmes à cette situation**<br>❶ Identifier les éléments de la situation en utilisant l'outil méthodologique « QQOQCP ». | .../3 pts |

| | |
|---|---|
| QUOI : quelle est l'origine du problème ? | Réveils difficiles dus à un mauvais sommeil. |
| QUI : qui est la personne concernée ? | Leila, 19 ans |
| OÙ : en quel lieu apparaît le problème ? | Entreprise « Chauff'matix » |
| QUAND : à quel moment ? | Cette semaine |
| COMMENT : de quelle façon arrive ce problème ? | Elle ne s'est pas réveillée. |
| POURQUOI : quelles sont les causes du problème ? (5 réponses attendues) | Mauvaise literie, bruit, repas copieux, cannabis, peu de sport, température de la chambre, etc. |

**C32 :** Appliquer une démarche de résolution de problèmes

❷ Mettre en relation les éléments de la situation en complétant le diagramme « causes-effet » à l'aide des éléments suivants : …/4 pts

pratique sportive / bruit / repas copieux / matelas / température de la chambre / mauvaise qualité de sommeil et réveil difficile / chauffage électrique / cannabis

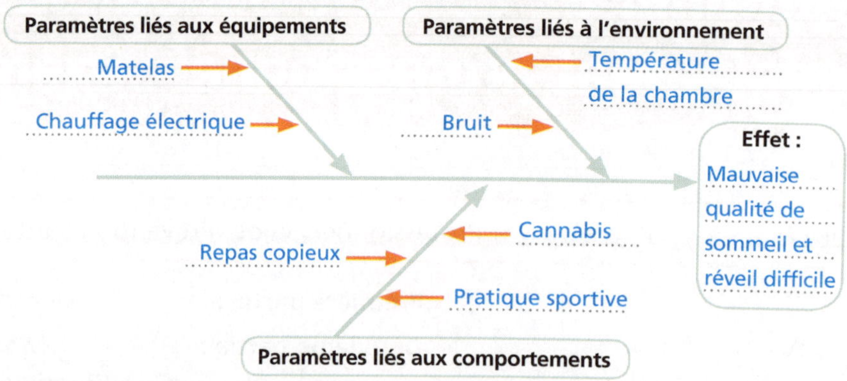


## C. Mobiliser des connaissances

**C21 :** Énoncer des connaissances

**1.** Citer deux rôles du sommeil sur la santé. …/3 pts

> Récupération physique (diminution des courbatures).

> Récupération psychique (évacuation du stress).

**C14 :** Analyser

**2.** Entourer dans l'hypnogramme ci-dessous les quatre phases de sommeil paradoxal correspondant au stade de la récupération nerveuse. …/2 pt

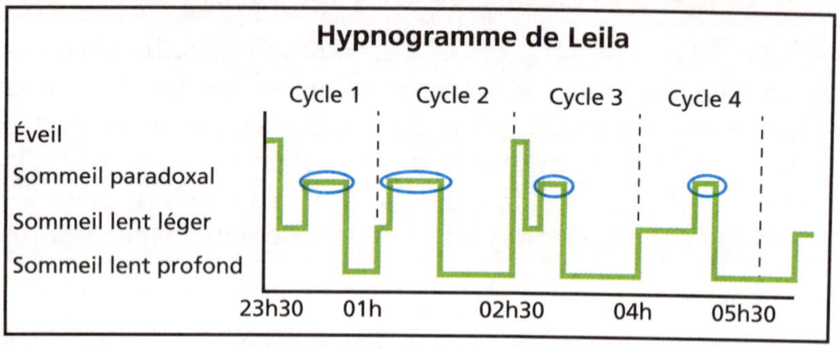


**C21 :** Énoncer des connaissances

**3.** Citer, à l'aide de vos connaissances, deux effets positifs du sport pour chacun des appareils cités ci-dessous. …/3 pts

| Appareil | Effets positifs du sport |
|---|---|
| cardiovasculaire | > Diminution de la fréquence cardiaque.<br>> Diminution des maladies cardiovasculaires. |
| respiratoire | > Augmentation de la capacité respiratoire.<br>> Diminution des troubles respiratoires. |
| squelettique | > Renforcement osseux.<br>> Renforcement articulaire. |

**C44 :** Proposer des actions

**4.** Proposer deux règles nutritionnelles permettant à Leila d'équilibrer ses dîners. …/2 pt

> Consommer tous les groupes d'aliments.

> Éviter de consommer des aliments gras, sucrés et salés.

| | | |
|---|---|---|
| **C22 :** Mettre en relation | **5.** Proposer, à l'aide de vos connaissances et de l'**Annexe 1**, une définition de « compléments alimentaires ».<br>C'est un concentré de nutriments ou de substances ayant un effet nutritionnel ou physiologique. | .../1 pt |
| **C11 :** Rechercher l'information | **6.** Relever, dans l'**Annexe 1**, le nom de l'hormone du sommeil.<br>C'est la mélatonine. | .../1 pt |
| **C22 :** Mettre en relation | **7.** Définir le terme psychoactif à l'aide de vos connaissances et de l'**Annexe 2**.<br>Un psychoactif est une substance qui agit sur le système nerveux. | .../1 pt |
| **C24 :** Argumenter | **8.** Justifier, à l'aide de l'**Annexe 2**, le fait que le cannabis soit considéré comme une drogue.<br>Le cannabis est considéré comme une drogue car il entraîne une dépendance. | .../1,5 pt |

**Leila est intéressée par une literie de 600 € dans le magasin « Dodocash » de Paris. Le vendeur lui propose un achat à crédit. Elle préfère acheter au comptant.**

| | | |
|---|---|---|
| **C21 :** Énoncer des connaissances | **9.** Citer trois moyens de paiement au comptant couramment utilisés pour ce type de transaction.<br>> Carte bleue > Chèque > Espèce | .../1,5 pt |
| **C21 :** Énoncer des connaissances | **10.** Citer un avantage et un inconvénient de l'achat à crédit.<br>Avantage : possibilité d'acquisition d'un produit sans avoir la somme demandée à l'achat.<br>Inconvénient : la somme empruntée à rembourser est majorée d'intérêts. | .../2 pts |

**Leila, soucieuse de son environnement, désire changer son chauffage afin de mieux chauffer tout en faisant des économies. Elle pense remplacer ses fenêtres afin d'éviter les déperditions thermiques et atténuer le bruit de la rue. Leila fait donc réaliser un diagnostic de performance énergétique : sa consommation est estimée à 149 kWhEP/m².an et sa production de gaz à effet de serre à 21 kg éq$CO_2$/m².an.**

| | | |
|---|---|---|
| **C11 :** Rechercher l'information | **11.** Relever à l'aide de l'**Annexe 3** :<br>> la lettre correspondant à sa consommation énergétique : C<br>> la lettre correspondant à sa production de gaz à effet de serre : D | .../2 pts |
| **C21 :** Énoncer des connaissances | **12.** Citer deux types d'énergie non renouvelables à l'origine de gaz à effet de serre.<br>> Gaz > Pétrole | .../2 pts |
| **C21 :** Énoncer des connaissances | **13.** Définir le terme « énergie renouvelable » et citer un avantage de celle-ci.<br>Énergie qui se constitue plus vite qu'elle n'est utilisée. Elle est donc inépuisable.<br>Avantage : le stock est illimité. | .../3 pts |
| **C21 :** Énoncer des connaissances | **14.** À l'aide de vos connaissances et de l'**Annexe 4**, citer deux mesures physiques et leurs unités caractérisant un son.<br>> Intensité en décibel > Fréquence en hertz | .../1 pt |

| C22 : Mettre en relation | 15. À l'aide de vos connaissances et de l'**Annexe 4**, compléter le schéma ci-dessous. | .../3 pts |
|---|---|---|

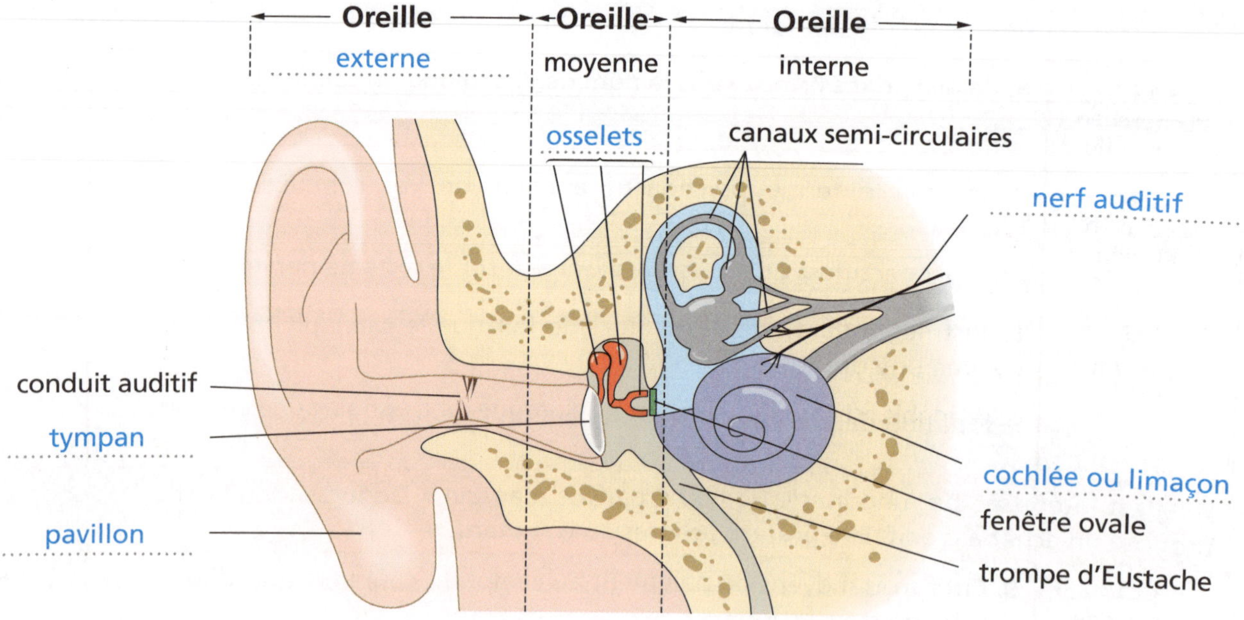


**C44 :** Proposer des actions

**D. Proposer des solutions**

• Proposer, pour chaque élément répertorié dans le tableau, une solution. .../3 pts

| Éléments | Solution |
|---|---|
| Sommeil | Changer de literie, se coucher à heure fixe. |
| Cannabis | Consulter ou s'informer auprès d'un médecin ou une association. |
| Repas | Consommer un repas équilibré en évitant les matières grasses et en privilégiant les fruits et légumes. |
| Sport | Pratiquer régulièrement une activité physique. |
| Bruit | Changer de fenêtre. |
| Retard au travail | Acheter un réveil ou partir plus tôt. |

## DEUXIÈME PARTIE – MODULES 8 À 12

**SITUATION 2**

Le délégué du personnel de l'entreprise « Lavo'matix », 52 salariés, spécialisée dans la vente de lave-linges, vient d'informer le personnel de l'ordre du jour de la prochaine réunion du CHSCT : **A.** Risque d'électrisation au SAV ; **B.** Rappel des gestes de secours ; **C.** Défaut d'étanchéité du plafond ; **D.** Accident de travail de Mathias V ; **E.** Étude poste de travail de Kader.

### MODULE 8

**A. Risque d'électrisation au SAV**

**Rappel des faits n° 1 : David, ouvrier,** assure la réparation des fours encore sous garantie dans l'atelier du service après-vente (SAV). Lors d'une réparation sur un four défectueux, David aurait pu s'électriser. En effet, le four micro-ondes à réparer était sous tension lorsque David a voulu vérifier le programmateur de l'appareil. Au dernier moment, il s'est aperçu qu'un fil électrique du programmateur était mal isolé. Il a évité de peu l'accident, qui serait survenu s'il l'avait touché.

| | | |
|---|---|---|
| | **Répondre aux questions de la partie A à partir du document ressource intitulé « Le risque électrique » situé en fin de sujet.** | |
| | **1.** Appliquer la démarche d'approche par le risque à partir du **rappel des faits n° 1**. | |
| **C33 :** Mettre en œuvre une approche par les risques | ❶ Analyse des risques d'atteinte à la santé<br>• Définir les limites de la situation de travail :<br>> Qui est l'opérateur ? : David, ouvrier<br>> Quelle est la tâche réalisée ? : réparer le programmateur d'un four<br>> Quel est le lieu ? : l'atelier du SAV<br><br>Identifier le danger et les dommages potentiels :<br>> Danger : four micro-ondes sous tension<br>> Situation dangereuse : David répare un four sous tension.<br>> Événement dangereux : contact entre David et un fil dénudé sous tension.<br>> Dommage : électrisation | …/1,5 pt |
| | • Compléter le schéma de principe d'apparition du dommage (PAD) à partir des informations identifiées à l'**étape ❶**. | …/1 pt |

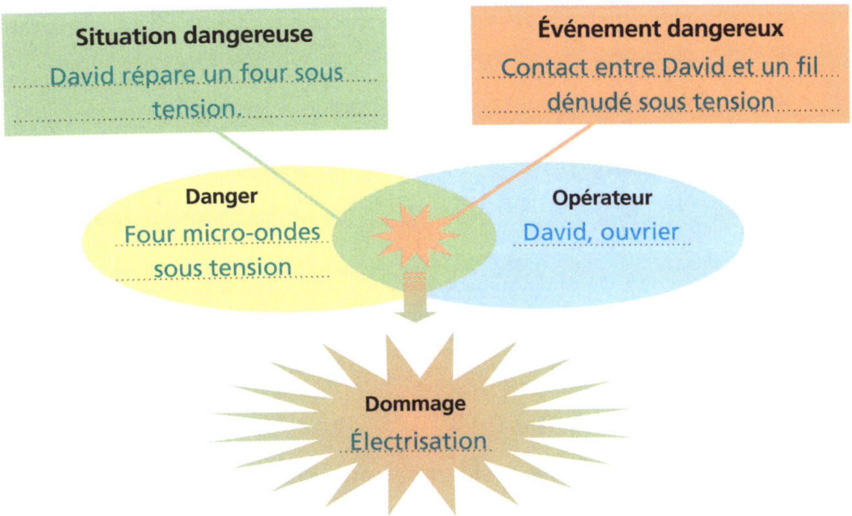


| | | |
|---|---|---|
| | **❷ Estimer et évaluer le risque**<br>• Indiquer, à l'aide du schéma ci-après et en vous appuyant au besoin sur les échelles d'estimation figurant en page suivante :<br>– la gravité du dommage encouru : très grave<br>– la probabilité d'apparition du dommage : probable<br>La réduction du risque est donc nécessaire | …/2 pts |
| **C33 :** Mettre en œuvre une approche par les risques | • Cocher le schéma de représentation de l'évaluation du risque. | |

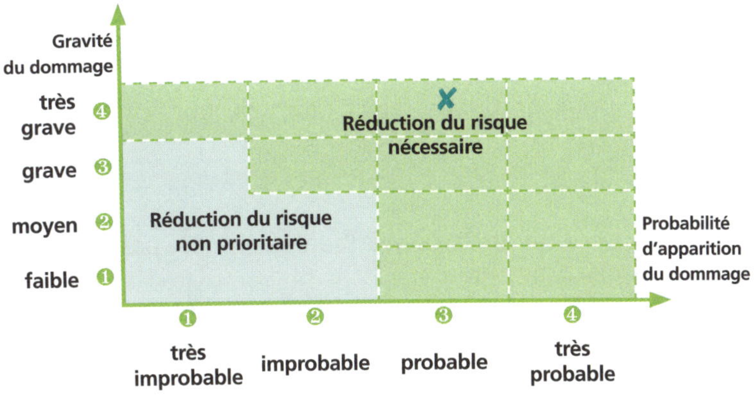

**Doc. A** Échelle d'estimation de la gravité du dommage

- ❹ **très grave** (décès)
- ❸ **grave** (accident avec incapacité permanente)
- ❷ **moyen** (accident avec arrêt de travail et/ou hospitalisation)
- ❶ **faible** (accident sans arrêt de travail)

**Doc. B** Échelle d'estimation de la probabilité d'apparition du dommage

| fréquence et/ou durée d'exposition au danger | probabilité d'apparition d'un événement dangereux | probabilité d'apparition du dommage | |
|---|---|---|---|
| fréquent et/ou longue durée d'exposition | élevée | ❹ | très probable |
| | faible | ❸ | probable |
| rare et/ou courte durée d'exposition | élevée | ❷ | improbable |
| | faible | ❶ | très improbable |

C33 : Mettre en œuvre une approche par les risques

**❸ Proposer des mesures de prévention**

- Proposer cinq mesures de prévention permettant d'éviter le dommage. …/2,5 pts

| | Mesures de prévention |
|---|---|
| **Niveau 1** Prévention intrinsèque | • Contrôle et réparation hors tension |
| **Niveau 2** Prévention individuelle et/ou collective | • EPI : gant, tapis, écran facial, matériel isolé électriquement<br>• Appareil de mise à la terre et disjoncteur différentiel 30 mA |
| **Niveau 3** Formation - Information | • Habilitation électrique, formation à la sécurité<br>• Contrôle visuel si possible avant la maintenance |

C22 : Mettre en relation

**2.** Indiquer dans la situation s'il s'agit d'un risque d'électrisation par : …/0,5 pt

❑ contact indirect ☒ contact direct

> Justifier : David aurait pu être en contact direct avec le fil dénudé.

C23 : Expliquer un phénomène à partir de connaissances

**3.** Différencier le terme « électrisation » du terme « électrocution ». …/0,5 pt

L'électrisation est le passage du courant dans un corps humain entraînant des lésions. Lorsque les lésions se révèlent mortelles, on parle d'électrocution.

C22 : Mettre en relation

**4.** Indiquer l'action du courant électrique : …/1 pt

> Sur le cœur : fibrillation

> Sur l'appareil respiratoire : arrêt respiratoire

C22 : Mettre en relation

**5.** Indiquer les effets du passage d'un courant de 30 mA durant une seconde (1 000 ms) sur l'organisme. …/0,5 pt

> Brûlure

C11 : Rechercher l'information

**6.** Indiquer deux grandeurs électriques et leurs unités liées au courant électrique. …/1 pt

> Tension en Volt > Intensité en Ampère

C11 : Rechercher l'information

**7.** Indiquer deux paramètres ayant un effet sur le passage du courant électrique dans le corps humain. …/0,5 pt

> Taux d'humidité > Durée du passage du courant

| David teste souvent les réparations en branchant les appareils au réseau électrique qui a une tension nominale 230 volts courant alternatif. | | |
|---|---|---|
| **C22 :** Mettre en relation | **8.** Cocher le domaine de tension de l'appareil selon l'article R 4622-2 du Code du travail.<br>❑ TBT ☒ BT ❑ HBT ❑ HTA ❑ HTB<br>**B. Rappel des gestes de secours.** | …/0,5 pt |

**Rappel des faits n° 2 : David,** qui aurait pu s'électriser, suit actuellement une formation de sauveteur secouriste de travail afin qu'un salarié soit formé dans l'atelier. Le programme de la matinée concerne les personnes inconscientes qui ne respirent pas.
La situation est la suivante : un salarié touche un câble électrique dénudé sous tension ; il est retrouvé allongé par un collègue. Ce dernier averti le SST présent dans la structure.

| | | |
|---|---|---|
| **C21 :** Énoncer des connaissances | **1.** Citer la première action entreprise par le SST pour sécuriser l'atelier.<br>Couper ou faire couper le courant. | …/0,5 pt |
| **C45 :** Hiérarchiser les actions | **2.** Hiérarchiser en numérotant dans les cases par ordre chronologique les actions réalisées par le SST lors d'un examen d'une victime.<br>[3] Contrôler la respiration<br>[1] Vérifier les saignements<br>[2] Contrôler la conscience | …/0,75 pt |
| **C21 :** Énoncer des connaissances | **3.** Le témoin appelle les secours. Lister quatre éléments utiles à transmettre et indiquer le numéro de téléphone qu'il doit contacter.<br>Numéro de téléphone : 15<br>Adresse du lieu de l'accident<br>État de la victime<br>Nature de l'accident<br>Gestes entrepris | …/1,5 pt |
| **C21 :** Énoncer des connaissances<br>**C45 :** Hiérarchiser les actions | **4.** Citer le geste de secours que vous allez effectuer.<br>Il s'agit d'une réanimation cardio-pulmonaire.<br>**5.** Hiérarchiser en numérotant dans les cases par ordre chronologique l'intégralité des actions menées par le SST dans cette situation.<br>[4] Secourir<br>[3] Alerter<br>[2] Examiner<br>[1] Protéger | …/1 pt<br>…/0,75 pt |

## MODULE 9 À 12

| | **C. Défaut d'étanchéité du plafond** | |
|---|---|---|

**Rappel des faits n° 3 : Leila** a constaté un défaut d'étanchéité dans la toiture car le plafond de l'accueil est imbibé d'eau lors de fortes pluies et menace de s'effondrer. Le risque est omniprésent pour les salariés car ils empruntent chaque jour ce passage et il pleut quasiment tous les jours. Leila se sent en danger car elle reste 4 heures par semaine à l'accueil. Elle désire consigner ce risque dans le document unique.

**C21 :** Énoncer des connaissances

**1.** Citer le rôle du document unique. …/0,5 pt

Il permet d'évaluer des risques professionnels afin de réduire ou supprimer le danger.

**C21 :** Énoncer des connaissances

**2.** Citer le responsable de l'élaboration du document unique ainsi que l'effectif de l'entreprise à partir duquel la rédaction de celui-ci est obligatoire. …/0,5 pt

Il est sous la responsabilité du chef d'entreprise et est obligatoire à partir d'un salarié.

**C44 :** Proposer des actions

**3.** À partir du **rappel des faits n°3**, compléter les rubriques du document unique concernant ce risque dans la situation de Leila. …/1,5 pt

| **Danger** | Ambiance climatique, forte pluie |
|---|---|
| **Type de risque / Observation** | • Effondrement du plafond<br>• Fuite d'eau du plafond lors de fortes pluies |
| **Solutions proposées** | Combattre les risques à la source :<br>• Rénover la toiture.<br>Prendre des mesures de protection collectives :<br>• Baliser un chemin d'accès éloigné du danger. |
| **Cotation du risque** | E = 3<br>G = 3<br>D = 3<br>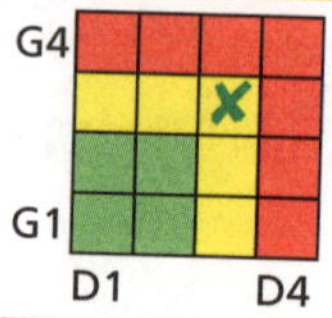 |



Afin de coter le risque, plusieurs éléments vont être évalués :
→ **E (effectif)** : plus l'indice est élevé, plus l'effectif en présence avec le risque est important : **indice 1** (0-25 % de l'effectif) / **indice 2** (25-50 % de l'effectif) / **indice 3** (50-100 % de l'effectif).
→ **G (gravité)** : plus l'indice est élevé, plus la gravité du dommage est importante : **indice 1** (lésion sans arrêt) / **indice 2** (lésion avec arrêt sans séquelles) / **indice 3** (lésion avec arrêt avec séquelles) / **indice 4** (lésion pouvant entraîner la mort).
→ **D (durée d'exposition au danger)** : plus l'indice est élevé, plus la durée d'exposition est importante : **indice 1** > 1 heure/an / **indice 2** > 1 heure/mois / **indice 3** > 1 heure/semaine / **indice 4** > 1 heure/jour.
Lorsque **G** et **D** sont évalués, il suffit de cocher la case correspondante dans l'illustration de la cotation.

**D. Accident de travail de Mathias V.**

**Rappel des faits n° 4 : Mathias V, 21 ans,** salarié depuis 1 an, a eu un accident de travail avec un arrêt de 15 jours. Il doit ouvrir les cartons avec un cutter pour vérifier la conformité des produits. Le cutter a dérapé et a coupé la main gauche de Mathias, qui ne portait pas de gants de protection. Le CHSCT établira un arbre des causes lors de la prochaine réunion.

**C21 :** Énoncer des connaissances

**1.** Définir le sigle CHSCT. …/1,5 pt

Comité d'hygiène, de sécurité et des conditions de travail.

**C21 :** Énoncer des connaissances

**2.** Citer l'effectif de l'entreprise à partir duquel le CHSCT est obligatoire. …/0,5 pt

Le CHSCT est obligatoire dans les entreprises d'au moins 50 salariés.

**C35 :** Mettre en œuvre une approche par l'accident

**3.** À partir du **rappel des faits n° 4**, relever et lister les six faits à l'origine de l'accident de Mathias. …/3 pts

A Ouvrir les cartons
B Vérifier la conformité des produits
C Avec un cutter
D Le cutter a dérapé
E Coupé la main
F Pas de gants de protection

**C35 :** Mettre en œuvre une approche par l'accident

**4.** Compléter l'arbre des causes ci-dessous à l'aide des faits listés dans la consigne **3**. …/1,5 pt

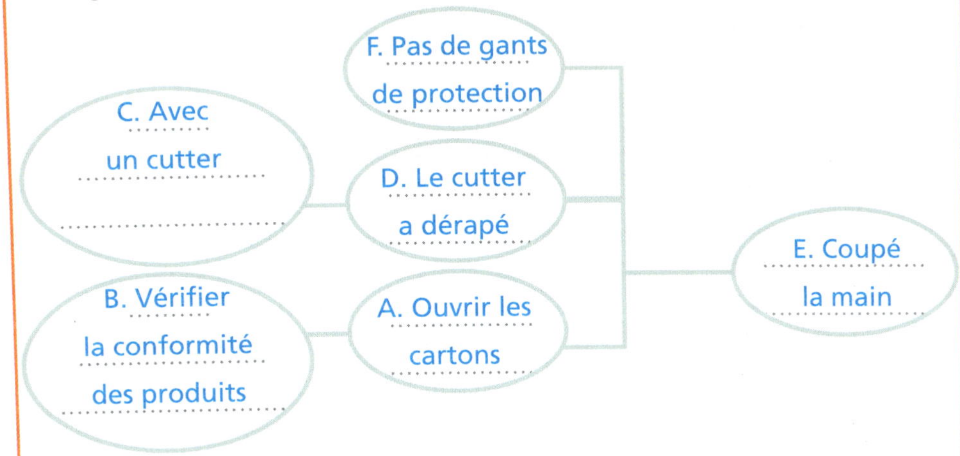


**C24 :** Argumenter

**5.** Justifier par deux remarques le fait que l'on qualifie l'accident de Mathias d'accident de travail. …/1 pt

> Accident survenant dans l'entreprise.
> Mathias est salarié de l'entreprise.

**E. Étude du poste de travail de Kader.**
**Répondre aux questions de la partie E à partir du dossier ressource intitulé « Étude du poste de travail de Kader » situé en fin de sujet.**

**C34 :** Mettre en œuvre une approche par le travail

**1.** Identifier le problème ergonomique dans cette situation. …/0,5 pt

Manutention manuelle entraînant des douleurs cervicales.

**2.** Illustrer les éléments du schéma de compréhension à l'aide des éléments soulignés dans la situation située dans le dossier ressource. …/2 pts

| Éléments du schéma de compréhension | |
|---|---|
| **Déterminant « Opérateur »** (4 éléments) | • 25 ans<br>• 8 ans d'ancienneté<br>• 1,90 m et 90 kg<br>• Bac Pro Logistique |
| **Déterminant « Entreprise »** (4 éléments) | • cartons de 20 kg<br>• tapis roulant<br>• chariots élévateurs<br>• température de 19 °C |

**C34 :** Mettre en œuvre une approche par le travail

**3.** Différencier travail prescrit / travail réel et tâches / activités parmi les propositions suivantes : …/2,5 pts

| Propositions | Travail prescrit | Travail réel | |
|---|---|---|---|
| | | Tâches | Activités |
| **Saisir les cartons sur le tapis roulant** | | ✘ | |
| **Poser les cartons sur la palette** | | ✘ | |
| **Serrer les mains** | | | ✘ |
| **Se pencher** | | | ✘ |
| **Étendre le bras** | | | ✘ |
| **Palettiser les micro-ondes** | ✘ | | |
| **Torsion, flexion avec charge** | | | ✘ |
| **Rotation du tronc** | | | ✘ |
| **Transporter les cartons** | | ✘ | |
| **Gérer les commandes** | | ✘ | |

**C34 :** Mettre en œuvre une approche par le travail

**4.** Compléter le schéma de compréhension de l'activité de Kader à l'aide des **consignes 2 et 3** puis du dossier ressource pour les « effets ». …/2,5 pts

**déterminants « OPÉRATEUR »**
- 25 ans
- 8 ans d'ancienneté
- 1,90 m et 90 kg
- Bac Pro Logistique
- ……………

**déterminants « ENTREPRISE »**
- Cartons de 20 kg
- Tapis roulant
- Chariots élévateurs
- Température de 19°C
- ……………

**TRAVAIL PRESCRIT**
- Palettiser les micro-ondes de l'entreprise.

**TRAVAIL RÉEL**

**TÂCHES RÉELLES**
- Saisir les cartons sur le tapis roulant
- Poser les cartons sur la palette
- Transporter les cartons
- Gérer les commandes

**ACTIVITÉS RÉELLES**
- Serrer les mains
- Se pencher
- Étendre le bras
- Torsion, flexion avec charge
- Rotation du tronc

**Effets sur l'OPÉRATEUR**
- Mal à dormir
- Stress
- Irritabilité
- ……………

**Effets sur l'ENTREPRISE**
- Rendement qui baisse
- Clients mécontents
- Retard des livraisons
- Baisse du chiffre d'affaires

| Compétences | Questions | Barème |
|---|---|---|
| **C34 :** Mettre en œuvre une approche par le travail | **5.** Formuler une hypothèse relative à l'effet « douleurs aux vertèbres cervicales ». Plusieurs hypothèses sont possibles.<br>> Kader saisit des cartons de 20 kg sur le tapis roulant en serrant les mains.<br>> Il pose les cartons sur la palette en se penchant avec une torsion et flexion du tronc.<br><br>Répéter vingt fois ces gestes par heure conduit Kader, 1,90 m et 90 kg, 8 ans d'expérience, à adopter des postures contraignantes, ce qui entraîne des douleurs cervicales. | ... / 1 pt |

**C14 :** Analyser

**6.** Compléter le premier outil de validation de l'hypothèse ci-dessous à l'aide du **doc. 1** et de la situation du dossier ressource. ... / 1 pt

| Synthèse de l'analyse | Cotation | | | |
|---|---|---|---|---|
| Indicateur EFFORTS PHYSIQUES | 0 | + | ++ | +++ |
| Masse unitaire en kilos | | | ✗ | |
| Distance de transport de la charge (en m) | | | ✗ | |
| Tonnage pour des manutentions réalisées | | ✗ | | |
| Facilité de prise | ✗ | | | |

**C14 :** Analyser

**7.** À partir de la norme NF X35109 (**doc. 3**) et en fonction de la masse des cartons de la situation de Kader, cocher le niveau de contrainte observé : ... / 0,5 pt

- ❑ à risque minimum
- ❑ à risque acceptable
- ☒ à risque acceptable sous condition
- ❑ à risque inacceptable

**C24 :** Argumenter

**8.** Justifier légalement le fait que Kader porte seul des cartons de 50 kg. ... / 1 pt

L'article R 4541-9 du Code du travail stipule que l'on peut porter des masses jusqu'à 55 kg pour un homme. Il est donc en dessous du seuil.

**C24 :** Argumenter

**9.** À l'aide du **doc. 2**, indiquer si la situation de travail de Kader correspond aux seuils de pénibilité définis selon l'art. D. 4161-2 du Code du travail. Justifier par un argument. ... / 1 pt

La situation de travail de Kader correspond au seuil de pénibilité. Kader porte des cartons de 20 kg 800 heures/an, ce qui est supérieur au seuil défini par l'art. D. 4161-2 du Code du travail (15 kg et 600 heures/an).

**C44 :** Proposer des actions

**10.** Proposer pour chaque niveau de prévention ci-dessous une solution relative à l'effet « douleurs aux vertèbres cervicales de Kader». ... / 2 pts

| Niveau de prévention | Proposition de solutions |
|---|---|
| **Niveau 1 Prévention intrinsèque** | Automatisation avec robot palettiseur |
| **Niveau 2 Protection collective et/ou individuelle** | Utiliser des ventouses |
| **Niveau 3 Instructions / Formations** | Formation aux gestes et postures de travail (PRAPE) |

## ANNEXE 1 : complément alimentaire pour retrouver le sommeil

La mélatonine est fabriquée par le cerveau à partir de la sérotonine. L'hormone du sommeil diminue le temps d'endormissement et améliore la qualité du sommeil en diminuant les tensions et le stress.
Posologie : 2 gélules par jour le soir. Chaque gélule comporte : 100 mg de magnésium, 100 mg de passiflore, 1,5 mg de vit B6, 250 mg de coquelicot et 0,5 g de mélatonine.
Ce complément alimentaire ne se substitue pas à une alimentation saine et variée. Il est réservé à l'adulte. Ne convient pas aux femmes enceintes ou qui allaitent.

## ANNEXE 2 : cannabis, psychoactif aux effets contradictoires

Le cannabis est un psychoactif qui entraîne dans certains cas des psychoses aiguës difficilement réversibles ainsi qu'une dépendance pour certains usagers réguliers. Il perturbe les débits sanguins, diminue les défenses de l'organisme et favorise l'apparition de certains cancers. Il entraîne un effet somnolent intense. Une étude de 2014 sur plus de 1 800 patients a révélé que les utilisateurs de cannabis sont plus susceptibles d'éprouver des problèmes de sommeil.

## ANNEXE 3 : étiquettes Énergie/Climat du diagnostic de performance énergétique

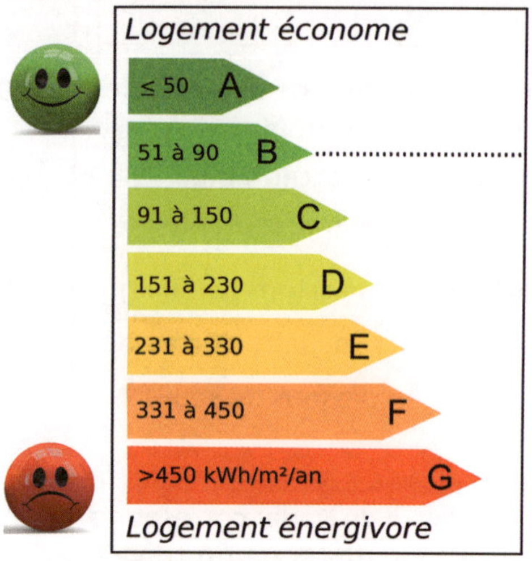


Étiquette énergie ❶
(kWhEP/m².an)

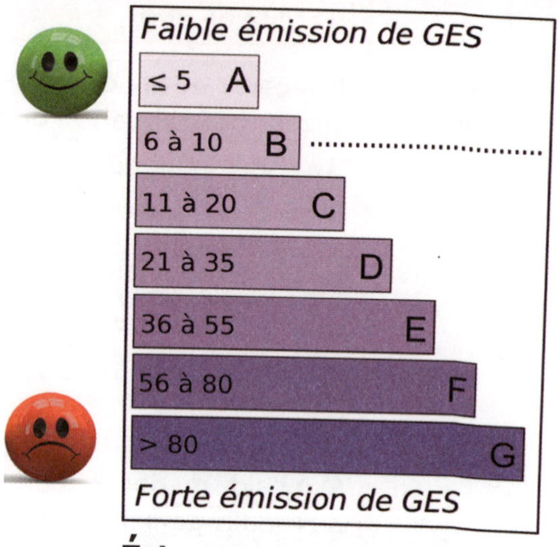


Étiquette climat ❷
(kg éq$CO_2$/m².an)

## ANNEXE 4 : fatigue auditive

Comment un bruit parvient-il au cerveau ?
L'oreille externe canalise l'onde sonore qui fait vibrer le tympan, puis les osselets, la fenêtre ovale et atteint les cellules ciliées de la cochlée. Le nerf auditif qui les prolonge transmet l'influx nerveux au cerveau qui décode le message reçu. On considère que le seuil de fatigue du bruit est de 70 dB. La fatigue auditive entraîne des troubles du sommeil et de l'attention, du stress et aussi des migraines.

# Le risque électrique

Le **courant électrique** correspond au déplacement d'électrons dans un matériau conducteur. L'électricité ne peut circuler qu'en circuit fermé.
L'**intensité** correspond au débit de courant dans un conducteur, exprimé en ampère (A).
La **tension**, exprimée en volt (V), est la différence de potentiel entre deux pôles.
Ces grandeurs sont liées par **la loi d'Ohm U = R.I**, R étant la résistance du circuit en ohms (Ω). En fonction de sa tension, le matériel électrique est réparti en quatre domaines, selon l'article R 4622-2 du Code du travail :

| Domaine de tension | TBT Très basse tension | BT Basse tension | HTA Haute tension A | HTB Haute tension B |
|---|---|---|---|---|
| Caractéristiques | Un ⩽ 50 V CA<br>Un ⩽ 120 V CC | 50 V < Un ⩽ 1 000 V CA<br>120 < Un ⩽ 1 500 V CC | 1 000 V < Un ⩽ 50 000 V CA<br>1 500 V < Un ⩽ 75 000 V CC | Un < 50 000 V CA<br>Un < 75 000 V CC |

*CA : courant alternatif* *CC : courant continu* *Un : tension nominale*

Les risques de contacts électriques sont :
- **des contacts directs :** le salarié touche une partie sous tension avec son corps.
- **des contacts indirects :** le salarié touche une masse métallique mise sous tension. Le courant traverse alors le corps pour rejoindre la terre.

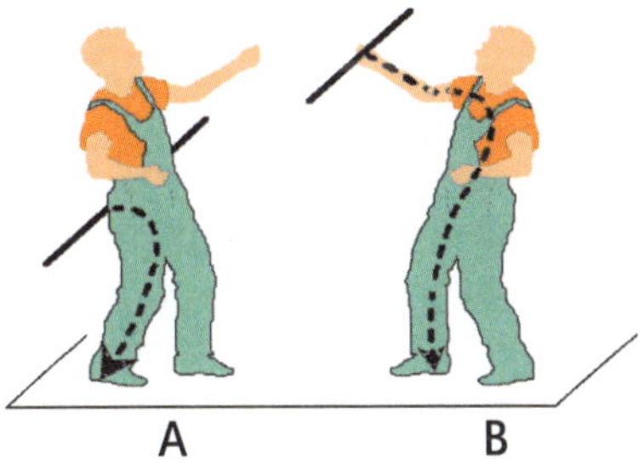


L'électrisation qui est le passage du courant dans un corps humain peut provoquer de multiples dommages. La gravité de l'électrisation dépend essentiellement de l'intensité du courant, du trajet du courant dans le corps humain, de la durée du passage du courant mais aussi de la résistance du corps humain qui varie notamment en fonction de son humidité (peau sèche ou humide). L'électrocution est une électrisation dont l'issue est mortelle.

❶ Picotement sans aucun danger

❷ Choc au toucher sans effet dangereux

❸ Brûlure

❹ Fibrillation cardiaque et tétanisation des muscles pouvant entraîner un arrêt cardio-respiratoire

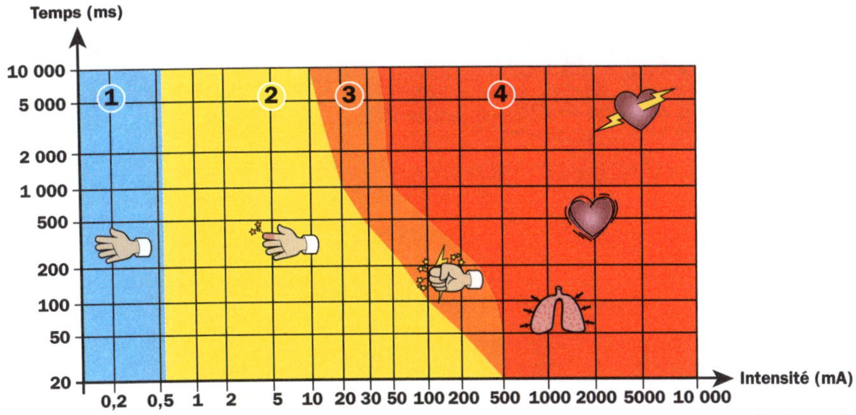


© Marque Jaune (*ibid.* p. 80).

En plus des équipements de protection individuelle contre le risque électrique (tapis, bottes, écran facial, gants isolants et outils isolés par exemple), le dépanneur d'appareils d'électroménagers effectue des interventions exigeant une habilitation électrique.
Le matériel électrique doit préserver la sécurité des personnes. Des solutions existent :
- matériel à double isolation (le matériel est isolé électriquement en cas de défaillance) ;
- dispositifs à coupure automatique type dispositif différentiel 30 mA (mise hors tension rapide de l'installation en cas de défaut) et mise à la terre pour dévier le courant ;
- travailler le plus souvent hors tension ou, à défaut, en très basse tension afin de supprimer le risque électrique.

**Annexe 5** **Dossier ressource 2**

# Étude du poste de travail de Kader

Kader, 25 ans, 8 ans d'ancienneté comme magasinier cariste sur la plateforme logistique du magasin. Son travail consiste à palettiser (mise sur palette des produits) les micro-ondes de l'entreprise Chauff'matix. L'environnement de la plateforme de travail est optimal concernant l'éclairage (300 Lux) et la température (19°C).

Les palettes sont posées à même le sol. Kader saisit les cartons (20 kg) sur un tapis roulant (90 cm de hauteur) en serrant les mains. La prise en main des cartons est aisée. Il se retourne en effectuant une rotation du tronc et transporte les cartons au fur et à mesure sur la palette située à 6 mètres du tapis. Au début, il doit se pencher et étendre le bras pour les poser. Les gestes sont répétés 20 fois par heure, il manipule donc 400 kg à l'heure. Parfois, il doit porter seul des cartons de 50 kg.

Les contraintes pour son dos sont importantes (il mesure 1,90 m et pèse 90 kg) : torsion, flexion, avec charge. Kader, titulaire du Bac Pro Logistique, gère les commandes à l'aide de sa tablette tactile. Il transporte ensuite les palettes à l'aide de chariots élévateurs et les range à une place définie. Il travaille 7 heures par jour de 9 h à 17 h 30, ce qui correspond à environ 800 h/an.

Depuis trois semaines, Kader ressent des douleurs aux vertèbres cervicales, a du mal à dormir et est irritable. De plus, il est stressé car le rendement de la zone logistique baisse. Kader doit gérer les clients mécontents du retard des livraisons et son employeur anticipe une baisse du chiffre d'affaires. La direction a décidé d'analyser cette situation à risque avec un ergonome afin de supprimer les postures contraignantes. Ce dernier va réaliser une démarche ergonomique ayant pour objectif de résoudre les douleurs aux cervicales.

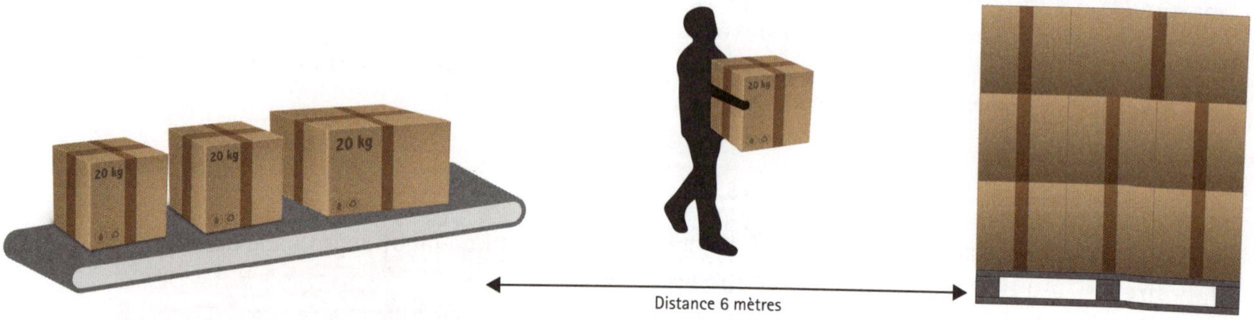

## DOC. 1 Évaluation des efforts physiques

L'analyse approfondie de la charge physique de travail est réalisée à l'aide de 5 indicateurs.
Par exemple, l'indicateur « efforts physiques » comprend 7 items, dont 4 sont listés ci-dessous.

Chaque indicateur est coté selon quatre niveaux de risque :
- la zone vert foncé (contrainte risque minimal) tend à protéger tous les opérateurs,
- la zone vert clair (acceptable) tend à protéger le plus grand nombre d'opérateurs,
- la zone jaune (sous conditions) nécessite des actions de prévention,
- la zone rouge (inacceptable) impose une réduction urgente des contraintes.

| EFFORTS PHYSIQUES | | | | |
|---|---|---|---|---|
| ITEMS | 0 | + | ++ | +++ |
| **Soulever – transporter** Masse unitaire (en kg) | ⩽ 5 | ]5 – 15[ | ]15 – 25[ | > 25 |
| Distance de transport de la charge (en m) | ⩽ 2 | ]2 – 5[ | ]5 – 10[ | > 10 |
| Facilité de prise | adaptée | acceptable | insuffisante | inadaptée |
| Tonnage pour des manutentions réalisées :<br>moins d'1 h/j<br>De 1 à 4 h/j<br>De 4 à 7 h/j | <br>⩽ 1<br>⩽ 0,5<br>⩽ 0,4 | <br>]1 – 2,5[<br>]0,5 – 1,25[<br>]0,4 – 1[ | <br>]2,5 – 4[<br>]1,25 – 2[<br>]1 – 1,6[ | <br>> 4<br>> 2<br>> 1,6 |

Source : INRS.

## DOC. 2 Extraits du Code du travail concernant la pénibilité et la manutention manuelle

**Article R 4541-9**

« Lorsque le recours à la manutention manuelle est inévitable et que les aides mécaniques prévues au 2° de l'article R. 4541-5 ne peuvent pas être mises en œuvre, un travailleur ne peut être admis à porter d'une façon habituelle des charges supérieures à 55 kilogrammes. » [...] « Les femmes ne sont pas autorisées à porter des charges supérieures à 25 kilogrammes. »

**Article D. 4161-2**

Les facteurs de risques professionnels et les seuils d'exposition mentionnés à l'article L. 4161-1 sont ainsi fixés : 1° Au titre des contraintes physiques marquées :

| FACTEUR DE RISQUES PROFESSIONNELS | SEUIL | | |
|---|---|---|---|
| ITEMS | Action ou situation | Intensité minimale | Durée minimale |
| a) Manutentions manuelles de charges définies à l'article R. 4541-2 (Entrée en vigueur 1er janvier 2016.) | Lever ou porter | Charge unitaire de 15 kilogrammes | 600 heures par an |
| | Pousser ou tirer | Charge unitaire de 250 kilogrammes | |
| | Déplacement du travailleur avec la charge ou prise de la charge au sol ou à une hauteur située au-dessus des épaules | Charge unitaire de 10 kilogrammes | |
| | Cumul de manutentions de charges | 7,5 tonnes cumulées par jour | 120 jours par an |

Source : www.legifrance.gouv.fr

## DOC. 3 Manutention manuelle et normalisation

Une caractérisation normalisée des manutentions manuelles existe. Les limites indiquées ci-dessous sont tirées de la norme française (NF X35109) et des normes européennes et internationales (EN 1005-3,4 et ISO 11228-2) pour des conditions de manutention « optimales ».

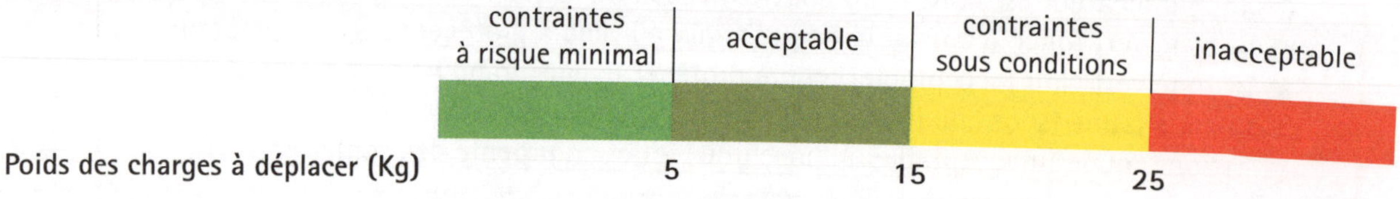


Source : http://www.travailler-mieux.gouv.fr/Manutentions-manuelles-de-charges.html

Les 2 niveaux de prévention ci-dessous peuvent être envisagés :

### Actions techniques

▶ Automatisation et/ou mécanisation de la manutention manuelle
- matériel de manutention et/ou de déplacement (palans, manipulateur à ventouse, robot de palettisation...)

▶ Optimisation du conditionnement des cartons
- réduction de la masse et du volume, meilleure préhension

▶ Aménagement de la zone de logistique
- la configuration des locaux doit permettre de réduire la manutention manuelle (distances de déplacements, attentes...).

### Actions organisationnelles

▶ Réduire les contraintes de temps
- introduire des pauses pour permettre aux travailleurs de récupérer
- anticiper les contraintes de temps en amont de la chaine de chargement (prise de commande, offre commerciale, période de forte activité, retard de livraison)

▶ Gérer le matériel de manutention
- mise en commun du matériel
- limiter les aléas techniques (pannes, contrôle annuel)

▶ Gérer le personnel
- former le personnel aux gestes et postures (formation PRAPE)
- rotation du personnel aux postes les plus critiques

# La démarche de résolution de problèmes

## 1. OBJECTIFS

La démarche de résolution de problèmes permet l'analyse méthodique d'une situation pour y apporter des solutions adaptées. Ses différentes étapes sont présentées schématiquement sur la Fiche méthode N° 1.
Treize des vingt-cinq séquences de l'ouvrage la mobilisent pour apporter des solutions aux problèmes présentés.
En effet, sa maîtrise est incontournable car elle est évaluée lors de l'épreuve de PSE du diplôme intermédiaire et du baccalauréat professionnel.

## 2. MISE EN ŒUVRE DES DIFFÉRENTES ÉTAPES DE LA DÉMARCHE DE RÉSOLUTION DE PROBLÈMES

### ÉTAPE 1. IDENTIFIER LE PROBLÈME POSÉ

C'est reconnaître le problème général qui se dégage à la lecture de la situation.

### ÉTAPE 2. IDENTIFIER LES ÉLÉMENTS DE LA SITUATION

C'est repérer les éléments qui constituent la situation problématique.
Il est utile de les retrouver car c'est à leurs niveaux que l'on pourra éventuellement agir pour apporter des solutions.
Ils ne sont pas toujours clairement indiqués dans la situation décrite.
L'utilisation de l'outil QQOQCP permet de les répertorier.

### ÉTAPE 3. METTRE EN RELATION LES ÉLÉMENTS DE LA SITUATION

Il s'agit de retrouver les liens et interactions entre les éléments que l'on a repérés à l'étape 2, toujours dans le but de voir ensuite à quel niveau il est possible d'agir.
Le diagramme causes-effet est généralement utilisé pour schématiser cette mise en relation.

### ÉTAPE 4. MOBILISER DES CONNAISSANCES NÉCESSAIRES AU TRAITEMENT DU PROBLÈME, DE LA SITUATION

C'est acquérir les connaissances scientifiques, techniques et juridiques nécessaires pour traiter le problème avec un « œil expert ».

### ÉTAPE 5. PROPOSER DES SOLUTIONS AU PROBLÈME, À LA SITUATION

C'est indiquer les « remèdes possibles » pour résoudre le problème en utilisant les connaissances acquises lors de l'étape précédente et en les appliquant :
> soit aux éléments de la situation identifiés dans l'étape 2 ;
> soit aux causes du problème identifiées dans l'étape 3.

## 3. QUELQUES OUTILS POUVANT ÊTRE UTILISÉS DANS LA RÉSOLUTION DE PROBLÈMES

### • LE REMUE-MÉNINGES OU BRAINSTORMING

Il permet de faire émerger en très peu de temps un maximum d'idées au sein d'un groupe. Les idées de chacun, sur un sujet donné, sont prises en compte et notées au tableau. Le professeur peut l'utiliser pour identifier le problème, rechercher les causes, proposer des pistes de solution.

**• LE QQOQCP (QUI, QUOI, OÙ, QUAND, COMMENT, POURQUOI ?)**

Cet outil permet d'éviter des oublis ; il a deux types d'utilisations présentées ci-dessous.

| Utilisation | Recherche d'informations sur un problème | Recherche de solutions |
|---|---|---|
| ***Questions**** | ***On peut aussi se demander…*** | ***On peut aussi se demander…*** |
| **Quoi ?** | Quelle est la nature du problème ?<br>Quelles en sont les conséquences ?<br>Quels sont les éléments en relation ? | Sur quels éléments agir ?<br>Quelles sont les démarches à faire, les actions à réaliser ? |
| **Qui ?** | Qui sont les personnes concernées par ce problème, cette situation ? | Qui est concerné par la solution retenue ?<br>Qui va agir ? |
| **Où ?** | En quel lieu le problème apparait-il ?<br>Quelle est son origine ? | En quel lieu l'action va-t-elle être menée ? |
| **Quand ?** | À quel moment ? Quelle est la fréquence d'apparition ? (tous les combiens ?) | À quel moment la solution va-t-elle être mise en place ? |
| **Comment ?** | De quelle façon arrive le problème ? | Comment faire pour être efficace ? |
| **Pourquoi ?** | Quelles sont les causes du problème ? | La solution proposée est-elle réaliste ? |

*(*) Selon les situations, il n'est pas toujours possible de répondre à toutes les questions.*

**• LE DIAGRAMME CAUSES-EFFETS (AUSSI APPELÉ « MÉTHODE DES FAMILLES »)**

Ce diagramme en forme d'arête de poisson permet :
> de visualiser les causes du problème posé ;
> d'en déduire les effets ;
> de repérer à quels niveaux il sera possible d'agir.

Les causes sont regroupées par famille au niveau de chaque arête et les effets (ou problèmes) sont inscrits dans « la tête » du poisson.

Ces causes sont généralement classées :
> soit en 5 familles appelées les **5M** : Main d'œuvre, Matériel, Matière, Méthode, Milieu ;
> soit en d'autres familles de causes plus adaptées au problème traité ; leur nombre dépend du problème.

Des flèches secondaires sont reliées aux flèches principales pour inscrire chaque cause recensée ; on peut inscrire d'un côté les éléments positifs et de l'autre les éléments négatifs.

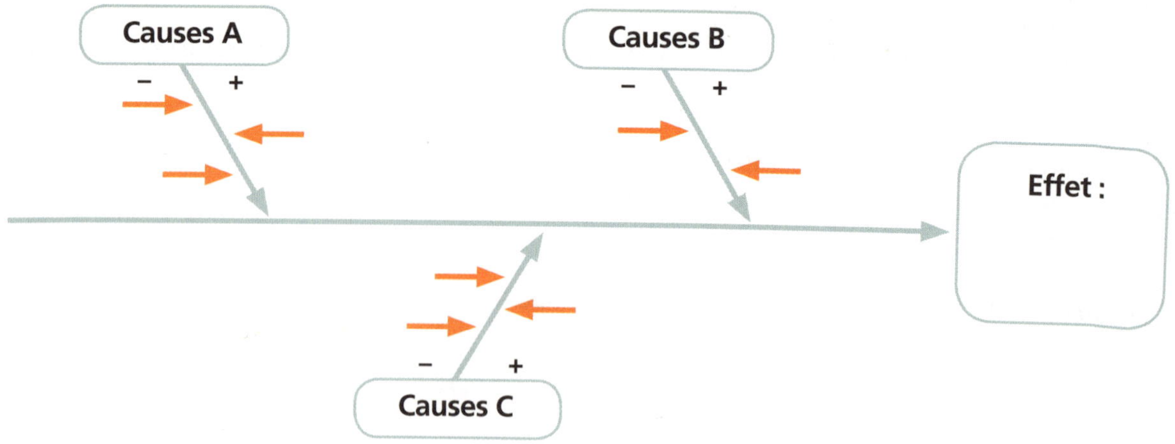

# Les capacités développées en PSE

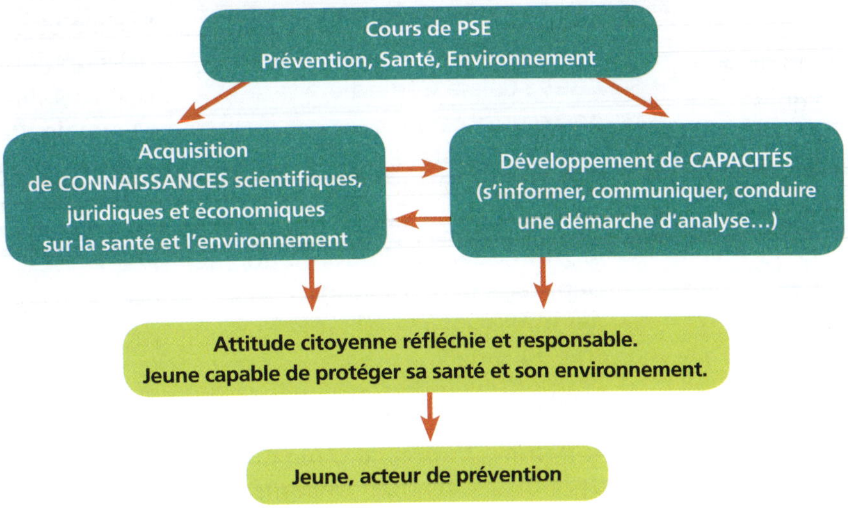


L'enseignement de la PSE permet d'acquérir des connaissances et de développer des capacités qui permettent d'avoir une attitude citoyenne réfléchie et responsable au niveau de sa santé et de son environnement, y compris professionnel.
La PSE à l'examen évalue la maîtrise de ces connaissances et des capacités ci-dessous.

Au niveau de chaque activité de la pochette est indiqué le code de la capacité que celle-ci vous amènera à développer.

**Exemple :** → **ACTIVITÉ 3** - Conséquences physiologiques du travail musculaire C13 C22

| Les capacités développées codées | |
|---|---|
| **C1 : S'informer, se documenter** | C11. Rechercher l'information |
| | C12. Décoder l'information |
| | C13. Traiter |
| | C14. Analyser |
| **C2 : Mobiliser des connaissances scientifiques, juridiques, économiques** | C21. Énoncer des connaissances |
| | C22. Mettre en relation |
| | C23. Expliquer un phénomène à partir de ses connaissances |
| | C24. Argumenter |
| **C3 : Conduire une démarche d'analyse** | C31. Identifier un problème |
| | C32. Appliquer une démarche de résolution de problèmes |
| | C33. Mettre en œuvre une approche par les risques |
| | C34. Mettre en œuvre une approche par le travail |
| | C35. Mettre en œuvre une approche par l'accident |
| **C4 : S'impliquer dans un projet d'action individuelle ou collective en lien avec le développement durable, la vie professionnelle, la société** | C41. Identifier la problématique du projet |
| | C42. Repérer les enjeux |
| | C43. Se situer dans un projet |
| | C44. Proposer des actions |
| | C45. Hiérarchiser les actions |
| | C46. Présenter le projet |
| **C5 : Communiquer** | C51. Utiliser un langage adapté |
| | C52. Utiliser un moyen de communication adapté |
| | C53. Échanger, prendre en compte différents avis |
| | C54. Construire son opinion personnelle |
| | C55. Argumenter |

# Lexique des sigles

## A

**AB :** Agriculture Biologique
**ACD :** Agents Chimiques Dangereux
**ACOSS :** Agence Centrale des Organismes de Sécurité Sociale
**AcVC :** Accident de la Vie Courante
**ADALIS :** Addictions Drogues Alcool Info Service
**ADEIC :** Association de Défense, d'Éducation et d'Information du Consommateur
**AES :** Accident d'Exposition au Sang
**AFC :** Associations Familiales Catholiques
**AFOC :** Association Force Ouvrière Consommateurs
**AMAP :** Associations pour le Maintien d'une Agriculture Paysanne
**ANACT :** Agence Nationale pour l'Amélioration des Conditions de Travail
**ANAH :** Agence Nationale de l'Habitat
**ANSES :** Agence Nationale de Sécurité Sanitaire de l'alimentation, de l'environnement et du travail
**AOP :** Appellation d'Origine Protégée
**ARS :** Agence Régionale de Santé
**AT :** Accident du Travail
**ATNC :** Agents Transmissibles Non Conventionnels

## B

**BBC :** Bâtiment Basse Consommation

## C

**CACES :** Certificat d'Aptitude à la Conduite En Sécurité
**CAF :** Caisse d'Allocations Familiales
**CARSAT :** Caisse d'Assurance Retraite et de la Santé au Travail
**CDAG :** Centre de Dépistage Anonyme et Gratuit
**CE :** Comité d'Entreprise
**CEL :** Compte Épargne Logement
**CGL :** Confédération Générale du Logement
**CGSS :** Caisse Générale de Sécurité Sociale
**CHSCT :** Comité d'Hygiène, de Sécurité et des Conditions de Travail
**CIDDIST :** Centre d'Information,de Dépistage et de Diagnostic des Infections Sexuellement Transmissibles
**CIDUNATI :** Confédération Intersyndicale de Défense et d'Union Nationale d'Action des Travailleurs Indépendants
**CLCV :** Consommation, Logement et Cadre de Vie
**CLE :** Commission Locale de l'Eau
**CLP :** Classification, Labelling, Packaging
**CMR :** Cancérogènes, Mutagènes ou toxiques pour la Reproduction
**CMU :** Couverture Maladie Universelle
**CNAF :** Caisse Nationale des Allocations Familiales
**CNAFAL :** Conseil National des Associations Familiales Laïques
**CNAMTS :** Caisse Nationale d'Assurance Maladie des Travailleurs Salariés
**CNAV :** Caisse Nationale d'Assurance Vieillesse
**CNL :** Confédération Nationale du Logement
**CPAM :** Caisse Primaire d'Assurance Maladie
**CPEF :** Centre de Planification et d'Éducation Familiale
**CRAM :** Caisse Régionale d'Assurance Maladie
**CSAPA :** Centre de Soins d'Accompagnement et de Prévention en Addictologie
**CSF :** Confédération Syndicale des Familles

## D

**DAB :** Distributeur Automatique de Billets
**dB(A) :** déciBel Acoustique
**DCE :** Directive Cadre sur l'Eau
**DDCSPP :** Direction Départementale de la Cohésion Sociale et de la Protection des Populations
**DDM :** Date de Durabilité Minimale. Remplace la DLUO depuis décembre 2014.
**DDPP :** Direction Départementale de la Protection des Populations
**DDRM :** Dossier Départemental sur les Risques Majeurs
**DGCCRF :** Direction Générale de la Concurrence,de la Consommation et de la Répression des Fraudes
**DGT :** Direction Générale du Travail
**DICRIM :** Dossier d'Information Communal sur les Risques Majeurs
**DIRECCTE :** Direction Régionale des Entreprises, de la Concurrence, de la Consommation, du Travail et de l'Emploi
**DIU :** Dispositif Intra-Utérin
**DLC :** Date Limite de Consommation
**DP :** Délégué du Personnel
**DPE :** Diagnostic de Performance Énergétique
**DRP :** Direction des Risques Professionnels
**DSS :** Direction de la Sécurité Sociale

## E

**ENR :** Énergies Renouvelables
**EPI :** Équipement de Protection Individuelle

## F

**FDS :** Fiche de Données de Sécurité
**FF :** Familles de France
**FFB :** Fédération Française du Bâtiment
**FICP :** Fichier des Incidents de remboursement des Crédits aux Particuliers
**FNAUT :** Fédération Nationale des Associations d'Usagers de Transports
**FPA :** Facteur Potentiel d'Accident
**FR :** Familles Rurales

## G

**GES** : Gaz à Effet de Serre

## H

**Hz** : Hertz

## I

**IF** : Indice de Fréquence
**IG** : Indice de Gravité
**IGP** : Indication Géographique Protégée
**IMC** : Indice de Masse Corporelle
**INDECOSA-CGT** : association pour l'Information et la Défense des Consommateurs Salariés – Confédération Générale du Travail
**INPES** : Institut National Pour l'Éducation et la Santé
**INRS** : Institut National de Recherche et de Sécurité
**INSEE** : Institut National de la Statistique et des Études Économiques
**InVS** : Institut national de Veille Sanitaire
**IP** : Incapacité Permanente
**IPP** : Incapacité Permanente Partielle
**IPRP** : Intervenant en Prévention des Risques Professionnels
**IRC** : Indice de Rendu des Couleurs
**IST** : Infection Sexuellement Transmissible
**IT** : Incapacité Temporaire
**IVG** : Interruption Volontaire de Grossesse

## L

**LDD** : Livret de Développement Durable
**LED** : Light Emitting Diode
**LEMA** : Loi sur l'Eau et les Milieux Aquatiques
**LOA** : Location avec Option d'Achat

## M

**MILDECA** : Mission Interministérielle de Lutte contre les Drogues Et les Conduites Addictives
**MP** : Maladie Professionnelle
**MPCIA Aquitaine** : Mouvement Patronal du Commerce, de l'Industrie et de l'Artisanat d'Aquitaine

## O

**OGM** : Organisme Génétiquement Modifié
**OMS** : Organisation Mondiale de la Santé
**OPPBTP** : Organisme Professionnel de Prévention du Bâtiment et des Travaux Publics

## P

**PAD** : Principe d'Apparition du Dommage
**PDU** : Plan de Déplacements Urbains
**PEL** : Plan Épargne Logement
**PFMP** : Période de Formation en Milieu Professionnel
**PICB** : Protecteurs Individuels Contre le Bruit
**PLS** : Position Latérale de Sécurité
**PMI** : Protection Maternelle et Infantile
**PNNS** : Plan National Nutrition Santé
**PO** : Plan Obésité
**PPMS** : Plan Particulier de Mise en Sécurité
**PRAPE** : Prévention des Risques liés à l'Activité Physique et à l'Ergonomie
**PRP** : Procédure de Rétablissement Personnel
**PSC1** : Prévention et Secours Civiques de niveau 1

## R

**RCP** : Réanimation Cardio-Pulmonaire
**RPS** : Risques PsychoSociaux

## S

**SAGE** : Schéma d'Aménagement et de Gestion des Eaux
**SAMU** : Service d'Aide Médicale Urgente
**SDAGE** : Schéma Directeur d'Aménagement et de Gestion des Eaux
**SIDA** : Syndrome d'ImmunoDéficience Acquise
**SST** : Sauveteur Secouriste du Travail / Services de Santé au Travail
**SSTI** : Service de Santé au Travail Interentreprises
**STG** : Spécialité Traditionnelle Garantie
**SUMER** : Surveillance Médicale des Risques professionnels

## T

**TAEG** : Taux Annuel Effectif Global
**TEP** : Tonnes Équivalent Pétrole
**TF** : Taux de Fréquence
**TG** : Taux de Gravité
**TIP** : Titre Interbancaire de Paiement
**TMS** : Troubles Musculo-Squelettiques
**TVA** : Taxe sur la Valeur Ajoutée

## U

**UCANSS** : Union des Caisses Nationales de Sécurité Sociale
**UE** : Union Européenne
**UFC** : Union Fédérale des Consommateurs
**UNAF** : Union Nationale des Associations Familiales
**UPA** : Union Professionnelle Artisanale
**URSSAF** : Union de Recouvrement de la Sécurité Sociale et des Allocations Familiales

## V

**VHB** : Virus de l'Hépatite B
**VIH** : Virus de l'Immunodéficience Humaine
**VLCT** : Valeur Limite d'exposition à Court Terme
**VLEP** : Valeur Limite d'Exposition Professionnelle
**VME** : Valeur Moyenne d'Exposition
**VPH** : Virus du Papillome Humain

# Crédits photographiques

**Couverture** : ph© Monkeybusinessimages/iStockphoto

**p. 11** : Doc. 4 ph© Enviromantic/iStockphoto, Doc. 5 ph© B. Boissonnet/BSIP ; **p. 13** : Doc. 8 ph© Mike Chick/Getty Images ; **p. 14** : Doc. 10 © Une production du Centre des sciences
de Montréal (1), ph© Sarah Kastner/Getty Images (2) ; **p. 16** : ph© iStockphoto (1), ph© iStockphoto (2) ; **p. 22** : Doc. 4 ph© AlexRaths/iStockphoto ; **p. 23** : Doc. 5 Brochure « Le
Dopage... », SHS.2006/WS/15 © UNESCO 2006, 2 extraits reproduits avec la permission de l'UNESCO (1), « Se doper ou pas ? Sport, examens », © INPES (www.inpes.sante.fr) (2) ; **p. 24** :
Doc. 6 ph© Mika/Corbis ; **p. 26** : ph© iStockphoto (1), ph© iStockphoto (2), ph© iStockphoto (3) ; **p. 30** : Doc. 3 ph© L. Smokovski/Fotolia.com ; **p. 31** : Doc. 4 © Ministère des Affaires
sociales, de la Santé et des Droits des femmes / Ministère de l'Éducation nationale, de l'Enseignement supérieur et de la Recherche / Institut National du cancer (1), © INRS - Lettre
institutionnelle « Réalité Prévention » - N°26, Juin 2010 (2), © Ministère des Affaires sociales, de la Santé et des Droits des femmes (www.social-sante.gouv.fr) (3) ; **p. 33** : Doc.8 © ameli.
fr ; **p. 34** : Doc. 9 ph© Hervé de Gueltzl/Photononstop ; **p. 36** : ph© iStockphoto (1), ph© iStockphoto (2) ; **p. 37** : ph© ShotShare/iStockphoto ; **p. 41** : ph© Olga Nayashkova/Fotolia.
com (bg), ph© Tatyana Gladskih/Fotolia.com (bd) ; **p. 42** : ph© Peter Menzel/Cosmos (bg et bd) ; **p. 43** : Doc. 2 © INPES - www.mangerbouger.fr ; **p. 44** : Doc. 3 ph© JPC-PROD/Fotolia.
com (1), ph© AgathaLemon/Fotolia.com (2) ; **p. 46** : ph© Fotolia (1), ph© Fotolia (2), ph© iStockphoto (3), ph© iStockphoto (4), ph© iStockphoto (5), ph© iStockphoto (6),
ph© iStockphoto (7), ph© iStockphoto (8), ph© Albachiaraa/Fotolia.comp (9) ; **p. 50** : Doc. 3 ph© Ariwasabi/ Fotolia.com (1), ph© Monkey Business/Fotolia.com (2) ; **p. 51** : Doc. 5
ph© silver chopsticks/Fotolia.com (1), ph© P.Voisin/Phanie (2), ph© B. Boissonnet/BSIP (3) ; **p. 52** : Doc. 6 ph© Chassenet/BSIP, Doc. 7 ph© Garo/Phanie ; **p. 53** : Doc. 8 ph© OJO_Images/
iStockphoto ; **p. 54** : Doc. 9 ph© prokasia/Fotolia.com (1), ph© Jacek Chabraszewski/Fotolia.com (2), ph© uckyo/Fotolia.com (3) ; **p. 55** : ph© Burger/Phanie (mg), ph© Robert Casacci/
Fotolia.com (md) ; **p. 56** : Doc. 11 © C. Magdelaine/www.notre-planete.info, Doc. 12 © Casino ; **p. 57** : Doc. 13 © Ministère des Affaires sociales, de la Santé et des Droits des femmes
(www.sante.gouv.fr) ; **p. 58** : Doc. 17 © Fil Santé Jeunes/Dispositif de prévention et d'aide à distance en santé/0800 235 236/www.filsantejeunes.com ; **p. 60** : ph© Jpc-prod/Fotolia.
com (1), ph© Fotolia (2), ph© iStockphoto (3), ph© iStockphoto (4) ; **p. 64** : Doc. 3 © Alter Eco ; **p. 65** : Doc. 4 © Quapa ; **p. 66** : Doc. 5 © DGME – Octobre 2009 ; **p. 71** :
ph© IPGGutenbergUKLtd/iStockphoto ; **p. 75** : Doc. 3 © Philippe Tastet ; **p. 76** : Doc. 4 Dossier Médico-technique « Conduites addictives et travail » - revue « Documents pour le médecin
du Travail », © INRS ; **p. 77** : Doc. 6 ph© eyetronic/Fotolia.com ; **p. 78** : Doc. 8 ph© Stéphane Ouzounoff/Photononstop ; **p. 79** : Doc. 9 « Cannabis et travail », dossier Web © INRS,
Doc. 10 © Philippe Tastet, Doc. 11 © DSCR ; **p. 80** : Doc. 12 © PEGI (Pan European Game Information), Doc. 13 © DSCR ; **p. 82** : Doc. 18 © La Dépêche du Midi (article publié le 13/12/2010)
/ © Agence Idé ; **p. 83** : Doc. 20 Dossier Web « La loi et les drogues » © www.drogues-info-service.fr ; **p. 84** : Doc. 22 © www.alcool-info-service.fr, © www.drogues-info-service.fr,
© www.joueurs-info-service.fr ; **p. 86** : ph© iStockphoto (1), ph© iStockphoto (2), ph© DSCR (3), ph© www.drogues-info-service.fr (4) **p. 87** : ph© Martinan/iStockphoto ; **p. 92** : Doc. 1
ph© Sebastian Kaulitzki/Fotolia.com (1), ph© CNRI/SPL/Phanie (2), ph© Eric Grave/SPL/Phanie (3), ph© SPL/Phanie (4), ph© Eye of Science/Phanie (5) ; **p. 93** : Doc. 2 ph© Chris Bjornberg/
BSIP, Doc. 3 ph© Science Picture Co/Getty Images ; **p. 94** : © INPES (www.inpes.sante.fr) ; **p. 95** : Doc. 4 © Institut National du Cancer (www.e-cancer.fr) ; **p. 96** : Doc. 5 © www.sida-
info-service.org, Doc. 6 © AIDES, Doc. 7 © 121doc.net (http://fr.121doc.net) ; **p. 98** : ph© Sebastian Kaulitzki/Fotolia.com, ph© CNRI/SPL/Phanie, ph© Eric Grave/SPL/Phanie (1), ph© Eye
of Science/Phanie (2), ph© SPL/Phanie (3), ph© Science Picture Co/Getty Images (4), ph© Chris Bjornberg/BSIP (5) ; **p. 102** : Doc. 1 ph© Garo/Phanie (1-2-3-4-5), ph© Lusoimages/Fotolia.
com (6), ph© Nito/Fotolia.com (7) ; **p. 104** : Doc. 2 ph© Garo/Phanie (1), © www.cespharm.fr (2) ; **p. 105** : Doc. 3 © INPES (www.inpes.sante.fr) (1), © Fil Santé Jeunes/Dispositif de
prévention et d'aide à distance en santé/0800 235 236/www.filsantejeunes.com (2) ; **p. 106** : Doc. 4 © Conseil général de la Nièvre - Service Communication et CDPEF; **p. 108** : ph© Garo/
Phanie, ph© Fotolia.com (1), ph© iStockphoto (2) ; **p. 109** : ph© Ammentorp Photography/iStockphoto ; **p. 114** : Doc. 2 © www.lesclesdelabanque.com ; **p. 115** : ph© Lemoine/BSIP ;
**p. 118** : ph© iStockphoto (1), ph© iStockphoto (2), ph© iStockphoto (3), ph© iStockphoto (4) ; **p. 123** : Doc. 3 © www.lesclesdelabanque.com ; **p. 124** : ph© Diego Cervo/Fotolia.com
(h), ph© Michael Nivelet/Fotolia.com (b) ; **p. 126** : Doc. 6 ph© Rido/Fotolia.com (1), ph© Domen Colja/Fotolia.com (2), ph© Kzenon/Fotolia.com (3) ; **p. 127** : Doc. 7 ph© PAO joke/
Fotolia.com ; **p. 130** : Doc. 11 Brochure de référence éditée par la Commission européenne, Source : « La Protection des consommateurs dans l'Union européenne: dix principes de base »
© Communautés européennes, 2005 ; **p. 132** : ph© Fotolia (1), ph© iStockphoto (2) ; **p. 136** : Doc. 2 ph© Alamy/Photo12.com, Doc. 3 : © www.macif.fr/Fiche Pratique « Comprendre
la responsabilité civile » ; **p. 137** : Doc. 4 © CEA (Comité européen des assurances) ; **p. 138** : © CEA (Comité européen des assurances) ; **p. 140** : ph© Fotolia (1), ph© iStockphoto (2),
ph© iStockphoto (3) ; **p. 141** : ph© AndreyPopov/iStockphoto ; **p. 146** : Doc. 4 © GAC A. Institut de l'Élevage conférence « L'empreinte eau de la filière viande bovine et ovine : analyse
des méthodes et premiers chiffrages » au Sommet de l'élevage 2014/Carteau B., Kerner S., Aubert C., Blondon G., Espagnol S., Massabie P., Ménard J.L., Soing P., Bonneau J., 2010. Gestion
quantitative de la ressource en eau (hors irrigation). Projet CasDAR gestion durable des ressources en eau. APCA, ACTA, Chambres d'Agriculture, Instituts Techniques Agricoles, 20 p./OCDE,
2010. Gestion durable des ressources en eau dans le secteur agricole. Editions OCDE, Paris. 132 p. (1), ph© Leks_Laputin/iStockphoto (2) ; **p. 147** : Doc. 5 © Maison de la consommation
et de l'environnement (Mce), extrait du livret « Pour que l'eau vive en Bretagne : agissons contre les pollutions », 2007 ; **p. 148** : Doc. 8 © www.sante.gouv.fr - Ministère des Affaires
sociales, de la Santé et des Droits des femmes ; **p. 151** : Doc. 13 ph© teracreonte/Fotolia.com (1, 3, 4, 5), ph© rashadashurov/Fotolia.com (2) ; **p. 154** : ph© Graphies.thèque/Fotolia.com
(schéma), ph© Fotolia.com ; **p. 160** : Doc. 9 ph© Ataly/Fotolia.com ; **p. 161** : Doc. 10 © AFP ; **p. 162** : Doc. 12 © Communauté d'agglomération de La Rochelle - PDU 2012-2021 ;
**p. 163** : Doc. 13 © Ademe ; **p. 164** : ph© Alain Le Bot/Photononstop (mg), ph© Stockfoto/Fotolia.com (md) ; **p. 165** : Doc. 15 ph© Frédéric Massard/Fotolia.com, © Fotomek/Fotolia.
com ; **p. 168** : ph© iStockphoto ; **p. 169** : ph© Fotolia.com ; **p. 174** : ph© Photo12/Alamy (1), ph© Bloomberg via Getty Images (2) ; **p. 175** : Doc. 5 © www.sante.gouv.fr, le site du
ministère des Affaires sociales, de la Santé et des Droits des femmes ; **p. 176** : © INPES – www.inpes.sante.fr (bg) ; **p. 177** : Doc. 6 © DICRIM – Ville de Bourg-Saint-Maurice – Les Arcs ;
**p. 178** : Doc. 8 © www.prim.net, bouquet numérique pour la prévention des risques majeurs ; **p. 179** : Doc. 9 ph© Graphies.thèque/Fotolia.com, Doc. 10 © DICRIM – Ville de Bourg-
Saint-Maurice – Les Arcs ; **p. 180** : Doc. 11 DICRIM « Jeunes », édition 2014, © Direction de la Prévention et de la Gestion des Risques - Ville de Nice ; **p. 182** : © Institut des Risques
Majeurs (IRMa) / Ministère de l'Écologie, du Développement durable et de l'Énergie / Ministère de l'Intérieur ; **p. 189** : Doc. 6 ph© Dr G. Bredberg/S.P.L./Cosmos ; **p. 190** : Doc. 7
ph© Fotolia.com, Doc. 9 © Agence européenne pour la sécurité et la santé au travail / Campagne 2005 « Halte au bruit ! » ; **p. 191** : Doc. 10 © Dossier INRS « Techniques de réduction
du bruit en entreprise - Quelles solutions, comment choisir » ED 962, Doc. 11 © Dossier INRS « Documents pour le Médecin du Travail N°107 - 3e trimestre 2006 » TC110 ; **p. 192** : © INPES
/ www.ecoute-ton-oreille.com ; **p. 194** : ph© Fotolia.com et ph© iStockphoto ; **p. 195** : ph© Photo12/Alamy ; **p. 199** : ph© K. Gushcha/Fotolia.com (1), ph© Liane M./Fotolia.com (2),
ph© Digital Vision / Getty Images (3), Doc. 1 © INRS - Brochure « Évaluation des risques professionnels - Aide au repérage des risques dans les PME - PMI » ED 840 ; **p. 201** : ph© I.
Sapiro/Fotolia.com (1), ph© DRX/Fotolia.com (2), © INRS (3 et 5) ; **p. 202** : ph© Pascal Sittler/Réa ; **p. 204** : Doc. 4 ph© Patrick Allard/Réa ; **p. 211** : Doc. 4 ph© Unclesam/Fotolia.
com (1), ph© Pasieka/SPL/Phanie (2) ; **p. 213** : Doc. 6 © ARS/Création : studio la vache qui meuh - www.lavachequimeuh.com ; **p. 214** : Doc. 7 ph© Stéphane Audras/Réa (1), ph© Dreef/
Fotolia.com (2), © INRS (3) ; **p. 216** : Doc. 4 © Marque Jaune / Livret Editions Mémoforma « Préparation à l'habilitation électrique » ; **p. 217** : Doc. 5 et 6 © Marque Jaune / Livret Editions
Mémoforma « Préparation à l'habilitation électrique » ; **p. 218** : Doc. 7 © INRS - Revue « Travail et sécurité » n°663 ; **p. 219** : Doc. 1 ph© Steve Gschmeissner/SPL/Phanie (1), ph© CNRI/
SPL/Phanie (2) ; **p. 220** : Doc. 3 et 4 © Dossier INRS « Les risques biologiques en milieu professionnel » ED6034 ; **p. 223** : Doc. 6 © Service de Santé au Travail – SMIA – Angers ; **p. 224** :
Doc. 7 ph© Garo/Phanie (1), © INRS (2) ; **p. 227** : Doc. 3 ph© industrieblick/Fotolia.com (1), ph© Rich LaSalle/Getty Images (2) ; **p. 228** : Doc. 4 © INRS (1), ph© John Burke/Getty
Images (3) ; **p. 230** : Doc. 2 ph© Richard Villalon/Fotolia.com, (1) ph© Dmitriy Raykin/Fotolia.com (2), ph© Alexander Lobanov/Fotolia.com (3), ph© Thomaslenne/Fotolia.com (4) ; **p. 233** :
Doc. 6 © ACMS, 2012 ; **p. 234** : Doc. 7 et 8 © INRS « Aide-mémoire juridique / Éclairage des locaux de travail » TJ 13 ; **p. 235** : ph© Andrius Gruzdaitis/Fotolia.com ; **p. 240** : Doc. 2
© INRS, Doc. 3 © INRS (1), ph© Auremar/Fotolia.com (2) ; **p. 241** : Doc. 4 © Extrait de l'animation « Les 9 principes généraux de prévention » - 2008 - Réf. anim-044 sur le site de l'INRS
www.inrs.fr ; **p. 242** : Doc. 5 © Chambre Régionale de Métiers et de l'Artisanat du Limousin ; **p. 245** : Doc. 7 © Service de Santé au Travail – SMIA – Angers ; **p. 249** : Doc. 13 © INRS ;
**p. 250** : Doc. 15 ph© Image Source/Photononstop ; **p. 252** : ph© iStockphoto ; **p. 257** : Doc. 6 © Caisse nationale d'Assurance maladie des travailleurs salariés (Cnamts) / Direction des
risques professionnels / Extrait du rapport de gestion 2011 de l'Assurance Maladie - Risques Professionnels ; **p. 258** : Doc. 7 © Caisse nationale d'Assurance maladie des travailleurs salariés
(Cnamts) - 2012 - dépliant « J'ai eu un accident sur mon lieu de travail ou sur le trajet » - © Agence Australie / Cristof Echard ; **p. 259** : Doc. 9 © Caisse nationale d'Assurance maladie
des travailleurs salariés (Cnamts) - 2012 - dépliant « J'ai eu un accident sur mon lieu de travail ou sur le trajet » - © Agence Australie / Cristof Echard ; **p. 262** : ph© iStockphoto ; **p. 263** :
ph© Monty Rakusen/Getty Images ; **p. 267** : Doc. 1 © SMIEC- Service de santé au Travail de la Région Choletaise ; **p. 268** : Doc. 2 © INRS (Kit étiquettes pour produits chimiques – www.
inrs.fr), Doc. 3 © UIC« L'étiquetage des produits chimiques : décryptage » - Marie-Hélène Leroy, mars 2013 / © INRS (1), © SMIEC- Service de santé au Travail de la Région Choletaise (2) ;
**p. 270** : Doc. 5 © Eyrein Industrie (www.eyrein-industrie.com) ; **p. 272** : Doc. 7 © Carsat Auvergne (www.carsat-auvergne.fr) ; **p. 274** : Doc. 9 ph© Adam Gregor/Fotolia.com (1),
© INRS (2), Doc. 10 © Carsat Auvergne (www.carsat-auvergne.fr) ; **p. 276** : ph© iStockphoto ; **p. 281** : Doc. 6 ph© Richard Villalon/Fotolia.com ; **p. 282** : Doc. 8 © www.123-tms.fr,
site internet de prévention des troubles musculo-squelettiques (TMS) édité par la Mutuelle Nationale Territoriale (MNT) - www.mnt.fr ; **p. 284** : Doc. 9 © www.123-tms.fr, site internet de
prévention des troubles musculo-squelettiques (TMS) édité par la Mutuelle Nationale Territoriale (MNT) - www.mnt.fr ; **p. 287** : ph© Caradoc/Fotolia.com (A), ph© Benoit Decout/Réa (B),
ph© Lester Lefkowitz/Getty Images (C) ; **p. 288** : Doc. 13 © INRS ; **p. 289** : Doc. 15 ph© Lemoine/BSIP ; **p. 290** : Doc. 16 © Santé et Sécurité au Travail en PACA – Collection : Information
Prévention (extrait d'une fiche pratique réalisée dans le cadre d'un travail partenarial « Vous travaillez dans un atelier de mécanique ? ») - www.sante-securite-paca.org, ph© Mikael
Damkier/Fotolia.com, Doc. 17 © INRS, fiche ED79 « Conception et aménagement des postes de travail » ; **p. 292** : ph© iStockphoto ; **p. 293** : ph© Andriy Petrenko/Fotolia.com ; **p. 297** :
Doc. 1 ph© Rudie/Fotolia.com ; **p. 299** : Doc. 4 © INRS, « Stress au travail - Privilégier la prévention collective » www.inrs.fr/accueil/risques/psychosociaux/stress.html), © Philippe Tastet ;
**p. 301** : ph© Sarah M. Golonka/Getty Images (1), ph© Pressmaster/Fotolia.com (2) ; **p. 302** : Doc. 7 © Agence IDE ; **p. 304** : ph© iStockphoto ; **p. 308** : Doc. 2 ph© Robert Kneschke/
Fotolia.com ; **p. 311** : Doc. 5 ph© Fotolia.com ; **p. 314** : Doc. 8 ph© Diego Cervo/Fotolia.com ; **p. 317** : ph© Fotolia.com ; **p. 321** : © G. Mathieu ; **p. 329** : ph© Diyanski/Fotolia.com ;
**p. 332, 333, 334** : © INRS (pour l'ensemble des pictogrammes) ; **p. 335** : ph© Nathalie Vouriot-Gieure (1), ph© Wellphoto/Fotolia.com (2) ; **p. 336** : © Burger/Phanie (1 et 2) ; **p. 337** :
ph© Dalaprod/Fotolia.com (1), ph© Chassenet/BSIP (2) ; **p. 338** : ph© Wellphoto/Fotolia.com (1), ph© Guillaume Duris/Fotolia.com (2) ; **p. 339** : ph© Nathalie Vouriot-Gieure ; **p. 340** :
ph© Science Photo Library/Photononstop (1 et 2), ph© Burger/Phanie (3) ; **p. 341** : ph©AdamGregor/Fotolia.com ; **p. 350** : © INPES - www.mangerbouger.fr ; **p. 356** : © www.ablon-
sur-seine.fr ; **p. 359** : ph© Fotolia.com ; **p. 360** : ph© Burger/Phanie (1 et 9) ; ph© Wellphoto/Fotolia.com (2 et 6) ; ph© Nathalie Vouriot-Gieure (3 et 7) ; ph© Science Photo Library/
Photononstop (5) ; Fotolia.com (4 et 8) ; **p. 361** : ph© Fotolia.com (1et 2) ; ; **p. 362** : © Le Petit Bleu (Annexe 2), © www.consoglobe.com (Annexe 3) ; **p. 374** : ph© mustafahacalaki/
iStockphoto (Annexe 1) ; ph© Frédéric Massard/Fotolia.com (Annexe 3) ; **p. 378** : ph© LogisMarket (www.logismarket.fr) ; ph© Promalyon (www.promalyon.fr).

Achevé d'imprimer en février par L.E.G.O. S.p.A. Italy
Dépôt légal : mars 2017 - N° d'éditeur : 2017_0540